Das Umfeld eines Skandals

Das Umfeld eines Skandals

**Ein Report über das organisierte Verbrechen
und die Rolle der Schweizer Behörden**

**Frank Garbely
Pascal Auchlin**

WERDVERLAG

Für Angelina, Frédérique und Myriam

© 1990 Werd Verlag, Zürich

Lektorat: Christina Sieg, Berikon
Übersetzung der französischen Texte: Odette A. Brändli und Evi Glauser, Zürich
Umschlaggestaltung: Hjördis Dreschel, Luzern/London
Technische Herstellung: Druckzentrum Tages-Anzeiger, Zürich
Printed in Switzerland

ISBN 3 85932 031 9

Inhalt

Die kleinen Richter:
Verantwortungsbewusste Beamte rütteln am Gebäude
des Schweigens   159

«Mörder, Denker und Politiker»:
Die Vorzüge der Schweiz als Operationsbasis
des organisierten Verbrechens   185

Geheimdienste und Bundesanwaltschaft:
Von den USA in Dienst genommen   213

CIA-Veteranen in verdeckten Sondereinsätzen:
Die übergreifende Ideologie des Kalten Krieges   257

Die Affären Jeanmaire und Bachmann:
Wann kommt Licht in die Dunkelkammern der Nation?   305

Vorwort

Wie es zu diesem Buch kam

Ein Hörspiel auf dokumentarischem Material aufzubauen, bringt manchmal Überraschungen. Als wir uns an die Arbeit zum Stück «Grenzgeschichten» machten, wussten wir noch nicht, was alles bei den Recherchen zum Vorschein kommen würde. Wir kannten erst die Anfangsszene – eine wahre Begebenheit auf einem Friedhof in Ostberlin:

Es waren vielleicht siebzig Menschen. Sie kamen bei Einbruch der Dunkelheit: einzeln, in kleinen Gruppen oder als Familien, und sie verteilten sich auf die Gräber. Sie taten, als würden sie beten und ihrer Toten gedenken. Auf ein Zeichen drängten sie plötzlich alle zu einem ganz bestimmten Grab. Die siebzig Menschen bildeten eine auffällige Traube, die aber zusehends kleiner wurde. Einer nach dem andern stieg in das Grab. Als der letzte in der Gruft verschwand, fielen Schüsse. Jemand hatte die Polizei gerufen. Ein Glück für die Friedhofbesucher, dass die Polizei zu spät kam. Trotzdem gab es ein Drama. Die Schüsse trafen zwei Volkspolizisten, den einen tödlich. Die Vopos hatten den Friedhof umstellt und sich so gegenseitig ins Visier genommen.

Der Schweizer N. N. war Schlussmann der Kolonne, die durch einen selbstgebauten Tunnel unter der Mauer in die Freiheit nach Westberlin kroch. Er war Fluchthelfer und die Vorlage für die Hauptperson unseres Hörspiels – das nie geschrieben wurde. Wenige Monate nach dem Vorfall wurde N. N. in Ostberlin wegen Polizistenmordes im Abwesenheitsverfahren zum Tode verurteilt. Anhand gründlicher Recherchen strebten wir eine möglichst genaue Rekonstruktion dieses tödlichen Mauer-Ereignisses sowie der politischen Aktivitäten, des Charakters und der inneren Motivation dieses Schweizer Fluchthelfers an. Wir folgten seinen Spuren von Bern und Genf nach Berlin, versuchten uns in die Jahrzehnte des Kalten Krieges zu versetzen, tasteten uns an die zeitlichen und geographischen Grenzen heran, deren Überschreiten *Gut* in *Böse* verkehrte, den *Helden* zum *Verräter*, den *Patrioten* zum *Feind* und den *Idealisten* zum *Schurken* machte – und befanden uns plötzlich mitten in der internationalen und schweizerischen Skandal-Aktualität.

Das politische Vorleben des Schweizers N. N. begann im Jahre 1956. In Ungarn fielen sowjetische Truppen ein, die mit ihren Panzern jede Hoffnung auf demokratische Freiheiten niederwalzten. N. N., Sohn eines hohen Schweizer Militärs und früheren Geheimdienstmannes, studierte damals an der Universität Bern Rechtswissenschaften. Was für die 68er Generation der Vietnamkrieg war, das war für N. N. und seine Kommilitonen der Ungarnaufstand. Zusammen mit Freunden und Gesinnungsgenossen gründete er die Aktion «Niemals vergessen!»: Im Namen der westlichen Freiheit und gegen die Schreckensherrschaft in den Oststaaten organisierten sie Demonstrationen, verteilten Flugblätter und starteten vor allem engagierte und mutige Hilfsaktionen für ungarische Flüchtlinge. Als Aktivist von «Niemals vergessen» ging N. N. nach Berlin und wurde Mitinitiant einer Fluchthelfer-Organisation, die – so sagt er – rund 1000 Menschen aus der DDR in den Westen schleuste: durch Tunnels oder Abwasserkanäle, in Möbeltransporten, versteckt in Schränken, oder frech mit fremden Pässen über den Grenzübergang Friedrichstrasse. Die fremden Pässe hatten N. N. und seine Freunde beschafft. Um nicht Pässe fälschen zu müssen, arbeitete N. N. nach dem Prinzip der Ähnlichkeit. Sie beschafften sich Fotos von Fluchtwilligen aus der DDR. Und Schweizer, die einem der DDR-Fotos ähnlich sahen, liehen für die Zeit einer Flucht in den Westen ihren Pass aus. Im diplomatischen Gepäck afrikanischer Botschafter gelangten die Schweizer Pässe sowie detaillierte Fluchtpläne nach Ostberlin.

Im Laufe unserer Recherchen stiessen wir auf zwei Episoden, die wir anfänglich für amüsante, alte Geschichten hielten:

– Am 14. Februar 1959 reiste eine Gruppe Schweizer für sechs Tage nach Westberlin zu einem antikommunistischen Treffen: Leute von «Niemals vergessen» und verschiedenen analogen Organisationen wie etwa «Wahret die Freiheit». Mit dabei war auch eine junge Frau, die 1956 ihr Rechtsstudium für zwei Jahre unterbrochen hatte, um sich voll für die ungarischen Flüchtlinge einzusetzen. Im Flugzeug von Zürich nach Berlin sass sie neben dem Vizepräsidenten des «Schweizerischen Aufklärungsdienstes» (SAD).[1] Es war Liebe auf den ersten Blick. Binnen Stunden waren die beiden verlobt und feierten dies im Berliner Cabaret «Badewanne». Die Studentin hiess Elisabeth Iklé, der SAD-Vize Hans W. Kopp.

– Zur gleichen Zeit wie der Student N. N. und seine Freunde baute auch eine Equipe des amerikanischen und britischen Geheimdienstes einen Tunnel unter der Berliner Mauer. Ihr Ziel war es, die Telefonzentrale in Ostberlin anzuzapfen. Zwei Namen tauchten damals auf: Theodor Shackley und William Casey.

---

[1] Vgl. Bilanz vom Dezember 1984.

Während wir ohne jenen Stress, welcher der politischen Aktualität jeweils anhaftet, in verstaubten und vergilbten Dossiers blätterten und uns alte Geschichten anhörten, standen die Protagonisten dieser alten Geschichten plötzlich im Zentrum neuer Ereignisse: Shackley und Casey zuerst, bald auch Elisabeth und Hans W. Kopp-Iklé. Das eine Mal ging es um die Iran-Contra-Affäre, das andere Mal um den «grössten Drogengeldwäscher-Skandal der Schweiz». Theodor Shackley und William Casey waren in den fünfziger Jahren für die CIA als Strategen des Kalten Krieges aktiv. Shackley gehörte zu einer Gruppe, welche von 1950 bis 1987 die meisten verdeckten Operationen des amerikanischen Geheimdienstes ausführte und beinahe bei allen schmutzigen Kriegen der CIA an der Front stand: beim erwähnten Tunnelbau in Berlin, mit dem sich die CIA lächerlich machte, weil die Russen alles durch einen Verräter erfahren hatten; in der Schweinebucht-Affäre, wo sich die Amerikaner mit Unterweltgrössen zusammentaten, um Fidel Castro zu stürzen; mit der Nugan Hand Bank, die schmutzige Gelder aus Drogen- und Waffengeschäften wusch und für die CIA zahlreiche Staatsstreiche und Mordanschläge finanzierte... bis hin zur Iran-Contra-Affäre und zum Geiseln-gegen-Waffengeschäft im Iran und im Nahen Osten.

Unsere Recherche geriet unverhofft zum Fortsetzungskrimi und nahm bedenkliche politische Ausmasse und aktuelle Bezüge an. Denn die Kalten Krieger, die wir aufsuchten, beschränkten sich nicht auf ihre alten Geschichten, sie waren auch privilegierte Zeugen der Iran-Contra-Affäre, des Waffen-gegen-Geiseln-Geschäftes, des Kopp-/Gerber-Skandals... Und unser Modell «Grenzgeschichten» entpuppte sich als sehr geeignetes Erklärungsmuster für die «grösste politische Krise der Schweiz», wie die Folgen des Sturzes von Bundesrätin Elisabeth Kopp auch umschrieben wurden. Statt ein Hörspiel entstand schliesslich dieses Buch. Es wurde ein Report über das organisierte Verbrechen und die Rolle der Schweizer Behörden. Zur Affäre Kopp/Gerber kam es nicht aus heiterem Himmel. Das Umfeld dieses Skandals bevölkern mächtige Drogenhändler, okkulte Geheimdienstleute, überforderte Sicherheitsbehörden, unaufmerksame Banken und arglose Politiker.

Von November 1988 bis Januar 1989 wurde die Schweiz von einem der grössten Skandale ihrer Geschichte erschüttert: dem Rücktritt von Bundesrätin Elisabeth Kopp, ausgelöst durch die Beziehungen ihres Gatten zur Firma Shakarchi Trading. Wenig später folgte die Affäre um Bundesanwalt Rudolf Gerber. Unabhängig vom Bericht der ersten Parlamentarischen Untersuchungskommission (PUK 1) haben wir versucht, die Hintergründe und Zusammenhänge der Affäre Kopp aufzuspüren. Dazu recherchierten wir in der Schweiz, in den USA und in einem halben Dutzend europäischer Länder. Wir können uns auf unzählige Gerichts- und Polizeiakten (über 30 000 Blatt) sowie auf Angaben und Dokumente unmittelbarer Zeugen stützen.

Das Ergebnis: Die Schweiz als Schmuggelparadies und als Bankplatz ist ein idealer Nährboden für Affären wie Kopp und andere im Buch beleuchtete Skandale. Die Fäden reichen bis in die Kreise der Geheimdiplomatie und Geheimdienste.

Anhand konkreter Fälle beschreiben und dokumentieren wir, wie die Schweiz zu einer Drehscheibe des organisierten Verbrechens wurde. Die Schweizer Schmuggelszene ist zwar nur ein Glied in einer mächtigen internationalen Kette. Aus verschiedenen Gründen (Bankgeheimnis, Gesetzeslücken) aber kommt diesem Kettenglied eine besondere Bedeutung zu. Weil Schmuggler relativ unbehelligt von der Schweiz aus agieren können und weil die Finanzen dieser Geschäfte fast immer über Schweizer Banken oder Gesellschaften fliessen, wird der illegale Handel mit Zigaretten, Butter, Elektro-Apparaten . . ., aber auch mit Drogen und Waffen vorzugsweise von der Schweiz aus abgewickelt.

Die eigentliche Bedeutung der Schieberszene Schweiz wird erst deutlich, wenn man ihre internationale Verflechtung miteinbezieht. Ausgehend von konkreten Schweizer Schmuggel-Affären lassen sich direkte Verbindungen zu fast allen grösseren internationalen Polit- und Finanzskandalen der letzten Jahre aufzeigen: Matesa-Skandal (Opus Dei), Bankkrach Leclerc, französische Ministermorde, Roberto Calvi und die Affäre um die Ambrosiano-Bank, Sindona und die Mafia, Licio Gelli und die geheime Freimaurerloge P2 . . ., selbst beim Attentat auf Papst Johannes Paul II. führen Spuren in die Schweiz.

Das hochentwickelte Bankwesen und zahlreiche Gesetzeslücken schufen ein Treibhausklima für das organisierte Verbrechen. Wenn es um Banken und Politprominenz geht, lassen sich Schweizer Richter nicht allein vom Strafgesetzbuch leiten, sondern oft auch von einer falsch verstandenen Neutralität oder sogar von wirtschaftlichen Überlegungen. Das hochentwickelte Bankwesen und eine nachsichtige Justiz deuten an, warum das organisierte Verbrechen die Schweiz zu einer bevorzugten Operationsbasis machte. Dies erklärt aber nicht, warum Schweizer Sicherheitsbehörden, vorab die Bundesanwaltschaft – obwohl bestens informiert – in den Jahren von 1979 bis 1985 kaum etwas gegen das organisierte Verbrechen unternahmen, schwiegen und Ermittlungen sogar behinderten und verschleppten. Man kann sich nur schwer vorstellen, dass in verschiedenen Städten, in mehreren Kantonen und auch beim Bund Polizei und Sicherheitsbehörden so gleichzeitig und unvermittelt korrumpiert wurden. Es muss andere Gründe geben. Und in der Tat fällt auf, dass genau in dieser fraglichen Zeit ein Ableger des amerikanischen Geheimdienstes CIA zuerst im Iran und dann im Nahen Osten versuchte, Geiseln mit illegalen Waffenlieferungen freizukaufen. Dieser CIA-Ableger operierte zum Teil von der Schweiz aus. Und für die illegalen Waffenlieferungen bediente man sich unter anderem verschiedener Mitglieder des organisierten Verbrechens, die von den Schweizer Sicherheitsbehörden geschont wurden.

Wie in den USA, so gab (gibt) es auch in der Schweiz eine Gruppe von Leuten, die, getrieben von einem beinahe krankhaften Antikommunismus, hinter dem Rücken der Regierung ihre eigene Politik betrieben. Durch die geheime Zusammenarbeit mit ausländischen Nachrichtendiensten wurde die Bundesanwaltschaft in Operationen eingebunden, über die sie keinerlei Kontrolle hatte. Diese Vernetzung hatte unter anderem zur Folge, dass gewisse ausländische Geheimdienste in der Schweiz ungestört Aktivitäten entfalten, welche gegen Schweizer Gesetze verstossen und sich in einzelnen Fällen auch gegen schweizerische Interessen richten. Ohne diese geheimen Machtspiele der Nachrichtendienste bleibt der Kopp-/Gerber-Skandal unverständlich. Vor diesem Hintergrund erscheinen auch die Affären um den «Jahrhundertspion» Jeanmaire und den Nachrichtenoberst Bachmann in ganz neuem Licht.

Dank

Wir hätten dieses Buch nicht schreiben können ohne die Unterstützung zahlreicher Journalisten-Kollegen. Sie standen uns immer wieder beratend zur Seite und verschafften uns vor allem Zugang zu wichtigen Gerichts- und Polizeidokumenten. Besonders danken möchten wir in diesem Zusammenhang: Jean-Marie Stoerkel vom «L'Alsace», Mülhausen; Sydney Rotalinti vom Tessiner Radio, Bellinzona; Jordi Bordas und Eduardo Martin de Pozuello von «La Vanguardia», Barcelona; Lorenzo Zuntini von «La Notte», Mailand; Jürgen Roth, Schriftsteller und Fernsehjournalist in Frankfurt; Martin Kilian, «Spiegel»-Korrespondent in Washington; Judith Harris, Korrespondentin mehrerer amerikanischer Zeitungen, Rom, sowie Walter de Bock von der Zeitung «De Morgen», Brüssel. Ein grosses Dankeschön auch Frau Christina Sieg, die dieses Buch lektoriert und uns vor zahlreichen Fehlern bewahrt hat.

Einen speziellen Dank schulden wir zahlreichen Informanten, deren Namen wir leider verschweigen müssen: Es sind Bundesbeamte, Bankangestellte, Richter, Polizeibeamte, Nachrichtendienstler sowie ein ehemaliger Bundesrat. Herzlichen Dank!

Genf und Lausanne, Mai 1990

Der Schein trügt

Der Fall der Bundesrätin löst eine Lawine aus

Die Geschichte, die wir hier erzählen, lässt sich schälen wie eine Zwiebel. Zu Beginn ist der Schein, die Schale. Dann entfernt man eine Schicht, um weiterzusehen... Schicht um Schicht stösst man so zum Herzen der Zwiebel vor. Folgen Sie uns! Der Rücktritt Elisabeth Kopps ist die Oberfläche einer Staatsaffäre mit weitreichenden Folgen. Scheinbar alte Geschichten bekommen plötzlich neue Bedeutung, ja es gilt, die Geschichtsschreibung der letzten zehn Jahre neu zu überprüfen. Den Anfang machte die PUK mit ihrer Untersuchung in der Bundesanwaltschaft.

Elisabeth Kopp auf dem Weg zur Spitze

Am 7. Dezember 1988 lächelt Elisabeth Kopp noch im Bundeshaus in Bern. Sie ist eben mit beträchtlichem Stimmenmehr in ihrem Amt als Vorsteherin des Eidgenössischen Justiz- und Polizeidepartements, das sie trotz einiger Misstöne in der Flüchtlingspolitik seit vier Jahren mit einem gewissen Erfolg bekleidet, bestätigt worden. Ja, Elisabeth Kopp scheint an diesem Tag auf dem Weg zur Spitze zu sein. Mit 165 von 245 Stimmen wird sie zur Vizepräsidentin des Bundesrates gewählt. Das Amt der Bundespräsidentin steht ihr für 1990 offen, wenn Jean-Pascal Delamuraz, ihr Parteikollege von der FDP, seine Amtszeit beendet hat. Dank dieses recht brillanten Wahlergebnisses scheinen die Freisinnig-Demokratische Partei und die Christlichdemokratische Volkspartei aufatmen zu können. Sie fühlen sich wieder sicher, war doch die Wahl Elisabeth Kopps zur Vizepräsidentin des Bundesrates wegen der Schatten, die die Tätigkeit ihres Mannes auf ihr Amt warf, nicht unumstritten. Und doch:

Am Freitag, den 9. Dezember, gerät alles ins Schleudern

In der Ausgabe vom 9. Dezember 1988 stellt die Lausanner Zeitung «Le Matin» alles mit einem Artikel, der wie eine Bombe einschlägt, in Frage. Ohne Angabe der Quellen, doch mit der Versicherung ihrer Glaubwürdigkeit spricht die Zeitung von *«einer vertraulichen Information»*, von der die Bundesrätin im Zusammenhang mit polizeilichen Ermittlungen gegen die Zürcher Firma *Shakarchi Trading*, bei der ihr Ehemann Hans W. Kopp bis am 27. Oktober 1988 Vizepräsident war, profitiert habe. Der Lausanner Zeitung zufolge soll Elisabeth Kopp ihren Mann gewarnt haben. Die Nachricht erhält ihre Glaubwürdigkeit dadurch, dass «Le Matin» hinzufügt, die sieben Bundesräte hätten für den Nachmittag des 9. Dezember eine dringende Sitzung, eine Krisensitzung, anberaumt. Die Katastrophe ist perfekt!

Die vertrauliche Mitteilung von Elisabeth Kopp an Hans W. Kopp erfolgte telefonisch, und zwar am 27. Oktober, um genau zu sein! Zum Schluss dieses sehr kurzen Gesprächs mit ihrem Mann, dem Rechtsanwalt, rät ihm Elisabeth Kopp zudem, er solle sich direkt an ihre engste Mitarbeiterin wenden, die die Information aus erster Hand habe. Hans W. Kopp kommt diesem Ratschlag unverzüglich mit einem etwas ausführlicheren Telefongespräch nach. Anschliessend tritt er aus dem Verwaltungsrat der *Shakarchi* aus...

Am 9. Dezember, nach der Enthüllung des «Le Matin», gerät das Bundeshaus in Aufruhr. Die ausserordentliche Sitzung des Bundesrates ist mühsam und hektisch. Selbst die Wandelhallen dieses schmucklosen Gebäudes scheinen Zeugnis davon zu geben, dass sich hier etwas zusammenbraut.

Die Krisensitzung dauert länger als vorgesehen. Elisabeth Kopp, die wie auf glühenden Kohlen sitzen muss, weiss sich ihrer Haut zu wehren. Zwar gibt sie zu, ihren Mann wegen der *Shakarchi* angerufen zu haben, doch treffe sie, wie sie betont, weder rechtlich noch moralisch eine Schuld. Die übrigen Regierungsvertreter akzeptieren diese Version des Sachverhalts nicht einmütig. Otto Stich und René Felber – die beiden Sozialisten – sind im Gegenteil der Meinung, es handle sich um eine schwerwiegende Angelegenheit. Jean-Pascal Delamuraz seinerseits, der engste Verbündete und ein persönlicher Freund der Bundesrätin, äussert starke Betroffenheit. Die Stimmung ist gedrückt. Als die Sitzung später als üblich beendet wird, versucht der Bundeshaussprecher vergeblich, den Wortlaut der Sitzung in die geschmeidige Sprache der politischen Gepflogenheit zu übertragen; es sollte ihm nicht gelingen. Die mit diesem Sprachspiel immerhin vertrauten Bundeshausjournalisten fühlen sich geprellt. Das Kriegsbeil wird ausgegraben.

Am selben Abend, vor den Fernsehkameras, wirkt Elisabeth Kopp kurzatmig. Als könne sie ihre Emotionen nur schlecht unterdrücken. Ungeschickt versucht sie, die Tatsachen herunterzuspielen, und sucht Zuflucht in letzter Instanz bei ihrem Freund aus alten Zeiten, der wie sie aus Zürich und FDP-Mitglied ist: Ulrich Bremi, die graue Eminenz der Partei. Bremi hatte schon am 6. Dezember gegenüber Radio DRS versucht, die bestrittene Integrität der Bundesrätin herabzumildern. Der Tessiner Staatsanwalt Dick Marty habe ihm erklärt, dass «*keine Untersuchung gegen die Firma Shakarchi angeordnet worden ist oder wird*», verkündete er in einem Tonfall, der keinen Widerspruch duldete und beruhigend wirken sollte.[1] Doch inzwischen hat sich eine beträchtliche Anzahl seiner FDP-Kollegen für den Rücktritt der Bundesrätin ausgesprochen, da sie die Meinung vertreten, der Fehler sei im wesentlichen ein politischer. Andere nehmen es Hans W. Kopp übel, dass er aus der *Shakarchi* ausgetreten ist. «*Eine absolute Ungeschicklichkeit. Sein Rücktritt war ein Eingeständnis. Er kann – auch mit einem Rücktritt – die Spuren seiner vorherigen Zugehörigkeit zu dieser Firma nicht verwischen*», lässt ein FDP-Nationalrat, ein Freund der Familie Kopp, in einem privaten Gespräch verlauten.

Elisabeth Kopp kam an jenem Abend spät nach Hause, nach Zumikon, der reichen Gemeinde, wo die reichsten Steuerzahler der Region Zürich zuhauf anzutreffen sind. Jenem Dorf, das sich nach dem Krieg in eine Kleinstadt verwandelte, wo eine Flut betuchter Familien das Landwirtschaftsland vernichtete, um auf ihm schwedische, bayrische oder, häufiger, deutschschweizeri-

---

[1]   Dick Marty dementierte diese Aussage anderntags sofort (s. dazu «Tages-Anzeiger» vom 8. Dezember 1988).

sche Villen mit unterirdischen Luftschutzkellern und Doppelgaragen zu errichten.

Die Forchbahn macht in Zumikon keinen Lärm. Sie fährt unter dem Dorf hindurch. Nicht zuletzt dank Elisabeth Kopp, die hier ihre politische Karriere als Gemeindepräsidentin begann. Die Autos kann man in Zumikon in einem unterirdischen Gratisparkhaus abstellen. Kommt man ans Tageslicht, so landet man auf einem kleinen Dorfplatz mit Kopfsteinpflaster, das pseudo-nostalgisch von vergangenen Zeiten erzählt. Banken sind dort aus dem Boden geschossen, neben einem Einkaufszentrum – einer schlechten Imitation des kleinen Lebensmittelladens von früher. Man glaubt sich beinahe in einem der Bilder des Hyperrealisten Jörg Müller, die man Schulkindern vorzeigt, um sie mit dem Städtebau vertraut zu machen. Hier in Zumikon gibt es zuviel Geld. Jeder einzelne Pflasterstein zeugt davon.

Am 10. Dezember fanden sich alle politischen Freunde bei Elisabeth Kopp ein, als machten sie einen Krankenbesuch. Es waren anwesend: Jean-Pascal Delamuraz, Vizepräsident des Bundesrates, Ulrich Bremi, der Freund, der Elisabeth Kopp nie im Stich liess, und Bruno Hunziker, der Präsident der schweizerischen FDP. Der Kuchen.

Es herrschte zweifellos eine angespannte Stimmung. Diese Zusammenkunft war denn auch nichts anderes als ein Kriegsrat. *«Rücktritt oder nicht Rücktritt?»* fragt die Wochenendpresse mit Riesentiteln. Der Druck nimmt zu. Doch niemand wird Elisabeth Kopp ins Wasser stossen. Sie wird selbst springen müssen.

Am Montag früh, dem 12. Dezember, gibt Elisabeth Kopp ihre Entscheidung bekannt. Sie tritt zurück. Die Nachricht überrascht niemanden. Doch die Bundesrätin versucht immer noch, sich anzuklammern. Sie legt ihr Amt nicht unverzüglich nieder, sondern will den Dienst erst Ende Februar quittieren. Es gehe darum, ihre Arbeit noch zu Ende zu führen.

In den folgenden Wochen legt sich zweifellos ein Schatten auf das Leben von Elisabeth Kopp. Nicht nur ist sie Angriffen von allen Seiten ausgesetzt, wegen der ihrem Departement zur Last gelegten Indiskretionen muss sie auch noch eine interne disziplinarische Untersuchung über sich ergehen lassen. Hans Hungerbühler, der Erste Staatsanwalt des Kantons Basel-Stadt, wird mit dieser Aufgabe betraut.[1] Er befragt die Mehrheit der Protagonisten, vergleicht die Aussagen. Die Stimmung im Eidgenössischen Justiz- und Polizeidepartement ist schlecht. Der Druck wirkt sich nach allen Seiten hin aus, bis zum Kern der Regierung, die ihre legendäre Konsenswilligkeit vorübergehend vergisst. Im Dezember 1988 hatte Bundespräsident Otto Stich bereits

---

[1] Hans Hungerbühler hatte namentlich den Auftrag, das Leck ausfindig zu machen und die genaue Rolle von Frau Kopp sowie ihrer engsten Mitarbeiterinnen in dieser Affäre abzuklären.

16

grössere Grauzonen der Bundesanwaltschaft erhellen wollen.[1] Doch sein Begehren war von den Juristen des EJPD abgewiesen worden.

Weihnachten in Bern ist nicht fröhlich.

Zeitungen wie «Sonntags Zeitung», «Tages-Anzeiger», «Sonntags Blick», «24 Heures», «Le Matin», «Tribune de Genève», «L'Hebdo» sowie das Tessiner Radio und «L'Eco di Locarno», um nur die rührigsten zu erwähnen, bringen Schlag auf Schlag Enthüllungen – wie Kirschen, die von einem übervollen Baum gepflückt werden. Der Korb füllt sich zusehends, beinahe mühelos. Für die Politiker scheint die Welt aus den Fugen geraten zu sein. Denen, die die Zürcher Politikerin seit Jahren unterstützten, wird der Boden immer mehr unter den Füssen weggezogen. Sogar die Verbalakrobatik des Genfers Jacques-Simon Eggly, eines Vertrauten von Elisabeth Kopp, wirkt nicht mehr so überzeugend. Der Zweifel hat sich eingenistet. In einem Mass, dass der Bundesrat wohl oder übel gezwungen ist, einen beruhigenden Ton anzuschlagen, und versichert, alles müsse *«ans Licht gebracht werden»*.[2]

Obwohl der Bundesrat sich im Dezember einer grösseren internen Untersuchung widersetzte, willigt er im Januar in eine Administrativuntersuchung innerhalb der Bundesanwaltschaft ein. Die Presse hat mit den von ihr lancierten Angriffen den Sieg davongetragen. Der Bundesrat – unter der Führung seines neuen Präsidenten Jean-Pascal Delamuraz – musste der Sache ein Ende setzen, damit der Stimmbürger wieder Vertrauen schöpfen konnte.

Alt-Bundesgerichtspräsident Arthur Haefliger nimmt seine Arbeit kurz vor Mitte Januar auf, ohne dass Bundesanwalt Rudolf Gerber vorher beurlaubt worden wäre. Einfaches Ablenkungsmanöver? Es gibt Parlamentarier – nämlich jene, die schon im Dezember erfolglos eine Untersuchung gefordert haben –, die dies glauben. Sie befürchten, dass Arthur Haefliger, ein gutmütiger Mensch, mangels Kompetenzen nichts finden wird. Dieser Eindruck wird von Polizeibeamten bestätigt, die sich insgeheim über die Unannehmlichkeiten für den Bundesanwalt freuen, seinen möglichen Abgang jedoch bezweifeln. In Bern, in den Büros an der Taubenstrasse, wo Rudolf Gerber amtiert, versucht man mit allen Mitteln, den Urheber der Indiskretionen gegenüber dem «Le Matin» zu verfolgen und vor allen Dingen zu identifizieren.

---

[1] Seit dem 9. Dezember forderte der SP-Bundesrat Otto Stich, damals Bundespräsident, eine gründliche Untersuchung der Bundesanwaltschaft. Einer vertraulichen, aber glaubwürdigen Information zufolge fand Stich dafür nur sehr wenig Unterstützung, und einige Regierungskollegen wollten ihm klarmachen, dass eine Untersuchung unmöglich sei.

[2] Jean-Pascal Delamuraz am 26. Januar 1989 während eines Interviews mit dem welschen Fernsehen. Bundespräsident Delamuraz sprach sich sehr entschlossen für eine gründliche Aufklärung der Umstände aus, die zum Rücktritt von Elisabeth Kopp führten. Damit hatte der Waadtländer Bundesrat innert weniger Tage einen radikalen Meinungswandel vollzogen. Ende Dezember hatte er sich noch deutlich gegen eine Untersuchung ausgesprochen.

Genau in diese vergiftete Atmosphäre hinein platzt der Bericht des Ersten Staatsanwalts des Kantons Basel-Stadt, Hans Hungerbühler. Es ist mittlerweile Mittwoch, 11. Januar. Jean-Pascal Delamuraz und Arnold Koller, der eben stellvertretend das Eidgenössische Justiz- und Polizeidepartement übernommen hat, halten den Schlussbericht von Hungerbühler in ihren Händen, als sie sich am frühen Morgen in das Büro von Elisabeth Kopp begeben. Die Aussprache fällt knapp aus. Denn der Bericht Hungerbühlers ist niederschmetternder als erwartet. Noch schwerwiegender als das Leck sind die Elisabeth Kopp und zweien ihrer Mitarbeiterinnen weiter vorgeworfenen Fakten. Arnold Koller und Jean-Pascal Delamuraz halten sich nicht lange bei ihrer Kollegin auf. Die Bundesratssitzung wird ohne Elisabeth Kopp abgehalten – eine äusserst alarmierende Tatsache. Der einzige Ausweg scheint der sofortige Rücktritt zu sein.

Noch einmal klammert Elisabeth Kopp sich an. Erst am folgenden Morgen, am 12. Januar, beschliesst sie, auf den Rat ihrer engsten Mitarbeiter hin, loszulassen. Die wunderbare Rettung, auf die sie vermutlich noch immer gehofft hatte, ist nicht eingetreten. Weder Delamuraz noch Ulrich Bremi, noch Nationalrat Gilles Petitpierre können noch irgend etwas für sie tun. Am Freitag, den 13. (!) Januar, in der Abenddämmerung, der Zeit, wo man sich in den Lokalen der Berner Altstadt einen Aperitif genehmigt, verlässt sie schliesslich die Bundeshauptstadt. Als sie in den blau metallisierten Mercedes Break steigt, weint Elisabeth Kopp.

Sie fährt Richtung Zumikon.

Flecken auf der Weste Bundesanwalt Gerbers

Samstag, 14. Januar 1989. Zumikon.

Vor dem Haus der Familie Kopp stehen einige Fotografen herum, in der Hoffnung, ein schönes Bild für die morgige Zeitungsausgabe zu erhaschen. Die Menschen in Zumikon sind weder fröhlich noch traurig. Zumindest zeigen sie es nicht. Die Sonne scheint blass, das Haus der Familie Kopp ist eingemauert in Schweigen, die Storen sind heruntergelassen. Am Vormittag begab sich Elisabeth Kopp nach Zürich, um ihren Arzt zu konsultieren. Die Familie wollte einige Tage in Urlaub fahren – die drei Hunde waren bereits jemandem in Pflege gegeben worden –, doch der Gesundheitszustand der Alt-Bundesrätin lässt es nicht zu. Der Schock ist zu heftig.

Blenden wir 13 Jahre zurück. Schon einmal war Zumikon in die Schlagzeilen geraten. Und in der Geschichte, die sich damals ereignete, stossen wir erstmals auf eine zentrale Figur der Affäre Kopp: Rudolf Gerber.

Zumikon, 10. Januar 1976.

An jenem Tag verschwand eine Frau von 49 Jahren, Mutter von drei Kindern, Marie-Anne R. Am Morgen noch hatte sie zu ihrem Ehemann gesagt: *«Heute abend werde ich dir alles erzählen.»* Es sollten ihre letzten Worte an ihn sein. Ihr Mann, ein reicher Industrieller aus der Gegend, bekam nie eine Erklärung für das Geheimnis, das zwischen den beiden stand und mit Geld zu tun hatte. Seit mehreren Wochen verschwanden nämlich Schmuckstücke und Geld aus dem Safe im Wohnzimmer. Erpressung? Beziehungsdelikt? Die Fragen bleiben offen.

Die Leiche von Marie-Anne R. wurde einige Tage später, halb bekleidet, aber ohne Spuren einer sexuellen Misshandlung im Wäldchen bei Zumikon entdeckt. Tatbestand gemäss Polizeirapport: Erdrosselung.

Der letzte Mensch, der Marie-Anne R. gesehen haben soll, heisst Ginette G. Sie und Marie-Anne waren nicht unbedingt das, was man «gute Freundinnen» nennt, doch verbrachten sie recht viel Zeit zusammen – beide waren sie ja nicht berufstätig, in dieser schicken, distinguierten Vorortsgemeinde. Nachdem Ginette als Zeugin einvernommen worden war und obwohl kein Anlass dazu bestand, wurde Ginette des Verbrechens beschuldigt. Aus dem einfachen Grund, weil sie inzwischen ein Geständnis abgelegt hatte. Sie selbst bezichtigte sich des Mordes an Marie-Anne! Eine Geschichte, die sowohl glaubwürdig (da Ginette so viele Detailangaben machte, wie sie *«nur der Täter wissen konnte»*...) als auch verrückt klingt (denn von einer Einvernahme zur anderen wartete sie mit unterschiedlichen Versionen auf).

Auch heute noch wechseln die Versionen von Ginette, die nicht lange in Untersuchungshaft war, von einer Minute zu anderen völlig. Als sollte diese Flut von Aussagen dazu dienen, den Fisch zu ertränken. Und einen Fisch gibt es in der Tat. Er heisst Rudolf Gerber, Bundesanwalt. In den Jahren von 1972 bis 1976 sah man ihn häufig bei mondänen Abendgesellschaften, die die R.s in ihrer Villa abhielten, in Begleitung des Opfers.

«Das waren noch gute Zeiten...», erinnert sich der Ex-Mann von Marie-Anne und vergisst im Gespräch allmählich das Geheimnis um den Tod seiner Frau. *«Ich habe vergeblich versucht, diese Geschichte zu begreifen, es gibt so viele Unklarheiten, dass ich verrückt zu werden glaubte»*, sagt er heute. Die Akte dieses Falls wurde ihm nie ausgehändigt. Er durfte lediglich bei seinem Anwalt Einsicht in das Dossier nehmen und sich in der Zeit so viele Details wie möglich herausschreiben. Auch die vollständigen Ergebnisse der polizeilichen Ermittlungen sind ihm nicht bekannt! Doch man weiss mit Gewissheit, dass die Justiz und die Polizei höchst unterschiedliche Ansichten vertraten.

Ginette lebt heute im Tessin. Auch für sie liegt Nebel über den Dingen, wenn sie auf die Umstände des Dramas zu sprechen kommt. Das gleiche gilt für die Motive, welche die eine oder andere oder mehrere am Mordfall beteiligte Personen bewogen haben könnten, sich Marie-Annes zu entledigen. Wem war sie im Weg?

Zu diesen bereits verworrenen Rätseln gesellt sich ein weiterer dubioser Umstand. Marie-Anne hatte in einem Safe bei der Schweizerischen Kreditanstalt in Küsnacht zwei Briefumschläge hinterlegt, deren Inhalt nicht bekannt ist. Doch höchstwahrscheinlich könnten sie das Verschwinden des Schmucks und gewisser nicht unerheblicher Geldsummen aus dem Safe der Familie R. erklären. Kein anderer als Bundesanwalt Gerber soll nach dem Tod von Marie-Anne im Besitz dieser Briefumschläge gewesen sein. Er jedenfalls habe der Zürcher Polizei einen dieser Briefumschläge ausgehändigt, heisst es. – Das wiederum vereinfacht die Geschichte gar nicht!

An dieser Stelle muss betont werden, dass das «Verbrechen von Zumikon» nie aufgeklärt wurde. Nicht von ungefähr! Rudolf Gerber, der dem Opfer immerhin recht nahestand, und auch Ginette wurden von der Polizei wie auch vom Untersuchungsrichter mit Samthandschuhen angefasst. Obwohl Gerbers Aussagen zentrale Bedeutung zukam, wurde das Einvernahmeprotokoll flüchtig abgefasst. Und als zu einem wesentlich späteren Zeitpunkt, nämlich 1979, der Staatsanwalt des Kantons Zürich den Fall *«mangels rechtsgültiger Beweise»* zu den Akten legte, minderte er die Rolle des Zeugen Nummer 1 in seinem Schlussbericht soweit wie möglich herab.

Ein Zürcher Gerichtsberichterstatter schrieb damals im «Tages-Anzeiger»: *«Das Ziel des Staatsanwalts lag offenbar darin, eine furchtbar peinliche Strafuntersuchung möglichst geräuschlos unter den Teppich zu kehren.»* Und um das Verhältnis zwischen dem Untersuchungsrichter, der den Fall bearbeitete, und dem Staatsanwalt, der ihn zu den Akten legte, zu erläutern, schrieb derselbe Berichterstatter, der Schlussbericht erwecke den Eindruck, dass der Untersuchungsrichter *«persönlich mit dem ‹Abwürgen› des Verfahrens nicht einverstanden war, aber wusste, dass die Staatsanwaltschaft auf ein öffentliches Gerichtsverfahren wenig erpicht war»*.

Im Klartext: Die Untersuchung des «Verbrechens von Zumikon» sollte Rudolf Gerber schützen. Das geschah.

Denn die Rolle, die Rudolf Gerber spielte, scheint zumindest merkwürdig zu sein. Hier einige Hinweise, die ganz klar zeigen, dass seine Rolle sich nicht auf «flüchtige, sporadische Begegnungen» mit dem Opfer und mit Ginette beschränkte. So fand man heraus, dass Rudolf Gerber Marie-Anne in den vier Tagen vor ihrem Verschwinden mindestens zweimal angerufen hatte. Nach den Worten des Ehemanns des Opfers kam Rudolf Gerber häufig nach Zumikon.

Weiter: Nachdem Ginette vom Tod ihrer Freundin erfahren hatte, beeilte sie sich sehr, Rudolf Gerber anzurufen. Mitten in der Nacht und bei ihm zu Hause! Sicher beweist dies nichts, weder in bezug auf eine eventuelle Rolle, die der Bundesanwalt gespielt hat, noch in bezug auf seine Beziehungen zum

20

8.3.2 Erpressbarkeit von Bundesanwalt Rudolf Gerber?

Bundesanwalt Rudolf Gerber war mit der ermordeten Frau R. befreundet. Im Rahmen der Strafuntersuchung wurde Bundesanwalt Rudolf Gerber als Zeuge befragt. Die Untersuchung, die in fortgeschrittenem Stadium von Bezirksanwalt Walter Koeferli übernommen wurde, verlief indessen ergebnislos. Das Verhältnis von Bundesanwalt Rudolf Gerber mit dem Mordopfer und die Tatsache, dass er auch mit einer Tatverdächtigen Kontakte hatte, führten zu Spekulationen über eine besondere Verwundbarkeit oder allenfalls sogar Erpressbarkeit des Bundesanwalts.

Eine Delegation der PUK sprach bei der Staatsanwaltschaft in Zürich vor und nahm Einblick in die Akten der Strafuntersuchung R. Aktenstücke, die einen Bezug zur Person des Bundesanwalts aufweisen, befinden sich bei den PUK-Akten. Sodann wurden verschiedene Personen im Rahmen der Anhörungen zu möglichen Auswirkungen des Falls R. befragt.

Würdigung

Trotz eines anfänglichen, später aber widerrufenen Geständnisses einer Tatverdächtigen wurde das Strafverfahren sistiert, d. h. es wurde keine Anklage vor Geschworenengericht erhoben. Motiv für die Sistierung des Strafverfahrens war in allererster Linie die heikle Beweislage für die Staatsanwaltschaft, nachdem der erste untersuchende Bezirksanwalt den Fall mangelhaft geführt hatte. Ob die Tatsache, dass der Bundesanwalt bei einer Sistierung um die öffentliche Zeugenaussage über sein Verhältnis mit der Ermordeten kam, für die Sistierung indirekt auch eine Rolle spielte, kann naturgemäss nicht festgestellt werden. Eine Anklage und das damit verbundene Verfahren vor Geschworenengericht wäre für den Bundesanwalt freilich äusserst unangenehm gewesen. Uebereinstimmung besteht bei allen angehörten Personen darin, dass die Verwicklungen in den Mordfall R. dem Ansehen des Bundesanwaltes abträglich waren. Es fehlen aber Anhaltspunkte dafür, dass er durch diesen Fall tatsächlich erpressbar geworden wäre.

Mit Rudolf Gerbers Verwicklung in den Mordfall R. hat sich auch die Parlamentarische Untersuchungskommission befasst, wie dieser Ausschnitt aus dem PUK-Bericht (Seite 151) zeigt.

Opfer, aber es zeigt immerhin, dass zwischen diesen drei Personen offensichtlich ein sehr naher Kontakt bestanden haben muss.

Die Worte Ginettes, als sie Rudolf Gerber kurz nach dem Drama anrief, sind noch rätselhafter. Sie soll zum Bundesanwalt gesagt haben: *«Das Tagebuch von Marie-Anne ist verschwunden.»*

Doch weder Ginette noch Marie-Annes Ehemann haben eine Erklärung für dieses Kapitel der Geschichte. Und was den Untersuchungsrichter betrifft, so hat er bei der Abklärung des Falls offenbar nicht danach gefragt, so dass diese immerhin bedeutungsvollen Einzelheiten sorgfältig ausgeklammert wurden. Und wurde ein «Geheimnis» nicht schon im Lauf der Untersuchung sorgfältig verschleiert, so besorgte dies spätestens die Staatsanwaltschaft. Die Unterlagen sind heute immer noch ebenso geheim wie zur Zeit der Ereignisse.

Wenn diese Geschichte hier erzählt wird, dann deshalb, weil sie hierher gehört. Auch dieses Drama ist Teil eines Ganzen. Es bedurfte erst der Affäre Kopp und des Verhaltens von Rudolf Gerber dabei, bis man sich über seine Vergangenheit Fragen zu stellen begann. Es überrascht nicht, dass es im Gefolge der Affäre Kopp auch eine Affäre Gerber gibt und Rudolf Gerber schliesslich sein Amt quittieren musste. Der geheimnisumwitterte Bundesanwalt Gerber, der Informationen über nahezu eine Million Schweizer sammelte, besonders wenn sie eine militante, linke Vergangenheit hatten oder ganz einfach Reisen in Ostblockländer unternahmen, ist ein Mann von äusserster Diskretion – dabei ist er es, der einiges zu verbergen hat.

Hinter diesem Mann mit der eisernen Maske und der eher ordinären Ausdrucksweise (sagen jene, die mit ihm zu tun hatten) verbirgt sich eine politische Strategie. Das Verbrechen von Zumikon musste wieder ans Tageslicht gezerrt werden, um verständlich zu machen, dass ein Mann in der Position von Rudolf Gerber allenfalls hätte erpressbar sein können.

Elisabeth Kopp setzte sich auf ein Minenfeld

Im Jahre 1973 schlug Kurt Furgler, kurz bevor er das Eidgenössische Justiz- und Polizeidepartement übernahm, Rudolf Gerber als Bundesanwalt vor. Furgler wünschte sich einen Mann mit eiserner Faust, aber flexibel sollte er sein: aussen harte Schale, innen weicher Kern. Denn Furgler, Abkömmling einer bedeutenden katholischen Familie aus St. Gallen, hatte ganz klare Vorstellungen davon, wie er seine Machtbefugnisse einzusetzen gedachte. Zweifellos hätte er das Eidgenössische Militärdepartement vorgezogen und in zweiter Linie das Eidgenössische Departement für Auswärtige Angelegenheiten, doch seine Kollegen übertrugen ihm diese von ihm so sehr begehrte Rolle, für die er wie massgeschneidert erschien, nicht.

Kaum befand sich Furgler an der Spitze des EJPD, das zu diesem Zeitpunkt gerade mit der Armee und dem Nachrichtendienst in harter Auseinandersetzung lag, wurde er zum bevorzugten Zeugen, wenn nicht zum Akteur zahlreicher Episoden, deren Hauptmerkmal nicht unbedingt die Klarheit ist: Die Affäre Jeanmaire, die Affäre Lüthi, die Affäre Bachmann – all diese Geschichten (und noch viele andere mehr) ereigneten sich während seiner Amtszeit. Es ist der Beginn einer Ära von Intrigen, die sich über mehr als zehn Jahre hinzog.

Als Elisabeth Kopp 1984 bei ihrem Amtsantritt von Rudolf Friedrich das EJPD erbte, das ihr übrigens von ihrem St. Galler Kollegen wärmstens ans Herz gelegt worden war, setzte sie sich auf ein Minenfeld. Minen, die einige ihrer bundesrätlichen Kollegen sorgfältig ignoriert hatten.

Furgler und Gerber waren während Jahren wie siamesische Zwillinge. Beide hegten sie dieselbe Verachtung für den Osten, pflegten einen ins Extreme gesteigerten Antikommunismus, hatten dasselbe natürliche Faible für den amerikanischen Freund. In den Jahren von 1975 bis 1980 beteiligten sich Furgler und Gerber aktiv an der Umstrukturierung des Geheimdienstes, genossen verschiedentlich Unterstützung aus dem Ausland und boten als Gegenleistung ihre Dienste an.

Für den Durchschnittsbürger kommt den Jahren 1975 bis 1980 keine grosse Bedeutung zu. In der Schweiz ist alles friedlich, und niemand, zumindest scheinbar niemand, merkt, dass unser Land an einem Wendepunkt angelangt ist. Wo gehobelt wird, fallen Späne, und hinter der Idylle ist der Boden mit Spänen übersät.

Da Ende der siebziger Jahre niemand den Mut aufbrachte, Ordnung zu schaffen[1], musste Elisabeth Kopp als einzige und erste den Kopf hinhalten. Mit der Affäre Kopp versteht man besser, dass gewisse Personen, wie zum Beispiel Jean-Pascal Delamuraz oder Ulrich Bremi, nicht unbedingt darauf erpicht waren, Einblick in diese Vorgänge zu gewähren, da sie sie nämlich zu gut kannten.

Eine beträchtliche Anzahl Insider hatte in der Tat gehofft, die Ausbreitung der Katastrophe dadurch zu verhindern, dass Frau Kopp «ausgeschaltet» wurde. Die Neugier der Journalisten sowie das ausgeprägte Malaise im Polizeiwesen waren die explosiven Ingredienzien im Fortgang der Affäre. Und nicht einmal der erzwungene Rücktritt von Rudolf Gerber zeitigte die erhoffte Wirkung: Die Wogen der Unruhe glätteten sich nicht. Die Diskreditierung einer breiten Schicht von Politikern war die natürliche Folge.

---

[1] Die Affären Jeanmaire, Bachmann und Weidenmann namentlich zeigten den Mangel der politischen Kontrolle. Vgl. dazu die Seiten 305 ff.

Der Alptraum der Untersuchungskommission

Anfang 1989 wird eine Parlamentarische Untersuchungskommission (PUK) damit beauftragt, die Situation in der Bundesanwaltschaft zu analysieren.[1] Scheinbar handelt es sich dabei um ein einfaches Mandat, um eine Art institutioneller Analyse, die jeder Soziologe mühelos durchführen könnte. Um sicherzustellen, dass nicht irgendein Geheimnis preisgegeben wird – in diesem Bereich wird manchmal die Staatssicherheit tangiert –, verschanzt sich die Kommission hinter absolutem Schweigen. Nichts sickert durch.

Bei allem offenkundigen Interesse an dieser Aufgabe sieht sich die Kommission zunehmend überfordert. Der Traum («der Demokratie zu dienen») verwandelt sich im Lauf der Befragungen in einen wahren Alptraum. Denn die sich häufenden Fakten lassen höchst gravierende Lücken erahnen, Verstrickungen auf hoher Ebene sowie eine ganze Reihe von schweren Vorwürfen, die sich nicht mit Detailreformen aus der Welt schaffen lassen. Die Politiker hätten die sanfte der harten Version vorgezogen. Sie glaubten, das Übel habe lediglich die Oberfläche befallen und es sei ihm daher mit homöopathischen Dosen beizukommen. Als sie den Vorhang zurückzogen, hinter dem unsere Polizei und andere Beamtenkorps dösten, wurden die Parlamentarier von immer unerhörteren Informationen überflutet.

Es gilt, zehn Jahre Schweizer Geschichte umzuschreiben. Zehn höchst trübe Jahre.

Doch fangen wir am eigentlichen Ende an. Zunächst bei den polizeilichen Ermittlungen, die nach und nach zur berüchtigten, sogenannten Libanon-Connection führten – Teil eines immensen, über die Schweiz ausgespannten Mafia-Netzes. Die Libanon-Connection fiel nicht aus heiterem Himmel. Wie kam es dazu? Zu welchem Zeitpunkt hätte sie zerschlagen werden können? Und weshalb müssen die Gebrüder Magharian und später Elisabeth Kopp (über ihren Mann) die Zeche allein bezahlen?

Die Leser mögen uns diesen gewaltigen Exkurs verzeihen. Um jedoch die Hintergründe des Drogenhandels zu erörtern, kommen wir nicht umhin, seine Geschichte chronologisch aufzurollen.

---

[1] Am 22. November 1989 legte sie ihren Bericht vor: «Vorkommnisse im EJPD, Bericht der Parlamentarischen Untersuchungskommission (PUK), 89.006» (nachfolgend zitiert als PUK-Bericht).

24

Libanon-Connection

Erste Grossoffensive der Justiz gegen die Geldwäscherei

Als Dick Marty am 21. Februar 1987 in Bellinzona zum spektakulären Schlag gegen die Libanon-Connection ausholte und 100 Kilo Heroin beschlagnahmen liess, ahnte er nicht im Traum, dass am Ende der Libanon-Connection der Sturz von Bundesrätin Elisabeth Kopp und der Rücktritt des Bundesanwaltes Rudolf Gerber stehen würden. Dick Marty war vielmehr überzeugt, dass seine Ermittlungen diesmal bis zur Spitze der Drogenorganisation vorstossen würden. Er sollte sich aber schwer täuschen. Durch ein Leck in der Zürcher Justiz wurde vorzeitig publik, dass in Zürich mehrere Firmen dringend als Waschanstalten von Drogengeldern im Verdacht standen, u. a. auch die «Shakarchi Trading», in deren Verwaltungsrat Hans W. Kopp sass. Diese Indiskretion der Zürcher Justiz bedeutete das vorzeitige Ende der «Operation Eiger». Dick Marty musste sich mit den Wasserträgern der Libanon-Connection begnügen und liess in Zürich die Gebrüder Magharian verhaften.

100 Kilo Heroin auf einen Streich!

Am 21. Februar 1987 beschlagnahmt die Tessiner Polizei einen türkischen Lastwagen mit einer Ladung Morphinbase und Heroin. Damit nimmt die Affäre Kopp ihren Anfang.

Durch die Verknüpfung der einzelnen Fäden, die zu den Geldwäschern führen, stossen die nolens volens von der Bundespolizei und der Polizei einzelner Kantone unterstützten Tessiner Rauschgiftfahnder auf die Gebrüder Magharian. Schliesslich auf die *Shakarchi Trading* in Zürich, deren Verwaltungsrats-Vizepräsident Hans W. Kopp, der Ehemann von Bundesrätin Elisabeth Kopp, Vorsteherin des Eidgenössischen Justiz- und Polizeidepartements, ist. Das ist das Ergebnis der «Operation Eiger» sowie zwei Jahre dauernder Ermittlungen.

Alles beginnt im Juni 1986 im Tessin. Ein Devisenhändler aus Chiasso namens Adriano Corti wird von einem merkwürdigen Textilhändler aus Lugano namens Gaetano Petraglia kontaktiert. Petraglia wendet sich an Corti, weil er glaubt, dieser sei ein Schieber von Format, der über solide Verbindungen verfüge. Hatte Corti denn nicht alle Anklagen, die im Rahmen der Pizza-Connection gegen ihn erhoben worden waren, unbeschadet überstanden? Petraglia ist auf der Suche nach einem Kanal, um *«einige hundert Kilo Ware»*, wie er sagt, *«im nordamerikanischen Mafia-Milieu absetzen zu können.»*

Dass ausgerechnet Petraglia mit diesem Ansinnen an ihn herantritt, erstaunt Corti. Dieser ungeschliffene Händler aus Lugano sieht nicht wie ein Zwischenhändler aus, schon gar nicht für derartige Mengen. Doch Petraglia beruhigt Corti schnell: Er spiele nur die Rolle eines Kontaktmanns in einem italienisch-türkischen Netz.

Corti ruft unverzüglich die Tessiner Polizei an. In Italien im Zusammenhang mit der Pizza-Connection verurteilt, aber von der Tessiner Staatsanwaltschaft reingewaschen, hegt der Devisenhändler aus Chiasso nicht die geringste Absicht, sich erneut auf zweifelhafte Geschäfte einzulassen. Dies um so weniger, als die Tessiner Justiz noch nicht endgültig über sein Schicksal befunden hat. Es ist daher ein zur Bekämpfung des Drogenhandels zweifach motivierter Corti, der sich an das Drogendezernat des Kantons Tessin wendet. Denn zudem hegt er einen alten Groll gegen die *Schweizerische Kreditanstalt* in Chiasso und gegen einen ihrer ehemaligen Direktoren wegen der Rolle, die er in der besagten Pizza-Connection gespielt hat. Die Bank hatte ihn damals in eine Falle gelockt. Um zu verhindern, selbst in die Affäre hineingezogen zu werden, hatte die Filiale der *SKA* nämlich die kleinen Wechselstuben vorgeschoben: Auf diese Weise war das Geld geschickt vorgewaschen worden, bevor die Bank damit zu tun hatte.

Die getarnte Untersuchung

Was die Tessiner Polizei angeht, so hat sie genug davon, Akte um Akte über Schieber zu stapeln, nur um dann zusehen zu müssen, wie sie anschliessend im Nebel der Justiz untergehen. An der Grenze zu Italien gelegen, hat das Tessin die ganze Entwicklungsgeschichte des Schmuggels miterlebt, von den Zigaretten über Whisky, Waffen bis zum schmutzigen Geld, ganz abgesehen von Entführungen und Korruption. Es sind kolossale Summen, die die italienische Mafia in der Schweiz gewaschen hat. Die Drogengelder wandern selbstverständlich durch dieselben Kanäle: illegal über die Grenze, in kleine Wechselstuben und dann in die Filialen der einzelnen Banken. Ein klassisches Schema, das im Lauf von zehn Jahren ein gutes Dutzend Finanzinstitute in Misskredit gebracht hat.

Das Tessiner Polizeiteam, das sich Cortis Geschichte anhört, ist sich sofort darüber im klaren, was zu gewinnen wäre, wenn es einen Agenten ins Netz einschleusen könnte. Bleibt noch, Bern von diesem Unterfangen zu überzeugen, wo man solchen Methoden nicht unbedingt geneigt ist. Der Chef des Zentralpolizeibüros, heute bei einem grossen Schweizer Bierbrauunternehmen tätig, gibt vage Versprechen. Die Geschichte überfordert ihn offensichtlich, noch bevor sie ihren Anfang genommen hat.

Bereits nach der zweiten Kontaktnahme mit Corti gibt Petraglia Näheres über seine Lieferanten bekannt: Er erwähnt einen in verschiedenen Milieus im Tessin bekannten Italiener namens Nicola Giulietti sowie einen noch berühmteren Türken namens Haci Mirza.

Die von den Tessinern in die Sache eingeweihten Ermittlungsbeamten der amerikanischen Drogenpolizei DEA bekunden ihrerseits grösstes Interesse an der Geschichte. Der Name Haci Mirza ist in ihren Dossiers denn auch seit langem mit dem Namen Bekir Celenk verknüpft, einem der Grossen des Waffenschmuggels, der insbesondere im Verdacht steht, Ali Agça für das Attentat auf Papst Johannes Paul II. bezahlt zu haben.[1] Obwohl an diesen Ermittlungen interessiert, bezweifelt die DEA, Mirza in flagranti festnehmen zu können. Die Experten wähnen ihn «in Sicherheit», glauben, er habe nichts mit den rein materiellen Angelegenheiten zu tun.

Obwohl die Bundesanwaltschaft gegenüber Infiltrationsmethoden sehr zurückhaltend ist, erteilt sie ihre Zustimmung. Zu dieser Zeit waren die Polizeibehörden mit ihren Auseinandersetzungen an einem kritischen Punkt angelangt. Die Bundesbeamten genossen in den Kantonen, in denen sie ihre Tätigkeit ausübten, nur noch begrenzt Vertrauen, und die kantonalen Polizeistellen beklagten sich offen über die Laxheit des Bundes in bezug auf die

---

[1] Siehe Kapitel «Heroin und Waffen...», Seite 123–127.

Drogenproblematik, über den Mangel an Koordination, an Mitteln und an politischem Willen.

Das erste Treffen zwischen Corti und Giulietti findet am 24. Juni 1986 im Büro von Adriano Corti in Chiasso statt. Giulietti erklärt, er müsse einen Geldverlust wettmachen, den er bei einem früheren Geschäft mit Nunzio La Mattina und Luigi Vozza erlitten habe, zwei berühmten Mitgliedern der sizilianischen Mafia.[1] Die Italiener, so Giulietti, hätten es unterlassen, ihm rund vier bis fünf Millionen Dollar Kommission für einen auf die frühen achtziger Jahre zurückgehenden Heroinschmuggel zu bezahlen. Giulietti versucht, Corti auf die Probe zu stellen, scheint jedoch schnell Vertrauen zu fassen. Dann eröffnet er ihm, er arbeite für Haci Mirza und dessen Komplizen.

Bei dieser ersten Unterredung geht es um etwa 400 Kilogramm Heroin iranischer Herkunft.

Von Juni bis Juli 1986 finden im Tessin mehrere Kontaktgespräche statt. Die Prämissen sind gut. Corti braucht nicht lange, um Giulietti zufriedenzustellen: Er macht ihn mit Sam de Rosa, einem der Bosse der New Yorker Mafia bekannt. In Tat und Wahrheit ist Sam, der den Übernamen «der Blonde» trägt, ein besonders für Einschleusungsaktionen geschulter DEA-Agent. Giulietti schöpft keinerlei Verdacht. Dabei bestand durchaus ein Risiko, denn der amerikanische, in Italien postierte Agent wohnte in Mailand, weniger als zweihundert Meter von Giuliettis Appartement entfernt. *«Einmal, im Sommer 1986, begegnete Sam dem italienischen Schwarzhändler zufällig auf der Strasse. Aber Giulietti bemerkte ihn nicht. Ein anderes Mal befand sich der Amerikaner in einem Laden, während Giulietti und seine Frau die Auslage betrachteten...»*, erzählt einer der Protagonisten dieser getarnten Untersuchung, um zu betonen, wie Chancen und Risiken bei solchen Aktionen verteilt sind.

Bald schon unterhält man sich über den Ablauf der Operation. Aus Sicherheitsgründen haben die Lieferanten geplant, ihre Ware nicht in die Schweiz zu bringen. Sie wollen sie vielmehr auf einem Schiff auf dem Meer zwischen der Türkei und Spanien übergeben. Dies war Mirzas übliches Vorgehen, das zudem von der Mehrheit der grossen Drogenhändler angewandt wird. Die internationalen Gewässer ausserhalb der staatlichen Hoheitsgebiete eignen sich hervorragend für diese Art von Treffen. Doch die Käufer, Corti und Sam, sind dagegen. Begreiflicherweise, bestand doch die gesamte Inszenierung der Agenten darin, die Drogenhändler auf schweizerisches Territorium zu locken. Auf See hat die schweizerische Polizei keinerlei Befugnisse.

Das Hauptanliegen der Händler ist natürlich ein finanzielles. Mirza und Giulietti wollen denn auch Garantien. Corti und Sam beschwichtigen sie. Sie zeigen ihnen eine im Safe einer Zürcher Bank deponierte Summe von mehr

---

[1] Zu Nunzio La Mattina siehe Kapitel «Vom Tabak zum Heroin», Seite 108 ff.

als zwei Millionen Franken. Diese war das Ergebnis einer «Kollekte» bei der amerikanischen DEA, der Bundesanwaltschaft und bei mehreren kantonalen Polizeidienststellen! Beim Anblick von soviel Geld wird Giulietti ganz aufgeregt. Mirza ebenfalls, der kurz zuvor tausend Kilogramm Heroin ins offene Meer geworfen hatte, weil das Treffen mit den Käufern nicht nach Plan verlaufen war. Dies war zumindest seine spätere Erklärung Sam gegenüber, als er ihm erzählte, das Lieferantenschiff habe einen Vorsprung auf das der Käufer gehabt. Als sich ihnen, eine halbe Stunde zu spät, ein Schnellboot näherte, bekam es das Team von Mirza mit der Angst zu tun und befürchtete eine Falle. Mirza liess die tausend Kilo weisses Pulver über Bord werfen, sehr zum Leidwesen der zu spät Gekommenen!

Waffen für den Iran

Auf der anderen Seite der Bühne, in der Nähe von Istanbul, setzt Mirza sich mit mehr Nachdruck ein. Als grosser, in alle möglichen illegalen Geschäfte verwickelter Waffenschmuggler vergisst er seine scheinbare Abneigung gegen ein erneutes Heroingeschäft. Er versucht, sich gute Ware zu beschaffen. Sein Stammlieferant ist ein bereits ziemlich bekannter Iraner namens Ali Sirazi, der offenbar die Protektion der Ayatollah-Regierung geniesst. In den Dossiers der DEA taucht der Name Ali Sirazi mehrere Male auf. Die Polizeibeamten, sehr zufrieden, näher an Mirza heranzukommen, bekunden ein noch lebhafteres Interesse für Sirazi.

Mitte Juli 1986 erklärt Giulietti, die iranische Regierung sei an der Beschaffung einer grossen Menge Waffen interessiert: Raketen, Panzer, Pistolen und Munition jeder Gattung. Der Krieg zwischen Iran und Irak kostet viel Geld. Der Austausch von Drogen gegen Waffen ist die klassische Finanzierungsart. Sam und Corti hören den Enthüllungen des Italieners mit grosser Aufmerksamkeit zu. Dieser ist sehr gut informiert und weist auf die Rolle des amerikanischen, israelischen und deutschen Geheimdienstes bei der Lieferung von Waffen in den Nahen Osten hin. Das war, wie gesagt, im Juli 1986. Giulietti kündigte die Irangate-Affäre an, ein paar Monate, bevor der Skandal in den Vereinigten Staaten wirklich ausbrach...[1] Ein Zeichen, dass er nicht bluffte!

---

[1]   Anfang November 1986 enthüllte die in West-Beirut erscheinende Wochenzeitschrift Al Shiraa: Eine fünfköpfige amerikanische Delegation, angeführt von Robert McFarlane, ehemaliges Mitglied des Nationalen Sicherheitsrates, habe sich heimlich nach Teheran begeben, um dort über die im Libanon festgehaltenen amerikanischen Geiseln zu verhandeln. Dieser Al-Shiraa-Bericht löste eine Reihe von weiteren Enthüllungen über illegale amerikanische Waffenlieferungen an den Iran aus. Dieser Skandal ging in die Geschichte ein als Irangate, so benannt in Anlehnung an die berühmte Watergate-Affäre, die zum Sturz von Präsident Nixon geführt hatte.

(Siehe dazu auch die Seiten 240 und 258 f. dieses Buches.) Er versichert wiederholt, er habe Kontakte zu Ali Rafsandschani und den Ministern von Khomeini, und betont auch, Khomeinis Sohn seien Waffen- und Drogengeschäfte keineswegs fremd. Sam, der für die DEA, die oft in Konkurrenz zur CIA steht, arbeitet, scheint ein ganz besonderes Interesse an diesen Aussagen zu bekunden.

Corti versucht, auf allerhöchster Ebene zu verhandeln, wobei er stets als getarnter Agent auftritt. Ende Juli begeben sich infolge dieser Kontakte Sam der Blonde sowie ein Tessiner Polizeibeamter, der Chef der Operation, die übrigens seinen Namen trägt, nach Istanbul.

Die Begegnung zwischen Mirza, Giulietti, dem Tessiner Polizeibeamten und Sam dem Blonden verläuft sehr herzlich. Sam ist ein höchst charmanter Agent; er gewinnt denn auch bald das völlige Vertrauen von Mirza. In einem Mass, dass Mirza eines Abends beim Verlassen eines Restaurants am Bosporus sogar den Amerikaner zu fragen wagt, ob er *«sich bezüglich Giuliettis ganz sicher sei und ob der Italiener nicht ein DEA-Agent sei...»* [1]

Sam lächelt und beruhigt den Türken. Verkehrte Welt!

In Istanbul geht es bei den Verhandlungen nur noch um Einzelheiten hinsichtlich des Transportwegs der Ware und ihrer Bezahlung. Dennoch bringt der Aufenthalt in der Türkei den eingeschleusten Käufern eine Reihe wichtiger Informationen. Kaum sind die beiden verdeckten Drogenfahnder im Hotel bei Mirza, wird diesem ein Telefonanruf durchgestellt und ihm mitgeteilt, am Flughafen seien zwei Schweizer Polizisten gesehen worden. Auf die Frage, wie Mirza zu solchen Informationen komme, antwortete Giulietti schlicht und nicht ohne Stolz: *«Den Polizeichef des Rauschgiftdezernates von Istanbul haben wir auch auf unserer Lohnliste.»* [2] Mirza selbstverständlich hätte sich diese vertrauliche und überflüssige Angeberei ganz im Gegensatz zu seinem jungen Partner Giulietti versagt. Die beiden Drogenfahnder hatten geahnt, dass auf die türkische Polizei womöglich kein Verlass war. Aus Gründen der Sicherheit hatten sie deshalb die türkische Polizei über ihre Ankunft in Istanbul belogen. Die beiden Drogenfahnder hatten ihre Ankunft den türkischen Behörden offiziell gemeldet, aber mit falschem Datum.[3] In Tat und Wahrheit waren sie zum

---

[1] Rapporto preliminario di Polizia Giudiziaria vom 19. Februar 1988, S. 10.
[2] Ebenda.
[3] Ohne offizielle Bewilligung darf keine Behörde in einem anderen Land ermitteln. Die beiden Drogenfahnder mussten sich deshalb natürlich anmelden. Es kommt allerdings immer wieder vor, dass sich Polizisten oder Richter nicht an dieses international geltende Recht halten. So wurden im Tessin zwei italienische Beamte verhaftet, die im Rahmen der Affären rund um die Ambrosiano-Bank ohne Wissen der Schweizer Behörden Ermittlungen anstellten. Und weil französische Zöllner Devisenschmugglern bis in die Schweiz nachstellten, wurden sogar die guten Beziehungen zwischen Bern und Paris nachhaltig gestört.

Zeitpunkt der offiziellen Einreise längst in Istanbul bei Mirza, jedoch unter falschen Namen. Diese Lüge hat den beiden verdeckten Fahndern ziemlich sicher das Leben gerettet. Hätten sie der türkischen Polizei klaren Wein eingeschenkt, hätte Mirza gewusst, dass die beiden Drogenkäufer in Tat und Wahrheit Polizisten waren. Wie der Drogenboss Mirza darauf reagiert hätte, lässt sich leicht vorstellen.

Bei diesem Treffen in Istanbul scheinen Mirza und Giulietti es eilig zu haben. Der Türke hat gerade einen weiteren Geldverlust erlitten, und zwar wegen des Konkurses einer Futtermittelfirma. Giulietti seinerseits, kaufmännisch zwar sehr begabt, lässt unerhörte Summen springen und hat eben rund 100 000 Dollar in seiner kleinen Mailänder Firma verloren. Die beiden Männer stehen unter dem Druck, sich raschmöglichst zu sanieren. Sam und der Tessiner kehren in die Schweiz zurück, überzeugt, dass die Affäre nun ihren Lauf nehmen würde.

Kurz darauf bestätigt Giulietti telefonisch – wie vereinbart –, er sei in der Lage, Muster der Ware nach Zürich zu bringen. Die Polizei wartet. Am 23. August 1986 trifft Giulietti mit dem Swissair-Flug 327 aus Istanbul ein und überreicht Corti eine erste Partie, die – gemäss vom Bundesamt für Gesundheitswesen in Bern durchgeführter Analyse – von erbärmlicher Qualität ist. Eine List. Um Zeit zu gewinnen, täuscht Corti Verärgerung vor. In Wirklichkeit will die Polizei nicht, dass Mirza aus dem Geschäft ausgeschaltet wird. In diesem Stadium der Ermittlungen gibt sie sich nicht mehr damit zufrieden, nur Giulietti festzunehmen. Giulietti reist unverzüglich nach Istanbul zurück, um besseren Stoff aufzutreiben. Er schickt Mirza erneut los.

Am 10. September 1986 kommt Giulietti wieder nach Zürich, und zwar mit 50 Gramm Morphinbase – diesmal von hervorragender Qualität –, nicht ohne beim Verlassen der Türkei noch einen Schrecken erlebt zu haben. Am Abend vor seinem Abflug wurde ein Anschlag auf die Synagoge von Istanbul verübt, und die Zöllner am Flughafen waren nervös. Auf der Suche nach einem Terroristen unterzogen sie jeden Passagier einer Leibesvisitation; dabei fanden sie Giuliettis Drogenmuster, versteckt in einer Dose mit türkischen Süssigkeiten. Wieder einmal verstand es Mirza, alles ins Lot zu bringen – mit einem einfachen Anruf beim Polizeichef!

In der Zeit von Oktober bis November tritt eine kleine Flaute in der ganzen Angelegenheit ein. Damit seine Kunden die Geduld nicht verlieren, verspricht Giulietti eine Lieferung von 15 Kilo Heroin. Er weist auf seine ausgezeichneten Kontakte zur iranischen Führungsspitze hin, insbesondere zu Premierminister Ali Rafsandschani, und erklärt: Die 15 Kilo Heroin würden per diplomatischen Kurier von der Bundesrepublik Deutschland nach Bern in die iranische Botschaft gebracht. Die Ware werde voraussichtlich am 15. oder

16. Dezember (1986), spätestens aber am 17. Dezember in Bern sein.[1] Aus dem Tessiner Polizeibericht geht allerdings nicht hervor, ob das Heroin tatsächlich in die iranische Botschaft gebracht wurde. Ausgerechnet an jenem 15. Dezember, als die 15 Kilo Heroin geliefert werden sollten, gaben iranische Oppositionelle in Bern eine Pressekonferenz. Sie denunzierten die iranische Botschaft als Drogendepot und beschuldigten iranische Diplomaten, sie würden mit Drogen Waffen einkaufen. Wenige Tage nach dieser Pressekonferenz erklärte uns die Pressestelle der Bundesanwaltschaft: *«Wir sind den Vorwürfen nachgegangen, konnten aber nichts finden. Die Behauptungen der iranischen Oppositionellen entbehren jeder Grundlage und müssen wohl als politische Propaganda eingestuft werden.»* In Polizeiermittlungen taucht die Adresse der iranischen Botschaft in Bern immer wieder im Zusammenhang mit illegalen Waffen- oder Drogengeschäften auf.[2] Die Schweizer Behörden haben diese ungewöhnliche Auslegung diplomatischer Aktivitäten der Iraner in Bern stillschweigend hingenommen.

Die Falle schnappt zu – ein Ende wie im Action-Film

Im Januar überstürzen sich dann die Dinge. Die Händler legen noch mehr Hast an den Tag. Von Mailand aus, wo Mirza die nötigen Einreisepapiere für die Schweiz erhält – er darf den helvetischen Boden wegen früherer Affären nicht betreten –, kommt er in Begleitung von Giulietti nach Lugano. Die beiden Männer steigen im Hotel Excelsior ab. Sam und Corti begeben sich ebenfalls dorthin. Die Operation nähert sich ihrem Ende. Bleibt noch, Mirza davon zu überzeugen, dass das Labor, das die Ware weiterverarbeitet, gute Arbeit leistet.

Hinein ins Auto! Corti sitzt am Steuer des Range Rovers, Sam zu seiner Rechten und Mirza und Giulietti im Fond. Sie tragen eine Augenbinde, damit sie die Örtlichkeiten nicht wiedererkennen. Reine Inszenierung! Corti fährt über eine Stunde lang in der Gegend von Bellinzona herum, um die beiden zu verwirren. Mirza zeigt sich leicht beunruhigt. Er sagt zu Giulietti: *«Genau so entledigt sich die CIA ihrer Störenfriede ...»* Corti, der Fahrzeuglenker, hört diese Bemerkung trotz Radio und flüstert Sam zu: *«Antworte ihm, dass die DEA nicht wie die CIA vorgeht!»* Sam findet keinen Gefallen an dieser Art von Humor. Die Nacht bricht herein. Der Range Rover trifft im Dörfchen Roveredo ein, einige Kilometer vom San Bernardino entfernt. Hier warten im Keller eines gemieteten Hauses etwa ein halbes Dutzend als Chemiker verkleidete Polizeibe-

---

[1] Rapporto preliminario der Tessiner Kantonspolizei vom 19. Februar 1988, S. 19.
[2] Siehe auch die Seiten 236 ff. dieses Buches.

amte. Sie haben das fingierte Labor installiert, das die beiden täuschen soll. Das ist nicht besonders schwierig, da die Polizei das Material verwendet, das sie einige Monate zuvor in einem Chalet in Les Paccots im Kanton Freiburg beschlagnahmt hat.[1] Gelbe Lampen, Destillierkolben, geschäftige Chemiker – die Inszenierung ist perfekt. Diesmal steht der Operation nichts mehr im Weg. Mirza zeigt sich hocherfreut.

Am 9. Januar bestätigen Mirza und Giulietti, die Lieferung erfolge per TIR-Lastwagen, der Istanbul demnächst verlasse. Die Iraner, vor allem Ali Sirazi, würden die Ware bereithalten.

Im Lauf einiger Gespräche, die im Januar stattfinden, kommt Giulietti erneut auf das Waffengeschäft zu sprechen. Er weist insbesondere auf ein kolossales Geschäft in der Höhe von 1,2 Milliarden Schweizer Franken hin, das mit dem Kauf von 50 Panzerabwehrbatterien vom Typ «Oerlikon GDF 005» zu machen wäre. Er versichert, er könne dieses Geschäft teilweise mit Heroin und Morphinbase finanzieren. Er schlägt 3000 Kilo vor![2] Zur selben Zeit, nämlich im Januar 1987, reist Mirza zwischen der Bundesrepublik und Österreich hin und her, auch er auf der Suche nach Waffengeschäften zugunsten der iranischen Regierung, die mehr denn je Waffenbedarf hat.

Am 12. Februar verlässt der TIR-Lastwagen Istanbul mit der wertvollen Fuhre. Offiziell transportiert er Glasplatten für eine Firma in der Region von Biel. Im allerletzten Moment mussten die türkischen Spediteure auf den geplanten Transport von Haselnüssen verzichten. Zu jenem Zeitpunkt waren die Zollbeamten Haselnüssen gegenüber besonders misstrauisch – sie hätten radioaktiv sein können. Der Schatten von Tschernobyl...

Am 16. Februar begeben sich Mirza und Giulietti nach Zürich. Sie logieren in einem Luxushotel, Giulietti trinkt Whisky um Whisky und gibt wie gewohnt Geld in Hülle und Fülle aus. Die beiden warten auf die Ankunft des Lastwagens, nachdem sie sich davon überzeugt haben, dass die Anzahlung in Ordnung ist. Am 19. Februar kehren sie nach Lugano zurück. Doch erst am darauffolgenden Tag wird ihnen bestätigt, der Lastwagen sei via Zollstelle Ponte-Chiasso in der Schweiz eingetroffen. Die beiden Männer sind beunruhigt. Sie haben Angst vor einer Falle, vor allem Mirza, der mehrmals Zweifel an dieser Operation gehegt und vor allem die Einschleusung von Agenten befürchtet hat.

Am 20. Februar, wieder im Hotel Excelsior in Lugano, folgen sich die Telefonanrufe Schlag auf Schlag. Mirza erfährt, dass eine technische Panne eingetreten und der Lastwagen von der Berner Polizei nach der Ablieferung der

---

[1] Dieser Drogenring wurde von der DEA und der Schweizer Polizei am 11. November 1985 zerschlagen. Unter anderem wurden dabei François Scapula, Philippe Wiesgrill und Charles Altieri verhaftet, alles Mitglieder der alten French Connection (s. dazu Seite 214 f.).

[2] Rapporto preliminario di Polizia Giudiziaria vom 19. Februar 1988, S. 22.

Glasplatten in Biel angehalten worden ist. Ein Defekt am Auspuff hat ihnen diesen Schrecken beschert. Doch die Verkehrspolizei nahm keine Durchsuchung vor, und die Reise konnte fortgesetzt werden.

Am 21. Februar um 19 Uhr 20 hält der von zwei türkischen Fernfahrern gelenkte Laster am vereinbarten Ort, einer Autobahnraststätte bei der Ausfahrt Bellinzona-Nord in der Nähe des Restaurants Mövenpick. Tessiner Polizeibeamte in Zivil gehen auf ihn zu. Sie zeigen eine Karte mit der Nummer «2233» vor, die als Erkennungszeichen dient. Einer von ihnen setzt sich neben die Fahrer, um mit ihnen in die Geheimgarage zu fahren. Dort zeigen die türkischen Chauffeure ihm, wo die Drogen versteckt sind, nämlich unter der Achse, und verlangen dann ihren Anteil. Es war vereinbart worden, dass sie für diese Arbeit 85 000 DM (etwa 80 000 Schweizer Franken) erhalten sollten. Die getarnten Polizisten können nicht bezahlen: Die Banken seien geschlossen, sagen sie. Die Schlinge zieht sich zu. Sie schlagen daher den Chauffeuren vor, sie in ein kleines Hotel zu bringen, wo sie etwas essen und sich ausruhen können.

Am Vormittag des 22. Februar werden die beiden Chauffeure verhaftet. Doch Mirza und Giulietti in Lugano wissen dies noch nicht. Sie sind in aller Ruhe mit Sam im Hotel Excelsior beim Essen und reden bereits von ihren nächsten Geschäften. Die Waffenlieferung in den Iran und weitere Herointransporte, die Mirza in den folgenden Wochen durchführen will. Er ruft seinen Chef Mehmet Yildirim in Istanbul an und teilt ihm dies mit. Sein türkischer Freund ist begeistert – und bereit für eine Fortsetzung. «Sam der Blonde» hört den beiden zu und trinkt sein letztes Glas Montepulciano. Kurz nach dem Essen verlässt er sie und vereinbart ein Treffen für Montag in der Zürcher Bank, wo sie die Einnahmen aus diesem Geschäft kassieren sollen. Seine Agentenmission nähert sich ihrem Ende.

An jenem Sonntag, um drei Uhr nachmittags, als Mirza und Giulietti eine Siesta abhielten, klopfte die Polizei an die Tür.

Haci Mirza: Der Analphabet, der zu rechnen verstand

Es lohnt sich, kurz einen Blick auf das Leben von Haci Mirza zu werfen. Geboren 1934 als Sohn einer Bauernfamilie, etwa 1300 Kilometer südöstlich von Istanbul, war dieser Mann in keiner Weise dazu bestimmt, zu grosser Macht zu kommen. Als Analphabet (Mirza kann lediglich maschinegeschriebene Grossbuchstaben lesen) hütete er Schafe und arbeitete bis ins militärdienstpflichtige Alter auf den Äckern seiner Vorfahren. 1956 wurde er aus dem Militär entlassen und suchte verzweifelt Arbeit. Die Landwirtschaft interessierte ihn nicht. Er stieg zum erstenmal ins Textilgeschäft ein, doch ohne Erfolg. Es zog ihn nach Istanbul, wo er mit Geld, das er bereits durch eine krumme Sache verdient hatte, eine Bar kaufte. 1961 verkaufte er die Bar wieder und kehrte in sein Dorf Adiyaman zurück. Seine Ehe und die Geburt des ersten Sohnes vermochten sein Leben auch nicht zu ändern. Er tätigte erneut Geschäfte, auch unsaubere. Von 1963 bis 1968 brachte der Textilhandel in der unruhigen Türkei nicht soviel ein wie der Waffenhandel. Daher verkaufte Mirza von nun an Pistolen, die ihm 1969 seine ersten Konflikte mit der Justiz einbrachten, doch wurden die Verfahren wegen Mangels an Beweisen eingestellt. Gleichzeitig ging Mirza noch anderen Geschäften nach: in der Zementbranche, auf dem Immobiliensektor und im Gastgewerbe.

Seine Geschäftstätigkeit führte ihn auf Reisen. Man sah ihn in München, Zürich, Varna (Bulgarien), in allen Hochburgen des Schmuggels. 1976 begann er, mit Bekir Celenk, einer der zentralen Figuren des Drogenhandels und des türkischen Rechtsextremismus, zusammenzuarbeiten. Celenk – auf den wir noch zurückkommen werden[1] – hatte sein Hauptquartier in Biel aufgeschlagen, von wo aus er den Aufbau der heute noch bestehenden Mafia-Organisation leitete. Mirza und Celenk tätigten gemeinsam zahlreiche Waffen- und Munitionsgeschäfte sowie die zwangsläufig damit verknüpften Devisenverschiebungen.

1977 lernte Mirza Mehmet und Hüsseyn Bülbül in München kennen. Bülbül bot ihm die Benutzung seiner beiden Reisebusse an, das beste Transportmittel für Schmuggelware wie Devisen und Zigaretten. Bülbül war für die Fracht, Mirza für die jeweilige Route zuständig und kassierte pro Reise an die 80 000 türkische Pfund Kommission. Bülbül wurde erst zehn Jahre später, nämlich 1987, in Zürich im Besitz von zwei Kilogramm Heroin verhaftet.

Als es 1980 in der Türkei zum Militärputsch kam, liess Mirza sich in Zürich nieder. Er unterhielt geschäftliche Verbindungen zu den «Grauen Wölfen», die ihre Extremistentätigkeit mit Schwarzhandel finanzieren. Dank seines nicht unerheblichen Bankkontos (nahezu 3 Millionen Dollar) stellten ihm Banken Empfehlungsschreiben aus. Auf dieser Basis bereitete die Limmatstadt Ausländern bei ihrer Niederlassung keinerlei Schwierigkeiten. Kurze Zeit später liess Mirza sogar seine Familie nachkommen, selbstverständlich ohne dass eine Aufenthaltsbewilligung erteilt worden wäre.

Inzwischen hatte sich Mirza geschäftlich um eine Stufe verbessert. Er fuhr nun einen Mercedes 280, einen herrlichen Wagen, in dem er sich jedoch im Frühling 1981 trotz seiner Religion mit recht viel Alkohol im Blut erwischen liess. Ein Umstand, der es der Polizei gestattete, festzustellen, dass Mirza über ein Kapital in der Grössenordnung von 30 Millionen Schweizer Franken in der Türkei und von etwa 5 Millionen Franken in der Schweiz und in Frank-

---

[1]   Siehe Kapitel «Heroin und Waffen», Seite 123 ff. und 151 ff.

reich verfügte. Die Zürcher Polizei verdonnerte ihn wegen dieses harmlosen Verstosses gegen das Strassenverkehrsgesetz zu einer Busse von 14 000 Franken! Der Ärger beginnt.

Am 6. März 1981 schien die Protektion, die Mirza in der Türkei genoss, nachzulassen. Er wurde auf dem Flughafen von Istanbul wegen Zigarettenschmuggels verhaftet: drei Monate Untersuchungshaft. 1982 wiederholte sich das Szenarium, diesmal wegen Waffenschmuggels. Acht Monate Untersuchungshaft! Und doch war ihm die türkische Justiz noch wohlwollend gesinnt. Sie fand nicht genügend Beweise, um ihn zu verurteilen, so dass er 1986, als er von Giulietti kontaktiert wurde, ein beinahe unbeschriebenes Blatt war.

Giulietti fühlte sich, obwohl noch sehr jung, in diesem Milieu sehr wohl. Seine Kindheit – er ist Italiener, seine Mutter Türkin – verbrachte er in Istanbul in den Salons der von seinem Vater und Grossvater frequentierten Botschaften. 1976 lernte er Mirza bei einem Zigarettenschmuggel kennen. Sein Wegzug nach Mailand und die Gründung einer Reiseagentur schienen ihn etwas vom «Risikogeschäft» entfernt zu haben. Zumindest vorübergehend.

Von der Mafia zur Shakarchi

Im Lauf ihres Prozesses in Bellinzona im Frühling 1989 erklärten Giulietti und Mirza, diesen Handel mit den 100 Kilogramm Heroin getätigt zu haben, weil sie bei einem vorhergehenden Drogengeschäft mit Nunzio la Mattina und Gigi Vozza einen grossen finanziellen Verlust erlitten hätten. Von diesen beiden Italienern weiss man, dass sie Mitte der siebziger Jahre als eine der ersten Mitglieder der sizilianischen Mafia vom klassischen Schmuggelgeschäft (Zigaretten, Whisky, Devisen) auf den Drogenhandel umstiegen.

Haci Mirza verkehrte in Zürich auch in der vornehmen Gesellschaft. Dort hatte er Mahmoud Kassem Shakarchi, den Vater von Mohammed, dem gegenwärtigen Inhaber der *Shakarchi Trading*, kennengelernt. Der Türke gab zu, Anfang der achtziger Jahre über Mahmoud Shakarchi zahlreiche Geschäfte zwischen der Schweiz und der Türkei abgewickelt zu haben. Ein Check im Betrag von 500 000 Dollar zeugt nebst anderen Beweisstücken davon. Wie wir im folgenden sehen werden, war die *Shakarchi* seit vielen Jahren für eine bedeutsame Nahost-Klientel das führende Finanzinstitut bei allen möglichen Arten von Geschäften. Mahmoud Shakarchi muss als Pionier für die Geschäfte mit den arabischen Ländern betrachtet werden. Er war mit zahlreichen Würdenträgern aus dem Nahen Osten befreundet und verstand es, in Genf und in Zürich sehr geschätzte bankenähnliche Dienstleistungen anzubieten. Zudem wusste er seine Beziehungen zu hochgestellten politischen Persönlichkeiten in diesen beiden Städten für sich auszunutzen. Der ehemalige Genfer Staatsrat und Wirtschaftsanwalt Henri Schmitt wird mit dem Aufstieg der Familie Shakarchi in einen engen Zusammenhang gebracht.

Gold, Devisentransfers (als die Devisenkontrolle noch praktiziert wurde), schmutziges Geld – alles lief über die *Shakarco*, eine mit der bekannten *Shakarchi Trading* liierte Firma. Die Überprüfung der Bücher zeitigte verblüffende Ergebnisse, wie aus den Unterlagen der italienischen Guardia di Finanza hervorgeht.[1] Die zwischen 1980 und 1988 getätigten Geldtransfers belaufen sich auf Milliarden, ja auf Dutzende von Milliarden Franken. Gewaltige Summen, die sich auf etwa ein Dutzend Parabanken, Treuhand- und Finanzgesellschaften verteilen. Mirza benutzte lediglich die vorgegebenen Kanäle.

Dank des Geständnisses von Mirza sowie von weiteren in Italien angeklagten Personen konnten sich die Ermittlungsbeamten ein genaueres Bild von den Bewegungen der Geldströme machen. Bei dieser Gelegenheit wurden hauptsächlich fünf Gesellschaften ins Visier genommen: die *Shakarchi*, die *Guardag AG*, die *Mecattaf*, die *El Arris* in Zürich und die *Mirelis* in Genf, deren Kunden nicht immer «lupenrein» sind. Zur Kundschaft gehörte unter anderem ein gewisser Celal Dahabi. Die Fahnder konnten feststellen, dass Celal Dahabi in direkter Verbindung zu Mehmet Yildirim stand. Yildirim aber, ein bedeutender Händler im Basar von Istanbul, hat in der Affäre der im Tessin beschlagnahmten 100 Kilogramm Heroin als Mittelsmann gedient. Ihm gehörte der Mercedes, der schon ganz zu Beginn der Geschichte auftauchte, als sich der iranische Drogenlieferant Ali Sirazi und Yildirim handelseinig wurden (s. Seite 53). Auf einem Stück Papier fand sich ein Hinweis auf das Hotel Gold, wo die ersten Kontaktgespräche vor Beladung des Lastwagens stattfanden. Zudem ist Yildirim der Besitzer dieses Hotels.

Die Rolle von Celal Dahabi ist nicht viel klarer. Er war es, der Yildirim seinen Mercedes überliess; und er wiederum tauchte am Ende der Geschichte auf, im Zusammenhang mit dem Geldtransfer. Sirazis Operationsbasis befand sich im Iran und in der Türkei, die von Dahabi in Genf und in Zürich.

---

[1]   In jahrelanger, mühsamer Kleinarbeit haben Beamte der Guardia di Finanza eine erdrückende Menge von Geschäftsunterlagen, Bankbelegen und Kontoauszügen zuerst zusammengetragen und dann auch analysiert. Namentlich in den folgenden Berichten u. a. des «Gruppo Operativo Antidroga» werden die Ergebnisse dieser langjährigen Wühlarbeit zusammengefasst: Berichte vom 19. Juli 1987, 25. Juli 1987, vom 11. Januar 1989.

Besonders pikant ist, dass der Grossteil der hier zusammengetragenen Bankbelege und Kontoauszüge von Schweizer Banken und Schweizer Finanzgesellschaften stammen. Schweizer Polizeifahnder und vor allem Untersuchungsrichter dagegen haben seit Jahren geklagt, dass sie an diese Unterlagen nicht herankommen. Diese Klagen wirken deshalb nicht sehr überzeugend, weil die italienischen Behörden diese Dokumente per Rechtshilfegesuch von der Schweiz zugestellt erhielten.

Mirza war eigentlich nur ein Bindeglied in der Kette. Sirazi, Yildirim, Mirza, Dahabi: das sind vier Kollaborateure in ein und derselben Affäre. Ein einziger kam zu Fall: Mirza. Yildirim und Sirazi konnten sich rechtzeitig absetzen. Dahabi ist nie wieder aufgetaucht, weder bei den verdächtigten Firmen in Zürich noch bei der *Mirelis* in Genf, wo er über reichlich ausgestattete Konten verfügte.[1] Die Schweizer Justiz, die in ihrer Rechtssprechung den Begriff «Organisiertes Verbrechen» nicht kennt, konnte nichts gegen die drei anderen Männer und auch nichts gegen zahlreiche verdächtigte Firmen unternehmen.

Die Teile fügen sich zum Puzzle: die «Operation Eiger»

Am 7. Juli 1988 verhaftet die Polizei in einem Appartement des Hotelkomplexes Nova-Park in Zürich vier Personen. Es handelt sich um zwei Geldkuriere und zwei Devisenhändler namens Jean und Barkev Magharian. Dies war das Ergebnis zweijähriger Ermittlungen. Die Gebrüder Magharian stehen im Verdacht, innerhalb von drei Jahren 1,5 Milliarden Dollar gewaschen zu haben, wovon ein gewichtiger Teil aus dem Drogenhandel stammen soll. Um die zwei libanesischen Devisenhändler und deren zwei Kuriere belangen zu können, musste die Tessiner Polizei ihre Verbindungen zur Mirza und Giulietti nachweisen. Natürlich verfügte sie noch über weitere Beweiselemente wie Verbindungen der Magharians zu notorisch bekannten oder gesuchten türkischen und syrischen Drogenhändlern.

Die Fährte, die entweder zu den Magharians nach Zürich oder zu anderen libanesischen Wechselstuben führte, war den Ermittlungsbeamten zum Teil bereits aus vorhergehenden Untersuchungen bekannt (siehe Seite 46 ff.). *«Zürich und Genf kamen mit frappanter Regelmässigkeit vor»*, versichern italienische Fahnder.

Im gegenwärtigen Stadium ihrer Ermittlungen (1988), die von der DEA unterstützt wurden, war die Tessiner Polizei der Überzeugung, dass die Firma «JBM» (abgeleitet von den Namen Jean und Barkev Magharian) eine der Destinationen der Drogendollars war. Die Öffentlichkeit wusste zu diesem Zeit-

---

[1]   Aufgrund eines Rechtshilfegesuchs interessierten sich das Tessin und Italien eingehender für ein gewisses Konto «Roy» bei der Firma Mirelis, dessen Inhaber Celal Dahabi war. Nachdem die Mirelis dies zunächst hartnäckig bestritten hatte (und der Zeitung, die diese Information veröffentlichte, mit einem Prozess drohte), gab sie es schliesslich zu; zwei Jahre später konnte endlich mit dem Ermittlungsverfahren begonnen werden, und die Justiz erhielt die finanziellen Angaben, die sie benötigte. Andere Konten und andere Ermittlungen (vor allem im Zusammenhang mit Musullulu) zeitigten keine klaren Ergebnisse. Ein Mitglied des Verwaltungsrats der Mirelis, ein gewisser Claude M., wurde in den überprüften Unterlagen häufig erwähnt. So zum Beispiel in der Agenda der Gebrüder Magharian, wo er als «Claude-Mirelis» aufgeführt ist.

punkt noch nichts von der Libanon-Connection. Polizeiintern wurde die Affäre mit der Bezeichnung «Operation Eiger» versehen, eine Anspielung auf einen der höchsten Gipfel der Schweiz. Es handelt sich um die erste schweizerische Grossoffensive gegen den Finanzgipfel der Geldwäscherei.

Die «Operation Eiger» ist ein langwieriges Fährtenspiel. Das Sichten der Unterlagen von Haci Mirza, sein Vorleben in Zürich, seine Beziehungen zu Mehmet und Hüsseyn Bülbül, Mehmet Yildirim, Celal Dahabi und die Verbindungen zu einem halben Dutzend Finanzgesellschaften – all diese Elemente sind bekannt, aber sie sind wie Teilchen eines Puzzles, die ein Kind sorgfältig mit jenen von zwei anderen Puzzles vermischt hat.

Der Bundesbeamte, der diesem Ermittlungsverfahren den Namen «Operation Eiger» gab, wusste im Frühling 1988 noch nicht, dass diese die ganze Schweiz erschüttern würde. Die Entschlossenheit von Dick Marty, dem für den Fall zuständigen Tessiner Staatsanwalt, die Fähigkeiten der Tessiner Polizei sowie die langjährige Fleissarbeit der italienischen Guardia di Finanza sollten das Land in eine Krise stürzen. Hinzu kam das Spiel der Amerikaner.

«Sam der Blonde» begab sich unmittelbar nach der Affäre des mit 100 Kilo Heroin beladenen Lastwagens nach Washington zurück, doch blieb er weiterhin aktiv. Dick Marty und Fausto Cattaneo, der Chef des Tessiner Betäubungsmitteldezernats, reisten zweimal in die USA, um dort nach zusätzlichen Indizien zu fahnden und die Fährten miteinander zu vergleichen. Im August 1987 – das erstemal – werden Marty und Cattaneo von der Internationalen Polizei-Vereinigung ausgezeichnet, was von der engen Zusammenarbeit zwischen den Tessinern und den Amerikanern zeugt (s. auch Seite 48).

Die Affäre führt in die obersten Etagen

Während der ganzen Dauer dieses Ermittlungsverfahrens spielt sich noch ein anderes Drama ab, ein politisches. Im November 1987 ist es an Elisabeth Kopp, eine Reise nach Amerika zu unternehmen. Zur Reisegesellschaft gehört ihr Ehemann, Rechtsanwalt Hans W. Kopp, der einen Diplomatenpass benutzt. Die Amerikaner, so sagen die beiden, wünschen «*einen umfassenden Meinungsaustausch über das Problem des schmutzigen Geldes*». Über welche Informationen verfügen sie zu diesem Zeitpunkt der Untersuchung? Ist ihnen bereits bekannt, dass die *Shakarchi* (und Hans W. Kopp) in die Affäre verwickelt sind? Niemand weiss es mit Sicherheit, doch kehrt die Justizministerin mit der Überzeugung aus Washington zurück, dass nun gehandelt werden muss. Kaum wieder im Land, drängt Elisabeth Kopp Paolo Bernasconi – den ehemaligen Staatsanwalt des Sottoceneri, der mit der Ausarbeitung einer neuen Strafnorm gegen die Geldwäscherei beauftragt ist –, diese zu beschleunigen. Nach Ansicht sämtlicher politischer Beobachter scheint es Elisabeth Kopp eilig zu haben. Die These, wonach die Amerikaner sie unter Druck gesetzt hätten, scheint plausibel.

Der Wind dreht sich. Dick Marty ist kurz vor dem Ziel. Die Meinungsbildung hinsichtlich des schmutzigen Geldes macht Fortschritte. Sogar die Banken machen allmählich Zugeständnisse. Äusserungen von Paolo Bernasconi aus dem Jahr 1985 – «das Geld ist das Nervensystem des Schwarzhandels; dort muss eingehakt werden» –, welche die Bankiers in Alarmbereitschaft versetzten, sind allmählich akzeptabler geworden. Einem Gesetzesartikel über die Geldwäscherei scheint nichts mehr im Weg zu stehen.

Die Lausanner Zeitung «24 Heures» legt die erste Lunte ans Pulverfass Kopp. In einem Artikel, der auf einer türkischen Fernsehsendung über den Goldhandel zwischen der Türkei und der Schweiz basiert, weist die Ausgabe vom 1. September 1988 der «24 Heures» auf die zweifelhafte Geschäftstätigkeit der *Shakarchi Trading* hin. Sie ist an diesem Schmuggelgeschäft beteiligt, ebenso ein halbes Dutzend weiterer in Zürich domizilierter Firmen, unter anderen die *Guardag AG*, die *Parlak AG*, die *Mecattaf* und die *El Arris*. Alle diese Firmen umgehen die türkische Gesetzgebung. Sie importieren illegal Tonnen von Gold, die von Schmugglern auf dem Markt von Istanbul verkauft werden.

Doch die türkischen Journalisten, die den Goldschmuggel aufs Korn genommen haben, ahnen noch nicht im mindesten, dass parallel zu diesem illegalen Handel mit Edelmetall dieselben Kanäle in umgekehrter Richtung benutzt werden, nämlich von der Türkei in die Schweiz, für Heroin und Drogendollars. Auch die Rolle der Anliegerstaaten (Syrien, Iran und selbstverständlich Bulgarien) tritt zusehends klarer zutage. Die gesamten Einnahmen aus dem Schmuggelgeschäft fliessen, nachdem sie durch die Filter der Wechselgesellschaften geschleust worden sind, in die Türkei zurück, um dort in riesige Immobilienkomplexe reinvestiert zu werden. Im Verlauf von zehn Jahren habe – wenn man den Ermittlungen der italienischen Guardia di Finanza Glauben schenkt (die übrigens für diese Art Untersuchungen in Europa bei weitem am besten ausgestattet ist) – «die Schweiz Milliarden von Drogendollars gewaschen. Gold und Edelmetalle sollen nur eine Alibifunktion gehabt haben». Der Mann, der uns dies sagte, ein Experte der italienischen Guardia di Finanza, brachte zehn Jahre damit zu, die Finanzspuren der Mafia zu verfolgen. Er dechiffrierte die Auftragsverzeichnisse der Banken (jene, zu denen er Zugang hatte) und speiste das ganze Finanznetz in einen Computer ein. Aber die Schweiz, die Italien und die Beherrschung seiner Institutionen durch die Mafia stets belächelt, ist sich noch nicht bewusst, wie sehr der italienische Experte recht hat.

Von «24 Heures» über seine Funktion bei der *Shakarchi* befragt, antwortet Hans W. Kopp völlig selbstsicher. Ihm ist nicht die geringste Inkorrektheit dieser Firma bekannt. Nichts ist ihm aufgefallen. Wir schreiben den 1. September 1988.

Ende September schliessen die Ermittlungsbeamten das Finanz-Organigramm der Geldwäscherei ab. Dies ist der Moment, wo das Leben von Hans W. Kopp und das seiner Gattin eine Wende nimmt. Der zusammenfassende Bericht eines Mitarbeiters der Bundesanwaltschaft, Jacques-André Kaeslin[1], erläutert den Waschmechanismus der Drogengelder in allen Einzelheiten. In diesem Bericht wird ausdrücklich die Eröffnung eines Ermittlungsverfahrens gegen die *Shakarchi Trading* in Zürich verlangt, eine der darin am häufigsten erwähnten und ins Visier genommenen Firmen. Das Ehepaar Kopp gerät unter Druck. Dieses Dokument schlägt wie eine Bombe ein und macht die Runde in der Bundesanwaltschaft – aus Gründen der beruflichen Notwendigkeit ebenso wie der Panik. Der Bericht enthält die Namen der wichtigsten Firmen, die im Verdacht dubioser Geschäftätigkeit stehen, er schildert die Geschichte der Drogengelder und erwähnt die Namen der berühmtesten Akteure. In diesem Bericht figuriert, da sie eine zentrale Rolle spielt, auch die *Shakarchi Trading* in Zürich, deren Verwaltungsrats-Vizepräsident seit 1983 Hans W. Kopp ist.

«Telefonieren Sie meinem Mann!» – Lecks und Lügen im EJPD

Offiziell hatte die Juristin Renate Schwob guten Grund, diesen zusammenfassenden Bericht zu lesen, war sie doch beauftragt, an der Ausarbeitung eines neuen Gesetzes über die Geldwäscherei mitzuwirken. Als sie auf den Namen *Shakarchi* und auf Hans W. Kopp stösst, fühlt sie sich verpflichtet, dies anlässlich einer Tennispartie Katharina Schoop, einer ihrer Freundinnen und der persönlichen Mitarbeiterin von Elisabeth Kopp, vertraulich mitzuteilen. Und wie sollte Katharina Schoop ihrerseits *nicht* mit Elisabeth Kopp darüber reden? Welche selbstverständlich ihren Mann informiert ... Was doch ganz normal ist, nicht wahr? Inzwischen sind wir beim 27. Oktober 1988. Hans W. Kopp tritt noch am selben Tag – wie durch ein Wunder – aus dem Verwaltungsrat der *Shakarchi Trading* aus, nach einer knappen Erklärung gegenüber dem Präsidenten, Mohammed Shakarchi.

Am 4. November bringt der «Tages-Anzeiger» den Stein ins Rollen. Laut «Tages-Anzeiger» sollen innerhalb von drei Jahren 1,5 Milliarden Dollar in

---

[1] Es hat in der Tat mehrere Berichte gegeben, deren Verdienst vor allem in einer Zusammenfassung der bis anhin in den einzelnen Kantonen und in anderen Ländern verstreut vorliegenden Ermittlungsergebnisse besteht. Man kann darin nichts wirklich Neues entdecken, es sei denn die Hierarchie der Firmen und die Verknüpfungen dieser Firmen mit den bereits bekannten Drogenhändlern.

Zürich gewaschen worden und mehrere Personen in die Affäre verwickelt sein. Am gleichen Tag bestätigt die Tessiner Justiz die Verhaftung der Gebrüder Magharian, die im Verdacht stehen, Brückenkopf für diese Operationen gewesen zu sein. Ihre Festnahme war von Juli bis November 1988 geheimgehalten worden.[1]

Hans W. Kopp, der am 1. September nicht den leisesten Zweifel an den Aktivitäten der *Shakarchi* geäussert hat, vollzieht nun einen brüsken Meinungswechsel. Er gibt zu, seine Tätigkeit bei der *Shakarchi* am 27. Oktober aufgegeben zu haben, versichert jedoch lakonisch, er sei *«durch die Fragen von ‹24 Heures› alarmiert»* worden. Er macht legitime Rücksichtnahme auf seine Frau geltend. Am 14. November beteuert Hans W. Kopp in einem von der «Schweizer Illustrierten» veröffentlichten Interview, keinen Tip aus dem Eidgenössischen Justiz- und Polizeidepartement erhalten zu haben: *«Um Gottes willen, nein!»*

Nichts ist falscher; Hans W. Kopp verliess die *Shakarchi*, weil er gewarnt wurde, und zwar von Frau Kopp. Indem er behauptete, diese Entscheidung aufgrund von «24 Heures» getroffen zu haben, hoffte Hans W. Kopp, die Quelle des Lecks, von dem er profitierte, verschleiern zu können.

Der Bericht von Alt-Bundesgerichtspräsident Arthur Haefliger[2] und jener des Basler Staatsanwalts Hans Hungerbühler, die beide später beauftragt wurden, einige Rätsel dieser Lecks zu klären, sind eindeutig genug, um hier zitiert zu werden.

«Ich habe in diesem Zusammenhang fast alle Beteiligten über den Ablauf der Geschehnisse vom Telefongespräch bis zur Demission von Frau Kopp befragt. Im grossen und ganzen hat sich ein klares Bild ergeben», erklärt Haefliger in seinem Bericht.[3]

«Ein Sachbearbeiter der Bundesanwaltschaft übergab gewisse Berichte, die er in der Sache Magharian verfasst hatte, an eine Juristin im Bundesamt für Justiz. Aus diesen Unterlagen ergab sich, dass u. a. die Firma Shakarchi AG, deren Vizepräsident Hans W. Kopp war, im Verdacht stand, in Geldwaschangelegenheiten verwickelt zu sein. Bei einer privaten Zusammenkunft orientierte die erwähnte Juristin am 24. Oktober 1988 die persönliche Mitarbeiterin von Frau Kopp, Frau Schoop, über den Inhalt der Berichte. Am 25. Oktober suchte Frau Schoop ihre Freundin im Büro auf und fertigte über den Inhalt der Berichte des Sachbearbeiters Notizen an; sie fotokopierte keine Dokumente und nahm keine mit.»[4]

---

[1] Zur Bedeutung dieses «Tages-Anzeiger»-Artikels für die Ermittlungen, s. Seite 52, 58, 183.

[2] Bericht von Alt-Bundesgerichtspräsident Haefliger an den Bundesrat, datiert vom 28. Februar 1989.

[3] Zusammenfassung des Berichts von Prof. Dr. A. Haefliger, S. 11. (Aus Rücksicht auf die Arbeit der PUK und eines allfälligen Strafverfahrens wurde den Parlamentariern nur eine 24seitige Zusammenfassung, datiert vom 6. März 1989, abgegeben.)

[4] Zusammenfassung des Berichts, a. a. O., S. 11.

Bevor sie ihrer Vorgesetzten Mitteilung davon macht, unterhält sich Katharina Schoop noch mit dem Generalsekretär des Departementes. Die beiden denken sich ein machiavellistisches Szenarium aus, welches ihnen die Information aus einer anderen Quelle bestätigen sollte, um so das «Leck», falls es entdeckt würde, zu kaschieren. Katharina Schoop setzt alle Hebel in Bewegung, um einen Anruf des Sekretärs der Schweizerischen Bankiervereinigung zu provozieren, der vom Generalsekretär des EJPD direkt entgegengenommen wird. Elisabeth Kopp kann sich sicher fühlen. Der Trick bleibt Arthur Haefliger jedoch nicht verborgen. «*Frau Schoop hatte diesen Anruf ‹bestellt›. Wie mir scheint, war es dessen Zweck, eine externe Informationsquelle zu fingieren.*»[1]

Am 27. Oktober begibt sich Katharina Schoop zu Elisabeth Kopp. Sie teilt ihr mit, was sie bei ihrer Kollegin gelesen und notiert hat. Daraufhin fordert die Bundesrätin ihre Mitarbeiterin – mit der Begründung, sich ohnehin nicht an alle Einzelheiten zu erinnern – auf, direkt mit ihrem Ehemann, Hans W. Kopp, zu sprechen. Katharina Schoop weigert sich, jedenfalls zunächst. Sie möchte, dass Frau Kopp ihn zuerst benachrichtigt. Dies tut die Bundesrätin. Sie informiert ihren Mann kurz über die Lage, fordert ihn auf, aus der *Shakarchi* auszutreten, und empfiehlt ihm, ihre Mitarbeiterin für weitere Einzelheiten anzurufen. Er kommt ihrer Aufforderung unverzüglich nach.

Der Rest der Geschichte ist bekannt. Hans W. Kopp verlässt die *Shakarchi* am selben Tag dank dieser wertvollen Auskünfte. Eine Panikhandlung, die ihm nichts nützt, sondern die Situation im Gegenteil noch verschlimmert: In der Schweiz gehen die bei Firmen getätigten Unterschriften nicht verloren! Ein Rücktritt löscht den Beweis einer ehemaligen Firmenzugehörigkeit nicht.

Die Magharians und die Shakarchis – zwei befreundete Familien

Für die Schweizer Justiz stellen die Gebrüder Magharian unfreiwillig einen Sonderfall dar. Ihr Fall – der Auftakt zum grössten Politskandal, den die Schweiz je erlebt hat – schlug hohe Wellen und hatte mit dem Rücktritt von Elisabeth Kopp so gravierende Konsequenzen, dass er nur mit grösster Gründlichkeit untersucht werden konnte. Trotz der Tatsache, dass es noch beinahe keine Normen zur Bestrafung der Geldwäscherei gibt, werden die beiden Libanesen mit einer harten Bestrafung zu rechnen haben. Ihr Prozess, der im Herbst 1990 stattfinden wird, dürfte noch manche Überraschung bereithalten.

---

[1]   Ebenda, S. 11. In ihren Aussagen gegenüber der Parlamentarischen Untersuchungskommission äussern sich Generalsekretär Samuel Burkhardt und Katharina Schoop widersprüchlich zur Organisation dieser externen Quelle (s. dazu PUK-Bericht, S. 34).

Im Gegensatz zu dem, was in ihrem Pass steht, sind die Gebrüder Magharian syrisch-armenischer Abstammung. Ihr Grossvater kam 1915 beim armenischen Völkermord ums Leben. Ihr Vater, damals erst vierjährig, wurde von einer Hilfsorganisation nach Beirut gebracht, wo er aufwuchs. Mit dreizehn Jahren ging er nach Aleppo in Syrien, das vierzig Kilometer von der türkischen Grenze entfernt ist. Er war zunächst Bauer, doch zog es ihn sehr bald in die Welt des Handels. Aleppo, ein Knotenpunkt für den Handelsverkehr, war bereits damals als Schmuggelplatz bekannt, insbesondere für Wechselgeschäfte mit türkischer, libanesischer und syrischer Währung. In Aleppo sind zahlreiche bekannte Schmuggler geboren, aufgewachsen und gross geworden.

Einige Jahre später, nämlich 1940, findet man den Vater der Magharians als Alleinvertreter der berühmten Schweizer Uhrenmarke «Omega». Seine Aktivitäten waren nun vermehrt auf Beirut ausgerichtet – Aleppo ist nur 220 Kilometer von der libanesischen Hauptstadt entfernt. Der Libanon war reich, der Krieg noch nicht ausgebrochen. In Beirut schliesslich lernten die Magharians eine andere reiche Kaufmannsfamilie kennen, die Shakarchis. Die Kinder der beiden Familien werden dank ihrer Väter zwangsläufig eng befreundet.

Als in Syrien die linksextreme Regierung an die Macht kommt, muss der Vater dem Staat zwei von ihm gegründete Fabriken für elektrische Bestandteile überlassen. Der Unterhalt der Familie wird jetzt nur noch durch das Wechselbüro bestritten. Doch das Geschäft floriert. Der gute Ruf von Magharian senior ist mittlerweile bis in die Türkei gedrungen, so dass das Geschäftsvolumen zunimmt. Die politische Spannung im Nahen Osten bewirkt, dass alle möglichen Arten von Geschäften, insbesondere der Schmuggel, eine Blütezeit erleben. 1976 bricht der Krieg im Libanon aus. Die klassische Route Aleppo–Beirut–Zürich wird immer mehr auf die Achse Istanbul–Sofia–Zürich verlegt.

Mahmoud Shakarchi, ein bedeutender Kaufmann, liess sich zu Beginn der siebziger Jahre mit dem Segen von FDP-Staatsrat Henri Schmitt, der nur knapp seine Wahl in den Bundesrat verfehlte, in Genf nieder und erhielt 1979 eine Aufenthaltsbewilligung. Für Henri Schmitt, Mitglied der Freimaurer, bestand das einzige Ziel der Genfer Politik in der wie auch immer gearteten wirtschaftlichen Entwicklung. In diesem Sinn war jedes Geld einen Kniefall wert. Henri Schmitt machte die nötigen Reverenzen, um die reichen Araber zu Luxusboutiquen und -villen zu verführen. Er scheute keine Mühe, damit Genf die «Lex Furgler» – zur Einschränkung des Kaufs von Immobilien durch Ausländer gedacht – so gut wie möglich umgehen konnte. Mahmoud Kassem Shakarchi, Freund von König Fahd und von gut dreissig internationalen Berühmtheiten, die auf der Suche nach Steuervorteilen in Genf ihren

Wohnsitz hatten, schuf sich sein Refugium in der Nähe des «Jet d'eau». Sie alle belegen beispielhaft den internationalen Glanz der Rhonestadt, aber gleichzeitig auch den Höhenflug der Bodenpreise und die Verzweiflung der Mieter.

Mahmoud Shakarchi erwies sich nicht nur als guter Kaufmann, sondern auch als guter Vater. Er überliess das Geschäft sowie das zu diesem Zweck geschaffene Instrumentarium allmählich seinen Söhnen. Der eine blieb in Genf im Goldhandel und nahm nach dem Tod seines Vaters Abstand von der Geldwäscherei[1]; der andere, Mohammed, hatte sich in Zürich niedergelassen. Man kann feststellen, wie die Geschäfte nach 1983 erstaunlich säuberlich zwischen Genf und Zürich aufgeteilt wurden. Zu Beginn der Geschichte des Drogengeldes in der Schweiz befinden sich die bekanntesten Firmen in Genf. Es sind dies die *Mirelis*, die *Shakarco*, die *Trade Development Bank*, *American Express* sowie einige weitere von geringerer Bedeutung. Den Berechnungen der italienischen Guardia di Finanza nach zu urteilen (in Ermangelung einer schweizerischen Untersuchung), war die *Mirelis* allein zwischen 1979 und 1988 in mehr als zehn Geldwaschaffären verwickelt. Zahlreiche Schmuggler machten sich die Dienstleistungen dieser Parabank zunutze, die 1949 notabene von Henri Schmitt und Partnern aus dem Nahen Osten gegründet worden war.

Doch von 1982 an drängt der Finanzplatz Zürich die Calvin-Stadt in den Hintergrund. Die *Shakarco* und dann die *Shakarchi Trading* machen den Genfern den Markt streitig. Der Kampf zwischen den beiden Söhnen von Mahmoud Shakarchi ist aus den Bankkonten ersichtlich.

Verständlicherweise bietet Mohammed Shakarchi dem älteren der Gebrüder Magharian, Barkev, 1983 eine Stellung in seiner Zürcher Firma an, damit er dort seine Ausbildung als Makler fortsetzen konnte. Die Hauptaufgabe dieses Postens bestand im Wechseln von Devisen jeglicher Herkunft zu den günstigsten Kursen. Die Banken sträuben sich gegen diese risikoreichen Operationen, da sie sich der Gefahr bewusst sind: Sie wollen sich weder der Beihilfe zur Steuerhinterziehung aussetzen, noch haben sie Interesse an Falschgeld oder schmutzigem Geld mit allenfalls zweifelhafter Herkunft. Aus diesem Grund erleben die Parallelwechsler, insbesondere die in Geschäfte mit dem Nahen Osten engagierten, wunderbare Jahre. Diese Wechselbüros dienen den Banken als Filter, so dass diese weniger Angst vor Geld aus Beirut, Bagdad, Teheran, Sofia oder Istanbul zu haben brauchen.

Barkev Magharian bleibt nicht lange Angestellter der *Shakarco*. Sein Bruder Jean gesellt sich 1985 zu ihm, und gemeinsam gründen sie nun mit zwei Millionen Franken ihr eigenes Büro, was nicht zuletzt dank der Finanzhilfe von

---

[1] Mahmoud Shakarchi starb 1983. Von da an trennen sich die Wege der beiden Halbbrüder allmählich.

Mohammed Shakarchi möglich ist. Während all dieser Jahre bis zum Juli 1988 verfügen die Magharians über ein von der Stadt Zürich ausgestelltes Jahresvisum, das sie dank Empfehlungsschreiben der *Schweizerischen Kreditanstalt* und der *Schweizerischen Bankgesellschaft* erhalten.

Die Geschäfte gehen zwangsläufig gut. Der von den Magharians innerhalb von drei Jahren getätigte Umsatz beläuft sich auf zwei Milliarden Franken. Eine enorme Summe, um so mehr, als es bloss um einfachen Devisenhandel geht. Doch dieser Betrag nimmt sich bescheiden aus im Vergleich zu den Umsatzzahlen der *Shakarchi*, die das Zehnfache betragen: zwanzig Milliarden innerhalb von drei Jahren!

Die Fährten verdichten sich

Die Polizei weiss es: Es ist eine wahre Knacknuss, die von den Drogendollars eingeschlagenen Wege zu rekonstruieren, um das Finanzknäuel der Geldwäscherei zu entwirren. Und häufig müssen sich die Ermittlungsbeamten mit Hinweisen, Aussagevergleichen oder Geständnissen anderer Schmuggler begnügen. In der Affäre, an der die Gebrüder Magharian beteiligt sind, wurde eine ganze Reihe von Fakten Stück um Stück zusammengetragen. Es ist ein Labyrinth, übersät mit falschen Fährten und allen nur denkbaren Verwicklungen.

Zunächst sind da das Geständnis von Haci Mirza und die Kontoauszüge aus der Zeit, als er in der Schweiz lebte. Dann das bereits etwas konfusere Geständnis von Giulietti sowie seine Agenda, in der die Telefonnummer der beiden libanesischen Brüder aufgeführt ist.

Abgesehen von diesen Geständnissen liegen noch die Geständnisse und Bankunterlagen der beiden türkischen Cousins Soydan vor, die am 12. September 1985 in Lausanne auf Antrag des Turiner Richters Vaudano verhaftet und an Italien ausgeliefert wurden. Die Soydans stehen im Verdacht, ihre kleine Lausanner Firma für das Waschen von Dutzenden von Millionen Drogendollars benutzt zu haben.[1] Kurz davor verhaftete die italienische Polizei Celal Erdogan auf der Autobahn Turin–Mailand. Er stand bei der Drogenpolizei bereits seit Jahren auf der Fahndungsliste. Bei der «Operation Korn» im

---

[1] Die türkischen Cousins Rami und Zeki Soydan waren an einem Import von 2000 Kilo Heroin nach Europa im Wert von rund 1,5 Milliarden Schweizer Franken beteiligt. Ihre Rolle bestand darin, das Geldwaschen über verschiedene Briefkastenfirmen in Lausanne, Genf und Zürich zu organisieren. Eine der Tarnfirmen war die *Codanor SA* in Lausanne, eine andere die *Dallas Jeans*. Die Cousins Soydan hatten unter anderem mit dem berühmt-berüchtigten Yasar Avni Musullulu Kontakt.

Jahre 1983[1] galt er als einer der Hintermänner, entging jedoch damals der Polizei. Seine Verhaftung im Jahre 1985 und vor allem bei ihm gefundene Dokumente führten die Polizei direkt zu den Soydans.

Die Soydans geben zu, für den türkischen Tirnovali-Clan gearbeitet zu haben, eine der acht grossen türkischen Mafia-Familien, die den Heroinhandel unter sich aufteilen.[2] Sie gestehen, die «vorgewaschenen» Summen auf Konten bei der *TDB (Trade Development Bank)* in Genf einbezahlt zu haben. Diese Aussagen decken sich mit jenen von Paul Waridel, der 1985 im Zusammenhang mit der Pizza-Connection von Paolo Bernasconi einvernommen wurde. Der zu 14 Jahren Zuchthaus verurteilte Waridel, die rechte Hand von Musullulu, hatte als erster geschildert, durch welche Kanäle die Drogengelder geschleust werden.[3]

Eine dritte Fährte im Zusammenhang mit der Aufdeckung des Brochetta-Netzes[4] in Italien hinterlässt ebenfalls wichtige Buchungsbelege. In dem vom 4. März 1986 datierten Bericht der Guardia di Finanza werden die Verbindungen zwischen dem italienischen Mafia-Milieu und den Tessiner Waschanstalten, durch die Giovanni Brochetta das schmutzige Geld aus dem norditalienischen Heroinmarkt schleuste, aufs genaueste beschrieben. Es wird sogar in aller Ausführlichkeit dargelegt, wie Brochetta wegen lumpiger Kommissionen die *Algemene Bank Nederland* von Chiasso, bei der er einen Komplizen[5] hatte, im Stich liess, um das Geld der *Shakarchi Trading* zufliessen zu lassen.

Somit weisen bereits vor der Aufdeckung der Libanon-Connection zahlreiche Indizienbündel auf ein halbes Dutzend verdächtige Firmen am Paradeplatz Zürich oder in der Rue du Rhône in Genf hin. Eine sorgfältige Aufarbeitung und Analyse von Buchungsbelegen und Bankauszügen brachte die Polizei einen entscheidenden Schritt weiter. Ein Polizeibeamter erklärt uns dazu: *«Man wirft uns immer wieder vor, wir würden in unseren Ermittlungen den Finanzgesellschaften – der ‹Achillesferse des Drogenhandels› – viel zu wenig Bedeutung beimessen. Aber der Grossteil der Richter geht nur zögernd gegen Geldwä-*

[1] Siehe dazu Kapitel «Heroin-Millionen dürfen nicht gefunden werden», Seite 135 ff.
[2] Siehe auch «24 Heures» vom 11. November 1988.
[3] Siehe dazu Kapitel «Wie die Mafia nach Basel kam», Seite 112 ff.
[4] Der bekannte Tessiner Schmuggler Brochetta ist in mehrere Affären von Geldtransfers über die italienisch-schweizerische Grenze verwickelt. Gemäss den italienischen Ermittlungsbeamten hat er ein Netz von Geldschmugglern geschaffen, das Mailand und Norditalien mit den Tessiner Wechselstuben verband.
[5] Es handelt sich um einen gewissen Ivo Fattorini, Prokurist bei der ABN in Chiasso. Die Verantwortlichen dieser Bank stellten stets in Abrede, dass jemals gegen sie ermittelt worden sei. Wir können ihnen dies bestätigen. Die italienische Justiz hörte die Gespräche von Ivo Fattorini nämlich nicht seinetwegen ab, sondern mit der Absicht, Brochetta und die Drogenhändler, vor allem Marcello Puddu, belasten zu können.

scher vor, weil Geldwaschen allein nicht strafbar ist. Deshalb müssen wir jeweils die ursächliche Beziehung zwischen den gehandelten Drogen und dem damit erzielten Erlös nachweisen.»

Im August 1987 begleitet der Chef des Tessiner Drogendezernats, Fausto Cattaneo, Dick Marty nach Orlando, Florida. Die beiden kennen sich «wie Brüder»; fünfzehn Jahre haben sie gemeinsam im Kampf gegen die Drogen verbracht. Dick Marty: «*Cattaneo und ich, wir sind wie zwei Eishockeyspieler, die sich den Puck mit geschlossenen Augen zuspielen.*» Kompliment: Die amerikanische Polizei zeichnet die beiden Männer aus[1]: Sie kehren einige Tage später mit einer Medaille ins Tessin zurück. Sie wissen, wohin ihr Weg sie nun führen wird – auf den Gipfel des Eigers.

Am 16. September 1987 findet in Locarno eine grosse Polizeikonferenz statt. Anwesend sind: die Tessiner, zwei Delegierte aus Basel und Zürich, die Bundesanwaltschaft und die Amerikaner Sam de Rosa und Gregory Passic. «*Damals haben wir die Strategie ausgearbeitet*», erzählt Fausto Cattaneo. «*Wir verfügten über genügend Informationen, um das Organigramm aufstellen zu können, das uns zu den grössten Geldwaschanstalten führte. Doch wir waren nicht im Besitz der gemäss Schweizer Gesetzgebung notwendigen Beweise.*»

Noch eine Episode[2] – und keineswegs eine unbedeutende – bestärkt die Tessiner Polizei in ihrer Überzeugung, nun zum Schlag gegen die Gebrüder Magharian auszuholen. Die Geschichte geht auf den 27. November 1986 zurück. An jenem Tag – der berühmte türkische Lastwagen mit den 100 Kilo Heroin war noch nicht beschlagnahmt worden – konfiszierten die amerikanischen Zollbeamten drei Koffer mit je einer Million Dollar in verschiedener Stückelung, die von Los Angeles nach Zürich geschickt werden sollten. Das amerikanische Untersuchungsverfahren ergab, dass das Geld aus Kokaingeschäften stammte, die vor allem von Dikran Altun abgewickelt wurden, dem Sohn von Nazar Altun, einem in Miami für seine Aktivitäten im Immobiliengeschäft berühmt-berüchtigten Türken. Der angeklagte Dikran gab zu, nahezu 36 Millionen Dollar an die Magharians in die Schweiz und nach Panama überwiesen zu haben, nachdem er bescheiden im Juwelen- und Wertpapierhandel angefangen hatte. Ein in Frankreich lebender Libanese namens Joseph Saba soll das «Zünglein an der Waage» gespielt und die Amerikaner auf die Fährte «Altun-Magharian» gebracht

---

[1] Die beiden Tessiner Ermittlungsbeamten sind zweimal ausgezeichnet worden: das erstemal in Orlando im August 1987 von der Internationalen Polizei-Vereinigung, das zweitemal in Washington im Januar 1988 vom Justizministerium.

[2] Chronologisch gesehen, ereignete sich diese Geschichte vor allen anderen, doch erwähnen wir sie als letzte, da sie der Auslöser für das zweite getarnte Untersuchungsverfahren der Tessiner Polizei gewesen ist.

haben. Saba steht im Verdacht, mit der DEA kooperiert zu haben, um sich reinzuwaschen.[1]

Nachdem er den amerikanischen Ermittlungsbeamten diesen Tip gegeben hatte, wandte sich Joseph Saba an die Tessiner Polizei, unter seinem falschen Namen Bruno Russo, auf den sein Pass ausgestellt war, damit er in Frankreich, in den grossen Pariser Hotels, leben konnte. Russo (alias Saba) informierte die Polizei, es stünden weitere wichtige Geldtransfers nach Zürich auf das Konto der Gebrüder Magharian bevor. Saba ist ein Prämienjäger. Als Gegenleistung für seine Tips verlangte er Geld und sicherte sich gleichzeitig ab, indem er für weitere Einzelheiten auf einen gewissen Alex (oder Zaven) Gojikian verwies, einen Jugendfreund der Magharians, auch er ein Gelegenheitsinformant der französischen Polizei.

Pier Consoli, nochmals ein eingeschleuster Agent

Für Dick Marty und die Fahnder des Tessiner Drogendezernats, die beste Polizei der Schweiz, kommt diese Information wie gerufen. Einerseits bestätigt sie, was ihnen aufgrund der Telefonüberwachung und der Arbeit von Adriano Corti[2] bereits bekannt ist. Andererseits schlägt sie eine Bresche in die Finanzfestung. Es ist nicht einfach, in diese Festung einzudringen und dort die Rolle eines Infiltranten zu spielen, auf jeden Fall wesentlich schwieriger, als an Leute wie Mirza oder Giulietti heranzukommen. Denn die finanziellen Akteure des Drogenhandels sind viel weniger zahlreich, weitaus misstrauischer und folglich besser «abgeschottet». Dies ist eine goldene Regel des organisierten Verbrechens, um sein Vermögen zu sichern.[3]

Gestützt auf die von Gojikian und Saba erhaltenen Informationen, wird Fausto Cattaneo beauftragt, unter dem falschen Namen Pier Consoli das Netz zu infiltrieren. Doch wie an die Gebrüder Magharian herankommen, ohne dass sie Verdacht schöpfen? Joseph Saba und Zaven Gojikian geben Cattaneo einen wichtigen Hinweis. Er solle, sagen sie, in Monte Carlo einen gewissen Arman Haser[4] kontaktieren, einen der wichtigsten Kunden der Gebrüder

---

[1]   Joseph Saba ist auch für seine Vergangenheit als Haschisch-Schmuggler bekannt. Er lieferte tonnenweise Haschisch aus der Beka-Ebene im Libanon nach Europa, zu einer Zeit, als Haschisch der Morphinbase noch nicht den Rang abgetreten hatte.

[2]   Siehe weiter oben die Affäre Mirza-Giulietti.

[3]   Germain Sengelin erklärt, dass eine strenge Trennung besteht zwischen jenen, die sich mit Geld befassen, und den anderen, die sich die Finger schmutzig machen. Das ist für die Drogenhändler die beste Sicherheitsmassnahme, damit die Fährte von den Drogen bis zum Ertrag daraus nicht verfolgt werden kann.

[4]   Arman Haser ist sowohl libanesischer als auch kanadischer Staatsangehöriger.

Magharian. Pier Consoli, alias Cattaneo, nimmt Verbindung mit Haser auf und begibt sich im Frühling 1988 nach Monte Carlo.

Das erste Treffen verläuft ausgezeichnet. Die beiden Männer unterhalten sich ein bisschen über das Geschäftsleben und bringen einen grossen Teil jenes Samstags damit zu, geniesserisch Pastis zu trinken. *«Jeder zehn Pastis, dann zwei Flaschen Weisswein und anschliessend fünf oder sechs Cognacs nach dem Essen»*, erzählt uns Fausto Cattaneo. Die Sache läuft. Haser wähnt sich in Sicherheit und argwöhnt nicht im mindesten, dass Consoli ein Polizeibeamter ist. Er freut sich sogar dermassen über diese neue Bekanntschaft, dass er Consoli anbietet, ihn zum Flughafen von Nizza zu fahren. *«Haser war so blau»*, erinnert sich Cattaneo, *«dass diese Fahrt von Monte Carlo nach Nizza mir die grösste Angst meines Lebens einjagte. Zunächst ramponierte Haser, als er den braunen Cadillac aus der Tiefgarage holte, einen Kotflügel. Dann fuhren wir auf dieser kurvenreichen Strasse, die nach Nizza führt, dem Meer und den Klippen entlang: In jeder Kurve packte mich das Grausen. Bei der ersten roten Ampel in Nizza übersah Haser die Schlange stehender Fahrzeuge. Sein Cadillac prallte auf einen neuen Jaguar, der den Aufprall an die beiden vor ihm stehenden Wagen weitergab. Haser stieg aus, zückte das Checkheft und bezahlte den drei verblüfften Fahrzeuglenkern den Schaden generös. Wegen dieses Zwischenfalls befürchtete ich, das Flugzeug zu verpassen. In letzter Minute trafen wir am Flughafen ein. Haser hatte sich zu allem anderen noch verfahren: Er hatte die Ein- mit der Ausfahrt verwechselt. Er wollte über das die beiden Fahrbahnen voneinander trennende höher gelegene Trottoir fahren, doch der schwere Cadillac blieb wie in einem schlechten Film hängen. Ich hörte, wie ich per Lautsprecher ausgerufen wurde, und sprang aus dem Wagen, um das Flugzeug noch zu erwischen»*, erzählt Fausto Cattaneo.

Die Fortsetzung der Geschichte ist nicht weniger spannend. Kaum im Tessin angekommen, erfährt Pier Consoli, dass die Gebrüder Magharian, von Haser informiert, keinerlei Argwohn hegen. *«Wir luden sie ins Tessin ein und spielten ihnen ein grosses Theater vor. Wir verschafften ihnen eine fürstliche Unterkunft, und sie fühlten sich vollkommen sicher.»* Champagner, herrschaftliche Zimmer, Dinner bei Kerzenlicht. Die Inszenierung ist perfekt, Pier Consoli fühlt sich wie zu Hause. Die Magharians glauben nicht eine Sekunde, sie könnten es mit einem Polizeibeamten zu tun haben. Zum Beweis erzählt Cattaneo folgendes: *«Weniger als zwei Stunden, nachdem wir uns getroffen hatten, unterhielten wir uns bereits über schmutzige Gelder, Drogen und Geldwäscherei. Die Magharians erzählten mir alle Tricks, die sie kannten. Sie mussten mich davon überzeugen, dass man ihrem System trauen konnte. Sie waren absolut sicher, ich sei ein mächtiger Boss. Wir brachten drei Monate damit zu, die Methoden auszuhandeln»*, erklärt Cattaneo, das «Zugpferd» der «Operation Eiger».

Was Arman Haser betrifft, so ist auch er äusserst gesprächig und berichtet ausführlich von seinen Waffengeschäften. Er erläutert seine Beziehungen zur Firma *Rimondfin* in Chiasso und zu einem gewissen Maspoli. Haser ist vor allen Dingen stolz darauf, Waffen für Colby, einen der führenden Männer der CIA[1], geschmuggelt zu haben. Er bestätigt unter anderem, illegal mit Waffen und Hochtechnologie zu handeln. Seit 1985 arbeitet er für die *Rimondfin.*

Am 11. Juli 1988, vier Tage nach der Verhaftung der Gebrüder Magharian, stellt Dick Marty einen Haftbefehl gegen Arman Haser in Monte Carlo aus: Er, der der Polizei die Infiltration in die Zürcher Geldwäscherszene ermöglicht hatte, hat zuviel geredet. Die *Rimondfin* hatte ihn beauftragt, einen Kredit von 200 Millionen Dollar zugunsten der sambischen Kupferindustrie aufzunehmen. Dies hatte Haser zu einem riesigen Betrug zuungunsten des afrikanischen Staates genutzt. Sambia verlor dabei über 15 Millionen Dollar. Zum Zeitpunkt, als die sambische Regierung – wie es schien – darauf verzichten wollte, gegen Haser gerichtlich vorzugehen, wurde Staatsanwalt Dick Marty aktiv. Er beschuldigte Haser des Betrugs und lässt ihn am 5. September in seiner monegassischen Wohnung, 24, Avenue de la Princesse Grace, festnehmen. Am 15. September meldet sich Haser freiwillig bei der Tessiner Polizei, im Glauben, sich mit einigen einfachen Erklärungen aus der Affäre ziehen zu können. Doch Dick Marty ist taub auf diesem Ohr. Er inhaftiert ihn, um ihn, genau wie seinen Partner, erst am 7. Oktober 1988 wieder freizulassen. Mittlerweile sind von Maspoli und Haser zwei Geldsummen bei der Tessiner Justiz hinterlegt worden – einmal 6 Millionen Dollar und einmal 4 Millionen Dollar –, und zwar als Vorschuss auf die Rückzahlung an den sambischen Staat, der Klage wegen Betrugs erhoben hat.[2]

Die «Operation Eiger» – der Gipfel ist unbezwingbar

Am 7. Juli 1988 werden die Gebrüder Magharian in ihrem Appartement im Hotelkomplex des Nova-Park in Zürich verhaftet. Zwei weitere, von den Magharians angestellte Geldkuriere werden ebenfalls festgenommen. Damit hat die Polizei den Weg zum Gipfel des Eigers zur Hälfte zurückgelegt. Von nun

---

[1] Colby war von 1973 bis 1975 Direktor der CIA. Der Beweis, dass Haser Colby gut kannte: Dessen private Telefonnummer war in Hasers Agenda aufgeführt. Und Haser hat sich damit gebrüstet.

[2] Die Affäre infolge einer Klage von Sambia wegen Betrugs ist bei der Tessiner Justiz noch anhängig. Haser, der nach diesen beiden Depotzahlungen gegen Kaution freigelassen wurde, begab sich nach Kanada. Er erhob seinerseits Klage gegen Dick Marty wegen Verleumdung und forderte von ihm mittels «Zahlungsbefehl» 26,8 Millionen Franken. Die Angelegenheit ist beim Gericht von Toronto, Kanada, anhängig, doch die Tessiner denken, dass es sich um eine List Hasers handelt, damit er sich nicht in der Schweiz verantworten muss.

an richtet sie ihr Hauptaugenmerk auf die *Shakarchi*, die *Guardag AG*, die *Mecattaf*, die *El Arris*, die *Mirelis* und einige weitere weniger bedeutende Firmen. In der Absicht, den Eiger vollends zu erklimmen, stellt das Tessin mehrere Rechtshilfebegehren an Zürich. Doch der Aufstieg wird sabotiert. Zum einen fällt der Beitrag der Zürcher Behörden eher bescheiden aus, zum andern erfährt die Presse von den Ermittlungen. Am 4. November 1988 informiert der «Tages-Anzeiger» die Leserschaft über die Libanon-Connection, sehr zum Nachteil der Tessiner Ermittlungsbeamten, die sich fragen, wie es zu diesem Leck gekommen ist, wo sie doch kurz vor dem Ziel standen.

Um diesen teilweisen Misserfolg zu erklären, gehen die Fahnder des Tessiner Drogendezernats zur Gegenattacke über: «*Wir im Tessin, wir haben diese Operation während fast anderthalb Jahren streng geheimgehalten. Das Geheimnis wurde in Zürich ausgeplaudert, wo man die Zunge nur drei Monate im Zaum halten konnte. Man muss sich ernsthaft fragen, ob die Zürcher die ‹Operation Eiger› nicht sabotiert haben, damit man den Gipfel nie erreicht*», erklärt ein verärgerter Tessiner Polizeibeamter. Diese Ansicht wird übrigens auch von Dick Marty vertreten und hat womöglich etwas mit seinem Wechsel von der Justiz zur Politik zu tun.

Somit sind die Polizei und die Justiz, da sie ihr Ziel nicht erreicht haben, heute arg in Verlegenheit. Ein Verteidiger der Gebrüder Magharian ironisierte die Angelegenheit folgendermassen: «*Sie haben nicht den Eiger, sondern mit Glanz und Gloria den Motto d'Arbino erstürmt!*»[1] Und das Dossier Magharian ist denn auch nicht so vollständig und nicht so perfekt, wie es hätte sein können.

Sind die Gebrüder Magharian schuldig oder unschuldig? Seit anderthalb Jahren ermittelt die Tessiner Polizei in dieser komplexen und konfusen Angelegenheit. Die Aufgabe von Dick Marty und später von seinem Nachfolger, Piergiorgio Mordasini, ist nicht einfach. Die Gebrüder Magharian verneinen – logischerweise – jegliche objektive Verbindung zu den Drogenhändlern. Sie behaupten lediglich, Devisenhandel getätigt zu haben, meist im Zusammenhang mit dem Tourismus. Doch in Anbetracht der gewaltigen Beträge, die sie gewechselt haben – 1,5 Milliarden Dollar innerhalb von drei Jahren –, würde das bedeuten, dass sie nahezu das Monopol auf dem Devisenmarkt des türkischen Tourismus gehabt hätten, was selbstverständlich unwahrscheinlich ist. Angesichts dieses evidenten Schlusses versuchen die Gebrüder Magharian denn auch zu erklären, dass sie zudem mit den von der Regierung in Ankara ausbezahlten Exportprämien Geschäfte betrieben hätten.[2] Auch wenn sie

[1]   Der Motto d'Arbino ist ein kleiner Hügel in der Region von Bellinzona, der natürlich nichts mit dem imposanten Eiger zu tun hat. Per Analogie wären die Magharians somit «ein kleiner Hügel» im Vergleich zu den Gipfeln namens *Shakarchi, Guardag, Mirelis* und anderen.
[2]   Ein in der Türkei ziemlich bekannter Trick. Jeder Fabrikant, der Waren ins Ausland exportiert, kommt in den Genuss einer Exportprämie. Dies führt dazu, dass zahlreiche Krämer be-

alles verneinen, sind die Gebrüder Magharian nichtsdestoweniger mit Indizien konfrontiert, die zu ihren Ungunsten ausschlagen könnten:

– Ihr Name ist in der Agenda von Nicola Giulietti aufgeführt, einem der im Zusammenhang mit dem Lastwagentransport von 100 Kilo Heroin Verurteilten. Erstes Indiz.

– Die achtmonatige Telefonüberwachung ist – abgesehen vom Erstaunen, das sie erregte, weil insgesamt sieben verschiedene Sprachen gesprochen wurden[1] – ein beredtes Zeugnis der Magharian-Kunden. Zu ihnen gehörten Dikran Altun, Mehmet Yildirim (genannt Cilo) und Celal Dahabi. Alle drei waren – wie die Gebrüder Magharian zugeben – nebst etwa fünfzig anderen regelmässigen Geschäftspartnern wichtige Kunden ihrer Firma. Alle drei haben Handel mit Heroin oder Kokain betrieben, wie mehrere Untersuchungsverfahren beweisen.[2]

– Dikran Altun wurde in den Vereinigten Staaten wegen Kokainhandels angeklagt. Der Tatbestand ist erwiesen, auch wenn im Hinblick auf die Umwandlung seiner Strafe in «Zwangsarbeit» (V-Mann) ein Fragezeichen bestehen bleibt. Altun hätte es vorgezogen, mit der Polizei zu kooperieren – worauf die amerikanische Justiz sich häufig einlässt.

– Die Verbindung zwischen Mehmet Yildirim und Haci Mirza im Zusammenhang mit den in Bellinzona beschlagnahmten 100 Kilo Heroin sind erwiesen. Wie bereits erwähnt (Seite 37), war es Yildirims Mercedes, der zu Beginn der Affäre für den Transport der Ware bis nach Istanbul benutzt wurde. Anschliessend wurde das Heroin ins Hotel Gold gebracht, welches Yildirim gehört. Doch auch wenn mit Gewissheit behauptet werden kann, dass Yildirim und Mirza zusammenarbeiteten und sich absprachen, lässt sich daraus

haupten, irgendwelche nicht existierende Erzeugnisse zu verkaufen, um in den Genuss dieser Prämien zu kommen, was aber auch nie kontrolliert wird. Als Gegenleistung können die Minister ihr Gehalt Ende Monat aufrunden.

[1] In diesem Zusammenhang drängt sich eine Bemerkung auf: Dass die Vereinigten Staaten unmittelbar an der Aufdeckung der Libanon-Connection beteiligt waren, haben die Schweiz und die Bundesanwaltschaft, wie wir erfahren konnten, sich ihrer eigenen Inkompetenz zuzuschreiben. Als die Tessiner Polizeibehörden um Unterstützung bei der Übersetzung der abgehörten Telefongespräche baten, schoben Bern und die Kantone einander den Schwarzen Peter zu. «Nicht zuständig», erklärte Bern. «Keine Infrastruktur», fügten die angefragten Kantone hinzu. «Und wer bezahlt?» doppelte Bern nach ... Daher wandten sich die Fahnder des Tessiner Drogendezernats angesichts des geringen Interesses der Schweiz an die bei der UNO in Genf tätigen Amerikaner. Offizielle Übersetzer und Übersetzerinnen führten diese Arbeit aus. Es gab also keine Telefonüberwachung «per Satellit» (wie einige behaupten), da die DEA für die Beschaffung ihrer Informationen nicht darauf angewiesen war!

[2] Die Polizeibeamten machten, ausgehend von den Kunden der Gebrüder Magharian, die Zwischenhändler ausfindig. Und sie konnten in der Tat auch nachweisen, dass weitere Personen in den Drogenhandel verwickelt waren. Mehmet Güven zum Beispiel wurde in Triest gefasst, und 40 Kilogramm Heroin wurden im März 1989 in Graz beschlagnahmt.

nicht folgern, dass die Gebrüder Magharian tatsächlich mit dem einen oder anderen wegen der Drogengelder unter einer Decke steckten. Die Polizei konnte jedoch den Nachweis erbringen, dass sich die Magharians einige Tage vor ihrer Verhaftung lange mit Yildirim in ihren Büros in Zürich unterhalten hatten. «Pech» für die Polizei: Yildirim verliess Zürich am Vorabend der Verhaftung der beiden Libanesen! Zweifellos wäre er das nützlichste Glied zum lückenlosen Verständnis des ganzen Mechanismus gewesen.[1]

– Noch eindeutiger sind die Verbindungen zwischen den Magharians und Celal Dahabi. Dahabi war der frühere Besitzer des bereits bekannten Mercedes, mit dem das Heroin aus dem Iran nach Istanbul gebracht wurde, bevor man es in den Lastwagen verlud. Dahabi hatte Mehmet Yildirim den Wagen kurz nach der Beschlagnahmung der 100 Kilo Heroin endgültig überlassen, vermutlich als Vorschusszahlung. Dahabi unterhielt zudem zahlreiche weitere Verbindungen mit Yildirim. So liessen die beiden innerhalb von fünf Jahren etwa 300 Millionen Dollar via Sofia – mittels Autobussen – in die Schweiz fliessen. Und diese Summen trafen dann bei den Gebrüdern Magharian in Zürich ein und bei anderen verdächtigen Firmen, zum Beispiel der *Mirelis*.[2] Doch die Schlussfolgerung, es habe sich dabei ausschliesslich oder auch nur teilweise um Drogengelder gehandelt, ist nicht zulässig – zumindest nicht aufgrund der Telefonüberwachung. Die Schweizer Gesetzgebung erleichtert auch hier die Ermittlungen nicht.[3]

– Anlässlich der Hausdurchsuchung bei den Gebrüdern Magharian in Zürich beschlagnahmten die Ermittlungsbeamten zwei Lieferwagen voll Unterlagen und Computerausdrucke. Das ergab eine umfangreiche Zusammenfassung von Karteiblättern «Kunden», Kontonummern und Buchungsbelegen aller Art (allein die Kundenliste füllte 25 Seiten). Die Tessiner Polizei war, obwohl äusserst effizient, nicht für die Auswertung einer solchen Dokumentation ausgerüstet. Aus diesem Grund beteiligte sich die italienische Guardia di Finanza an der Sichtung der Buchungsbelege. Mehrere ebenso spannende wie abstrakte Berichte gingen daraus hervor. Wir begnügen uns hier mit den wichtigsten Schlussfolgerungen des Berichts vom 11. Januar 1989 der Guardia di Finanza[4]; sein wesentliches Verdienst besteht in detaillierten Aufschlüs-

[1] Yildirims Flucht ist einer der schwersten Vorwürfe, die die Tessiner gegen ihre Zürcher Kollegen erheben. Diese «Flucht» erinnert an mehrere andere, die ebenfalls auf zweifelhafte Art zustande kamen.

[2] Der Name dieser Firma taucht in der Agenda der Magharians häufig auf. Ein Verwaltungsratsmitglied der Firma ist sogar mit Vornamen («Claude») aufgeführt (s. oben Seite 38).

[3] Nur durch eine Umkehrung der Beweislast – das heisst, wenn der Verdächtige den Nachweis erbringen muss, dass das Geld aus einer legalen Tätigkeit stammt – wären die Ermittlungsbeamten an mehr Informationen herangekommen.

[4] Italienische Guardia di Finanza, Bericht des Drogenbekämpfungsteams, Sektion I, zu Lasten von Ismaïl Oflu, auch Ismaïl Hacisuleymanoglu genannt, verurteilt in Mailand im Oktober 1989.

sen über Buchungsbelege zur Erhärtung der Untersuchung. Die Namen der Kunden, die verdächtigen Kontonummern, die Beziehungen zwischen den Gebrüdern Magharian und dem libanesisch-türkischen Milieu sind ausgesprochen aussagekräftig. Für die Tessiner Polizei besteht heute kein Zweifel mehr, dass die beiden Libanesen als aktive Zwischenhändler der Geldwäscherei fungierten.[1]

– Ein letztes beweiskräftiges Indiz stellte sich nach der Verhaftung der beiden Devisenhändler per Zufall ein: Als die Ermittlungsbeamten das Büro der Gebrüder Magharian in einem Appartement des Nova-Park-Hotels in Zürich durchsuchten, stiessen sie überraschenderweise auf ein Dokument, das die Tessiner zuvor der Genfer Justiz hatten zukommen lassen. Es war ein mittels Rechtshilfebegehren an die Genfer Richterin Laura Jacquemoud-Rossari gerichteter Antrag auf Hausdurchsuchung, damit sie das Konto «Roy» bei der Finanzgesellschaft *Mirelis SA* in Genf genauer studiere. Die *Mirelis* steht in der Tat im Verdacht, mehrere Dutzend Millionen Franken gewaschen zu haben, und zwar über einen ihrer Kunden, genauer über Celal Dahabi, den Inhaber dieses Kontos (s. dazu auch Seite 38, Fussnote). Celal Dahabi konnte natürlich den Gebrüdern Magharian eine Kopie dieses Gerichtsdokuments beschaffen! Auch wenn dies kein offenkundiges Indiz für Korruption oder Kollusion ist, wie einige behaupteten, ist dieser Sachverhalt doch nicht minder seltsam. Auf jeden Fall deutet er darauf hin, dass zwischen Celal Dahabi und den Gebrüdern Magharian eine enge Verbindung bestand. Kurz vor ihrer Verhaftung in Zürich am 7. Juli 1988 konnte Dahabi dadurch die Magharians auf das laufende Untersuchungsverfahren aufmerksam machen.

Eine andere Version, wie das Gerichtsdokument zu den Magharians kam, geht aus der Bemerkung eines Polizeibeamten hervor. Wie er uns sagte, hätten die Magharians in den letzten Tagen ihrer Freiheit einen richtiggehenden Kriegsrat mit Yildirim und Dahabi abgehalten! Die Drogenhändler merkten nämlich, dass der Wind sich drehte. Denn die DEA-Beamten hatten am Vorabend der Verhaftung versucht, einen Pakt mit den Gebrüdern Magharian zu schliessen. Sie wurden gebeten, mit der Polizei zusammenzuarbeiten (damit der Gipfel dieses famosen Eigers hätte erreicht werden können). Barkev Magharian lehnte ab – ein weiteres Indiz in den Augen der Polizei, dass er nicht unschuldig ist. Am nächsten Tag wurden die beiden Libanesen im Nova-Park verhaftet. Die «Operation Eiger» ging zu Ende.

Bei ihrem demnächst stattfindenden Prozess wird die Verteidigung der Ge-

---

[1] Etwa ein halbes Dutzend ihrer Kunden sind in Drogengeschäfte verwickelt. Andere waren erwiesenermassen nach der Verhaftung der Magharians in solche Geschäfte verwickelt, denn die Polizei konnte nun Infiltranten auf die exponiertesten Kunden ansetzen. So wurde die Familie Güven (dank den Tessinern) im Besitz von 47 Kilo Heroin festgenommen. Mehmet Güven soll der Chef dieses Netzes gewesen sein; er unterhielt ständigen Kontakt zu den beiden Libanesen.

brüder Magharian zweifellos auf «nicht schuldig» plädieren. In Anbetracht der Schweizer Gesetzgebung genügt es ihnen zu sagen – genau wie dies sämtliche in den letzten zehn Jahren angeklagte Geldwäscher systematisch getan haben –, sie hätten absolut keine Ahnung von der Herkunft der eingenommenen Gelder gehabt, um die Anklage ins Wanken zu bringen.

Aus diesem Grund, weil sie befürchten, die Schweizer Justiz werde die Gebrüder Magharian demnächst freilassen, haben die amerikanischen Behörden einen Haftbefehl[1] gegen sie erlassen. Die Magharians sollen aufgrund des ersten, am 27. November 1986 in den USA festgestellten Delikts an die Vereinigten Staaten ausgeliefert werden. In den Vereinigten Staaten wird das Delikt Geldwäscherei im Zusammenhang mit Drogenhandel schwer bestraft, und die Magharians befürchten, dass sie ihre Tat dort verantworten müssen. Abgesehen von der Episode in Los Angeles, müssten sie auch die Herkunft von 36 Millionen Dollar erklären, von denen man annimmt, dass sie aus einem weiteren Kokaingeschäft stammen. Die Magharians haben deswegen mit einer Gefängnisstrafe von fünfzehn bis zwanzig Jahren zu rechnen.

Die Zürcher Wand bringt alles zum Scheitern

Durch die Geschicklichkeit, mit der die Schmuggler ihre finanziellen Aktivitäten zu verdunkeln verstehen, aber auch durch die Banken und die Gesetzgebung, die keine Strafnormen gegen Geldwäscherei vorsieht, wurde das Arsenal des organisierten Verbrechens verstärkt. *«Das organisierte Verbrechen ist uns eine Schlacht voraus»*, wie die Mehrheit der Experten zugibt. Und es ist nicht bereit, diesen beträchtlichen Vorteil an eine passive, nicht mit dem notwendigen Instrumentarium versehene und daher schlecht gerüstete Justiz zu verlieren. *«Gegenwärtig ist die Rechtshilfe zwischen den einzelnen Staaten und sogar zwischen den einzelnen Kantonen ein echtes Problem»*, gesteht uns ein Untersuchungsrichter. Und er fährt fort: *«Es ist das pure Gegenteil einer Hilfe, und die Drogenhändler oder ihre Anwälte wissen dies ganz genau. Sie sind stärker als wir.»*

Abgesehen von diesen Bemerkungen bezüglich Gesetzgebung und der Mittel zur Bekämpfung des organisierten Verbrechens, weisen die Tessiner – denen wir die Hauptarbeit in Sachen Ermittlungen gegen die Libanon-Connection zu verdanken haben – auf zahlreiche Misserfolge hin. *«Die Zürcher haben sich nur mit einem einzigen Polizeibeamten aktiv an den Ermittlungen beteiligt. Sie sabotierten die Arbeit, als wir auf Dinge stiessen, die Zürich betrafen»*,

---

[1] Bis auf den heutigen Tag hat die DEA jedoch keinen formellen Auslieferungsantrag gestellt.

meint ein Tessiner Experte, ohne den die Libanon-Connection nie aufgedeckt worden wäre. Zu den Fakten:

– Mehmet Yildirim konnte einen Tag vor seiner Verhaftung fliehen. Yildirim wäre indes für die Beweisführung – wie bereits erwähnt – entscheidend gewesen, da er einerseits in direkter Verbindung zu Mirza stand und andererseits Kontakte zu den Gebrüdern Magharian pflegte. Am Vorabend der Verhaftung der Gebrüder Magharian befand er sich noch im Hotel Nova-Park. Wer warnte ihn? Wie lässt sich seine Flucht erklären?[1]

– Yasar Aktürk (Friseur, Privatsekretär und Freund von Mohammed Shakarchi, der mit einem massgeschneiderten Mercedes herumfährt und in ein halbes Dutzend verwandter Affären verwickelt ist)[2], konnte sich ebenfalls rechtzeitig absetzen. Polizeibeamten, die in seinem Fall in Zürich ermittelten, wurde davon abgeraten, des Guten zuviel zu tun. Aktürk, der seit dem Frühjahr 1989 in Monaco lebt, ist offiziell nie wieder in die Schweiz zurückgekehrt, trotz der zahlreichen Verbindungen, die er hier pflegt.[3] Gewissen vertraulichen Quellen zufolge soll er von undichten Stellen auf hoher Ebene und von der Abhörung der Telefongespräche in seinem Büro bei der ebenfalls auf Goldhandel spezialisierten *Guardag AG* in Zürich profitiert haben.

– Mohammed Shakarchi verstand es, sich aus der Affäre zu ziehen. Sobald ihm im Dezember 1986 bekannt war, in welcher Gefahr er sich befand, wusste er sich geschickt zu schützen. Er benachrichtigte insbesondere die *Schweizerische Kreditanstalt*, dass die Gebrüder Magharian an der Geldwäscherei beteiligt seien[4], und er tat dasselbe mit der Tessiner Justiz. Diese Distanzierung, die

[1] Yildirim wurde schliesslich von den türkischen Behörden verhaftet, doch wurde die Anklage wegen Drogenhandels wieder fallengelassen. Gegenwärtig sitzt er in Diyarbakir wegen eines mutmasslichen Goldeinfuhrdelikts in Untersuchungshaft.

[2] Yasar Aktürk wohnte lange in einem Lausanner Vorort. Er war einer der wichtigsten Aktionäre der Guardag AG, die ebenfalls im Verdacht steht, Drogengelder gewaschen zu haben, wie die zahlreichen Polizeirapporte belegen. Aktürk war zudem der Vertreter der Shakarchi in Istanbul. Er war eine der Hauptzielscheiben der «Operation Eiger».

[3] Sein Sohn besucht eine Privatschule in der Region Lausanne, und Aktürk konnte namentlich mit ihm unmittelbare Kontakte aufrechterhalten, trotz verschiedener Ausschreibungen im Tessiner und Waadtländer Fahndungsblatt.

[4] Als Mohammed Shakarchi aus der amerikanischen Presse erfuhr, dass die Gebrüder Magharian in eine Kokain-Affäre verwickelt seien, griff er zum Telefon: *«Sehen Sie, ich hatte Ihnen ja gesagt, Sie sollten ihnen nicht trauen»*, hielt er der Direktion der Schweizerischen Kreditanstalt in Zürich vor, sorgsam darauf bedacht, diesen Anruf aufzuzeichnen und mit dem genauen Datum zu versehen. Dieses Element wurde natürlich Dick Marty im Hinblick auf die eventuelle Verteidigung von Mohammed Shakarchi nicht vorenthalten. Und Dick Marty war wohl oder übel genötigt, die Tatsache zur Kenntnis zu nehmen, mit allen möglichen Vorteilen, die sie für den Urheber in sich barg.

gerade zum richtigen Zeitpunkt erfolgte, war der Tessiner Polizei lange Zeit ein absolutes Rätsel.[1]

– Die Experten erwähnen noch den Fall Kemal Horzum (der in Lausanne festgenommen und anschliessend an die Türkei ausgeliefert wurde). Horzum war in der Türkei in gigantische Finanzdelikte und Betrügereien verwickelt. (Gegen B., seinen Lausanner Anwalt, wurde ebenfalls ein Gerichtsverfahren eingeleitet.) Horzum ist der Waffenschieberei, der Geldwäscherei und der Korruption angeklagt. Doch der türkische Geschäftsmann ist bekannt dafür, dass er die Regierung seines Landes wegen «geleisteter Dienste» auf seiner Seite hat. In seinen glanzvollen Zeiten empfing er in den grossen Lausanner Hotels die Minister und höchsten Persönlichkeiten der Türkei und bedachte sie mit grosszügigen Geldgeschenken. Nach einem kurzen Gefängnisaufenthalt in Ankara – nachdem die Schweiz ihn ausgeliefert hatte – drohte Horzum Regierungsvertretern, publik zu machen, wer alles Schmiergelder von ihm angenommen habe – seinen eigenen Angaben zufolge gehörte auch die Frau des Premierministers dazu. Man weiss zudem, dass Horzum sehr enge Verbindungen zu den rechtsextremen «Grauen Wölfen» pflegte. Die Lausanner haben in dieser Angelegenheit ihre Arbeit getan, aber mehrere Kantone (Zürich und vor allem Genf) haben sich nicht darum gekümmert.

«Man geht nicht in Pantoffeln auf den Eiger», lautet der Kommentar eines enttäuschten Tessiner Polizeibeamten. Und er führt aus: *«In Ermangelung guter rechtlicher Grundlagen erwies sich die Besteigung des Eigers als schwierig, das stimmt. Aber sie war keineswegs ein Ding der Unmöglichkeit. Hingegen verstehen wir immer noch nicht, weshalb die Zürcher praktisch keine Energie in die Operation investiert haben. Schlimmer noch, man muss sich fragen, ob der ‹Tages-Anzeiger›, der die Affäre ans Licht brachte, nicht Hinweise erhalten hat, die im Interesse der Zürcher Justiz waren... Wir stehen vor einem Rätsel: Uns ist es gelungen, diese Operation anderthalb Jahre lang geheimzuhalten, während Zürich nur drei Monate dichthalten konnte.»*

Im Klartext: Wenn man den Eiger schon nicht in Pantoffeln besteigt (mit Gesetzen, die aus dem 18. oder 19. Jahrhundert stammen), so ist es noch schwieriger, es mit störrischen Maultieren zu versuchen. Diese Behauptung kann leider mit einer Fülle von Beispielen untermauert werden. Als Paolo Bernasconi 1985 versuchte, sich über den Geldwaschkreislauf der Pizza-Connection zu informieren und zur Unterstützung entsprechende Rechtshilfebegehren gestellt hatte, sah er sich bereits jener zürcherischen Wand gegenüber – einem echten Schutzschild für die grossen Schmuggler. Die «Shekergi» (wie

---

[1] Die Parlamentarische Untersuchungskommission unterstreicht die sehr engen Beziehungen einzelner Polizeibeamter zu Mohammed Shakarchi, sie sagt aber, dass Shakarchi durch diese Beziehungen nicht begünstigt worden sei (s. PUK-Bericht, S. 121 f.).

sie damals genannt wurde)[1] war allen bekannt – und genoss die Protektion der Behörden. Genau wie die *Shakarchi, Guardag, Mecattaf, El Arris, Mirelis* und andere im Zusammenhang mit der Libanon-Connection. Im Vergleich zu den Genannten sind die Gebrüder Magharian beinahe Chorknaben, und die beiden libanesischen Brüder sind denn auch auf ihre Art, trotz «weissem Kragen», tatsächlich nur kleine Angestellte. Zur Untermauerung dieser Argumentation müssen wir nicht weit suchen. Ein aussagekräftiges Beispiel genügt, etwa das folgende:

Am 21. August 1987 teilt ein Türke namens Celal Erdogan, der zwei Jahre zuvor verhaftet wurde – wir haben ihn schon früher erwähnt (Seite 46 f.) –, dem italienischen Richter Mario Vaudano wichtige Einzelheiten mit. Nacheinander fallen die Namen der grossen Schmuggler des italienisch-türkischen Netzes und seiner schweizerischen Verästelungen. Erdogan ist ein sogenannt «Reuiger». Als der italienische Richter ihn über seine Geschäftsbeziehungen mit Zürich befragt, erzählt Erdogan: «*Das letztemal, als ich nach Zürich ging, war es aufgrund eines Rechtshilfebegehrens, damit die Schweizer Behörden mich einvernehmen konnten. Als ich ihnen von einem gewissen Ersen Guersel erzählte, schlugen mich die Polizisten; sie sagten, ich solle nicht schlecht über Guersel reden. Sie waren zu zweit oder zu dritt, und es war noch ein weiterer Angeklagter, Isaac Abdullah, dabei. Sie haben mich wirklich geschlagen, damit ich den Mund halte . . .*»[2]

Hätte die Zürcher Justiz diese Fährte verfolgt, wären die Behörden unverzüglich auch auf die Firma *Shakarco* und eine ganze Reihe einflussreicher Strohmänner der Stadt Zürich gestossen. Statt dessen wurde der Polizeiinspektor, der das Abenteuer und die damit verbundenen Risiken nicht gescheut hätte, ein gewisser Enrico Germann, an eine andere Dienststelle versetzt . . . Er wurde «gefährlich»!

Durch das Behindern der «Operation Eiger» hat die Zürcher Geschäftswelt zweifellos die «hohen Tiere» retten können, doch konnten weder der Fall von Elisabeth Kopp noch der ihres Gatten Hans W. Kopp verhindert werden. Doch muss darauf hingewiesen werden, dass der berühmte Anwalt nicht an Grundsätzlichem gescheitert ist. Er ist auf einer Eisscholle ausgeglitten, einer ungünstig plazierten gewiss, aber bloss auf einer obenauf schwimmenden und zufällig blossgelegten.

Als unsere Kollegen vom «Le Matin» vom berühmten Telefonanruf Elisa-

---

[1] Laut Geständnis des Gehilfen von Musullulu, Paul Waridel, der zu 14 Jahren Gefängnis verurteilt wurde (s. auch Seite 47).

[2] Bericht der Guardia di Finanza; der italienische Untersuchungsrichter Vaudano bestätigte uns diese Aussage zusätzlich. Ersen Guersel, geboren am 3. Mai 1939 in Gaziantep, wurde bereits im Jahre 1973 erstmals verhaftet. Seine Firma Egat-Tours, Hafnerstrasse 13 in Zürich, betätigte sich im Uhren-, Edelstein-, Drogen- und Waffenschmuggel und war in verschiedene Affären verwickelt. 1980 arbeitete Guersel u. a. auch mit der Firma *Shakarco* zusammen.

beth Kopps an ihren Mann erfuhren, schnappte – wie zu Beginn dieses Buches beschrieben – die Falle zu. Doch keiner der informierten Ermittlungsbeamten verstand wirklich, weshalb gerade «Le Matin» diese hochbrisante Information bekommen hatte. Es scheint, dass drei weitere Zeitungen dieselbe Information zwar erhalten, aber beschlossen hatten, sie nicht zu veröffentlichen, da sie sie nicht überprüfen konnten. Hätte «Le Matin» am 9. Dezember 1988 seine Enthüllung nicht veröffentlicht, hätte die Vorsteherin des Eidgenössischen Justiz- und Polizeidepartements ihr Amt gewiss nicht niedergelegt, und die Öffentlichkeit wüsste von nichts. Einzig einige Polizeibeamte hätten weiterhin gewettert oder resigniert ihren Posten aufgegeben.

Und was wäre geschehen, wenn Elisabeth Kopp ihrem Mann keinen Wink gegeben hätte? Nichts. Die «Operation Eiger» war in bezug auf die *Shakarchi* ja ohnehin bereits gefährdet.

Was wäre geschehen, wenn gemäss Schweizer Gesetzgebung die Unterschriften der Protagonisten bei den verschiedenen Firmen unverzüglich gelöscht worden wären? Nichts. Hans W. Kopp hätte aus dem Verwaltungsrat der *Shakarchi* austreten und Elisabeth Kopp hätte ihn warnen können, ohne dass dies weder für ihn noch für sie die geringsten Folgen gehabt hätte, denn niemand hätte etwas davon erfahren.

Der Skandal Kopp wäre um Haaresbreite nie ans Tageslicht gekommen und namenlos geblieben. Was die Hauptakteure der Geldwäscherei betrifft, so brauchen sie trotz der vorgesehenen Gesetzesänderung wegen ihrer Vergangenheit nichts zu befürchten. Die Gebrüder Magharian scheinen wie auch Elisabeth Kopp als Sicherungen gedient zu haben. Die wahren Schuldigen sind unerreichbar oder zumindest sehr gut geschützt, protegiert, müsste man sagen.

Zigarettenschmuggel

Ein einträgliches, aber nicht harmloses Geschäft

Während die Tessiner Polizei mit der «Operation Eiger» die Libanon-Connection zerschlug, lief in Basel eine Ermittlung gegen einen Schieberring, der später unter dem Namen Peseta-Connection für Schlagzeilen sorgte. Im Tessin ging es um Heroin, in Basel offenbar um Zigaretten. Doch ob Rauschgift- oder Tabakschmuggel, stets stellt man dieselben Tricks und Drehs fest, stets wird der Schmuggelerlös in der Schweiz reingewaschen, und häufig sind es sogar dieselben Organisationen. Und noch etwas fällt auf: Bei Fahndungen, bei denen die Polizei nicht weiterkommt oder sogar gestoppt wird, begegnet man auf Schritt und Tritt den Nachrichtendiensten.

Die Peseta-Connection: «Operation Barca»

Als kurz nach neun Uhr die Hausglocke klingelte, erwartete Michael Hänggi eigentlich die Blumenfrau, denn an diesem 27. Juni 1989 feierte er seinen 40. Geburtstag. Statt der Blumenfrau aber stand die Polizei vor der Tür, zivil gekleidete Fahnder des basel-städtischen Drogendezernates. Bevor der Basler Tabakhändler wie ein Schwerverbrecher in Handschellen abgeführt wurde, durchsuchten die Drogenfahnder das Büro seiner Firma Porespa, beschlagnahmten Buchungsbelege, Bankauszüge und die gesamte Geschäftskorrespondenz. Sogar den Computer nahmen sie mit.

Zur gleichen Zeit griff die spanische Küstenwache im Hafen von Arosa, einem Fischerdorf an der galicischen Küste, ein Schnellboot auf. Und in der Nähe des Grenzstädtchens Pau in Südfrankreich beschlagnahmte die Polizei vier Autos und verhaftete ihre Besitzer.

In zwei Jahren habe Michael Hänggi, Mitglied eines internationalen Zigarettenschmuggelringes, schmutzige Gelder in der Höhe von 300 Millionen Franken von Spanien in die Schweiz bringen lassen und hier weissgewaschen. Es sei unmöglich, dass der Tabakschmuggel derart gigantische Gewinne abwerfe, höchst wahrscheinlich stamme wenigstens ein Teil der Gelder aus dem illegalen Drogengeschäft. So begründete die Polizei in Basel ihren Schlag gegen die Peseta-Connection.

Die Polizeiaktion «Operation Barca», so benannt nach den spanischen Schmuggelbooten, lief bereits seit dem Sommer 1987. Ausgelöst hatte sie ein alter Baske, für den es in der Schmuggelorganisation der Peseta-Connection kaum noch Geheimnisse gab, denn er steckte selbst seit Jahren im Zigarettengeschäft.

Und so funktionierte das Geschäft: Basler Firmen, unter andern die Porespa, kauften amerikanische Zigaretten in Antwerpen oder Hamburg, wo die beliebtesten Marken Winston und Marlboro ihre Zentrallager für Europa eingerichtet haben. Mit firmeneigenen Containerschiffen verfrachtete die Porespa die Zigaretten bis vor die galicische Küste. Hier holte der spanische Abnehmer die Ware mit Schnellbooten ab und warf sie auf den streng durchorganisierten Schwarzmarkt. Dann trat die Porespa erneut in Aktion. Sie liess in Spanien den Erlös aus dem Zigarettenverkauf wieder einsammeln. Französische Schlepper wie zum Beispiel Joseph Arietta, der später in Basel verhaftet wurde, holten dieses Geld mit ihrem Auto ab. In raffiniert eingebauten Verstecken hinter dem Autoradio oder dem Handschuhfach, in den Hintersitzen oder der Karosserie, gelangten die Pesetenscheine nach Basel.

Für diesen Geldtransport stand Joseph Arietta ein Park von sechs Personenwagen zur Verfügung. Zwischen Spanien und der Schweiz wechselte er mehrmals das Auto, zuletzt bei Annecy unweit von Genf. Die Schweizer

Grenze passierte er jeweils an genau festgelegten Orten: einem Zollposten in Genf oder an der grünen Grenze bei Basel. Ein- bis zweimal pro Woche brachten die Schlepper das Schmuggelgeld – soviel, dass die Pesetenscheine nicht mehr gezählt, sondern nur noch gewogen wurden: pro Fahrt rund 3 Millionen Franken oder 12 Millionen Franken jeden Monat.

Die riesige Geldmenge war es, die den alten baskischen Schmuggler stutzig machte. Er wusste: Auf dem spanischen Schwarzmarkt werden monatlich Zigaretten im Wert von höchstens 8 Millionen Franken abgesetzt. Zudem haben mehrere Organisationen diesen Markt unter sich aufgeteilt. Woher also stammten die 12 Millionen Franken, welche die Peseta-Connection jeden Monat in die Schweiz schmuggelte? Für den alten Basken gab es nur eine Antwort: aus dem Drogenhandel. Beweise freilich hatte er keine, dagegen aber eine ziemliche Wut. Sein Leben lang hatte er Zigaretten geschmuggelt. «Es war ein ‹ehrbares Geschäft›», sagt er. Dass der spanische Staat dabei jährlich um mehrere Milliarden Steuergelder geprellt wurde und das Gesetz ausdrücklich von einem schweren Delikt spricht, hat ihn nie gestört. Erst als sich immer mehr Drogenhändler unter die Tabakschmuggler mischten, kamen ihm die Skrupel. Als dann auch die Chefs seiner eigenen Organisation von Winstons und Marlboros auf Kokain und Heroin umstiegen, verlor das «ehrbare Geschäft» für ihn endgültig die Unschuld. Seither fasste der alte Baske keine einzige Schmuggelzigarette mehr an. Drogenhändler hatten ihn um seine Arbeit gebracht. Aus Nostalgie über die gute alte Schmuggelzeit und wohl auch, weil er den fetten Gewinnen aus dem Zigarettengeschäft nachtrauerte, sann er auf Rache und plauderte aus der Schule.

Aber nicht in Spanien, denn er misstraute den dortigen Behörden. Zu Recht, wie sich bald zeigen wird. Auf Umwegen wandte er sich an Germain Sengelin, Doyen und Erster Untersuchungsrichter im fernen Mülhausen, Frankreich. Seinen Namen kannte er aus der Zeitung. Der Elsässer Richter hatte für Schlagzeilen gesorgt, als er einen der höchsten Zolldirektoren Frankreichs wegen Schmuggels vor Gericht einklagte. Germain Sengelin zog einen Kollegen in Basel bei: Jörg Schild, Staatsanwalt und Chef vom dortigen Drogendezernat. Und dieser wandte sich an Gregory Passic, Vertreter der amerikanischen Drogenpolizei DEA in Bern. Gemeinsam stellten sie ein imposantes Dispositiv auf die Beine.

Anfang November 1987. Staatsanwalt Jörg Schild, dem von Anfang an die Leitung der «Operation Barca» übertragen wurde, lässt sich die Bänder mit den abgehörten Telefongesprächen von Michael Hänggi bringen. Das letzte Gespräch ist aufschlussreich: Es knackt in der Leitung. Dann meldet sich eine Stimme:

«Il faut qu'il change de crèmerie!» (Er soll den Milchladen wechseln.)

«Aha! . . . ich verstehe», sagt Michael Hänggi.

Es knackt wieder. Der mysteriöse Anrufer hat aufgelegt.

«Es gibt einen Verräter in unsern eigenen Reihen; Joseph Arietta wurde gewarnt», konstatiert der Staatsanwalt wütend.

Am Tag, als dieses geheimnisvolle Telefongespräch mitgeschnitten wurde, hatte Jörg Schild den Peseta-Schmuggler Joseph Arietta verhaften wollen. Es sah nach einem harmlosen, narrensicheren Einsatz aus. Alltäglichste Routine. Seit anderthalb Jahren wurden Joseph Arietta und seine Freunde auf Schritt und Tritt beschattet. In Frankreich besorgte diese Arbeit eine Sondereinheit der Gendarmerie in Pau. Keine unerfahrenen Provinzpolizisten, sondern speziell ausgebildete Terroristenfahnder. Diese Sondereinheit hatte zahlreiche mutmassliche ETA-Terroristen gestellt und auch Philipp Bidart, den berühmt-berüchtigten Chef der Unabhängigkeitsbewegung Iperretarak, verhaftet.

Auf die Angaben der Spezialisten aus Pau war Verlass. Meist sagten sie fast auf die Minute genau voraus, wann Joseph Arietta oder einer seiner Freunde die Schweizer Grenze passieren werde. Nur in jener Novembernacht, als die Polizei mit einem Haftbefehl auf Joseph Arietta wartete, blieb dieser aus. Es war das erstemal in 18 Monaten, dass sich die Gendarmen aus Pau geirrt hatten. Die Auflösung des Rätsels brachte die Telefonkontrolle (TK) von Michael Hänggi. Der Schmuggler Joseph Arietta hatte sich an die Anweisung gehalten: *«Il faut qu'il change de crèmerie!»* und ging so der Polizei durch die Maschen.

Der geheimnisvolle Anrufer, der Joseph Arietta gewarnt hatte, war der Zollbeamte Gérard Chapuis. Als Chef des Zollpostens Troinex bei Genf kannte er zumindest teilweise das Fahndungsdispositiv von Staatsanwalt Jörg Schild.

Die Beschattung der Peseta-Leute und die Telefonüberwachung der Basler Schmuggler bestätigten alle Angaben des alten baskischen Schmugglers. Vor allem die TK erwies sich als wahre Fundgrube. Tatsächlich jonglierte der Basler Geschäftsmann Michael Hänggi mit astronomischen Geldmengen. Das veranschaulicht auch das folgende, von der Polizei mitgehörte Gespräch, das ein Bankbeamter mit Michael Hänggi führte:

«Sagen Sie, wie alt ist Ihr Sohn?»

«Dreijährig; warum?»

«Auf seinem Konto liegen plötzlich 17 Millionen Franken; kann das stimmen?»

«Hm, schreiben Sie 15 Millionen auf eines meiner Konti um, die restlichen zwei belassen Sie auf dem meines Sohnes.»

Die wöchentlichen Millionen aus Spanien brachte die Porespa zu einer Bank in Zürich. Mit einem Teil des Geldes wurden Goldbarren gekauft, welche auf dem Schmuggelweg zurück nach Spanien gelangten. Die restlichen Millionen wurden bei der Zürcher Bank in Dollars umgewandelt und auf das Konto einer in Panama domizilierten Reederei einbezahlt. Von hier floss das

Geld über Vaduz und London weiter nach Monaco und wurde dabei durch zahlreiche Firmen und Finanzgesellschaften geschleust. Eine klassische Geldwaschmethode.

Die Überwachung der Peseta-Schmuggler lieferte zahlreiche Indizien, dass hier Drogengelder gewaschen wurden. Zum Beispiel reiste Michael Hänggi zusammen mit seinem spanischen Abnehmer, den die iberische Presse als Drogenhändler bezeichnete, nach Südamerika. In Panama und Miami, Amerikas «Kokain-Hauptstadt», trafen sie mehrere Personen, die bei der DEA als Drogenhändler registriert sind. Im November 1988 beschlagnahmte die Polizei in Barcelona 40 Kilo Heroin, und im Frühjahr 1989 fielen ihr in Galicien 4 Tonnen Haschisch in die Hände. In beiden Fällen wurden mehrere Personen verhaftet. Mitglieder der Peseta-Connection waren mit einzelnen dieser in Barcelona und Galicien gefassten Drogenhändler bekannt. Diese Indizien erhärteten zwar den Verdacht, dass die Millionen der Peseta-Connection aus dem Drogenhandel stammten. Doch handfeste Beweise fehlten noch immer.

Im Frühjahr 1989 hatte die «Operation Barca», die nun seit bald zwei Jahren lief, einen toten Punkt erreicht. Staatsanwalt Jörg Schild und sein Mülhauser Kollege Germain Sengelin kannten zwar im Detail zwei verschiedene Schmuggelringe. Der eine belieferte Spanien von Südamerika aus mit Kokain, der andere von Antwerpen aus mit Zigaretten. Und in der Schweiz wurden jede Woche schmutzige Gelder in der Höhe von 3 Millionen Franken gewaschen. Gehörten diese beiden Schmuggelringe tatsächlich zu ein und derselben Organisation, wie Staatsanwalt Jörg Schild vermutete? Diesen Beweis konnte er nicht antreten. Spanien blieb für ihn eine Blackbox, denn Polizei und Zoll verweigerten jede Mitarbeit. Die DEA meldete jedesmal, wenn in Südamerika ein Schiff mit Kokainfracht in See stach und Kurs auf Spanien nahm. Regelmässig gab sie auch den Standort der Drogenfrachter durch. Vor der galicischen Küste aber verlor sich ihre Spur.

Staatsanwalt Jörg Schild hatte persönlich ein Rechtshilfegesuch nach Madrid gebracht, es wurde nie beantwortet. Der alte baskische Schmuggler hatte ihn vorgewarnt. *«Ich weiss aus eigener Erfahrung, dass zahlreiche spanische Zöllner und Zivilgardisten auf der Lohnliste von Schmuggelorganisationen stehen»*, behauptete er. Die Peseta-Connection hatte aber nicht nur in Spanien Zoll und Polizei unterwandert, sondern auch in der Schweiz. Der Fall des Genfer Zollbeamten Gérard Chapuis war keine Ausnahme. Bei einem der Schmuggler fand die Polizei eine hochgeheime PTT-Telefonnummer: die direkte Nummer jenes PTT-Beamten, der bei Michael Hänggi die Telefonkontrolle ansetzte. Und ein Basler Geschäftspartner von Michael Hänggi erhielt sogar eine Kopie der Abschrift mit den abgehörten Telefongesprächen. Offenbar wurde die Peseta-Connection laufend über den Stand der Ermittlungen informiert.

«In Basel herrschen Zustände wie in der von der Mafia kontrollierten Stadt Neapel. Das ist die endgültige Kapitulation vor dem organisierten Verbrechen», kommentierte im Zorn der Mülhauser Richter Germain Sengelin die Basler Staatsanwaltschaft, als diese am 14. September 1989 das Verfahren gegen die Peseta-Connection einstellte. Germain Sengelin war entscheidend an der «Operation Barca» mitbeteiligt. Den Einstellungsbeschluss vernahm er aus der Presse. Nach seiner Ansicht konnte die Basler Justiz den Fall der Peseta-Connection gar nicht abschliessend beurteilen. Mehrere Rechtshilfegesuche liefen zu diesem Zeitpunkt noch.

Hans Hungerbühler, Erster Staatsanwalt von Basel-Stadt, entschied, ohne wichtige Polizei- und Gerichtsakten aus Frankreich und Holland einzusehen.[1] Im Auftrag von Staatsanwalt Jörg Schild hatten die Gendarmerie von Pau sowie Untersuchungsrichter Germain Sengelin in Frankreich mehrere Personen zuerst beschattet und überwacht, danach verhaftet und verhört. Was diese Ermittlungen ergaben, interessierte Basel nun plötzlich nicht mehr. Noch bevor Frankreich Verhörprotokolle, Polizeirapporte und Abschriften von Telefonkontrollen – aus der Zeit von Ende April bis Mitte September 1989 – den Schweizer Behörden übergab, stellte Basel das Verfahren ein.

Schon 1980 kein Verfahren gegen Pesetenkurier

Wieso diese plötzliche Eile? Ist die Basler Justiz korrupt? Oder enthält unser Strafgesetzbuch Paragraphen, die den Rechtsstaat ad absurdum führen? Schützt unsere Justiz das organisierte Verbrechen? Oder schützt sie das Land und seine Bürger vor dem organisierten Verbrechen? Eines steht ausser Zweifel: Gerichtsentscheide wie der vom 14. September 1989 in Basel machen die Schweiz zu einem Magnet für das organisierte Verbrechen. Zigarettenschmuggel ist längst nicht mehr ein harmloses Geschäft, wie uns die Basler Justiz glauben machen will. Der Tabakschmuggel entfaltete sich nach dem Zweiten Weltkrieg und unter der Kontrolle italienischer Mafia-Familien zu einer eigentlichen Industrie. Ende der siebziger Jahre stiegen diese Verbrechersyndikate, damals vorübergehend auf Menschenraub spezialisiert, ins illegale Drogen- und Waffengeschäft ein. Seither benutzen sie in der Schweiz den Zigarettenschmuggel als Alibi und Schweizer Schmuggelorganisationen als Geldwaschanstalten.

Niemand weiss dies besser als die Basler Staatsanwaltschaft. Und sie muss es seit zehn Jahren wissen, genau genommen: seit dem Jahre 1980, als sie erstmals eine Ermittlung gegen Mitglieder der Peseta-Connection abblockte und

---

[1] Zu Hans Hungerbühler, s. auch Seite 94 und 172 f.

sabotierte. Schon damals hatte die Polizei ihre Fahndung auf die Schmuggler Laurent, Kastl und Chiavi konzentriert. Und schon damals wollte die Polizei den Beweis erbracht haben, dass es bei der Peseta-Connection nicht nur um Zigaretten, sondern auch um Drogen und Waffen ging. Inzwischen avancierte die Schweiz zum bevorzugten Finanzplatz des organisierten Verbrechens und zur Drehscheibe für internationale Drogen- und Waffenschieber. Die Peseta-Connection hat Modellcharakter für diese Entwicklung, die durch das scheinbar harmlose Geschäft mit Schmuggelzigaretten eingeläutet wurde und an deren Ende die Pizza- und Libanon-Connection, die Shakarchi- und Gerber/Kopp-Affäre stehen.

Blenden wir also zurück ins Jahr 1980, genauer zum 21. Oktober. Die Szene, die sich abspielt, ist filmreif. In der Nähe von Belfort durchsuchen zwei französische Grenzpolizisten einen Sattelschlepper mit dem spanischen Kennzeichen 3397 RE 64. Noch während die beiden Beamten die Ladung – Katzenstreu – kontrollieren, tritt der Chauffeur, Martin Goyenetche, plötzlich aufs Gaspedal. Beinahe hätte er die beiden Polizisten über den Haufen gefahren. Diese schlagen Alarm. Dann fahren sie auf ihren Motorrädern dem 38-Tonnen-Laster hinterher. Eine wilde Verfolgungsjagd über 30 Kilometer beginnt. Die Polizisten feuern mehrere Schüsse ab und wollen den Fluchtwagen stoppen. Doch dieser setzt seine Fahrt im Zickzack fort, um die Polizisten von der Strasse abzudrängen. Mit voller Geschwindigkeit prescht Martin Goyenetche im Grenzgebiet des Flughafens Basel-Mülhausen durch die Zollschranken, reisst alles nieder, was sich ihm vor die Räder stellt, und kommt schliesslich am Rande einer Böschung auf Schweizer Boden zum Stehen. Der Chauffeur rennt zur nächsten Telefonkabine, um Georg Kastl, Geschäftsleiter der Basler Firma Basilo AG, anzurufen. Daraufhin kehrt er zu seinem Laster zurück und säubert in aller Seelenruhe die Scheinwerfer von Glassplittern.

So ungewöhnlich wie die Flucht ist auch die Ladung. Martin Goyenetche transportierte nicht nur Katzenstreu. Im Lastwagen sind 180 Kilogramm Peseten, d. h. 120 Millionen – mehr als 1,5 Millionen Franken – versteckt. Der Schweizer Zoll beschlagnahmt vorübergehend den Lastwagen. Inzwischen ist auch Anwalt Urs Flachsmann – ein ehemaliger Basler Staatsanwalt – eingetroffen und kümmert sich um Martin Goyenetche. Am nächsten Morgen holt Guglielmo Chiavi von der Basilo AG beim Schweizer Zoll die 180 Kilogramm Peseten ab. Ein Schweizer Zollbeamter hilft ihm, die Pesetenscheine in Whisky-Kartons abzufüllen. Danach bringt Guglielmo Chiavi das Geld zum Schweizerischen Bankverein an der Gartenstrasse in Basel. Damit ist der Zwischenfall für die Schweizer Behörden erledigt.

Der Pesetenschmuggel ging auch nach der spektakulären Verfolgungsjagd munter weiter. Ein ehemaliger Basler Zigarettenschmuggler, der damals bei der Firma Basilo AG ein- und ausging, erzählt: «*Die spanischen Geldschmuggler kamen mit ihren Privatautos. In der Nähe des Fussballstadions ‹Joggeli› bogen sie in den Eidgenossenweg ein und verschwanden in einem kleinen Innenhof, wo eine als Holzschuppen getarnte Kleingarage stand. Hier wurde das Geld, versteckt in der Türfassung oder in einem doppelten Boden, während der Nacht von einem Mechaniker ausgebaut. Pro Fahrt brachten die Spanier rund 100 Kilo Pesetenscheine. Es handelte sich nicht um einen reinen Devisenschmuggel, denn mit diesem Geld wurden Zigaretten, aber auch Waffen bezahlt.*»

Die Bundesanwaltschaft, zuständig bei Übertretungen auf Zollgebiet, verzichtete auf ein Verfahren gegen den Chauffeur Martin Goyenetche, einen gebürtigen Franzosen, und liess ihn frei. Am 23. Oktober flog dieser mit einer Swissair-Maschine nach Barcelona. Zurück nach Frankreich konnte er nicht mehr. Dort wäre er sofort verhaftet worden.

Untersuchungsrichter Germain Sengelin, damals mit diesem Fall betraut, erinnert sich: «*Wir hatten gute Gründe anzunehmen, dass die Millionen aus Spanien nicht vom Zigaretten-, sondern vom Waffenschmuggel herrührten. Es war für uns einfach unglaublich, dass die Schweizer Behörden weder eine Untersuchung eingeleitet noch einen offiziellen Bericht verfasst hatten.*»

In der Schweiz hätte gar kein neues Verfahren eröffnet werden müssen, denn Georg Kastl, Guglielmo Chiavi und die Basilo AG standen bereits im Zentrum einer grossangelegten Fahndung. Chauffeure von Schweizer Zigarettenschmugglern hatten in ihren Lastwagen nämlich verstecktes Heroin gefunden. Weil sie mit Drogenhandel nichts zu tun haben wollten, waren sie zur Polizei gegangen und hatten damit Ende 1979 eine grossangelegte Drogenfahndung ins Rollen gebracht. An den Ermittlungen nahmen Polizeibeamte aus neun Kantonen teil, ferner die Bundesanwaltschaft und zwei Zollkreisdirektionen.[1] Der «*Tatbestand des Drogenhandels*» schien erfüllt. Als sich die Fahndung auf die Basilo AG und Georg Kastl konzentrierte, den die Polizei als «*die sichtbare Spitze des Eisberges*» beschrieb, wurde das Verfahren im April 1981 plötzlich gestoppt.

Der Fall Otto Steffen – schubladisiert

Der Fall, der zur Basilo AG von Georg Kastl führte, war eine höchst merkwürdige Geschichte. Mehrere direkt beteiligte Untersuchungsrichter und Polizeistellen bestritten später, dass diese Ermittlungen je stattgefunden hatten. Und im Drogendezernat der Stadt Basel verschwand sogar die Polizeiakte.

[1] Polizeikommando Zug, Beschlussprotokoll der Sachbearbeiterkonferenz i.S. Steffen Otto vom 3. Juli 1980.

Dagegen tauchten in Frankreich plötzlich Polizeiberichte und Gerichtsakten dieser abgeblockten Schweizer Drogenfahndung auf. Einer der Empfänger war Germain Sengelin, Untersuchungsrichter in Mülhausen. *«Wollte man an die Spitze der Organisation gelangen und handelte es sich um Schweizer, wurde die Untersuchung sofort gestoppt. Entnervt durch dieses System haben einige Beamte Informationen nach Frankreich weitergereicht»*, erklärte uns Germain Sengelin.[1] Auf unsere Nachfrage: *«Sie täuschen sich nicht, es waren tatsächlich Schweizer Justizbeamte oder Polizisten, die heimlich Ermittlungsakten nach Frankreich geschafft hatten?»* antwortete Germain Sengelin: *«Ja. Ich täusche mich nicht. Die Akten erhielten wir von Schweizer Beamten, die über das Verhalten einiger Behördenvertreter enttäuscht und schockiert waren.»*

Die nach Frankreich geschmuggelten Fahndungsberichte wurden zwischen Frühjahr 1979 und Sommer 1980 verfasst. In allen Einzelheiten schildern sie einen Schmuggelring, der Heroin und Haschisch aus dem Iran und der Türkei nach Europa schaffte. Der Hauptverdacht richtete sich zuerst gegen Otto Steffen, einen Innerschweizer Transportunternehmer. In einem Ermittlungsprotokoll mit der Referenznummer 1037/80 hielt die Zuger Polizei fest: *«Otto Steffen, Transportunternehmer in Baar, machte sich während Jahren strafbar, unter anderm mit Drogenschmuggel. Die Drogen – versteckt im Dach der Sattelschlepper – stammten aus dem Nahen Osten und waren für Italien, die Niederlande und eventuell Spanien bestimmt.»*

Ausgelöst wurde die Drogenfahndung gegen Otto Steffen, nachdem die Polizei am 23. Februar 1979 den in Brunnen (SZ) wohnhaften Bundesdeutschen Herbert Wendler verhaftet hatte. Ein paar Tage zuvor war in Amsterdam ein Lastwagen Wendlers mit 1,5 Tonnen Haschisch beschlagnahmt worden. Herbert Wendler gestand, er habe zwischen 1977 und 1979 mit 15 Fuhren insgesamt 22,5 Tonnen Haschisch im damaligen Schwarzmarktwert von 150 Millionen Franken aus dem Iran nach Europa geschmuggelt. Das Bezirksamt Schwyz meldete nicht ohne Stolz: *«Der Polizei gelang ein empfindlicher Schlag gegen einen internationalen Rauschgiftring.»*

Doch dann geschah Erstaunliches. Gegen eine Kaution von lächerlichen 8000 Franken wurde Herbert Wendler aus der Untersuchungshaft entlassen. Und damit wurde es still um den Fall Wendler. Auch fünf Jahre nach seiner Verhaftung war es noch immer nicht zum Prozess gekommen. Zuerst rechtfertigten sich die Schwyzer Gerichtsbehörden, es wären noch aufwendige Zusatzermittlungen im Gange. Zudem stellten sie spektakuläre Fahndungsergebnisse in Aussicht.

Im Frühjahr 1984 nahm der Fall eine sensationelle Wende. In einem Gespräch mit der «WochenZeitung» (WoZ) enthüllte ein hoher Polizeioffizier

---

[1] Siehe auch: Fernsehen DRS, Die Rundschau, 4. Juli 1989.

und Drogenspezialist, warum sich die Justiz mit Herbert Wendler derart schwertat. *«Herbert Wendler arbeitet als V-Mann für das Bundeskriminalamt (BKA) in Wiesbaden. Deswegen sollte er geschont werden»*, erklärte der Polizeioffizier.[1] Auf der Gesamtschweizerischen Drogentagung vom 19. Dezember 1983 in Bern hatten Polizeibeamte offen gegen das Vorgehen im Fall Wendler protestiert. Angesprochen auf diese Tagung, die vom Zentralpolizeibüro einberufen worden war und an der Drogenfahnder aus allen Kantonen teilgenommen hatten, erklärte der Polizeioffizier gegenüber der WoZ: *«Wir verstehen, dass das BKA Spitzel einsetzt und dafür bezahlt. Es ist aber ein Skandal, wenn solche Spitzel ungestraft auf eigene Rechnung gewaltige Mengen Drogen verschieben dürfen.»*

Die Enthüllung in der WoZ blieb nicht ohne Folgen. Hamburger Parlamentarier verlangten eine Erklärung vom BKA. Und Ende Juli 1984 wurde Herbert Wendler schliesslich in Schwyz doch noch der Prozess gemacht – er erhielt zehn Jahre Gefängnis. Die von den Untersuchungsbehörden angekündigten spektakulären Fahndungsergebnisse jedoch blieben aus. Die Verhandlungen im Prozess Wendler dauerten nur gerade vier Stunden – ein Rekord für einen Prozess dieser Grössenordnung.

Das Iran-Geschäft war zuerst Otto Steffen angeboten worden. Er trat es jedoch an seinen Geschäftspartner Herbert Wendler ab, den er in einem Sportstadion bei Zug mit «Paolo», dem Kontaktmann der Haschischlieferanten, zusammenbrachte. Steffen blieb insofern beteiligt, als er in einer Garage in Boswil (AG) die Verstecke in die Lastwagencontainer einbaute, mit denen Herbert Wendler die heisse Ware aus dem Iran holte. Kein Zufall also, dass die Zuger Kriminalpolizei, als Herbert Wendler aufflog, den Baarer Schmuggler Otto Steffen näher unter die Lupe nahm.

Am 17. Juni 1980 protokollierte die Polizeiassistentin Monika Berther: *«Aufgrund der Verdachtsmomente wurde durch unser Verhöramt bei Otto Steffen Anfang Mai (1980) eine Telefonkontrolle eingesetzt.»* In einem Rapport vom 25. Juni 1980 fasste sie die ersten Ergebnisse dieser Telefonkontrolle (TK) zusammen: *«Die Gesprächspartner verhalten sich äusserst vorsichtig und sprechen über weite Strecken verschlüsselt . . . Die bisherigen TK-Auswertungen haben ergeben, dass Steffen Otto in der Straftäterzusammensetzung eine untergeordnete Rolle innehaben muss.»* Noch bevor die bei Steffen angesetzte Telefonkontrolle ganz ausgewertet war, stand fest: Mindestens 18 Personen und ein Dutzend Firmen, meist mit Sitz in Basel, mussten in die Ermittlungen einbezogen werden; 39 identifizierte Personen schienen verdächtig sowie weitere zehn Telefonpartner von Otto Steffen, die zu identifizieren sich die Polizei vergeblich abgemüht hatte. Sie meldeten sich mit Decknamen: Caruso, Germano, Koppe oder Rino . . . Der Fall

---

[1] Die WochenZeitung, Zürich, Ausgabe vom 16. März 1984.

zog immer weitere Kreise und sprengte bald den Zuständigkeitsbereich der Zuger Kriminalpolizei.

Am 3. Juli 1980 lud die Zuger Polizeidirektion zu einer Sachbearbeiterkonferenz. Polizeibeamte aus acht Kantonen, Vertreter der Staatsanwaltschaft Basel-Stadt, der Zollkreisdirektionen Zürich und Basel sowie Ernst Mezger von der Bundesanwaltschaft nahmen daran teil. Dabei wurden auch konkrete Namen genannt. Im Konferenzprotokoll heisst es: «*Steffen Otto erhält die Aufträge für sein Transportunternehmen vorwiegend von Georg Kastl c/o Weitnauer AG bzw. Basilo AG, Basel. Georg Kastl dürfte nach unserem Ermessen in der Schweiz die sichtbare Spitze des Eisberges vertreten.*» Die Zuger Kriminalpolizei schlug vor, auch das Telefon von Georg Kastl und jenes des ebenfalls verdächtigen Guglielmo Chiavi abzuhören. Offensichtlich waren die Ermittlungen bereits weit fortgeschritten. Zuversichtlich heisst es im erwähnten Protokoll: «*Die TK bei Georg Kastl und Guglielmo Chiavi werden noch einige Lücken schliessen.*»

In den Wochen zuvor hatte das Drogendezernat der Stadt Basel bereits einiges Material über Georg Kastl und Guglielmo Chiavi zusammengetragen. Kastl und auch Chiavi waren früher bei der Handelsgesellschaft Weitnauer AG, Basel, angestellt und bekleideten dort wichtige Vertrauenspositionen. Ausländische Zollfahnder hatten die angesehene Basler Firma – eine der grössten im internationalen Tabakgeschäft – schon lange im Visier. So erklärte François Hubner, Offizier der Pariser Kriminalpolizei und des französischen Nachrichtendienstes, vor einem französischen Gericht: «*Bereits 1955 tauchte diese Firma im Zusammenhang eines grossangelegten Schmuggels im Mittelmeerraum auf. Die Weitnauer-Gruppe finanzierte einen Zigarettenschmuggel zwischen Frankreich und Nordafrika.*»[1] Auch das Zollkriminalinstitut in Köln (ZKI) nannte in einem Ergebnisvermerk vom Januar 1979 die Weitnauer-Gruppe als «*Hauptbeteiligte*» und als «*wichtigstes Kettenglied eines internationalen Schmuggelringes*».

Die Weitnauer AG hat stets jegliche Verbindung zur Basilo AG bestritten. Trotzdem steht fest: Die Basilo AG wurde gegründet, um die Verbindung der Weitnauer AG zum Schmuggelgeschäft zu verwischen. Die Büros der Basilo befanden sich früher im Hauptgebäude der Weitnauer AG. Als die Basilo ins Gerede kam, erhielten Angestellte von Weitnauer ein striktes Verbot, Basilo-Kunden am Sitz der Weitnauer AG zu empfangen. Treffen mit Schmugglern fanden danach meist im renommierten Hotel Drei Könige statt. Später zog die Basilo um, und schliesslich wurde die Firma 1981 gelöscht. Ihre Geschäfte übernahm die Basler Gesellschaft Balmex. Ihr Direktor, der Franzose Patrick Laurent, war ein Vertrauter Adolph Weitnauers, des Verwaltungsratspräsi-

---

[1] Direction de la Surveillance du Territoire (französischer Nachrichtendienst), Commission Rogatoire III 5/78 vom 30. März 1982.

71

denten der Weitnauer AG. Patrick Laurent hatte 1977 Frankreich Hals über Kopf verlassen müssen. Gegen ihn lag ein Haftbefehl wegen Schmuggels vor.

Obwohl zahlreiche Fäden über die Firma Weitnauer AG führten, blieb diese offensichtlich von der Untersuchung unbehelligt. Vermutlich wurden nicht einmal – wie an der Polizeikonferenz in Zug vorgeschlagen – die Telefone der ehemaligen Weitnauer-Mitarbeiter Kastl und Chiavi abgehört. Der damalige Chef des Drogendezernates Basel-Stadt jedenfalls, Staatsanwalt Max Imhof, lehnte dies «wegen Überlastung» ab und empfahl, die Bundesanwaltschaft solle die Überwachung vornehmen. «Der Tatbestand des Drogenschmuggels, teilweise im Ausland und in mehreren Schweizer Kantonen, scheint erfüllt», begründete Staatsanwalt Max Imhof seinen Vorschlag.[1]

Erstaunlich am Ganzen ist, dass eben derselbe Staatsanwalt Max Imhof dann in Basel die Ermittlungen einstellte. Am 27. April 1981 notierte er auf dem Dossier folgenden Vermerk: «Das Verfahren wird ausgesetzt: Die Tatbeweise wurden nicht erbracht; die Schuldigen konnten nicht identifiziert werden.» Und nachdem die Basler die Untersuchung aufgaben, erlahmte auch die Ermittlung der Zuger Kriminalpolizei. Das Dossier Steffen, Aktennummer: G. Nr. 3229, wurde schubladisiert.

Dabei schien es, als seien die Fahnder nahe daran, endlich einen grossen Fang zu machen. Wie bereits erwähnt, hatten Chauffeure von Schweizer Transportunternehmen die Polizei über Herointransporte benachrichtigt, und sie konnten dabei recht detaillierte Angaben machen. Ein Chauffeur gab zu Protokoll: «Bei der Ware handelt es sich um weisses Pulver, ohne Zweifel Heroin. Es wurde in Päckchen zu fünf Kilogramm zum Teil von Istanbul, zum Teil von Sofia aus nach Westeuropa gebracht.»[2] Ein Basler Transportunternehmer verriet die Namen von Schweizer Firmen, deren Chauffeure «weisses Pulver» schmuggelten. Und er gab auch an – dies geht aus den heimlich nach Frankreich geschafften Polizeiberichten hervor –, wer den Stoff in Empfang nahm: «Mehrere Personen, die bei der Firma Wardar in München erreichbar waren.» Die Zuger Kriminalpolizei hatte sich mit dieser Münchner-Connection eingehend befasst. Die Polizeiassistentin Monika Berther reiste mehrfach in die bayrische Landeshauptstadt, um die Schweizer Ermittlungen mit denen der dortigen Kriminalpolizei abzustimmen.

Die Firma Wardar legte sich später einen andern Namen zu: Jugo. Ihre Besitzer, zwei Türken, standen in Verbindung mit den beiden legendären türkischen Untergrundbossen Ugurlu und Kilic, die gewaltige Quantitäten He-

[1]   Staatsanwalt Max Imhof, Schreiben vom 22. Juli 1980 an die Zuger Polizeidirektion.
[2]   Drogendezernat Kanton Basel-Stadt, Bericht des Polizeikommissars B. Scheidegger vom 24. März 1981.

roin nach Europa schmuggelten. Der Hauptabnehmer war – so zeigten zahlreiche Prozesse – die italienische Mafia.

Das Dementi aus Bern

Die nach Frankreich geschmuggelten Schweizer Polizeidossiers veranlassten uns im Frühjahr 1983, Monika Berther bei der Kriminalpolizei in Zug anzurufen. *«Ja»*, sagte sie, *«da lief mal eine Untersuchung, eine alte Geschichte. Für mich ist der Fall erledigt, das Dossier liegt längst beim Richter.»* Wir stellten noch ein paar Fragen. *«Bevor ich Ihnen antworte, muss ich zuerst mit meinem Chef und mit dem Richter sprechen»*, unterbricht sie uns. Als wir zurückrufen, bedauert sie: *«Der Richter hat mir ausdrücklich verboten, über das Steffen-Dossier zu reden.»* Sie gibt uns die Telefonnummer des zuständigen Untersuchungsrichters Hans-Rudolf Emmenegger. Dieser kann sich sehr wohl an Otto Steffen erinnern, aber von Drogenschmuggel ist ihm nichts bekannt. *«Da hat Ihnen jemand ein böswilliges Märchen erzählt»*, verleugnet er die von Monika Berther verfassten Ermittlungsprotokolle.

Noch am selben Nachmittag fahren wir nach Flüh, einem kleinen Dörfchen an der grünen Grenze bei Basel, und klingeln bei C. T. Seine Adresse kennen wir aus den Zuger Protokollen. C. T., um die 40, knabenhaftes Gesicht, bestätigt, was über ihn in den nach Frankreich gelangten Polizeiakten steht. Er besass ein paar Lastwagen, handelte seit Jahren mit Zigaretten, die er meist bei der Basilo AG einkaufte und dann nach Spanien oder Italien schmuggelte. Im Jahre 1977 lernte er einen Mitarbeiter des türkischen Untergrundbosses Abuzzer Ugurlu kennen. Von da an waren seine Lastwagen auch auf der Schmuggelroute Antwerpen–Sofia unterwegs. Und nicht nur mit Zigaretten. Sechs- oder siebenmal brachten seine Lastwagen, immatrikuliert in Solothurn, auf der Rückfahrt Drogen aus der Türkei mit, heisst es in den Zuger Protokollen. C. T. stellt sofort klar: *«Davon wusste ich damals nichts. Als mich meine Chauffeure einweihten, stellte ich diese Transporte unverzüglich ein und ging zur Polizei.»* C. T. und seine Chauffeure wurden daraufhin mehrmals von Beamten der Zollkreisdirektion Basel sowie von Polizeibeamten des basel-städtischen Drogendezernates einvernommen. Wir zeigen ihm die dabei erstellten Verhörprotokolle. *«Jaja, das ist genau, was wir bei der Polizei und beim Zoll aussagten»*, bestätigt C. T. Was aus dem Verfahren geworden ist, weiss der Zigarettenschmuggler nicht und schickt uns zu Georg Kastl.

Auch er macht keinen Hehl aus seiner Zigarettenschmuggelei. Wir trafen ihn in der Bar des Hotels Hilton beim Basler Bahnhof. *«Vor dem Schweizer Gesetz bin ich sauber, denn bei uns ist Zigarettenschmuggel nicht strafbar»*, sagt er. Trotzdem sei er jetzt aus dem Geschäft ausgestiegen, habe die Basilo AG aufgelöst und in der Nähe von Brugg einen Bauernhof gekauft. Drogen würde er nie und nimmer anfassen, dann schon eher Waffen. *«Drogenhändler könnte ich mit meinen eigenen Händen erwürgen. Das sind potentielle Mörder. Wenn Sie kleine Kinder haben wie ich, dann begreifen Sie meine Einstellung»*, entrüstet sich Georg Kastl und wirkt sehr überzeugend. Aber da gibt es diese Zuger Protokolle, die ihn in einer Drogenfahndung als *«sichtbare Spitze des Eisberges»* bezeichnen. *«Das soll ein Polizeirapport sein!»* schüttelt er verdutzt den Kopf und streicht sich nervös seinen rotblonden Vollbart. *«Dann erklären Sie mir, wieso mich bis heute weder die Polizei noch ein Richter zu diesen doch massiven Vorwürfen befragt haben. Ich müsste doch schon längst hinter Gitter sitzen.»* Wir wussten ihm keine Antwort auf diese Frage.

Vom Hotel Hilton bis zum Drogendezernat benötigt man zu Fuss knapp zehn Minuten. Staatsanwalt Max Imhof, der das Verfahren gegen Kastl & Co. eingestellt hatte, war kurz danach als Leiter des Drogendezernates zurückgetreten. Der neue Chef, Jörg Schild, ein junger, sehr ehrgeiziger Staatsanwalt, holt uns am Eingang des Drogendezernates ab. Im Treppenhaus hängen ein paar finstere Plakate in Weltformat, schwarz auf weissem Hintergrund ein Totenkopf, darunter morbide Sprüche, die vor dem Drogenkonsum warnen. Den Staatsanwalt sieht man Jörg Schild nicht an, er erinnert vielmehr an einen Offiziersanwärter auf Urlaub: Jeans, Basketturnschuhe, offener Hemdkragen und im linken Mundwinkel eine klobige Tabakpfeife.

«Tut mir leid, diese Geschichte höre ich zum erstenmal. Wenn unser Dezernat in dieser Sache ermittelt hätte, müsste ich davon wissen», beendet er das Gespräch, das keine Viertelstunde gedauert hat. Wir glaubten ihm kein Wort, hielten den jungen Chef im Drogendezernat für einen aufgedonnerten Polizeigockel, arrogant und unverschämt. Doch wir täuschten uns. Staatsanwalt Jörg Schild hatte nicht gelogen. Vor unserem Gespräch hatte er tatsächlich noch nie etwas von den Ermittlungen gegen Steffen und Kastl gehört. Und es dauerte mehrere Monate, bis er bei der Staatsanwaltschaft endlich die Kastl-Akte fand.

Es war wie in einem Stück von Dürrenmatt: grotesk. Wir trafen einen Transportunternehmer und seine Chauffeure, die sich selbst des Drogentransportes bezichtigt hatten; wir besassen sogar Kopien der entsprechenden Polizei- und Gerichtsakten; aber jene Polizeibeamten und Richter, die diese Akten erstellt hatten, bestritten mit Nachdruck nicht nur den Inhalt, sondern sogar die Existenz der Akten.

Beim Zentralpolizeibüro in Bern erhielten wir endlich wenigstens auf eine Frage Antwort: Die Drogenfahndung gegen Steffen und Kastl war kein Phantom, es hatte sie tatsächlich gegeben; und die aus Frankreich erhaltenen Polizeiberichte waren echt. Was aus den Ermittlungen geworden war, wussten auch die Beamten beim Zentralpolizeibüro nicht. In einer ganzseitigen Reportage mit dem Titel «Otto Steffen und die türkische Mafia», abgedruckt in der «WochenZeitung» (WoZ) vom 8. Juli 1983, erwähnten wir mit einem einzigen Satz, dass Beamte des Zentralpolizeibüros die Echtheit der Zuger Protokolle bestätigten. Ulrich Hubacher, damals Pressesprecher des Eidgenössischen Justiz- und Polizeidepartementes, *dementierte entschieden* und erklärte gegenüber der Presseagentur AP: Niemand vom Zentralpolizeibüro habe mit uns gesprochen und somit auch nichts bestätigen können.

Und was war aus Otto Steffen geworden, nachdem seine Akten schubladisiert wurden? Zweifellos wäre es aufschlussreich, auch ihn zur Sache zu hören. Ihn zu befragen war allerdings etwas aufwendiger.

Otto Steffen: Zigarettenschmuggler flüchtet nach Ghana

Am 2. Januar 1981 wartet Otto Steffen in einem Restaurant auf dem Flughafen Gatwick in London auf seine Maschine nach Zürich. Bevor er eincheckt, ruft er in Basel Georg Kastl an. *«Wen sucht die Polizei?»* fragt er mehrmals. Er muss schreien. Die Verbindung ist schlecht, und draussen rollt eine DC 9 zum Start. Die Polizei habe einen Haftbefehl erlassen, warnt ihn Georg Kastl, weil er Zollbussen und Gebühren in der Höhe von über 500 000 Franken nicht bezahlt hatte. *«Dann bleibe ich am besten für eine Weile weg»*, sagt Otto Steffen und erteilt seinem Partner Kastl noch ein paar Anweisungen für Transporte von Sofia nach Genua.

Otto Steffen aus Baar im Kanton Zug war Schmuggler. Früher hatte er mit Alteisen gehandelt und wurde später Überlandchauffeur. Inzwischen besass er eine eigene Import-Export-Firma und acht Lastwagen, mit denen er ausschliesslich Schmuggelware transportierte. Die Geschäfte gingen gut, konnten fast nicht besser laufen. Allein die Transporte mit Schmuggelzigaretten wiesen jeden Monat Umsätze von mehreren Millionen Franken aus. Von seiner heimlich eingerichteten Druckerei, mit der er perfekt gefälschte Zolldokumente herstellte, profitierten Schmuggelorganisationen in mehreren europäischen Ländern. Er hatte auch Freunde beim Zoll; hohe Zollbeamte, darunter sogar ein Zolldirektor, gehörten zu seiner Organisation.

Der Schmuggler aus Baar war überzeugt: Die Ermittlung würde im Sande verlaufen. Da käme zuviel zusammen, wie im vorigen Jahr, als die Polizei ihm und seinen Partnern Herointransporte aus der Türkei nachweisen wollte. Otto Steffen buchte um und flog mit der nächsten Maschine nach Ghana in Westafrika. Europa war für ihn zu eng geworden. Hier wurde er wegen seiner Schmuggelgeschäfte überall polizeilich gesucht: in Italien, Spanien, Frankreich, der BRD, vermutlich auch in Belgien und nun sogar in der Schweiz.

Aus den *«paar Wochen Zwangsferien»* wurden ein paar Jahre. Im Juni

1984 besuchten wir ihn in Accra, wo er sich bereits seit drei Jahren versteckte. Bei Kerzenlicht erzählte Otto Steffen aus seinem Schmugglerleben. *«Jahrelang war unser Geschäft narrensicher und wäre es auch heute noch, hätten nicht unsere eigenen Leute alles auffliegen lassen»*, klagte er. An einem Beispiel schilderte er uns das Grundmuster seiner Schmuggeltransporte: Otto Steffen kaufte bei einer Basler Handelsfirma, meist bei der Basilo AG von Georg Kastl, amerikanische Zigaretten, die aber nicht in der Schweiz, sondern in Antwerpen gelagert wurden. Ein Chauffeur von Steffens Transportunternehmen nahm die Ware dort in Empfang und liess sie vom belgischen Zoll abfertigen. Als Bestimmungsland gab er die Schweiz an. Bei jedem internationalen Warentransport in Europa schreibt der Zoll des Bestimmungslandes – nach Ankunft der Ware – eine Bestätigung, dass die Ware ordnungsgemäss eingetroffen ist. Diesen «ordentlichen Transport» liess Otto Steffen aber durch einen weiteren Komplizen nur vortäuschen. Der Komplize fuhr die Strecke mit seinem Privatwagen ab, wobei er bei jedem Zollposten die Papiere für den Zigarettentransport abstempeln liess – durch bestochene Zollbeamte. Darauf gingen die Dokumente zurück nach Belgien. Die belgischen Behörden verbuchten den Transport als abgeschlossen und kümmerten sich nicht mehr um den weiter Verbleib der Ware. Damit war Steffens Schmuggelgut «freigekauft».

Gleichzeitig fuhr Steffens Chauffeur die Ladung Zigaretten Richtung Spanien. Die belgisch-französische Grenze passierte er mit Papieren, die in Steffens Druckerei in der Nähe von Boswil (AG) gefälscht worden waren. Der Lastwagen transportierte, gemäss den gefälschten Zolldokumenten, nicht Zigaretten, sondern Haarshampoo. In Spanien trauten die Zöllner den Papieren. Das Risiko einer Kontrolle war gleich Null – und auch sie konnte notfalls durch Bestechung verhindert werden. Otto Steffen erkärte: *«Ohne den Zoll läuft in unserer Branche gar nichts. Wir hatten aber vorgesorgt und in allen wichtigen Ländern den ‹Pass›.»*

Er habe sich seinerzeit sogar mit ganz hohen Beamten der Zollhierarchie im deutschen Grenzort Weil-Otterbach getroffen, erzählte Otto Steffen: *«Darunter auch Roger Saint-Jean, die Nummer zwei der französischen Zollhierarchie. Die Zolldirektoren boten mir Geschäfte an.»* Diese Geschäfte habe er aber nicht angenommen. Doch räumte er ein: *«Seit diesem Treffen waren wir stets bestens informiert.»* Da der französische Zoll im Landesinnern immer wieder Strassensperren errichtet, um Lastzüge mit Kontrollen zu überraschen, hatte dies für die Schmuggler grösste Bedeutung. Otto Steffen: *«Das Dispositiv solcher Sperren wurde uns jeweils mitgeteilt. Wir mussten dann nur unsere Route leicht abändern.»*

Schweizer Zoll als Komplize

Allerdings blieb die Zollbehörde der Europäischen Gemeinschaft EG nicht
untätig. Sie begann Spitzel einzusetzen. Wer eine Ladung Zigaretten verriet,
erhielt als Belohnung bis zu 20 Prozent des Warenwertes. Darum begannen
viele Schmuggler, gleichzeitig auf zwei Hochzeiten zu tanzen. Auf der einen
Seite schmuggelten sie munter weiter, auf der andern verpfiffen sie die Konkurrenz. Auch die erste Fuhre, die Otto Steffen verlor, hatte sein Geschäftspartner Reinhard P. Aigner dem Zoll verraten. Zusammen mit Aigner besass
Steffen eine Import-Export-Firma mit Sitz in Panama und Büros in Basel.
Otto Steffen: *«Als ich erfuhr, welches Spiel mein Kollege trieb, musste ich mir etwas
Neues einfallen lassen.»* Von nun an führte er die Transporte doppelt. Wie bis-
her deklarierte er seine Ladungen als Haarshampoo, und prompt wurde er
von Aigner angezeigt. Doch nun bekam Aigner Ärger mit dem Zoll, denn der
Lastzug hatte tatsächlich Shampoo geladen. Der Transport mit den Zigaret-
ten dagegen war auf einer Aigner nicht bekannten Route unbehelligt über die
Grenze gekommen.

Auch auf die korrupten Zollbeamten war durch die verlockenden Angebote der EG-Fahnder plötzlich kein Verlass mehr. Steffen entwickelte deshalb
eine neue, raffiniertere Methode. *«Ich kaufte mir eine komplette Druckerei. Zuerst
machte ich bei den Zöllnern auf gut Freund und fragte sie über ihren Papierkram aus.
Dann stellte ich alle nötigen Zolldokumente selbst her. Die Zollstempel druckte ich direkt
auf Gummivorlagen.»* Nur einmal flog der Schwindel auf. Ein Zollposten an der
italienischen Grenze hatte neue Stempel eingeführt. Steffen: *«Wie ich zu meinen Stempeln kam, haben die nie rausbekommen. Die glaubten, ich hätte sie geklaut.»*
Steffens Fälscherwerkstätte lieferte TIR-Hefte, Geleitscheine, auch Siegel,
Zollschnüre und -plomben an mehrere Schmuggelorganisationen Europas.
Steffen: *«Mit der Druckerei habe ich beinahe mehr verdient als mit dem Schmuggel.»*

Wieviel, lässt sich nur erahnen. Einen Hinweis erlaubt das folgende
Schmuggelgeschäft. Aus einem Fahndungsbericht des Mülhauser Untersuchungsrichters Germain Sengelin geht hervor, dass Otto Steffen zwischen
dem 17. August und dem 4. Oktober 1978 in Basel 13 Lastzüge über die
Grenze nach Frankreich geschickt hatte. In Basel hatte er jeweils Zigaretten
deklariert, insgesamt 140 Tonnen; in Frankreich aber meldete er dem Zoll
Chemikalien. Was aus den Zigaretten wurde, konnte der französische Untersuchungsrichter nie herausfinden. Steffen verriet uns in seinem afrikanischen Versteck: *«Die brachten wir alle nach Spanien. Für die 13 Fuhren bezahlte ich
beim Ankauf 3,5 Millionen Franken. In Spanien verkaufte ich die Ladung für 10,5
Millionen Franken.»* In nur sieben Wochen hatte seine Organisation den spanischen Staat um fast 7 Millionen Franken Zoll- und Steuerabgaben betrogen.

Steffen versuchte uns klarzumachen, dass er als Transporteur ein Geschäft besorgte, an dem eigentlich alle interessiert waren – ehrbare Firmen und oft auch der Staat. Er zählte Beispiele auf und erklärte uns die «Oststaaten-Connection». Ein grosser Teil des Zigarettenschmuggels laufe über Jugoslawien, Rumänien und Bulgarien. Steffen: *«Für harte Devisen sind die zu allem bereit.»* Vertreter staatlicher Handelsgesellschaften besorgten die Zollformalitäten, worauf dann die Ware – manchmal sogar mit Polizei- oder Armeeschutz – bis zur Grenze begleitet wurde. Die Länder, welche über die «Oststaaten-Connection» geprellt wurden und werden, sind: Italien, Spanien, Portugal und auch Staaten in Nordafrika.

Für all diese Schmuggelgeschäfte macht man sich in der Schweiz nicht strafbar, betonte Otto Steffen. Deshalb gewähre die Schweiz den meisten westeuropäischen Staaten auch keine Rechtshilfe bei Schmuggeldelikten. Steffen erzählte weiter: *«Den Zigarettenfabrikanten und Tabakhändlern kann das nur recht sein. Die arbeiteten eng mit uns zusammen und steigerten so massiv ihre Umsätze.»*

Immer wieder schimpft Otto Steffen während unserer Gespräche im westafrikanischen Accra auf den Schweizer Zoll. Wegen Urkundenfälschung hatte ihn dieser vor Gericht gebracht. Das Urteil: Er musste über 500 000 Franken Zollgebühren nachzahlen und bekam sieben Monate Gefängnis «bedingt». Weil Steffen vor Gericht nicht erschienen war, wurde die Haftstrafe in eine unbedingte verwandelt. Deshalb sitze er nun ohne gültigen Schweizer Pass in Afrika fest und werde in ganz Europa per Haftbefehl gesucht.

«Das alles habe ich der Zolldirektion zu verdanken», jammert Otto Steffen und ereifert sich: *«Diese Herrschaften haben ein seltsames Rechtsverständnis. Mich wollen sie hinter Schloss und Riegel bringen, dabei leistet der Schweizer Zoll seit mindestens 25 Jahren direkte Schmuggelhilfe.»* Und Otto Steffen erhob schwere Vorwürfe an die Adresse der Schweizer Zollbeamten, die systematisch internationale Abmachungen verletzen würden. Dazu erklärte er uns zuerst die Bedeutung des Freizeichens TIR (Transport International Routier) auf Lastwagen und die Handhabung der TIR-Papiere. Für TIR-Transporte, bei denen der Lastwagen jeweils plombiert wird, gilt ein stark vereinfachtes Zollverfahren. Ein Beispiel: Für eine Fuhre von Basel nach Barcelona wird der Lastzug in der Schweiz abgefertigt. Sobald die Zollbeamten die Ware kontrolliert haben, verplomben sie die Türen der Aufliegeranhänger und Container. Niemand kann an die Ware heran, ohne das Siegel aufzubrechen. Alle wichtigen Daten werden ins TIR-Heft eingetragen: Art und Quantität der Ladung, Ausgangs- und Bestimmungsland sowie die Route des Transportes.

Beim Passieren der Grenze können sich deshalb die Beamten darauf beschränken, TIR-Heft und Plombierung zu kontrollieren. Beim Verlassen eines Transitlandes – Frankreich in unserem Beispiel – reisst der Zollbeamte ein Blatt aus dem TIR-Heft und schickt es an jene Zollstation, über die der Lastwagen nach Frankreich einfuhr. Dadurch ist der Nachweis erbracht, dass

78

der Transport Frankreich samt plombierter Ware ordnungsgemäss verlassen hat. Das gleiche Prozedere geschieht auch im Bestimmungsland, hier also in Spanien. Auch hier vertraut der Zollbeamte auf die Inhaltsangabe der TIR-Papiere und die Kontrollarbeit seiner Schweizer Kollegen in Basel. Deshalb verzichtet er auf eine zeitraubende Kontrolle der Ware. Er begnügt sich damit, im TIR-Heft die Ankunft der Ware zu bestätigen. Dann schickt er das TIR-Heft ins Ursprungsland, also in die Schweiz, zurück. Damit weiss nun der Zoll in Basel, dass der plombierte Laster das Endziel erreichte.

Natürlich funktioniert dieses System nur, wenn sich die Zollbeamten aller betroffenen Länder an die Spielregeln halten und ihre Arbeit korrekt ausführen. Schweizer Beamte aber, so erklärte uns Otto Steffen, würden auch hier ausscheren. Will man Steffens Anschuldigungen glauben, dann müsste sich der Schweizer Zoll als Dienstleistungsbetrieb für internationale Schmuggelorganisationen bezeichnen lassen. Steffen: *«Das vom Schweizer Zoll ausgefüllte TIR-Heft verliess die Schweiz nicht, sondern wurde von uns direkt an die Zolldirektion geschickt.»* Das ermöglichte den Schmugglern, die Route zu wechseln und mit gefälschten TIR-Papieren die Grenze zu passieren. *«Natürlich wussten die Schweizer Zöllner, insbesondere die Zolldirektion, dass bei unsern TIR-Heften etwas faul war. Aber die Schweizer Zolldirektion hat dies den durch diese Betrügereien geschädigten Ländern nie mitgeteilt»*, behauptete Otto Steffen.

Immer wieder versuchten wir während unseres zehntägigen Besuchs in Accra, Otto Steffen auf die Zuger Drogenfahndung anzusprechen. *«Darüber spreche ich nicht»*, wiederholte er stur. Natürlich wisse er, wie Drogengeschäfte abgewickelt würden, ihm seien auch ein paar Namen bekannt. Steffen: *«Auspacken bringt mir nichts ein. Zudem habe ich keine Lust, dass hier plötzlich ein Killer auftaucht und mich irgendwo im Busch verscharrt.»* Mehr war von ihm nicht zu erfahren.

Er wollte auch nicht verraten, warum er sich ausgerechnet im politisch unsichern Ghana, dem Armenhaus Afrikas, versteckt hielt. Er wich der Antwort aus und lenkte ab, indem er von seiner Hochzeit zu erzählen begann. Er lebte getrennt von seiner ersten Frau, einer Schweizerin, war aber nicht geschieden. Trotzdem heiratete er in Ghana ein zweites Mal. Otto Steffen machte eine gute Partie. Sein Schwiegervater ist Stammeshäuptling. Deshalb wurde dem Ausländer Steffen erlaubt, 2500 Hektar Land zu kaufen, allerdings im Busch. Dort wollte er Kräuter anbauen und diese als Heilpflanzen nach Europa verkaufen.

Das Gauner-Panoptikum rund um die Basilo AG

Mit dem stillen Einverständnis der Schweizer Behörden wurde aber nicht nur Tabak, sondern von Parfüm bis Gold und Devisen so ziemlich alles geschmuggelt, was mit Zoll und Steuern belegt ist. Die Schmuggler zerbrachen sich nie sonderlich den Kopf darüber, was geschmuggelt wurde. Hauptsache war, dass die Einnahmen, die «Kohlen», stimmten. Die Zigarettenschmuggler gehören seit dem Zweiten Weltkrieg zum schmierigen Kleinkriminellen-Milieu, durchsetzt von Pelzdieben und Polizeispitzeln, Hehlern, Versicherungsbetrügern und Urkundenfälschern.

Auch Otto Steffen begnügte sich nicht mit dem Zigarettengeschäft. So transportierte er zum Beispiel auch Emmentalerkäse nach Italien – zuerst einmal ganz legal. Die Einfuhr von Schweizer Käse war in Italien kontingentiert, das heisst, es durfte nur eine begrenzte Menge importiert werden. Wurde jedoch der Käse in Italien gestohlen, konnte die fehlende Menge nachgeliefert werden. Steffen: «*Mit dem Einverständnis der Schweizer Käse-Exporteure haben wir den Klau in Italien gleich mitorganisiert.*»

Mit einem andern Betrüger-Trick nahm Steffens Organisation die Staatskasse und damit die Steuerzahler der Bundesrepublik Deutschland aus. Wer in die BRD Waren einführt, muss Mehrwertsteuer bezahlen. Führt er sie wieder aus, erhält er diese Steuer zurück. Hier sah Steffens Schmugglerpartner Reinhard P. Aigner aus Bonn seine grosse Chance. Bei deutschen Grosshändlern kaufte er Rasierapparate, TV-Geräte, Radios usw. ein, täuschte einen Export in die Schweiz vor und kassierte die Mehrwertsteuer. Oder er kaufte in den Benelux-Staaten Waren und gab an, sie in die Schweiz zu liefern. In Wirklichkeit aber importierte er sie – steuerfrei – in die BRD.

Über diese Betrügereien gibt es ein aufschlussreiches Dokument, das Urteil des Landesgerichtes Mannheim im Fall Reinhard P. Aigner vom 13. März 1981. Das Geschäft wurde über die in Panama domizilierte Firma Amespa SA abgewickelt. Die panamesische Handelsfirma gehörte Otto Steffen, Reinhard P. Aigner und Karl Messerli, einem ehemaligen Grasshopper-Fussballer. Für den Exportbetrug aus der Bundesrepublik besorgte Karl Messerli bei einem guten Dutzend Schweizer Firmen fiktive Einfuhrerklärungen. Und die Bank Rohner in Basel hatte der Amespa SA für ihre illegalen Geschäfte beträchtliche Kredite gewährt. Nach dem Urteil des Mannheimer Gerichtes zu schliessen, wusste die Basler Bank darüber Bescheid. Als einer dieser Scheinexporte aufflog, verzichtete die Bank Rohner grosszügig auf die Rückzahlung der gewährten Kredite, heisst es im Mannheimer Urteil. Steffen will wissen: «*Den Trick mit der Mehrwertsteuer beherrschten eine ganze Reihe von Schmugglern. Ohne Zweifel wurde die BRD so um einige Milliarden DM betrogen.*» Auch bei diesen Machenschaften bedurfte es der Mithilfe von Zollbeamten. An der

Grenze zur Schweiz musste ein Zollbeamter den Export bescheinigen. Steffen: *«Pro derartige Hilfeleistung erhielt der Zöllner in der Regel einen Tausender.»*

Richter wie der Elsässer Germain Sengelin, der 1978 erstmals gegen Zigarettenschmuggler ermittelte, erklärte bereits im Jahre 1982: *«Zigaretten, Devisen, aber auch Drogen und Waffen werden über dieselben Kanäle und von denselben Organisationen verschoben.»* Einen bestechenden Beweis für diese Behauptung von Germain Sengelin liefert Steffens Kumpel Reinhard P. Aigner. Ende 1977 hatten ihn deutsche Zollfahnder «umgedreht» und danach bis zu seinem Prozess im März 1981 als Spitzel eingesetzt. Die Tips von Aigner veranschaulichen, auf welchem Niveau er und seine Partner im Schmuggelgeschäft tätig waren. Ein einziger Hinweis – so das Mannheimer Urteil gegen Aigner – führte *«...zur Enttarnung eines italienischen Zollbeamten im Range eines Hauptmannes... Dadurch konnten die italienischen Behörden eine Steuerhinterziehung von 100 Millionen DM aufklären.»*

Reinhard P. Aigner kannte sich nicht nur im Zigarettenschmuggel und bei Steuer- oder Kapitalflucht aus. In Holland half er einen Drogenschieber-Ring knacken, indem er als V-Mann bei kurdischen Aufständischen drei Tonnen Haschisch kaufte; in Nizza lieferte er der Polizei den Finanzchef der baskischen Untergrundorganisation ETA aus. Dieser wurde auf frischer Tat bei einem Amphetamin-Handel erwischt. Auch gegen Waffenhändler und Geldfälscher – so heisst es in der Urteilsschrift – konnte Reinhard P. Aigner mit Erfolg eingesetzt werden. Trotzdem wurde Aigner vom Mannheimer Landesgericht zu drei Jahren und sechs Monaten Gefängnis verurteilt. Immerhin zog das Gericht seine Aktivität als Spitzel in Rechnung. In der Urteilsbegründung wird festgehalten: *«Die Aktivitäten nahmen den Angeklagten so stark in Anspruch, dass es ihm seit Ende 1977 kaum möglich war, einer regelmässigen Beschäftigung nachzugehen. Unter diesem Umstand, wie auch durch die andauernde Bedrohung – insbesondere durch italienische und schweizerische Schmuggel-Organisationen – haben sowohl der Angeklagte wie auch seine Familie in starkem Masse gelitten.»*

Die Geschäftspartner von Otto Steffen und zahlreiche übrige Kunden der Basilo AG entpuppen sich als eigentliches Gauner-Panoptikum. Dabei fällt die enge Verflechtung des scheinbar harmlosen Tabakgeschäftes mit dem organisierten Verbrechen auf.[1] Ohnehin wird die Unterscheidung zwischen Ta-

---

[1]   Eine sehr gute Definition des «organisierten Verbrechens» (Organized Crime) findet sich im Rechtshilfeabkommen, das zwischen der Schweiz und den USA im Jahre 1973 abgeschlossen wurde. Hier der Wortlaut des Artikels 6, Ziffer 3, des Rechtshilfeabkommens, veröffentlicht in der systematischen Gesetzessammlung unter 0.351.933.6:

   «Als ‹organisierte Verbrechergruppe› (...) gilt eine Vereinigung oder Gruppe von Personen, die sich auf längere oder unbestimmte Zeit zusammengetan hat, um ganz oder zum Teil mit rechtswidrigen Mitteln Einkünfte oder andere Geldwerte oder wirtschaftliche Gewinne für sich oder andere zu erzielen und ihre rechtswid-

bakschmuggel und Verbrechen nur in der Schweiz gemacht. In fast allen europäischen Ländern – und im Gegensatz zur Schweiz – gilt Schmuggel mit Tabak, Alkohol, Butter, Parfüm oder Devisen als schweres Vergehen. Mehr noch: Die Schweiz verweigert dem Ausland jegliche Rechtshilfe; auch bei illegalen Waffengeschäften, sofern die Waffen nicht helvetisches Territorium berühren. Als logische Folge setzen sich zahlreiche im Ausland per Haftbefehl gesuchte Schieber in die sichere Schweiz ab. Ein Star unter diesen «gesuchten» Wahlschweizern war ohne Zweifel der Österreicher Reinhold Kurz, auch er ein Kunde der Basilo AG.

Zusammen mit dem ungarischen Bahndirektor Istvan Barany schmuggelte Reinhold Kurz zwischen 1974 und 1977 mindestens 102 Waggons mit insgesamt 630 Millionen Zigaretten von Ungarn nach Österreich. Dadurch wurde Österreich um rund 1,2 Milliarden Schilling Steuer- und Zollabgaben betrogen. *«Die grösste Schmuggelaffäre Österreichs in der Nachkriegszeit»* drohte zur Staatsaffäre auszuarten.[1] Bahndirektor Istvan Barany wurde als Angehöriger des ungarischen Geheimdienstes (Decknamen «Balint» und «Doki») enttarnt. Die Zigaretten stammten aus der Schweiz. Sie wurden zuerst von den Kurz-Firmen Hateg, Wien, und Agro-Trading, Liechtenstein, legal nach Ungarn eingeführt. Dort kaufte die Wiener Handelsgesellschaft Hateg die Zigaretten zurück und schmuggelte sie, deklariert als Blumentöpfe, nach Österreich.

Während Istvan Barany in Wien vor Gericht gestellt wurde, setzte sich Reinhold Kurz rechtzeitig ab – in die Schweiz. Bis heute blieb unklar, wer diesen Riesenschmuggel vorfinanzierte. *«Die Hintermänner sitzen in Italien, Marseille und Strassburg. Todsicher geht es bei diesem Schmuggel nicht nur um Zigaretten, sondern auch um Rauschgift»*, schrieb das österreichische Nachrichtenmagazin «Profil» und berief sich dabei auf *«vertrauliche Dokumente»*.

Nachdem Reinhold Kurz – zusammen mit leitenden Angestellten der Firma Kühne und Nagel – 1978 auch in der BRD in einer grösseren Schieber-Affäre auftauchte, machte das Zollkriminalinstitut in Köln (ZKI) mobil. *«Damit der Aktionsradius dieses internationalen Schmugglers, Reinhold Kurz, auf die Schweiz beschränkt bleibt, sollten in den verschiedenen westeuropäischen Staaten (...)*

---

rige Tätigkeit gegen strafrechtliche Verfolgung abzuschirmen, und die zur Erreichung ihrer Zwecke in methodischer und systematischer Weise:

a) wenigstens bei einem Teil ihrer Tätigkeit Gewaltakte oder andere zur Einschüchterung geeignete, beidseitig strafbare Handlungen begeht oder zu begehen droht; und

b) entweder

1) einen Einfluss auf Politik und Wirtschaft anstrebt, insbesondere auf politische Körperschaften oder Organisationen, öffentliche Verwaltungen, die Justiz, auf Geschäftsunternehmungen, Arbeitervereinigungen oder Gewerkschaften oder andere Arbeitnehmervereinigungen; oder

2) sich formell oder formlos einer oder mehreren ähnlichen Vereinigungen oder Gruppen anschliesst, von denen mindestens eine die unter Ziffer 1 hiervor beschriebene Tätigkeit ausübt.»

[1] Stern, Hamburg, Ausgabe vom 19. Februar 1981.

Haftbefehle erwirkt werden», empfahlen die Zollfahnder des ZKI.[1] Seither wird der Österreicher, ähnlich wie Otto Steffen, in fast allen europäischen Ländern polizeilich gesucht.

Waffen für Somalia und Killerkommando in Basel

Auch Reinhold Kurz beschränkte sich nicht auf Zigarettenschmuggel. Dies geht zumindest aus diversen Polizeiberichten in Frankreich und Spanien hervor. Die Franzosen warfen ihm illegalen Waffenhandel vor: 1975 habe er in Österreich 12 000 Pistolen vom Kaliber 9 mm gekauft und diese in den Nahen Osten weiterverkauft. Dieselbe Polizeiquelle behauptete: Im Jahre 1976 habe er sich bei der ungarischen Firma Technika 5000 Pistolen des Typs «Firebird» beschafft. Diesmal waren die Waffen für die Türkei bestimmt. Die spanische Polizei nannte seinen Namen im Zusammenhang mit einem Anschlag auf dem Römer Flughafen Fiumicino. Am 15. Dezember 1978, 10.05 Uhr, telefonierte Reinhard Kurz von Rom aus mit einem Palästinenser und mutmasslichen Terroristen, der in Madrid im Hotel Capitol das Zimmer 307 bewohnte. Die Polizei schnitt das Gespräch mit und behauptete danach, den Sprengstoff für das Römer Attentat habe Reinhold Kurz besorgt.

Im Herbst 1977 bezog Somalia rund 600 Tonnen Waffen aus den Oststaaten.[2] Mit von der Partie war auch Reinhold Kurz in Basel. Das Somalia-Geschäft zeigt eindrücklich, dass die Methoden und Tricks der Waffenschieber absolut identisch sind mit jenen der Tabakschmuggler.

Somalia benötigte für den Krieg gegen Äthiopien dringend sowjetische Waffen. Bisher hatten die Sowjets die somalische Armee ausgerüstet. Doch dann kam es zum Bruch, und die Sowjetunion ergriff im somalisch-äthiopischen Konflikt Partei für Äthiopien.

Eingefädelt wurde das illegale Waffengeschäft mit Somalia von einer bekannten Grösse der Basler Schmugglerszene: Othmar E. Waldmaier, Mitinhaber der liechtensteinischen Firma ICW, die in Basel an der Heuberggasse 12 eine Filiale unterhielt. Mohamed Said Samantar, der somalische Botschafter in Paris, der auch für die Schweiz zuständig war, vermittelte Othmar E. Waldmaier einen Kontakt zum Verteidigungsministerium in Mogadischu. Dort wurden zwischen Mitte August und Ende September 1977 mehrere Verträge abgeschlossen, die Othmar E. Waldmaier als Verkäufer aufführten. Eine Pro-forma-Rechnung, die dem Vertrag Nr. 24 beigelegt war, listete auf, was die ICW unter anderem liefern musste: *«32 000 AK 47 (Automat Kalaschni-*

---

[1] Zollkriminalinstitut Köln, Ergebnisvermerk (V 1715-401-8-K 46) vom 29. Januar 1979.
[2] Sunday Times, London, Ausgabe vom 11. 12. 1977.

kow) vom Kaliber 7.62 × 39 mit Putzzeug und vier Magazinen, wie neu, nicht mehr als zehnjährig und generell kontrolliert; 12 Millionen Patronen.»[1] Dann begann – analog wie beim Tabakschmuggel – das grosse Urkundenfälschen.

Zuerst beschaffte sich der Basler Schmuggler beim Bankverein in St. Gallen eine Kreditzusage über 12 Millionen Dollar. Dabei täuschte er die Bank mit gefälschten Pro-forma-Rechnungen. Statt Kalaschnikows ging es plötzlich um *«Kolben und Zylinder für Lastwagen»*, anstelle von Patronen stand *«Schrauben und Muffen»*. Und als Käufer galt nicht mehr das Verteidigungsministerium, sondern die Regierung. Nachdem die Vorfinanzierung geregelt war, kaufte Othmar E. Waldmaier bei der ungarischen Waffenschmiede Technika das von Somalia gewünschte Kriegsgerät. Jetzt mussten nur noch die Luftfrachtbriefe gefälscht werden, denn Ungarn durfte nach dem Bruch zwischen der Sowjetunion und Somalia und seit dem somalisch-äthiopischen Konflikt keine Waffen mehr nach Mogadischu liefern. Die ICW legte beim Zoll auf dem Flughafen in Budapest einen Frachtbrief der ungarischen Fluggesellschaft Malév vor, aus dem hervorging, dass die Ware für das Verteidigungsministerium in Lagos bestimmt war. In Tat und Wahrheit aber wurden die Waffen mit der Air Trans Ltd. aus Miami (USA) transportiert und gingen nicht nach Lagos, sondern zum Verteidigungsministerium in Mogadischu. Der Waffenschmuggel konnte anrollen. Als der Schwindel im November 1977 aufflog, waren 26 von insgesamt 50 geplanten Flügen bereits durchgeführt. An die 600 Tonnen Waffen gelangten so auf dem (Papier-)Umweg über die Schweiz illegal von Ungarn nach Somalia.

Ein halbes Jahr später geriet die ICW schon wieder in die Schlagzeilen. Die Boulevardzeitung «TAT» berichtete in ihrer Ausgabe vom 11. März 1978: *«Eine internationale Söldnertruppe bereitete letzten Herbst ausgerechnet in der Schweiz einen Putsch in der afrikanischen Republik Togo vor! In der Schweiz angeworbene Killer sollten den togolesischen Staatschef General Gnasingbé Eyadéma umbringen.»* Laut Aussagen von Söldnern diente das ICW-Büro in Basel als Treffpunkt und Geschäftsstelle. Die ICW bezahlte Spesenvorschüsse aus und beschaffte den Söldnern falsche Papiere. Die «TAT» veröffentlichte den Bericht eines der Söldner, der bei zwei von insgesamt vier Attentatsversuchen in Togo dabei war. Aufgrund dieses Berichtes griff die Polizei ein und verhaftete zwei in Basel lebende Söldner.

Zwischen 1982 und 1984 haben wir Reinhold Kurz mehrmals in Basel getroffen. Nicht ohne Stolz schilderte er, wie er und der ungarische Bahndirektor Istvan Barany mit dem *«grössten Zigarettenschmuggel der Nachkriegszeit»* den österreichischen Zoll aufs Kreuz gelegt hatten. *«Auch ein Waffengeschäft lag mal drin»*, gab er offen zu. Mit dem Sprengstoffattentat auf dem Flughafen Fiumi-

---

[1] TAT, Zürich, Ausgabe vom 6. Januar 1978.

cino in Rom jedoch wollte er nichts zu tun haben. *«Zur Zeit des Bombenanschlages in Rom verkaufte ich in Wien Gemüse, dafür gibt es Zeugen»*, erklärte Reinhold Kurz und betonte, dass er sich vor dem Schweizer Gesetz nie etwas habe zuschulden kommen lassen. So ganz sicher fühlte er sich aber auch in der Schweiz nicht mehr. Er hatte keine feste Adresse und wechselte regelmässig sein Hotel. Wer ihn erreichten wollte, musste sich in Basel an die Polomar AG wenden, eine Firma, die bereits in der Drogenfahndung gegen Otto Steffen das besondere Interesse der Polizei geweckt hatte.

Tabakschmuggel – ein Grossunternehmen mit Protektion

Romantisch-kitschige Folklore oder amüsantes Fait divers. So wird Zigarettenschmuggel in der Öffentlichkeit heute noch wahrgenommen. Doch Tabakschmuggel ist ein riesiges, knallhartes Geschäft geworden, dessen Ausmass und Organisationsgrad sich durchaus mit denen eines multinationalen Konzerns messen können. Wo es um Absatzmärkte mit Milliardenumsätzen geht, gibt es keinen Platz für Romantiker und Hasardeure; da bleibt nichts dem Zufall überlassen. Der Schmuggelmarkt ist bis ins letzte Detail durchstrukturiert. Vom Bankier und Tabaklieferanten bis hinunter zum Strassenverkäufer in Neapel oder Barcelona: Sie alle gehören zu demselben kriminellen Grossunternehmen. Das Prinzip Schweigen und aussergewöhnliche Gewinne einerseits, Einschüchterung, Erpressung oder physische Bedrohung andererseits sorgen dafür, dass keiner aus der Reihe tanzt und niemand aus der Schule plaudert. Kurz, das Syndikat Tabakschmuggel gehorcht den strengen Gesetzen der Unterwelt und arbeitet mit Methoden des organisierten Verbrechens. Auch in der Schweiz. Gerade in der Schweiz.

Über die kapitale Bedeutung des Schmuggelplatzes Schweiz gibt es ein aussergewöhnliches Dokument, ein 17 Seiten langes Verhörprotokoll, in dem ein Schweizer Schmugglerboss auspackt. Ebenso aussergewöhnlich wie die Aussagen waren die Umstände, unter denen sie gemacht wurden.

Es war am 4. März 1982. Ein Beamter der französischen Gendarmerie von Saint-Louis parkierte beim Grenzstein neun eine Fourgonette J9 dergestalt, dass die eine Hälfte des Wagens auf schweizerischem und die andere Hälfte auf französischem Boden stand. Der Mülhauser Untersuchungsrichter Germain Sengelin stieg als erster in die Fourgonette. Neben ihn setzte sich, ausgerüstet mit Tonband und Stenoblock, die Gerichtsschreiberin Mireille Braganti. Ihnen gegenüber, auf der Schweizer Seite, installierte sich der helvetische Schmugglerboss, der nicht nach Frankreich durfte, weil dort gegen ihn ein Haftbefehl lief.

Er kannte das Verhörritual und kam gleich zur Sache. *«Edmond Eichenber-*

ger, genannt Edy, geboren am 1. August 1938 in Menziken (AG), wohnhaft in Ponte Capriasca (TI), von Beruf Kaufmann... Seit 15 Jahren bin ich auf Schmuggelgeschäfte spezialisiert, war nacheinander Chauffeur, Transportunternehmer und zum Schluss Organisator. Ich weiss also, wovon ich spreche.» Untersuchungsrichter Germain Sengelin sagte nichts dazu. «Ausgangspunkt für unser Schmuggelgeschäft waren zahlreiche Länder in Ost- und Westeuropa. Im Osten: Bulgarien, Rumänien, Polen, DDR, seltener die CSSR, aber sehr oft Jugoslawien; im Westen waren es Länder wie Belgien, Holland, Schweden und die BRD. Meine Ware ging ausschliesslich nach Italien und Spanien.»

Den rein geschäftlichen Part (Kaufverträge, Finanzierung) regelte er fast immer in Basel. Dann kam er auf die besondern «Regeln in unserem Milieu» zu sprechen: Verträge würden stets mündlich und per Handschlag abgeschlossen. Und angesichts der grossen Risiken müsse die Ware jeweils im voraus bezahlt werden.

«Damit Sie die Bedeutung des internationalen Schmuggels richtig erfassen, müssen Sie wissen» – klärte Eichenberger den Mülhauser Richter auf –: «Allein in der Schweiz gibt es ein Dutzend Financiers und Lieferanten, die sowohl den legalen wie auch den illegalen Markt beliefern. Die Financiers und Lieferanten stehen in der Schmuggelhierarchie ganz oben. Eine Stufe tiefer folgen die Organisatoren, Leute wie ich. In der Schweiz sind wir unserer dreissig. Der Organisator oder Manager ist das Bindeglied zwischen Lieferant und Abnehmer. Er plant auch den regelmässigen und möglichst reibungslosen Transport. Unter uns gibt es die Zwischenhändler; eine Etage tiefer dann die Transportunternehmer und Chauffeure; am Fusse der Pyramide schliesslich spanische und italienische Vertriebsgruppen mit ihren unzähligen Strassenverkäufern... Es handelt sich also um eine vortreffliche Organisation, eine gewaltige Maschine, in der alle Rädchen fein aufeinander abgestimmt sind.»

Edmond Eichenberger, dessen italienische Verhandlungspartner zur Mafia gehörten, beschäftigte mehrere Transportunternehmer. Die Schmuggelzigaretten kaufte er in Basel. In seiner mehrstündigen Zeugenaussage verriet er, zu welchen Preisen und mit welchen Gewinnmargen. In der Tat, ein höchst einträgliches Geschäft. In Basel bezahlte er pro Karton (500 Päckchen Zigaretten) zwischen 143 und 150 Dollar; in Italien verkaufte er denselben Karton für 350−370 Dollar und in Spanien sogar für 420−430 Dollar. Also mit einer Gewinnmarge von 200–280 Dollar pro Karton. Allein schon mit einer einzigen Fuhre liessen sich enorme Gewinne erzielen, nämlich zwischen 180 000 und 252 000 Dollar, denn pro Transport hatte ein Lastwagen im Schnitt 900 Kartons geladen. Und eine Organisation wie die von Edmond Eichenberger führte allein in Richtung Spanien pro Jahr gut 50 Fahrten durch, erwirtschaftete damit also einen Erlös in der Höhe von 9 bis 12,6 Millionen Dollar. Den Grossteil davon musste er allerdings an seine Partner und Mitarbeiter abgeben: Lieferanten und Grossabnehmer erhielten Gewinnbeteiligungen; Zwischenhändler und Transportunternehmer dagegen bezogen Fixlöhne; die Chauffeure waren pro Auftrag bezahlt und kassierten zusätzlich noch eine Risikozulage. Trotz all dieser Auslagen blieb dem Organisator Edmond Eichenberger immer noch ein ansehnlicher Betrag übrig: 100 000 Franken Reingewinn pro Lastwagen. Dies jedenfalls gab er während der Zeugenaussage vom 4. März 1982 zu Protokoll.

«Und die Zöllner, wer schmiert die Zollbeamten?» unterbrach Untersuchungsrichter Germain Sengelin. *«Selbstverständlich, Zollbeamte und sogar Zolldirektoren sind in diese internationalen Schmuggelgeschäfte verstrickt. Das darf nun wirklich niemanden erstaunen. Denn Sie müssen wissen: Schmuggler wie ich finden sowohl im Osten wie auch im Westen sogar auf Regierungsebene Komplizen»,* belehrte Eichenberger den Elsässer Richter und holte zu einer langen Erklärung aus. *«Im Osten verhandeln wir direkt mit Vertretern der Regierung. Die gehen auf unsere Schmuggelvorschläge ein, um sich so harte Devisen zu beschaffen. Das ist der Zeitpunkt, wo sich die östlichen Geheimdienste einschalten, was wiederum die westlichen Geheimdienste auf den Plan ruft. Und diese Dienste schauen keineswegs untätig zu. Zum einen verlangen sie von uns Kommissionen, zum andern profitieren sie von unsern Organisationen, schmuggeln auf eigene Rechnung und bessern so ihr Budget auf.»*

Germain Sengelin unterbrach: *«Kommen Sie zur Sache, wir sind nicht zu unserem Vergnügen hier!»* fuhr er den Schmuggler an.

«Herrgott nochmal, ich riskiere mit meinen Aussagen Kopf und Kragen; und Sie halten mich für einen Schwätzer!»

«Ich brauche Fakten, keine Abenteuergeschichten.»

«Sie wollen die Wahrheit nicht wissen! Politische Protektion ist der Lebensnerv unseres Gewerbes; wer sich dieser Tatsache verschliesst, hat nichts begriffen.»

Richter Sengelin schlug eine kurze Pause vor. An einer Stehbar in der Nähe des Schweizer Zolls tranken sie zusammen Kaffee. Die Gerichtsschreiberin Braganti beschriftete die besprochenen Tonbänder. Zurück im Polizeiwagen, setzte der Schmuggler seine Beichte fort. *«Gegen Bezahlung oder für geleistete Dienste erhalten Schmuggler von Regierungsämtern verschiedener europäischer Staaten Pässe. Dabei handelt es sich um falsche echte und nicht etwa um gefälschte Ausweise.»* Welche Regierungsämter falsche echte Papiere abgeben und für welche «geleisteten Dienste», wollte Edmond Eichenberger jedoch nicht verraten.

«Warum packen Sie aus? Das bringt Ihnen nicht den geringsten Vorteil. Im Gegenteil. Sie handeln sich einen Haufen Ärger ein!» meinte Untersuchungsrichter Germain Sengelin.

«Ich wurde gelegt. Man wollte mir eine Lektion erteilen», sagte Eichenberger.

Es war eine kalte Abrechnung zwischen Schmugglerbossen.

Am späten Nachmittag des 11. September 1978 war Edmond Eichenberger beim Grenzübergang Saint-Louis von französischen Zollbeamten verhaftet worden. Wie immer, wenn er einen Schmuggeltransport losschickte, begleitete er ihn in seinem weissen Peugot 504 bis zur Schweizer Grenze und wartete dort, bis sein Lastwagen den französischen Zoll passiert hatte. Er sah, wie sein Chauffeur Max Raas aus dem französischen Zollhäuschen kam und in die Führerkabine seines 38-Tonnen-Lastwagens stieg. Doch der Lastwagen –- er hatte 825 Kartons Schmuggelzigaretten für Spanien geladen – rührte sich nicht vom Fleck. Nach einer halben Stunde verliess Eichenberger seinen Wagen und ging über die Grenze, um nachzusehen. Er dachte an eine Panne. Motorschaden vielleicht. Doch es war eine Falle.

Edmond Eichenberger wurde abgeführt und ins Zollgebäude Lysbuchel gebracht, das unmittelbar an der Grenze steht. Dort wurde er mit Handschellen an einen Heizungskörper gefesselt und dann stundenlang einvernommen. Am nächsten Morgen war er wieder frei. Er hatte fliehen können. Der Zoll hatte ihn laufenlassen, absichtlich wohl. Während einer Verhörpause hatten die Beamten ihm die Handschellen so sehr gelockert, dass sie schon fast von alleine runterfielen. Dann gingen sie Kaffee trinken und liessen Eichenberger alleine. Er sprang aus dem Fenster. Bis zur Grenze fehlten nur ein paar Meter.

Der Schweizer Schmuggler war verraten worden, und er wusste auch, warum. Er hatte seinem französischen Partner höhere Kommissionen verweigert. 24 Stunden später sass er mit Handschellen gefesselt im erwähnten französischen Zollbüro. Fünf Jahre lang hatten sie zusammengearbeitet. Es hatte im Herbst 1973 mit einem anonymen Telefonanruf begonnen, der Edmond Eichenberger in den Basler Nachtclub «Atlantis» bestellte. Dort erwartete ihn ein hochgewachsener Mann, kräftig gebaut, schwarzer Ledermantel, dunkle Brille. Er wollte seinen Namen nicht nennen. Drei Monate später waren sie Geschäftspartner. Der «Unbekannte vom ‹Atlantis›» hiess Roger Saint-Jean und war einer der höchsten Zolldirektoren Frankreichs.

«Wenn eine Fuhre bereitstand, rief ich Roger Saint-Jean bei der Zolldirektion in Paris an. Ein paar Tage später gab er uns alle technischen Daten durch: Grenzübergang; Zeitpunkt, an dem der Lastwagen den Zoll passieren musste; und die genaue Route durch Frankreich», erzählte Edmond Eichenberger in seiner Zeugenaussage. Fünf Jahre lang schleusten sie auf diese Weise jede Woche bei Basel einen Lastwagen mit Schmuggelzigaretten für Spanien durch den Zoll. Und in dieser ganzen Zeit flog nicht ein einziger Transport auf. Für seine Schieberdienste liess sich der französische Zolldirektor fürstlich entlohnen: jede Woche 45 000 Schweizer Franken; denn er kassierte pro Karton 50 Franken, und eine Fuhre umfasste im Schnitt 900 Kartons.

Die Zigaretten für Spanien kaufte Edmond Eichenberger beim Basler Tabakhändler Adolph Weitnauer. Das Schmiergeld für den korrupten französischen Zolldirektor war im Kaufpreis bereits inbegriffen. Am 10. September

1978 – einen Tag vor Eichenbergers Verhaftung – hatte Roger Saint-Jean seinen Anteil erhöht. Statt 50 Franken wie bisher forderte er ab sofort 70 Franken je Karton, was pro Schmuggeltransport den stattlichen Aufpreis von 18 000 Franken ausmachte. Dies war nicht abgesprochen. Roger Saint-Jean hatte den Partner Eichenberger nicht einmal um seine Meinung gefragt. Dieser erfuhr davon erst, als Weitnauer ihm die neue Rechnung präsentierte.

Die Verhaftung und der Verlust des Schmuggeltransportes waren eine deutliche Warnung für Edmond Eichenberger. Doch dieser liess sich nicht unterkriegen und stellte das Spaniengeschäft kurzerhand ein. Der französische Zolldirektor antwortete in bester Mafia-Manier. Er hetzte dem Schweizer Schmuggler französische Agenten auf den Hals, die ihm während Monaten auf Schritt und Tritt wie ein zweiter Schatten folgten. Er wurde bedroht und eingeschüchtert; anonyme Telefonanrufer sagten ihm einen schweren Autounfall voraus; im Hotel Continental beim Basler SBB-Bahnhof entging er knapp einer Entführung. Als er sein Zimmer verliess, nahmen ihn zwei Unbekannte in die Mitte, einer drückte ihm einen Revolver in die Rippen und forderte ihn zum Mitgehen auf. Zum Glück stand in der Lobby eine Reisegruppe. Eichenberger riss sich los und entkam durch das Restaurant.

Dies war nun endgültig zuviel für Schmugglerboss Eichenberger. Er schlug gnadenlos zurück. Am 3. Dezember 1981 schrieb er an Untersuchungsrichter Germain Sengelin: *«Seit 1974 führte ich via Basel Schmuggeltransporte von Ost-Deutschland nach Spanien durch. Mein französischer Partner war Roger Saint-Jean. Er hatte mir auch zugesichert: Sollte der Zoll einmal eingreifen, werde meine Verhaftung bloss eine Sache weniger Stunden sein. Genauso war es dann auch, als ich in Saint-Louis verhaftet wurde.»*

Noch am gleichen Tag eröffnete Germain Sengelin ein Verfahren gegen den Pariser Zolldirektor. Und damit begann für den Elsässer Richter ein eigentlicher Kreuzweg. Plötzlich gerieten seine langjährigen Ermittlungen gegen Schmuggler ins Stocken. Vorgesetzte bis hinauf ins Justizministerium setzten alle Hebel in Bewegung, damit er seine Nachforschungen einstellte. Prominente Politiker wie der Sozialist Laurent Fabius, von 1984 bis 1986 Premierminister unter François Mitterrand, verunglimpften ihn als Phantasten und Spinner, der Gespenster sehe. Zeugen wurden eingeschüchtert und zum Schweigen gebracht, mehrere Mitarbeiter des Richters wurden versetzt. Und der französische Nachrichtendienst zapfte sogar das Telefon in seiner Amtsstube an.

Mit der Ermittlung gegen Zolldirektor Roger Saint-Jean stiess der Mülhauser Richter auf höchst merkwürdige Verflechtungen des internationalen Tabakschmuggels. *«Innerhalb der Organisation Saint-Jean stiessen wir plötzlich auf eine Schmugglerzelle, die ausschliesslich aus Geheimdienstlern bestand»*, erklärt Germain Sengelin. Jacques Berthelot und Claude Cabot, die in Mülhausen wegen

Zigarettenschmuggels angeklagt wurden, gaben ihre Zugehörigkeit zum Nachrichtendienst offen zu. Ein Oberst des Nachrichtendienstes SDECE, inzwischen in DGSE umgetauft, bemühte sich eigens zu Germain Sengelin, um die Schmuggelgeschäfte seiner Agenten zu begründen. Als V-Leute hätten sie aufdecken sollen, wer beim französischen Zoll die Tabakschmuggler schützt, erklärte der Geheimdienst-Oberst und bestand darauf, dass das Verfahren gegen die beiden Schützlinge eingestellt werde.

Mehr Einblick in die Schmuggelpraxis des Geheimdienstes brachte ein Gerichtsverfahren, das zu jener Zeit in Bordeaux lief und bei dem ebenfalls der Agent Claude Cabot zu den Angeklagten zählte. Auch hier ging es um Zigaretten, die in Basel gekauft worden waren – bei Patrick Laurent, den die Polizei später anlässlich der «Operation Barca» als eigentlichen Kopf der Peseta-Connection verdächtigen wird. Diesmal war das Tabakgeschäft mit einem Waffenhandel zugunsten der baskischen Separatistenbewegung ETA gekoppelt. Mehrere Zeugen belasteten den Geheimdienstler Claude Cabot schwer. In die Enge getrieben, bestellte er seinen Chef, einen Oberst des SDECE, in den Zeugenstand. Dieser beschaffte ihm ein schwer zu entkräftendes Alibi. Claude Cabot habe sich zur Tatzeit in Afrika aufgehalten, auf Sondermission des Nachrichtendienstes, erklärte der SDECE-Oberst.

Das Gericht stand vor einem Rätsel. Bisher hatte Claude Cabot den Zigarettenschmuggel nicht einmal bestritten. Er wies sich als Kaufmann der Zürcher Firma Retora AG aus. Und als Wohnsitz nannte er deren Geschäftsadresse: Stadthausquai 1, 8001 Zürich. Die vorgelegten Dokumente – Lohnabrechnungen, Ausweispapiere – waren offensichtlich echt. Trotzdem wollte ihn in Zürich niemand kennen. Gefreiter Reto Karst von der Zürcher Kantonspolizei befragte Rudolf Rohner, einziger Verwaltungsrat der Retora AG, über seinen Mitarbeiter Claude Cabot. Aus dem Bericht von Reto Karst: «... *Dr. Rohner gab an, Claude Cabot sei ihm gänzlich unbekannt, insbesondere habe dieser seines Wissens nach noch nie etwas mit der Firma Retora AG zu tun gehabt. Es sei ihm absolut nicht verständlich, wie dieser Claude Cabot die Firma Retora AG als Adresse verwenden könne.»* [1] Weiter heisst es im Polizeibericht: *«Die Erhebungen bei der Einwohnerkontrolle der Stadt Zürich ergaben, dass der oben erwähnte Claude Cabot in Zürich nicht gemeldet ist.»*

Wir haben den als Kaufmann getarnten Agenten in Basel getroffen. *«Für Sondereinsätze koppeln die französischen Geheimdienste einzelne Agenten vom Dienst ab. Diese Spezialagenten treten als Kaufmann oder Inhaber von Import-Export-Firmen auf. Oder sie geben sich wie in meinem Fall als Mitarbeiter einer Schweizer Firma aus»*, erzählte Claude Cabot. Er wurde auf der Schmuggelroute Sofia–Paris einge-

---

[1] Bericht der Kantonspolizei Zürich vom 12. Dezember 1979.

setzt, nicht nur als neugieriger Schnüffler, sondern als aktiver Schieber. Claude Cabot über seine Mission: «*Aus zwei Gründen unterwandern wir diese Schieberorganisationen: Zum einen wissen wir, hinter Exportfirmen sozialistischer Staaten verbergen sich häufig östliche Geheimdienste; zum andern sind wir überzeugt, Terroristen und separatistische Bewegungen wie die ETA beschaffen sich über diese Kanäle ihre Waffen.*»

Mit seinen Schmuggelgeschäften verstosse er zwar gegen Recht und Gesetz, doch das geschehe im höhern Landesinteresse und mit dem Segen der Justizbehörden. Nur ein paar «Spinner» wie der phantastische Untersuchungsrichter Germain Sengelin würden sich querstellen und die ganze Arbeit gefährden. «*Sogar die Schweizer haben die Wichtigkeit unserer Arbeit begriffen*», erklärte Claude Cabot und löste auch das Rätsel, wie er zu echten Dokumenten kam, die ihn als Mitarbeiter einer Zürcher Firma auswiesen. Claude Cabot: «*Nach Absprache mit dem schweizerischen Nachrichtendienst durfte ich als Kaufmann der Zürcher Firma Retora AG auftreten.*»

Mit diesem Freipass für den französischen Agenten setzte der Schweizer Nachrichtendienst eigenmächtig geltendes Recht ausser Kraft. Claude Cabot durfte auch in der Schweiz gegen Tabakschmuggler ermitteln, obwohl sich diese Tabakschmuggler vor dem Schweizer Gesetz nicht einmal strafbar machten. Kommt hinzu: In der Regel dürfen ausländische Beamte in der Schweiz nur in Begleitung einer Schweizer Behörde aktiv werden. Wir werden später immer wieder feststellen, dass die Unterwanderung von Schmuggelorganisationen durch Nachrichtendienste ein besonders zweischneidiges Schwert ist. Bei praktisch allen Ermittlungen, die nicht vom Fleck kamen oder die sogar abgeblockt wurden, begegnet man Nachrichtendiensten. In Bordeaux und Mülhausen wurden die Verfahren gegen die schmuggelnden Agenten eingestellt. Auch Zolldirektor Roger Saint-Jean entging einer Verurteilung. Der Kassationshof nahm Untersuchungsrichter Germain Sengelin den Fall Saint-Jean weg und übergab ihn einem Pariser Gericht. «*Pour la bonne marche de la justice*», heisst es in der Begründung des Kassationshofes. Am 15. Januar 1987 schloss das Pariser Gericht die Akte und überraschte mit einem Freispruch: «*Es kann nicht bewiesen werden, dass Roger Saint-Jean in irgendeiner Form am Schmuggel beteiligt war.*»[1] – «*Zolldirektor Roger Saint-Jean fand seine verlorene Ehre wieder; die Geheimdienste ihre Unschuld; eine schmutzige Staatsaffäre ist vom Tisch*», kommentierte das Elsässer Blatt «L'Alsace».

---

[1] «L'Alsace», Mulhouse, Ausgabe vom 16. Januar 1987.

Adolph Weitnauer – Notabler mit Doppelleben

An dieser Stelle ist es angezeigt, den Tabakhändler Weitnauer näher unter die Lupe zu nehmen, den Hauptlieferanten der Zigarettenschmuggler. Die «Weitnauer Trading Company» (WTC) in Basel ging aus einem 1865 gegründeten Familienbetrieb hervor. Den rasanten Aufstieg vom zwar renommierten, aber kleinen Familienbetrieb zum Weltkonzern verdankt die WTC einem Mann: Adolph Weitnauer. Ende der vierziger Jahre, unmittelbar nach dem Zweiten Weltkrieg, hatte er die Leitung der Firma übernommen. Das Zollfreigeschäft befand sich damals erst in den Kinderschuhen. Adolph Weitnauer jedoch erkannte schnell, welche immensen, neuen Absatzmärkte hier im Entstehen begriffen waren. *«Die Auflösung der Kolonialreiche brachte eine Vergrösserung der internationalen diplomatischen Corps, allein jedes neue afrikanische Land erhielt eine Vielzahl von Botschaften. Diese Tausenden von Diplomatenfamilien, der wiederauflebende Schiffsverkehr, der wachsende Luftverkehr und die alliierten Militärläden in den besetzten Gebieten boten ein neues, lohnendes Arbeitsgebiet für erfahrene, internationale Händler im Zollfreigeschäft. Um den weltweiten Aufbau dieses Zollfreigeschäftes zu fördern, wurde die WTC als internationale Handelsgesellschaft gegründet.»* [1]

In den Nachkriegsjahren erweiterte das Basler Unternehmen systematisch sein Angebot. Und inzwischen führt es in seinem Sortiment praktisch alles: Vom Rohtabak bis zum Konsumartikel wird fast der ganze Bedarf des täglichen Lebens abgedeckt. Heute zählt die WTC zu den fünf grössten Tabakhändlern der Welt und gilt als einer der *«weltbekanntesten Spezialisten im Zollfreigeschäft»*. Sie beschäftigt weltweit rund 1000 Personen, wovon 300 allein in der Schweiz, und beliefert vor allem diplomatische Corps, internationale Organisationen, Freihäfen, Tax-Free-Shops, Luft- und Schiffahrtsgesellschaften.

Die sehr erfolgreiche und in der Schweiz hochangesehene WTC stand – wie schon früher erwähnt (Seite 71) – bei ausländischen Zollfahndern seit Jahren im Schmuggelverdacht. In einem Ergebnisvermerk des deutschen Zollkriminalinstitutes Köln (ZKI) vom 29. Januar 1979 heisst es: *«Die Ermittlungen ergaben u. a., dass auch umfangreiche Zigarettenmengen von Antwerpen bzw. der Schweiz über Frankreich nach Spanien eingeschmuggelt worden sind . . . Hauptbeteiligte in diesem internationalen Schmuggelring sind: Fa. Basilo, Basel, Inhaber Georg Kastl (Gruppe Weitnauer) . . .»* [2] Zusammen mit der Basilo zählt der ZKI-Bericht zwei weitere Schweizer Firmen sowie eine Gesellschaft in Antwerpen zu den Hauptbeteiligten.

Im Jahre 1982 erklärte ein hoher Offizier des französischen Nachrichten-

---

[1] Schweizerische Finanz-Zeitung, Basel, Ausgabe vom 10. Mai 1978.
[2] Aktenzeichen: V 1715-401-8-K 46.

dienstes während einer Gerichtsverhandlung: Adolph Weitnauer sei bereits 1955 in einen internationalen Zigarettenschmuggel in Tunis verwickelt gewesen.[1]

Das Basler Tabakunternehmen bewährte sich als hohe Schule des Schmuggels. Es fällt in der Tat auf, wie viele hochkarätige Schmuggler ihre Schieberkarriere bei der WTC begannen:

– Fast alle Hauptverdächtigen in den Ermittlungen gegen Otto Steffen (Drogenhandel) waren frühere Mitarbeiter der WTC: Georg Kastl, *«die Spitze des Eisberges»*, begann bei der WTC als Lehrling und stieg bis zum leitenden Angestellten auf; Guglielmo Chiavi wechselte vom Zoll zu einer Weitnauer-Firma; auch Otto Steffens Buchhalter René Steiger, ein ehemaliger Bankangestellter, bekleidete bei der WTC einmal eine wichtige Stellung.

– Michael Hänggi, verstrickt in die Peseta-Connection, leitete in Panama eine Weitnauer-Filiale, bevor er sich selbständig machte und in Basel die Porespa AG gründete. Der Franzose Patrick Laurent, der ebenfalls zur Peseta-Connection gehörte, fand – auf der Flucht vor der französischen Polizei – Unterschlupf bei Adolph Weitnauer, der ihm in überraschend kurzer Zeit zu einer Aufenthaltsbewilligung verhalf.

– Der Deutschargentinier Guillermo Lüttich organisierte seit mehr als zehn Jahren den internationalen Schmuggel über den Hamburger Hafen. Am 26. Januar 1986 regelte er im Zürcher Hotel Baur au Lac eine Schmuggellieferung im Wert von 25 Millionen Franken.[2] Sein Schweizer Partner Claudio Denz warnte ihn, er werde von Interpol gesucht. Guillermo «Pepe» Lüttich floh Hals über Kopf nach Spanien, wo er seither unbehelligt lebt. Zwischen 1969 und 1972 amtete Lüttich als kommissarischer Leiter der Weitnauer-Tochter Tuxedo GmbH in Hamburg.

– Claudio Denz ist der Sohn von Werner Denz, der gemäss einer 1987 verfassten Lagebeurteilung von Polizeistellen aus Italien, Schweden, Dänemark, Österreich und Deutschland als einer der *«Hauptinitiatoren des Zigarettenschmuggels»* in Europa gilt. Werner Denz, Inhaber der Firma Algrado AG, beliefert Duty-Free-Läden mit zollfreien Zigaretten, Spirituosen und Parfüms. Auch Denz war früher bei Weitnauer beschäftigt.

Für Adolph Weitnauer waren dies nichts als *«unbeweisbare Behauptungen»* sensationshungriger Journalisten. Zwar räumte er ein: *«Meine Firma spielt eine nicht unbedeutende Rolle in der Verteilung von Tabak-Produkten in Europa. Auf Grund dieser Tätigkeit wird sie gelegentlich als Lieferquelle erwähnt»*, fügte aber bei: *«Ich habe keine Kenntnis von irgendwelchen Zolldokumenten oder Untersuchungsbe-*

---

[1] Direction de la Surveillance du Territoire (DST), Commission Rogatoire III 5/78 vom 30. März 1982 (s. auch oben, Seite 71).

[2] Christoph Grenacher, Peseta-Connection, SonntagsZeitung, Zürich, Ausgabe vom 2. Juli 1989.

richten oder andern Unterlagen, gemäss denen ich des Schmuggels beschuldigt oder verdächtigt werde.» [1] Diese Aussage stand im völligen Gegensatz zur Faktenlage. Trotzdem trat der mächtige Basler Tabakhändler bei jeder Gelegenheit den Unschuldsbeweis an.

«Die Firma WTC war und ist weder an legalen noch gar an illegalen Waffengeschäften beteiligt. Sie war und ist auch nicht am Schmuggel mit Zigaretten beteiligt. Das gleiche gilt auch für Firmen, an denen die WTC beteiligt ist», dementierten seine Anwälte einen Zeitungsbericht und konnten sich dabei auf erstklassige Zeugen abstützen: eidesstattliche Erklärungen von WTC-Direktoren, vor allem aber auf mehrere Schreiben von Staatsanwälten, die der Firma eigentliche Persilscheine ausstellten. Hans Hungerbühler, der Erste Staatsanwalt des Kantons Basel-Stadt, welcher das Verfahren gegen die Peseta-Connection einstellte (s. Seite 66), schrieb: *«Ich bestätige Ihnen gerne, dass weder die Weitnauer Handelsgesellschaft, noch (...) Herr A. P. Weitnauer bei einer ‹Drogenfahndung› oder sonstigen Strafverfolgungsmassnahmen in Basel jemals in Erscheinung getreten sind.»* [2] Dieselbe Erklärung gab die Bezirksanwaltschaft der Stadt Zürich ab. Und das Zollkriminalinstitut (ZKI) in Köln widerrief sogar seine eigenen Ermittlungsberichte. Dr. Rump vom ZKI teilte Weitnauers Anwälten per Telex mit: *«Weder der Unterzeichner noch die zuständigen Beamten haben die Firmengruppe als ‹Hauptbeteiligte in verschiedenen Schmuggelgeschäften› bezeichnet.»* [3]

Journalisten mochte Adolph Weitnauer nie leiden. Wer um eine Stellungnahme bat oder ein Interview wünschte, dem drohte er sofort mit einem Prozess. Gleichzeitig intervenierte er beim Verlag oder beim Verwaltungsrat der Zeitung oder Zeitschrift. Meist mit viel Erfolg. Die Schweizer Presse – im Gegensatz zur französischen oder bundesdeutschen – klammerte bei Berichten über Schieberaffären den Namen Weitnauer systematisch aus. Auf Intervention von Adolph Weitnauer setzte die «Basler Zeitung» sogar eine Serie über unaufgeklärte Verbrechen ab. Das Zürcher Wirtschaftsmagazin «Bilanz» gab mehrmals Reportagen über die Schmuggelzentrale WTC in Auftrag. Nicht eine einzige wurde veröffentlicht. Als der «SonntagsBlick» mit der Reportage «Schweiz ist Schmuggeldrehscheibe Europas» [4] das Schweigen brach, klagte der empfindsame Basler WTC-Boss. Prompt bekam man im Ringier-Pressehaus weiche Knie. Der Rechtsdienst entschuldigte sich bei

---

[1] Adolph Weitnauer in einem Brief an uns vom 3. Mai 1983.
[2] Hans Hungerbühler, Staatsanwaltschaft des Kantons Basel-Stadt, in einem Brief vom 29. September 1983 an Frau Marie-Louise Weitnauer. Zum unterschiedlichen Verhalten von Hans Hungerbühler in Basel und in Bern im Zusammenhang mit der Affäre Kopp, s. Seite 172f.
[3] In einer schriftlichen Auskunft vom 4. November 1983 erklärte uns Dr. Rump: *«Bei dem sogenannten ‹Ergebnisvermerk› handelt es sich um einen dienstinternen Vorgang, zu dem keine Auskünfte gegeben werden können.»*
[4] SonntagsBlick, Zürich, Ausgabe vom 29. Mai 1983.

Adolph Weitnauer und versprach: Die angesehene Basler Handelsgesellschaft würde nie mehr im Zusammenhang mit Schmuggel erwähnt werden.

Zusammen mit Jean-Marie Stoerkel, Polizeireporter beim «L'Alsace», trafen wir seit dem Spätherbst 1982 in Basel regelmässig ehemalige WTC-Mitarbeiter. Dabei wurden wir offensichtlich überwacht. Ein halbes Jahr später liess uns Adolph Weitnauer sogar wissen, wie genau er über unsere Recherchen Bescheid wusste. Es war Ende Juni 1983. Wir hatten uns wieder einmal in Basel aufgehalten und mit ehemaligen WTC-Mitarbeitern gesprochen. Abends sassen wir auf der Redaktion des «L'Alsace». Da rief ein mit Jean-Marie befreundeter Anwalt aus Paris an. «*Was für ein Foto hast du in Basel gesucht?*» fragte der Anwalt. Die Nachricht war in einem halben Tag bis Paris gelangt. Er wusste, mit wem wir uns getroffen und worüber wir gesprochen hatten. Erfahren hatte er dies von einem Anwalt Weitnauers. Wir hatten tatsächlich ein Foto gesucht. Es zeigte Italiener aus Sizilien und Neapel auf einem Fest in der Weitnauer-Villa «Auf der wyten Au» in Hegenheim. Am Rande des Festes trafen sich diese Italiener mit Basler Tabaklieferanten. Als wir den Festfotografen auf die Italiener ansprachen, lief er davon, als wäre ihm der Leibhaftige begegnet. Genauso verängstigt reagierten zahlreiche ehemalige WTC-Angestellte. Der Name Weitnauer genügte, sie in Schrecken zu versetzen. Sie sprachen plötzlich nur noch im Lispelton und befürchteten, man könnte uns zusammen sehen.

Auch C. M. hatte Angst. Doch er begann schliesslich zu reden. In einem Wutanfall hatte ihn Adolph Weitnauer fristlos entlassen, weil er die Beteiligung der Firma an Schmuggelgeschäften ausgeplaudert hatte. Seither fühlte er sich überwacht. Er war auch mehrfach bedroht worden. Warum er nicht zur Polizei gehe, wollten wir wissen. «*In dieser Stadt steht Weitnauer über dem Gesetz; niemand, auch keine Behörde, wagt ihn anzufassen*», sagte C. M. verbittert und erzählte seine Geschichte.

C. M. war am 19. Oktober 1980 verhaftet worden und sass mehrere Tage im Untersuchungsgefängnis Lohnhof. In seinem Büro hatte die Polizei ein paar Flaschen geschmuggelten Whisky gefunden. Während des ersten Verhörs verriet ihm die Polizei, wer ihn beim Zoll verzeigt hatte: ausgerechnet sein Chef Adolph Weitnauer, der ihn offenbar lossein wollte. C. M.: «*Ich dachte, der ‹alte Adolph› hat durchgedreht; er lässt mich, Leiter seiner Schmuggelabteilung, verhaften. Ich kannte zwar nicht alle Geheimnisse, wusste aber genug, um Weitnauers Schieberzentrale lahmzulegen.*» Schliesslich war es nicht Adolph Weitnauer, sondern C. M., der beinahe durchdrehte. «*Alles was ich über Weitnauers undurchsichtige Geschäfte wusste, erzählte ich der Polizei. Doch die wollten mir nicht zuhören. Sie verboten mir sogar den Mund und weigerten sich stur, meine Aussagen zu Protokoll zu nehmen*», sagte C. M.

C. M. war bis zu seiner Verhaftung bei Weitnauer Leiter der Abteilung Export II gewesen. Im Gegensatz zum Export I, der den legalen Markt belieferte, deckte der Export II ausschliesslich den Schwarz- oder Schmuggelmarkt ab. Um den Ruf der angesehenen WTC nicht zu gefährden, wurden die Schmuggelgeschäfte über eine Reihe von Tarngesellschaften abgewickelt: Import-Export-Firmen (u. a. die Basilo AG), Finanz- und Treuhandgesellschaften, die nach aussen hin keine direkte Verbindung zu Weitnauer oder zur WTC hatten. Zwei Drittel der belieferten Organisationen, das gesamte Tabakgeschäft mit Italien und Griechenland, lag voll in der Hand der Mafia. C. M. nannte Namen, Adressen, verriet auch Waffengeschäfte und äusserte den Verdacht auf Drogenschmuggel. Aber die Polizei und auch der Untersuchungsrichter stellten sich taub, wollten nichts gehört haben, obwohl damals (im Jahre 1980) die Drogenfahndung gegen Otto Steffen, Georg Kastl und die «Basilo AG c/o Weitnauer Handelsgesellschaft» auf Hochtouren lief.

Die Schmugglerabteilung, der Export II, hiess hausintern «Diplomatenabteilung». Denn die meisten Geschäftsbeziehungen liefen via Handelsvertretungen der Botschaften in Bern sowie nordafrikanische und nahöstliche Missionen in Genf. *«Ich musste Impulse stecken, Kontakte zu Kunden aufbauen, den ‹switch› machen»*, erzählte C. M. Zu seiner Aufgabe zählte auch, Kunden bei guter Geschäftslaune zu halten. Notfalls mit Extravaganzen: Suite im Luxushotel, ausgefallene Fete, Edelnutten, teure Geschenke . . . C. M. erinnerte sich an zwei Armenier, die massgeschneiderte Seidenanzüge trugen und sich nur mit Vornamen vorstellten. Sie erhielten als Geschenk zwei nigelnagelneue Peugot 504, der Kofferraum zum Bersten voll mit Ersatzteilen. Als *«kleine Aufmerksamkeit des Hauses»* – so erinnerte sich C. M. – liess Adolph Weitnauer vor Weihnachten und Neujahr grosse, dicke Briefumschläge bereitlegen. Die Kuverts waren für Prominenz aus dem Basler «Teig» bestimmt, aber auch für Freunde bei der Polizei, beim Zoll und sogar beim Gericht. C. M. war auch bereit, als Zeuge auszusagen. *«Zur Wahrheit kann ich jederzeit stehen»*, sagte er entschlossen. Doch an dieser Wahrheit zeigte – zumindest in Basel – kein Richter Interesse.

Ein anderer ehemaliger Weitnauer-Angestellter, mit dem wir sprachen, war W. H. Dieser besass eine Handwerksbude, als er zusammen mit seinen fünf oder sechs Arbeitern von Weitnauer angestellt wurde. Sie präparierten SBB-Güterwagen für Schmuggeltransporte. *«Im Abstand von rund 1½ Metern zu den Stirnseiten mussten wir Doppelwände einbauen»*, erinnert sich W. H. Oder sie bastelten für spezielle Koffer Blechbehälter, deren Deckel sie wasserdicht zulöteten. Zwanzig Jahre arbeitete W. H. für Adolph Weitnauer, stieg sozusagen zu dessen Lieblingsdiener auf, war ausser Angestellter auch Gesellschafter, Jogging-Partner und Privatchauffeur. *«Als ich bei ihm anfing, war er noch ein kleiner Geschäftsmann und wohnte in einer bescheidenen 4-Zimmer-Wohnung»*, erzählt W. H. Damals schon besass er einen mächtigen Funkkasten, der ihn mit dem Hafen von Marseille verband und der rund um die Uhr Funksprüche von Hochseefrachtern empfing. Er unterhielt 24 Niederlassungen in 24 Ländern. *«Da wurden Unmengen von Waren herumgeschoben: Tabak, Zigaretten, Spirituosen, natürlich; und dann Waffen, voll Waffen»*, behauptet W. H. und ergänzt: *«Der Waffenhandel war legal. Ich weiss, zu uns kamen sehr viele Kunden, die auch eine Lizenz als Waffenhändler besassen.»*

Adolph Weitnauer, verheiratet mit Marie-Louise, einer geborenen von Sury, sei ein Grandseigneur gewesen, autoritär, verschlossen, fast risikosüchtig. Er habe keine Widerrede ertragen. Seine Zornesausbrüche waren gefürchtet. W. H.: *«Wer nicht nach seiner Geige tanzte, flog raus.»* Um 1960 kaufte er auf einer Anhöhe in Hegenheim bei Saint-Louis (Frankreich) eine Luxusvilla, dazu einen imposanten Park, der sich über mehrere Hektar erstreckte. Die Villa «Auf der wyten Au» – das «Schloss» für die Einheimischen – steht knapp einen Kilometer neben der Schweizer Grenze. Hier gab er seine Feste und Jagdparties, hier empfing er auch viele Geschäftspartner. W. H.: *«Wenn gewisse Kunden kamen, gab es eigentliche Sperrzeiten; da durfte keiner in die Villa.»* Plötzlich habe Adolph Weitnauer seine Villa mit immer neuen Sicherheitsanlagen ausgerüstet, habe zum Schluss unter geradezu panischer Angst gelitten. *«Wenn ich mit ihm unterwegs war, fragte er andauernd: ‹Wer ist der Mann da hinten? Kennst du den da vorne?› Mehrmals sagte er zu mir: ‹Hoffentlich holen sie mich und nicht eine meiner Töchter›»*, erzählt W. H. und bemerkt: *«Er hat immer gesagt: ‹Wenn ich sechzig bin, höre ich auf.›»* Am 23. Juli 1983 wurde er sechzig; am 22. August 1983 starb er.

Heroin und Waffen

Die Perfektion des organisierten Verbrechens

Der grosse Mafia-Prozess in Palermo zeigt, welche zentrale Bedeutung der Tabakschmuggel für die Entwicklung des Drogen- und Waffenhandels hatte. Parallel zu dieser Entwicklung vollzog sich eine grundlegende Veränderung der Mafia. Aus gewalttätigen Familien-Clans entstand ein internationaler Verbrecherkonzern, dessen immenser Reichtum ausreicht, um Regierungen zu bestechen, die Justiz lahmzulegen oder ganze Wirtschaftszweige aufzukaufen. Das Tauschgeschäft Drogen gegen Waffen rief die Nachrichtendienste auf den Plan. Sie bedienten sich der Mafia, um Embargoländer mit Kriegsgerät zu versorgen. Die türkische Mafia, die als erste Drogen- und Waffenhandel verknüpfte, setzte für besonders gefährliche Schmutzarbeit häufig die «Grauen Wölfe» ein, unter anderem auch jene Männer, die zusammen mit Ali Agça das Papst-Attentat planten.

Tommaso Buscetta, Kronzeuge im grössten italienischen Mafia-Prozess

«Dies ist der Prozess gegen die ‹Cosa Nostra› genannte mafiose Organisation – eine äusserst gefährliche kriminelle Vereinigung, die mit Gewalt und Einschüchterung Tod und Terror gesät hat und sät.»[1] So nüchtern beginnt die Anklageschrift gegen «Abbate Giovanni + 706», das grösste Strafverfahren gegen die sizilianische Mafia, das am 10. Februar 1986 in Palermo eröffnet und als «maxiprocesso» berühmt geworden war. Angeklagt waren neben harmlosen Handlangern gefährliche Killer, trickreiche Financiers und auch mächtige «Paten», alles «Ehrenmänner» der sizilianischen «Familien». Das Gericht warf ihnen Mord (in 95 Fällen), Erpressung und Einschüchterung, Drogen- und Devisenschmuggel sowie eine Unzahl kleinerer Vergehen vor.

Drei Jahre lang ermittelte Untersuchungsrichter Giovanni Falcone zusammen mit vier Kollegen gegen den grössten Heroinhandel, den die sizilianische Mafia je aufgezogen hatte. Die Richter trugen eine erdrückende Menge Belastungsmaterial zusammen. Die Ermittlungsakten umfassen über 60 Bände: Polizeiberichte, Rapporte von Drogendezernaten und Mordkommissionen aus einem Dutzend Staaten, Kontoauszüge und Bilanzen verdächtiger Banken und Firmen, abgehörte Telefongespräche und Tausende von Seiten mit Zeugenaussagen. *«Eine Chronik von 20 Jahren Mord, Drogengeschäft, Erpressung und krimineller Machtentfaltung aller Art.»*[2] Diese schwarze Chronik liefert gleichzeitig einen historischen Abriss der modernen Mafia, die sich vom mittelalterlichen Geheimbund zum weltweit agierenden kriminellen Konzern entwickelt hatte. Was bis vor ein paar Jahrzehnten nur eine eher bescheidene Nebenbeschäftigung der Mafia darstellte, nämlich illegale Geschäfte, wurde mit dem Einstieg in den Drogen- und Waffenschmuggel zur dominanten Aktivität.

Die Palermitaner Untersuchungsrichter heben in der erwähnten Anklageschrift immer wieder die zentrale Bedeutung des Tabakschmuggels für diese spektakuläre Entwicklung der Mafia hervor. *«Der internationale Rauschgifthandel (vor allem Heroin) stellt ohne Zweifel das einträglichste Geschäft der sizilianischen Mafia dar. Dieser Rauschgifthandel ist eine natürliche Weiterentwicklung des Tabakschmuggels. Die Mafia übernahm allmählich die Strukturen des Tabakschmuggels, um diese schliesslich vollumfänglich für den Rauschgifthandel zu nutzen (...) Man muss betonen: Hätte man das Phänomen des Tabakschmuggels nicht unterschätzt, dann*

---

[1] Corrado Stajano (Hrsg.), Mafia – L'atto d'accusa dei giudici di Palermo, Rom 1986. «Abbate Giovanni + 706» steht auf dem Deckblatt der Anklageschrift im Maxi-Prozess von Palermo. «706» ist nicht etwa ein Aktenzeichen. Neben Abbate Giovanni gab es 706 weitere Angeklagte. Abbate Giovanni war der erste auf der alphabetisch angeordneten Angeklagtenliste.

[2] Martin Brunner, Ehrenwerte Leichen – die Mafia hinter Gitter, in: DIE ZEIT vom 4. April 1986.

würden die heutigen Organisationen der Drogenhändler mit Sicherheit nicht über derart erprobte und effiziente internationale Schiebernetze verfügen.» [1]

Beim «maxiprocesso» trat der italienische Staat mit grossem Aufwand zum Kräftemessen mit der Mafia an. Neben dem alten Bourbonengefängnis Ucciardone, das König Ferdinand II. Mitte des letzten Jahrhunderts unten am Hafen von Palermo errichten liess, bauten die Italiener eigens für diesen Prozess ein Bollwerk aus Beton und Stahl. 55 Millionen Franken liess sich der italienische Staat diesen Prozessbunker kosten, der mit modernster Elektronik ausgerüstet und abgesichert wurde. Auf dem Platz davor waren Panzer aufgefahren. Und zweitausend Mann der Sicherheitskräfte riegelten das Quartier ab. Unter Sirengeheul und eskortiert von schwerbewaffneten Leibwächtern trafen die Richter am Mittwoch, Donnerstag und Freitag jeder Prozesswoche zur Verhandlung ein. Die Angeklagten folgten den Verhandlungen in 32 Gitterkäfigen, die mit kugelsicherem Glas versehen waren.

Unter den Gefangenen befanden sich so mächtige Mafia-Paten wie Luciano Leggio vom Clan «Corleone» oder Michele Greco, genannt der Papst, vom Clan «Ciaculli». Anfang der achtziger Jahre hatten sie sich in einem besonders blutigen Machtkampf (500 Tote) gegen die alteingesessenen Mafia-Familien der Badalamenti, Bontade, Buscetta... durchgesetzt. Der Maxiprozess erwies sich als spätes Nachhutgefecht dieses Mafiakrieges. Nochmals standen sich die verfeindeten «Ehrenmänner» gegenüber. Denn als Stargast in dieser Justizshow in Palermo trat der ehemalige Mafiaboss Tommaso Buscetta auf. Erstmals hatte mit Don Masino – so wird Buscetta von den Seinen genannt – ein hochkarätiger Pate mit der Polizei zusammengearbeitet und im grossen Stil ausgepackt. Seine Lebensbeichte brachte mehrere hundert mutmassliche Mafiosi hinter Gitter. Nachdem Tommaso Buscetta mit der «Omertà», der eisernen Schweigepflicht der Mafia, gebrochen hatte, folgten an die dreissig «reuige» Mafiosi seinem Beispiel.

Tommaso Buscetta, Mitglied der «Familie» Porta Nuova, handelte nicht aus Sorge um den Rechtsstaat, sondern aus Rache. Im Mafiakrieg der achtziger Jahre hatte er und die mit ihm verbundenen «Familien» nicht nur alle Macht an die «Corleonesi», den Clan von Luciano Leggio, abtreten müssen, sondern er verlor gleichzeitig die halbe Verwandtschaft. Ein Bruder, zwei Söhne, ein Schwiegersohn und mehrere Vettern wurden auf offener Strasse niedergeschossen oder entführt und nach grässlichen Torturen hingerichtet.

Tommaso Buscetta hat eine steile Mafia-Karriere hinter sich, ist also mit der Geschichte der «Cosa Nostra» bestens vertraut. Er wurde am 13. Juli 1928 geboren. Mit 14 Jahren verliess er die Schule, mit 16 heiratete er und wurde Glaser wie sein Vater. Zwei Jahre später nahm ihn die «Porta Nuova» als vollwer-

---

[1] Mafia – L'atto d'accusa, a. a. O., S. 96, S. 204.

tiges Mitglied auf.[1] Schon während des Zweiten Weltkrieges war er dem «Capo» der Familie «Porta Nuova» empfohlen worden. Tommaso, noch ein Schuljunge, hatte mehrere deutsche Soldaten umgelegt.

Die Jugend von Tommaso Buscetta fiel in eine kritische Zeit der Mafia. Mussolini hatte der Mafia den Kampf angesagt, weil die Faschisten die Macht der «Ehrenwerten» als Bedrohung einschätzten. Die Mafia erlitt unter Mussolini schwere Einbussen. So verlor sie zum Beispiel Gelder aus Wahlmanipulationen und Unterstützungen von Politikern, damals eine bedeutende Einnahmequelle der Mafia. Eine Folge dieser Feindschaft zwischen Mussolini und der Mafia war, dass die Mafiosi als «Antifaschisten» eingestuft wurden. Die Amerikaner bedienten sich ihrer Hilfe, als die alliierten Streitkräfte auf Sizilien und das süditalienische Festland übersetzten. Zum Dank setzten amerikanische Behörden gegen Kriegsende zahlreiche Mafiosi in Süditalien als Orts- und Provinzgewaltige ein.

Anfang der fünfziger Jahre stand Tommaso Buscetta bereits gross im Geschäft: Tabakschmuggel und Erpressung. Im Jahre 1962 wurde er vorübergehend verhaftet. Wegen Zigarettenschmuggels und zweimaliger Beihilfe zum Mord sollte er vor Gericht gestellt werden. Doch Tommaso Buscetta, der inzwischen zum «Capo» («Familien»-Boss) aufgestiegen war, setzte sich rechtzeitig nach Südamerika ab. Ein befreundeter christdemokratischer Abgeordneter hatte ihm einen falschen Pass besorgt. Seither wies er sich als Manuel Lopez Cadena aus. Mexiko, São Paulo, Toronto hiessen die nächsten Stationen. Im Jahre 1966 tauchte er in New York auf und stieg ins Pizza-Geschäft ein. Sein erstes Restaurant hiess «Pizza Den» und stand an der Pitkin Avenue. Bald folgten weitere in Manhattan und auf Jamaica. Diese Pizza-Läden waren eine raffinierte Tarnung. Erst zwei Jahrzehnte später wurde ihre wirkliche Aktivität aufgedeckt: Heroinhandel. Damals stammte das meiste Heroin aus Labors in Südfrankreich. Den Schmuggel in die USA besorgte die sizilianische Mafia. Tommaso Buscetta spielte in diesem tödlichen Geschäft eine Schlüsselrolle. Über ihn lief ein Teil der Kontakte zwischen den französischen Heroinproduzenten (French Connection) sowie der sizilianischen und der amerikanischen Mafia, was ihm den Titel «Pate der zwei Welten» eintrug.

Ende 1970 sass er erneut im Gefängnis. Einer New Yorker Polizeistreife war sein gefälschter Pass aufgefallen. Manuel Lopez Cadena alias Buscetta hinterlegte eine Kaution von 75 000 Dollar. Kurz vor Weihnachten war er wieder auf freiem Fuss und verschwand nach Brasilien zu Freunden der French Connection. Diese französischen Freunde wurden ihm schliesslich zum Verhängnis. Im Sommer 1971 – es war das Jahr, in dem die French Connection zer-

---

[1]   Tim Shawcross/Martin Young, Mafia wars – the confessions of Tommaso Buscetta, Glasgow 1987.

schlagen wurde – beschlagnahmte die Polizei von São Paulo 80 Kilogramm Heroin und verhaftete mehrere Franzosen. Einer von ihnen verriet den «Paten der zwei Welten». Am 2. November 1972 wurde er am Strand von Itapema im brasilianischen Staate Santa Catarina festgenommen und nach Italien ausgeliefert. Dort verurteilte ihn ein Gericht u. a. wegen eines Geschäftes mit 170 Kilogramm Heroin zu 11 Jahren Gefängnis. Acht Jahre davon sass er im bourbonischen Kerker Ucciardone in Palermo ab. Als man ihn 1980 wegen guter Führung vorzeitig entliess, verschwand er sofort nach Brasilien. Knapp zwei Jahre später verhaftete ihn die brasilianische Polizei erneut. Und wieder wurde er an Italien ausgeliefert.

Der «Heroinkönig» war am Ende, denn fast alle seine sizilianischen Freunde waren während des letzten grossen Mafiakrieges (1980–1982) ermordet worden. Diesen Krieg hatten die vom Paten Luciano Leggio angeführten «Corleonesi» gewonnen. Als die «Corleonesi» auch noch seine Familie zu liquidieren begannen, packte Tommaso Buscetta aus. Zwei Monate lang stand er dem Untersuchungsrichter Giovanni Falcone bereitwillig Rede und Antwort. Seine Aussagen füllen rund 3000 Seiten.

«Ich breche mein Schweigen nicht aus Angst um meine physische Sicherheit[1]*, sondern aus der Einsicht, dass die Mafia, eine Bande Krimineller, vernichtet werden muss. Sie hat die Grundsätze der ‹Cosa Nostra› durch den Dreck gezogen und verwildert.»*[2] So begründete der «reuige» Mafiaboss, warum er sich nicht mehr an den Ehrenkodex hielt, auf den auch er den Bluteid geleistet hatte.[3]

Tommaso Buscetta erklärte, dass die Mafia Sizilien unter sich in Einflusszonen aufteilte.[4] Die «Familien» werden in der Regel nach dem Dorf oder dem

---

[1] Die brasilianische Militärpolizei hatte ihn nach seiner letzten Verhaftung (1982–1984) trotz Anwendung von Foltermethoden nicht zum Reden gebracht. Gegenüber Untersuchungsrichter Giovanni Falcone erklärte Tommaso Buscetta: *«Die Brasilianer haben mich nicht wegen Drogenhandels verhaftet, sondern weil sie mich für einen gefährlichen Mafioso hielten. Im Militärgefängnis DOPS bin ich mehrfach gefoltert worden, damit ich meine Verbindung zur sizilianischen Mafia preisgebe. Ich erhielt Elektroschocks an Geschlechtsteile, Mund und Ohren. Man hat mir sogar die Zehennägel ausgerissen. Trotz all dem sagte ich kein Wort über die ‹Cosa Nostra›.»*

[2] Tim Shawcross u. a., Mafia wars, a. a. O., S. 108.

[3] «Uomo d'onore» («Ehrenmann»), ein wirklicher Mafioso also, kann nur ein Sizilianer werden. Wen die «Familie» dazu für würdig erachtet, leistet den Bluteid. Blutstropfen aus seiner Hand werden auf ein Heiligenbildchen geträufelt. Er schwört, verschwiegen zu sein und die Grundsätze der «Cosa Nostra» strikt zu beachten. Dann wird dem frischerwählten «Ehrenmann» das Heiligenbild auf die Hände gelegt und angezündet. Er muss es so lange halten, bis es erloschen ist, und dazu die Worte sprechen: *«So wie dieses Bild soll mein Fleisch verbrennen, wenn ich dem Schwur nicht treu bleibe.»* Auf Verrat steht der Tod. Die «Familie» ihrerseits sichert dem «Ehrenmann» materielle Hilfe oder Rechtsbeistand zu, falls er in Schwierigkeiten geraten oder einmal ins Gefängnis kommen sollte.

[4] Fabricio Calvi, De la MAFIA de 1950 à nos jours, Paris 1986, S. 29 ff. Der Autor erstellte eine «geopolitische Karte», welche die Einflusszonen der verschiedenen «Familien» wiedergibt. So

Stadtteil benannt, die sie unter Kontrolle haben. Die Mafia-Soldaten («Männer der Respekts») verteidigen die Einflusszone ihrer «Familie», ziehen von praktisch allen Firmen, Betrieben und Unternehmungen Steuern oder Schutzgelder ein. Sie sorgen auch dafür – nötigenfalls mit Tod und Terror –, dass die Gesetze der Mafia-Justiz eingehalten werden. Die «Cosa Nostra» ist nach feudalem Muster aufgebaut. Jeder Familie steht ein «Capo» vor, der sich innerhalb seines Territoriums wie ein absoluter Herrscher gebärdet. Selbst aus dem Gefängnis heraus bestimmt der Familienpatriarch die Geschicke seiner kriminellen Vereinigung. Die Befehlsgewalt wird, wenn immer möglich, vom Vater auf den Sohn übertragen.

Die «Familien»-Chefs einer Provinz stellen die Mitglieder der «Kommission», eine Art Ministerrat. Als wichtigste «Kommission», auch Kupel genannt, gilt die der Stadt Palermo. Aus Mitgliedern dieser «Kommissionen» schliesslich setzt sich eine Art Mafia-Regierung zusammen. Einen Mafiakönig jedoch gibt es nach Angaben von Tommaso Buscetta nicht. Innerhalb der Mafia kam es immer wieder zu gewaltigen Machtkämpfen: Zwischen 1960 und 1963 wurde fast die Hälfte der «Kommissions»-Mitglieder umgelegt, und im letzten grossen Mafiakrieg (1980–1982) zählte man an die 500 Leichen. Ruhe herrschte nur dann, wenn eine «Familie» die unumstrittene Vorherrschaft errang.

Mit dieser Darstellung spielte sich Tommaso Buscetta als Mafioso alter Schule und Verteidiger der traditionellen «Ehrenwerten Gesellschaft» auf, obwohl er selber nie ein Vertreter dieser alten Mafia gewesen war. Die «Verwilderung» der ehemaligen Grundsätze, die Tommaso Buscetta denunzierte und die aus der altehrwürdigen Mafia eine «Bande Krimineller» machte, begann nach dem Zweiten Weltkrieg. Der Tabakschmuggel und in der Folge dann vor allem der Drogen- und Waffenhandel ermöglichten eine vollständige Neuorientierung der Mafia. Die zentrale Rolle des Schmuggels bei dieser Neuorientierung wird besonders deutlich, wenn man sich kurz die Mechanismen der alten Mafia vergegenwärtigt.

Die alte Mafia in der Krise

Während fast drei Jahrhunderten hatten sich auf Sizilien und in Süditalien verbrecherische «Familien» zwischen die politischen Machthaber und das Volk geschoben. Die Chefs der Mafia gehörten zur lokalen Elite und genossen entsprechend Ansehen und Prestige. Sie hatten insofern Macht, als sie eine

sind beispielsweise die Stadt Palermo in sechs und die angrenzende Provinz in zehn Mafia-Distrikte unterteilt.

Region, ein Dorf oder ein Stadtquartier kontrollierten.[1] Ein gutes Einvernehmen mit dem Pfarrer, Gemeindepräsidenten, Richter, Arzt und mit Beamten war Ausdruck und gleichzeitig auch Voraussetzung für den mafiosen Einfluss. *«Er steht in ständigem Kontakt mit Pfarrherrn. Sie kommen zu ihm, und er geht zur Bank, deren Leiter stets ein Pfarrer ist. Seit er hier verkehrt, benimmt er sich auch entsprechend. Er kleidet sich besser. (...) Auf der Strasse zieht man vor ihm den Hut, die Polizei respektiert ihn sehr, und selbst der Brigadier wendet sich an ihn. (...) Während des Wahlkampfes im Mai haben er, der Minister Zaccagnini und der Abgeordnete Lanza gemeinsam gespeist. Arm in Arm verliessen sie das Lokal.»*[2] So beschrieb D. Dolci die Beziehungen des Mafia-«Capo» Genco Russo mit den lokalen Behörden.[3]

Im letzten Jahrhundert wurzelte die Stärke der Mafia vorwiegend auf ihrer Verbindung zu den Landbaronen. Die Feudalherren nahmen die Mafia als Schutztruppe in Dienst. Auf ihren Ländereien setzten die Barone Pächter ein, denen sie gegen Geld oder Naturalien die Weiterverpachtung erlaubten. *«Je skrupelloser einzelne Männer waren, um so schneller wurden sie auf besonders grossen Ländereien ‹gabellotti›[4], ihre Macht und die um sie gescharten ‹Schutztruppen› sowie das Recht, Arbeit und Land zu vergeben, stärkten ihr Ansehen in der Gemeinde und liessen sie zu ernstgenommenen Partnern der Staatsorgane werden, was wiederum ihr Prestige stärkte.»*[5]

Der italienische Soziologe Pino Arlacchi, einer der gründlichsten Kenner der traditionellen Mafia, spricht von einer Symbiose zwischen Staat und Mafia.[6] In der Tat belegen unzählige offizielle Schriftstücke die Legalisierung der mafiosen Macht. Zur Aufrechterhaltung von Ruhe und Ordnung übertrug der Staat der Mafia zeitweise sogar Polizeigewalten. Einer der höchsten italienischen Magistraten, Giuseppe Guido Schiavo, Generalstaatsanwalt beim Obersten Kassationshof, schrieb noch im Jahre 1955: «*Man hat gesagt, die Mafia verachte Polizei und Richter: das stimmt nicht. Die Mafia respektierte Gerichte und*

---

[1] Wer sich näher mit der Macht der traditionellen Mafia bzw. mit ihrer gesellschaftlichen Rolle befassen will, sei auf folgende Standardwerke verwiesen: H. Hesse, Mafia – Zentrale Herrschaft und lokale Gegenmacht, Tübingen 1970; E. J. Hobsbawm, Sozialrebellen, Neuwied 1962; J. K. Campbell, Honor, Family and Patronage, Oxford 1964; A. Blok, The Mafia of a Sicilian Village, 1860–1960; A Study of Violent Peasant Entrepreneurs, New York 1974.

[2] D. Dolci, Spreco, Turin 1960, S. 60.

[3] Genco Russo, geboren 1896 bei Vallone in Sizilien, war ein legendärer Mafiaboss. Kaum ein «Capo» stand so oft vor Gericht wie er; und keiner wurde so oft freigesprochen. Bei der Invasion der amerikanischen Streitkräfte in Italien (1942/43) spielte er eine entscheidende Rolle.

[4] «Gabellotto» steht hier für Pächter, bedeutete aber ursprünglich Steuereintreiber.

[5] Werner Raith, Die ehrenwerte Firma – Der Weg der italienischen Mafia vom «Paten» zur Industrie, Berlin 1983.

[6] Pino Arlacchi, Mafia & Cies – l'éthique mafiosa et l'esprit du capitalisme, Grenoble 1986, S. 55 f.

Justiz und hat sich ihren Urteilen gebeugt. (...) Sie hat sogar die Ordnungshüter im Kampf gegen Banditen und Gesetzlose unterstützt.»[1] Das Zusammenspiel zwischen mafioser und staatlicher Macht erreichte seinen Höhepunkt in den Jahren 1943 bis 1945, als der italienische Staat in einer besonders schweren Krise steckte. Damals setzte die alliierte Besatzungsmacht in zahlreichen Gemeinden Westsiziliens und der Provinz Reggio Calabria Mafialeute als Gemeindepräsidenten ein.

Seit im Jahre 1912 in Italien das allgemeine Stimm- und Wahlrecht eingeführt wurde, nutzte die Mafia politische Parteien als neue Machtquelle. Auf Sizilien hing die Wahl der Abgeordneten weitgehend davon ab, ob der lokale Mafia-Clan ihre Wahlkampagne unterstützte oder nicht. Im Gegenzug begünstigten die gewählten Politiker oder Regierungsmitglieder die mafiosen Wahlhelfer. Sie bewilligten ihnen Waffenscheine, liessen unliebsame Beamte versetzen oder hintertrieben Gerichtsverfahren... In der Nachkriegszeit führten wirtschaftliche Unterentwicklung und die damit verbundene überdurchschnittliche Arbeitslosigkeit zu schweren sozialen und politischen Spannungen. Die Regierungen in Rom stellten daraufhin zur Entwicklung des verarmten und rückständigen Südens immense Summen Staatsgelder bereit, pumpten Milliarden für Wohnungs- und Strassenbau, für Staudämme oder Wasserleitungen nach Sizilien. Verteilt wurden die Gelder von den Provinz- und Gemeindepolitikern, die ihre Wahl weitgehend der Mafia verdankten. Es erstaunt daher nicht, dass die Aufträge grossenteils an mafiose Firmen vergeben wurden.

Der Mafioso handelte – im Gegensatz zu Briganten und Banditen – aus der Gesellschaft heraus. Er begriff sich nicht als Verbrecher, sondern als «Ehrenmann». So sah ihn auch die Öffentlichkeit. Und er ging keineswegs nur kriminellen Geschäften nach. Allerdings war er bereit, seine Ziele (Prestige und Macht) auch mit illegalen Mitteln zu erreichen. *«Was den Mafioso aber weitgehend vom Normalbürger unterscheidet, ist, dass er zum Verfolg seiner Geschäfte und zur Garantie seiner – prinzipiell auf Vertrauen und mündlich geschlossenen – Verträge nicht die ‹legale› Staatsgewalt in Anspruch nimmt, sondern sich seine eigene Macht und seine eigenen Durchsetzungsapparate aufbaut.*»[2] Erst in den letzten Jahrzehnten konzentrierte sich die Mafia immer ausschliesslicher auf kriminelle Geschäfte. Dieser Umstieg beinhaltet im wesentlichen auch ihre Neuorientierung.

«Zwischen der traditionellen Mafia und der Mafia von heute liegt die ‹grosse Transformation› der Nachkriegsjahre, das heisst: Tiefgreifende gesellschaftliche Veränderungen zerstörten in Nord- wie Süditalien weitgehend das soziale und wirtschaftliche Ge-

[1] G. G. Lo Schiavo, Nel regno della mafia, in: Rivista Processi, 5. Januar 1955.
[2] Werner Raith, Die ehrenwerte Firma, a. a. O., S. 56 f.

füge und ersetzten es durch ein neues. Im Mezzogiorno prägten vor allem zwei Faktoren diesen bedeutenden Wandel: Auswanderung und Eingriffe des Zentralstaates. Sie stürzten die Mafia in eine schwere Krise. (...) Die althergebrachten Verhaltensweisen des klassischen Mafioso machten plötzlich kaum mehr viel Sinn.»[1]

Interventionen der Regierung in Rom führten zu massiven Veränderungen des politischen und wirtschaftlichen Systems auf Sizilien. Um dem aufkommenden Separatismus die Spitze zu brechen, erhielt die Insel im Jahre 1946 eine Regionalregierung (Autonomiestatut). Praktisch aus dem Nichts entstand ein mächtiger Verwaltungsapparat, der mehrere tausend Staatsangestellte beschäftigte. Gleichzeitig wurden zahlreiche «öffentliche Wirtschaftsämter» geschaffen, denen Rom grosszügige Förderungsgelder zukommen liess, um die Industrialisierung und den Ausbau des Banksektors voranzutreiben.

Mit der Entvölkerung der Dörfer und dem Zusammenbruch der bäuerlichen Gesellschaft verlor die Mafia ihren angestammten Nährboden. Selbst so zentrale Werte wie «Ehre» erhielten eine gänzlich neue Bedeutung. «Ehre» beinhaltete früher ein Verhalten, das Ansehen und Anerkennung einbrachte. Später, in den fünfziger und sechziger Jahren, wurde «Ehre» praktisch mit «Reichtum» gleichgesetzt. «Reichtum» an sich galt bereits als ehrenhaft. Die «ehrenwerten Männer» der traditionellen Mafia waren keineswegs immer auch «wohlhabende Männer». Die grosse Mehrheit der alten Mafiosi blieben Taglöhner, Hirten, Fuhrmänner oder arme Bauern. Reichtum war wohl auch ein Zeichen dafür, dass das Mafia-Mitglied reüssierte, aber eben nur ein Zeichen unter vielen andern und keineswegs das wichtigste. Pino Arlacchi weist darauf hin, dass Reichtum, wenn er ein gewisses Mass überschritt, dem Ansehen des Mafioso abträglich war, und dass zu grosses Besitztum sogar als «entehrend» galt.

Zahlreiche Studien und Untersuchungen belegen die hier angesprochene Übergangskrise.[2] Nachwuchssorgen und vor allem der Verlust ihrer Respektabilität machten der Mafia schwer zu schaffen. *«Heute sieht man den Mafioso nicht mehr als Ehrenmann, sondern als Delinquenten... Das ‹Gesetz des Schweigens› gilt immer weniger und die Mafiosi werden kaum noch ‹verstanden›. (...) Wenn heute Sizilianer in Verfahren gegen Mafia-Bosse Zeugenaussagen verweigern, dann geschieht dies nicht, weil sie den alten Traditionen treu bleiben, sondern ganz einfach aus Angst vor Repressalien. (...) Man könnte Dutzende von meist geradezu pathetischen Beispielen anführen, die den Niedergang zahlreicher Mafiosi belegen. Die Mafia – einstmals gefürchtet, dann geduldet – wird heute ignoriert und belächelt»*, schrieb D.

---

[1] Pino Arlacchi, Mafia & Cies, a. a. O., S. 73 f.
[2] Vgl. vor allem: Commissione parlamentare d'inchiesta sul fenomeno della mafia in Sicilia (Band I–IV), Druckerei des Senates, Rom.

de Masi 1963 in seinem Buch «Tatbestandaufnahme der sizilianischen Mafia».[1] Die «ehrenwerten Männer», die eben noch zur lokalen Elite zählten, wurden gesellschaftlich isoliert. Sie wandten sich nun vermehrt Geschäften zu, die von Anfang an illegal waren.

Vom Tabak zum Heroin: Die Pizza-Connection

Auf der Suche nach neuen Aktivitäten entdeckte die Mafia den Tabakschmuggel, der sich schnell zu ihrer wichtigsten Geldquelle entwickelte. Tommaso Spadaro, als junger «uomo d'onore» selbst ein Zigarettenschmuggler, schilderte in seinen Aussagen gegenüber Untersuchungsrichter Giovanni Falcone, wie die Mafia ins Tabakgeschäft einstieg und wie sie deren Schmuggelorganisationen zu einem international verzweigten Verbrecher-Konzern ausbaute. Anfang der fünfziger Jahre kontrollierten drei Männer dieses aufstrebende Geschäft: die beiden Palermitaner Tommaso Spadaro und Nunzio La Mattina sowie der Neapolitaner Michele Zaza. Alle drei verfügten über einen straff durchorganisierten Schmuggelring. Sie gehörten zwar der Mafia an, waren aber damals noch recht unbedeutende Mitglieder der «Ehrenwerten Gesellschaft».

«Der eigentliche Boom des Schmuggels mit ausländischen Zigaretten setzte erst in den Jahren 1973–1974 ein», erklärte Tommaso Buscetta und deutete an, welche Ausmasse dieser Schmuggel plötzlich annahm: *«Vor dem Boom galt bereits ein Transport von 500 Kartons als grosser Schmuggel; danach hatte jedes Schmuggelschiff pro Fahrt wenigstens 35 000 – 40 000 Kartons geladen.»*[2] Um dieses riesige Geschäft voll unter ihre Kontrolle zu bringen, erhob die «Cosa Nostra» Tommaso Spadaro und Nunzio La Mattina in den Rang von «uomini d'onore». Dazu heisst es in der Anklageschrift zum Maxiprozess, diesem grössten je gegen die Mafia angestrengten Verfahren in Italien: *«Offensichtlich hatte selbst die Cosa Nostra das Phänomen Tabakschmuggel unterschätzt und nicht erkannt, dass er die alte Mafia-Ordnung langsam zersetzte.»*[3] In der Tat, der Schmuggel erforderte von den Mafiosi neue Qualitäten.

Plötzlich waren internationale Geschäftsbeziehungen und ein gut organisiertes Transportnetz wichtiger als Blutsverwandtschaft oder die Kontrolle über ein paar sizilianische Dörfer; nicht mehr sizilianische Dorfpotentaten oder Politiker waren gefragt, sondern Kaufleute, Financiers und Geldwäscher, Zöllner und Fälscher von Zolldokumenten, Transportunternehmer

---

[1] D. de Masi, Sopraluogo nella Sicilia della mafia, in: «Nord e Sud», Nr. 46, 1963, S. 22 ff.
[2] Anklageschrift Maxiprozess, a. a. O., S. 91.
[3] Anklageschrift Maxiprozess, a. a. O., S. 207 f.

und Schiffseigner. Dieses Heer von Mitarbeitern und Partnern gehörte mehrheitlich nicht einmal der Mafia an und stammte nur zu einem geringen Teil aus Sizilien oder Italien. Schweizer Firmen und Geschäftsleute spielten – wie wir noch sehen werden – eine zentrale Rolle beim mafiosen Tabakschmuggel.

Der Boom des Tabakschmuggels war von kurzer Dauer. Im Jahre 1978 zog sich die «Cosa Nostra» weitgehend aus diesem Geschäft zurück und stieg im grossen Stil in die Heroinproduktion ein. Die Idee stammte von Nunzio La Mattina. Der «reuige» Mafia-Pate Tommaso Buscetta erzählte in seinen Geständnissen ausführlich von jenen Treffen, an denen der «Zigarettenbaron» La Mattina die Mafia-Regierung von den Vorzügen des Heroinhandels überzeugte. Zwar mischten die sizilianischen «Familien» im Heroingeschäft bereits kräftig mit, aber nur als Schmuggler. Sie belieferten die amerikanische Mafia mit Stoff, der aus den Raffinerien der French Connection stammte. Im Jahre 1971 hatten französische und amerikanische Drogenfahnder in Südfrankreich und auf Korsika mehrere Heroinküchen ausgehoben und damit gleichzeitig die Monopolstellung der französischen Rauschgiftgrosshändler gebrochen. Im Zusammenbruch der French Connection witterte Nunzio La Mattina die grosse Chance für die sizilianischen «Familien». Mühelos vermochte er die Mafia-Regierung für seinen Plan zu begeistern.

In der Umgebung der Stadt Palermo richtete die «Cosa Nostra» vier Labors ein, in denen zwischen 1975 und 1982 jedes Jahr rund fünf Tonnen Heroin hergestellt wurden. Diese Produktion, die fast ausschliesslich über New York (Pizza-Connection) in den Handel gelangte, machte nach Schätzungen der Drug Enforcement Agency (DEA) rund ein Drittel des Heroinbedarfs in den USA aus. Dieses Heroingeschäft brachte der «Cosa Nostra» astronomische Gewinne ein. Anhand amerikanischer und italienischer Gerichtsakten errechnete der italienische Soziologe Pino Arlacchi: *Nach Abzug der Produktions- und Transportkosten erhält man (für die Zeitspanne 1975–1982) jährliche Reingewinne, die sich in der Höhe von 700–800 Milliarden Lire bewegen.»* [1]

Begünstigt durch den Niedergang der French Connection schaffte die sizilianische Mafia innert kurzer Zeit den Einstieg ins Rauschgiftgeschäft. Wer sich auf einem so gewaltigen und auch gewalttätigen Markt – wie ihn Heroinproduktion und Heroinhandel darstellen – durchsetzt, muss mindestens vier grundlegende Voraussetzungen[2] erfüllen:

1. Zugang zu riesigen Finanzmitteln. Das Heroingeschäft ist extrem kapitalintensiv. Die Beschaffung des Rohstoffes (Morphinbase) sowie der Unterhalt des Verteilernetzes für die Drogen verschlingen riesige Kapitalmengen.

---

[1]   Pino Arlacchi, Mafia & Cies, a. a. O., S. 232.
[2]   Vgl. u. a. Werner Raith, Die ehrenwerte Firma, a. a. O., S. 97; und vor allem Pino Arlacchi, Mafia & Cies, a. a. O., S. 218 ff.

Anfang der achtziger Jahre kostete ein Kilo Morphinbase in Afghanistan rund 2000 Dollar, in der Türkei 3500, und in Mailand wurde dieselbe Menge bereits zu 12 000 Dollar gehandelt.[1]

2. Ein weitverzweigtes Zubringer- und Verteilernetz, bestehend aus besonders verschwiegenen und zuverlässigen Mitarbeitern.

3. Zugriff auf Polizei-, Zoll- oder Justizbeamte, damit sie der Organisation nicht gefährlich werden.

4. Eine schlagkräftige Repressionstruppe, die jederzeit mit Einschüchterung und Mord einerseits die lebenswichtige Verschwiegenheit gewährleisten kann und andererseits dafür sorgt, dass kriminelle Abmachungen eingehalten werden.

Dank der Tabakschmuggler Nunzio La Mattina und Tommaso Spadaro erfüllten die sizilianischen «Familien» alle vier Voraussetzungen. Die riesigen Gewinne aus dem illegalen Zigarettenhandel gaben der Mafia einen Teil ihrer verlorenen Macht und Gefährlichkeit zurück; vor allem bildeten diese Profite das Startkapital für das Heroingeschäft. Und die Organisationen der «sigarettari» La Mattina und Spadaro liessen sich jetzt als perfektes Zuliefer- und Verteilernetz nutzen.

Es bedurfte keines besondern kriminologischen Scharfsinns, um den Zusammenhang von Tabak- und Heroinschmuggel zu erkennen. Er war offensichtlich. Seit 1979 hatten vor allem italienische, aber auch französische und sogar schweizerische Drogenfahnder und Untersuchungsrichter auf diesen Zusammenhang hingewiesen und ihn in zahllosen Fahndungsrapporten und Untersuchungsberichten immer wieder dokumentiert und belegt. Ebenso offenkundig war die zentrale Rolle der Schweiz als Schmuggeldrehscheibe. Die Anklageschrift gegen «Abbate Giovanni + 706» für den Maxiprozess von 1986 in Palermo fasste diese Erkenntnis wie folgt zusammen[2]:

– Der Rauschgifthandel ist eine natürliche Weiterentwicklung des Tabakschmuggels. Die Mafia übernahm allmählich die Strukturen des Tabakschmuggels, um diese schliesslich vollumfänglich für den Drogenhandel zu nutzen.

– Die Schweiz steht im Zentrum des internationalen Drogenhandels. Sowohl die Gelder der Verkäufer wie auch die der Käufer fliessen grossenteils über die Schweiz.

– Der Handel mit Morphinbase und Heroin wird weitgehend von einer kleinen Gruppe sizilianischer Mafiabosse kontrolliert.

Zu diesem kleinen Kreis der sizilianischen Drogen-Paten zählten die beiden

---

[1] Angaben von Erich Charlier, die er während eines Zeugenverhörs gegenüber Untersuchungsrichter Giovanni Falcone machte. Erich Charlier, der damals in Lausanne wohnte, wurde von der amerikanischen Drogenpolizei DEA als V-Mann gegen die Mafia eingesetzt.

[2] Anklageschrift Maxiprozess, a. a. O., S. 204 f.

«Tabakbarone» Nunzio La Mattina und Tommaso Spadaro. Sie beschafften die Morphinbase, aus der in den Labors bei Palermo das Heroin der Pizza-Connection gekocht wurde. Die Herkunft der Morphinbase sowie deren Finanzierung gehörten lange Zeit zum bestgehüteten Geheimnis der Mafia. Im Frühjahr 1983 war der Palermitaner Staatsanwalt Rocco Chinnici drauf und dran, es zu knacken. Eine damals noch neuartige Ermittlungsmethode hatte ihn auf die heisse Spur gebracht. Rocco Chinnici, Vorgesetzter und Lehrmeister von Giovanni Falcone, begnügte sich nicht mehr mit Polizei- und Verhörberichten, sondern konzentrierte seine Nachforschungen auf Firmenbilanzen und Bankabrechnungen der Heroinhändler.

Im März 1983 stellte er bei der Bezirksanwaltschaft in Zürich ein Rechtshilfebegehren, in dem er u. a. um detaillierte Auskünfte über Nunzio La Mattina und Salvatore Priolo nachsuchte. Das Gesuch beschrieb die beiden Mafiosi als mutmassliche Drogenschieber. Die Bezirksanwaltschaft hätte aufhorchen müssen. Denn kurz zuvor hatte die Kantonspolizei Salvatore Priolo vorübergehend festgenommen. Er hatte zwei Koffer voller Dollarnoten im Wert von rund einer Million Franken bei sich. Da die Bezirksanwaltschaft Zürich die Angaben aus Palermo als zuwenig konkret beurteilte, verweigerte Bern die Rechtshilfe.

Die Lösung lag tatsächlich in Zürich – beim türkischen Drogenhändler Yasar Avni Musullulu, in dessen Büro am Bahnhofplatz 3 Nunzio La Mattina regelmässig verkehrte. Die Pizza-Prozesse von New York, Florenz, Lugano, Palermo und Istanbul stellten ihn drei, vier Jahre später als Morphin-Hoflieferant der sizilianischen Mafia hin. Allein Nunzio La Mattina hatte beim Wahlschweizer Musullulu in knapp zwei Jahren 52 Tonnen Morphinbase gekauft und dafür rund 100 Millionen Franken bezahlt.[1]

Staatsanwalt Rocco Chinnici erlebte diesen Fahndungserfolg nicht mehr. Im Juli 1983 wurden er und sein Leibwächter von einer ferngezündeten Autobombe zerfetzt. Der Auftraggeber dieses Verbrechens hiess Michele Greco, «Capo» der gleichen «Familie», der auch Nunzio La Mattina und Tommaso Spadaro angehören.

Dasselbe Schicksal traf Dr. Boris Giuliano, Chef der «squadra mobile» von Palermo. Im Sommer 1979 erschoss ihn ein Killer in einer Café-Bar in Palermo. Auch er war spezialisiert auf Ermittlungen gegen die Geldwäscherei der Mafia. Wenige Monate vor seinem Tode hatte er einen inzwischen berühmt gewordenen Rapport verfasst und damit jene Ermittlungen ausgelöst, die schliesslich zur Aufdeckung der Pizza-Connection führten. Ein besonders umfassendes Kapitel widmete Dr. Boris Giuliano dem Mafioso Tommaso Spadaro und wies damit erstmals den engen Zusammenhang von Tabak- und

---

[1] Anklageschrift Maxiprozess, a. a. O., S. 204 f.

Drogenschmuggel nach. Tommaso Spadaro, der sich gerne als «Agnelli des Schmuggels»[1] aufspielte, ist ein besonders gutes Beispiel dafür, wie die Mafia ehrbare Schweizer Firmen, biedere Transportunternehmer oder risikofreudige Buchhalter in ihren Dienst nahm und sie allmählich zum Teil ihres Systems machte.

Wie die Mafia nach Basel kam

Florenz, 21. Januar 1983. Reifenquietschen, Sirenengeheul: schwerbewaffnete Carabinieri umstellen das Haus des Schuhfabrikanten Gaetano Giuffrida und verhaften ihn. Bei der Speditionsfirma Danzas stoppt die Polizei den Abtransport von 2880 Paar Schuhen, die für die «Mintor's Shoes Inc.» an der 737-3 Avenue in New York bestimmt sind. In 160 Schuhschachteln liegen – abgefüllt in Cellophanpäckchen – 79,8 Kilogramm reinstes Heroin. Eine gründliche Laboranalyse kommt zum Schluss: *«Der Stoff (‹eroina purissima›) stammt aus einer Heroinraffinerie, die wie eine moderne Fabrik eingerichtet ist. Die beschlagnahmten 79,8 Kilogramm Heroin wurden in einem einzigen Arbeitsgang hergestellt, maschinell gewogen, automatisch in Säckchen abgefüllt und verpackt.»* [2]

Nur die Mafia konnte über eine solche Heroinfabrik verfügen. Die Agenda von Gaetano Giuffrida verstärkte den Verdacht, denn sie enthielt tatsächlich eine Telefonnummer aus Palermo, der Hauptstadt der sizilianischen Mafia. Doch der Anschluss gehörte einer alleinstehenden und offensichtlich unbescholtenen Dame: Anna Mannino. Wochenlang observierten Polizeibeamte in Zivil die Strasse, in der sie wohnte. Aber ohne Erfolg. Im März erhielt Anna Mannino plötzlich seltsamen Männerbesuch. Ein elegant gekleideter Herr, der oft vier-, fünfmal am Tag erschien und jeweils nur ein paar Minuten blieb. Der elegante Herr hiess Tommaso Spadaro. Seit dem Bericht von Dr. Boris Giuliano galt er zwar als der grosse Drogen-Pate der «Cosa Nostra», doch bisher fehlte jeder Beweis. Sofort zapfte die Polizei das Telefon von Anna Mannino an.

Am 11. März 1983, punkt 9.51 Uhr klingelte bei Anna Mannino das Telefon. «John» meldete sich und wollte mit «Giovanni» sprechen. Anna Mannino reichte Tommaso Spadaro den Hörer. Der Italiener erkundigte sich nach einem Bankkonto. Abends um 17.51 Uhr rief «John» nochmals an und nannte die Kontonummer 209301 bei der Kreditanstalt in Lugano. Diese

---

[1]   Eine Anspielung auf Gianni Agnelli, Begründer und langjähriger Generaldirektor der FIAT-Werke, Italiens grösstem Industriekonzern.

[2]   Tribunale Civile Penale di Firenze, Ordonanza nel procedimento penale contro Giuffrida Gaetano e. a. (Aktenzeichen N. 107/83 A), Florenz 1985; nachfolgend zitiert als: Pizza-Prozess von Florenz.

Kontonummer gab der italienischen Polizei den entscheidenden Hinweis, denn über diese Bankverbindung hatte Gaetano Giuffrida den Erlös aus seinen Heroingeschäften in den USA kassiert.

Tommaso Spadaro wurde verhaftet und zwei Jahre später, im Juni 1985, zusammen mit Gaetano Giuffrida zu 30 und 29 Jahren Haft verurteilt.[1] «John» erhielt 26 Jahre. Er hatte Glück und musste seine Strafe nicht absitzen. Er ist Schweizer und wurde deshalb nicht an die italienische Justiz ausgeliefert. Heute lebt er als freier Mann in einem kleinen Dorf bei Brugg. Der Mann heisst Georg Kastl: Zigarettenschmuggler, langjähriger leitender Angestellter der Weitnauer Handelsgesellschaft in Basel, zuletzt Geschäftsführer der Basilo AG. Bereits in den Jahren 1980–1981 war er und die Basilo AG in den Verdacht des Heroinhandels geraten. Doch hat man die Ermittlungen 1981 unter merkwürdigen Umständen eingestellt.[2] Die Basilo AG wurde aufgelöst. Damals erklärte uns Georg Kastl während mehrerer Gespräche immer wieder: *«Die Drogen machen das Tabakgeschäft kaputt. Weil ich mit Rauschgift nichts zu tun haben will, werde ich den Zigarettenschmuggel aufgeben und meinen Bauernhof übernehmen.»*

Aus dem Ausstieg wurde offenbar nichts. Kaum war die Basilo AG liquidiert, gründete Kastl in Zürich die San Marco Shipping and Trading Company mit Sitz in Panama. Der Florentiner Untersuchungsrichter Roberto Mazzi warf Georg Kastl vor, er habe über diese panamesische Import-Export-Firma bei der Bank Hofmann AG in Zürich ein Konto eingerichtet, um Drogengelder der Mafialeute Gaetano Giuffrida und Tommaso Spadaro zu verwalten.

Ein Teil dieser Gelder floss – gewaschen – über Schmuggelkanäle nach Italien, wo sie in die Drogenproduktion, aber auch in legale Geschäfte investiert wurden. Die restlichen Gelder blieben in der Schweiz, auch um Drogenschulden zu begleichen. Das erfuhr man beinahe zufällig während des Pizza-Prozesses, der vom 24.–27. September 1985 in Lugano stattfand.

Bei diesem Prozess ging es um 40 Millionen Drogendollars, die die Angeklagten Vito Palazzolo und Franco della Torre in die Schweiz geholt hatten und die u. a. zur Finanzierung der durch den Türken Yasar Avni Musullulu von Zürich aus organisierten Drogenlieferungen an die Mafia verwendet worden waren. Im Dezember 1981 hatte Kastls Firma San Marco Shipping auf Anweisung von Tommaso Spadaro und Gaetano Giuffrida 990 000 Dollar auf ein Konto von Franco della Torre überwiesen. Und Vito Palazzolo hatte von

---

[1] Wie einträglich dieser Drogenhandel war und welches Ausmass er annahm, verrät diese Stelle aus der Anklageschrift des Florentiner Pizza-Prozesses: *«Mit dem Erlös aus dem Drogenhandel (...) erwarb Gaetano Giuffrida in der Schweiz mindestens 400 Kilo Gold.»* Und: Auf einem Schweizer Konto von Tommaso Spadaro fanden Ermittler beinahe eine Milliarde Franken.

[2] Vgl. Kapitel «Zigarettenschmuggel...», Seite 66 ff.

Georg Kastl Checks im Wert von 1,5 Millionen Dollar erhalten, die schliesslich zum türkischen Morphinbase-Lieferanten Yasar Avni Musullulu gelangten. Diese 1,5 Millionen Dollar entsprachen dem Gegenwert eines Guthabens von Tommaso Spadaro und Gaetano Giuffrida bei der San Marco Shipping.

«Weshalb ist Kastl nicht in Haft?» fragte der «Tages-Anzeiger» und kritisierte: *«Georg Kastl hat offenbar wie die Angeklagten (Vito Palazzolo und Franco della Torre A. d. Verf.) im Tessin Drogengelder für Tommaso Spadaro und andere gewaschen und sich dabei Banken auf dem Platz Zürich bedient. (...) Es ist jedoch nicht bekannt, dass gegen ihn ein Strafverfahren eröffnet wurde. Die Verteidiger der Tessiner Angeklagten können sich fragen, weshalb ihre Klienten in Haft sind, während Georg Kastl, der ähnliche Finanzgeschäfte abwickelte, in Freiheit ist.»* [1] Das Geschworenengericht des Sottoceneri verurteilte Vito Palazzolo zu drei Jahren und Franco della Torre zu zwei Jahren Zuchthaus. Staatsanwalt Paolo Bernasconi hatte je 12 Jahre beantragt. Im April 1986 verschärfte der Tessiner Kassationshof dieses Urteil; er erhöhte die Zuchthausstrafe von Vito Palazzolo von drei auf fünf Jahre, jene von Franco della Torre von zwei auf vier Jahre. Gegen Georg Kastl dagegen erhob die Schweizer Justiz nie Anklage.

«Ich habe nichts Illegales getan, trotzdem hält man mich für einen Schwerverbrecher», entrüstet sich Georg Kastl, wenn man ihn an diese Vorwürfe erinnert. Natürlich habe er die Italiener Tommaso Spadaro und Gaetano Giuffrida gekannt. Ja, er habe für sie auch Geldtransfers angewiesen. *«Von ihren Drogengeschäften aber wusste ich nichts. Ich hatte keine Ahnung, dass sie die Zigaretten mit Heroingeld bezahlten»*, beteuert er.

Über die Rolle der San Marco Shipping bei der Finanzierung des Rauschgiftes gibt es unter den Akten der Pizza-Prozesse von Lugano und Florenz ein aufschlussreiches Dokument: die Zeugenaussagen von Georg Kastl. Drei Tage lang war er im Büro 5 der Bezirksanwaltschaft Zürich verhört worden.[2] Die Fragen stellten Marc Summers, Bundesstaatsanwalt in New York, sowie drei italienische Magistraten, unter ihnen Untersuchungsrichter Roberto Mazzi aus Florenz.

Die San Marco Shipping unterhielt bei der Bank Hofmann AG in Zürich das Konto Nr. 721.527-066. Innerhalb von drei Jahren hatte Gaetano Giuffrida mit insgesamt 37 Einzahlungen rund 12,5 Millionen Dollar auf dieses Konto überwiesen. Die ausländischen Richter wollten wissen, wofür diese Gelder bestimmt waren.

---

[1]   Beat Allenbach, Profitierte Drogenhändler von nachlässiger Zürcher Justiz? Tages-Anzeiger, Zürich, Ausgabe vom 11. September 1985.
[2]   Bezirksanwaltschaft Zürich, Verhörprotokolle vom 12., 13., 14. März 1984, Aktenzeichen: Req. 429/83, 144/84. Zu dieser Zeugeneinvernahme kam es, nachdem Italien und die USA im Rahmen der Ermittlungen gegen die Pizza-Connection je ein Rechtshilfebegehren gestellt hatten.

«Alle Gelder, mit denen ich namens der San Marco Shipping in den Jahren 1981–1983 zu tun hatte, stammten nur von Gaetano Giuffrida, und zwar nur im Zusammenhang mit Zigarettengeschäften ...», erklärte Zeuge Georg Kastl.

«Können Sie auch nur einen Geschäftsbeleg vorlegen, aus dem hervorgeht, dass Gaetano Giuffrida auch nur einen Karton Zigaretten bei der San Marco Shipping gekauft hat?» fragten die Richter nach.

«Es gibt keine Rechnungen für Zigaretten (...); es gibt auch keine Lieferscheine dafür; es bestehen nur Bankbelege», antwortete Georg Kastl.

«Bestehen Belege oder Rechnungen dafür, dass die von Ihnen genannten Zigarettenlieferungen an Gaetano Giuffrida wirklich getätigt worden sind?» wollten die Richter weiter wissen.

«Nein, es bestehen keine solchen Belege», gab Georg Kastl zurück und begründete diese beleglosen Geschäfte: *«Die Firma betreibt nicht einen normalen Zigarettenhandel, sondern den Transithandel mit Zigaretten, den man auch als Schmuggel bezeichnen kann; und im Transithandel dieser Art ist es gänzlich unüblich, Rechnung zu stellen.»*

Am ersten Verhörtag mimte Georg Kastl perfekt den harmlosen und schon fast einfältigen Tabakhändler. Gaetano Giuffrida ein Mafioso? Wie hätte er das ahnen sollen! Ein Mafiaboss, der ihn, den kleinen Zigarettenhändler aus der Schweiz, zum Waschen von Drogendollars missbrauchte? Das, so schien es, überstieg bereits seine Vorstellungskraft. Irgendwann im September 1981 müsse es gewesen sein, erzählte Georg Kastl den Staatsanwälten aus Florenz und New York. Da habe ein ihm bisher völlig unbekannter Gaetano Giuffrida angerufen und gefragt, ob er Zigaretten verkaufe. Er habe bejaht. Kurz darauf trafen sie sich im Flughafen Zürich-Kloten und wurden sofort handelseinig.

Die Staatsanwälte waren ganz verwundert und wollten nicht glauben, dass diese Geschäftsverbindung so direkt, ohne Empfehlung oder Vorgespräche zustande kam. Aber so sei es gewesen, beteuerte der Tabakschmuggler. Wer der neue Kunde war, darüber hatte er sich nicht den Kopf zerbrochen. *«Ich war einfach zufrieden, dass ich einen kaufwilligen Kunden gefunden hatte. (...) Mir genügte, dass er – wie von mir verlangt – die Zigarettenkäufe jeweils im voraus bezahlte»*, erklärte Georg Kastl während des Verhörs.

Gaetano Giuffrida war tatsächlich alles andere als ein säumiger Zahler. Im Gegenteil. Er beglich seine Rechnungen nicht nur im voraus, er überwies sogar Gelder in Millionenhöhe für Geschäfte, über die noch keiner gesprochen hatte. Zwischen 1981 und 1983 hatte Giuffrida 12,5 Millionen Dollar auf das Konto der San Marco Shipping einbezahlt, aber nur 4,9 Millionen Dollar waren für Zigarettenkäufe bestimmt. *«Ich muss ehrlich sagen, mir war es gleichgültig, wie Gaetano Giuffrida sein Geld anschaffte»*, gab Georg Kastl zu und fügte bei: *«Es blieb für mich bis heute ein Rätsel, wie es Gaetano Giuffrida zustande brachte, so grosse Geldbeträge (. . .) aus den USA auf das Konto der San Marco Shipping bei der Bank Hofmann AG zu überweisen, und zwar ohne dass der Überweisung ein normal deklariertes Handelsgeschäft zugrunde lag.»*

Georg Kastl hatte von Giuffrida nicht nur Geld erhalten. Immer wieder musste er für ihn hohe Dollar-Beträge gegen Franken oder Lire eintauschen oder aber auf ein Konto bei der SKA in Lugano überweisen. Der Pizza-Prozess von Lugano wies später nach, dass zumindest ein Teil dieser Gelder für den türkischen Drogenhändler Yasar Avni Musullulu bestimmt waren.

Die Geldübergabe fand jeweils im Flughafen Zürich-Kloten statt und erinnert an Szenen aus einem billigen Fernsehkrimi. Georg Kastl erzählt: *«Meist schickte Gaetano Giuffrida Kuriere, deren Namen ich nie erfuhr. Zuvor rief er mich an und erteilte genaue Anweisungen. Er sagte mir zum Beispiel: ‹Beim Terminal B wartet ein Mann, der die ‚Gazetta dello Sport' unter dem Arm trägt. Frage ihn: ‚Erwarten Sie jemand?' Er wird antworten: ‚Ja, Gaetano schickt mich.'› Bei diesen Geldübergaben gab es nie eine Personenverwechslung.»*

Die Gelder der San Marco Shipping würden ausschliesslich von Gaetano Giuffrida stammen, beteuerte Georg Kastl immer wieder.

«Und wer ist ‹Giovanni› aus Palermo?» wollte Untersuchungsrichter Roberto Mazzi wissen.

«Ich kenne keinen ‹Giovanni›», leugnete Georg Kastl.

«Haben Sie zu andern Leuten in Palermo Kontakte?» fragte der Florentiner Richter nach.

«In der Zeit von 1972–1980 hatte ich in dieser Stadt verschiedene Kunden, die von mir Zigaretten kauften. (. . .) Nach 1980 aber tätigte ich mit diesen Leuten weder Zigaretten- noch Finanzgeschäfte», versicherte Georg Kastl.

Am dritten Verhörtag setzte der befragende italienische Magistrat Kastls Ahnungslosigkeit ein abruptes Ende. Ab Band liess er mehrere im Jahre 1983 abgehörte Telefongespräche zwischen Tommaso Spadaro alias «Giovanni» und Georg Kastl alias «John» vorspielen. Jetzt gab der Schweizer Schmuggler plötzlich zu: *«Ich habe von Anfang an Gaetano Giuffrida immer nur als Beauftragten oder als Beteiligten des Tommaso Spadaro angesehen.»* Dann half er dem italienischen Untersuchungsrichter, die kodierten Telefongespräche zwischen ihm und Tommaso Spadaro zu entschlüsseln. Das Stichwort «Rimanenza» (der Rest) kündete eine baldige Geldübergabe an, «da lontano» (aus der Ferne) stand für Dollar, «pezzetti» (Läppchen) bedeutete Goldbarren, und wenn sie vom «kleinen Dicken» sprachen, war Gaetano Giuffrida gemeint.

Was heute als Pizza-Connection bekannt ist, begann – in der Schweiz – nicht 1981, sondern drei Jahrzehnte früher, und nicht im Tessin, sondern in Basel. Beinahe zwanzig Jahre lang gehörte Georg Kastl dazu. Er fing als harmloser Tabakschmuggler an und wurde schliesslich ein Laufbursche und Geldwäscher des organisierten Verbrechens.

1966 begann er bei der Basler Firma Weitnauer Trading Company (WTC) als junger Kaufmann und war danach ununterbrochen mit Zigarettenschmuggel beschäftigt. 1968 schickte ihn die WTC in die marokkanische Hafenstadt Casablanca. 1972 stieg er zum leitenden Angestellten der WTC auf und kehrte nach Basel zurück. Hier begegnete er erstmals Tommaso Spadaro, der bereits seit 1958 bei der WTC Zigaretten einkaufte. *«Tommaso Spadaro – einer meiner ältesten Zigarettenkunden – war nicht irgendwer: Gepflegte Erscheinung, elegant, eloquent, und er hat stets anstandslos und im voraus bezahlt»*, erinnert sich Georg Kastl.

In Basel wusste man genau, wer Tommaso Spadaro war. Georg Kastl in der Zeugeneinvernahme beim Bezirksgericht in Zürich: *«Tommaso Spadaro war eigentlich immer von der Polizei gesucht oder überwacht worden.»* Und er fügte bei: *«Es war ein offenes Geheimnis, dass die Mafia den italienischen Schmuggelmarkt weitgehend kontrollierte.»* Anfang der siebziger Jahre bekam es Adolph Weitnauer plötzlich mit der Angst zu tun. Er fürchtete, seine sizilianischen Kunden könnten die WTC um ihr Renommee bringen. Darum liess er die Basilo AG gründen, über die fortan die heiklen Italiengeschäfte liefen.[1] Das behauptet Georg Kastl, der diese Firma beinahe zehn Jahre lang als Geschäftsführer leitete. Als die Basilo AG 1980/81 in den Verdacht des Heroinhandels geriet, wurde sie aufgelöst. Georg Kastl verliess endgültig die WTC. Er machte jedoch weiter und gründete eine neue Firma, die San Marco Shipping and Trading Company. Der langjährige WTC-Stammkunde und Mafiaboss Tommaso Spadaro blieb sein Geschäftspartner.

Anders als Georg Kastl verhielt sich der Basler Buchhalter René Steiger, auch er ein alter Zigarettenschmuggler. *«Als ich anfing, war der Tabakschmuggel noch ein sauberes Geschäft. Vor rund zehn Jahren stieg ich aber aus, weil ich Angst hatte, unverhofft in illegalen Drogen- oder Waffenhandel verstrickt zu werden»*, sagte er in einem der vielen Gespräche, die wir mit ihm führten. Nach der Lehre bei einer Schweizer Grossbank hatte er sich zum Revisor ausbilden lassen. Danach lebte er mehrere Jahre in Italien. Seine damalige Spezialität: *«Ich war eine Art Reiseleiter für Fluchtkapital und Gelder aus ‹heiklen› Geschäften»*, erinnert sich der Basler. Zurück in der Schweiz, arbeitete er vorübergehend für die WTC, machte sich schliesslich selbständig und verdiente sein Geld als Buchhalter mehrerer Zigarettenschmuggler. *«Zwischen dem Schweizer Verkäufer, der ein legales Geschäft abwickelte, und dem Abnehmer, in Italien die Mafia, nisteten sich immer mehr Figuren der Halb- und Unterwelt ein»*, schildert René Steiger, wie das einstmals unverfängliche Geschäft mit Schmuggelzigaretten verluderte.

---

[1] Georg Kastl erklärte während der Zeugeneinvernahme in Zürich: *«Die Basilo AG gehörte wirtschaftlich der grossen Tabakfirma Weitnauer in Basel.»* Dasselbe behaupten mehrere frühere WTC-Mitarbeiter. Adolph Weitnauer, seine Anwälte sowie WTC-Direktoren dagegen bestritten stets jegliche Verbindung der Weitnauer Handelsgesellschaft (WTC) zur Basilo AG.

Alle grossen Schieberorganisationen benötigen Transportunternehmen und Chauffeure, die ihnen die heisse Ware über die Grenzen fahren. Das war schon immer ein heikler Job. Wer erwischt wird, dem droht in fast allen europäischen Ländern – die Schweiz ausgenommen – mehrere Monate oder sogar mehrere Jahre Gefängnis. René Steiger: *«Viele dieser polizeilich gesuchten Schmuggler finden, sie hätten ohnehin nichts mehr zu verlieren. Deshalb sind sie für beinahe alles zu haben. Andere reden sich ein: Noch eine ‹ganz scharfe Kurve›, in der ich mir das grosse Geld hole – und dann steige ich aus.»* Doch dieses Aussteigen fällt immer schwerer. Der Basler Buchhalter nennt zwei Gründe: *«Bei diesem Job lässt sich tatsächlich sehr viel Geld verdienen; vor allem aber: am Ende der Schmugglerkette stehen Typen vom Kaliber eines Tommaso Spadaro – und denen schickt man keine Kündigung.»*

An Tommaso Spadaro scheiterte offensichtlich auch Georg Kastl. Nachdem Gaetano Giuffrida Anfang 1983 wegen Drogenhandels verhaftet worden war, wurde Kastl mehrfach bedroht. Während seiner Zeugeneinvernahme in Zürich erklärte er: *«... ein italienisch sprechender Mann rief an und sagte, falls ich mit meinen Aussagen Tommaso Spadaro in diese Rauschgiftsache hineinziehe, müsse ich und meine Familie mit Repressalien rechnen. Seither lebe ich in einer begründeten Angst.»*

Mafia auf türkisch

Auf türkisch schreibt man Mafia mit zwei ‹f› und einem ‹y›: «Maffya»; und Mafiaboss heisst «buyuk baba», wörtlich Grossvater. Die türkischen Verbrecherorganisationen sehen der italienischen «Cosa Nostra» zum Verwechseln ähnlich: dieselben Strukturen, dieselben Methoden und dieselben kriminellen Geschäfte.[1] Seit den späten siebziger Jahren mischten sich vermehrt Türken unter die westeuropäischen Tabakschmuggler; und Schweizer Drogenfahnder stiessen immer häufiger auf nahöstliche Schieberorganisationen, kontrolliert von einem der zahlreichen «buyuk babas».

Zwei Ereignisse markierten diese Ausbreitung der «Maffya»: der massive Einstieg der italienischen «Cosa Nostra» in die Heroinproduktion sowie der Militärputsch vom Herbst 1980 in der Türkei.

Für die Herstellung von Heroin benötigten die Sizilianer gewaltige Mengen Morphinbase. Im südöstlichen Hinterland der Türkei, in Anatolien, wächst seit bald zwei Jahrtausenden Mohn, aus dem Opium bzw. Morphin gewonnen wird. Das türkische Opium – bis zu 15 Prozent Morphingehalt – gilt als das

---

[1] Fabrizio Calvi, 3teilige Serie über die türkische Mafia, in: Le Matin, Paris, 17., 18., 19. März 1983.

beste auf der Welt. Richard Nixon, der während seiner Wahlkampagne 1972 spektakuläre Massnahmen gegen den Rauschgifthandel versprach, behauptete, 90 Prozent allen Heroins in den USA würde aus türkischer Morphinbase hergestellt.[1] Nach seiner Wahl zum Präsidenten der USA setzte er die türkische Regierung unter Druck und verlangte einen vollständigen Stopp des Mohnanbaus. Dazu kam es zwar nicht. Immerhin, mit einem Kredit von 80 Millionen Dollar konnte er die Türken dazu bringen, dass sie den Mohnanbau nur noch in der Region Afyon zuliessen und diesen einer strengen Kontrolle unterstellten. Zusammen mit der türkischen Armee sollte die UNO darüber wachen, dass das türkische Opium ausschliesslich an die internationale Pharma-Industrie geliefert wurde.

Trotzdem behielt die türkische «Maffya» das Monopol über Handel und Schmuggel mit Morphinbase. Als die Sizilianer bei Palermo ihre Labors einrichteten, begann eine intensive Zusammenarbeit zwischen der italienischen «Cosa Nostra» und der türkischen «Maffya». Der für die Heroinproduktion so wichtige Rohstoff Morphinbase stammte nicht mehr aus der Türkei, sondern aus Pakistan, Afghanistan und vor allem aus dem Iran. Dabei gab die politische Lage in diesen Ländern dem Drogenhandel einen neuen Impuls. Am 22. September 1980 hatte die irakische Armee den Iran angegriffen und damit die grösste Materialschlacht aller Zeiten ausgelöst. Und in Afghanistan tobte seit dem Einmarsch der sowjetischen Truppen im Dezember 1979 ein Bürgerkrieg. Die Lieferanten der Morphinbase nutzten die enorme Nachfrage nach Waffen zu einem verhängnisvollen Tauschgeschäft. Mehrere italienische Richter wiesen später nach, dass sizilianische und türkische Mafia-Familien die Morphinbase zum Teil nicht mit Geld, sondern mit Kriegsgerät bezahlten. Die Rauschgift- und Waffenwege kreuzten sich in der Türkei und in Bulgarien. Plötzlich traten Mafia-Familien und Geheimdienste nebeneinander auf: Erstere hatten ihre Finger im Drogengeschäft, die letzteren im Schwarzhandel mit Waffen. Auf die Rolle der Geheimdienste werden wir später ausführlich eingehen. Hier nur soviel. Italienische Gerichtsakten belegen eindrücklich, wie Geheimdienste regelmässig Drogenfahndungen sabotierten, damit Waffenlieferungen in die nahöstlichen Krisengebiete ungestört weiterliefen.[2]

Der Militärputsch vom 12. September 1980 in der Türkei beschleunigte die Ausbreitung der «Maffya» über Westeuropa. In einer Grossrazzia liessen die

---

[1] Richard Nixon behalf sich in seinem Kampf gegen den Rauschgifthandel mit einer recht eigenwilligen Theorie. Es traf zwar zu, dass die French Connection den Rohstoff für ihre Heroinlabors weitgehend aus Anatolien bezog. Um die Verflechtung von Politik und Heroin in Vietnam nicht zu gefährden, unterschlug Richard Nixon in seiner Analyse eine andere nicht minder wichtige Rohstoffquelle: das Goldene Dreieck.

[2] Siehe dazu Kapitel «Henry Arsan», Seite 154 ff.

Generäle in Istanbul 26 «buyuk babas» verhaften. Zwei Monate später waren die meisten zwar wieder auf freiem Fuss. Doch sie trauten den Militärs nicht mehr und setzten sich grösstenteils ins Ausland ab. Auch in die Schweiz. Bekir Celenk, den der Papst-Attentäter Ali Agça später als einen seiner Auftraggeber bezeichnen wird, floh nach Biel, wo er bereits eigene Firmen und Büros besass. Der Waffenhändler Yahya Demirel fand in Genf Zuflucht. Die beiden Drogenhändler Mehmet Cantas und Yasar Avni Musullulu samt Gefolge zogen Zürich vor.

Das eigentliche Nervenzentrum jedoch lag in Sofia. Bereits seit den sechziger Jahren war die bulgarische Hauptstadt neben Istanbul der wichtigste Umschlagplatz der «Maffya». Drei Viertel aller für die Türkei und den Nahen Osten bestimmten Schmuggelgüter holten die «buyuk babas» über Sofia herein: amerikanischen Tabak, Radios, Tonbandgeräte und Kühlschränke, aber auch gestohlene Autos und vor allem Waffen. In Richtung Westeuropa verschoben sie Heroin, insbesondere aber Schmuggelgold und Schwarzgeld, das nicht selten auf dem Bankplatz Schweiz angelegt oder gewaschen wurde. Die bulgarische Staatskasse verdiente dabei kräftig mit und beschaffte sich so dringend benötigte West-Devisen. Der Zoll steckte Kommissionen bis zu 15 Prozent des Warenwertes ein, und staatliche Firmen wie die Kintex beteiligten sich direkt an diesen Schiebergeschäften.

Seit dem Militärputsch residierten die mächtigsten «buyuk babas» im Hotel Vitosha, dem grössten Luxushotel von Sofia. Von dort aus lenkten sie, unterstützt von der bulgarischen Regierung, ihre Verbrecher-Syndikate. Aus ihren Aktivitäten machten diese «Maffya»-Bosse auch kein Geheimnis. Selbst der simpelsten Seele konnte nicht entgehen, womit die «buyuk babas» jene Schwarzgelder anschafften, die sie per Kuriere unter anderem Schweizer Banken und Finanzgesellschaften zukommen liessen.

Der Elsässer Chauffeur Bernard Baecher wohnte im Spätsommer 1980 längere Zeit im «Schmuggel-Palace» Vitosha und lernte dort mehrere «buyuk babas» persönlich kennen. Zwei Monate zuvor wusste er nicht einmal, dass es auch am Bosporus eine Mafia gab. Sein Abenteuer begann Anfang Juni in einem Basler Restaurant. Bernard Baecher, seit Monaten arbeitslos, bestellte ein Bier und studierte den Stellenanzeiger der «Basler Zeitung». Am Nebentisch sass Paoli Doppler. Die Männer kamen ins Gespräch. Als sie sich trennten, hatte der Elsässer wieder einen Job: Chauffeur bei einem Basler Zigarettenschmuggler, zugesicherter Monatslohn 2400 Franken.

Schmugglernest Sofia

Am 6. Juni, seinem ersten Arbeitstag, bestieg Bernard Baecher in Basel einen Schnellzug nach München. Dort sollte er bei der Firma Wardar einen Lastzug abholen und damit 16 Tonnen Kakao nach Saudiarabien fahren. Die Firma, ein türkischer Familienbetrieb, besass an der Bayernstrasse 43 einen Laden, der elektronische Apparate verkaufte. Gegen Mittag traf er hier Omer Mersan, einen knapp dreissigjährigen Türken. Dieser stellte sich als Beifahrer vor und übergab dem Elsässer Autoschlüssel und Fahrzeugausweis. Noch am gleichen Tag fuhren sie per Huckepack bis Ljubljana, Jugoslawien. Hier setzte sich Bernard Baecher ans Steuer seines Camions. Bis zur bulgarischen Grenze folgte ihm Omer Mersan in einem Personenwagen. Dann verschwand er. Auf dem Parkplatz des Hotels Vitosha in Sofia trafen sie sich wieder. «*Omer befahl mir: ‹Leg die Autoschlüssel zusammen mit dem Fahrzeugausweis und den Zollpapieren ins Handschuhfach!›* » erzählte Bernard Baecher Jean-Marie Stoerkel vom «L'Alsace». Eine Stunde später war der Lastwagen verschwunden. Bernard Baecher: «*Ich war ganz aufgeregt und schrie Omer an. Aber er beruhigte mich und sagte: ‹Das ist ganz normal, Kollegen von der Kintex brachten den Lastzug an einen sichern Ort.›* »

Zwei Tage später setzte Bernard Baecher die Reise wie geplant fort. Rechtzeitig hatte die Kintex seinen Lastwagen wieder auf den Parkplatz des Hotels Vitosha gestellt. Bernard Baecher musterte die in München angebrachten Zollsiegel an den Türen des Aufliegers. Sie schienen intakt. Dagegen waren die Zollpapiere geändert worden. Reiseziel war jetzt nicht mehr Saudiarabien, sondern Ankara in der Türkei. Und die 16 Tonnen Kakao wogen plötzlich 23,6 Tonnen. Bernard Baecher vermutete, die Kintex habe in Sofia 7,6 Tonnen Waffen zugeladen.

Seit Jahren taucht diese bulgarische Import-Export-Gesellschaft immer wieder im Zusammenhang mit illegalen Waffengeschäften auf. In einem Interview mit der Pariser Zeitung «Le Matin» erklärte Sadettim Tantan, Chef der Sicherheitspolizei in Istanbul: «*Die Kintex wurde seinerzeit eigens für den Schmuggel zum Nachteil der Türkei gegründet. Sie hat sich dann unter anderem auf Waffenhandel spezialisiert. Die Waffen stammen vorwiegend aus Italien, Frankreich, Belgien und Spanien. Eingekauft werden sie von Schweizer Zwischenhändlern, die vorgeben, sie würden im Auftrag afrikanischer Staaten (Niger, Benin) handeln. Die Waffen werden aber nicht nach Afrika geliefert, sondern zuerst nach Burgas in die Depots der Kintex gebracht.*»[1] Und der Schweizer Botschafter in Sofia, G. de Dardel, schrieb am 25. November 1980 an einen Schweizer Transportunternehmer: «*Ich weiss, dass die Kintex Transportgesellschaften aus dem Westen dazu benutzt,*

---

[1] Fabrizio Calvi, «Le Matin», a. a. O., 17. März 1983.

*Waren in die Türkei zu bringen. Diese Waren werden sehr oft als ‹Schmuggelware›
umschrieben.»*

Am 14. Juni erreichte Bernard Baecher Kapikule und passierte problemlos
die bulgarisch-türkische Grenze. Dann erwartete ihn die nächste Überraschung. Bewaffnete Männer in Uniform hielten den Lastzug an. Thomas, ein
Mitglied der «Maffya», stieg zu ihm in die Führerkabine. Eskortiert von zwei
schwarzen Mercedes, ging die Fahrt weiter bis zwei Kilometer vor Istanbul.
Beim Zeltplatz Londra nahm Thomas dem Elsässer Chauffeur seine Papiere
ab, begleitete ihn in ein billiges Kurhotel und verschwand für vier Tage – samt
Lastwagen. Bis gegen Mitte September musste Bernard Baecher ein halbes
Dutzend derartige Transporte zwischen Sofia und Istanbul oder Ankara ausführen. Womit sein Lastwagen beladen war und wo die Ware hinkam, das hat
er nie erfahren.

In Sofia wohnte er jeweils im Hotel Vitosha. Die meiste Zeit verbrachte er
mit Warten. Zurück nach Basel konnte er nicht, denn man hatte ihm seine
Papiere und auch sein Geld abgenommen. Mehrmals wollten ihn seine türkischen «Arbeitgeber» überreden, Heroin nach München zu bringen. Pro 5
Kilo «Schnee» boten sie eine Risikoprämie von rund 5000 Franken. Aber Bernard Baecher weigerte sich vehement: *«Ich sagte zu ihnen: Zigaretten, ja, soviel
ihr wollt; aber Drogen, nie, dieses Zeug fass' ich nicht an.»* Der Elsässer war in jenem
Sommer nicht der einzige Chauffeur, der Heroinschmuggel ablehnte und
deswegen von der «Maffya» im Vitosha wie ein Gefangener zurückgehalten
wurde. Drei Deutsche, ein Schweizer, ein Franzose und ein Österreicher teil-
ten sein Schicksal. Am 13. September tauchte plötzlich Thomas auf. Bernard
Baecher: *«Er rief uns auf sein Zimmer und sagte: ‹Die Transporte in die Türkei werden vorübergehend eingestellt. Sie dürfen nach Hause.› Dann gab er uns unsere Pässe
zurück, und jeder bekam 1000 Mark für die Heimreise.»* Am Vortag hatten die Militärs in der Türkei mit einem Putsch die Macht übernommen und den Terroristen und «buyuk babas» den Krieg erklärt.

Zurück in Basel, begab sich Bernard Baecher zur Zollkreisdirektion an der
Elisabethenstrasse und denunzierte die Drogenhändler Mustafa Kisacik und
Abuzzer Ugurlu, zwei türkische «buyuk babas», denen er im Vitosha begegnet
war und deren Leutnants, d. h. Handlanger, ihn zu Herointransporten zwingen wollten. Er verriet Namen von Firmen, die in Deutschland den Stoff der
Drogen-«Maffya» entgegennahmen; nannte Schweizer Transportunternehmen, deren Chauffeure – oft ohne ihr Wissen – aus Sofia Rauschgift zurück-
brachten; beschrieb die meistbefahrenen Schmuggelrouten... Vor Detekti-
ven des basel-städtischen Drogendezernates wiederholte er seine Aussagen
nochmals. Damit bestätigte und ergänzte Bernard Baecher die Ergebnisse der
damals laufenden Drogenfahndung gegen Otto Steffen und die Basilo AG.
Trotzdem wurde diese Ermittlung wenig später abgewürgt (s. Seite 66 ff.).

Der Elsässer Chauffeur denunzierte mit seiner detaillierten Beschreibung eine der mächtigsten und gefährlichsten Verbrecherorganisationen, auf die zwei Jahre später auch der italienische Richter Carlo Palermo stiess.[1] Warum Schweizer Zoll- und Drogenfahnder Bernard Baecher nicht ernst nahmen, die Protokolle mit seinen Aussagen zuerst schubladisierten und dann nicht mehr fanden, darüber lassen sich nur Vermutungen anstellen. Unvermögen: doch soviel Dilettantismus ist fast unmöglich; Korruption: schwer vorstellbar, denn in einem halben Dutzend Kantonen hätte man gleichzeitig mehrere Richter und höchste Polizeibeamte bestechen müssen; Weisung aus Bern: kuschten Polizeibehörden in den Kantonen, weil die Bundesanwaltschaft zuständig war und Bern aus falsch verstandener Neutralität die Kreise ausländischer Geheimdienste nicht stören wollte? Die Frage tönt zwar monströs, drängt sich aber geradezu auf und zieht sich wie ein roter Faden durch die verschiedenen Affären.

Die «Grauen Wölfe», Komplizen beim Papst-Attentat

Fast alle Handlanger und Helfershelfer der «buyuk babas», denen Bernard Baecher im Hotel Vitosha begegnete, gehörten zu den «Grauen Wölfen», Anhänger des türkischen Faschistenführers Alparslan Türkes.[2] Diese rechtsradikale Bewegung war bereits damals auch in der BRD und der Schweiz stark verbreitet. *«Es war immer schon bekannt, dass sich die ‹Grauen Wölfe› aller Methoden bedienten, die einst die SA einführte, aber die rechten Prügler waren manchen deutschen Stellen ganz willkommen: Sie schlugen ja ‹linke› Gewerkschafter unter ihren Landsleuten ... Es war auch bekannt, dass die ‹Grauen Wölfe› eine Terrororganisation sind.»*[3] Trotzdem – oder gerade deshalb – suchte der deutsche Verfassungsschutz bis 1979 seine V-Leute unter den Türken ausnahmslos in diesen Kreisen. Diese türkischen Rechtsextremisten liessen sich nicht nur als Spitzel gegen Linke oder als Drogenschlepper einsetzen: auch politischer Mord auf Bestellung gehörte zu ihrem Handwerk.

Spätestens nach dem Mordanschlag von Ali Agça auf den Heiligen Vater hätte die Bundesanwaltschaft die Brisanz der Aussagen von Bernard Baecher erkennen müssen.[4] Im August 1980 wohnte Ali Agça für ein paar Tage im Hotel Vitosha auf Zimmer 911; Bekir Celenk belegte das Zimmer 1078. Ein anderer Gast war der «Graue Wolf» Omer Bagci, Kassierer der «Turk Kultur

---

[1]   Siehe dazu auch Seite 163 f.
[2]   Auf die «Grauen Wölfe» und ihr Programm werden wir später eingehen (Seite 130 f.).
[3]   Hans-Georg Behr, Weltmacht Droge, Wien 1984, S. 238.
[4]   Untersuchungsrichter Illario Martella, der gegen den Papst-Attentäter und seine Komplizen ermittelte, hatte Bernard Baecher am 13. September 1983 in Rom als Zeugen einvernommen.

Ocagi» in Olten. Er wird Ali Agça die Tatwaffe nach Italien bringen. All diesen Türken begegnete Bernard Baecher im «Schmuggel-Palace» von Sofia. Sein Beifahrer Omer Mersan traf im Zimmer, das er mit Bernard Baecher teilte, Ali Agça, dem er Geld und vermutlich auch falsche Papiere übergab.

Am 13. Mai 1981, genau um 17.15 Uhr, erschien Papst Johannes Paul II. stehend in einem weissen Jeep und liess sich langsam über den Petersplatz fahren. Mehr als 20 000 Menschen begrüssten ihn stürmisch. Der Jeep hielt immer wieder an, und der Heilige Vater schüttelte Pilgern die Hände. Plötzlich krachen Schüsse: zwei, drei, vielleicht fünf – die Zeugen werden sich später widersprechen. Johannes Paul II. – getroffen an der Lende und an einer Hand – bricht zusammen und wird im Eiltempo ins Spital gefahren. Der Schwerverletzte wird während fünf Stunden operiert. Erst mehrere Tage später melden die Ärzte: Der Papst ist ausser Lebensgefahr.

Die Pilgermenge auf dem Petersplatz reagierte zuerst mit Bestürzung und dann mit Panik. Schwester Laetizia klammerte sich an den Arm des Schützen: Ali Agça. Dieser wurde sofort verhaftet. Zwei Monate und sieben Tage danach stand er in Rom bereits vor Gericht und wurde als Einzeltäter zu lebenslanger Haft verurteilt.

Doch die Ermittlungen wurden unmittelbar nach dem Prozess wieder aufgenommen. Untersuchungsrichter Illario Martella beschuldigte den türkischen Drogen- und Waffenhändler Bekir Celenk, er habe Ali Agça für das Attentat bezahlt. Dann liess er den Bulgaren Serguei Antonov, Angestellter der Balcan-Air in Rom, verhaften. Kurz darauf lieferten die BRD und die Schweiz auf Betreiben des Römer Richters mehrere «Graue Wölfe» aus. Illario Martella kam zum Schluss, dass neben Ali Agça auch Oral Celik auf den Papst geschossen hatte. Der zweite Papstschütze konnte – so nahm der Römer Richter an – im Lastwagen einer bulgarischen Import-Export-Firma nach Sofia fliehen, wo er von den bulgarischen Behörden versteckt gehalten würde.

Diesen Attentätern und ihren Komplizen wurde am 27. Mai 1985 in Rom der Prozess gemacht. Acht Personen waren angeklagt: die Schützen Ali Agça und Oral Celik, die «Grauen Wölfe» Musa Serdar Celibi und Omer Bagci sowie Bekir Celenk, Serguei Antonov und die beiden bulgarischen Diplomaten Todor Ayvazov und Zhelyo Vassilev. Die meisten Angeklagten jedoch fehlten vor Gericht: Bekir Celenk lebte vom Herbst 1982 bis zum Sommer 1985 in Sofia und stand dort unter Hausarrest;[1] auch die beiden bulgarischen Diplomaten hatten sich ans Schwarze Meer verzogen; Oral Celik war untergetaucht.

In seinem Schlussbericht hatte Untersuchungsrichter Illario Martella das Papst-Attentat als kommunistisches Komplott dargestellt. Von der türkischen

---

[1] Über das weitere Schicksal Bekir Celenks, s. Seite 153.

Drogenmafia vermittelte «Graue Wölfe» hätten im Auftrag bulgarischer Diplomaten – vorgeschoben vom sowjetischen Geheimdienst KGB – den Papst ermorden und damit die schwere politische Krise in Polen entschärfen sollen. Diese These von Illario Martella stand schon immer auf schwachen Füssen. Ausgerechnet ein Schweizer Staatsanwalt versetzte dieser bulgarisch-sowjetischen Verschwörungs-These den härtesten Schlag.

Papst-Attentäter als Drogenhändler in der Schweiz

Versteckt im Reserverad seines Autos, hatte der Türke Nevzat Bilecen Mitte April 1984 drei Kilogramm Heroin aus Mailand geholt und in seine Wohnung nach Dulliken, Solothurn, gebracht. Für die rettungslos verschuldete Wechselstube Lemi GmbH von Guido L. an der Hammerstrasse in Basel war dieser Drogendeal die letzte Hoffnung. Wenn er nicht über Nacht an sehr viel Geld kam, drohten ihm gleich mehrere Prozesse wegen Betrugs. Um dem Konkurs zu entgehen, hatte sich der Basler Geldwechsler an den Ersparnissen von Gastarbeitern vergriffen. Statt die Gelder an die Arbeiterfamilien zu schicken, hatte er damit die Löcher in der Lemi-Kasse gestopft. Bereits belief sich die Betrugssumme auf 390 000 Franken.

Als die Wechselstube den «Stoff» von Bilecen übernahm, schien Guido L. gerettet. Ein erstes Kilo hatte bereits einen Abnehmer gefunden. Auch ein gewisser Johann Meier wollte kaufen. In einem Restaurant in Birsfelden wurden die Dealer schnell handelseinig und vereinbarten einen Treffpunkt für die Warenübergabe. Es war eine Falle, denn Johann Meier arbeitete als Fahnder beim Drogendezernat der Stadt Basel.

In den folgenden Wochen verhaftete die Polizei ein halbes Dutzend Komplizen und Verdächtige, fast alles Türken. Am 20. Mai 1985 standen diese Türken in Basel vor Gericht. Eine Woche später begann in Rom der zweite Prozess gegen Ali Agça und seine Komplizen. Niemand erkannte, dass die beiden Verfahren aufs engste miteinander verknüpft waren. Die Medien taten den Basler Prozess als belanglosen Routinefall ab und verpassten – wovon sie sonst nie genug bekommen können – eine absolute Sensation. Die Anklage, vertreten durch Staatsanwalt Jörg Schild, der 1981 beim Drogendezernat die Nachfolge von Max Imhof angetreten hatte, legte Fakten vor, die das Attentat gegen Papst Johannes Paul II. plötzlich in neuem Licht erscheinen liessen.

Der Angeklagte Drogenchauffeur Nevzat Bilecen hatte sich während eines Verhörs verhaspelt. Er nannte die Organisatoren des Drogengeschäfts: drei «Graue Wölfe» – Mehmet Sener, der verhaftet wurde, Abdullah Catli und Oral Celik, die beide in Frankreich untertauchten. Die Basler Polizei konnte beweisen, dass sich die drei rechtsradikalen Türken seit 1981 regelmässig in der Schweiz aufhielten und mit Heroin Geld für Waffenkäufe beschafften. Gerade Oral Celik ging – so die Basler Polizei – bei diesen Heroingeschäften ungewöhnliche Risiken ein, obwohl er als zweiter Papstschütze international ausgeschrieben war. Persönlich holte er in Basel und Zürich Heroin ab, meist relativ kleine Mengen.

Bisher war angenommen worden, Oral Celik und Ali Agça hätten vom bulgarischen bzw. sowjetischen Geheimdienst für ihren Anschlag auf den Papst Millionen kassiert. Und Richter Illario Martella hatte behauptet, die Bulgaren hätten Oral Celik zur Flucht verholfen und würden ihn schützen. Doch wie reimt sich dies mit den Ergebnissen der Basler Fahndung? Wenn der Papstschütze Oral Celik tatsächlich Millionen einsteckte und zudem von den Bulgaren gedeckt wurde, hatte er es dann nötig, mit Heroinhandel Geld zu verdienen? Vor allem aber: Warum ging der von Interpol Gesuchte derart hohe Risiken ein? Wenn die Bulgaren tatsächlich das Papst-Attentat angezettelt hatten, hätten sie den Attentäter Oral Celik wohl eher liquidiert als in den Westen flüchten lassen. Das Risiko einer Verhaftung nämlich wäre zu gross gewesen; und damit auch das Risiko, dass der Papstschütze seine Auftraggeber beim Namen nannte.

Oral Celik und Ali Agça waren unzertrennliche Freunde. *«Er war meine rechte Hand; er ist mir teurer als ein Bruder»*, sagte Ali Agça in einem Verhör in Rom über Oral Celik. Auch Mehmet Sener und Abdullah Catli zählten zum engsten Freundeskreis von Ali Agça. Sie kannten sich seit ihrer gemeinsamen Schulzeit in Malatya, Anatolien. Gemeinsam auch traten sie den «Grauen Wölfen» bei, jener rechtsextremistischen Terrorbewegung, die zur «Partei der Nationalen Bewegung» (MHP) von Oberst Alparslan Türkes gehört. Zeitweise bestanden in der Türkei gegen 400 Ausbildungslager, in denen «Graue Wölfe» militärisch auf Terror und Attentate gedrillt wurden.

In einem solchen Lager lernten Oral Celik und Ali Agça ihre späteren Freunde Abdullah Catli und Mehmet Sener kennen. Untersuchungsrichter Illario Martella zitiert in seinem Schlussbericht Ali Agça: *«Bei den ‹Grauen Wölfen› leitete ich eine Gruppe, die mindestens 50 Mann zählte. Oral Celik, Abdullah Catli (. . .) und Mehmet Sener waren meine engsten Genossen.»* Seit dieser Lagerzeit hatten sich die rechtsextremen Waffenbrüder kaum noch getrennt. Im Februar 1979 planten sie gemeinsam die Ermordung von Abdi Ipekçi, Chefredakteur der linksgerichteten türkischen Zeitung «Milliyet». Ali Agça, der den Zeitungsmann erschoss, wurde gefasst und wartete im Militärgefängnis Kartal Maltepo auf seine Hinrichtung. Mit der Hilfe von Oral Celik gelang ihm jedoch rechtzeitig die Flucht aus dem «sichersten Knast der Türkei». Zuerst versteckte er sich bei seinem Freund Abdullah Catli.

Kurz nach der Flucht sorgte Ali Agça erneut für Schlagzeilen. In einem Leserbrief an die Zeitung «Milliyet» kündete er am Vorabend des Papstbesuches in der Türkei an, er werde Johannes Paul II. ermorden. *«Diesen Leserbrief hat Oral Celik für mich geschrieben»*, erklärte er später gegenüber Untersuchungsrichter Illario Martella.

Nach einem Abstecher in den Iran kehrte Ali Agça für kurze Zeit nach Istanbul zurück. Dann zog er zusammen mit seinen Freunden Oral Celik, Abdullah Catli und Mehmet Sener nach Sofia weiter, wo er unter anderem mit Bekir Celenk zusammentraf und von Omer Mersan Geld und falsche Papiere erhielt. Im Februar 1981 versteckte er sich in Wien an der Jheringgasse 15. Die Wohnung war von Abdullah Catli angemietet worden. Nach Ausflügen in die BRD und nochmals nach Bulgarien reisten die «Grauen Wölfe» in die Schweiz ein. Laut Untersuchungsbericht von Illario Martella trafen sie hier Ende März, Anfang April die letzten Vorbereitungen für das Attentat auf den Polenpapst. *«Im Sheraton Hotel in Zürich traf ich mich mit Bekir Celenk. Diesen Kontakt vermittelte Musa Serdar Celibi, der beim Zürcher Treffen dabei war»*, gab Ali Agça dem Römer Richter zu Protokoll. Im Sheraton Hotel wurde vereinbart: Bekir Celenk bezahlt im Auftrag der bulgarischen Regierung für das Attentat drei Millionen DM, eine Million in bar und die restlichen zwei Millionen in Form von Waffen.[1] Dem Martella-Bericht ist weiter zu entnehmen, dass das Geld an Musa Serdar Celibi bezahlt werden sollte und – wie die Waffen – für die «Grauen Wölfe» bestimmt war. Musa Serdar Celibi amtete damals als Vorsitzender der «Türk-Föderation», die ihren Hauptsitz in Frankfurt (BRD) hatte. Sie war die westeuropäische Variante der MHP-Partei und zugleich Dachorganisation der «Grauen Wölfe».

In Zürich wohnte Ali Agça an der Mühlegasse 29 und verkehrte unter anderem in Olten beim türkischen Kulturverein («Turk Kultur Ocagi»). Omer Bagci, Kassierer dieses Vereins, gestand später: *«Ali Agça, der sich ‹Haci› nannte, besuchte mich auch in meiner Wohnung in Dulliken und übergab mir eine Pistole, die ich für ihn aufbewahrte. Später musste ich ihm diese Pistole nach Mailand bringen.»* Mit dieser Waffe schoss Ali Agça am 13. Mai 1981 auf den Papst.

---

[1]   Ali Agça hatte Bekir Celenk erstmals im Verhör vom 2. Mai 1982 schwer belastet. Am 13. Juli 1982 wiederholte er seine Anschuldigungen nochmals, um diese schliesslich am 7. November 1984 plötzlich zu widerrufen. *«Was ich über meine persönlichen Beziehungen zu Celenk aussagte, war gelogen. Damit wollte ich ihn und vor allem auch die bulgarischen Behörden in Schwierigkeiten bringen»*, erklärte der Papst-Attentäter. Bekir Celenk, der von Martella in Sofia als Zeuge einvernommen wurde, hatte immer bestritten, Ali Agça für das Papst-Attentat angeheuert zu haben. Welche Rolle der türkische Drogen- und Waffenhändler Celenk beim Papst-Attentat tatsächlich spielte, konnte Untersuchungsrichter Illario Martella nicht abklären.

Die Polizei liess Agça-Freunde laufen – welche Optik hatten die Bundesbehörden?

Im Basler Heroinprozess vom Mai 1985 verhängte das Gericht Strafen zwischen fünf und zehn Jahren Gefängnis. Mehmet Sener wurde zu fünf Jahren Zuchthaus und 15 Jahren Landesverweis verurteilt.[1] Während einer Verhandlungspause konnten wir ihn für ein paar Minuten sprechen. *«Warum kam Ali Agça in die Schweiz? Wann trafen Sie den Papst-Attentäter zuletzt? Wo stecken Abdullah Catli und Oral Celik?...»* mit solchen Fragen bestürmten wir ihn. Doch er blockte ab und kritisierte die Schweizer Justiz.

«Das ist ein politischer Prozess, eine Alibiübung!»

«Sie haben mit Drogen gehandelt, jetzt werden Sie dafür bestraft.»

«Auch Abdullah Catli und Oral Celik haben mit Drogen gehandelt.»

«Die sind untergetaucht. Die Polizei fahndet nach ihnen.»

«Dass ich nicht lache! Dann erklären Sie mir, warum die Polizei die beiden laufen liess.»

«Sie wollen sagen, Abdullah Catli und Oral Celik waren in der Schweiz verhaftet worden?»

«Ganz genau. Ich war dabei. Wir wurden alle drei gemeinsam verhaftet. Mich, den kleinen Fisch, sperrten sie ein...»

«Wann kam es zu dieser Verhaftung?»

«Das war zu Beginn des Jahres 1982 in Zürich.»

«Und warum soll die Zürcher Polizei die beiden international ausgeschriebenen ‹Grauen Wölfe› freigelassen haben?»

«Ich sagte schon, dies ist ein politischer Prozess!»

Bundesanwaltschaft, Bundespolizei und auch die Vorsteher des Eidgenössischen Justiz- und Polizeidepartementes (EJPD), die Bundesräte Kurt Furgler und Rudolf Friedrich, hätten sich in den siebziger Jahren und Anfang der achtziger Jahre *«sehr, sehr erfolgreich und mit grosser Umsicht den Problemen der Terrorismusbekämpfung und der Spionageabwehr angenommen».*[2] Deswegen hätten sie den internationalen Drogenhandel und das organisierte Verbrechen nicht oder viel zu spät als ernsthafte Bedrohung erkannt. Wie kurzsichtig und

---

[1]   Abdullah Catli und Oral Celik, der zweite mutmassliche Papstschütze, waren die grossen Abwesenden beim Basler Heroinprozess vom 20. Mai 1985. Abdullah Catli wurde später in Paris verhaftet. Nachdem er dort eine mehrjährige Strafe abgesessen hatte, lieferte ihn Frankreich an die Basler Justiz aus, die ihn zu 9 Jahren Zuchthaus verurteilte. Oral Celik, den die Basler Polizei als Boss des aufgedeckten Drogenringes bezeichnete, setzte sich ebenfalls nach Frankreich ab. Der französische Nachrichtendienst observierte sogar seine Pariser Wohnung. Als Staatsanwalt Jörg Schild Celiks Verhaftung forderte, konnte ihn die französische Polizei plötzlich nicht mehr finden.

[2]   Siehe Bundesrat Arnold Koller, Schlussvotum in der PUK-Debatte des Nationalrates, 11. Dezember 1989.

schonungsvoll vermäntelnd, um nicht zu sagen irreführend dieser Erklärungsversuch ist, lässt sich eindrücklich anhand des Basler Heroinprozesses vom Mai 1985 aufzeigen. Gerade die rechtsextreme Terroristen-Szene führt unmittelbar ins Zentrum des organisierten Verbrechens. Rechtsradikale Gruppen wie die «Grauen Wölfe» verdienen ihr Geld als Drogenschlepper und Killerkommandos der türkischen «Maffya».

Tatsächlich waren Mehmet Sener und Abdullah Catli am 22. Februar 1982 in Zürich verhaftet worden. Gegen beide lag ein türkisches Auslieferungsbegehren vor. *«Mehmet Sener wurde zur Last gelegt, er habe Mehmet Ali Agça, der später das Attentat auf den Papst verübte, dazu angestiftet, am 1. Februar 1979 in Istanbul Abdi Ipekçi, einen Redaktor der Zeitung ‹Milliyet›, zu ermorden; und er habe ihm auch die Pistole verschafft, die bei der Ermordung verwendet wurde»*, heisst es in den Gerichtsakten des Basler Heroinprozesses.[1] Auch Abdullah Catli wurde von den Türken wegen Mordes gesucht. Er hatte sich an der Ermordung von sieben linksgerichteten Gewerkschaftern beteiligt.

Ein Basler Untersuchungsrichter bestätigt: *«Wir sind überzeugt, dass die Zürcher Polizei zusammen mit Sener und Catli auch Oral Celik angehalten hatte. Er wurde jedoch sofort wieder freigelassen. Polizeiakte über die vorübergehende Verhaftung von Oral Celik gibt es offenbar nicht. Wir konnten diese jedenfalls nicht ausfindig machen.»*

Mehmet Sener, der sofort in Auslieferungshaft gesetzt wurde, stellte ein Asylgesuch, das am 10. Mai vom Bundesamt für Polizeiwesen und am 22. Juni 1984 vom EJPD abgewiesen wurde. Dagegen wehrte sich der Türke mit Erfolg gegen eine Auslieferung. *«Mehmet Sener ist Kurde. Er gehört zwar nach eigenen Angaben nicht einer Organisation an, die für eine Abspaltung der kurdischen Gebiete kämpft, sondern der rechtsstehenden ‹Partei der Nationalen Bewegung› (MHP)»*, heisst es im Bundesgerichtsentscheid, der die Auslieferung von Mehmet Sener ablehnte.[2] Ende März 1983 wurde er aus der Haft entlassen. Ausschlaggebend für das Bundesgericht war: *«Es scheint: Bei der gegenwärtigen Situation der Kurden in der Türkei ist jemand bereits dann in Gefahr, wenn er sich öffentlich auf seine Zugehörigkeit zur Volksgruppe der Kurden beruft.»* Und in der Urteilsbegründung heisst es weiter: *«Da die einen rechtsextremen Charakter aufweisende ‹Partei der Nationalen Bewegung› (MHP) in der Zeit der Machtübernahme durch die Militärs aktiv an gewaltsamen Aktionen beteiligt war und nach Presseberichten ihr Führer unter dem Militärregime wegen subversiver Tätigkeit vor Gericht gezogen worden sein soll, erscheint die Annahme nicht als abwegig, dass die Lage Seners auch wegen seiner politischen Tätigkeit erschwert sein kann.»*

Die Schweizer Justiz liess die türkische Anschuldigung wegen Beihilfe zum

---

[1] Basler Strafgericht, Urteilsbegründung im Heroinprozess gegen Mehmet Sener u. a., Mai 1985, S. 76.
[2] Urteil des Schweizerischen Bundesgerichtes in Sachen Auslieferung von Mehmet Sener, Aktenzeichen P 455/82/kl, 22. März 1983.

Mord und Beteiligung an einem Massaker nicht gelten. Mehmet Sener wie auch Abdullah Catli wurden nur wegen *«Besitzes eines gefälschten Passes und illegalen Aufenthaltes»* belangt. Aus den Basler Gerichtsakten geht klar hervor: Bereits im Jahre 1982 wusste die Polizei über Mehmet Sener und Abdullah Catli im Detail Bescheid.

«Da sich Mehmet Sener (. . .) immer wieder nach Zürich begab und dort zu kriminellen bzw. terroristischen Kreisen Kontakte hatte, wurde er am 25. Juli 1983 erneut interniert, und zwar im Bezirksgefängnis Pfäffikon.»[1] Später wurde er in eine offene Abteilung der Strafanstalt Regensdorf versetzt. Diese Internierung wurde am 17. September 1984 aufgehoben. Der pikante Grund: Am Tag zuvor war er wegen Heroinhandels auf Betreiben der Basler Polizei verhaftet worden.

Die Schweizer Behörden stuften Abdullah Catli als *«einen der wichtigsten Exponenten der ‹Grauen Wölfe›»* ein. Und über Mehmet Sener schrieb das Basler Strafgericht: *«Sener ist ein führendes Mitglied der ‹Grauen Wölfe›, die ihre Aktivitäten und den Lebensunterhalt ihrer Mitglieder zu einem grossen Teil mit Heroinhandel finanzieren.»*[2]

Damit man die *«sehr, sehr erfolgreiche Terrorismusbekämpfung»* der Bundesbehörden angemessen beurteilen kann, wollen wir hier kurz auf die Geschichte der «Grauen Wölfe» eingehen und an ihr politisches Programm erinnern.

Der Legende nach kam «Bozkurt», der graue Wolf, den im «Eisernen Berg» in Zentralasien eingeschlossenen Türken mit einer brennenden Fackel zu Hilfe. Die Türken konnten den Berg wegschmelzen und, angeführt von «Bozkurt», ausschwärmen und neue Reiche gründen.

Die «Grauen Wölfe» bezeichnen sich als Anhänger von Oberst a. D. Alparslan Türkes, der in den sechziger Jahren die nationalistische «Milliyetçi Hareket Partisi» (Partei der Nationalen Bewegung, MHP) gegründet hatte. Ihr angegliedert waren zahlreiche paramilitärisch gedrillte Unterorganisationen wie die «Grauen Wölfe» oder die «Vereinigung der Idealistischen Jugend». Sie brachten es zur Zeit der Machtübernahme durch die Militärs (September 1980) zu trauriger Berühmtheit. Also just um die Zeit, als Ali Agças Freunde die Schweiz zu ihrer Operationsbasis machten. Ein Grossteil der 5000 Terror-Opfer in der Türkei ging auf ihr Konto.

Als politisches Fernziel strebt Alparslan Türkes die Vereinigung aller Turkvölker (rund 90 Millionen Menschen in China, Afghanistan, im Iran, Irak und in der UdSSR) in einem Grossreich an, dem er den Namen «Turan» geben will. Ein bereits im Jahre 1970 veröffentlichtes Programm liess keine Zweifel offen, welch Geistes Kind Alparslan Türkes ist. Die wichtigsten Programmpunkte:

---

[1] Urteil im Basler Heroinprozess vom Mai 1985, a. a. O.
[2] Ebenda, S. 75.

– Durch Schwächung der Regierung – wie die Nazis in Deutschland – die Macht erobern.

– Nach der Machtübernahme die nationalsozialistische Doktrin verwirklichen.

– Konsequent nach dem Prinzip «Ein Volk, ein Reich» alle Minderheiten ausmerzen, die nicht der türkischen Nation angehören.

«Fanatischer Nationalismus, Kadavergehorsam gegenüber dem ‹Führer› Türkes und glühender Antikommunismus wurde den Jugendlichen in den ‹Idealistenklubs› ebenso beigebracht wie der Umgang mit Messer und Maschinenpistole», schrieb das Wiener Nachrichtenmagazin «profil» (Nr. 20, 1981). Und der «Spiegel» zitierte einen abgesprungenen Türkes-Funktionär: *«Leute, die ihre Ansprache nicht mit ‹Mein Führer› beginnen, hat er geohrfeigt. Zum Lehrstoff gehören Bücher über Hitlers Machtergreifung und die Arbeit der SA. Hitlers ‹Mein Kampf› ist Pflichtlektüre.»*

Von 1975 bis 1977 war Alparslan Türkes stellvertretender Premierminister der Regierung des rechtskonservativen Süleyman Demirel. Später wurde Türkes vorübergehend *«wegen mehrfacher Anstiftung zum Mord»* verhaftet. Der türkische Faschistenführer hatte auch in den türkischen Gastarbeiter-Kolonien Westeuropas zahlreiche Anhänger. In der BRD wurden die Türkes-Anhänger Anfang der achtziger Jahre auf rund 26 000 geschätzt. Die offiziellen Zentren der «Grauen Wölfe» sind Moscheen, Koranschulen, Kulturvereine oder Folkloregruppen. In der Schweiz haben sie zudem die Ladenkette «Bozkurt» (Grauer Wolf) aufgebaut. *«Solche Geschäfte sind das Rückgrat der MHP-Infrastruktur nicht nur in der Schweiz, sondern zum grossen Teil auch in der Bundesrepublik geworden. In Frankfurt unterhält der ehemalige MHP-Propagandachef Enver Atayli ein Export-Import-Geschäft. ‹Vereinsmitglieder kaufen fast ausschliesslich in diesen Handelsgeschäften und helfen damit, die MHP zu finanzieren, die von dieser Geschäftstätigkeit lebt›, berichtet ein eingeweihter Unternehmer.»*[1] Nevzat Bilecen, der im Basler Heroinprozess zu fünf Jahren Zuchthaus verurteilt wurde, hatte die «Grauen Wölfe» und Agça-Freunde Abdullah Catli und Mehmet Sener in einer Zürcher Moschee kennengelernt.

Die Geheimdienste wussten vom Papst-Attentat – und liessen es zu ...

Der Zusammenhang zwischen Terrorismus und Drogenhandel bzw. organisiertem Verbrechen im Fall der 1982 verhafteten «Grauen Wölfe» war derart offenkundig, dass er der Bundesanwaltschaft und der Politischen Polizei nicht entgehen konnte. Die Akten des Basler Heroinprozesses dokumentie-

---

[1] Jürgen Roth u. a., Dunkelmänner der Macht, Frankfurt 1984, S. 98.

ren denn auch, dass die Bundesbehörden über diese Zusammenhänge bestens Bescheid wussten.

Oral Celik, so die Basler Gerichtsakten, hatte in Genf den Waffenhändler Yahya Demirel aufgesucht und ihn um einen panamesischen Pass gebeten. Yahya Demirel hatte die Türkei nach dem Militärputsch fluchtartig verlassen müssen. Wegen eines Millionenbetrugs drohte ihm in seinem Heimatland eine langjährige Gefängnisstrafe. In Genf übernahm er mit Hilfe von Strohmännern die Firma Petrocom SA., die eng mit dem syrischen Drogen- und Waffenhändler Henry Arsan zusammenarbeitete. Ein anderer Partner war Bekir Celenk in Biel. Yahya Demirel, ein Neffe des früheren türkischen Ministerpräsidenten Süleyman Demirel[1], galt zudem als Agent des türkischen Geheimdienstes M. I. T. All das störte weder die Bundesanwaltschaft noch die Genfer Justizbehörden.

Wie Yahya Demirel arbeitete auch der Drogenschlepper Nevzat Bilecen für den türkischen Geheimdienst M. I. T. Das Basler Strafgericht schreibt: «*Am 22. August 1984 gab Nevzat Bilecen zu Protokoll, er sei Mitglied der türkischen Organisation M. I. T. und habe im Auftrag dieser Organisation gehandelt. (...) Auch gegenüber Beamten von IP (Interpol) Ankara machte er offenbar am 29. August Angaben über seine Tätigkeit beim Geheimdienst.*»[2] Nevzat Bilecen widerrief zwar kurz vor Prozessbeginn seine Aussagen. Bilecens Zugehörigkeit zum türkischen Geheimdienst liess jedoch kaum Zweifel offen. Selbst sein Anwalt kam im Plädoyer darauf zu sprechen. Nevzat Bilecen sei nach seiner Grundausbildung beim Militär zum Geheimdienst umgeteilt worden und habe unter anderem als Chauffeur eines Vier-Sterne-Generals Dienst getan, sagte der Verteidiger. Hinweise auf Geheimdienstaktivitäten brachte auch die Telefonkontrolle bei Nevzat Bilecen. Am 17. Januar 1985 überwies das Basler Gericht die Tonbandkassetten mit den abgehörten Telefongesprächen der Bundesanwaltschaft. Diese teilte mit Schreiben vom 5. Mai mit, dass die angebliche Geheimdiensttätigkeit nichts mit dem vorliegenden Verfahren zu tun habe. Worauf der gesamte Geheimdienst-Aspekt beim Basler Heroinprozess ausgeklammert wurde.

Dagegen standen die Geheimdienste im Zentrum des Römer Prozesses gegen Ali Agça und seine Komplizen. Doch die These des Untersuchungsrichters Illario Martella geriet bald einmal als antisowjetisches Konstrukt in Verruf. Der Römer Richter konnte keine handfesten Beweise gegen die Bul-

---

[1] Süleyman Demirel, Sohn eines Grossgrundbesitzers aus Isparta, einem typischen Mohnanbaugebiet, hatte im Jahre 1966 die Regierung übernommen. 1971 zwangen ihn die Militärs zum Rücktritt. Als er sich vier Jahre später erneut um das Amt des Ministerpräsidenten bewarb, bestritt er den Wahlkampf mit dem Versprechen, den Mohnanbau wieder einzuführen, denn auf Druck der Amerikaner war dieser kurz zuvor stark eingeschränkt worden.

[2] Urteil im Basler Heroinprozess vom Mai 1985, a. a. O., S. 34 ff.

garen und gegen den KGB vorlegen. Die bulgarischen Diplomaten, angeklagt als Auftraggeber von Ali Agça, mussten mangels Beweisen freigesprochen werden.

Genausogut wie ein «bulgarisch-sowjetischer Komplott» liesse sich nämlich auch ein «CIA-Komplott» aufbauen; es gäbe genügend Indizien. Es wäre ein machiavellistisches Meisterwerk: CIA-Agenten hätten das teuflische Attentat gegen den Papst ausgeheckt, um den Kreml als die Kommando-Zentrale des internationalen Terrorismus blosszustellen. Die rechtsextremistischen «Grauen Wölfe» eigneten sich dazu bestens, denn als Handlanger der türkischen Drogen-«Maffya» kannten sie bulgarische Diplomaten und Geheimdienstler. In der Tat hatten CIA-Agenten Beziehungen zu den «Grauen Wölfen», sogar weit engere und auch längere als ihre bulgarischen Kollegen.

Paul B. Hentze zum Beispiel. Halb Journalist, halb Wissenschaftler, in Tat und Wahrheit aber Agent der CIA. In den Jahren 1958/59 hielt er sich als Presseberater in Ankara auf. Zwischen 1974 und 1977 war er erster Sekretär der US-Botschaft in der Türkei. In jener Zeit knüpfte er Kontakte zur rechtsextremen Szene und wurde Verbindungsmann zu den «Grauen Wölfen». *«Die ‹Grauen Wölfe› beziehen ihre Waffen über die ‹schwarze Internationale›. In der Türkei tritt der CIA-Agent Paul B. Hentze als Koordinator auf.»*[1] Und weiter: Zwei Wochen vor seiner Ermordung hatte Abdi Ipekçi, Chefredaktor der linksgerichteten Zeitung «Milliyet», Paul B. Hentze aufgesucht. Der engagierte Journalist bereitete eine Serie vor, die enthüllen sollte, wer die «Grauen Wölfe» insgeheim unterstützt und woher diese rechtsextremen Terroristen ihre Waffen bezogen. Abdi Ipekçi erhob schwere Vorwürfe gegen CIA-Agenten und Mitarbeiter der amerikanischen Botschaft in Ankara. Abdi Ipekçi unterrichtete Paul B. Hentze über seine bevorstehende Enthüllung. Der eigentliche Grund seines Besuches jedoch war: Er wollte Paul B. Hentze dazu veranlassen, dass die US-Botschaft ihre Unterstützung an die «Grauen Wölfe» einstellte.

Paul B. Hentze[2] lancierte als einer der ersten die These des «bulgarisch-sowjetischen Komplotts».[3] Und die amerikanische Journalistin Claire Sterling, Autorin des Buches «The Terror-Network», nahm den Faden auf und spann ihn weiter.[4] Wenig schmeichelhaft nannten mehrere Autoren diese

---

[1]   Christian Roulette, Jean-Paul II.–Antonov–Agça: la filière, Paris 1984, S. 128.

[2]   Für eine kurze Agenten-Biographie sowie weiterführende Quellen über die politischen Aktivitäten von Paul B. Hentze siehe: Frank Brodhead u. a., The «Bulgarian Connection» Revisited, in: Covert Action Nr. 23/1985.

[3]   Paul B. Hentze, The Plot to Kill the Pope, New York 1983. Dieser These folgte dann auch Illario Martella.

[4]   Claire Sterling, The Time of Assassins, New York 1983.

amerikanische Journalistin in einem Zug mit Brian Crozier und Robert Moss: altgediente «*Kalte Krieger*», «*Legendenschreiber der CIA*» und «*Spezialisten der Desinformation*».[1] «*Sie sehen eine ‹drohende Weltherrschaft des Kommunismus› an allen Ecken und Enden, und aus ihrem paranoiden Verständnis heraus (...) verbinden sie sich mit jenen Organisationen, die dieser ‹Gefahr› den Kampf ansagen*», schreibt der Frankfurter Journalist und Sachbuchautor Jürgen Roth über diese «Kalten Krieger». Und die von Claire Sterling und Paul B. Hentze gestartete Medienoffensive zum Papst-Attentat bezeichnet er als «*eine Art publizistischen Reichstagsbrand*».[2]

Ali Agça, der am 13. Mai 1981 verhaftet worden war, verweigerte lange Zeit jegliche Aussage. Nach einem Jahr machte er einen abrupten Sinneswandel durch. In einer beinahe feierlichen Erklärung teilte er mit, er werde von jetzt an alles tun, damit Illario Martella die Wahrheit über das Attentat finde. Kurz vor diesem Sinneswandel jedoch war Sonderbares geschehen. Der Papst-Attentäter hatte in seiner Zelle hohen Besuch empfangen: zwei Funktionäre, einer vom militärischen, der andere vom zivilen Geheimdienst Italiens. Dieser Besuch, der Ali Agça veranlasste, sein Schweigen zu brechen, ist im Schlussbericht des Untersuchungsrichters Martella ausdrücklich erwähnt.

Aus all dem wird eines deutlich: Während die Thesen über die möglichen Hintermänner beim Papst-Attentat vorwiegend aus Vermutungen und sogar Falschinformationen – auf die wir hier nicht näher eingehen konnten – zusammengeklistert wurden, belegen die Ermittlungsakten so verschiedener Verfahren wie dem gegen Ali Agça in Rom und jenem gegen die türkischen Heroinhändler in Basel eines eindrücklich: die Allgegenwart diverser Geheimdienste. Diese Dienste wussten auffällig gut Bescheid über Aktivitäten und Lebenswandel der Attentäter und ihrer Helfershelfer.

Die CIA, weil gleich mehrere Agenten seit Jahren intensivste Kontakte zu den «Grauen Wölfen» pflegten. Alexandre de Marenches, Chef des französischen Nachrichtendienstes SDECE, hatte die italienischen Behörden – Anfang Mai 1981 – vor einem geplanten Anschlag auf den Papst gewarnt. Und offensichtlich wussten auch die italienischen Geheimdienste weit mehr, als sie jemals zugaben. Nur zwölf Tage nach dem Papst-Attentat verfasste General Giuseppe Santovito, Chef des militärischen Geheimdienstes SISMI, einen Bericht über den Attentäter Ali Agça. Der Rapport beschrieb im Detail, wo sich Ali Agça seit seiner Flucht aus dem türkischen Militärgefängnis herumtrieb, und er nannte auch schon seine Komplizen: u.a. Mehmet Sener, Abdullah Catli und Oral Celik... Wie kam der italienische Nachrichtendienst so schnell

---

[1]   Luis M. Gonzalez-Mata, Les vrais maîtres de ce monde, Paris 1979; Jürgen Roth u. a., Dunkelmänner der Macht, Frankfurt 1984.
[2]   Jürgen Roth, Politiker im innigen Bündnis mit der organisierten Kriminalität, in: Frankfurter Rundschau vom 25. August 1983.

– innert zehn Tagen – an so verlässliche Informationen? Kannte auch dieser Dienst – wie der französische SDECE – die Attentatspläne der «Grauen Wölfe»? Warum wurde der SISMI, immerhin auf Terroristenjagd spezialisiert, nicht aktiv? Und schliesslich jene Frage, die uns hier am meisten und immer wieder interessiert: Welche Ziele verfolgen diese Nachrichtendienste? Sie überwachen und unterwandern Gruppen wie die «Grauen Wölfe», halten sich einzelne dieser Terroristen sogar als V-Männer – und schreiten nicht gegen ihre verbrecherischen Aktivitäten ein. Sie wussten beispielsweise, dass die «Grauen Wölfe» einem internationalen Verbrecher-Syndikat angehörten, welches die türkische mit der italienischen Mafia verbindet – und unternahmen nichts.

Heroin-Millionen dürfen nicht gefunden werden: Die «Operation Korn»

Im Gegenteil: Sobald die Polizei auf diese Verbrecher-Syndikate stiess, häuften sich die Pannen; Fahnder und Untersuchungsrichter schienen plötzlich geradezu mit Blindheit geschlagen: Sie wurden zurückgepfiffen oder bekamen es schliesslich mit der Angst zu tun.

Diese «Pannen» lösten bei Beamten – von der Bundesanwaltschaft bis hinunter zu kantonalen Drogendezernaten – ein starkes Malaise aus. Das Bankgeheimnis, der Wildwuchs in der Interpretation lückenhafter Gesetze, zeitraubende Streitigkeiten über die Zuständigkeit zwischen den Kantonen sowie die starke Unterbesetzung zahlreicher Drogendezernate verurteilten die meisten Ermittlungen zum Scheitern.

Über die Köpfe ihrer Vorgesetzten hinweg und mit dem Risiko, bestraft zu werden, begannen Beamte die offizielle Anti-Drogen-Politik zu kritisieren. Ein Polizeioffizier und Drogenfahnder fasste den Unmut seiner Kollegen gegenüber der «WochenZeitung» (WoZ) so zusammen: *Kenner der Drogenszene sind sich einig: Wir müssten uns darauf konzentrieren, den grossen Schiebern das Handwerk zu legen. Statt dessen sind wir dazu verurteilt, kleine Dealer – meist Süchtige – zu jagen.»* [1]

Ein eindrückliches Beispiel für diese Fahnder-Misere ist die «Operation Korn», Polizeicode einer Grossfahndung des basel-städtischen Drogendezernates im Jahre 1983. Es ging um 210 Kilogramm Heroin, das aus der Türkei stammte und für die italienische Mafia bestimmt war. Der Transport wurde von Basel aus organisiert und das Heroingeld in Schweizer Banken und Bieler Uhrenfirmen gewaschen. Die Bankiers dieses Geschäftes blieben unantastbar; gegen einen Chauffeur und seine Kollegen, welche die riskante Dreckar-

---

[1] Die WochenZeitung, Ausgabe vom 16. März 1984.

beit besorgten, forderte der Staatsanwalt die Maximalstrafe, 20 Jahre Zuchthaus.

Der junge türkische Chauffeur hiess Nuri Üstgelen. Bevor er an dem Tag in Istanbul seinen Brummer bestieg, rief er nochmals seine Freundin in der Schweiz an. Sie hatte eine Hellseherin aus dem Kaffeesatz lesen lassen: «Die Frau sagt, du bist ein Glückskind; du wirst sagenhaft reich werden.» Beglückt fuhr daraufhin Nuri Üstgelen seinen Lastwagen nach Mailand. In einem Mercedes begleitete ihn Mühsin Karahan. Es wurde Nuri Üstgelens letzte von insgesamt 13 Fahrten.

Am 19. Mai und 6. Juni 1983 schlugen die Basler und Mailänder Polizei zu. In der Schweiz wurden ein Dutzend Türken – unter ihnen Nuri Üstgelen – verhaftet; und in Mailand stellten schwerbewaffnete Carabinieri nach einer wilden Autojagd 35 Kilogramm Heroin sicher.

Der in Wädenswil wohnhafte türkische Chauffeur legte ein umfassendes Geständnis ab und schilderte der Polizei in allen Einzelheiten, wie er 90 Kilogramm Heroin von Istanbul nach Mailand fuhr. Für eine Drogenfahrt mit 30 Kilogramm erhielt er jeweils 4000 Franken. Plötzlich widerrief er sein Geständnis. Zu spät, denn inzwischen verhaftete die türkische Polizei den berüchtigten Unterweltboss Dündar Kilic und elf seiner Leutnants. Dündal Kilic war Besitzer mehrerer Restaurant-Ketten und kontrollierte die verbotenen Geldspiele in der Türkei. Unter den verhafteten «buyuk babas» befand sich auch Mühsin Karahan, der Nuri Üstgelen auf seinen Fahrten zwischen Istanbul und Mailand jeweils begleitet hatte. Und Mühsin Karahan gestand: *«Ich liess 210 Kilogramm Heroin nach Mailand schmuggeln.»*

Das Heroin war von einer türkischen Untergrundorganisation an die italienische Mafia verkauft worden. Die Drogen waren zwar nicht für die Schweiz bestimmt, trotzdem aber spielte unser Land in diesem Handel eine zentrale Rolle. In Basel wohnhafte Türken organisierten und überwachten den Transport; eine Bank im Tessin und Bieler Uhrenfirmen wuschen die Heroinmillionen.

«Die italienische Mafia übergab das Geld Chris S., Inhaber einer kleinen Finanzgesellschaft im Tessin», erzählte ein Drogenfahnder im Zeugenstand. Chris S. brachte das Geld in Chiasso zur Filiale einer Zürcher Bank. *«Ich handelte im Auftrag der Zürcher Bank. Ich wusste aber nicht, dass es sich um Drogengelder handelte. Ich glaubte, es ginge um einen gewöhnlichen Devisenschmuggel, und der ist bei uns nicht strafbar»*, rechtfertigte sich Chris S. Von Chiasso aus wurde das Geld durch mehrere Firmen und Banken geschleust und tauchte schliesslich beim libanesischen Uhrenhändler Hovik Simonian in Biel auf. Manchmal brachten Kuriere aus Italien den Heroinerlös bis Basel und übergaben ihn hier Hovik Simonian.

Über diesen spektakulären Heroinhandel drehte Otto C. Honegger für das

Schweizer Fernsehen den 45minütigen Film «Operation K – 210 Kilogramm Heroin und die Folgen». Dieser Stoff drängte sich für einen Dokumentarfilm geradezu auf. Anhand der Aussagen vor dem Basler Strafgericht (Prozess gegen den Chauffeur Nuri Üstgelen) konnte der Heroinhandel lückenlos rekonstruiert werden. Fast ein Glücksfall, denn nur selten gelingt der Polizei bei Drogengeschäften diesen Ausmasses eine vollständige Aufklärung. Otto C. Honegger drehte mit seinem Team in der Türkei, in Italien und in der Schweiz. Zahlreiche Szenen wurden nachgestellt. Berufsschauspieler mimten den Part der flüchtigen oder verhafteten Schieber.

Honeggers Dokumentarfilm durfte vom Schweizer Fernsehen nicht wie geplant am 15. November 1984 ausgestrahlt werden. Als Otto C. Honegger bei der Tessiner Filiale der Zürcher Bank die Geldübergabe nachfilmen wollte und die Direktion um eine Stellungnahme bat, klagte diese beim Zürcher Bezirksgericht. *«Durch die Darstellung von Otto C. Honegger könnte man glauben, wir hätten die Heroinmillionen gewaschen. Diese Behauptung der Polizei muss erst noch bewiesen werden. Wir wollen nicht die Ausstrahlung des Films verhindern»*, begründete ein Direktor der Zürcher Bank gegenüber dem «Tages-Anzeiger» den Gang zum Richter.[1] Das Zürcher Bezirksgericht entschied – ohne den Film gesehen zu haben –, die besagte Bank dürfe im Film weder gezeigt noch namentlich erwähnt werden. Gegen diesen Entscheid reichte das Schweizer Fernsehen einen Rekurs ein und verzichtete vorerst auf die Ausstrahlung des Dokumentarfilms. Er wurde schliesslich am 13. Dezember 1984 gezeigt – zensuriert.[2]

Am 1. März 1985 nahm das welsche Fernsehen Honeggers Film ins Programm. Das Zensur-Beispiel von Zürich machte in der Westschweiz Schule. Der Fernseh-Report geriet zur «Pieps-Show». Diesmal hatte der in Biel ansässige Uhrenhändler Hovik Simonian geklagt. Und auch ihm gab das Gericht recht. Zusätzlich zur Zürcher Bank durften ebenfalls Hovik Simonian und

---

[1] Tages-Anzeiger, Ausgabe vom 29. Oktober 1984.

[2] Die Zürcher Bank, die Honeggers Film stoppte, wurde schon mehrmals im Zusammenhang mit grösseren Finanzskandalen genannt. Der damalige Verwaltungsratspräsident dieser Bank – so berichtete der «Spiegel» (Nr. 5/1984) – war zum Beispiel Anlaufstelle für Flick-Spendengelder. Laut «Spiegel» ging ein Teil dieser Spenden als unversteuertes Schwarzgeld zurück an den Flick-Konzern.

Auch beim Kasino-Skandal an der Côte d'Azur kam die Bank ins Gerede. Durch den Korsen Jean-Dominique Fratoni hatte die italienische Mafia mehrere Spielkasinos in Südfrankreich übernommen. In diesen Spielhäusern wurden unter anderem Gelder aus Drogenhandel und Menschenraub gewaschen (s. dazu auch Seite 207 f.). Michel Franca und Jean Crozier behaupten in ihrem Buch «Nice, la baie des requins», Paris 1982, Jean-Dominique Fratoni habe einen Teil seiner Geschäfte über Filialen der Zürcher Bank abgewickelt.

Und Nicholas Faith («Safety in Numbers», London 1982) nennt die Bank im Zusammenhang mit Finanztransaktionen des Pleite-Fonds IOS von Bernie Cornfeld.

seine Firma Abiana weder genannt noch gezeigt werden. Das welsche Fernsehen sendete trotzdem. Die vom Gericht verbotenen Textstellen wurden mit einem Pfeifton übertönt; und die untersagten Bildstellen mit roten Balken verdeckt. Die Zensur-Balken trugen die Aufschrift: «*Ausstrahlung durch einstweiliges gerichtliches Verbot untersagt.*»

Nicht nur das Schweizer Fernsehen bekam Ärger, als es sich für die Irrwege der Heroingelder interessierte. Auch die Drogenfahnder selbst wurden in ihrer Arbeit behindert. Entscheidend für die Aufklärung dieses Drogenhandels war nämlich die Zusammenarbeit mit der italienischen Polizei, die gegen die Heroinkäufer – Mafia-Mitglieder – ermittelte. Die Basler Fahnder kannten den Fluss der schmutzigen Gelder. Doch anfänglich wurde ihnen von der Bundesanwaltschaft ausdrücklich verboten, diese Ermittlungsergebnisse an die italienischen Kollegen weiterzuleiten. Es handle sich hier um in der Schweiz nicht strafbare Fiskaldelikte; ein solcher Informationsaustausch über die Grenze verstosse gegen schweizerisches Gesetz, wurden sie belehrt. Und den Geldempfänger in der Schweiz, den libanesischen Uhrenhändler Hovik Simonian, mussten die Basler Drogenfahnder – gegen ihren Willen – an die Bieler Justiz abtreten. Einen Monat später war er wieder auf freiem Fuss, und am 10. November 1988 schliesslich stellte Untersuchungsrichterin Wüthrich das Strafverfahren gegen ihn ein – «*trotz erheblich belastenden Ermittlungsergebnissen*», wie auch die PUK festhält.[1]

Der «Fall Simonian» wird zum «Fall Bundesanwalt»

Hovik Simonian ist Armenier und besitzt einen libanesischen Pass. Während der pogromartigen Armenierverfolgung in der Türkei flohen seine Vorfahren Anfang dieses Jahrhunderts nach Beirut. Zusammen mit der Familie Giraco beherrschten die Simonians von Beirut und später von Biel aus den Uhrenhandel zwischen Europa und dem Nahen Osten. Im Libanon, in Syrien, Palästina, Ägypten, Irak, Saudi-Arabien und in der Türkei waren sie ohne Zweifel die wichtigsten Abnehmer und Verkäufer von Schweizer Uhren. Die Familie Simonian, die sich stets stark für die heimatvertriebenen Armenier engagierte, brachte aber auch mehrere Künstler und Wissenschaftler von internationalem Renommee hervor. Simon Simonian, Hoviks Vater (er starb im Jahre 1986), war Schriftsteller, Religionsphilosoph und Verleger und galt als einer der bedeutendsten Vertreter und Förderer des armenischen Kulturgutes.

Hovik Simonian siedelte im Herbst 1976 nach Biel über und liess sich hier

---

[1] PUK-Bericht, Seite 134.

von seinem Onkel Artin ins Uhrengeschäft einführen. Drei Jahre später gründete er eine eigene Firma, die Abiana SA. Während der grossen Krise der Schweizer Uhrenindustrie kam er mit den japanischen Uhrenkonzernen Seiko, Citizen und Pulsar ins Geschäft, denen er die Türkei als neuen Absatzmarkt erschloss.

Der Basler Staatsanwalt Jörg Schild hegte jedoch den dringenden Verdacht, dass dieser Uhrenhandel unmittelbar mit Heroingeschäften gekoppelt war. Darum liess er am 19. Mai 1983 Hovik Simonian in Biel verhaften und nach Basel ins Untersuchungsgefängnis Lohnhof überführen. Bei seiner Festnahme trug er ein Notizbuch auf sich, in dem er riesige Geldbeträge aufgelistet hatte. Auf seinem Konto (Nr. 684007-41) bei der SKA in Biel stellte die Staatsanwaltschaft 350 000 Franken sicher, die nachweislich aus einem Heroingeschäft stammten. *«Es hat sich gezeigt, dass Hovik Simonian Mitglied einer international operierenden Heroinhändler-Bande ist. (...) Hovik Simonian erhielt Millionenbeträge, zum Teil von Leuten, die er nicht einmal kennt»*, heisst es in einem Basler Polizeiprotokoll, das die ersten Fahndungsergebnisse zusammenfasst.[1]

Der Libanese aus Biel jedoch beteuerte seine Unschuld. *«Ich bin Uhrenhändler, mit Drogen habe ich nichts zu tun. Die Gelder stammen aus Uhrengeschäften mit der Türkei und Ländern des Nahen Ostens.»* Warum seine Kunden ihre Rechnungen in Biel in bar und von mysteriösen Kurieren begleichen liessen, dafür hatte er eine einfache Erklärung. Die Bieler Untersuchungsrichterin Wüthrich fasste sie so zusammen: *«Er vertreibt Uhren hauptsächlich in der Türkei und im Nahen Osten. Wegen bestehender Einfuhr- und Devisenausfuhrbeschränkungen in der Türkei und im Nahen Osten sind diesem Handel Schranken gesetzt. Aus diesen Gründen sorgt Simonian Hovik dafür, dass die Ware meist von Sofia aus schwarz den Destinatären zugeliefert wird. Die entsprechenden Zahlungen werden in Hartwährung ebenso illegal aus der Türkei und aus dem Nahen Osten geschmuggelt und den diversen Bankkonten des Simonian Hovik in Europa gutgeschrieben oder in bar übergeben. Mitunter figurieren Strohmänner als Einzahler.»*[2] Der Verband der Schweizerischen Uhrenindustrie (FH) bezeugte, dass dank dieser *«traditionellen Handelspraxis»* in den letzten Jahrzehnten mehrere Millionen Schweizer Uhren in der Türkei und im Nahen Osten abgesetzt werden konnten.

Hovik Simonian sass noch keine Woche im Basler Untersuchungsgefängnis, als Staatsanwalt Jörg Schild unerwarteten Besuch erhielt: Pastor Karnusian aus Gstaad, seines Zeichens auch Präsident des armenischen Weltbundes. Der Staatsanwalt habe sich bestimmt in den Mitteln vergriffen und in der Per-

---

[1] Während des Prozesses gegen den Chauffeur Nuri Üstgelen (die Verhandlungen waren öffentlich) hat der Basler Staatsanwalt Jörg Schild ausführlich aus diesem Fahndungsbericht zitiert; auch die hier erwähnte Stelle.

[2] Beschluss der Bieler Untersuchungsrichterin Wüthrich vom 10. November 1988, S. 4 f.

son geirrt; schon aus religiöser Überzeugung lehne Hovik Simonian jede Art illegalen Handels ab, protestierte der Pastor gegen dessen Verhaftung und forderte kurzerhand seine Freilassung. Er warnte Jörg Schild, der zu unrecht Verhaftete gehöre einer einflussreichen armenischen Familie an. Der Basler Staatsanwalt liess sich jedoch nicht beeindrucken. Im Gegenteil: Er war schokkiert und fühlte sich vor den Kopf gestossen.

Mehr Verständnis dagegen fand Hovik Simonian bei den Behörden in Biel. Tatsache jedenfalls ist, dass die Bieler alle Hebel in Bewegung setzten, damit ihnen die Ermittlungen gegen Hovik Simonian übertragen wurden. Staatsanwalt Jörg Schild wehrte sich vergeblich dagegen. Er musste den «Fall Simonian» trotz Protest an Biel abtreten. Der stellvertretende Generalprokurator des Kantons Bern anerkannte für Hovik Simonian die Zuständigkeit der bernischen Gerichtsbarkeit. Am 16. Juni 1983 wurde der Libanese ins Bezirksgefängnis von Biel verlegt. Einen Monat später war er auf freiem Fuss und durfte sogar ins Ausland reisen.

Fünf Jahre später, am 10. November 1988, hob Biel die gerichtliche Strafverfolgung gegen Hovik Simonian auf. Ein verblüffender Entscheid. «*Simonian Hovik hat (...) mehrmals ausgesagt, in seiner Geschäftätigkeit komme es einerseits immer wieder vor, dass er Geld überwiesen erhalte, welches entweder nicht direkt von seinen Kunden einbezahlt würde, andererseits Geld empfange, das nicht mit seinem Uhrenhandel im Zusammenhang stünde. (...) Letztgenannte Gelder seien nicht für ihn bestimmt gewesen...*», stellte Untersuchungsrichterin Wüthrich in ihrem Entscheid fest.[1] Woher diese Gelder stammten und warum sie über Hovik Simonians Konti flossen, das konnte oder wollte die Untersuchungsrichterin nicht herausfinden.

Dabei verfügte sie offensichtlich über Hinweise, die in höchstem Masse alarmierend waren. Frau Wüthrich schrieb in ihrem Einstellungsentscheid: «*Von Anfang 1980 bis Ende Mai 1983 konnte anhand der Buchhaltung des Simonian Hovik und dessen handschriftlichen Aufzeichnungen festgestellt werden, dass Geldverschiebungen in der Höhe von ca. 50 Millionen Franken getätigt wurden. In bezug auf die Geldtransaktionen arbeitete Simonian Hovik nachweislich mit der Firma MEGATAF SA, SHAKARGO SA, PARLAK AG, allesamt Geldinstitute in Zürich, und der Firma OVERAS, Biel. In der Türkei stand Simonian Hovik mit verschiedenen Agenten in Verbindung. Zu erwähnen sind Cakir Mehmet und Hikmet Savas.*»[2]

Mit diesen Personen und Firmen hatte sich die Bieler Polizei – wie wir sehen werden – bereits in den Jahren 1979–1982 befasst und war dabei auf das «*Zentrum eines internationalen Heroinhändlerringes*» gestossen. Schon damals gehörte Hovik Simonian zum engeren Kreis der Verdächtigen. Und damals

---

[1]   Beschluss der Bieler Untersuchungsrichterin, a. a. O., S. 6.
[2]   Ebenda, S. 5.

140

schon wurden die Ermittlungen in Biel aus unerklärlichen Gründen aufs Eis gelegt. Vor allem in Italien (später dann auch im Tessin und in Zürich) wurden diese Ermittlungen jedoch fortgesetzt und führten ins Zentrum der türkischen und italienischen Mafia. Eine ganze Reihe von Fragen drängen sich auf: Warum hatte die Untersuchungsrichterin Wüthrich keinen Zugang zu den früheren Bieler Polizeiermittlungen, wie sie dies heute glauben macht?[1] Warum blieben ihr italienische Gerichtsakten vorenthalten, während jeder Journalist sie sich beschaffen konnte? Warum hat das Zentralpolizeibüro, zuständig für die Koordination bei Drogenfahndungen, die Bieler Richterin nicht unterstützt? Das Zentralpolizeibüro ist über sämtliche erwähnten Ermittlungen unterrichtet und verfügt zum Teil sogar über umfassende Dossiers. Oder hatte Frau Wüthrich vielleicht doch vollständige Akteneinsicht? Doch dann wäre ihr Einstellungsentscheid erst recht unverständlich.

Und so begründete die Bieler Untersuchungsrichterin ihren Entscheid: *«Insbesondere kann auch zum heutigen Zeitpunkt Simonian Hovik nicht nachgewiesen werden, dass er aktiv an Heroingeschäften beteiligt war. Ebensowenig kann ihm nachgewiesen werden, dass er bei seinen Geldtransaktionen Kenntnis davon gehabt hätte, dass ein Teil zumindest Heroinerlös darstellte... Bei dieser Beweislage würde eine Überweisung an das urteilende Strafgericht aller Voraussicht nach in einem Freispruch des Angeschuldigten enden. Es rechtfertigt sich deshalb, nicht zuletzt unter Berücksichtigung der langen Untersuchungsdauer, das Verfahren bereits in diesem Stadium aufzuheben.»*[2] Die 350 000 Franken, welche aus einem Heroingeschäft stammten und von der Basler Staatsanwaltschaft beschlagnahmt worden waren, zog das Gericht ein.[3] Die Verfahrenskosten dagegen wurden dem Staat auferlegt. Und die Untersuchungsrichterin empfahl dem Bezirksprokurator des Seelandes, Hovik Simonian eine Entschädigung von 57 500 Franken auszurichten.

Dieser Bieler Gerichtsentscheid lockte mehrere kantonale Drogenfahnder aus der Reserve. Ohne ihren Namen preiszugeben, sprachen sie der Presse gegenüber von *«Protektion und Mauschelei»*.[4] Der «Fall Simonian» wurde zum «Fall Bundesanwalt». Was hat es damit auf sich?

Auf den 1. Mai 1988 war der Bieler Adrian Bieri zum Chefstellvertreter

---

[1]   Siehe dazu Die Weltwoche vom 21. September 1989.

[2]   Beschluss der Bieler Untersuchungsrichterin, a. a. O., S. 7.

[3]   Gegen diesen Entscheid reichte Hovik Simonian beim Bundesgericht mit Erfolg einen Rekurs ein. Laut Bundesgerichtsurteil, das am 5. Februar 1990 publiziert wurde, muss das Bieler Gericht Hovik Simonian die eingezogenen 350 000 Franken zurückgeben. Nach Ansicht des Bundesgerichtes stammt das Geld zwar aus einem Drogengeschäft, es kann aber nicht bewiesen werden, dass Hovik Simonian an diesem Drogenhandel direkt beteiligt war. Dieses Urteil macht einmal mehr deutlich, warum die Schweiz auf Drogengeldwäscher so anziehend wirkt.

[4]   Tribune de Genève, 26. November 1988; SonntagsZeitung, 27. November 1988.

Auch gegenüber Adrian Bieri, der als Chef der Zentralstellendienste angestellt worden war, wurde in der Presse der Verdacht erhoben, er sei ein Beispiel mafioser Infiltration in die Bundesbehörden. Tatsache ist, dass der Vater von Adrian Bieri Treuhänder einer in eine Geldwaschangelegenheit verwickelten Gesellschaft war. Fest steht auch, dass die Sicherheitsüberprüfung von Adrian Bieri auf jeden Fall ungenügend war und dass Adrian Bieri mit Dossiers beschäftigt war, welche u. a. die verdächtige Gesellschaft betrafen (vgl. V.2.4.3). Hingegen fehlen jegliche Hinweise dafür, dass Adrian Bieri fragwürdige Kontakte unterhalten und seine Stellung in irgendeiner Weise missbraucht haben könnte. Es stellt sich somit lediglich die Frage der Befangenheit. Mit seiner Versetzung als Folge der Empfehlungen der Administrativuntersuchung von alt Bundesgerichtspräsident Arthur Haefliger ist dieses Problem gelöst worden.

Adrian Bieri: Fehlbesetzung in der Bundesanwaltschaft, aber zumindest kein Fall einer Unterwanderung der schweizerischen Behörden durch das organisierte Verbrechen (Auszug aus dem PUK-Bericht, S. 106f.).

beim Zentralpolizeibüro in Bern ernannt worden. Als Sektionschef der Zentralstellendienste war er zuständig für die Koordination der schweizerischen Drogenfahndung. Alle interkantonal und international verzweigten Drogenfälle gingen durch seine Hände. *«Diese Wahl stinkt zum Himmel. Wie sollen wir diesem Mann vertrauen. Sein Vater Walter Bieri ist Buchhalter von Hovik Simonian und sitzt im Verwaltungsrat der Firma Abiana SA.»*, protestierte der Chef eines kantonalen Drogendezernates.

Adrian Bieri habe sich nicht mit den *«Geldwaschangelegenheiten der Gebrüder Magharian»* befasst, erklärte die Bundesanwaltschaft in einer Stellungnahme vom 29. November zu der in der Presse geäusserten Kritik an der Wahl Bieris. Dieselbe Erklärung gab Bundesrätin Elisabeth Kopp eine Woche später in der Fragestunde des Nationalrates ab. Bundesanwalt Gerber wusste zwar, dass diese Auskunft falsch war, aber er liess sie nicht berichtigen. Hans Dressler, Untersuchungsbeauftragter des Bundesrates, wertete dieses Schweigen als Amtspflichtverletzung.[1] Adrian Bieri hatte sehr wohl Akten bearbeitet, in denen die Firma Abiana und Hovik Simonian mit andern – ebenfalls der Geldwäscherei verdächtigten – Personen und Finanzgesellschaften in Zusammenhang gebracht wurden.

Der Posten des Sektionschefs der Zentralstellendienste war Anfang November 1987 ausgeschrieben worden. Adrian Bieri, damals ausserordentlicher Untersuchungsrichter in Biel, meldete sich zusammen mit einem Dut-

[1] PUK-Bericht, S. 134.

zend weiteren Bewerbern. Am 14. Januar 1988 ordnete der Bundesanwalt eine «Sicherheitsüberprüfung» des Kandidaten Bieri an. Ausgeführt wurde sie vom kantonalen Nachrichtendienst in Biel. In die «Sicherheitsüberprüfung» wurde zwar auch Vater Walter Bieri einbezogen. Im Schlussbericht jedoch fehlte der Hinweis auf die Verbindung zu Hovik Simonian und dessen Firma Abiana SA. Auf Vorschlag des Bundesanwalts schliesslich ernannte der Bundesrat Adrian Bieri am 25. Februar 1988 zum Sektionschef der Zentralstellendienste.

Gegenüber der Parlamentarischen Untersuchungskommission (PUK) erklärte Bundesanwalt Rudolf Gerber: *«Hätte man damals gewusst, dass Bieris Vater Handlangergeschäfte für einen der Geldwäscherei verdächtigen Mann durchführte, hätte man den Sohn nicht angestellt.»*[1] Der PUK-Bericht hält fest, dass die Bundesanwaltschaft *«wenige Tage vor, sicher aber unmittelbar nach der Wahl von Adrian Bieri»*[2] über die kompromittierenden Geschäftsbeziehungen von Vater Walter Bieri unterrichtet wurde. In Tat und Wahrheit wussten sowohl der kantonalbernische Nachrichtendienst als auch die Bundesanwaltschaft bereits seit Jahren Bescheid.

Seit nämlich das Schweizer Fernsehen im Dezember 1984 den Dokumentarfilm «Operation K» ausgestrahlt hatte, hatten mehrere Schweizer Zeitungen den «Fall Simonian» aufgegriffen und dabei harte Kritik an der Bundesanwaltschaft geübt. In der BRD wurden zwischen Dezember 1984 und Juni 1985 nicht weniger als drei Fernsehreportagen gesendet. Sie stellten Hovik Simonian als *«wesentliche Person des internationalen Heroinhandels»* vor, und seine Firma Abiana SA nannten sie eine *«Geldwaschanlage für das internationale Heroingeschäft».*[3] In der Lokalzeitung «Biel – Bienne» wehrte sich Verwaltungsrat Walter Bieri gegen diese massiven Vorwürfe. Laut Angaben von Walter Bieri hatten diese Presseberichte für Hovik Simonian verheerende Folgen. Mehrere Lieferfirmen brachen jegliche Geschäftsbeziehung ab, darunter auch der Seiko-Konzern, für den Hovik Simonian in der Türkei die

[1] PUK-Bericht, S. 135.

[2] PUK-Bericht, S. 133. Alt-Bundesgerichtspräsident Arthur Haefliger, der die Administrativuntersuchung gegen den Bundesanwalt durchführte, attestierte Adrian Bieri korrektes Verhalten: *«... es besteht kein Verdacht, dass Bieri unerlaubterweise Informationen aus seinem Amt weitergegeben hätte. Er hat im übrigen als Sektionschef im Interesse der Drogenbekämpfung manches unternommen, was sich positiv ausgewirkt hat»* (PUK-Bericht, S. 135 f.). Um jegliches *«Sicherheitsrisiko»* auszuräumen, schlug Arthur Haefliger vor, dass Adrian Bieri sein Amt als Chef der Zentralstellendienste abtrete. Adrian Bieri wurde Anfang 1989 departementsintern versetzt.

[3] Gegen die Autoren dieser Reportagen sowie die drei deutschen Fernsehanstalten «Sender Freies Berlin», «Norddeutscher Rundfunk» und «Südwestfunk» reichte Hovik Simonian beim Landgericht Köln Klage ein. Die erste und zweite Gerichtsinstanz wiesen die Klage ab. Hovik Simonian, der knapp 2 Millionen DM Schadenersatz forderte, zog den Fall vor den Bundesgerichtshof weiter. Das letztinstanzliche Urteil stand Ende 1989 noch aus.

Alleinvertretung innehatte. Und die Schweizerische Kreditanstalt kündigte als Hausbank.

«Okkultes Drogenhändlerzentrum» in Biel?

Einer der Schlüssel zur «Dunkelkammer der Nation» und zur Affäre um Alt-Bundesanwalt Rudolf Gerber liegt in Biel. In den Jahren 1979–1982 hatte die Polizei der Schweizer Uhrenmetropole einen internationalen Heroinhändlerring von sensationellem Ausmass aufgedeckt: Teile der Pizza-Connection und praktisch den vollständigen Schweizer Ableger der türkischen Mafia. Die Pizza-Connection flog schliesslich im Jahre 1984 auf Intervention der Italiener und Amerikaner auf. Drei Jahre später erst, Ende Februar 1987, zerschlug die Tessiner Polizei dank einer Undercover-Operation der amerikanischen Drogenpolizei DEA Teile der türkischen Drogenmafia, genannt Libanon-Connection.[1] Die kriminellen Geschäfte der türkischen Drogenmafiosi und ihrer Geldwäscher, deren Verhaftung die grösste politische Krise der Schweiz – die Affäre Kopp/Gerber – auslöste, wurden in Bieler Polizeirapporten bereits vor bald zehn Jahren im Detail beschrieben. Die Polizei von Zürich und Genf hatte sich an diesen Ermittlungen ebenfalls beteiligt. Auch die Bundespolizei hatte sich eingeschaltet. Und die Bundesanwaltschaft bzw. die «Zentralstelle für die Bekämpfung des unerlaubten Betäubungsmittelverkehrs» schliesslich hatte alle Fahndungsergebnisse gesammelt.

Plötzlich allerdings waren die Ermittlungen eingestellt worden. Und die Dossiers über den aufgedeckten Drogenhändlerring blieben seither unauffindbar. Die Bundesanwaltschaft, in den letzten Jahren von uns immer wieder dazu befragt, bestritt systematisch, von den Bieler Ermittlungen Kenntnis zu haben. Beim Gericht in Biel stellte man sich unwissend oder versteckte sich hinter dem Amtsgeheimnis. Der Basler Staatsanwalt Jörg Schild und selbst die beiden Untersuchungsrichterinnen in Biel, die den Fall Hovik Simonian bearbeiteten, kamen an die alten Akten nicht heran.

Dagegen kamen die in der Schweiz dementierten und vermissten Dossiers plötzlich im Justizpalast von Trento zum Vorschein. Der italienische Untersuchungsrichter Carlo Palermo zitierte in einer Anklageschrift gegen armenische Drogen- und Waffenhändler ausführlich aus den Bieler Polizeiprotokollen. *«Ermittlungen der Schweizer Polizei zeigen eindeutig die Existenz eines okkulten internationalen Drogenhändlerrringes mit Zentrum in Biel bei den Firmen Ovaras SA. und Abiana SA. Diese Firmen werden (...) von Personen kontrolliert, die sich in der Regel in Sofia aufhalten: namentlich Bekir Celenk und Mehmet Cakir. Die Angaben*

---

[1]   Siehe Kapitel «Libanon-Connection» dieses Buches.

144

der Schweizer Polizei wurden inzwischen durch Erkenntnisse der deutschen und italienischen Polizei bestätigt.» [1]

Die Bieler Polizei – so Carlo Palermo – habe bereits im Sommer 1979 Hinweise erhalten, dass Mehmet Cakir, genannt «Salih», Mitinhaber der Uhrenfirma Ovaras SA. war und gleichzeitig mit Rauschgift handle. Carlo Palermo beschreibt ihn als Cousin des türkischen Waffen- und Drogenhändlers Bekir Celenk, dem er früher als Chauffeur gedient habe. Innerhalb von drei Jahren sei Mehmet Cakir in nicht weniger als acht Drogenfälle verwickelt gewesen. [2] In Appeldoorn (Holland), Ulm (BRD), Zürich, Mailand, Frenetici und Gradina (Jugoslawien) wurden Kuriere verhaftet, die jeweils zwischen 2 und 7 Kilogramm Heroin oder bis zu 46 Kilogramm Haschisch mitschleppten. Und stets führten die Spuren nach Biel und zu Mehmet Cakir. Mehrere Personen, die später im Zentrum der Libanon-Connection stehen, wurden als Partner und Mitarbeiter Cakirs bezeichnet. Zum Beispiel Mustafa Irfan Parlak. *«Parlak befasst sich im Auftrag von Cakir mit dessen Geschäften und kennt auch alle seine Kuriere, die den Rauschgifthandel abwickeln»*, zitiert Carlo Palermo aus einem Bieler Polizeibericht. [3]

Aus Feigheit oder aus politischem Opportunismus habe die Schweiz vor den Drogenhändlern kapituliert, meint ein Bieler Beamter, der aus Angst um seine Anstellung anonym bleiben will. Zum Beweis, dass er seinerzeit Einblick in die Ermittlungen der Drogenfahnder hatte, legt er mehrere Organigramme aus den scheinbar verschollenen Polizeidossiers vor. Diese Leute hätten mächtige politische Freunde, unter anderem in Syrien und im Iran, behauptet der Beamte. Wie sich dies auf die Polizeiarbeit niederschlug, schildert er am Beispiel des Arabers «Ali» [4], der im Zentrum eines der Polizei-Organigramme steht.

«Ali», von Beruf Ingenieur und Uhrenfabrikant, besitzt einen jordanischen Pass, stammt aber aus Kairo. In den fünfziger Jahren war er in ein Komplott gegen den ägyptischen Staatspräsidenten Gamal Abdel Nasser verwickelt, wurde verhaftet und zum Tode verurteilt. Kurz vor der Hinrichtung konnte er nach Jordanien fliehen. Seit etwas mehr als dreissig Jahren lebt er in der Schweiz. Zuerst wohnte er in Biel, wo er vorübergehend Hausnachbar von Bekir Celenk war und zum Freundeskreis von Mehmet Cakir und Irfan Parlak zählte. Mehrmals war er wegen Drogen- und Waffenhandel denunziert worden. Der Polizei hatten sich sogar Zeugen angeboten. Zweimal wurde auf Ersuchen ausländischer Richter seine Wohnung durchsucht. Bei einer Durchsuchung lagen auf der Terrasse, versteckt unter Bettüchern, Kalasch-

---

[1] Palermo-Akte, Kapitel IV, Le fasi del traffico – la fornitura, Blatt 853 f.

[2] Palermo-Akte, a. a. O., Blatt 849 ff.

[3] Ebenda, Blatt 832.

[4] Name von uns geändert.

nikows und Pistolen der Marke Steyr und in der Schublade seines Sekretärs mehrere falsche Pässe. Ob «Ali» tatsächlich illegal mit Drogen und Waffen handelte, klärte die Polizei nie ab, behauptet der Bieler Gewährsmann. Der Grund seien «Alis» politische Freunde gewesen. «Ali» ist aktives Mitglied der «Muslimbrüder», einer Gemeinschaft ägyptischer Fundamentalisten. Und besonders nachhaltigen Eindruck hätten bei den Schweizer Behörden seine Teheraner Kontakte hinterlassen. «Ali» zählt mehrere iranische Minister und Ayatollahs zu seinen Freunden. Fotos aus dem Jahre 1980 zeigen ihn zusammen mit Hossein Ali Montazeri, seinerzeit designierter Nachfolger von Ayatollah Khomeini.

Parallel zur Bieler Polizei ermittelte seit 1979 im norditalienischen Trento auch Untersuchungsrichter Carlo Palermo gegen diese armenisch-türkisch-syrischen Drogenhändler. Liest man Palermos Untersuchungsakten, welche gegen 10 000 Seiten umfassen, stellt man Erstaunliches fest. Der Trentiner Richter verfügte nicht nur über die Bieler Polizeiberichte, er arbeitete auch eng mit der Polizei in Genf und Zürich zusammen. Bei der Palermo-Untersuchung ging es um Heroinschmuggel im Wert von mehreren Hundert Millionen Dollar und um illegale Waffengeschäfte riesigsten Ausmasses. Beteiligt waren – wie wir im folgenden sehen werden – die türkische und italienische Mafia, Rechtsextremisten und vor allem mehrere Nachrichtendienste, die alle anfänglich oft von der Schweiz aus operierten!

Die Bundesanwaltschaft war über die Palermo-Ermittlung, soweit diese die Schweiz betraf, bestens informiert. Vor allem von der Polizei in Genf, Biel und Zürich erhielt der Trentiner Richter entscheidende Informationen und Hinweise. In den Jahren 1981/82 hatte die Bundesanwaltschaft sogar engstens mit Carlo Palermo zusammengearbeitet. Ein Beamter der Zentralstellendienste reiste zeitweise jede Woche einmal ins Tessin. Dort liess er sich von Carlo Palermo persönlich über den jüngsten Stand der Untersuchung informieren; sie tauschten Fahndungsergebnisse aus und besprachen weitere Ermittlungen. Schleierhaft bleibt, warum die offiziellen Sprecher der Bundesanwaltschaft heute noch erklären: *«Wie Carlo Palermo an die Bieler Polizeiberichte kam, wissen wir nicht. Von uns jedenfalls hat er sie nicht erhalten.»*

Am 24. November 1982 gab Carlo Palermo eine Pressekonferenz und meldete einen spektakulären Fahndungserfolg. *«Wir haben jenen Waffenhändler verhaftet, der in allen Ländern des Nahen Ostens ein Monopol für illegale Waffenlieferungen besass; wir haben die weltweit grösste Organisation zerschlagen, die auf diesem Gebiet aktiv ist. Der Mann heisst Henry Arsan, ist 59jährig und stammt aus Aleppo, Syrien. Er wohnt in Chiasso, arbeitet aber in Mailand, wo er seine Geschäfte über die als internationale Transportgesellschaft getarnte Firma Stibam abwickelt»*, erklärte Carlo Palermo. Und sein Vorgesetzter Francesco Simeoni, Chefuntersuchungsrichter aus Trento, ergänzte: *«Es handelt sich um eine mächtige*

Konspiration, weil sowohl die Regierung wie auch der Geheimdienst von diesen Geschäften wussten.» [1]

Drogen gegen Waffen: Carlo Palermos Schlag gegen die mächtigen Hintermänner

Eigentlich war der Trentiner Untersuchungsrichter kleinen Dealern auf der Spur. Das änderte sich am 18. November 1979, als italienischen Zollbeamten im Orient-Express Istanbul–Paris ein paar türkische Frauen auffielen. Sie trugen grosse Kopftücher und hatten einen dicken Bauch. Warum wollen die ihre Kinder alle in Italien zu Welt bringen, wunderten sich die Zöllner. Auf dem Posten «gebar» dann jede drei Kilogramm Heroin. In den nächsten Monaten beschlagnahmte die Polizei in rauhen Mengen Heroin und Morphinbase; am 4. Juni 1980 fand sie in Mailand und am 25. August in Trabia (Sizilien) je ein Heroinlabor; gegen 200 Personen wurden festgenommen.

Unter ihnen auch Karl Kofler, Chef einer rechtsradikalen Bande. Der Südtiroler besass in Mattarello bei Trento ein Hotel, das er nach Görings Villa «Karinhall» benannt hatte. Hier fand die Polizei 100 Kilogramm Morphinbase und Rauschgift im Wert von rund 80 Millionen Schweizer Franken. Karl Kofler, früher Tabak- und Devisenschmuggler, belieferte den oberitalienischen und süddeutschen Heroinmarkt.

Karl Kofler zeigte sich geständig und begann auszupacken. Viel konnte er nicht mehr erzählen. Genau drei Wochen nach seiner Verhaftung, am 7. März 1981, punkt 10.35 Uhr, schnitt er sich – so das Polizeiprotokoll – die Kehle durch. 10 Minuten später lag er bereits im Operationssaal des Spitals Santa Chiara. Doch jede Hilfe kam zu spät. Marschall Mario Marconi, Zollchef in Trento, erklärte öffentlich: «*Es war Mord. Man legte ihn um, weil er anfing zu reden.*» Seltsamerweise fand man erst bei einer späteren Obduktion einen tiefen Einstich ins Herz.[2] Tatsächlich hatte sich Karl Kofler als ergiebiger Zeuge erwiesen. Er hatte mehrere Transport- und Reisebusunternehmer denunziert, die Heroin und vor allem Morphinbase nach Italien brachten.

---

[1] Jürgen Roth, Politiker im innigen Bündnis mit der organisierten Kriminalität, Frankfurter Rundschau, 25. August 1983; Maurizio Struffi, Luigi Sardi, Fermate quel giudice, Trento 1986, S. 58f.
[2] Die Todesursache von Karl Kofler war Gegenstand einer fünf Jahre dauernden Untersuchung. Im Schlussbericht konnten zwar letzte Zweifel an der Selbstmordthese nicht endgültig ausgeräumt werden. Die Gerichtsmediziner einigten sich schliesslich darauf: Der Einstich in der Herzgegend stamme von einer Spritze in die Herzkranzgefässe, mit der die Spitalärzte der Klinik Santa Chiara einen letzten Wiederbelebungsversuch an Karl Kofler unternommen hätten. Die Ärzte hätten nachlässig gearbeitet, urteilten die Gerichtsmediziner.

Die Morphinbase, so sagte der gesprächige Zeuge, war für die Heroinküchen von Gerlando Alberti bestimmt. Alberti gehörte zur sizilianischen Mafia-Familie der «Corleonesi», die in Palermo den letzten grossen Mafiakrieg gewonnen hatte.[1] Ab 1974 leitete er von Mailand aus den festländischen Ableger der sizilianischen Mafia. Diese norditalienische Filiale der «Ehrenwerten Gesellschaft» war seinerzeit von Luciano Leggio persönlich aufgebaut worden. Kurz vor seinem Tod konnte Karl Kofler noch verraten, wer ihm die Morphinbase verkauft hatte: der syrische Waffenhändler Henry Arsan. Erst acht Monate später, bei der Verhaftung Renato Gambas, begriff Untersuchungsrichter Carlo Palermo, dass ihm Karl Kofler den obersten Boss des grössten in Europa je aufgedeckten Drogenringes verraten hatte.

Längst ging es nicht mehr um kleine Dealer. An Weihnachten 1981 liess Carlo Palermo den oberitalienischen Waffenfabrikanten Renato Gamba verhaften. Zwei Tage zuvor hatte dieser ein illegales Waffengeschäft in der Höhe von knapp 200 Millionen Franken abgeschlossen: 25 Helikopter des Typs 209 AH-IG Cobra, 10 Leopard-Panzerwagen und 10 Basic-Panzer. Überraschung Nummer eins für den Untersuchungsrichter: Renato Gamba war Mitglied einer vom Innenminister eingesetzten Kommission, welche die Waffenexporte zu überwachen hatte. Überraschung Nummer zwei: Das 200-Millionen-Geschäft führte direkt zur Firma Stibam von Henry Arsan an der Via Oldofredi 2 in Mailand. Eine Adresse, die den Richter nervös machen musste. Der Palazzo an der Via Oldofredi 2 gehörte nämlich der Ambrosiano-Bank von Roberto Calvi.

Im Stockwerk unterhalb der Stibam-Büros wohnte Calvis Vizedirektor, und im Parterre befand sich eine Filiale der Ambrosiano. Die Ambrosiano-Bank war nicht nur die Hausbank des Drogen- und Waffenhändlers Henry Arsan, sondern auch diejenige von Licio Gelli, Grossmeister der ominösen Freimaurerloge P2.[2] Noch während der Ermittlungen von Carlo Palermo ging die Ambrosiano-Bank pleite und bescherte Italien den bisher grössten Finanzskandal der Nachkriegsgeschichte. Roberto Calvi fand man am 18. Juni 1982 aufgehängt unter der Blackfriars Bridge in London.

Palermos Ermittlungen nahmen immer unüberschaubarere Ausmasse an, und der Schieberring geriet zum gigantischen Labyrinth, in dem Carlo Palermo seit bald drei Jahren herumirrte, zwar ständig neue, endlos verwinkelte

---

[1]   Über die Mafia-Familie der «Corleonesi» haben wir oben ausführlich berichtet (Seite 100 ff.). Gerlando Alberti, Stellvertreter des mächtigsten «Corleonesi»-Paten Luciano Leggio, war am 25. August 1980 in Trabia bei Palermo in einem Heroinlabor zusammen mit dem Chemiker der French Connection, André Bousquet, verhaftet worden. Der damals in Lausanne wohnhafte Drogenhändler Eric Charlier spielte als V-Mann der amerikanischen Drogenpolizei DEA bei dieser Verhaftung eine entscheidende Rolle.
[2]   Zu Licio Gelli siehe auch Seiten 165, 167 ff. und 200 ff. dieses Buches.

Kanäle mit Tausenden von Querverbindungen und unzähligen Seitenstollen entdeckte, aber vergeblich den Ausgang suchte. Bei dieser Mammut-Untersuchung wurden gegen 200 Personen verhaftet. Den Weg zeigten ihm schliesslich zwei der Verhafteten, langjährige Geschäftspartner von Henry Arsan: die beiden syrischen Drogen- und Waffenhändler Abdel Rahaman Canoun und Salah Al Din Wakkas.

Abdel Canoun war verhaftet worden, weil er auf seinem Schiff Argo, das zwischen dem Hafen von Genua und der libanesischen Küste hin- und herkreuzte, ein mobiles Heroinlabor eingerichtet hatte. Salah Wakkas, der im norditalienischen Rovereto in Untersuchungshaft sass, war Besitzer einer Schiffahrtsgesellschaft mit Büros in Athen und Mailand; ihre Frachter transportierten Morphinbase aus dem Nahen Osten nach Italien. Auf der Rückfahrt hatten sie Kriegsgerät geladen. Die beiden Syrer boten Carlo Palermo ihre Mitarbeit an und versprachen sich davon ein milderes Strafmass.

«Mit dem Geld aus Drogengeschäften kaufen türkische Lieferanten in Italien Waffen, die vor allem für Syrien, den Libanon oder Skandaron in Kurdistan bestimmt sind», verriet Abdel Canoun in der Einvernahme vom 6. Juni 1981.[1] Eine Woche später wurde er deutlicher und nannte dem Untersuchungsrichter die Namen dieser Händler. *«In Mailand gibt es einen Mann, der sich Henry Arsan nennt und oft im Hotel Hilton absteigt. Er besorgt diese Waffengeschäfte. Ich habe es von Türken erfahren, die direkt bei ihm einkaufen. Es handelt sich in der Regel um Türken, die Drogen nach Italien einführen (...)»*

«Das Café Berlin in Sofia ist ein beliebter Treffpunkt der grossen Waffen- und Drogenhändler. Auch ich habe mich oft in diesem Lokal aufgehalten und selbst an solchen Geschäftsverhandlungen teilgenommen. So habe ich dort erst kürzlich erfahren, dass Samir Aross zusammen mit Marcel Magarian und einem gewissen Beiran, dessen Vornamen ich nicht kenne, zwischen der Türkei und Europa ein riesiges Schmuggelgeschäft mit Waffen und Drogen plant. Samir Aross, ein Türke, lebt in Zürich. Auch der Armenier Marcel Magarian[2] hält sich in der Schweiz auf. Dieser internationale Schmuggel soll von Frankfurt aus organisiert werden.»

Salah Wakkas hatte Henry Arsan im Jahre 1978 kennengelernt, als er den Türken Assan Karagul aus Gaziantep begleitete, der dreitausend Pistolen und eine halbe Million Schiesspatronen zu kaufen suchte. Und so schilderte er dem Untersuchungsrichter seine erste Begegnung mit Henry Arsan: *«Wir gingen zu Henry ins Büro (...), das im zweiten Stock eines grossen Gebäudes beim Bahnhof Centrale (Mailand) lag. Henry und Karagul umarmten sich. Zuerst redeten sie über ihre früheren Waffengeschäfte (...). Dann zog Karagul seine Liste hervor, auf*

---

[1] Einvernahmeprotokoll Abdel Rahaman Canoun vom 21. Juni 1981, S. 3 ff.
[2] Die im Tessin verhafteten Gebrüder Magharian legen Wert darauf, diesen Marcel Magarian nicht zu kennen.

der all die Waffen aufgeführt waren, die er (illegal) kaufen wollte. Henry war bereit zu helfen (. . .). Als wir das Büro verlassen hatten, erzählte mir Karagul, Henry sei ausser in Italien auch in der Schweiz, der BRD und in Holland eine sehr wichtige Persönlichkeit, da er den grössten Teil der Waffengeschäfte mit der Dritten Welt kontrolliere. Er sagte mir noch, Henry sei ein sehr enger Freund von Rimon, der im Libanon für das Amt des Staatspräsidenten kandidierte. Rimon, ein erklärter Gegner der Syrer, verfüge über eine eigene Armee, die wenigstens 1000 Mann zähle. Ausgerüstet werde sie von Henry. . .» [1]

Die Schweiz – Operationsbasis für Henry Arsan & Co.

Eine aus Schweizer Sicht besonders spannende Aussage machte Salah Wakkas am 16. November 1982: *«Die Finanzierung wurde (wie) immer über die Schweiz abgewickelt. In Zürich verfügte Henry über ein Nummernkonto. Mit ihm (Henry) war es nicht nötig, dass man in Italien bar bezahlte (. . .). Ich erinnere mich noch, Henry erklärte Karagul, für die Bezahlung der Waffen solle er sich mit Mahmud Shekergi* [2] *(. . .) in Zürich in Verbindung setzen. Mahmud Shekergi*[2] *sei ein weltweit aktiver Geldwechsler. Er wohne im Hotel Hilton und habe dort auch ein Büro.»* [3]

Dokumente im Besitz des Untersuchungsrichters Carlo Palermo belegen, dass Henry Arsan, um seine illegalen Geschäfte abzuwickeln, zudem enge Verbindungen zu Ismaïl Oflu, zur Zürcher Firma Sermar SA sowie zu einem Türken hatte, der «Salih» genannt wurde. *«Diese Personen führten gemeinsame Finanzgeschäfte durch mit Geldern, die aus dem Heroin- und Waffenhandel stammten»*, heisst es wörtlich in den Palermo-Akten.[4] Im Kapitel «Okkultes Drogenhändlerzentrum in Biel?» sind wir «Salih» bereits begegnet (Seite 145). Die Bieler Polizei hatte Mehmet Cakir alias «Salih», Mitinhaber der Uhrenfirma Ovaras, des Drogenhandels bezichtigt und ihn zum Freundeskreis von Parlak, Celenk und Simonian gezählt.

Die Schweiz war für Henry Arsan weit mehr als nur eine anonyme Bankadresse. Henry Arsan war am 15. Oktober 1923 in Aleppo, Syrien, geboren worden. Er zählte knapp 16 Jahre, als sich seine Eltern – Armenier mit einem

[1]   Diese Angaben machte Salah Al Din Wakkas, als er am 16. November 1982 von Carlo Palermo verhört wurde. Siehe Palermo-Akte, a. a. O., Blatt 787 ff.
[2]   Gemeint ist Mahmoud Shakarchi, Vater des heutigen Inhabers der Shakarchi AG. In italienischen Polizei- bzw. Gerichtsunterlagen findet man beide Schreibweisen: Shekergi und Shakarchi. Siehe u. a.: Gruppo Operativo Antidroga – 1ʳ Sezione – della Guradia di Finanza di Milano, Bericht von Matteo Rabiti (Aktenzeichen: Nr. 5611/UG/G.O.A./1ʳ/13411), Mailand, 25. November 1988, S. 54; sowie der Bericht von Vincenzo Basso (Aktenzeichen: Nr. 3326/UG/G.O.A./1ʳ), Mailand, 25. Juli 1987, S. 34.
[3]   Palermo-Akte, a. a. O., Blatt 784.
[4]   Palermo-Akte, a. a. O., Blatt 887.

griechischen Pass – in Beirut an der Via Asrafio niederliessen. Nach zwei Jahren (1942–1944) Militärdienst in der 9. griechischen Armee wurde er Kaufmann und zog vorübergehend in den Iran. Von 1950 bis 1960 lebte er in Istanbul an der Via Bausuti. Anfänglich handelte er mit Leder, Haselnüssen, Stoffen und Maschinen. Nach ersten Kontakten zur türkischen Maffya und vor allem auch seit der Freundschaft mit dem Bruder des syrischen Staatspräsidenten Rifaad Assad bot Henry Arsan – der sich jetzt mit einem syrischen Pass auswies – immer häufiger Munition statt Haselnüsse an, «Stoff» statt Stoffe und Waffen statt Maschinen. Ende 1960 verlegte er seinen Wohn- und Geschäftssitz nach Zürich. Ein Jahr später richtete er sich in Mailand ein, gründete hier zuerst die Firma Arexport, dann im Jahre 1976 die Stibam, eine internationale Transportgesellschaft mit Briefkasten in Liechtenstein und Büros in Mailand und Chiasso. Alle Fäden seiner illegalen Drogen- und Waffengeschäfte liefen zwar in seinem Mailänder Büro zusammen, seine eigentliche Operationsbasis jedoch war die Schweiz. In Zürich, Biel und Genf sassen seine wichtigsten Mitarbeiter und Partner.

Der bedeutendste Komplize von Henry Arsan war für Untersuchungsrichter Carlo Palermo Mehmet Cantas. Der aus Kabatas stammende Türke war von Beruf Reeder und wohnte offiziell in Los Angeles, Kalifornien. In London besass er die Firma Anika Shipping Company, die ihrerseits die Sutas kontrollierte, eine Schiffahrtsgesellschaft mit Filialen in Los Angeles, Zürich, Genf und Istanbul. Die Cantas-Flotte transportierte die von Henry Arsan gehandelten Waffen. Im Jahre 1982 erliess Carlo Palermo gegen den türkischen Reeder einen internationalen Haftbefehl. Er beschuldigte ihn, monatlich zwischen 80 und 100 Kilo Morphinbase geschmuggelt zu haben. Am 11. Februar 1983 wurde Mehmet Cantas gefasst – in Zürich – und bereits fünf Tage später nach Italien ausgeliefert. Auch die englische Polizei fahndete nach ihm. Dazu heisst es in den Palermo-Akten: «*Nach Angaben der englischen Polizei soll Mehmet Cantas in Drogengeschäfte verwickelt sein. Mit dem Erlös aus diesem illegalen Handel würden Waffenlieferungen an die PLO sowie an armenische Terroristen berappt.*»[1]

Ein anderer wichtiger Partner von Arsan hiess Bekir Celenk, ein «buyuk baba», der längere Zeit in Biel wohnte, wo er zusammen mit seinem Cousin Mehmet Cakir ein eigentliches Schmuggelzentrum aufbaute.[2] Der Türke Celenk kam 1962 als kleiner Transportunternehmer nach Biel und stieg ins Uhrengeschäft ein. Im Jahre 1964 verschwand er plötzlich. Bei seinen Uhrenlieferanten hinterliess er Schulden in der Höhe von 80 000 Franken. Ein paar Jahre später tauchte er wieder auf und beglich seine Schulden. Der

[1]   Palermo-Akte, a. a. O., Blatt 836.
[2]   Siehe u. a. L'HEBDO, Lausanne, Ausgabe vom 9. Dezember 1982.

Grund für sein Ausbleiben: Er hatte wegen Schmuggels zweieinhalb Jahre in einem türkischen Gefängnis verbracht.

1970 gründete er in Biel die Uhrenfirma Falcon SA und bewarb sich um eine Aufenthaltsbewilligung. Doch das Gesuch wurde abgelehnt. Schweizer Geschäftsfreunde, unterstützt vom städtischen Arbeitsamt Biel, intervenierten bei den bernischen Kantonsbehörden: «*Wir kennen Herrn Bekir Celenk seit vielen Jahren. Er hat seine Geschäftsverpflichtungen stets eingehalten, und seine Geschäfte sind korrekt. Wir gestatten uns zu erwähnen, dass die Falcon SA bei den Firmen E. Brandt & Fils SA sowie Dux SA Waren im Wert von über 6 Millionen Franken bestellte (...). Für unsere Geschäftsbeziehungen mit dem Nahen Osten und insbesondere der Türkei ist die Anwesenheit von Bekir Celenk in der Schweiz sehr nützlich, wenn nicht gar unerlässlich.*»[1] Der Kanton Bern kam auf seinen früheren Entscheid zurück.

Wie durch ein Wunder blieb die Falcon SA von der schweren Krise in der Uhrenindustrie verschont. Sie erwies sich gar als wahre Goldgrube. 1976 konnte Bekir Celenk ein Schiff kaufen, das er auf seinen Namen taufte. In Istanbul erwarb er ein Hotel und heiratete die türkische Schlagersängerin Nilufer Kocyigit. Der erfolgreiche Uhrenhändler gründete zudem Firmen in London, München und Frankfurt.

Ein internationaler Haftbefehl, ausgestellt von Carlo Palermo, setzte diesem rasanten Aufstieg ein jähes Ende. Der Trentiner Richter vermutete, Celenks Uhrengeschäfte in Biel dienten der Geldwäscherei oder als Tarnung für Drogen- und Waffengeschäfte. Denselben Verdacht hegte vor ihm schon die Bieler Polizei. Als Erfolgsmann Bekir Celenk davon erfuhr, ergriff er die Flucht. Am 17. April 1979 reiste er überstürzt ab und liess alles zurück, was er nicht in seinem weissen Mercedes verstauen konnte. Kurz darauf machte die Falcon SA Konkurs, in der Kasse fehlten zweieinhalb Millionen Franken.

Wo immer Bekir Celenk eine Niederlassung aufbaute, siedelten sich bald auch «Graue Wölfe» an. Jahrelang hatte er diese schwarze Terrorbande finanziell unterstützt.[2] Diese Verbindung zu den «Grauen Wölfen» sollte ihm schliesslich das Genick brechen. Durch das Papst-Attentat – worüber wir oben (Seite 123–127) berichteten – geriet er 1981 in die Schlagzeilen der Weltpresse. Der Papstschütze Ali Agça, ein «Grauer Wolf», behauptete, Bekir Celenk habe ihm für die Ermordung des Papstes 3 Millionen DM angeboten. Von der Polizei weltweit gejagt, suchte er verzweifelt Hilfe bei der türkischen Regierung, obwohl diese der «Maffya» und den «Grauen Wölfen» den Krieg erklärt hatte. Im Frühling 1982 begab er sich auf die türkische Botschaft in London und machte ein merkwürdiges Angebot. «*Falls ihm die türkische Regierung Zu-*

---

[1]   Schreiben des städtischen Arbeitsamtes Biel vom 10. Februar 1972.
[2]   Palermo-Akte, a. a. O., Blatt 799.

flucht gewähre, verrate er als Gegenleistung die führenden Köpfe der armenischen Ter-
roristen. Im Libanon, in der Schweiz, in Syrien, Finnland und den USA habe er ent-
sprechende Kontakte, um die gegen die Türkei aktiven Armenier zu nennen. Er kenne
auch deren Geldquelle und wisse, wo sich ihre Ausbildungslager befänden.» [1] Die Türkei lehnte ab. Die gewünschte Protektion erhielt er schliesslich von der bulgarischen Regierung. Ab Herbst 1982 hielt sich Bekir Celenk in Sofia auf, wo er
in einem Luxushotel wohnte. Die lokale Justizbehörde stellte ihn unter Hausarrest, lehnte jedoch eine Auslieferung an Italien ab, wo er vom Untersuchungsrichter wegen illegalen Drogen- und Waffenhandels gesucht wurde.
Am 6. Juli 1985 verliess Bekir Celenk völlig überraschend Sofia und fuhr nach
Ankara. Dort wurde er fünf Tage später verhaftet und vor ein Militärgericht
gestellt. Am 14. Oktober 1985 starb er im Militärgefängnis Mamak an einem
Herzinfarkt.

Kurz vor Bekir Celenks Flucht nach Bulgarien beschlagnahmte die Küstenwache im Hafen von Chioggia den Frachter Mami. Nach Angaben von verhafteten Drogenhändlern hatte Celenk im Februar 1982 mit diesem Schiff
800 Kilogramm Morphinbase nach Italien geschmuggelt. *«Es ist offensichtlich,*
dass die Genfer Firma Petrocom an dieser Fracht interessiert war», notierte Carlo
Palermo in einem seiner Berichte.[2] Diese Genfer Firma war eine besonders
wichtige Geschäftspartnerin von Henry Arsan. Bei einer Hausdurchsuchung in den Mailänder Stibam-Büros fielen dem Trentiner Richter umfassende Geschäftsunterlagen in die Hände, darunter Hunderte von
Fernschreiben, in denen Henry Arsan bei der Petrocom Waffen bestellte:
Gewehre, Munition, Handgranaten..., aber auch Helikopter und Panzer-
wagen.

Die Petrocom SA war 1962 in Freiburg gegründet worden. Im August 1979
siedelte sie nach Genf um. Seither gehörte sie dem Türken Yahya Demirel,
der sich hinter dem Schweizer Strohmann Peter Schmid versteckte. Yahya
Demirel ist ein Neffe des früheren rechtskonservativen Ministerpräsidenten
Süleyman Demirel.[3] Peter Schmid bestreitet jegliche Waffengeschäfte: *«Zu*
meiner Zeit handelte die Firma mit Baumwolle und Metallen.» Vorsichtig räumt er
jedoch ein: *«Vielleicht einzelne Aktionäre... Aber die privaten Geschäfte meiner Ak-*
tionäre gehen mich als Firmenverwalter nichts an.» Im Jahre 1984 meldete die
Petrocom Konkurs an.

[1]   Ebenda, Blatt 836 f.
[2]   Palermo-Akte, Blatt 708.
[3]   Zu Yahya Demirel und seinen Verbindungen zu den Geheimdiensten, s. S. 132.

Henry Arsan: Waffenhändler der CIA

Henry Arsan wurde am 24. November 1982 in einer Villa bei Varese verhaftet. Er befand sich auf der Rückreise aus der Schweiz. Im Krankenhaus Bethanien in Zürich hatte er einen Arzt aufgesucht. Nach der Arztrechnung zu schliessen (Franken 149.45 für zwei Röntgenaufnahmen plus Befundtaxe), erfreute sich der Syrer bester Gesundheit. Bevor er nach Italien weiterfuhr, besuchte er seine beiden Kinder Richard und Marina, die damals mit ihrer Mutter Giovanna Morandi, Arsans zweiter Frau, in der Nähe von Chiasso lebten. Als er seine Kinder das nächstemal wiedersah, lag er im Spitaltrakt des Gefängnisses San Vittorio in Mailand. Dort starb er im November 1983 an einem Herzversagen.

«Ohne Zweifel war Henry Arsan der Kopf dieses internationalen Waffenhandels. Selbst für zahlreiche ausländische Regierungen war er die sichere Anlaufstelle für jede Art von Waffenlieferung», schrieb Staatsanwalt Enrico Cavalieri in der Anklageschrift, die er am 12. Juni 1984 beim Strafgericht in Trento hinterlegte. Das zum Verkauf angebotene Waffenarsenal von Arsan & Co. war in der Tat von aussergewöhnlichem Ausmass: Über tausend Panzer, Kriegsschiffe, Hunderte von Kampfhelikoptern, Raketen, Maschinenpistolen, Gewehre und Munition jeder Art, genug, um ganze Armeen auszurüsten. Sogar über den Verkauf von drei Atombomben mit einer Sprengkraft von 20 Megatonnen TNT wurde verhandelt. Diese Waffen wurden weitgehend mit dem Erlös aus Drogengeschäften bezahlt. Gemäss den Trentiner Ermittlungsakten importierte Henry Arsan tonnenweise Morphinbase aus dem Iran und dem Nahen Osten. Im Schnitt holte er alle zwei Monate eine Fuhre mit 700 Kilo Morphinbase nach Italien, die fast ausschliesslich in den geheimen Labors der sizilianischen Mafia zu Heroin verarbeitet wurde.

Den Sprung vom kleinen Schieber zum Grossunternehmer in der Welt des organisierten Verbrechens schaffte er – so Untersuchungsrichter Carlo Palermo – am 13. April 1977. An diesem Tag nämlich mietete er seine Firma Stibam SA bei Roberto Calvis Ambrosiano-Bank in Mailand ein. Es war der erste nachweisbare Kontakt zwischen Henry Arsan und Mitgliedern der berüchtigten Geheimloge P2. Ausschlaggebend waren dann jedoch zwei historische Ereignisse: Im Jahre 1979 marschierten sowjetische Truppen in Afghanistan ein, und am 22. September 1980 griff die irakische Armee den Iran an und löste damit die grösste Materialschlacht aller Zeiten aus. Die illegalen Waffengeschäfte der Organisation Arsan nahmen gigantische Dimensionen an. Zur Illustration zwei kurze Auszüge aus abgehörten Telefongesprächen. Am 27. Juni 1982 rief Henry Arsan um 9.32 Uhr einen gewissen Mohamed an:

Arsan: *«Sag mal, bist Du in Bagdad gewesen?»*

Mohamed: *«Ja.»*

Arsan: *«Weisst Du, wie viele Milliarden Saddam Hussein (Iraks Staatspräsident) erhalten hat?»*

Mohamed: *«Ja, zwei Milliarden.»*

Arsan: *«Und wie steht der Krieg?»*

Mohamed: *«Ich glaube, der Irak bereitet einen neuen Angriff auf den Iran vor. Die Syrer haben 20 000 Mann Verstärkung geschickt.»*

Arsan: *«Ich habe eine Fracht Waffen nach Ägypten gesandt. Aber sie schickten sie wieder zurück, weil die Route blockiert war. Und wie stehen die Dinge auf iranischer Seite?»*

Mohamed: *«Wir haben den Israelis für zwei Millionen Dollar Waffen abgekauft und diese in den Iran geschickt...»*

Am 8. September 1982, um 12.58 Uhr, telefonierte Henry Arsan mit einem Waffenhändler, den Carlo Palermo nicht identifizieren konnte.

N. N.: *«Ich habe neues Material erhalten.»*

Arsan: *«Zu welchem Preis?»*

N. N.: *«Die Kalaschnikows zu 220 Dollar das Stück, Bomben zu 1335 Dollar.»*

Arsan: *«Aber das ist viel zu teuer.»*

N. N.: *«Die Preise sind gestiegen. Insgesamt habe ich Material im Wert von einer Milliarde Dollar. Ich kann Dich später anrufen.»*

Arsan: *«O. K. Wenn ich nicht in Italien bin, wirst Du mich in Belgrad erreichen...»*

Mindestens zehn Jahre lang dirigierte Henry Arsan (*«con qualità di capo promotore»*) dieses mörderische Drogen-gegen-Waffen-Geschäft. Seine Firma Stibam, die zum Schluss ausser in Chiasso auch noch in Frankfurt, Barcelona, New York und Buenos Aires Zweigniederlassungen unterhielt, verhandelte mit zahlreichen Regierungen und schloss mit allen grösseren Rüstungskonzernen Verträge ab, ohne je eine amtliche Bewilligung für Waffenhandel vorzulegen. Unzählige Polizeiberichte, zusammengetragen von Richter Carlo Palermo, beweisen: Spätestens seit den Jahren 1977–1979 wussten alle von den illegalen Drogen- und Waffendeals des Syrers: die italienischen Polizei- und Nachrichtendienste, die spanische Polizei, die polnische Miliz, das deutsche Bundeskriminalamt (BKA), die Bundesanwaltschaft in Bern... Aber niemand schritt ein. Wie war das möglich? Vier Jahre benötigte Carlo Palermo, um diese Frage zu beantworten. Und die Antwort war: Henry Arsan avancierte unter dem Schutz des amerikanischen Geheimdienstes vom kleinen Schieber zu einem der grössten Drogen- und Waffenhändler.

Das begann so: Im Oktober 1972 – zehn Jahre vor seiner Verhaftung – ertappten Agenten der amerikanischen Drogenpolizei DEA Arsan in Ponte Chiasso auf frischer Tat. Sie fotografierten ihn zusammen mit einem Schweizer Chauffeur bei der Übergabe von Morphinbase. Die DEA-Agenten überstellten ihn jedoch nicht dem Richter, sondern engagierten ihn als V-Mann. Er sollte Informationen über Drogenhändler liefern. Als Gegenleistung durfte er seine eigenen Geschäfte weiterführen. Im Juni 1977 – fünf Jahre später – schilderte Spezial-Agent Thomas J. Angioletti erstmals der italienischen Polizei, was die DEA über die Aktivitäten des Drogen- und Waffenschiebers Henry Arsan wusste.[1] Und es dauerte nochmals fünf weitere Jahre, bis er schliesslich verhaftet wurde. Erst zu diesem Zeitpunkt erhielt Carlo Palermo Kenntnis vom DEA-Rapport aus dem Jahre 1977.

Einer der wichtigsten Zwischenhändler bei Henry Arsans Waffengeschäften war Glauco Partel, der kurz nach seiner Verhaftung an Ostern 1982 in Rom ein umfassendes Geständnis ablegte. Dokumente und Geschäftsunterlagen, beschlagnahmt in Partels Büro, verrieten mehrere Auftraggeber von Henry Arsan. Sie rekrutierten sich nicht etwa nur aus dem mafiosen Untergrund: Zu ihnen zählten Agenten der CIA, italienische Militärs, ein ehemaliger Chef des italienischen Nachrichtendienstes SISMI sowie Industrielle, die der sozialistischen Partei von Ministerpräsident Bettino Craxi nahestanden.

Der irakischen Regierung hatte Ingenieur Glauco Partel 33,9 Kilogramm Plutonium, 1000 Kilogramm Uranium 238 sowie 10 Kilogramm Uranium 239 angeboten. Als Unterhändler schickte er den Schweizer Richard Aeschbach nach Bagdad. «*Es stimmt, ich habe damals für dieses Plutonium-Uranium-Geschäft in Bagdad verhandelt. Aber nicht ein Gramm Plutonium oder Uranium wurde verkauft. Das Geschäft kam nicht zustande, weil zu viele Phantasten am Werk waren. Ich habe mich lächerlich gemacht*», erzählte Richard Aeschbach.[2] Glauco Partel hält er in wenig guter Erinnerung: «*Ein Träumer. Er hat mich mit seinem Forschungsinstitut in Rom beeindruckt. Darum konnte er mich an der Nase herumführen.*»

Glauco Partel allerdings war alles andere als ein Träumer und Phantast. In Rom leitete er ein Forschungsinstitut, das sich mit Raketentechnik befasste. Gegenüber Carlo Palermo gab er zu, er habe seit 15 Jahren für die Nationale Sicherheitsbehörde NSA (National Security Agency) gearbeitet. Die 1952 gegründete NSA ist die geheimste und geheimnisvollste Behörde des amerikanischen Nachrichtendienstes. Sie beschäftigt fast doppelt so viele Mitarbeiter wie ihre bekanntere Schwester, die CIA. «*In den drei Jahrzehnten ihres Bestehens*

---

[1]   Thomas J. Angioletti arbeitete als DEA-Agent auf der amerikanischen Botschaft in Rom. Sein Bericht vom 28. Juni 1977 war an Dr. Ennio Di Francesco, Chef der Kriminalpolizei in Rom gerichtet.

[2]   Richard Aeschbach, Inhaber der früher in Muri bei Bern domizilierten Firma Artdeco, war ein Spezialist für «Scheinkäufe». Im Waffenbusiness spielen «Scheinkäufe» eine recht bedeutende Rolle. Die Aufgabe eines Scheinkäufers besteht darin, herauszufinden, wer über welche Waffen verfügt und wer welche Kriegspartei beliefert. Unser Gespräch mit Richard Aeschbach fand Mitte Juni 1984 in Lugano statt, unmittelbar nachdem gegen Glauco Partel in Trento Anklage erhoben worden war.

hat die NSA eine geradezu erschreckende Nichtachtung der geltenden Gesetze bewiesen.»[1] Als NSA-Mann gewährleistete Glauco Partel die Verbindung zwischen Henry Arsan und der australischen Nugan Hand Bank, welche für die CIA Waffenlieferungen finanzierte.

Mit der Nugan Hand Bank schrieb die CIA eines ihrer dunkelsten Kapitel.[2] Der Nugan-Hand-Skandal begann am 27. Januar 1980 mit einem mysteriös gebliebenen Todesfall. Um vier Uhr früh fand eine Polizeistreife ausserhalb von Sydney Frank Nugan, Direktor der Nugan Hand Bank, tot in seinem Wagen. In einer seiner Westentaschen steckte die Visitenkarte von William Colby, Ex-Direktor der CIA. Inzwischen konnte die australische Polizei nachweisen, dass die Nugan Hand Bank auf das Waschen von Heroingeldern und auf Waffengeschäfte mit Embargoländern spezialisiert war. Fast alle führenden Angestellten dieser Bank gehörten irgendwann zu einem der amerikanischen Nachrichtendienste. Die Nugan Hand Bank spielte im Jahre 1975 eine zentrale Rolle beim Sturz der Labourregierung, die der amerikanischen Regierung sämtliche Militärbasen in Australien aufgekündigt hatte.

In den trüben Geschäften dieser ominösen Agentenbank tauchte auch immer wieder der Name Edwin Wilson auf. Der ehemalige CIA-Mann wurde inzwischen in den USA wegen Waffengeschäften zugunsten Libyens zu einer langjährigen Gefängnisstrafe verurteilt. Lange Zeit nannte seine Visitenkarte Genf als Wohnort. Hier gründete er zahlreiche Finanzgesellschaften und Scheinfirmen. Mehrere dieser Genfer Gesellschaften erlangten inzwischen zweifelhafte Berühmtheit. Sie standen im Zentrum des Iran-Contra-Skandals.[3]

---

[1] Siehe u. a. James Bamford, NSA – Amerikas geheimster Nachrichtendienst, Zürich 1986.

[2] Für nähere Angaben über die Nugan-Hand-Bank-Affäre siehe u. a.: Fabrizio Calvi et Olivier Schmidt, Intelligences Secretes, Paris 1988, S. 17 ff.; Wall Street Journal vom 24./25./26. August 1982 sowie vom 18. und 19. Juli 1983. Zur Nugan Hand Bank s. auch Seite 269 f. dieses Buches.

[3] Zu Edwin Wilson siehe die Kapitel Seite 260 ff. dieses Buches.

Die kleinen Richter

Verantwortungsbewusste Beamte rütteln am Gebäude des Schweigens

Sie sind jung, kompromisslos, draufgängerisch und stammen aus der Provinz. In Frankreich nennt man sie liebevoll, aber nicht ohne ironischen Unterton die «Kleinen Richter». Vor zehn Jahren bereits warnten sie vor der immensen Gefahr des organisierten Verbrechens. Niemand nahm sie ernst. Doch sie machten unbeirrbar weiter. Sobald sie die unheilige Allianz der Drogenmafia mit den Geheimdiensten aufdeckten und ihre Ermittlungen politisch einflussreiche Kreise tangierten, geriet ihr Kampf gegen das organisierte Verbrechen zum Zweifrontenkrieg. Politiker und Minister liefen ebenso Sturm gegen die «Kleinen Richter», wie es die Anwälte der Unterwelt längst schon taten.

Einen durchaus vergleichbaren Zweifrontenkrieg führte in der Schweiz eine kleine Gruppe unerschrockener Drogenfahnder und Justizbeamter. Erst wenn man erfährt, unter welchem Druck sie standen, wie sehr sie von ihren eigenen Chefs schikaniert und in der Arbeit behindert wurden, begreift man ihre Entrüstung, versteht man, warum einigen der Kragen platzte. In der Tat: Sie waren es, die mit raffiniert inszenierten Indiskretionen den Sturz von Bundesrätin Elisabeth Kopp und von Bundesanwalt Rudolf Gerber bewirkten – und damit das grosse Reinemachen in Bern veranlassten.

Carlo Palermo, der Untersuchungsrichter, der zu dicht an der Wahrheit war

Trapani, 2. April 1985, 8 Uhr morgens. Wie jeden Morgen steigt Richter Carlo Palermo in seinen gepanzerten Fiat Ritmo, um zum Gericht zu fahren. Auf dem Boulevard San Vito-Trapani fliesst der Verkehr. Palermo bemerkt nicht, dass am Strassenrand ein leeres Auto parkt und dass eine Fernsteuerung installiert worden ist, die, sobald er vorbeifahren würde, eine gewaltige Explosion auslösen sollte.

Die Explosion ist verheerend. Der Druck schleudert den weissen VW Scirocco an seiner Seite, den er gerade überholen wollte und der von der dreissigjährigen Barbara Rizzo, der Frau eines Industriellen aus Trapani, gelenkt wurde, in die Luft. Bei ihr im Wagen waren ihre noch kleinen Zwillinge, Salvatore und Giuseppe. Alle drei waren auf der Stelle tot. Das Auto der jungen Frau wurde völlig zerstört, ihr Körper dreihundert Meter von den Leichen der Kinder entfernt aufgefunden. Zwei Leibwächter von Richter Palermo wurden schwer verletzt, in einem der Autos, die ihn wie jeden Morgen eskortierten. Carlo Palermo selber zog sich nur leichte Verletzungen zu.

Dies reichte, um den aus Trient stammenden und nach Trapani versetzten Richter Palermo vollends zu entmutigen, nachdem er bereits das Opfer unzähliger politischer Schachzüge geworden war. In Kreisen der Mafia galt er als der gefährlichste Mann Italiens. Nicht von ungefähr: Hatte der junge, 1947 geborene Richter nach fünf Jahren Untersuchungstätigkeit, ausgehend von einem kleinen Schmugglerring in Norditalien, nicht eben den Schlüssel zu zahlreichen Rätseln im Zusammenhang mit dem Drogenhandel und den daraus resultierenden politisch höchst brisanten Verwicklungen gefunden?

Richter Palermo quittierte den Dienst nach diesem Attentat. Er konnte es nie überwinden, dass drei unschuldige Menschen an seiner Statt getötet, dass eine Familie ausgelöscht wurde. Heute lebt er in Rom und kümmert sich nicht mehr um den «Moloch». Niemand erinnert sich mehr daran, dass Palermo als einer der ersten an den Ermittlungen gegen zahlreiche wichtige Mitglieder der internationalen Drogenmafia mitwirkte und den Zusammenhang zwischen illegalem Drogen- und Waffenhandel als erster erkannte: Die Liste der Angeklagten reicht von Bekir Celenk bis Henry Arsan, von der Palermitaner Mafia bis zur CIA, von Licio Gellis Loge P2 bis zum italienischen Geheimdienst. Der Tod hatte dicht hinter Richter Palermo gestanden, weil er dicht vor der Wahrheit gestanden hatte.

Die wenigen Polizeibeamten und Journalisten, die im Besitz von Kopien der achttausend (8000!) von Carlo Palermo verfassten Seiten sind, wissen, was die Justiz ihm schuldig ist. Einige italienische, französische und sogar Schweizer Justizbeamte studierten die von ihm angelegten Dossiers, zu denen sie Zugang hatten, und setzten seine Arbeit fort. Ein einziges Buch (das übrigens nicht mehr auffindbar ist) wurde über diesen Mann geschrieben: «Fermate quel giudice» («Stoppt diesen Richter») von Maurizio Struffi und Luigi Sardi, zwei Journalisten der Südtiroler Presse.[1] Sie schildern minutiös das Leben eines passionierten Untersuchungsrichters, der es sich zur Aufgabe gemacht hatte, eine Treibjagd auf die Mafia zu veranstalten und sie in ihre letzten Bastionen zu drängen. Nicht ohne Risiken freilich, denn Palermo wurde, abgesehen vom Attentat in Trapani, zusätzlich das Opfer der Politiker, allen voran Bettino Craxi, der es ihm nicht verzieh, dass er eine Untersuchung gegen ihn eingeleitet hatte.[2] Der «Sheriff», der nun seinerseits von der italienischen Justiz verfolgt wurde, verlor den Kampf. Die Richter Falcone, Vaudano und einige andere Untersuchungsrichter südlich der Alpen liessen sich von seiner titanischen Arbeit inspirieren.

Alles begann in Trient im September 1978. Ein italienischer Gefangener namens Enzo Menestrina gesteht dem Richter Palladino, der ihn verhört, dass diese Region eine internationale Drehscheibe für Drogenhändler ist. Er sagt aus, das in Gaziantep hergestellte türkische Heroin gelange auf verschiedenen Wegen bis nach Mailand, Bologna, Trient, Verona, Padua und Bozen. Er behauptet zudem, türkische Drogen würden im Waffenhandel als Zahlungsmittel dienen.

Vierzehn Monate später gesteht ein weiterer kleiner, türkischer Drogenhändler namens Asim Akkaia Kommissar Enzo Portaccio von der «squadra mobile» dasselbe. In Tat und Wahrheit wollte sich Akkaia rächen, da er für etwa viereinhalb Kilo verkauftes Heroin nicht bezahlt worden war. Akkaia liefert den Untersuchungsbehörden eine Fülle präziser Informationen. Insbesondere erklärt er, die regelmässig die Grenzen überquerenden TIR-Lastwagen würden stets mehrere Dutzend Kilo Heroin mit sich führen. In einem vom 14. Februar 1981 datierten Bericht der Guardia di Finanza von Triest und der Kriminalpolizei wird allein für den Zeitraum von 1978 bis 1980 auf eine Menge von *«viertausend Kilo Heroin und Morphin»* hingewiesen.

Wie kam man an die mächtigen Hintermänner heran?

Carlo Palermo ist ein Mann der Synthese. Es widerstrebt ihm, eine Arbeit zu beginnen, ohne sie in einen grösseren Zusammenhang einzubinden. So er-

---

[1]   «Fermate quel giudice» von Maurizio Struffi und Luigi Sardi, Verlag Il Mosaico, Reverdito Editore, Trento (Distribuzione Rizzoli), Januar 1986, vermittelt einen ausgezeichneten Einblick in die Arbeit von Richter Palermo. Die beiden Autoren sind Gerichtsberichterstatter der Provinzen Trient und Bozen. Beide haben die Entwicklung dieser äusserst umfangreichen Untersuchung mit ihren zahllosen Hemmnissen und den Unannehmlichkeiten am Schluss Schritt für Schritt nachvollzogen. Leider ist dieses Buch seit 1987 unauffindbar und wurde nicht wieder neu aufgelegt.

[2]   Siehe dazu Seite 166 ff.

sucht er alle europäischen Polizeibehörden um Auskunft über die bekannten Drogen- und Waffenschmugglerringe. In seinen Unterlagen befindet sich bereits ein Dokument der amerikanischen Drogenpolizei (DEA), eine Notiz von 1977, wonach Henry Arsan, einer der grössten Schieber Europas, Auskunft über die Schmugglernetze gab. Arsan verriet dabei Einzelheiten, Namen und Finanzmechanismen. Der Beamte der DEA, Thomas J. Angioletti (er sollte sehr bald Chef der DEA in Italien werden), hatte die Fakten äusserst sorgfältig rekonstruiert. Dies war die Grundlage für Richter Palermos Untersuchung.[1] Er fand heraus, dass drei grosse, auf Drogen und Waffen spezialisierte Gruppen zwischen der Türkei und Europa operierten. Von der Türkei aus erstreckt sich das Netz über Jugoslawien, Italien, Österreich und Deutschland. Die Schweiz und Bulgarien sind die Operationsbasen. Das in grossen Mengen in Afghanistan gewonnene Opium wird zuerst nach Diyarbakir und dann nach Gaziantep und Kayseri transportiert; dort stellen Chemiker Morphinbase daraus her, die dann nach Istanbul befördert wird. Auf dem Seeweg (via Genua, Marseille und Hamburg) oder auf dem Landweg in TIR-Lastwagen, die auf zwei Routen verschiedene grosse Städte anfahren (die eine führt über Sofia, Belgrad, Mailand und Genua nach Marseille und die andere über Sofia, Belgrad, Zagreb und Graz nach München), gelangt die Ware schliesslich in die Heroinlabors von Marseille oder Frankfurt. Das Heroin in Marseille ist für die Vereinigten Staaten und dasjenige in Frankfurt für den nordeuropäischen Markt bestimmt. Dies ist die Struktur, wie sie sich in den Polizeiberichten abzuzeichnen begann.[2] Die Untersuchung schwoll lawinenartig an.

Es kann eine eigentliche Geographie des Drogenhandels festgestellt werden.

Palermo schaut sich die verschiedenen Gegenden genauer an. Er identifiziert eine Produktionszone (die Türkei und Syrien und insbesondere die Region um Aleppo, aus der übrigens einer der Hauptangeklagten, der Syrer Amis Ahmed Al Awad, stammt) sowie Transitländer (Bulgarien, Griechenland und Jugoslawien). Dann macht er sich daran, herauszufinden, wie die Drogenhändler diese Gebiete unter sich aufgeteilt hatten. Bei dieser schwierigen Aufgabe helfen ihm die Geständnisse einzelner Angeklagter sehr.

Einer der gesprächigsten ist Salah Al Din Wakkas. Hier ein Teil seiner Aussage: *«Ich wurde 1979 in diese Drogengeschichten hineingezogen, als ich das Restaurant ‹California› in Lesmo führte. Es war Cil, der mir das Angebot machte, mit dieser Bande zusammenzuarbeiten. Ich hätte den Mut aufbringen müssen, abzulehnen.»* Über seine Verwicklung ins Waffengeschäft befragt, gibt Wakkas zu: *«In Mailand gründeten wir (Pannikian und Wakkas, A. d. Verf.) die ‹Wapa›, eine Import-Ex-*

---

[1] Siehe dazu Kapitel «Henry Arsan: Waffenhändler der CIA», Seite 156.
[2] Bericht vom 21. Juni 1977 der italienischen Kriminalpolizei.

port-Gesellschaft. In Rom gab es ein weiteres Büro, um das sich Usama Abdul Kadir Adim, ein Palästinenser, kümmerte. Ich kenne ihn schon seit einigen Jahren, noch aus der Zeit, als er die Kontakte zwischen den Palästinensern und den Libyern herstellte. 1978 war er Kommandant des Fedajin-Stützpunkts in Sabra.» [1]

Palermo erschliesst sich allmählich der Mechanismus des Tauschgeschäfts. Wakkas lieferte dem Palästinenser Waffen, und dieser wiederum sandte Drogen zurück. Wakkas erläutert: *«Im Januar 1980 wurde zum Beispiel ein unter zypriotischer Flagge segelndes Schiff namens ‹Mirti-Diotisa› mit russischen Waffen libyscher Herkunft, nämlich mit Kalaschnikow-Maschinenpistolen und Togariw-Pistolen, beladen: Ich war Zweiter Offizier auf diesem Schiff, das in der Weihnachtsnacht 1979 von Tripolis aus in See stach und am 3. Januar 1980 in Ancona ankam.»*

Wakkas, ehemaliger Student der Wirtschaftswissenschaften an der Universität Bukarest, legt ein umfassendes Geständnis ab, allerdings erst nach und nach. Er erzählt, wie er mit der Familie Cil (berüchtigte Zigaretten- und Waffenschmuggler) Bekanntschaft schloss und wie es zur Teilnahme an diesen Aktionen kam, nämlich hauptsächlich durch einen sehr mächtigen türkischen Schmuggler namens Abuzzer Ugurlu. Palermo interessiert sich sehr für Ugurlu. Im Oktober 1982 wird Ugurlu übrigens verhaftet, zusammen mit – pikantes Detail – Touncy Mataraci, dem türkischen Zollminister, der hohe Bestechungsgelder angenommen hatte.

Wakkas berichtet auch ausführlich über den Oflu-Clan, auch bekannt als LAZ-Bande, das Hauptgesprächsthema. Der richtige Name der Oflus lautet übrigens Hacisuleymanoglu. Der Boss, Osman Oflu, wurde nie verhaftet, da er die Protektion hochgestellter Persönlichkeiten geniesst.[2] Wakkas bestätigt, dass der Oflu-Clan den ganzen holländischen Drogenmarkt kontrolliert und grosse Mengen Morphinbase nach Italien importiert, die er gegen vorwiegend in Bulgarien erworbene Waffen eintauscht. Diese Waffen, Kalaschnikow-Maschinenpistolen, werden in Varna eingeschifft. Gemäss Wakkas geniessen die Oflus die Protektion von König Hussein von Jordanien, und zwar durch einen Verwandten des Königs, einen gewissen Musa Al Moascer.

Ferner ist es dem Geständnis von Wakkas zu verdanken, dass der Name des Hotels Vitosha in Sofia Berühmtheit erlangte. In Schmugglerkreisen trägt

1   Maurizio Struffi u. a., Fermate quel giudice, a.a.O., S. 52 f.
2   Der Chef der LAZ-Bande ist ein gewisser Osman Cevahiroglu, alias Osman Oflu, alias Osman Hacisuleymanoglu. Nach dem Sturz der sieben grossen, «klassischen Familien» wird ihm gegenwärtig die führende Rolle im Heroinhandel zugesprochen. Cevahiroglu wird von der Interpol gesucht; er lebte in Holland, tauchte jedoch vor kurzem in London unter, wo er angeblich die Protektion des britischen Geheimdienstes geniesst. Auf sein Konto gehen nachgewiesenermassen rund 6000 Kilogramm Heroin, und das in einem Zeitraum von fünf Jahren. Sein Neffe und seine rechte Hand, Ismaïl Oflu, wurde indes in Holland verhaftet und an Italien ausgeliefert, wo er vor Gericht kam. Im September 1989 wurde er zu 22 Jahren Gefängnis verurteilt.

es den Decknamen «Hotel Japan», da das «Vitosha» von einer Tokioter Gesellschaft gebaut wurde. Im August 1980 wohnte auch der Papst-Attentäter Ali Agça vorübergehend in diesem Hotel. Hier hatte er von einem Mitarbeiter des türkischen Schmugglerbosses Ugurlu Geld und einen falschen Pass erhalten. Schweizer Drogenfahnder wurden bereits in den Jahren 1979/80 auf den Schmugglertreffpunkt Hotel Vitosha aufmerksam gemacht. Chauffeure von Schweizer Transportunternehmen erzählten der Polizei, dass sie in diesem Hotel für Drogentransporte angesprochen wurden. Mitinhaber mehrerer Bieler Uhrenfirmen, die des Drogenhandels und der Geldwäscherei verdächtigt wurden, stiegen regelmässig in diesem Nobelhotel in Sofia ab.[1]

Für Palermo steht eindeutig fest, dass Sofia, vor allem das Hotel Vitosha, das Zentrum der Geschäftstätigkeit in zweifacher Richtung ist, der Ort der Transaktion Waffen gegen Drogen. Die These von der engen Verquickung dieser beiden Arten des illegalen Handels wurde am 13. Oktober 1982 offenkundig, als der Name einer weiteren bedeutenden Persönlichkeit des Schmuggelgeschäfts fiel: Henry Arsan. Wakkas schilderte dem italienischen Richter die Rolle Arsans ausführlich, und er führte Beweise, Einzelheiten, unwiderlegbare Fakten an.

Als Palermo das bewegte Leben des syrischen Drogen- und Waffenhändlers Henry Arsan rekonstruierte, bahnte sich eine Wende in seiner Untersuchung an. Er entdeckte nämlich, dass Arsan – gerade weil er Spezialist für Drogen-gegen-Waffen-Geschäfte war – für die Geheimdienste arbeitete. Stefano Giovannone, Chef des italienischen Geheimdienstes SISMI, gab dies gegenüber Richter Palermo sogar zu. Wieviel politischer Sprengstoff diese Schmugglergeschichten enthalten, verrät auch die folgende Gold-Affäre, die Palermo allerdings nicht mehr vollständig aufklären konnte. Sie geht auf die Kriegsjahre 1939 bis 1945 zurück und führt in die Tresors der *Banca d'Italia*. Nicht weniger als 80 Tonnen Raubgold aus dem jugoslawischen Staatsschatz, zwei ganze Güterwagen voll, soll die *Banca d'Italia* kurz vor dem Sturz Mussolinis und unter dem wohlwollenden und interessierten Blick der Naziführer in der Schweiz versteckt haben. Die SBG Zürich und dann die Filiale in Lugano hatten dabei eine wichtige Rolle gespielt. Doch das Gold tauchte nie wieder auf.

Eigenartigerweise blieb Carlo Palermo tatenlos und konnte dieses heikle Dossier nicht abschliessen. Die Autoren des Buchs «Fermate quel giudice», Struffi und Sardi, erwähnen diese Angelegenheit mit bloss acht Seiten, obwohl ihr zweifellos eine Schlüsselstellung zukommt.[2] Es war übrigens genau diese Gold-Affäre, die dem Richter Palermo die grössten Schwierigkeiten ein-

---

[1] Siehe dazu auch Kapitel «Heroin und Waffen», Seite 120 ff.
[2] Maurizio Struffi u. a., Fermate quel giudice, S. 99–106.

brachte. Er hatte es sich nämlich in den Kopf gesetzt, die hohen Vertreter des Geheimdienstes zu verhören. Denn zu jener Zeit – im Sommer 1983 – begann die italienische Presse das Rätsel um das Gold der *Banca d'Italia* erneut aufzurollen.

Schon damals wurde auch der Grossmeister Licio Gelli erwähnt, der bestätigte, die Fakten gekannt zu haben. Gelli erklärte, im Jahr 1941 sei er Sekretär der Faschistischen Partei von Kotor gewesen.[1] Aufgrund dieses Amts (das er im übrigen wahrscheinlich gar nicht bekleidet hatte, A. d. Verf.) soll er nach eigenen Aussagen dabeigewesen sein, als der jugoslawische Staatsschatz an einen geheimen Ort gebracht wurde. Als die Gold- und Silberbarren, die alten Münzen und der Schmuck 1947 offiziell an Marschall Tito zurückgegeben wurden, stellte man fest, dass zwanzig Tonnen Gold fehlten! Diese waren vermutlich im Labyrinth der italienischen, der deutschen, der schweizerischen oder der amerikanischen Geheimdienste untergegangen oder unter ihnen aufgeteilt worden... Es wurde nie eine seriöse Untersuchung durchgeführt, um diese Angelegenheit zu erhellen.

1983 also begannen die wahren Probleme von Carlo Palermo. Der Richter, inzwischen bereits «Sheriff von Trient» genannt, war zu weit gegangen. Die Geheimnisse der Kriegsjahre, das Rätsel um das verschwundene Gold, die krummen Geschäfte, die die befreundeten und dennoch miteinander rivalisierenden Staaten tätigten, wurden nie gelüftet. Die Presse hat es zwar immer wieder versucht. Ohne Erfolg. Das waren Staatsangelegenheiten, welche die Justiz zu vertuschen hatte. General Ninetto Lugaresi, Chef des SISMI (des italienischen Geheimdiensts), liess den kleinen Richter von Trient, der ihn über mehrere Streitigkeiten zwischen der Justiz und der Geheimdiplomatie befragte, dies ganz klar spüren. Lugaresi gab sich äusserst arrogant, als sich Palermo über die Geheimniskrämerei des italienischen Geheimdiensts erstaunt zeigte. Er wies sämtliche Fragen zu den Waffenkäufen pauschal zurück und empörte sich über die Frage, inwieweit der SISMI *«über den auf italienischem Boden stattfindenden und für den Nahen Osten getätigten Waffenschmuggel nicht wenigstens auf dem laufenden sein sollte.»*[2] Dank hartnäckigem Insistieren erhielt Palermo schliesslich einige klarere Antworten. Soviel stand fest: Hinter den legalen Aktivitäten des SISMI traten bald die Loge P2, bald die CIA, und häufig beide zusammen hervor. In diesem Wirrwarr der Einflussnahmen hätte eine Katze ihre Jungen nicht wiedergefunden. Doch Palermo gelang es. Faden um Faden entwirrte er das Knäuel.

Diese Ermittlungen von Palermo lösten auf allen Etagen der italienischen Politik grösste Panik aus. Weder Giulio Andreotti noch Bettino Craxi hatten

[1]   Maurizio Struffi u. a., Fermate quel giudice, a. a. O., S. 102.
[2]   Ebenda, S. 119 f. und insbesondere S. 162.

eine weisse Weste. Sowohl die Christdemokraten als auch die Sozialistische Partei hatten Leichen im Keller. Die Strohmänner der Politik, durch zahlreiche Affären im Zusammenhang mit Waffenschiebereien, Machtgerangel oder Geldwäscherei kompromittiert, gerieten unter Beschuss. Innerhalb von zwei Jahren – 1983 und 1984 – erlebte Italien nicht weniger als zweiunddreissig grosse Skandale. Journalisten, Filmschauspieler, Regierungsbeamte, angesehene Anwälte und natürlich Lokal- und Landespolitiker – alle wurden sie blossgestellt. Man hätte glauben können, Italien sei eine Bananenrepublik und wolle es bleiben!

Palermo suchte nach des Rätsels Lösung: Wer profitiert vom organisierten Verbrechen? Wer profitiert von der Unterwanderung des Staats, der Institutionen und der politischen Parteien? Die geheime Finanzierung der politischen Parteien etwa war eines der wichtigen Probleme, denen Palermo nachspürte. Leider kann hier nicht darauf eingegangen werden, da dies den Rahmen dieses Berichts sprengen würde.

Am 16. Juni 1983 stösst Carlo Palermo zufällig auf ein wichtiges Indiz. Anlässlich einer Hausdurchsuchung in den Büros einer verdächtigten Gesellschaft – der *Body Protector* in Mailand – fällt ihm ein an Michele Jasparro adressierter Brief in die Hände – einen Anwalt, gegen den noch am selben Tag Anklage erhoben wird. Der Brief kam aus Argentinien, trug das Datum vom 16. Februar und war von Gaio Gradenigo, Verwalter der *Comte GmbH* in Buenos Aires, unterzeichnet. Gradenigo schrieb, wie Frankreich, Israel und Italien Argentinien 1982 während des Falkland-Kriegs mit Exocet-Raketen, Agusta-Helikoptern und etwa dreissig Daghers beliefert hatten, und zwar ohne Wissen der Engländer und trotz des Waffenembargos für kriegführende Länder. Gradenigo schilderte, wie der zukünftige Ministerpräsident Bettino Craxi selbst sich dafür verwendet hatte, dass Fiat einen Teil der Verträge erhalten würde, und er erzählte insbesondere, wie wütend Craxi geworden sei, als er erfuhr, dass Frankreich und Israel Italien ausgestochen hatten. *«Craxi sah die Millionen von Dollars davonschwimmen»*, schrieb Gradenigo.[1] Im selben Brief wurde auch auf die Rolle von Craxi als Unterhändler für den Bau der Untergrundbahn von Buenos Aires hingewiesen.

Am 2. Juli rät Francesco Simeoni, der Erste Untersuchungsrichter von Trient, Palermo, Craxi als Zeugen in dieser brisanten Angelegenheit einzuvernehmen. Doch Palermo hegt die starke Vermutung, dass Craxi nicht allein, sondern auch im Interesse von Drittpersonen gehandelt hat. Bevor er Craxi einem Verhör unterzieht, lädt er daher mehrere hohe Verantwortliche des italienischen Geheimdiensts vor. Die Gegenüberstellung dieser Beamten

[1] Maurizio Struffi u. a., a.a.O., S. 182.

166

verblüfft ihn.[1] Je weiter er sich in dieses wirtschaftsstrategische Gebiet vorwagt, desto häufiger taucht die Loge P2 auf.[2] War Argentinien nicht eine der wichtigsten Basen dieser Organisation?

Die Loge P2 und insbesondere ihr Grossmeister Licio Gelli unterhielten spätestens seit den sechziger Jahren engste Beziehungen zu den Peronisten und der Ultrarechten in Argentinien. Das Verhältnis zu Argentinien war so gut, dass Licio Gelli zeitweise hier das Hauptquartier seiner Geheimloge aufschlug. Grossmeister Gelli war mit Diktator Perón befreundet, kannte dessen Frau «Isabellita» Perón persönlich und galt lange Jahre als Förderer und Berater des blutrünstigen Generals Videla.[3] Die Mitglieder der P2 haben aus ihrer Sympathie zu den Neofaschisten nie ein Geheimnis gemacht. Bei zahlreichen Terroranschlägen italienischer Neofaschisten stiessen Untersuchungsrichter regelmässig auf prominente P2-Mitglieder, die im Hintergrund die Fäden des «Schwarzen Terrors» zogen. Und der Argentinier Lopez Rega war sogar ein wichtiges Mitglied der P2. Unter Perón wirkte er als Wohlfahrtsminister. Später gründete er die Todes-Schwadron AAA (Antikommunistische Allianz Argentiniens), die einen regelrechten Bürgerkrieg gegen Gewerkschaften und Linksparteien führte. Die schreckliche Bilanz: über 20 000 Verschleppte und Tote. Lopez Rega ergriff nach dem Sturz der Militärjunta die Flucht und versteckte sich vorübergehend in Vevey. Dort wurde er nicht etwa von der Polizei, sondern von südamerikanischen und spanischen Journalisten aufgestöbert.[4]

Ohne Zeit zu verlieren, begibt sich Palermo nach Buenos Aires, um einige Mitglieder dieser Loge im Exil zu vernehmen. Er kehrt nach Italien zurück, überzeugt, dass die P2 bei der Waffenlieferung an Argentinien (insbesondere bei den Agusta-Helikoptern) tatsächlich eine Schlüsselrolle gespielt hat. Palermo macht sich auch Gedanken über die für diese Freundschaftsdienste als Gegenleistung bezahlten Kommissionen (die hauptsächlich an die Sozialistische Partei gingen). Der Richter aus Trient kennt die Usancen und weiss, dass

---

[1]   Armando Corona, eine bedeutende Persönlichkeit der P2, wurde Oberst Massimo Pugliese, dem ehemaligen Chef des SID (des zivilen Nachrichtendienstes) gegenübergestellt, und dann wurden beide mit dem Schauspieler Rossano Brazzi – auch er ein Mitglied der P2 – konfrontiert. Diese Verhöre erlaubten es Palermo, direkt gegen den früheren Chef des SISMI, Oberst Giuseppe Santovito, vorzugehen.

[2]   Mehr zur P2, s. Seite 200 ff. Licio Gelli, der Gründer und Grossmeister der P2, wurde in Genf im Zusammenhang mit dem Krach der Ambrosiano-Bank verhaftet; seine Flucht aus Champ-Dollon sorgte für etliches Aufsehen.

[3]   Il complotto di Licio Gelli, Beilage des italienischen Wochenmagazins L'Espresso vom 21. Mai 1984. Es handelt sich um einen 264seitigen Bericht, verfasst von einer parlamentarischen Untersuchungskommission; siehe auch: Fabrizio Calvi u. a., Intelligences secrètes, Paris 1988, S. 69 ff.

[4]   Frank Garbely, Die Lunge des Monsters atmet hier – Gellis Kumpane in der Westschweiz, in: Die Wochenzeitung (WoZ), Ausgabe vom 19. August 1983.

kein Waffengeschäft ohne Kommission getätigt wird. Die zwischen dem 7. und 10. Dezember 1983 beim Industriellen Ferdinando Mach di Palmstein in Mailand vorgenommenen Hausdurchsuchungen bestärken ihn in seiner Überzeugung. Der Waffenhändler und Millionär Palmstein pflegte enge Kontakte zu Craxi und zu verschiedenen Kadern seiner Partei. Dank eines ausgeklügelten Ineinanderspiels von Gesellschaften war es möglich, die Kommissionen in die Kasse der Sozialistischen Partei fliessen zu lassen, ohne dass der Gegenstand der Zahlung direkt ersichtlich geworden wäre.

Am 14. Dezember 1983 vernimmt Palermo Aussenminister Giulio Andreotti zu den engen italienisch-argentinischen Beziehungen. Palermo fasst sich ein Herz und befragt Andreotti über Licio Gellis Rolle dabei. Palermo weiss, dass Andreotti ein wichtiges Mitglied der P2 und Gelli deren Gründer und Grossmeister ist. Andreotti, der so ruhig wie möglich bleibt, erklärt: *«Ich präzisiere, dass Gelli mit den Vorbereitungen der offiziellen Beziehungen zwischen der italienischen und argentinischen Regierung beauftragt wurde (...) Insbesondere kümmerte er sich um die Kontakte mit General Videla. (...) Und ich weiss, dass er am Abend des Fests von Präsident Perón im Hause des Präsidenten empfangen wurde. Dies bereitete mir grosse Freude, denn Gelli war für mich bis dahin nichts weiter als Direktor der ‹Permaflex› von Frosinone.»* [1] Andreotti lächelte hämisch, fügte aber nichts weiter hinzu.

Palermo ist fest entschlossen, auch an die Tür von Craxi zu klopfen, doch die neuesten Nachrichten sickern schnell durch. Craxi wird unverzüglich (von Andreotti?) darüber informiert, dass der kleine Richter von Trient ihn aufgesucht hat und vor allem, dass Palermo die Guardia di Finanza mit einem Hausdurchsuchungsbefehl gegen den Ministerpräsidenten beauftragt hat. Craxi lässt – obwohl es sich dabei um eine inkorrekte und gesetzeswidrige Tat handelt – die Justizmaschinerie sofort stoppen. Am 15. Dezember – einen Tag nach dem Verhör von Andreotti – legt er bei der obersten Aufsichtsbehörde des Gerichts Protest ein; der Krieg gegen Palermo ist damit offiziell eröffnet. Der Ministerpräsident bombardiert die Presse mit Briefen und veranstaltet eine wahre Hexenjagd gegen Palermo, der zur lebenden Zielscheibe geworden ist. Craxi vergisst dabei die alten Prinzipien der Gewaltentrennung – leider nicht zum einzigen Mal.

Der Rest ist bekannt. Palermo, gegen seinen Willen nach Trapani versetzt, schwört, er werde nicht aufgeben. Als er Trient verlässt, verliert er Freunde, Informanten, die Unterstützung der Bevölkerung. Er weiss, dass Trapani ihm feindlich gesinnt ist und er sein Leben aufs Spiel setzen würde, doch akzeptiert er sein Schicksal. Vor dem Disziplinarverfahren, das die oberste Aufsichtsbehörde des Gerichts gegen ihn eingeleitet hat, fürchtet er sich indes

---

[1] Maurizio Struffi u. a., Fermate quel giudice, a.a.O., S. 139f.

nicht; zwar hatte er im Eifer des Gefechts wohl einige kleine Unvorsichtigkeiten begangen, doch gegen seine enorme Arbeit und seine Dutzende von äusserst sorgfältig angelegten Dossiers gab es nichts einzuwenden. Palermo glaubt, dass ihn Craxi und die Politiker früher oder später in Ruhe lassen würden, auch wenn sie beschuldigt wurden. Er glaubt auch, dass die Presse früher oder später von seiner Sache überzeugt sein würde. Sein erster Termin bei der obersten Aufsichtsbehörde ist auf den 12. April 1985 anberaumt. Am 2. April, um acht Uhr morgens, explodiert die Bombe auf seinem Weg zur Arbeit. Sogar Bettino Craxi fühlt sich verpflichtet, dieses Attentat als schrecklich zu bezeichnen und seine Empörung öffentlich kundzutun. Niemandem sind an diesem Tag die Blumen zu teuer.

Die Entscheidung ist gefallen. Palermo wird nicht in Trapani bleiben. Er kann die Heuchelei des Staats nicht akzeptieren, und vor allem kann er den Gedanken an die drei zerfetzten Körper, an den Tod von drei unschuldigen Menschen, an die ausgelöschte Familie nicht ertragen. Er spricht kaum mit jemandem über seine Entscheidung, nicht einmal mit seinen Angehörigen, und auch heute noch schweigt er sich aus. Bevor er sich nach Rom begibt, um dort bei der Verwaltung zu arbeiten, nimmt er sich die Mühe, Fotokopien von seiner höchst umfangreichen Untersuchung anzufertigen. Er sendet sie an die zuständigen Personen, das heisst an Richter, zu denen er Vertrauen hat. Vorsichtshalber ruft er noch zwei Journalisten in Spanien an, die er drei Jahre zuvor kennengelernt hat. *«Wenn ich Sie bitte, nach Rom zu kommen, keinerlei Fragen zu stellen und so schnell wie möglich wieder abzureisen, was antworten Sie?»* fragt Palermo am Telefon. *«Selbstverständlich kommen wir»*, antworten die beiden Journalisten und steigen ins erstbeste Flugzeug nach Rom. Im Büro von Palermo stapeln sich die Akten zu einem beinahe zwei Meter hohen Turm. Der Richter sagt zu seiner Freundschaftsgeste nur wenig. *«Gehen Sie fort damit, weit weg von Italien. Hier will das niemand!»* Auf diese Weise, «per Zufall», landete Palermos ganze Arbeit nicht in der verschmutzten Adria, um dort für immer zu verschwinden, sondern unter anderem auch bei uns. Dank Palermos «Vermächtnis» an die spanischen Journalisten verfügen heute auch Untersuchungsbehörden in der Schweiz über diese Unterlagen. Nach und nach trägt seine Arbeit Früchte. Ohne es zu wollen (oder beinahe), hat Palermo einem guten Dutzend Schweizer Polizeibeamten die Hoffnung wiedergegeben. Sie haben in Palermos Akten ihre eigenen Untersuchungen bestätigt gefunden und wissen nun, dass ihre Arbeit nicht völlig unnütz gewesen ist.

Germain Sengelin: enttäuscht, aber unverdrossen

Richter wie Carlo Palermo gibt es nicht nur in Italien. In Mülhausen, nur wenige Kilometer nördlich von Basel, hat sich ein weiterer Mann dem Kampf gegen den Waffen- und Drogenhandel verschrieben. Es ist Germain Sengelin.

Sein Urgrossvater und Grossvater waren Bauern im Sundgau, dieser immer noch ausgeprägt deutschen Region südlich von Mülhausen, die nichts von der Fröhlichkeit der Weinbaugebiete des Mittelelsass ausstrahlt. Im Sundgau sind die Menschen ärmer, arbeitsamer, weniger verwöhnt von den Früchten der Erde. Sie sind auch weiter von Paris entfernt und haben gewissermassen einen Fuss auf der andern Seite des Rheins. Sie halten auch heute noch hartnäckig an ihrem Dialekt fest, einem Gemisch, das sogar die Deutschschweizer nur mit Mühe verstehen. Seit zwei Generationen verlassen die Sundgauer bereits ihre Heimat, da der Boden zu wenig abwirft; sie arbeiten in Sochaux oder Mülhausen bei den Peugeot-Werken. Viele von ihnen haben noch Angehörige in diesem Hinterland, das Goethe besuchte und wo man immer noch an Hexen glaubt. 1946 sprach Germain Sengelin, damals neun Jahre alt, noch kein Wort Französisch. Es waren der Pfarrer und der Primarlehrer von Grentzingen, die sich darum bemühten, ihm diese Sprache beizubringen, die man im Sundgau als «Kolonialsprache» betrachtete.

Sengelin wollte Professor werden. Er gab sich mit dem Posten eines Primarlehrers zufrieden, als man ihm nach beendeter Ausbildung eine entsprechende Stelle in Hirsingue, in unmittelbarer Nähe seines Geburtsorts, anbot. Doch Frankreich befand sich im Krieg. Im Jahr 1958 trat Sengelin in die Reserveoffiziersschule in Saint-Maixent ein. Und was geschehen musste, geschah: Im April 1959 wurde er nach Algerien beordert, um in Souk-Ahras zum Offizier des «Service d'Action Sociale» (S.A.S.) ernannt zu werden. In diesem unruhigen Land war er zu Pferd unterwegs, gleichzeitig in der Rolle eines Friedensrichters, Auskunftsbeamten, Bevollmächtigten und Unterpräfekten. «*Die Leute vom S.A.S. befürworteten in der überwiegenden Mehrheit die Präsenz der Franzosen*», erinnert er sich. Auch er war für ein französisches Algerien. «*Hätte ich Algerien nicht sechs Wochen vor dem Putsch der OAS*[1] *verlassen, hätte auch ich zu den Putschisten gehört. Damals war ich eingefleischter Anti-Gaullist*», gestand er Jean-Marie Stoerkel[2] von der Zeitung «L'Alsace».

[1] Organisation de l'Armee Secrète, Abk. OAS, Geheimorganisation (1961–1963) nationalistischer Algerienfranzosen und Angehöriger der französischen Algerienarmee. Die OAS widersetzte sich 1961/62 der Algerienpolitik de Gaulles mit Terrormassnahmen.

[2] Jean-Marie Stoerkel ist Gerichtsberichterstatter beim «L'Alsace», aber sein Interesse gilt vor allem dem illegalen Zigaretten- und Drogenhandel, der sich seit Ende der siebziger Jahre im Grenzgebiet abspielt. Das Kapitel «Zigarettenschmuggel...» dieses Buchs wäre ohne seine wertvolle und kundige Hilfe nicht zustande gekommen.

Er kehrte nach Frankreich zurück und nahm seinen Beruf als Primarlehrer wieder auf. *«Doch ich wollte weiterkommen»*, gesteht er. *«Als ich mich immatrikulieren wollte, warteten vor dem Schalter der Phil.-I.-Fakultät zu viele Leute, weshalb ich mich für Jura entschied. Der Notar von nebenan hatte mich übrigens dazu ermuntert. Mit dem Jus-Studium würde ich sogar Gendarmerieoffizier werden können . . ., hatte er mir gesagt.»*

Später bestand Germain Sengelin die Aufnahmeprüfung für die École de Magistrature von Bordeaux, dann war er Referendar in Colmar. Er verbrachte zwei Jahre in Vesoul, wo er Mitbegründer der linken Richtergewerkschaft war (was ihm übrigens nie verziehen wurde), bevor er 1970 auf eigenen Wunsch nach Mülhausen versetzt wurde. Dort begann die Geschichte. Denn Germain Sengelin ist kein Mann, der einen Kniefall vor den Notabeln der Stadt macht, sondern er sucht mit derselben Zwanglosigkeit sowohl die volkstümlichen Lokale (das «Rugala Wirth» zum Beispiel) als auch jene Orte auf, wo sich die lokale Intelligenz trifft (etwa das «Sauwadala»).

Der dickköpfige, ja sogar sture Germain Sengelin vertritt eine wenig konventionelle Meinung von der Justiz. Er ist überzeugt davon, dass *«die Justiz eine der grundlegenden Kräfte des demokratischen Staates bleibt, sofern sich der Richter jeglicher Pressionen erwehren kann. Wenn es um Rechtsprechung geht, so bin ich farbenblind. Ich mache keinen Unterschied zwischen den politischen Couleurs, für mich zählen einzig die Fakten.»* Er ist weder Karrierist noch Arrivist, und noch weniger jener «süffisante und arrogante Richter», als den ihn seine Feinde schildern, um ihn zu diskreditieren. *«Ich bin ein Mann von hier. Ein Richter muss seine Region, seine Polizei, seine Einwohner kennen. Er muss lange am selben Ort bleiben. Ich habe im Sinn, meine Karriere in Mülhausen zu beenden.»* Sengelin weigerte sich schon mehrere Male, interessante Beförderungen anzunehmen, und gab sich 1979 mit der Ernennung zum Ersten Untersuchungsrichter von Mülhausen zufrieden.

Etwa um diese Zeit übrigens begannen seine Schwierigkeiten. Am Donnerstag, dem 2. Februar 1978, kurz vor Ablauf der gesetzlichen Frist für die Untersuchungshaft, erhob Sengelin Anklage gegen vier wichtige Akteure einer Zigarettenschmuggel-Affäre: Jean Jacquin, Robert Ulrich, Roger Leroy und Jean-Pierre Frabot. Allen vieren wurden die Einfuhr von Schmuggelware, Zollvergehen, Zollhinterziehung und die Benutzung von falschen Zolldokumenten zur Last gelegt. Gegen zwei von ihnen (Jacquin und Ulrich) wurde ein Haftbefehl ausgestellt, die beiden anderen wurden unter Polizeiaufsicht freigelassen. Germain Sengelin hatte den Finger auf einen wunden Punkt gelegt, wusste jedoch noch nicht, wer hinter diesem französisch-schweizerischen Netz stand. *«Die Paten befanden sich in der Schweiz, doch die französischen Zollbeamten verschlossen noch so gerne die Augen vor dieser Tatsache.»*

Zehn Jahre verstrichen. Zehn Jahre, in denen die Ermittlungen sabotiert wurden. Zwei Regierungen, die eine rechts-, die andere linksgerichtet, war eines gemeinsam: Sie fürchteten sich vor einer Entwicklung dieser Affäre. Auch als 1982 ein hoher Zollbeamter[1] – wegen Begünstigung – angeklagt wurde, änderte sich nichts. *«Die Zollbehörden sind ein Staat im Staat»*, beklagte sich Sengelin. Diese Äusserung sollte ihm Schwierigkeiten mit den Behörden eintragen, die er mit einem Glas «Gigondas» oder einem feinen Burgunder und mit einem Lächeln ertrug.

Schwierigkeiten hatte Germain Sengelin auch mit der Schweiz. *«Bereits vor zehn Jahren habe ich die Schweizer Behörden gewarnt. Ihr lasst es zu, dass die Schmuggler ihre Netze immer dichter spannen. Sie werden grösser werden, Eure Demokratie bedrohen und Eure Jugend verderben.»* Germain Sengelin ereifert sich. Auf dem Tischtuch aus Papier zeichnet er ein Schema, um seine Äusserungen zu unterstreichen. *«Es werden immer dieselben Kanäle benutzt. Wieso sollten die Schmuggler eigentlich ihre Methoden ändern, wenn ein Kanal sich einmal bewährt hat? Alles kann verschoben werden: erst Zigaretten, dann Drogen, dann Frauen, dann Waffen – Geld oder Gold wird auf denselben Wegen zurückgeschleust. Wozu weitersuchen? Es werden immer dieselben Kanäle benutzt, mit mehr oder weniger Raffinesse, je nachdem, ob es sich um erprobte Routen handelt oder nicht.»*

Als Sengelin die Behörden auf diesen Mechanismus aufmerksam machte, handelte er sich einen Verweis ein. Als er einige Jahre später, 1987, vor dem Mikrophon von Georges Glatz («Temps Présent») auf denselben Tatbestand hinwies, reichten die Bundesanwaltschaft (und Rudolf Gerber) eine verwaltungsrechtliche Klage gegen ihn ein. Dies war die einzige Reaktion Berns auf Sengelins Hinweis von ehedem.

Im Frühjahr 1989 schöpft Germain Sengelin etwas Hoffnung. Der Rücktritt von Rudolf Gerber hat ihn, wie er zugibt, gefreut. Er sagt sich, dass sich in der Schweiz nun doch endlich etwas ändern wird. Als im Juni 1989 die Peseta-Connection[2] auffliegt, beginnt er gar zu glauben, das Ende des Tunnels sei nicht mehr fern.

Doch einmal mehr geht sein Traum nicht in Erfüllung – im Gegenteil. Die Berufung von Jörg Schild nach Bern, und vor allem sein Fortgang aus Basel, führen wieder vermehrt zur Einstellung noch nicht abgeschlossener Untersuchungen. Am 14. September 1989 entschliesst sich Hans Hungerbühler, Erster Staatsanwalt des Kantons Basel-Stadt, dazu, die Untersuchung gegen die wichtigsten Akteure der Peseta-Connection abzubrechen. Michael Hänggi (nach Ansicht von Hans Hungerbühler zu Unrecht verdächtigt) wird am nächsten Tag in einem in zahlreichen Zeitungen veröffentlichten Pressekommuniqué von jeglicher Schuld freigesprochen. Germain Sengelin in Mülhau-

---

[1] Es handelt sich um Roger Saint-Jean, s. auch Seite 88 ff.
[2] Siehe Kapitel «Zigarettenschmuggel…», Seite 61 ff.

sen weiss davon noch nichts und erfährt die Neuigkeit beinahe durch Zufall übers Wochenende. Er ist erstaunt. Hatte er nicht erst vor kurzem einem Basler Polizeibeamten mitgeteilt, die Ergebnisse der von den Schweizern einige Monate zuvor bei den Franzosen beantragten Untersuchung stünden ihnen nun zur Verfügung? Dabei handelte es sich um Aufzeichnungen von Telefongesprächen und eine ganze Reihe von Fakten und Beweisstücken[1], die zur Belastung von Michael Hänggi hätten dienen können. Doch Basel forderte diese zusätzlichen Akten nicht an, sondern stellte das Ermittlungsverfahren gegen den Hauptangeklagten ein, ohne Mülhausen überhaupt davon in Kenntnis zu setzen...

Hans Hungerbühler ist ein integrer Richter. Dies hat er während seines kurzen Aufenthalts an der Taubenstrasse in Bern bewiesen, in jenen hitzigen Tagen der Untersuchung gegen Elisabeth Kopp, als er zum ausserordentlichen Untersuchungsrichter ernannt worden war. Seinen Auftrag, die Verfehlungen von Elisabeth Kopp und ihrer Umgebung zu eruieren, führte er so aus, dass jeglicher Zweifel an seiner Person unangebracht wäre. Der Mann hat Courage. Er scheute sich nicht festzuhalten, dass Elisabeth Kopp nicht nur ihren Ehemann telefonisch gewarnt hatte, sondern dass zudem ein «Ablenkungsmanöver» inszeniert wurde, um den Eindruck zu erwecken, das Leck sei nicht bei der Bundespolizei, sondern andernorts zu suchen. Es ist bekannt, wie unerschütterlich der Bundesrat in diesem Punkt war, was unmittelbar zum Rücktritt von Elisabeth Kopp führte.

Weshalb nahm der Basler Staatsanwalt dann aber im Zusammenhang mit der Peseta-Connection jene Haltung ein? Wie erklärt er diesen unverständlichen Umschwung?

Am Telefon klang die Stimme von Hans Hungerbühler etwas gekünstelt. Zuerst sprach er französisch, dann deutsch. «*Sie haben diese Untersuchung eingestellt, heisst das, dass Sie alle Untersuchungsunterlagen zur Hand hatten?*» fragten wir. «*Ja, selbstverständlich, ich habe alles gelesen. Das ist ein Roman, bei dem es nicht um Drogen, sondern nur um Zigarettenschmuggel geht. Auf jeden Fall kann man nichts beweisen. Es gibt keinerlei Beweise.*» – «*Aber wie können Sie das wissen? Die Franzosen versichern nämlich, dass sie noch Beweise haben, die Sie nicht angefordert haben.*» Der Basler Staatsanwalt wird ärgerlich. Am nächsten Tag, am 21. September 1989, erzielte der Artikel in der «Tribune de Genève» mit dem Titel «Les boulettes de Bâle» («In Basel wurde ein Bock geschossen») eine nicht geringe Wirkung. In Basel war man nicht nur verärgert, sondern auch sehr beunruhigt. Was Richter Sengelin betrifft, so fühlte er sich einmal mehr

---

[1] Die Gendarmerie von Pau hatte insbesondere die «Top-secret»-Telefonnummer einer Telefonabhörzentrale der PTT in Basel ausfindig gemacht. Diese Telefonnummer befand sich im Nachttisch eines der verhafteten Schmuggler, Joseph Arietta. Wie kommt es, dass die Basler, die Bundesanwaltschaft und sogar die PTT ein solches Beweisstück ignorieren?

düpiert. *«Ich verstehe nichts mehr. Es waren doch wirklich sehr wichtige Beweise, die wir auf ihre Bitte hin zusammengetragen haben.»* Es ist nicht nur den Ermittlungen der Gendarmerie von Pau zuzuschreiben – die übrigens sehr effizient geworden ist, seit sie gegen die baskischen Unabhängigkeitskämpfer der ETA vorgeht[1] –, dass das Dossier über die Peseta-Connection tatsächlich ein beträchtliches Ausmass angenommen hat. Eben erst hatten auch die Spanier die Franzosen um Mithilfe gebeten. *«Das ist unbegreiflich, dass Basel jetzt das Verfahren einstellt»*, donnerte Sengelin. *«Die Schweizer Behörden hätten uns wenigstens aus Gründen des Anstands mitteilen können, dass sie die Untersuchung einstellen.»*

Germain Sengelin und einige Schweizer Fahnder hatten schon immer den Verdacht, dass sich hinter der Peseta-Connection eine Drogengeschichte verbirgt. Sie waren ehrlich entrüstet, als ihnen die spanische Polizei drei Monate nach dem Basler Einstellungsentscheid die Verhaftung von Faustino Ordegozo meldete. Am 16. Dezember 1989 schnappte die Polizei in Barcelona Ordegozo zusammen mit fünf weiteren Personen. Sie waren mit einem Mietwagen unterwegs, in dem 30 Kilo Heroin versteckt waren. Ordegozo wies sich bei der Verhaftung mit einem falschen Pass aus, der auf den Namen José-Maria Zubimendi lautete. Die Entrüstung von Sengelin und der Basler Drogenpolizei war begreiflich. Die Agenda von Ordegozo, die der Polizei in die Hände fiel, führte Adressen und Telefonnummern von gut einem Dutzend Schweizer Firmen auf, auch jene der inzwischen bekannten Porespa.[2]

Untersuchungsrichter Germain Sengelin, der die Peseta-Schlacht noch nicht für verloren glaubte, ärgerte sich: *«Als wir die Ermittlungen aufgenommen hatten, wussten wir, dass die Schmuggler ihre wahren Geschäfte mittels fiktiver Rechnungen von Zigarettenfabrikanten vertuschten. Die französischen und schweizerischen Fahnder hatten darüber gesprochen und schliesslich entschieden, das Geheimnis dieser fiktiven Rechnungen zu lüften. Wir wollten unter anderem in Erfahrung bringen, warum Banken und grössere Tabakfirmen sich auf ein solches Spiel einlassen.»* Der Mülhauser Untersuchungsrichter kommentiert ironisch und mit kollegialer Nachsicht: *«Hans Hungerbühler hat sich für eine sehr formalistische Sichtweise entschieden. Wenn man ihm eine Rechnung vorlegt, stellt er die nicht in Zweifel.»*

---

[1] Siehe dazu Kapitel «Zigarettenschmuggel...», Seite 64.
[2] Zwei der fünf Personen wurden noch am Tag ihrer Verhaftung freigelassen. Die spanische Justiz ersuchte Frankreich und die Schweiz um Rechtshilfe, damit die in der Agenda von Ordegozo aufgeführten Personen identifiziert werden können. Im Prinzip wird diese Untersuchung unabhängig von den Ermittlungen des vergangenen Jahres durchgeführt.

Mario Vaudano in den Fussstapfen von Palermo

Einer der wenigen, die das höchst umfangreiche Untersuchungsdossier von Richter Carlo Palermo erbten und dessen Werk fortsetzten, ist Mario Vaudano. Wie Palermo ist auch Vaudano ein junger Richter, der es sich nicht nehmen lässt, ganze Nächte lang seine Notizen immer wieder durchzulesen und sich Skizzen zu machen, um die Verbindungen zwischen den verschiedenen Kreisen des organisierten Verbrechens zu entschlüsseln. Vaudano ist Experte für Finanztransaktionen. Er arbeitet in Turin, aber nur noch für wenige Wochen. Die Änderungen in der italienischen Gerichtspraxis kamen gerade gelegen, um Vaudanos Versetzung als Staatsanwalt ins Aostatal zu rechtfertigen. *«Auf diese Weise werde ich näher bei der Schweiz und bei meinen Freunden sein»*, sagt er und lächelt schüchtern. Er empfindet seinen neuen Status nicht als Strafe, oder dann gibt er seinen seelischen Zustand nicht preis. Mario Vaudano wie auch Carlo Palermo, Germain Sengelin und Dick Marty gehören zu dieser neuen Generation von Richtern, für die es Ehrensache, ja Lebensregel ist, nicht vor den Befehlen höhergestellter Persönlichkeiten zu kuschen. *«Wir verbringen unsere Zeit damit, das organisierte Verbrechen mit Mitteln und Methoden aus dem letzten Jahrhundert zu bekämpfen. Und wenn man dann trotz aller Fallstricke kurz vor dem Ziel steht, muss man zusehen, wie die Akten wie von Zauberhand abgeschlossen werden.»*

Als ich Mario Vaudano im Januar 1989 das erstemal in einem Hotel in Rom zum Frühstück traf, äusserte sich der junge Staatsanwalt mir gegenüber nur ganz allgemein, obwohl ich ihn mit Fragen über die Verknüpfung der *Shakarchi* mit den Gebrüdern Magharian, mit Mirza und Giulietti, gegen die alle ermittelt wurde, bedrängte. *«Es tut mir leid, aber ich kann Ihnen keine Einzelheiten bekanntgeben. Meine Gegner wären nur allzu froh, mir Indiskretionen anlasten und mich dann wegen ‹Verletzung des Amtsgeheimnisses› abschieben zu können. An entsprechenden Beispielen fehlt es nicht.»*

Immerhin beklagte sich Mario Vaudano im Lauf dieser kurzen Unterredung über die Beziehungen zwischen den italienischen und den schweizerischen Justizbehörden, vor allem über jene zwischen Italien und Genf und Zürich. *«Ich verstehe das nicht. Man bittet sie um etwas, sie benötigen drei bis sechs Monate ... und dann schicken sie belanglose Unterlagen, die nichts oder nur wenig mit dem Thema zu tun haben. Man kommt nur weiter, wenn man sich in einer Stadt direkt an befreundete Richter oder Polizisten wenden kann.»*

Das zweitemal traf ich Vaudano Ende September 1989 in Lausanne. Er war hergekommen, um die Ermittlungsbeamten zu treffen, die er vor vier Jahren anlässlich seiner Untersuchung gegen den Tirnovali-Clan kennengelernt hatte – eine Affäre, die durch die Cousins Soydan[1] in Lausanne ins Rollen gekommen war. In den verrauchten Hallen des «Comptoir Suisse», wohin Pierre Duc (der Chef des waadtländischen Drogendezernats) die italienischen Richter geführt hatte, machte Mario Vaudano keinen Hehl aus seiner Skepsis. In wenigen Tagen sollte in Mailand der Prozess gegen den Schmugglerring von Ismaïl Oflu und Konsorten beginnen – zweifellos eine der mächtigsten italienisch-türkischen Schmugglerbanden, die nach den Geständnissen der Cousins Soydan, Erdogans und Abdullah Isaacs' aufgeflogen war. Diese Geständnisse sind alle Vaudano zu verdanken. *«Wenn Mailand den Prozess gegen Oflu verliert, wird sich das katastrophal auf die nachfolgenden Untersuchungen auswirken»*, bemerkte Vaudano, dem das Dossier wegen territorialer Unzuständigkeit entzogen worden war.[2]

Wie Palermo hat auch Vaudano mit der italienischen Staatsanwaltschaft und der Regierung Probleme bekommen, und zwar seit dem September 1985. Damals schritt Richter Vaudano im Anschluss an das Geständnis von Celal Erdogan, der im Besitz von 35 Kilo Heroin in Mailand festgenommen worden war, am 28. September zur Anklage gegen einen gewissen Abdullah Isaacs, einen 77jährigen gebürtigen Iraker, der in Mailand wohnte. Nach einigem Zögern entschied sich Abdullah Isaacs schliesslich, mit Vaudano zusammenzuarbeiten. Er erzählte von seinen Geschäftsbeziehungen zum Libanesen Albert Shammah, der seit 1977 in Genf wohnte und hier wegen Steuerhinterziehung zum erstenmal mit dem Gericht zu tun hatte. Abdullah Isaacs sagte gegenüber Richter Vaudano aus, es sei *«sehr wohl möglich, dass bei Shammah alle Fäden zusammenliefen.»* Er fügte hinzu, es sei Shammah gewesen, der ihn in diesen Kreis eingeführt habe. Für Vaudano und die Guardia di Finanza zeichnete sich die Spur nun deutlicher ab. Gezwungen, sich stets mit kleinen Schmugglern oder Geldwäschern abzugeben, hatten sie die Hoffnung aufgegeben, jemals einen der grossen Weisse-Kragen-Verbrecher, deren Rolle sich auf die Verbindung zu den Banken beschränkt, festnehmen zu können. Ihre Vermutungen wurden durch Aufzeichnungen von Telefongesprächen erhärtet, die von mehreren Aufträgen Shammahs an Abdullah Isaacs zeugten. Der Libanese hatte einmal von *«fünf Kilo Pistazien»* gesprochen. Er verteidigte sich später damit, es habe sich nicht um ein Codewort, sondern wirklich um Pistazien gehandelt.

Albert Shammah wurde am frühen Morgen des 4. Oktober 1985 in seiner Wohnung an der Rue Sénebier 20 in Genf verhaftet. Polizeibeamte in Zivil, ausgestattet mit einem von Bern ausgestellten Haftbefehl, überführten den alten Mann ins Gefängnis Champ-Dollon, wo er bis zu seiner Auslieferung

---

[1] Siehe Kapitel «Libanon-Connection...», Seite 46.
[2] Ismaïl Oflu wurde im November 1989 schliesslich zu 22 Jahren Gefängnis verurteilt.

nach Italien bleiben sollte. In der Zwischenzeit nahmen die Genfer Rechtsanwälte von Albert Shammah mit den zweifellos richtigen Personen Kontakt auf. War Shammah nicht mit Nessim Gaon, Edmond Safra (dem ehemaligen Direktor und Besitzer der *TDB* und dem heutigen Besitzer der *Republic National Bank*), den Gründern der *Mirelis* sowie mit einer Anzahl über jeden Verdacht erhabener Genfer Geschäftsleute eng befreundet? Dominique Poncet, Shammahs Anwalt, bemühte sich um die besten Referenzen, damit die Auslieferung nicht stattfinden würde. Poncet, ein Experte auf diesem Gebiet, hatte bereits Gelli verteidigt und wusste, wie er die Leute in Bern beeindrucken konnte. Am 21. Oktober wurde dem Bundesamt für Polizeiwesen ein von sechs Persönlichkeiten unterzeichnetes Schreiben, das den guten Leumund Shammahs bestätigte, zugestellt, zur Unterstützung eines Antrags auf vorläufige Freilassung.[1] Man kann sich das Erstaunen der Beamten in Bern vorstellen, als sie unter den Protektoren von Shammah auch Bettino Craxi entdeckten, nämlich in einem Brief von Craxi an eine der vier Töchter des überaus reichen Libanesen.

«Liebe Andrée,

Was Deinem Vater widerfahren ist, scheint mir völlig absurd (...)

Im alten Rom erfreuten sich die Bürger grösserer Sicherheiten als die heutigen Bürger jenes Landes, welches das Vaterland des Rechts sein sollte (...)»

Unterschrieben: *«Bettino Craxi, Ministerpräsident.»*

Diesem Schreiben lag ein Brief von Carlo Tognoli, Stadtpräsident von Mailand, bei. Darin beglückwünscht Tognoli Shammahs Tochter, die sich für ihren Vater einsetzt und vor allem versucht, seine Auslieferung zu verhindern.

Am 22. Oktober war Bern erstaunt. Doch am 24. Oktober ordnete das Bundesamt für Polizeiwesen die vorläufige Freilassung von Albert Shammah an, obwohl durch Craxis Brief der Grundsatz der Gewaltentrennung verletzt worden war. Eine Kaution von 250 000 Franken wurde als Sicherheit hinterlegt. Am 10. Januar 1986 gab Bern ihm Pass wie Kaution zurück.[2]

Nun war es am Richter, sich zu ärgern: Im Juni 1986 zog Vaudano angesichts der Weigerung Berns seinen Auslieferungsantrag zurück. Und als er es im Januar 1988 mit einem zweiten Haftbefehl erneut versuchte, widersetzte sich Bern. Auch Italien blockte seine Bemühungen ab. Am 28. Januar 1988 entzog der Kassationshof von Rom Vaudano den «Fall Shammah» und be-

---

[1]   Ausser Nessim Gaon unterschrieben diesen Brief: Maurice Salem, Albert Benezra, Giuliano Pelli, Carlo Ripa di Meana und Giovanni Testori. Das an das Bundesamt für Polizeiwesen gerichtete Schreiben enthielt zudem zwei Arztzeugnisse, den Brief von Craxi an Shammahs Tochter sowie das Schreiben des Mailänder Stadtpräsidenten Tognoli.

[2]   Dieses Verhalten der Schweizer Behörden wurde von der italienischen Presse recht heftig kritisiert. Siehe u. a. L'Espresso vom 17. und 24. Januar 1988.

gründete diesen Entscheid mit «territorialer Unzuständigkeit». Dieser Schachzug wurde von der italienischen Presse durchschaut, da derselbe Kassationshof die Akten Mailand anvertraute, der Heimatstadt Bettino Craxis, und den Fall Cristina Maggia, einer der gefügigsten Untersuchungsrichterinnen dieser Stadt, übergab. Am 12. September 1988 zog Cristina Maggia den Haftbefehl gegen Shammah zurück. Sein Prozess, der im Herbst 1989 hätte stattfinden sollen, wird sich vermutlich weiter hinauszögern. *«Bis dahin»*, klagen die verärgerten Untersuchungsrichter, *«wird Shammah entweder alles vergessen haben oder an einer geheimnisvollen Krankheit leiden, damit er nicht an der Gerichtsverhandlung teilnehmen muss.»*

«Der Fall Shammah gehört nicht mehr in mein Ressort, und ich habe nichts dazu zu sagen.» Mario Vaudano setzt ein verständnisvolles Lächeln auf. Er gehört zu jener Gruppe von zehn oder zwölf Richtern südlich der Alpen, die für ihre unabhängige Denkweise bekannt sind. Alle wissen sie, dass das Dossier von Palermo trotz einiger geringfügiger Ungenauigkeiten hieb- und stichfest ist. Vaudanos Meinung zufolge *«bleibt kein Waffen- oder Drogenschmuggler lange im Geschäft, wenn er nicht von Politikern protegiert wird, und es hat keinen Zweck, nur das Fussvolk oder die Helfershelfer der unteren Etagen festzunehmen.»* Der italienische Richter hat nie einen Hehl aus seiner Kritik an den Schweizer Gesetzen und an der überholten Rechtspflege der Kantone gemacht. *«Die gegenseitige italienisch-schweizerische Hilfe gleicht einem Hindernislauf. Manchmal dauert es drei bis fünf Jahre, bis der Antragsteller die Unterlagen erhält. In der Schweiz gibt es zu viele Verschleppungs- und Rekursmöglichkeiten. Die Schmuggler können einer vom Ausland beantragten Untersuchung unbesorgt entgegensehen, denn sie wissen, es bleibt ihnen genug Zeit, um in aller Ruhe ihre Tresore zu leeren, bevor sie verhört und ihre Bankkonten gesperrt werden. Die Verantwortung dafür liegt nicht nur bei der Justiz, sondern auch bei den Banken und der Mentalität im allgemeinen. Dazu kommt, dass die Verbrecher prominente Anwälte engagieren und die grenzüberschreitende Zusammenarbeit der Anwälte besser funktioniert als die der Richter und Polizeibeamten. Auch da hinken wir zwanzig Jahre hinterher...»*

«Die grosse Gefahr und das eigentliche Risiko ist der Verfall der demokratischen Institutionen. Mit dem Geld, das die grossen Schmuggler angehäuft haben, können sie heute, wenn es ihnen passt, kaufen, wen und was sie wollen: Polizisten, Zollbeamte, Gerichte, Zeitungen – einfach alles», erklärte Richter Sengelin seinerseits.

Dick Marty: Ein mutiger Mann, der sich zu schnell entmutigen liess

Einer der wenigen Schweizer Kantone, die in den letzten Jahren von einem Klima der Bekämpfung des organisierten Verbrechens geprägt waren, ist unbestreitbar das Tessin. Kam Paolo Bernasconi bei der (teilweisen) Aufdeckung der Pizza-Connection die Hauptrolle zu, so ist der Name von Dick Marty eng mit der Libanon-Connection verknüpft, als deren Held er von den Medien denn auch gefeiert wurde.

Man muss gesehen haben, wie sich die Öffentlichkeit im April 1989 anlässlich des Prozesses gegen Mirza und Giulietti – nur wenige Tage vor der Ernennung Dick Martys zum Staatsrat des Kantons Tessin – in den Verhandlungssaal drängte, um zu begreifen, welche Wertschätzung er geniesst.

Der junge Staatsanwalt von Bellinzona hat weder den Charme Vaudanos noch die Ausdauer Sengelins. Man könnte ihn für einen Mittelschullehrer halten, aber nicht für jemanden, der gegen das organisierte Verbrechen vorgeht. Fünfzehn Jahre war er Staatsanwalt, und lange stand er im Schatten von Paolo Bernasconi, dem Richter im Prozess gegen die Pizza-Connection. Der diskretere, unscheinbarere Dick Marty ist überzeugter Liberalist. Es ist kein Zufall, dass er an die Selbstverantwortung des Individuums glaubt und sich vor allem im Konkreten wohl fühlt, obgleich er eine höchst beeindruckende juristische Ausbildung genossen hat.[1]

An diesem späten Nachmittag des 12. April war der Gerichtssaal in Bellinzona zum Bersten voll. Dick Marty schlug in seiner Anklagerede gegen Mirza und Giulietti einen eher gemässigten Ton an, verteidigte indes vehement die Methoden der Tessiner Polizei, den Mut aller Beteiligten[2] und vor allem die Notwendigkeit solcher Methoden im Kampf gegen den illegalen Drogenhandel. *«Millionen von tödlichen Dosen gelangten nicht in die Venen der Jugendlichen im Tessin, in der Schweiz und in Amerika. Die Jugend ist unsere Zukunft. Das Vorgehen der Polizei ist einzig und allein darin begründet, das Töten unserer Kinder zu verhindern. Die Justiz muss auch diese Art Kriminalität bekämpfen – nicht nur die langhaarigen Drogensüchtigen, sondern auch jene, die über ansehnliche Bankkonten verfügen oder in teuren Hotels mit dicken Spannteppichen wohnen.»* Das Gericht gab ihm in bezug auf die Vorgehensweise der Polizei recht. *«Diese Anerkennung ist mein grösster Erfolg, mehr noch als die 100 Kilo beschlagnahmter Drogen.»*

Die Menschenmasse, die den Prozess verfolgte, versuchte bewegt, Dick Marty ihre Sympathie zu bekunden. Nach diesem letzten Plädoyer trat Dick Marty von der Bühne der Justiz ab, um sich als Staatsrat der Politik zuzuwenden, was ihm mehr zusagt. Er versichert allen, dass *«diese Entscheidung weder*

---

[1] Dr. jur. Dick Marty spezialisierte sich danach auf strafrechtliche Vergehen. Zudem ist er Präsident der Schweizerischen Kriminalistischen Gesellschaft und hätte folglich eine glänzende Laufbahn als Professor oder Bundesrichter machen können. *«Ich bin zu sehr der Realität verhaftet»*, meint er zu diesem Thema. *«Doch nach fünfzehn Jahren als Staatsanwalt muss man sich verändern.»*

[2] Siehe Kapitel «Libanon-Connection...», insbesondere die Rolle der Fahnder des Drogendezernats, deren Arbeit von der Presse, der Justiz und den zuständigen schweizerischen Polizeibehörden einmütig gelobt wurde.

mit irgendeiner Enttäuschung noch mit Pressionen seitens der Politiker oder der Ban-
ken zu tun hat».

Einige Monate später traf ich einen seiner engsten Mitarbeiter und gleichzeitig sein Freund, einen Polizeibeamten des Tessiner Drogendezernats. Er
differenzierte: *«Dick Marty hatte genug, mehr als genug. Und genau wie er fragen*
sich andere Ermittlungsbeamte, ob ihre Arbeit einen Sinn hat, ob tatsächlich noch ein
Wille zur Bekämpfung der Kriminalität vorhanden ist, wenn auch die höchsten Kreise
betroffen sind.»

Dick Marty: *«Ich habe meinen Posten als Staatsanwalt nicht wegen irgendeines*
Drucks, der auf mich ausgeübt worden wäre, aufgegeben; es war vielmehr eine gewisse
Atmosphäre, eine Reihe von Pedanterien, die sich häuften, die mir das Leben schwer, ja
unmöglich machten. Ich spürte, wie viele Berufskollegen unentwegt darauf warteten,
dass wir uns den Hals brechen würden. Um mich zu entmutigen und mich zu verunsi-
chern, hat man mir vorgeworfen, ich leide unter ‹Protagonismus›», sagte Dick Marty.
Als echter und daher sturer Steinbock fügte der ehemalige Staatsanwalt
hinzu: *«Ich habe nicht die Flagge gestrichen. Mein Engagement in der Politik geht in*
dieselbe Richtung, ich werde für dieselben Werte kämpfen.»

Auf der Suche nach neuen Richtern

Beinahe überall tauchen moderne Richter auf. Sie sind zwischen dreissig und
vierzig Jahre alt und wissen, dass das organisierte Verbrechen über höchst
machtvolle Mittel verfügt, um der Justiz einen Strich durch die Rechnung zu
machen. Sie wägen die Bedrohung ab, die auf der Gesellschaft lastet, deren
letzte Stützen und Garanten sie sind. Die ganze Presse prangerte das völlige
Versagen der Bundesanwaltschaft an, deren Bekämpfung des illegalen Drogenhandels, des Waffenschmuggels und der Geldwäscherei zur Farce ausar-
tete. Rudolf Gerber war inkompetent, aber nicht als einziger. Ein Mensch
allein kann nicht alles abblocken und darf nicht für den ganzen Bankrott verantwortlich gemacht werden. In verschiedenen Kantonen (Zürich, Basel,
Genf, Luzern und Bern) hat die Justiz ihre Arbeit nicht erledigt. Genfer
Staatsanwälte haben uns ihren Verdruss[1], ihren Zeit- und Personalmangel
und das Fehlen einer spezifischen Ausbildung für ihre Arbeit bestätigt.

Auch wenn die Gesetze nicht griffig genug sind – wie dies vor allem Paolo

---

[1]   Der mit der Affäre Péchiney betraute Richter beklagte sich über die Rechtsmittel, die den
Fortgang der Arbeit behindern. Der für die Affäre Kettler zuständige Richter machte seinem Unmut über die veralteten Untersuchungsmethoden öffentlich Luft. Der mit der Untersuchung
gegen die Brasilien-Connection beauftragte Richter stiess an die Grenzen der zwischenstaatli-
chen Rechtshilfe. Dies, um nur drei Beispiele zu nennen.

Bernasconi[1] betont –, so ist dies kein hinreichender Grund für die Rechtfertigung der Laxheit. *«Obwohl ich seit fünfzehn Jahren Jagd auf die Schmuggler mache, ‹arbeite›[2] ich lieber mit ihnen als mit der Mehrheit der Richter.»* Diese Worte stammen von Fausto Cattaneo, dem Chef des Tessiner Drogendezernats. Er war bekanntlich einer jener hervorragenden Polizeibeamten, die für die Aufdeckung der Libanon-Connection verantwortlich waren. Aus diesem Grund schien es uns angebracht, ihn hier zum Schluss zu zitieren. Seine Einschätzung der Lage wiegt weit mehr als jene abstrakte Beurteilung der Politiker, die im allgemeinen über die Kunst der Gesetzgebung oder die Kunst der Rechtsprechung befinden. Es lohnt sich, über Fausto Cattaneos Meinung nachzudenken. Denn sie ist konkret, real, ein Spiegel des Kampfes gegen das organisierte Verbrechen.

Aufstand der kleinen Beamten bewirkt Sturz von Bundesrätin Kopp

Und so haben in der Schweiz die Männer an der Drogenfront diesen Kampf jahrelang miterlebt. Es war für sie eine sehr schlimme Zeit. Erst wenn man weiss, unter welchem Druck sie standen, wie sie von ihren eigenen Chefs schikaniert und in ihrer Arbeit behindert wurden, begreift man ihre Entrüstung, versteht man, warum einigen der Kragen platzte. In der Tat, sie waren es, die mit raffiniert inszenierten Indiskretionen den Sturz von Bundesrätin Elisabeth Kopp und von Bundesanwalt Rudolf Gerber bewirkten und damit das grosse Reinemachen in Bern veranlassten.

In den Monaten September, Oktober 1988 läuft die «Operation Eiger» auf Hochtouren und tritt in ihre Schlussphase. Die Polizei hofft, dass sie diesmal auch an die Financiers und Geldwäscher herankommt. Auf den Rat von Staatsanwalt Dick Marty, der von Bellinzona aus die «Operation Eiger» leitet, verfasst Jacques-André Kaeslin, Drogenfahnder beim Zentralpolizeibüro in Bern, mehrere zusammenfassende Rapporte, in denen er die Eröffnung einer Ermittlung gegen die Geldwäscher von Zürich empfiehlt. Vielleicht

---

[1] Paolo Bernasconi ist daran, ein vollständiges Dossier jener offenkundigen Fälle zusammenzustellen, bei denen die juristischen und technischen Schwachstellen zutage treten. Seiner Meinung nach ist das Problem hauptsächlich auf die mangelnde diesbezügliche Ausbildung zurückzuführen, d. h. auf die Schwierigkeit, reine Strafrechtler und Wirtschaftsexperten zusammenzubringen, die ein geeignetes Instrumentarium ausarbeiten würden. Paolo Bernasconi besteht – zu Recht – auf der Meinung, man müsse gegen die Schmuggler vorgehen, indem man beim Geld ansetzt oder noch besser da, wo ihre angehäuften Reichtümer verwaltet werden.

[2] Fausto Cattaneo spielte in zahlreichen Drogenaffären die Rolle eines eingeschleusten Agenten. Ihm ist die vor kurzem, nämlich im Oktober 1989, in Deutschland erfolgte Beschlagnahmung von 375 Kilo Kokain zu verdanken.

wird die Zürcher Justiz auf Druck von Bern endlich aktiv werden. So wenigstens hat sich das Dick Marty vorgestellt.

Adrian Bieri sieht sich die Rapporte seines Mitarbeiters Kaeslin an, geht die beigelegten Dokumente Stück um Stück durch. Doch von der Eröffnung eines Verfahrens will er nichts wissen. Nach geltendem Schweizer Recht sei Geldwaschen nicht strafbar, argumentiert Adrian Bieri. Und auch Bundesanwalt Rudolf Gerber antwortet mit einem radikalen Nein. Für die Fahnder bedeutet dieser abschlägige Entscheid eine zusätzliche Schikane im ohnehin schon schwierigen Aufstieg zum Gipfel des «Eigers». Sie fühlen sich von ihren Vorgesetzten im Stich gelassen und vor den Kopf gestossen. Einmal mehr.

Bereits im Mai 1988 hatte die Ernennung von Adrian Bieri zum Koordinator der schweizerischen Drogenfahndung in Polizeikreisen einige Unruhe gestiftet. Die Polizisten verstanden die Welt nicht mehr. Sie wussten, dass Bieris Vater im Verwaltungsrat der Abiana SA sass, einer Bieler Uhrenfirma, die von Drogenfahndern seit Jahren der Geldwäscherei verdächtigt wurde.[1]

Im Dezember 1988 besuchten wir Vater Walter Bieri in seiner Treuhandfirma in Biel. Die Vorwürfe gegen die Uhrenfirma wies er energisch zurück und tat sie als gemeine Intrige gegen seine Sohn Adrian ab. Nein, mit seinem Sohn habe er nie über seine Geschäfte gesprochen. Nein, mit den Untersuchungen gegen diese Firma habe sein Sohn nicht das geringste zu tun gehabt; vermutlich habe er davon sogar nie erfahren. Wir hörten Vater Bieri interessiert zu. Nach zwei Stunden verliessen wir sein Büro mit gemischten Gefühlen. Dieselbe Auskunft erhielten wir bei der Staatsanwaltschaft in Biel. Man sagte uns auch hier, Adrian Bieri habe sich in seiner Funktion als ausserordentlicher Untersuchungsrichter in Biel nie mit den Dossiers der Abiana zu befassen gehabt.

Am 26. und 27. November veröffentlichten die «Tribune de Genève» und die «SonntagsZeitung» Berichte über die umstrittene Wahl von Adrian Bieri. Die Bundesanwaltschaft dementierte umgehend. Und Bundesrätin Elisabeth Kopp wiederholte das Dementi, als sie am 5. Dezember im Nationalrat auf eine Frage des grünen Abgeordneten Lukas Fierz antwortete. Bundesrätin Kopp und die Bundesanwaltschaft behaupteten, Adrian Bieri hätte sich weder mit dem Dossier der Gebrüder Magharian noch mit Fragen der Geldwäscherei zu befassen gehabt.

Nichts war falscher als das. Das wahrheitswidrige Dementi erfolgte zu einem extrem schlechten Zeitpunkt. Noch hatten die Drogenfahnder die Panne bei der «Operation Eiger» nicht überwunden. Das Vertrauen der Poli-

---

[1]   Siehe dazu Kapitel «Der ‹Fall Simonian› wird zum ‹Fall Bundesanwalt›», wo wir uns ausführlich mit dieser umstrittenen Wahl befassten, Seite 141 ff.

zei und vereinzelter Bundesbeamter in ihre höchsten Vorgesetzten bei der Bundesanwaltschaft und beim EJPD war schwer angeschlagen.

Anfang November hatte der «Tages-Anzeiger» von einem Leck bei den Justizbehörden profitieren können und die Affäre Shakarchi in die Öffentlichkeit getragen. In den Augen der Drogenfahnder kam dies einer Sabotageaktion gleich, denn damit wurde ihren Ermittlungen gegen die Libanon-Connection abrupt ein vorzeitiges Ende bereitet.

Das Lügen-Dementi zum Fall Bieri war dann jener berühmte Tropfen, der das Fass zum Überlaufen brachte. Nach einer Arbeitssitzung trafen sich ein paar kantonale Drogenfahnder und Bundesbeamte zum gemeinsamen Abendessen. Wie so oft bei solchen Feierabendtreffen drehte sich das Gespräch bald nur noch um das unerträgliche Arbeitsklima in gewissen Abteilungen des EJPD und der Bundesanwaltschaft. Was sich in diesen Amtsstuben zutrug und zum Teil immer noch zuträgt, übertrifft für Aussenstehende jedes Vorstellungsvermögen. Mitarbeiter, die eigentlich dieselben Arbeiten verrichten, verkehren miteinander nur noch schriftlich und über den Dienstchef. Der eine versteckt vor dem andern seine Dossiers, aus Angst, seine Untersuchung werde abgeblockt, bevor sie erst richtig begonnen hat. Aus einem Brief von Bundesrat Koller an die PUK 1 geht hervor, dass ein Chefbeamter eigeninitiativ engste Mitarbeiter beschatten liess. Dafür setzte er Freunde beim bernischen Nachrichtendienst ein. Ein Beamter liess einen Spezialisten der PTT kommen, der abends nach Feierabend sein Telefon und sein Büro nach Wanzen absuchte. Um offen über ihre Arbeit zu reden, treffen sich Beamte derselben Abteilung nicht etwa in ihrem Büro, sondern konspirativ in einer Autobahnraststätte oder scheinbar zufällig beim Skifahren.

Jahrelang haben diese Funktionäre geschwiegen, die Frustration in sich hineingefressen. Nicht alle haben diese an Orwell erinnernde Situation ausgehalten. Zahlreiche Beamte wurden auf diese Art regelrecht kaputt gemacht, mehrere demissionierten, andere begannen zu trinken oder wurden an den Rand einer Depression getrieben. An diesem einen Feierabendtreffen begnügten sich die Beamten nicht damit, sich gegenseitig ihr Leid zu klagen. Diesmal wollten sie handeln. Es sollte ein Warnschuss vor den Bug ihres Chefs sein. Ein klares Signal, dass das Mass übervoll war.

Einer der beteiligten Beamten erläutert den Gewissenskonflikt, der ihn und seine Kollegen zum Handeln veranlasste: «*Als Beamte im Staatsdienst sind wir einer Schweigepflicht unterstellt. Für uns stellte sich plötzlich die Frage, ob wir dem Staat nicht den besseren Dienst erweisen, indem wir reden. Die Missstände hatten ein derartiges Ausmass angenommen, dass eine vernünftige Arbeit nicht mehr möglich war. Wer schwieg und also die ihm auferlegte Schweigepflicht einhielt, deckte und mästete diese Missstände; wer redete, brach zwar diese Schweigepflicht, aber er machte auf die*

Missstände aufmerksam, hoffend, das Parlament oder ein Verwaltungsgericht würden endlich zum Rechten sehen.»

Seit Monaten, zum Teil sogar seit Jahren rangen die Beamten mit diesem Gewissenskonflikt. Da waren nicht nur die unzähligen abgewürgten Ermittlungen von Biel, Genf und Zürich oder die Sabotage der «Operation Eiger» und das wahrheitswidrige Dementi zum Fall Bieri, da gab es auch den ominösen Telefonanruf der Bundesrätin Kopp an ihren Mann. In der Bundesverwaltung wussten mindestens ein Dutzend Personen von diesem Telefongespräch; zu viele, damit ein Leck ausfindig gemacht werden könnte. Am 9. Dezember stand die Geschichte in der Lausanner Zeitung «Le Matin». Es war der Anfang der Affäre Kopp/Gerber.

Vor zehn Jahren hatte der Kampf gegen das organisierte Verbrechen und gegen Korruption nicht dieselbe Brisanz wie heute. Es sind einige couragierte Richter und Polizeibeamte, die – unter Einsatz ihres Lebens und ihrer Gesundheit – am Gebäude des Schweigens und der Kompromittierungen gerüttelt haben. Ohne diese Männer wäre die Demokratie wirklich dem Verfall, der Korruption, dem Ruin anheimgegeben. Ohne sie wäre die Schweiz, wäre Europa allmählich in dasselbe Fahrwasser wie das so verschriene Kolumbien[1] geraten.

---

[1] Mit Feuereifer stürzen sich die Medien auf die Situation in Kolumbien; es stimmt, dass in diesem Land üble Zustände herrschen. Gemäss der französischen Monatszeitschrift «Ça m'intéresse» vom Mai 1989 mussten in den letzten fünf Jahren in Kolumbien 3 Minister, 32 Journalisten, 60 Richter und 1500 Polizisten ihr Leben lassen. – Doch es gibt nicht nur Kolumbien. Mexiko, Peru, Bolivien und Honduras dürfen nicht vergessen werden. Die Türkei ist näher. Und die Schweiz ist hier.

184

«Mörder, Denker und Politiker»

Die Vorzüge der Schweiz als Operationsbasis des organisierten Verbrechens

Warum wurde die Schweiz zur bevorzugten Operationsbasis des organisierten Verbrechens? Und warum haben die Behörden, obwohl sie seit Jahren bestens Bescheid wussten, kaum etwas dagegen unternommen? Zwei Fragen, zwei Hypothesen.

Hypothese eins: Das hochentwickelte Bankwesen und die Straffreiheit für Fiskaldelikte schufen ein Treibhausklima für das organisierte Verbrechen. Ein Drogenhändlerring, der Umsätze in Milliardenhöhe erzielt, ist nicht mehr irgendeine kriminelle Bande, die man einsperren kann. Mit seinem immensen Reichtum kann er sich politischen Einfluss und wirtschaftliche Macht sichern. Dazu benötigt er nicht Killer oder Schlägertrupps, sondern Anwälte, Bankiers, Steuerexperten und Marktstrategen, die seine kriminellen Einkünfte waschen und legal investieren. Ohne diese Spezialisten ist der moderne Verbrecher-Typ des «Mafia-Unternehmers» nicht denkbar.

Hypothese zwei: Die Justiz wirkt auf das organisierte Verbrechen ebenso anziehend wie das hochentwickelte Bankwesen. Fälle wie der Skandal um die SKA-Filiale Chiasso, der Zusammenbruch der Genfer Privatbank Leclerc & Cie. oder das Auslieferungsverfahren gegen Licio Gelli, den Grossmeister der Geheimloge P2, zeigen: Wenn es um Banken und Politprominenz geht, zeigen Schweizer Richter eine auffallende Zurückhaltung. Sie lassen sich nicht allein vom Strafgesetzbuch leiten, sondern auch von einer falsch verstandenen Neutralität oder sogar von klar erkennbaren wirtschaftlichen Überlegungen.

Der Reichtum der einen, der Tod der andern

In fünfzehn Jahren haben Hunderte von Millionen Drogendollars, ja sogar Milliarden von Franken die schweizerischen und europäischen Institutionen korrumpiert, *«während gleichzeitig Millionen von tödlichen Dosen die Jugend zerstörten»*, wie der Tessiner Staatsanwalt Dick Marty betonte, der zu Beginn der «Operation Eiger» die Ermittlungen leitete.

Im Jahre 1988 erzielte die Schweiz den Europarekord im Drogenkonsum. Der Tod von 205 Menschen, die an einer Überdosis starben – wobei der sehr hohe Prozentsatz an HIV-positiven Drogensüchtigen noch dazukommt –, ist wirklich Grund genug, um zu erschrecken. Dieser Rekord ist auch das Ergebnis einer völlig fehlgeschlagenen Drogenpolitik der Polizei. Zahlreiche Polizeiorgane verstehen es nicht, die Prioritäten richtig zu setzen. Kleine Cannabis-Konsumenten werden an Musikfestivals mit grossem Aufwand verfolgt, während man die grossen Heroinhändler in den teuren Hotels in Ruhe lässt. Die kantonalen Justizbehörden, zumindest einige, zögern, die Gipfel der Finanzwelt anzugehen.

Im Laufe der Jahre wurde die Schweiz allmählich von «kriminellem» Geld überflutet, die grossen Drogenbosse unterwanderten die Institutionen, bemächtigten sich der Städte und haben das Land korrumpiert. Wir haben festgestellt, wie in diesen Jahren die Bundesanwaltschaft, die für diese Aufgabe nur gerade 7 (sieben!) Beamte einsetzte, völligen Schiffbruch erlitt. Zehn Jahre Misserfolge, Sabotage und Affären, die bei unseren Nachbarn höhnisches Gelächter auslösten, sind die Bilanz. Mit dem Ergebnis, dass mehrere Schweizer Polizeibeamte schliesslich am guten Willen – und das ist eine Untertreibung – unserer Behörden zu zweifeln begannen.

Das folgende Beispiel spricht genügend für sich, und es zeigt vor allem auch, wie mit dieser Kritik höhern Orts umgegangen wird. Im November 1988, kurz bevor die Affäre Gerber platzte und die Zentralstellendienste der Polizei in Frage gestellt wurden, schrieb der Chef der Genfer Polizei dem Chef der kantonalen Genfer Sicherheitspolizei einen Brief, der Bände spricht. Anlässlich eines Treffens der Westschweizer und Tessiner Kantonspolizei in Magglingen im September desselben Jahres – die Untersuchung über die Libanon-Connection war in vollem Gange – hatten gewisse kantonale Beamte scharfe Kritik an den Justiz- und Polizeibehörden des Landes geübt. Hier die Wirkung dieser kritischen Äusserungen auf Warynski, den damaligen Chef der Genfer Polizei. Er war nicht etwa darüber entrüstet, dass Ermittlungen gegen grosskarätige Drogenhändler und Drogengeldwäscher verschleppt oder eingestellt wurden. Im Gegenteil, er war ausser sich vor Wut, weil Polizeibeamte diese Missstände zu kritisieren wagten: *«Im Anschluss an dieses Treffen muss ich feststellen, dass, auch wenn sich unsere (Genfer) Beamten würdig verhalten haben, man die andern an eine strengere Befolgung des den Behörden geschuldeten Respekts erinnern sollte, um ein Eindringen von Elementen zu verhindern, die allzu nah an die Grenze zum politischen Engagement rücken.»*

Polizeichef Warynski schrieb weiter: «*Die Übertreibungen dieser Leute sind ‹betäubend›, ihre Attacken gegen die politischen Behörden dermassen übertrieben, dass die Möglichkeit der Schaffung einer ‹Betäubungsmittelpolizei auf Bundesebene› in greifbare Nähe rückt. Es ist an der Zeit, mit Härte zu reagieren. Jeder Chef der Sicherheitspolizei muss dies bei seinen Leuten tun.»* [1]

Kurz: Wenn die Affäre Gerber unmittelbar auf die Affäre Kopp folgte, so war dies auch Ausdruck eines tiefliegenden Überdrusses der Polizei, die höhern Orts gewaltig unterschätzt wurde. Die von Bundesanwalt Rudolf Gerber vorgenommene Ernennung von Adrian Bieri zum Chef der Zentralstelle für die Bekämpfung des unerlaubten Betäubungsmittelhandels in Bern[2] schürte die Wut der Polizei zusätzlich. Schlimmer noch: Zu dem Zeitpunkt, als die Affäre Kopp platzte, hatte Bundesanwalt Rudolf Gerber nur eine einzige Sorge, nämlich die Identifikation jenes Beamten seiner Dienststellen, der für die Indiskretion gegenüber dem «Le Matin» verantwortlich war. Er dachte keinen Augenblick daran, die Bekämpfung des unerlaubten Betäubungsmittelhandels zu verbessern. Bundesanwalt Rudolf Gerber, besessen von der Idee der kommunistischen Infiltration, hatte den falschen Feind im Visier und das wahre Übel, das die Schweiz bedrohte, nicht erkannt. Doch dies lässt sich – leider, müssen wir sagen – mit Nachlässigkeit und Inkompetenz allein nicht erklären.

Wie konnte die Schweiz zur Operationsbasis des organisierten Verbrechens werden? Warum haben die Behörden, obwohl sie offensichtlich seit Jahren Bescheid wussten, dagegen kaum etwas unternommen?

Warum haben die Behörden – vor allem in den Jahren 1979/80 bis 1985/86 – gekuscht, geschwiegen und vertuscht, sogar Ermittlungen behindert und damit ermöglicht, dass so mächtige kriminelle Organisationen wie etwa diejenige von Henry Arsan ungestört tonnenweise Rauschgift aus dem Nahen Osten holten und im Gegenzug Embargoländer wie den Iran oder Irak mit Kriegsgerät eindeckten?

---

[1] Dieser Brief wurde an alle Polizeichefs der Westschweiz gesandt. Der damalige Genfer Polizeichef – er ging Ende 1989 in Pension – vertritt in diesem Brief eine Position, die jener der meisten Drogenfahnder diametral entgegensteht. Dick Marty und Jörg Schild, die als Staatsanwälte in den letzten Jahren im Kampf gegen den Drogenhandel besonders aktiv und auch erfolgreich waren, haben immer wieder darauf hingewiesen, dass eine effiziente Drogenfahndung sehr oft am Föderalismus und einer fehlenden Koordination zwischen den Kantonen scheitert. Deshalb forderten sie eine zentral geführte Drogenpolizei.

[2] Sektion 4 des Zentralpolizeibüros.

Will man begreifen, warum die Schweiz zur Operationsbasis des organisierten Verbrechens wurde und zum «Sparschwein» für Drogenbosse und Diktatoren, gilt es, drei Bereiche näher ins Auge zu fassen: erstens den Finanzplatz Schweiz, zweitens die Schweizer Justiz und drittens die Geheimdienste. Dazu drängen sich folgende drei Erklärungsmodelle oder Hypothesen auf:

1. Finanzplatz Schweiz: Das organisierte Verbrechen, das auch legale Geschäfte unterwandert, ist zu einem bedeutenden Wirtschaftsfaktor geworden.
2. Schweizer Justiz: Wenn es um Banken und ausländische Politprominenz geht, leiden Schweizer Richter unter Berührungsängsten.
3. Geheimdienste: Die Bundesanwaltschaft und Schweizer Justiz schonen Schieberorganisationen, die von den Geheimdiensten für illegale Waffenlieferungen eingesetzt werden. Als Beispiel sei die Iran-Contra-Affäre genannt.

Der Finanzplatz Schweiz und seine Vorteile

Bei Ermittlungen im Zusammenhang mit Fluchtkapital, Schwarzgeld, Drogenhandel, illegalen Waffengeschäften und internationaler Korruption führen heisse Spuren fast immer in die Schweiz. Krach der Ambrosiano-Bank, Komplott der Geheimloge P2, Iran-Contra-Affäre, Pizza-, Libanon- und Peseta-Connection, Marcos-, Ceausescu- und Noriega-Millionen sind nur einige Stichworte aus einer langen Reihe von Skandalen, in die der Finanzplatz Schweiz verwickelt war.

Einkünfte aus kriminellen Geschäften, schmutzige Gelder also, müssen gewaschen werden. In der Schweiz aber werden fiskalische Vergehen[1] nicht geahndet, solange unser Land nicht zu Schaden kommt. Dieser Sachverhalt machte die Schweiz zur ersten Bankadresse des organisierten Verbrechens. Auch heute bestehen in unserem Land immer noch unzählige Firmen und Finanzgesellschaften, die die Kapital- und Steuerflucht aus politisch unstabilen Ländern erleichtern und zweifelhafte Gelder verstecken.

Im ersten Teil des Buches zeigten wir auf, dass vor allem der aus Schweizer Sicht nicht strafbare Tabakschmuggel verheerende Folgen hatte. Da in fast allen europäischen Ländern Tabakschmuggel als schweres Delikt geahndet wird und da die Schweiz bei fiskalischen Delikten keine Rechtshilfe gewährt,

---

[1]   Als fiskalische Vergehen gelten unter anderem: Steuer- und Kapitalflucht, Schmuggel von Tabak, Alkohol, elektronischen Geräten. Geldwaschen soll in Zukunft auch in der Schweiz bestraft werden. Ein entsprechender Gesetzesartikel ist in Vorbereitung.

flüchteten zahlreiche Zigarettenschieber in die «Strafoase» Schweiz. *«Mit dem konstanten Rückgang des Tabakschmuggels wurden diese alten Schmuggelkanäle vermehrt und heute fast vollständig für den Rauschgifthandel benützt: Die nachgewiesene Verwicklung von bestbekannten Schmugglern in diesen Handel ist dafür ein beredtes Zeugnis. Man muss deutlich betonen, dass die Organisationen, welche den Rauschgifthandel betreiben, heute mit Sicherheit nicht über erprobte und effiziente Verbindungen verfügen würden, wenn man seinerzeit die Bedeutung des Tabakschmuggels nicht unterschätzt hätte.»* [1] Viele Schweizer Kuriere für Drogengelder und sämtliche Rauschgiftringe, die in unserem Report vorkommen, schmuggelten früher auch Zigaretten. Auch nachdem die Mafia, die das Tabakgeschäft stets voll kontrolliert hatte, auf Menschenraub, illegalen Drogen- und Waffenhandel umstieg, blieb das Steuerparadies Schweiz eine Schmugglerdrehscheibe par excellence.

Steuerparadiese ziehen bekanntlich das organisierte Verbrechen an. Denn sehr oft entpuppen sich diese Steueroasen auch als Strafoasen, da einschränkende Bestimmungen und Kontrollen weitgehend fehlen. *«Länder, die Tausenden von Briefkastengesellschaften die Tore öffnen, akzeptieren a priori, die Tätigkeit und Identität dieser Firmen nicht wirklich zu überprüfen (...) Devisenschmuggler erzielen derart hohe Umsätze, dass sie bei Banken und Finanzgesellschaften gerngesehene Kunden sind und deren volles Vertrauen geniessen»*, behauptet der ehemalige Tessiner Staatsanwalt Paolo Bernasconi, der im Kampf gegen Wirtschaftskriminalität und organisiertes Verbrechen weltweit bekannt wurde.[2] Auch nach der Einführung der vielgelobten Sorgfaltspflichtvereinbarung blieb die Schweiz ein Steuerparadies. Die Sorgfaltspflichtvereinbarung, im Jahre 1977 zwischen der Nationalbank und der Bankiervereinigung abgeschlossen, verpflichtet die Banken, ihre Kunden sorgfältig zu prüfen und auf eine Hilfe zur aktiven Kapitalflucht zu verzichten. Nach 1977 haben mehrere Finanzinstitute sogar interne Weisungen erlassen, verdächtige Kunden abzuweisen. Verdächtig macht sich, wer mit einem Koffer grössere Geldsummen bringt und wer dem Bankbeamten persönliche Kommissionen anbietet.

Während Schweizer Bankiers zu jeder passenden und unpassenden Gelegenheit betonen, die Sorgfaltspflichtvereinbarung habe sich als wirksames Instrument bewährt, prangern ausländische Richter seit Jahren das Schweizer Bankgeheimnis an, weil es eine Strafverfolgung des organisierten Verbrechens entscheidend behindere.

In einem Interview mit dem Westschweizer Fernsehen erklärte Mario Vaudano, damals Untersuchungsrichter in Turin: *«Ich finde, das Bankgeheimnis ist*

---

1 Mafia – L'atto d' accusa dei giudici di Palermo, a.a.O., S. 204.
2 Paolo Bernasconi, Dirty Money: die Achillesferse des «organized crime»?, Referat anlässlich einer BKA-Arbeitstagung vom 10.–13. November 1986 in Wiesbaden (BRD). Siehe auch: Paolo Bernasconi, Finanzunterwelt, Zürich 1988.

ein reelles und schwerwiegendes Hindernis, vor allem in der Schweiz. Konkret entstehen dadurch enorme Verzögerungen bei Prozessen gegen das organisierte Verbrechen. Wir müssen manchmal bis zu zwei oder drei Jahren warten, bis man uns einen simplen Bankauszug zustellt, selbst wenn dieser nur dazu dient, die Unterschrift eines Verdächtigen zu prüfen.» [1] Immer wieder hätten Schweizer Bankiers mit ihrem Verhalten Richter schockiert, erzählte Mario Vaudano weiter: *«Ich erinnere mich an einen Fall, wo eine Bank ihre Kunden vor unseren Ermittlungen warnte; ich denke an einen Fall, wo eine Bank Schliessfächer öffnete, noch bevor der Schweizer Untersuchungsrichter Einsicht nehmen durfte.»*

Und Giovanni Falcone, Untersuchungsrichter in Palermo, der es wagte, mehrere Dutzend sizilianische Mafiosi vor Gericht zu stellen, beklagte sich: *«Die Schweizer Bankiers verweigern uns hartnäckig jede Auskunft über Bewegungen von Mafiageldern, auf die wir in unseren Ermittlungen gestossen sind (...) Wirklich, weder die Bankiers noch die Schweizer Regierung hilft uns.»* [2] Ebenso heftige Kritik übten auch französische Richter und selbst die bundesdeutsche Polizei.

Anlässlich der bereits erwähnten BKA-Arbeitstagung vom November 1986 zum Thema «Macht sich Kriminalität bezahlt? – Aufspüren und Abschöpfen von Verbrechensgewinnen» schilderte BKA-Präsident Heinrich Boge den alltäglichen Fahnderfrust. In monatelanger Kleinarbeit legte das BKA einen internationalen Drogenring frei, der von Asien aus die BRD und die USA mit Stoff belieferte. Die Schlepper und Lieferanten konnten verhaftet und vor Gericht gestellt werden. Die Polizei kannte auch ihren Financier und Chef. Obwohl dieser seit Jahren keiner regelmässigen Arbeit nachging, waren seine Bankguthaben in der Schweiz auf über 10 Millionen Dollar angewachsen. Doch an dieses Geld kamen die BKA-Fahnder nicht heran.

Zu Recht allerdings weisen die Schweizer Behörden immer wieder darauf hin, dass das Bankgeheimnis keine unüberwindbare Mauer darstellt. In der Tat, bei Geldern krimineller Herkunft geben die Banken Auskunft. Auch bei Geldwäscherei erhalten ausländische Richter Rechtshilfe. [3] Das organisierte Verbrechen hat aber längst mitbekommen, dass es trotz Sorgfaltspflicht und Rechtshilfe narrensichere Verstecke gibt. Denn die Sorgfaltspflichtvereinbarung, aber auch die Empfehlungen des Europarates, weisen schwerwiegende Mängel auf.

Finanzexperten, Anwälte und Treuhänder nämlich unterliegen weit weniger strengen Auskunftspflichten als die Banken. Die beste Garantie für das

---

[1]   ECHO, Wirtschaftsmagazin der Television Suisse Romande, 7. Dezember 1988.
[2]   ACTUEL, Paris, Heft Nr. 49 vom November 1983, S. 168.
[3]   Untersuchungen gegen Geldwäscher scheitern nicht so sehr am viel kritisierten Bankgeheimnis. Wenn es aber zu teils empfindlichen Verzögerungen kommt, liegt dies nicht am Bankgeheimnis, sondern an den Rekursverfahren. Bis sämtliche Rekursinstanzen durchlaufen sind, kann es Monate und sogar mehrere Jahre dauern.

organisierte Verbrechen ist ein Anwalt als Strohmann. Er bietet einen beinahe totalen Schutz, da er sich auf sein Berufsgeheimnis beziehen kann. Dieses narrensichere Rezept lautet so: Ein Kunde wendet sich an einen Anwalt. Dieser stellt ihm aufgrund eines Treuhandvertrages eine Gesellschaft zur Verfügung. Der Anwalt zeichnet als Inhaber der Firma und eröffnet auf den Namen der Gesellschaft bei der Bank ein Konto. Die Bank kennt nur den Namen des Anwaltes. Wird der Anwalt von einer Strafbehörde über den eigentlichen Inhaber des Kontos befragt, kann er – gestützt auf das Anwaltsgeheimnis – seine Aussage verweigern oder aber erklären, die Gesellschaft gehöre ihm. Das bedeutet dann Endstation für Polizei und Justiz, die allfällige Drogengelder beschlagnahmen möchten.

Ähnliche Spielformen, wenn auch nicht so absolut, werden bei Vermögensverwaltern und Inhabern von Finanzgesellschaften festgestellt. Die bestehenden Gesetzeslücken laden geradezu zum Drogenhandel ein. Es gibt unzählige Fluchtwege und Verstecke für Gewinne aus diesem tödlichen Geschäft. Einkommen aus einem Drogengeschäft sind relativ sicher. Das Gesetz kümmert sich nur um jene Gelder, die ausdrücklich zum Kauf von Drogen bestimmt waren.

Was heute als moralisch verwerflich und sogar als verbrecherisch gilt, nämlich Geldwaschen, Kapital- und Steuerfluchthilfe, das war jahrzehntelang unumstrittene Praxis und wurde den Banken als Geschäftstüchtigkeit ausgelegt. Ungestraft narrten Geldwäscher die Polizei, und fehlende Gesetze schützten sie vor jeglichem Zugriff der Justiz. Sicher, Geldwaschen ist ein internationales Phänomen. Auch die BRD, Frankreich und Italien kennen nur unzulängliche Gesetze. Und nirgends werden so viele Verbrecher-Millionen blütenrein ins trockene gebracht wie in den USA. Trotzdem ist die Schweiz von der Geldwäscherei – immerhin Lebensnerv des organisierten Verbrechens – in besonderem Masse betroffen. Kein Land verfügt über ein derart hochentwickeltes Bankwesen wie die Schweiz, und – einmal abgesehen von Luxemburg, Liechtenstein oder Monte Carlo – hat kein Land so lange und so hartnäckig die Geldwäscherei verteidigt wie die Schweiz – und damit, gewollt oder ungewollt, Partei für das organisierte Verbrechen ergriffen. Diese Vorzüge der Schweiz, hochentwickeltes Bankwesen und Straffreiheit für fiskalische Delikte also, schufen geradezu ein Treibhausklima.

Die Affäre Kopp/Shakarchi (Libanon-Connection) bewirkte zwar einen schlagartigen Meinungswandel. Selbst die Banken räumten plötzlich ein, dass das internationale Verbrechertum nicht zuletzt vom hochentwickelten Bankwesen in der Schweiz profitiert.[1] Gleichzeitig aber versuchte man die Bedeu-

---

[1]   Die Generaldirektion der SKA in einem Communiqué, das am 14. Februar 1989 in zahlreichen Schweizer Zeitungen als Inserat erschien. Wörtlich heisst es dort: *Der Drogenhandel, wozu*

tung der Geldwäscherei zu verharmlosen. Der Geldwechsel mache nur gerade 1,8 Prozent der im Verlaufe eines Jahres erwirtschafteten Gewinne aus, erklärte zum Beispiel Robert Jeker, Präsident der SKA-Generaldirektion.[1] Auch in den Debatten über den «Geldwäscherei-Strafartikel» wurde völlig übergangen, dass Drogenhandel und organisiertes Verbrechen längst zu einem bedeutenden Wirtschaftsfaktor geworden sind.

Die Einkünfte aus dem organisierten Verbrechen nehmen immer schwindelerregendere Dimensionen an. Jean-François Couvrat und Nicolas Pless haben in ihrem Buch «La face cachée de l'économie mondiale» den Jahresumsatz des Drogenhandels (Heroin, Kokain und Cannabis) weltweit auf rund 150 Milliarden Dollar geschätzt.[2] Die Autoren nehmen an, dass rund ein Drittel, also 50 Milliarden Dollar, auf Europa entfallen.

CENSIS, ein bekanntes Institut für soziologische Forschungen in Italien, hat in einer im Jahre 1985 veröffentlichten Studie die Einkünfte aus Verbrechen hochgerechnet: 100 000 Milliarden Lire (rund 12 Milliarden Franken) pro Jahr allein für Italien.[3] Zum Vergleich: Die kriminellen Wirtschaftszweige verzeichneten damit sage und schreibe fünfmal mehr Umsätze als etwa die FIAT-Werke, immerhin der grösste Konzern unseres südlichen Nachbarn. Die Gewinne aus dem Drogenhandel, so die CENSIS-Studie, schwankten zwischen 25 000 und 30 000 Milliarden Lire (3–3,6 Milliarden Franken). CENSIS zählte in der «Drogenbranche» rund 1000 «Unternehmer», die 4000 bis 6000 «Kader» und «Techniker» sowie rund 20 000 «Angestellte» im Verteilernetz beschäftigten. Durchaus vergleichbare Zahlen, zumindest was den Drogenhandel betrifft, werden auch in anderen europäischen Ländern genannt. So schätzt das BKA die Gewinne aus dem illegalen Rauschgifthandel in Deutschland auf jährlich über eine Milliarde Mark.

Nicht nur schmutzige Gelder aus dem Drogengeschäft, sondern alle illegalen Einkünfte müssen auf Geldwäscher zurückgreifen, damit sie diese Kapitalien normal in Umlauf bringen können. In den USA werden nicht nur am meisten Drogen gehandelt. Dort wird auch am meisten Geld gewaschen. Unterstaatssekretär David Queen schätzte im Jahre 1985 das Volumen der jährlich in den USA reingewaschenen Gelder auf rund 75 Milliarden Dollar.[4]

---

auch die sogenannte ‹Geldwäscherei› gehört, wird von einem international organisierten Verbrechertum betrieben, das von einer ganzen Anzahl günstiger Rahmenbedingungen profitiert. Zu diesen Rahmenbedingungen gehören das internationale Bankensystem, die liberalen Kapitalmärkte und nicht zuletzt das zum Wohle seiner Kunden in der Schweiz hochentwickelte Bankwesen.»

[1]   24 Heures, Lausanne, Ausgabe vom 1./2. April 1989.

[2]   Jean-François Couvrat und Nicolas Pless, La face cachée de l'économie mondiale, Paris 1988.

[3]   André Vermont, Italie: les palmes d'or de l'économie du crime, in: Libération, Paris, Ausgabe vom 26. Juli 1985, S. 32.

[4]   Diese Angaben machte David Queen u. a. am 26. Juni 1985 vor der Swiss American Chamber of Commerce in Zürich.

Solche Schätzungen beruhen fast ausschliesslich auf aufgedeckten Fällen. Und aufgedeckt werden fast immer nur Bargeldtransporte. In Wirklichkeit jedoch wird nur ein ganz kleiner Prozentsatz der Verbrechergewinne bar zum Bankschalter gebracht. Zur Illustration: Der Drogenring der Pizza-Connection verschob Drogen im Handelswert von mindestens 1650 Millionen Dollar. Aber nur ein paar hundert Millionen konnten beschlagnahmt werden. Über eine Milliarde Dollar suchen Polizei und Justiz noch immer vergeblich.

Eine Schweizer Grossbank gibt an, dass weniger als fünf Prozent ihrer Devisentransaktionen am Bankschalter getätigt würden. Der Rest werde zwischen Banken abgewickelt.[1] Dies lässt erahnen, wie leicht Geldwaschen sein kann. Denn die Schweizer Grossbank kann nicht feststellen, wer die Kunden ihrer Korrespondenzbanken sind. Das besagt gleichzeitig auch, dass man über das wirkliche Ausmass der Geldwäscherei noch völlig im dunkeln tappt. Diese Einsicht teilt auch Paolo Bernasconi, einer der gewieftesten Kenner der Geldwäscherei: *«Wenn auf der einen Seite der Zweck der Geldwäscherei gut bekannt ist – das heisst Geld und andere Vermögenswerte so umzuwandeln, dass sie als aus legaler Herkunft stammend erscheinen –, so sind auf der andern Seite die verschiedenartigen Vorgehen noch grösstenteils unbekannt.»*[2]

Ein Drogenhändlerring, der Umsätze in Millionen- oder gar Milliardenhöhe erzielt, ist nicht mehr irgendeine kriminelle Bande, die man einsperren kann, sondern vielmehr eine internationale Holding, ein krimineller Multi. Der italienische Soziologe Pino Arlacchi studierte diese hochentwickelte Kriminalität am Beispiel der sizilianischen Mafia. Er kam zum Schluss: *«Der ‹Mafia-Unternehmer› (...) stellt eine der ernsthaftesten Gefahren für Demokratie und Entwicklung dar.»*[3] In dem Masse, wie er ganze Wirtschaftsbereiche kontrolliert und immer ausgedehntere Gebiete in seine Abhängigkeit bringt, finden mafiose Methoden in allen Bereichen der Gesellschaft zunehmend Verbreitung.

Gewalt und Korruption waren immer schon Grundpfeiler der sizilianischen Mafia. Doch seit sie Ende der siebziger Jahre im grossen Stil in die Heroinproduktion einstieg und damit den Grundstein zu unermesslichem Reichtum legte, waren plötzlich neue Qualitäten gefragt. Dieser Reichtum, umgesetzt in politischen Einfluss und wirtschaftliche Macht, kann zu noch grösserem Reichtum führen. Für den Eintausch von Kapital gegen Einfluss und Macht setzt die Mafia immer subtilere Formen von Gewalt und Korruption ein, die sehr oft erst dann als Gewalt und Korruption erkannt werden,

---

[1]   Siehe Paolo Bernasconi, Referat Dirty Money, a.a.O., S. 65.
[2]   Ebenda, S. 9 f.
[3]   Pino Arlacchi, Mafia & Cies – l'éthique mafiosa et l'esprit du capitalisme, Grenoble 1986, S. 8 f.

wenn es bereits zu spät ist. Einen beträchtlichen Teil der Gewinne aus dem Drogenhandel nämlich investierten und investieren die «Mafia-Unternehmer» in legale Geschäfte wie Bau- und Transportunternehmen, Restaurant- und Hotelketten, Fabriken, Bankhäuser... Die Konsequenz: völlig legale Sektoren der Wirtschaft hängen somit direkt oder indirekt vom Erfolg der kriminellen Aktivität der «Mafia-Unternehmer» ab. Die Androhung von Betriebsschliessungen und nachfolgender Arbeitslosigkeit verfehlt nur selten ihre Wirkung auf Politiker und Lokalbehörden. Aus Angst vor einer Wirtschaftskrise und politischer Unzufriedenheit, aus Sorge um den Verlust von Steuereinnahmen und Verwaltungsratsmandaten machen sie all ihren Einfluss bei Justiz- und Polizeibehörden geltend, damit die kriminellen Kreise der «Mafia-Unternehmer» nicht zu sehr gestört werden.

«Um die Struktur der Mafia der achtziger Jahre zu erklären, muss man drei Ebenen unterscheiden: die MÖRDER, die DENKER und die POLITIKER», schrieb 1983 Giuseppe Fava, der Gründer und Chefredakteur der Zeitschrift «I Siciliani».[1] Die Mörder: Schlägertrupps und Killer, die «Polizei» und die «Urteilsvollstrecker» der «Cosa Nostra» sorgen beim Mafia-Fussvolk für Disziplin, schüchtern lästige Zeugen ein und liquidieren, wer die Geschäfte gefährden könnte: Überläufer, V-Leute, Polizeifahnder, Untersuchungsrichter. Im Gegensatz zu früher reicht heute dieser mörderische Terror allein nicht mehr aus, um die Betriebsgeheimnisse der Verbrecher-Holding zu wahren. Es braucht dazu weiter die Denker: Anwälte, Bankiers, Anlageberater, Steuerexperten und Marktstrategen haben – so Giuseppe Fava – die Aufgabe, kriminelle Einkünfte mit Kompetenz und Phantasie über legale Operationen reinzuwaschen. Ohne diese Spezialisten wäre der moderne Verbrecher-Typus «Mafia-Unternehmer» nicht denkbar. Diese Spezialisten bieten in der Tat einen höchst wirksamen Schutz vor dem Zugriff der Justiz. Da ihr Fachwissen und ihre materiellen Mittel diejenigen der Polizei und meist auch diejenigen der Gerichte bei weitem übertreffen, schlagen sie den Rechtsstaat mit seinen eigenen Mitteln. Gegenüber diesem Expertenstab steht der Untersuchungsrichter fast immer auf verlorenem Posten. Zwei Hinweise: Der Untersuchungsrichter, im besten Fall ein ausgewiesener Kenner des Strafgesetzes seines eigenen Landes, muss sich gegen ein internationales Anwälte-Team behaupten, das gezielt die Rechtsungleichheiten zwischen diversen Staaten ausspielt. Oder bis der Untersuchungsrichter, ein Laie im Bankwesen, den Mechanismus eines komplizierten Finanzgeschäftes begriffen hat, entwickeln die Bankexperten der Mafia längst eine noch raffiniertere Technik. Besonders hart ins Gericht geht Giuseppe Fava schliesslich mit den Politikern.

---

[1] Siehe auch: Martin Brunner, Ehrenwerte Leichen – die Mafia hinter Gittern, in: DIE ZEIT vom 4. April 1986.

Erst die Rückendeckung der Politiker macht die Kriminalität besonders gefährlich, sie wird zur Mafia.

Arlacchis Erklärungsmodell, das der Journalist Giuseppe Fava auf die griffige Formel «Mörder, Denker, Politiker» brachte, hat nicht nur für Sizilien Gültigkeit. Der süditalienische Untersuchungsrichter Giovanni Falcone hat bereits zu Beginn der achtziger Jahre gewarnt, dass die Mafia längst kein italienisches oder amerikanisches Phänomen mehr darstelle. In seinen Ermittlungen im Vorfeld des Maxi-Prozesses von Palermo stiess er auf zahlreiche Mafia-Ableger in andern europäischen Ländern. In einem Interview mit der französischen Monatszeitung «Actuel» gab er zu Protokoll: *«Wir haben Beweise, dass die Mafia und ihre Verbündeten die schwedische Politik und Wirtschaft mit Erfolg unterwandert haben.»*[1] Ähnlich alarmierende Töne schlägt das BKA in Wiesbaden an. *«Das organisierte Verbrechen bedroht die innere Sicherheit. Horrende Gewinne aus dem Drogenschmuggel fliessen in völlig legale Geschäfte und verludern ganze Wirtschaftszweige»*, warnte BKA-Präsident Heinrich Boge im November 1986.[2]

So lange und erfolgreich wie nirgends sonst in Europa wurden in der Schweiz Mafia-Gelder gewaschen, verschoben und angelegt. Die Gefahr einer Unterwanderung durch das organisierte Verbrechen aber hat man bei uns systematisch verdrängt und bestritten. Auch die PUK. In ihrem Bericht stellt sie nämlich fest: *«Der Verdacht, Bundesbehörden seien durch das organisierte Verbrechen unterwandert, ist unbegründet.»* Und fährt dann beschwichtigend fort: *«Das organisierte Verbrechen ist allerdings auch in der Schweiz aktiv und benutzt gewisse Einrichtungen unseres Systems, die sich durch den Missbrauch als Schwachstellen erweisen.»*[3] Dass diese «Schwachstellen», in die das organisierte Verbrechen eingedrungen ist, den dominantesten Sektor der Schweizer Wirtschaft ausmachen, nämlich den Finanzplatz Schweiz, haben die PUK-Parlamentarier in fahrlässiger Grosszügigkeit übersehen.

[1] ACTUEL, Heft Nr. 49 vom November 1983, a.a.O., S. 168.
[2] Die Weltwoche, Zürich, Ausgabe vom 11. Dezember 1986, S. 21.
[3] PUK-Bericht, S. 219.

Seit den siebziger Jahren konnte zunehmend beobachtet werden, dass das organisierte Verbrechen neue Formen annahm. Die Erlöse aus dem Betäubungsmittelhandel, dem Waffenhandel, aus Entführungen und andern kriminellen Handlungen stiegen ins Unermessliche; sie flossen mit Geldern aus dem Waren- und Devisenschmuggel zusammen, wurden aufbereitet und fanden Zugang zum legalen Finanzkreislauf. Anfangs der achtziger Jahre häuften sich die Hinweise auf enge Beziehungen zwischen Exponenten international operierender Gruppen des organisierten Verbrechens und gewissen in der Schweiz ansässigen Finanzinstituten. Schon zu jener Zeit bestanden Anhaltspunkte, wenn auch noch keineswegs schlüssige Beweise, dass Gelder aus dem Drogenhandel und anderen kriminellen Aktivitäten auf Konten gewisser Finanzinstitute flossen und von dort zur Verschleierung ihrer Herkunft weiterverschoben wurden. Mitte der achtziger Jahre wurde – wenn auch noch in recht vager Weise – in ersten zusammenfassenden Rapporten auf diese Verbindungen hingewiesen. In zunehmendem Masse wurden diese Zusammenhänge auch in ausländischen Strafverfahren festgestellt, und in der Schweiz gingen entsprechende Rechtshilfeersuchen ein. Weder auf Bundesebene noch auf kantonaler Ebene – betroffen waren vor allem die Finanzplätze Zürich und Genf – wurden indessen taugliche Massnahmen ergriffen.

Die PUK bemerkt den Sachverhalt der Unterwanderung des legalen Finanzkreislaufes durch das organisierte Verbrechen sehr wohl, schränkt ihn aber ein auf «gewisse Finanzinstitute», die sich mit Geldwäscherei befassen, sorgsam darauf bedacht, den Finanzplatz Schweiz als Ganzes nicht in Misskredit zu bringen (PUK-Bericht, Seite 89).

Richter schonen Politiker und Bankiers

Warum Spuren internationaler Polit- und Finanzaffären so oft in die Schweiz führen, lässt sich nicht allein mit den Vorzügen des hochentwickelten Schweizer Bankwesens erklären. Ebenso anziehend auf das organisierte Verbrechen wirkt paradoxerweise die Justiz. Wenn es um Banken und Politprominenz geht, leiden Schweizer Richter regelmässig unter Berührungsängsten. Sehr oft lassen sie sich nicht allein vom Strafgesetzbuch, sondern auch von einer falsch verstandenen Neutralität oder sogar von klar erkennbaren wirtschaftlichen Überlegungen leiten.

Da wird gegen einen türkischen Geschäftsmann bzw. Drogenhändler die Untersuchung mit allen Mitteln verzögert und behindert, *«weil»* – so ein mit den Akten dieses Falls vertrauter Beamter – *«eine Anklage mit Sicherheit in Ankara eine Regierungskrise auslösen und vielleicht sogar zum Sturz des Regierungs-*

chefs führen würde». Da wird ein Botengänger wegen Drogenhandels verurteilt. Er hatte einem Hotelgast mehrmals Heroin geliefert. Unbehelligt dagegen bleiben der Käufer – der Sohn eines arabischen Scheichs – und auch der Vermittler: ein stadtbekannter Geschäftsmann, auf dessen Empfängen regelmässig Regierungsräte und Schweizer Diplomaten anwesend sind. Da gesteht man potentiellen Steuerzahlern oder Investoren, Regierungschefs oder Ministern Sonderrechte zu, nur damit gute Wirtschaftsbeziehungen nicht getrübt werden oder weil Grossaufträge für Schweizer Unternehmen in Aussicht stehen (erinnert sei an all die Ausnahmen zur Lex Furgler).

Genau diesen Sachverhalt meint der italienische Soziologe Pino Arlacchi, wenn er von subtiler oder schleichender Korruption spricht. Sie gehört auch durchaus zum Schweizer Justizalltag. Besonders verhängnisvoll ist, so meinen wir, dass sie bei uns nicht als Korruption erkannt wird. Es würde zu weit führen, hier im Detail auf das Ausmass dieser Beeinflussung der Justiz einzugehen. Wir beschränken uns deshalb auf drei Beispiele.

Der Genfer Leclerc-Prozess

Besonders häufig lässt sich beobachten, dass Staatsanwälte oder Untersuchungsrichter bei ihren Ermittlungen die politische Verwicklung mit dem Ausland vollständig ausklammern und dann dem Gericht einen bis zur Unkenntlichkeit entstellten Fall übergeben. Genauso war es beim Leclerc-Prozess in Genf.

Auf Intervention der Schweizerischen Bankenkommission war die Genfer Privatbank Leclerc & Cie. am 6. Mai 1977 geschlossen worden. Die Bank hatte Pleite gemacht und wies Verluste von rund 400 Millionen Franken auf. Acht Jahre lang ermittelte die Genfer Justiz. Am 22. April 1985 schliesslich begann der Prozess gegen Robert Leclerc, den Hauptverantwortlichen dieses Bankkrachs. Den dreizehn Geschworenen wurde ein kleiner, gewöhnlicher Betrüger vorgeführt, der mit unglücklichen Spekulationen seine Kunden um ein paar Millionen geprellt hatte.

Was ehemalige Kunden im Zeugenstand über Robert Leclercs Bankier-Methoden erzählten, spottete jeder Beschreibung. Da wurden Millionen ohne Wissen der Kunden in Spekulationsgeschäfte gesteckt. In Auftrag gegebene Anlagen dagegen wurden nie ausgeführt. Gefälschte Urkunden allerdings bestätigten die gewünschten Anlagen. Ebenfalls gefälschte Bankauszüge verschwiegen Verluste. Gelegentlich wurden Konti, nachdem sie durch unerlaubte Spekulationsgeschäfte abgeräumt worden waren, mit Geldern aus fremden Konti gespeist und diese wiederum mit Geldern neuer Kunden. Im Verlaufe der Verhandlungen, die fast einen Monat dauerten, lieferte der Angeklagte stückweise seine Version der Bankpleite.

Er und seine Bank hätten sich im Wallis bei einer Immobilienspekulation übernommen, erklärte Robert Leclerc. In Aminona bei Montana-Crans sollte eine neue Touristenstation aus dem Boden gestampft werden. Eine Verschärfung der Lex Furgler habe dann die Profitpläne der Bank durchkreuzt. Plötzlich konnten nicht mehr genügend Wohnungen an Ausländer verkauft werden, und fest eingeplante Erträge blieben aus. Die Bank geriet in Finanznot, denn zuviel Kapital lag in unverkäuflichen Beton gebunden.

Robert Leclerc ergriff darauf die Flucht nach vorn und wagte neue Spekulationen. Bis diese Spekulationen erste Früchte trugen, wollte er seinen Kunden mit gefälschten Auszügen und fiktiven Urkunden die Aminona-Verluste verschweigen. Dabei habe er nur an das Wohl seiner Kunden gedacht, rechtfertigte sich der angeklagte Bankier und beteuerte: *«Ich machte sicher Fehler und handelte vielleicht sogar fahrlässig. Aber ich habe immer das Beste für meine Kunden im Sinn gehabt. Ich bin kein Betrüger.»* Doch dann schlugen auch die als Rettung gedachten Spekulationen fehl. Das Ende war unabwendbar. Die Bank machte Konkurs. Kurz: eine klassisch gestrickte Betrugsgeschichte, sozusagen ein Dutzendfall. So sah es auch das Gericht, welches die Gründe des Bankkrachs allein im missratenen Tourismusprojekt von Aminona suchte.

Der Zusammenbruch der Genfer Privatbank hatte jedoch eine ganz andere und zudem politisch hochbrisante Vorgeschichte, die aber während des Leclerc-Prozesses nicht mit einem einzigen Wort erwähnt wurde. Es war, als lese man einen Kriminalroman, in dem jede zweite Seite fehlt.

Das Signal zum Aus für die Bank Leclerc kam nicht aus Aminona im Wallis, sondern aus Paris. Am 24. Dezember 1976, kurz nach neun Uhr früh, erschoss ein gedungener Killer in der Rue des Dardelles den ehemaligen Minister Jean de Broglie, Abgeordneter der Nationalversammlung und Cousin von Staatspräsident Valéry Giscard d'Estaing. Innenminister Michel Poniatowski griff persönlich in die Polizei- und Gerichtsermittlungen ein. Bereits am 29. Dezember gab er an einer Pressekonferenz bekannt, der Mord sei aufgeklärt, der Täter hinter Gitter. Jean de Broglie habe sich mit einem Geschäftspartner über den Kauf eines Restaurants nicht einigen können. Doch niemand glaubte dieser offiziellen Version. Als bekannt wurde, dass die Polizei die Mordpläne gekannt hatte, aus unerklärlichen Gründen jedoch nicht eingeschritten war, war der Skandal perfekt.

Eine eher beiläufige Zeitungsmeldung schliesslich machte aus dem Ministermord eine Staatsaffäre. Jean de Broglie war – so meldete die Presse – Präsident der in Luxemburg beheimateten Finanzgesellschaft Sodetex. Der Name Sodetex wirkte auf die Minister der französischen Regierung und auf die Partei von Giscard d'Estaing wie ein politischer Elektroschock. Die Sodetex nämlich entpuppte sich als heimliche Tochtergesellschaft der spanischen Firma Matesa. Und ein Skandal um die Matesa, welche weitgehend von dem Opus Dei[1] nahestehenden Industriellen kontrolliert war, hatte 1969 in Spanien die bis heute schwerste politische Krise der Nachkriegszeit ausgelöst. In die Matesa-Affäre waren nicht nur das Opus Dei, Industrielle und mehrere Franco-Minister verstrickt gewesen, sondern auch die Familie des französischen Staatspräsidenten Valéry Giscard d'Estaing – und der Genfer Bankier Robert Leclerc, der zusammen mit Jean de Broglie im Verwaltungsrat der ominösen Sodetex sass. Der Mord an Jean de Broglie verunsicherte Leclers Kunden in Frankreich. Die meisten reagierten mit Panik und zogen umgehend ihre Einlagen bei der Bank Leclerc & Cie. zurück.

Die Rolle, welche die Sodetex im Matesa-/Opus-Dei-Skandal spielte, macht diese Panik verständlich. Die Firma Matesa war im Jahre 1956 gegründet worden und geriet dann schnell zum Spielball von Industriellen, die dem Opus Dei sehr nahestanden. Die Gesellschaft spezialisierte sich auf die Herstellung und den Export von Webmaschinen. Minister der spanischen Regierung, die zum Umkreis des Opus Dei gehörten, gewährten ihr grosszügige Exportkredite und Steuererleichterungen. Allein mit diesen staatlichen Zuschüssen konnte die Firma 100 Prozent ihrer Fabrikationskosten decken. Im Jahre 1964 wurde die Matesa ein internationales Unternehmen: in Südamerika, den USA, in Luxemburg und vor allem in der Schweiz entstanden unzählige Holdings und Tochtergesellschaften. Für ihre Expansion in Europa setzte die Matesa auf Edmond Giscard, Finanzpartner des Opus Dei und Vater des späteren Staatschefs Valéry Giscard d'Estaing.

Im Jahre 1969 schliesslich platzte der Matesa-Skandal, eine gewaltige Betrugs- und Bestechungsaffäre.[2] Für den Bau und Export von 20 000 Webmaschinen hatte die Matesa vom Staat 13 Milliarden Peseten kassiert. In Tat und Wahrheit hatte sie aber nur 13 000 Maschinen hergestellt und davon lediglich 1100 Stück verkauft und exportiert. Die übrigen Webstühle verrosteten in einem Abstellager.

Nach dem Skandal in Spanien trat die von Jean de Broglie und Robert Le-

---

[1] Das Opus Dei ist ein katholischer Laienorden, der 1928 in Madrid vom spanischen Priester José Maria Esgriva de Balaguer y Albas gegründet wurde. Das Opus Dei versteht sich als katholische Elite, ist wie ein Geheimbund aufgezogen und wird deshalb oft als «heilige Mafia» kritisiert. Der Orden ist in über 50 Ländern vertreten und besitzt eigene Hochschulen und Institute, kontrolliert diverse Banken, Wirtschaftsunternehmen sowie Zeitschriften und Zeitungen. Während der Franco-Zeit stellte das Opus Dei in Spanien zahlreiche Minister. Und der chilenische Diktator Pinochet liess sich von Ordensmitgliedern des Opus Dei beraten.

[2] Mehrere Sachbücher haben sich mit dem Matesa-Skandal befasst. Hier nur drei davon, die alle vor dem Abschluss der gerichtlichen Untersuchungen zum Bankkrach Leclerc veröffentlicht wurden und in denen jeweils prominent über die Rolle dieser Genfer Bank berichtet wird: Jacques Bacelon, L'affaire de Broglie, Paris 1981; Jesus Ynfante, Un crime sous Giscard – l'affaire de Broglie, L'Opus Dei, Matesa, Paris 1981; Luis M. Gonzalez-Mata, Les vrais maîtres du monde, Paris 1979.

clerc gegründete Sodetex auf den Plan. Sie sollte die Kontrolle der ausländischen Matesa-Firmen übernehmen. Damit wurden diese von der Mutterfirma abgenabelt und mussten mit ihrem Vermögen nicht für den Schaden in Spanien aufkommen.

Schliesslich musste die Sodetex kurzfristig einen Kredit von 60 Millionen Dollar auftreiben, den sie zum Teil wenigstens von der Bank Leclerc erhielt. Autoren wie Jesus Ynfante oder Jacques Bacelon, die sich intensiv mit der Matesa-Affäre befassten, nehmen an, dass diese Kreditgewährung die Bank ausblutete. Der panikartige Auszug französischer Kunden nach dem Mord an Jean de Broglie versetzte ihr dann den Gnadenstoss.

Welche Art Kunden die Dienste der Genfer Privatbank in Anspruch nahmen, lässt die Anklageschrift erahnen. Als die Bank ihre Schalter schliessen musste, wies sie Verluste von 400 Millionen Franken aus. Die Zivilparteien beim Leclerc-Prozess aber vermissten nur gerade 23 Millionen. Die übrigen Geschädigten (Verlustsumme 377 Millionen) verzichteten auf eine Klage.

Der Zusammenbruch der Bank Leclerc & Cie. lässt sich nur auf dem Hintergrund des Mordes an Jean de Broglie und nur unter Einbeziehung des Matesa-Skandals sowie der darin verwickelten Firma Sodetex verstehen. Davon aber wollte das Genfer Gericht nichts wissen und befasste sich einzig und allein mit den Fehlinvestitionen der Bank Leclerc in Aminona, Wallis. Am 20. Mai 1985 wurde Robert Leclerc zu fünf Jahren Zuchthaus verurteilt. Der Staatsanwalt hatte zehn Jahre beantragt.

Licio Gellis trickreiches Spiel mit der Schweizer Justiz

Ein besonders absurdes, aber lohnendes Spiel mit der Schweizer Justiz trieb Licio Gelli. Im Laufe der Ermittlungen gegen den Mafia-Bankier Michele Sindona durchsuchte die Polizei im Jahre 1981 auch die Büros des Matratzenfabrikanten Licio Gelli. Dabei fand sie völlig überraschend unzählige Dossiers der Geheimpolizei sowie die vollständige Mitgliederliste der geheimen Freimaurerloge Propaganda 2, deren Grossmeister Licio Gelli war. Licio Gelli wurde vorgeworfen, er habe einen Staatsstreich geplant, mit dem Italien ein ultrakonservatives Regime erhalten sollte. Eine parlamentarische Untersuchungskommission suchte zwar vergeblich nach Beweisen für diesen Staatsstreich. Sie konnte aber feststellen, dass zahlreiche P2-Mitglieder bereits an den Schalthebeln der Macht sassen.

Als die komplottverdächtige P2 entdeckt wurde, floh Licio Gelli ins Ausland. Für Italien war er danach jahrelang der meistgesuchte Verbrecher. Gesucht wurde er unter anderem auch wegen seiner Beteiligung am betrügerischen Bankrott der Ambrosiano-Bank in Mailand. Bei diesem Bankkrach waren rund 1,3 Milliarden Dollar verschwunden. 60 bis 100 Millionen Dollar lagen auf einem Nummern-Konto beim Genfer Hauptsitz der SBG. Sie waren von den südamerikanischen Filialen der Ambrosiano nach Genf abgezweigt worden, was namentlich den Zusammenbruch der Mailänder Bank auslöste. Der damalige Tessiner Staatsanwalt Paolo Bernasconi liess die Millionen auf dem Genfer Nummern-Konto einfrieren. Und dies geriet dem flüchtigen Grossmeister zum Verhängnis. Am 12. September 1982 meldete er sich beim SBG-Hauptsitz in Genf, wies sich als Bruno Rizzi aus und verlangte die Herausgabe der eingefrorenen Gelder. In den Räumen der SBG wurde Licio Gelli verhaftet und dann ins Untersuchungsgefängnis Champ-Dollon gebracht.

Italien kündigte noch gleichentags ein Auslieferungsgesuch an. Was die italienische Justiz Licio Gelli vorwarf, reichte aus, um ihn ein halbes dutzendmal «lebenslänglich» hinter Gitter zu bringen: militärische und politische Spionage, Komplott gegen den Staat, Anstiftung zum Mord, Anstiftung zu Terroranschlägen, Gefährdung der Staatssicherheit, Zugehörigkeit zu verbotenen extremistischen Bewegungen ... Er wurde der Korruption, Bestechung und Erpressung verdächtigt, und schliesslich warf man ihm mehrfachen betrügerischen Konkurs vor. – Vor dem Schweizer Gesetz dagegen hatte er sich nur gerade in einem Punkt strafbar gemacht: Er hatte sich mit einem falschen Pass ausgewiesen.

Kurz bevor die Schweizer Behörden das Auslieferungsbegehren der Italiener beantworteten, floh Licio Gelli in der Nacht vom 9. auf den 10. August 1983. Wenige Tage nach Gellis Flucht fasste die Polizei einen Gefängniswärter und fand damit auch eine offizielle Fluchterklärung. Gegen Geld und verlockende Versprechungen hatte der Gefängniswärter den meistgesuchten italienischen Verbrecher im Alleingang aus dem Gefängnis Champ-Dollon geschmuggelt. An diese noch immer offizielle Version glaubt heute selbst in Genf niemand mehr. Am 10. August 1983 trat der Genfer Grosse Rat zu einer ausserordentlichen Session zusammen und setzte eine Untersuchungskommission ein. Diese konnte zwar nicht abklären, was sich in jener Fluchtnacht tatsächlich abgespielt hatte. Die Kommission deckte jedoch geradezu unglaubliche Pannen und Missstände auf.[1] Zwei oder drei Hinweise mögen hier genügen.

Obgleich sowohl die Bundesanwaltschaft wie auch die Genfer Behörden mehrfach über Fluchtpläne Gellis gewarnt worden waren, hat man nie daran gedacht, Gelli in ein anderes Gefängnis zu verlegen. Im Gegenteil, der Grossmeister der P2 genoss ein Sonderregime. Es gab wohl kaum je einen Häftling in Champ-Dollon, der in so kurzer Zeit so viele Besucher empfangen durfte.

In der Fluchtnacht hatte eine Polizeipatrouille im Gefängniszaun ein Loch

---

[1] Für eine Zusammenfassung des Kommissionsberichtes mit anschliessender Debatte, siehe Protokoll des Genfer Grossen Rates, Sitzung vom 15. März 1985, S. 1388–1409.

entdeckt. Mehrmals versuchte die Patrouille bei der Gefängniswache Alarm zu schlagen. Es gelang ihr nicht.

Die Untersuchungskommission stellte fest, dass man in Champ-Dollon spätestens gegen 8.00 Uhr das Verschwinden von Gelli bemerkt haben musste. (Gelli hatte im Lieferwagen des Gefängniswärters punkt 7.30 Uhr das Gefängnistor passiert. Weil der Lieferwagen nicht sofort ansprang, wurde er von Gefängniswärtern durch das Tor geschoben.) Der nächste Zollübergang nach Frankreich liegt nur ein paar Autominuten von Champ-Dollon entfernt. Doch hier traf die Alarmmeldung von Gellis Flucht erst gegen 10.30 Uhr ein, also 2½ Stunden später.

Geradezu groteske Sicherheitszustände fand die Untersuchungskommission innerhalb des Gefängnisses vor. Ein Kommissionsmitglied vor dem Grossen Rat über den Besuch in Champ-Dollon: *«Es nahm zeitweise das Niveau einer Kabarett-Veranstaltung an.»* Mehrere Sicherheitsanlagen waren ausser Betrieb. Die Wachposten verfügten zwar über Telefone, aber einzelne waren nie angeschlossen worden. Die Untersuchungskommission beschwerte sich auch darüber, dass die Verantwortlichen für diese Pannen nie zur Rechenschaft gezogen wurden. Ein Kommissionsmitglied sprach von skandalöser Nachsicht.

Während der Debatte über den Bericht der Gelli-Kommission kam es im Grossen Rat zum folgenden, verblüffenden Wortwechsel.

Die SP-Abgeordnete Berthier Perregaux: *«... Es würde mich keineswegs überraschen, falls in zehn, zwanzig, fünfzig oder hundert Jahren ein Historiker, der alle Dokumente einsehen konnte und über alle greifbaren Informationen verfügt, zum Schluss kommen wird: ‹Aus übergeordneten Interessen, aus Staatsräson musste Gelli die Flucht ergreifen, und aus denselben Gründen liess man ihn gewähren.»* [1]

Robert Ducret, Staatsrat: *«Das ist die Wahrheit!»*

Ebenso sensationell wie Gellis Flucht war seine Rückkehr. Am 21. September 1985 war Italiens Staatsfeind Nummer eins plötzlich wieder in Genf. Kurz nach neun Uhr betrat er das Büro des Untersuchungsrichters Jean-Pierre Trembley und meldete sich offiziell zurück. Vier Anwälte – zwei Schweizer, zwei Italiener – begleiteten ihn. Die Gründe seiner Rückkehr wurden bald klar. Sein Sohn Maurizio übergab dem Untersuchungsrichter ein dickes Dossier mit Arztzeugnissen und Attesten, die seinen Vater als schwer herzkrank auswiesen.

Ein Genfer Herzspezialist hatte bereits angeordnet, dass Gelli als Notfall ins Kantonsspital eingeliefert werde. Dagegen wehrte sich jedoch der Gefängnisarzt. In den nächsten Tagen tobte ein regelrechter Ärztekrieg, in den sich auch noch die Anwälte einmischten. Gellis Leben stünde auf dem Spiel, eine Herzoperation liesse sich nicht mehr verschieben, behaupteten die Anwälte

---

[1] Genfer Grosser Rat, Sitzung vom 15. März 1983, a.a.O., S. 1398.

und forderten ultimativ seine Hospitalisierung. Schliesslich schlichtete ein Team von fünf Ärzten den Streit, indem sie die Diagnose des Gefängnisarztes bestätigten: Gelli sei zwar herzkrank, eine Operation dränge sich aber nicht auf, der Patient sei durchaus transport- und verhandlungsfähig.

Kaum war der Streit um seinen Gesundheitszustand abgeklungen, erhitzte bereits eine weitere Polemik die Gemüter. Aus den Arztzeugnissen nämlich ging hervor, dass Licio Gelli nicht erst am 21. September in Genf eintraf. Bereits am 7., 18. und schliesslich am 20. September war er in Genf und hatte jeweils einen Termin bei seinem Herzspezialisten. Und das wusste Trembley. Offensichtlich war Untersuchungsrichter Jean-Pierre Trembley einverstanden, dass sich der Rückkehrer Gelli zuerst zu seinem Vertrauensarzt begab, bevor er sich der Justiz stellte. Doch Jean-Pierre Trembley informierte weder die Polizei noch die Kantonsregierung über diese Absprache – was durchaus in der Kompetenz des Richters liegt. Über Umwege aber hatte die Polizei von Gellis Aufenthalt und seiner geplanten Arztvisite Wind bekommen. Und dies verschwieg sie ihrerseits dem Untersuchungsrichter. Am 7. und 18. September umstellte die Polizei das Haus mit der Arztpraxis. Beim erstenmal blieb Gelli aus, beim zweitenmal verhaftete die Polizei statt Gelli einen seiner italienischen Anwälte. Erst am 20. September konnte Licio Gelli schliesslich ungestört seinen Herzspezialisten konsultieren.

Dieses tragikomische Katz- und Maussspiel hatte wenigstens aus der Sicht von Licio Gelli durchaus einen Sinn. Denn falls sich Licio Gelli einem Schweizer Gericht als schwerkranker Mann stellte, durfte er der Auslieferung nach Italien getrost entgegensehen. Einmal ausgeliefert, dürfen ihn die italienischen Gerichte erstens ohnehin nur für auch in der Schweiz anerkannte Delikte belangen. Und vor allem gibt es in Italien ein Gesetz, nach dem Strafe in Hausarrest umgewandelt werden kann, falls der Verurteilte schwer krank ist und mehr als 65 Jahre zählt – Gelli war damals 68 Jahre alt.

Und genau so ist es denn auch gekommen. Licio Gelli wurde in Genf wegen Benutzung falscher Papiere und wegen Beamtenbestechung zu einer relativ kleinen Strafe verurteilt und dann an Italien ausgeliefert. Der umständliche Umweg über die Schweiz ersparte ihm ohne Zweifel mehrere Jahrzehnte Gefängnis. Die Schweiz lieferte ihn unter der Bedingung aus, dass er nur im Zusammenhang mit dem Fall der Ambrosiano-Bank strafrechtlich belangt werden durfte. Ein italienisches Gericht hatte ihn zwar wegen Strafvereitelung schon früher zu zehn Jahren Gefängnis verurteilt. Und zuvor schon hatte er in Florenz wegen Unterstützung einer kriminellen rechtsextremen Organisation eine achtjährige Haftstrafe erhalten.[1] Doch diese wird er dank des Tricks mit der Schweizer Auslieferung nie absitzen müssen. Licio Gelli, der 1985 aus

[1] Der Spiegel, Nr. 4, 1990, S. 124 f.

der Schweiz ausgewiesen wurde und den seine Ärzte haftunfähig schrieben, residiert seither wiederum in seiner Luxusvilla Wanda in der Toskana und erfreut sich bester Gesundheit. Einer Herzoperation hat er sich bis heute nicht unterzogen.

SKA-Texon-Skandal: ein Fall von Erpressung?

Das dritte und letzte Beispiel, auf das wir kurz eingehen wollen, betrifft die Affäre um die SKA-Filiale Chiasso aus dem Jahre 1977. Es war der grösste Skandal in der schweizerischen Finanzgeschichte der Nachkriegszeit. Im Auftrag von Walter Bretscher, Chefredaktor der leider inzwischen eingestellten Monatszeitschrift MAGMA, nahmen wir diesen Skandal «zehn Jahre danach» nochmals unter die Lupe. Was hatte dieser Skandal aufgezeigt? Wie wurde die Schweiz damit fertig? Welche Lehren zog man daraus? So hiessen die wichtigsten Fragen, die uns Chefredaktor Walter Bretscher mit auf die Reportage gab.

Für den MAGMA-Report[1], den wir nachfolgend auszugsweise übernehmen, sprachen wir mit mehreren ehemaligen SKA-Angestellten und mit zahlreichen Devisenschmugglern. Wir hatten aber auch Zugang zu bankinternen Untersuchungsberichten, zu Verhörprotokollen der Tessiner Gerichtspolizei sowie zu französischen und italienischen Polizei- und Gerichtsakten. Die Nachlese der SKA-Akten nahm im gewissen Sinne die in diesem Buch gemachte Analyse über das organisierte Verbrechen vorweg. Bankdirektor Ernst Kuhrmeier und die SKA-Filiale Chiasso waren in einem Ausmass mit Geldgeschäften von Schmugglern, Mafiosi, Erpressern, Entführern, Steuerhinterziehern usw. vernetzt, dass man füglich von *«erpressbaren Laufburschen der Unterwelt»* sprechen kann. Ein besonders ungutes Gefühl hinterliess der spätere Prozess, bei dem sich Ernst Kuhrmeier stellvertretend für ein System, das sich verirrt hatte, alle Schuld aufbürden liess. Wer sich heute durch den gewaltigen Aktenberg liest, kann nicht begreifen, warum sich das Gericht in seinen Ermittlungen ausschliesslich auf Chiasso beschränkte.

Am 14. April 1977 schockierte die SKA-Generaldirektion die Finanzwelt mit einer lakonisch verfassten Pressemeldung: *«Untersuchungen der internen Revisionsorgane haben ergeben, dass bei einem ausländischen Grosskunden der Filiale Chiasso (...) Rentabilitäts- und Liquiditätsprobleme bestehen (...) Diese Probleme wurden von der Filialdirektion unter massiver Verletzung ihrer Sorgfaltspflichten und Kompetenzen seit längerem verschwiegen. Der Bank dürfte daraus voraussichtlich ein erheblicher Verlust erwachsen.»* Der Skandal um die SKA-Filiale Chiasso war geplatzt.

---

[1] Laufburschen der Unterwelt, in: MAGMA, Zürich, Heft vom April 1987, S. 22 ff.

Am 24. April forderte die SKA-Affäre ihre ersten Opfer. Staatsanwalt Paolo Bernasconi liess Ernst Kuhrmeier, Filialleiter, sowie die beiden Direktoren Claudio Laffranchi und Meinrad Perler verhaften. Die SKA ergriff die Flucht nach vorne, verurteilte demonstrativ die *«kriminellen Machenschaften»* der Bänkler in Chiasso. Und Bundesrat André Chevallaz, damals Finanzminister, sprach sein Bedauern aus, betitelte Kuhrmeier und seine Direktoren als *«Gangster von Chiasso»*.

Schon am nächsten Tag sorgte die Nationalbank für neue Aufregung. Sie versuchte, die verunsicherte Finanzwelt zu beruhigen, bewirkte aber genau das Gegenteil. Zusammen mit der Schweizerischen Bankgesellschaft und dem Schweizerischen Bankverein bot sie der angeschlagenen SKA freundschaftlich und spontan Kredite in der Höhe von drei Milliarden Franken an. Die Summe liess erstmals das Ausmass der SKA-Misere erahnen. Die Bank reagierte allerdings gekränkt auf das Angebot und schlug die Milliarden aus.

Und die Affäre schlug weiter hohe Wellen. Die SKA-Aktien gerieten ins Schleudern. Sogar der Frankenkurs bekam einen Knick. Doch am 11. Mai erfuhr der bis heute grösste Bankskandal der Schweiz seinen absoluten Höhepunkt. Generaldirektor Heinz Wuffli, bislang der starke Mann der SKA, nahm seinen Hut. Ein Star und Inbegriff von hiesiger Solidität trat ab.

In der darauffolgenden Juni-Session befassten sich die eidgenössischen Räte in Bern mit dem Schandfleck: 17 Vorstösse, über 40 Redner. Viel Lärm, sehr viel Lärm. Die Folgen blieben jedoch aus, obwohl die Linke unisono Massnahmen gegen die Banken forderte. *«Die Affäre ist ein Angriff auf die Glaubwürdigkeit des ganzen (Banken-)Systems. Darum sollen die Banken selbst für Ordnung sorgen»*, appellierte Bundesrat André Chevallaz an die Selbstverantwortung der Banken.

An der Generalversammlung vom 24. Juni 1977 erklärte die SKA, wie es zur Riesenpleite (240–300 Millionen?) von Chiasso kam: Hinter dem Rücken der SKA-Zentrale hatte Ernst Kuhrmeier *«in enger Konspiration und Verbindung»* mit dem Rechtsanwaltsbüro Maspoli & Noseda – die beiden Anwälte wurden später verhaftet und vor Gericht gestellt – ein heimliches Imperium aufgebaut. In Liechtenstein gründeten sie die Texon-Anstalt. Treuhandgelder in der Höhe von ursprünglich 2263 Millionen Franken leiteten sie in die neue Finanzgesellschaft Texon.

Mit den abgezweigten Geldern erwarben sie Beteiligungen an über 140 Firmen – vorwiegend in Italien und Frankreich, aber auch in Südafrika und Lateinamerika. Die Geldgeber glaubten, an offiziellen SKA-Geschäften beteiligt zu sein. Doch statt der erwarteten Gewinne erwirtschaftete das Texon-Imperium in den siebziger Jahren plötzlich gigantische Verluste. Und das Motiv dieser *«auf raffinierteste Art getarnten kriminellen und sonstigen gesetz-, statuten-, reglements- und weisungswidrigen Massnahmen»* (bankinterner Untersuchungsbericht)? Kuhrmeier muss von einem satanischen Ehrgeiz gejagt gewesen sein. Er wollte à tout prix der beste, erfolgreichste Bänkler sein. Ein Eddy Merckx der SKA, wie ihn die Mitarbeiter in Chiasso intern nannten. Erste Verluste vertuschte Kuhrmeier ängstlich, weil er hoffte, diese mit neuen, noch gewagteren Investitionen in Gewinne zu verwandeln. So jedenfalls sahen die SKA-Generaldirektion und ihre Untersuchungskommission die Sache.

Ernst Kuhrmeier, bei allen Machenschaften loyal mit «seiner» SKA bis zum Tode, bestätigte diese Sicht der Dinge. Während seines Prozesses im Juni/Juli 1979 nahm er alle Schuld auf sich. Nur einen Vorwurf richtete er an die betrogene Generaldirektion. Es klang wie eine servile Liebeserklärung: *«Zürich hatte zuviel Vertrauen in mich.»*

Fünf Wochen dauerte der Prozess. Kuhrmeier wirkte gelöst, soll sogar zu kleinen Spässchen geneigt haben. Mit einem leisen Lächeln hörte er sich das Urteil des Schwurgerichtes an: 4½ Jahre Zuchthaus wegen ungetreuer Geschäftsführung. Wenige Stunden später lag Kuhrmeier auf der Intensivstation des Ospedale Civico in Lugano. Eine Woche später war er tot. Er hatte eine zweite Herzattacke nicht mehr überstanden.

In Lugano hat man also einen kriminellen SKA-Direktor verurteilt. Da wurde einer exemplarisch zum unverantwortlichen und betrügerischen Bankier, zum fahrlässigen Finanzverwalter gestempelt. Ein Missgeschick halt, das in den besten Bankenfamilien passieren kann! Eine Nachlese der Untersuchungsberichte aus heutiger Sicht ergibt jedoch ein völlig neues Bild sowohl vom bulligen Direttore Ernst Kuhrmeier als auch vom SKA-Debakel. War dieser Direktor vielleicht nur ein Opfer?

In einem Untersuchungsbericht der SKA-Sonderkommission wurde Ernst Kuhrmeier so beschrieben: *«...jene Mischung, die die deutschschweizerische Arbeitsamkeit mit der beweglichen italienischen Mentalität glücklich vereint. Eine Neigung zur Masslosigkeit wurde bei ihm nicht festgestellt. So geht das Bild des ländlichen Biedermannes und die Bewunderung für seinen Einsatz durch alle Urteile der Vorgesetzten, Mitarbeiter und Untergebenen (...) Zuvorkommend, grosszügig und hilfsbereit, sahen in ihm manche den Inbegriff des tüchtigen Kreditanstälters.»*

Nur – wie konnte dieser *«geniale Bankier»* (Generaldirektor Robert Jeker über Kuhrmeier) zum Kriminellen werden? Genügt die Feststellung *«fast krankhaften Ehrgeizes»*, um diesen Irrweg zu erklären? Auch aus Staatsanwaltschaft und SKA-Zentrale kamen zwar detaillierteste Schilderungen der *«kriminellen Machenschaften»*. Der Weg hierzu und deren Ursachen blieben jedoch unergründet: tabu.

Es gibt nun aber eine für die Bank und den Finanzplatz Schweiz wenig angenehme Erklärung: Ernst Kuhrmeier – und damit auch seine Bank – war erpressbar. Die Filiale Chiasso und das Texon-Imperium wurden zur ersten

Adresse von Unterwelt-Financiers, zum Spielball des organisierten Verbrechens. Das Inhaltsverzeichnis der Inhaber von Texon-Konten, der Tresor- und Schliessfachbenutzer legt ein illustres Zeugnis davon ab. Da ist schlicht alles vereinigt: Zigarettenschmuggler und Steuerflüchtige, kleine Erpresser und Kuriere der gefürchteten Mafia. Routinegeschäfte waren der Anfang zum Schlamassel. Der Übergang wohl gleitend. Die folgenden Beispiele sollen dies beleuchten.

Im August 1973 entsteht in Menton an der französischen Côte d'Azur die Gesellschaft Somet. Das grösste Aktienpaket liegt bei der von Ernst Kuhrmeier und Alessandro Villa gegründeten Gemeus-Anstalt. Die Gemeus erinnert an die Texon-Anstalt. Beide waren in Mauren, Liechtenstein, beheimatet. Beide hatten dieselben Gründer: Ernst Kuhrmeier und Alessandro Villa. Letzterer wechselte vom Tessiner Steueramt in die Anwaltspraxis Maspoli & Noseda. In ihren Büros – in der SKA-Filiale in Chiasso – werden die gefälschten Bilanzen und doppelten Buchhaltungen der Texon aufbewahrt.

Im Verwaltungsrat der Somet sitzt neben den Gemeus-Vertretern auch der Italiener Giorgio Dickmann. Die Somet soll ein Spielkasino in Menton übernehmen. Die Gemeus verspricht, das nötige Kapital einzubringen. Plötzlich aber zögert sie. An der Sitzung vom 20. Februar 1974 fürchtet die Somet-Direktion: *«Das bringt unsere Gesellschaft in ernsthafte Gefahr.»* Doch die Gemeus lässt ihre Partner an der französischen Nobelküste nicht im Stich. Sie vermittelt die Churer Finanzgesellschaft Tabuda. Diese ist bereit, die Finanzversprechungen der Gemeus einzulösen. Die Tabuda stellt aber eine Bedingung: Sie beansprucht die Aktienmehrheit an der Somet. Am 20. November 1975 beschliesst der Verwaltungsrat der Somet eine Erhöhung des Aktienkapitals von 600 000 französischen Francs auf 5 Millionen Francs. Die neuen Aktien dürfen ausschliesslich von der Tabuda gezeichnet werden – und von einem gewissen Jean-Dominique Fratoni.

Der Korse Jean-Dominique Fratoni sah sich gerne als «Napoleon der Kasinos». Zwischen 1968 und 1975 hatte er an der Côte d'Azur ein Kasino um das andere gekauft und damit einen wahren Kasino-Krieg ausgelöst. Innerhalb von zwei Jahren wurden über zwanzig Menschen ermordet: Meist waren es Fratoni-Freunde, häufig der Polizei bestbekannte Ganoven.

Lange schon hatte Jean-Dominique Fratoni ein Auge auf das Kasino von Menton geworfen. Vergeblich bemühte er sich, dort Teilhaber zu werden. Erst mit einem Husarenstück erreichte er sein Ziel. Am 30. September 1975 betraten ein Dutzend Spieler das Kasino von Menton und begannen eine Partie Trente-et-quarante. Innerhalb weniger Stunden gewannen sie 3,1 Millionen Francs – und sprengten die Bank. Ein Glück, dass der Korse Fratoni in der Nähe war. Er schrieb einen Check und löste die Bank aus. Bald war der «Napoleon der Kasinos» um ein Spielhaus reicher.

Just zu jener Zeit nämlich, wo Jean-Dominique Fratoni dem Kasino mit einem Check aus der Patsche half, vermittelte Ernst Kuhrmeiers Gemeus der Churer Finanzgesellschaft Tabuda eine Aktienmehrheit bei der Somet, die damit Besitzerin des Kasinos von Menton wurde. Und diese Tabuda erfüllte dem Kasino-Stürmer Fratoni endlich einen weiteren alten Wunsch: Er wurde Mitinhaber des Kasinos von Menton.

Das grosse Glück der Trente-et-quarante-Spieler und die gleichzeitige Kasino-Übernahme durch Fratoni machten die französische Polizei stutzig. Sie leitete sofort eine Untersuchung ein und stellte dabei Seltsames fest. Polizeikommissar J. Mercier schrieb später in einem Rapport: «*Fratoni, so scheint es, ist in Tat und Wahrheit der Strohmann einer italienischen Mafia-Gruppe, genannt die ‹Römer Bankiers›. In seinen Kasinos wird schmutziges Geld gewaschen.*» Im Jahre 1980 wurde Jean-Dominique Fratoni wegen Devisenschmuggels und Steuerhinterziehung zu 13 Jahren Gefängnis und zu rund 400 Millionen Francs Busse verurteilt. Seither befindet er sich auf der Flucht.

Die glücklichen Spieler von Menton – so stellte die Polizei fest – gehörten zum Fratoni-Clan. Sie sassen in seinen Verwaltungsräten oder arbeiteten in seinen Spielhäusern. Auch Giorgio Dickmann – zusammen mit Ernst Kuhrmeier im Verwaltungsrat der Somet – sass am 30. September am Gewinnertisch. Giorgio Dickmann ist Italiener. Deshalb wandte sich die französische Polizei an ihre italienischen Kollegen. Giorgio Dickmann und seine Spielerfreunde wurden in Italien gesucht, und die italienische Polizei schilderte sie als Financiers und Geldwäscher der Mafia.

Szenenwechsel: In Mailand wird die 18jährige Industriellen-Tochter Christina Mazzotti entführt. Ihre Familie bezahlt 1,5 Milliarden Lire Lösegeld. Trotzdem wird Christina umgebracht. In Chiasso und San Remo beschlagnahmt die Polizei Teile des Lösegeldes. Und im Herbst 1975 verhaftet sie 13 Verdächtige. Bereits im darauffolgenden Januar stehen die Entführer in Novara vor dem Richter. Der Staatsanwalt schildert in allen Einzelheiten, wie Giorgio Dickmann und seine Freunde an der Côte d'Azur für die Mafia Lösegelder weisswaschen. Als grossen Boss im Hintergrund klagt er den Italiener Ettore Cicchelero an. Doch der Prozess endet mit einem Skandal. Das Gericht spricht Giorgio Dickmann und Ettore Cicchelero frei. «*Die Justiz kapituliert vor der Mafia*», empört sich ein bekanntes Mailänder Blatt.

Ettore Cicchelero war ein bekannter Mafia-Boss. Seit 1947 wurde ihm in Italien ein dutzendmal der Prozess gemacht. Rechtzeitig setzte er sich in den frühen fünfziger Jahren ins Tessin ab, wo er trotz mehrmaliger italienischer Auslieferungsgesuche für zwei Jahrzehnte blieb. Von hier aus kontrollierte er den einträglichen Tabakschmuggel in Norditalien. Seine Zugehörigkeit zur Mafia war ein offenes Geheimnis. Er war ein persönlicher Freund der historischen Mafia-Paten Luciano Leggio und Gerlando Alberti. Bereits in den vierziger Jahren stieg Luciano Leggio zum Oberhaupt der sizilianischen Mafia-Familie «Corleone» auf.[1] Anfang der siebziger Jahre kam er nach Mailand, baute hier einen Ableger der Mafia auf und organisierte einen Rauschgifthandel im grossen Stil. Zu jener Zeit weilte er regelmässig im Tessin bei seinem Freund Ettore Cicchelero. Als Luciano Leggio am 14. Mai 1974 in Mailand von der Polizei wieder einmal verhaftet wurde, übernahm Gerlando Alberti – der spätere Kopf der berüchtigten French-Sicilian Connection[2] – das Kommando des Mailänder Mafia-Ablegers.

Ettore Cicchelero – Leutnant dieser «Corleoni»-Paten – war ein guter Kunde der SKA und benutzte auch fleissig die Verbindungen der Texon-Gruppe. Die Mazzotti-Entführung brachte ihn erstmals ernsthaft in Schwierigkeiten. Ein Mailänder Richter, der wegen Menschenraubs ermittelte, erwirkte im März 1976 Ciccheleros Verhaftung in der Schweiz. Die Tessiner Polizei fasste ihn auf dem Flughafen Agno, kurz vor seiner Flucht. Zusammen mit einem Dutzend Mitarbeitern wollte er sich ins Ausland absetzen. Im Gepäck fand die Polizei mehrere Millionen Franken. Im August 1976 verurteilte ihn ein Gericht in Lugano zu fünf Jahren Gefängnis bedingt. Der Grund dieser Verurteilung: Er hatte versucht, zwei Schweizer Zöllner zu bestechen, und er benutzte gefälschte Papiere.

Kaum hatten die Italiener von dieser Verurteilung vernommen, reichten sie in Bern ein weiteres Auslieferungsgesuch ein. Damit war die Zahl der Auslieferungsgesuche gegen Cicchelero in Bern auf nicht weniger als elf (11!) angewachsen. Die Vorwürfe der italienischen Justiz wogen schwer, betrafen unter anderem Menschenraub sowie illegalen Drogen- und Waffenhandel. Mit Erfolg rekurrierte der Mafioso Ettore Cicchelero beim Bundesgericht gegen eine Auslieferung an Italien. Trotzdem ging sein friedliches Exil im Tessin langsam zu Ende. Die Schweiz belegte ihn mit einem Landesverweis. Ein Tessiner Staatsanwalt will wissen, Ettore Cicchelero habe sich nach Bulgarien abgesetzt. Ein Schweizer Zigaretten- und Devisenschmuggler dagegen gibt an, er habe sich in Venezuela niedergelassen, wo er inzwischen verstorben sei.

Ettore Cicchelero wurde im März 1977 aus der Schweiz ausgewiesen – wenige Wochen später, am 14. April 1977, platzte der SKA-Texon-Skandal. Mehrere Tessiner Schmuggler deuten den SKA-Skandal als Straflektion der

---

[1]   Siehe auch die Kapitel «Tommaso Buscetta...», Seite 100 ff., sowie «Drogen gegen Waffen...», Seite 148.

[2]   Als Anfang der achtziger Jahre auf Sizilien mehrere Heroinküchen ausgehoben wurden, sprach man von der French-Sicilian Connection, weil die sizilianische Drogenmafia Mitglieder der Jahre zuvor zerschlagenen French Connection übernommen hatte, unter anderem Leute wie den französischen Kinderarzt Dr. Bousquet, der als einer der besten «Heroinköche» galt (s. dazu auch oben, Seiten 109 und 148).

Mafia, die damit die Ausweisung von Ettore Cicchelero rächen wollte. Die umfassenden Untersuchungsakten sowohl der SKA wie auch der Tessiner Gerichtspolizei decken sich tatsächlich mit dieser Interpretation. Im Kapitel über die Mafia zitierten wir ausführlich aus der Anklageschrift im grossen Mafia-Prozess von Palermo, wo Ciccheleros Boss Luciano Leggio der Hauptangeklagte war. In dieser Anklageschrift wird die kapitale Bedeutung des Zigarettenschmuggels für die Entwicklung der Mafia beschrieben. Sie schildert aber auch die Rolle von Ettore Cicchelero, der vom Zigarettenschmuggel auf Drogen- und Waffenhandel, aber auch auf Erpressung und Menschenraub umstieg.

Dieser Umstieg der Mafia vom scheinbar harmlosen Zigarettengeschäft auf Drogen und Entführungen dürfte Ernst Kuhrmeier und der SKA zum Verhängnis geworden sein. SKA-Mitarbeiter erzählten den Zollbehörden – so geht aus Einvernahmeprotokollen hervor –, wie sie Fluchtgelder aus Italien holten. Für besonders potente Kunden bemühten sich Ernst Kuhrmeier und seine Direktoren persönlich nach Mailand und mieteten in einem Luxushotel eine Suite. In der Eingangshalle meldeten sich die Geldbringer in der Regel mit einem Code-Wort. Zum Beispiel so: «*Emilio, ich komme wegen des Champagners.*» Dann wurden sie auf das Zimmer der SKA-Direktoren geführt und durften ihr Geld in Richtung Schweiz loswerden. Meist waren es Steuerflüchtige. Und Steuerflucht war und ist für die Schweizer Justiz kein Vergehen. Immer häufiger aber holten die SKA-Devisenschmuggler – ohne es zu merken – auch kriminelle Gelder. Die SKA-Filiale Chiasso war erpressbar geworden.

Der Tessiner Uhren-, Devisen- und Zigarettenschmuggler Luigi Croci Torti hatte vordemonstriert, wie teuer unliebsame Mitwisser werden konnten. Auch Luigi Croci Torti war ein guter SKA- und Texon-Kunde. Seinen Uhrenschmuggel finanzierte er auch schon mal mit Texon-Krediten. Ein Schmuggelgeschäft in der Höhe von rund 10 Millionen Franken scheiterte, mit dem Resultat, dass Croci Torti bei Ernst Kuhrmeier plötzlich 10 Millionen Franken Schulden hatte. Der Schmuggler konnte nicht bezahlen. Da half auch alles Drängen von Direttore Ernst Kuhrmeier nichts. Als Croci Torti drohte, er werde die seltsamen Geschäfte von Ernst Kuhrmeier und seinen Freunden ausplaudern, musste er plötzlich nicht mehr bezahlen.[1] Beteiligt an den Verhandlungen über diesen sonderbaren Schuldenerlass waren auch Tessiner Geschäftsanwälte, unter ihnen ein ehemaliger Staatsrat.

Verglichen mit Ettore Cicchelero war der Tessiner Croci Torti ein kleiner Fisch. Ein ehemaliger SKA-Mitarbeiter bestätigt, dass Ernst Kuhrmeier seit 1975 immer häufiger erpresst worden sei. Der ehemalige SKA-Mitarbeiter erzählte uns: «*Ernst Kuhrmeier war sehr autoritär und wollte immer selbst entscheiden.*

---

[1] Max Mabillard u. a., Scandal au Crédit Suisse, Genf 1977, S. 44.

Doch die italienischen Texon-Partner nahmen ihm plötzlich das Heft aus der Hand. Sie kauften immer mehr Beteiligungen, tätigten Investitionen, ohne die Meinung Kuhrmeiers anzuhören.» In diesen Jahren erwirtschaftete die Texon-Gruppe des SKA-Direktors die grossen Verluste. Ernst Kuhrmeier wusste, wie hoch ihm das Wasser am Halse stand. Er habe immer häufiger Wutanfälle bekommen und habe sich immer häufiger gehenlassen, erzählen ehemalige Mitarbeiter.

Im Verlaufe des Jahres 1976 wussten immer mehr Leute um die seltsamen Geschäfte des SKA-Direktors und seiner Filiale. Sogar der damalige SBG-Direktor Philippe de Weck war mit peinlichen Infos bedient worden – und er warnte sogar die Generaldirektion der SKA in Zürich. Am 14. April 1977 platzte dann der SKA-Texon-Skandal, der schliesslich aus Sorge um den Image-Verlust des Bankplatzes Schweiz als die Tat eines *«krankhaft ehrgeizigen»* Filialleiters hingestellt wurde.

Geheimdienste und Bundesanwaltschaft

Von den USA in Dienst genommen

Das hochentwickelte Bankwesen (Hypothese 1), fehlende Geldwäschergesetze und eine zurückhaltende Justiz (Hypothese 2) wirkten ohne Zweifel anziehend auf das organisierte Verbrechen. Diese beiden Hypothesen erklären aber nicht, warum ausgerechnet zwischen 1979 und 1985 Drogenfahndungen verschleppt und sogar behindert wurden. Sie erklären auch nicht, warum die Bundesanwaltschaft nicht einschritt, obwohl sie über diese Schieberorganisationen Bescheid wusste.

Dazu unsere dritte Hypothese: Bei der Befreiung der amerikanischen Geiseln in Teheran und in der Iran-Contra-Affäre wurde die amerikanische Geheimdiplomatie von der Schweiz unterstützt. Und für illegale Waffenlieferungen im Gegenzug zur Freilassung der Geiseln setzten die amerikanischen Nachrichtendienste u. a. jene Schieberorganisationen ein, die von der Bundesanwaltschaft und der Schweizer Justiz geschont wurden.

Die zweifelhafte Rolle der amerikanischen Drogenpolizei DEA

An einem nasskalten Novembertag, an dem man nicht einmal seinen Hund spazierenführt, strichen plötzlich einige Typen, vermummt in dicke Jacken, die Mütze tief ins Gesicht gezogen, durch den kaum bekannten Freiburger Skiort Les Paccots. Das kam der Wirtin im Hotel «Corbetta» verdächtig vor. Sie rief die Polizei an. Sie konnte schliesslich nicht ahnen, dass die Verdächtigen selbst Polizeibeamte waren. Zum Polizeiaufgebot, das an diesem 11. November 1985 in Les Paccots das erste Heroinlabor der Schweiz aushob, gehörte auch der Amerikaner Gregory Passic vom Büro der DEA, der Drug Enforcement Administration, in Bern.

Im Frühjahr hatte sich der Mann der amerikanischen Drogenpolizei bei der Freiburger Polizei über einen gewissen Zosso erkundigt, der vermutlich im Auftrag von Drogenhändlern ein Ferienhaus anmiete. Ein vager Verdacht. Der DEA-Agent kannte nicht einmal Beruf und Vornamen des Gesuchten. Überhaupt gab sich der Amerikaner extrem wortkarg. Vor allem verschwieg er der Freiburger Polizei, wie er auf den Namen Zossos gekommen war.

Vor mehr als einem Jahr hatte DEA-Agent Ron Provencher in Spanien die Fahndungsmaschine in Gang gesetzt. Ron Provencher beschattete auf der spanischen Ferieninsel Ibiza François Scapula, ein ehemaliges Mitglied der French Connection. Als Scapulas Freundin, die Portugiesin Fatima Dos Santos Nobre, mehrmals nach Miami reiste, hefteten sich DEA-Agenten an ihre Fersen, folgten ihr Schritt auf Tritt, ermittelten Namen und Wohnadressen ihrer Bekannten sowie deren Geschäfts- und Bankverbindungen. Die Kontakte Fatimas reichten aus – so vermuteten die DEA-Fahnder –, um eine neue French Connection aufzubauen. Ron Provencher alarmierte seine Zentrale, die umgehend ihre Büros in Nassau, Paris und Madrid einschaltete.

Von Miami flog Fatima nach Zürich weiter. Während sie die Maschine bestieg, durchsuchten DEA-Agenten ihren Koffer und fanden eine halbe Million in kleinen Dollarscheinen. Bei einer solchen Durchsuchung fiel den Beamten in Fatimas Gepäck neben Dollarnoten auch der Hinweis auf einen gewissen Zosso in die Hände. Daraufhin meldete sich der DEA-Agent Gregory Passic bei der Freiburger Polizei.

Monate später rückte Freiburg plötzlich ins Zentrum der Grossfahndung. Die französische Polizei hatte durch abgehörte Telefongespräche erfahren, dass Scapula und seine Freunde hier ein Labor einrichten wollten. Erst jetzt weihten die Amerikaner auch Paul Grossrieder, Brigadier der Freiburger Kantonspolizei, in die Sache ein. Er musste nun die Überwachung und Fahndung leiten, denn eine ausländische Polizei darf, so schreibt das Gesetz es vor, in der Schweiz nicht selbständig aktiv werden. Grossrieder erfuhr aber jeweils nur soviel, wie er gerade wissen musste, damit er die Anweisungen der Amerikaner verstand. Am 11. November verhafteten er und seine Leute in Les Paccots mehrere ehemalige Mitglieder der French Connection: Philippe Wiesgrill, der «beste Heroinkoch aller Zeiten», François Scapula, genannt der «Braune», und die Marseiller Unterweltfigur Charles Altieri. Bisher kannte der Freiburger Brigadier die French Connection nur als Kinofilm. Nun spielte er unter Regie der DEA auf einmal selbst die Hauptrolle. Wie sensationell der Polizeierfolg von Les Paccots war, erfuhr der Freiburger allerdings erst aus der Presse.

Immer wieder wartet die DEA mit solcherart spektakulären Erfolgen auf, beschlagnahmt jährlich tonnenweise Rauschgift und mehrere hundert Millionen Drogendollars. In den USA werden diese Erfolge vom Fernsehen jeweils im Stil einer aufwendigen Folge wie der Krimiserie «Miami Vice» publikumswirksam zelebriert.

Bei praktisch allen grösseren Erfolgen, die schweizerische Drogenfahnder in den letzten Jahren erzielten, zog die DEA im Hintergrund die Fäden. Sie leitete – wie im Fall Les Paccots – die eigentliche Operation und verkürzte dabei die Rolle der Schweizer Polizei auf die des nützlichen Handlangers. In andern Fällen – beispielsweise bei der Pizza- oder der Peseta-Connection – lieferte sie entscheidende Erstinformationen oder stellte ihr weltweit verzweigtes Agentennetz zur Verfügung. Auch bei der Aufdeckung der Libanon-Connection war der Beitrag der DEA ausschlaggebend. DEA-Agenten lockten zusammen mit einem Schweizer V-Mann die Drogenhändler Mirza und Giulietti samt 100 Kilo Rauschgift in den Tessin. Sie finanzierte weitgehend diese V-Mann-Operation und besorgte auch die Übersetzung der bei den Geldwäschern Magharian angesetzten Telefonkontrollen.[1]

Wer ist diese amerikanische Drogenpolizei, der man in der Schweiz beinahe uneingeschränkte Aktionsfreiheit einräumt? Es erstaunt, dass sich bis heute niemand diese Frage stellte. Denn mit der Libanon-Connection ermöglichte die DEA nicht nur die Zerschlagung einer Drogenhändlerbande, sondern sie nahm gleichzeitig auch den Sturz von Bundesrätin Elisabeth Kopp in Kauf. Die Libanon-Connection ist ein besonders eindrückliches Beispiel dafür, wie die Amerikaner ihre Drogenpolizei DEA immer wieder als politisches Instrument einsetzen.

Das Verhalten der DEA gegenüber den türkisch-syrischen Drogenhändlern, die durch die Libanon-Connection aufflogen, ist in der Tat höchst zweifelhaft. Wir haben bereits darauf hingewiesen, dass die DEA diese Drogenhändler schon seit Jahren kannte. 1972 bereits hatte sie den Syrer Henry Arsan in Ponte Chiasso bei der Übergabe von Morphinbase auf frischer Tat

---

[1] Siehe dazu Kapitel «Libanon-Connection», Seite 25 ff.

ertappt und dann als Informanten angeheuert.[1] Der Syrer denunzierte zwar regelmässig Händler, die Stoff in die USA lieferten, gleichzeitig ging er aber selbst dem illegalen Drogen- und Waffengeschäft nach und wurde sogar zum absoluten Branchenleader.

Die DEA wusste darüber im Detail Bescheid. Sie kannte die Tonnagen der Rauschgifttransporte und deren Routen; sie kannte die Lieferanten und Abnehmer; sie kannte Handels- und Finanzgesellschaften der Organisation von Henry Arsan und vor allem auch seine Partner wie Kisacik, Parlak, Musullulu, Oflu oder einen gewissen Shakarchi.[2] Aber die DEA unternahm nichts, sah zu, wie die Organisation tonnenweise Heroin nach Europa schleuste und im Gegenzug die Kriegsschauplätze Libanon, Iran, Irak oder Afghanistan mit Waffen im Wert von mehreren hundert Millionen Dollar eindeckte. Die DEA sah während mehr als zehn Jahren nicht nur tatenlos zu. Mehr noch: Indem sie den europäischen Polizeidiensten ihre Kenntnisse über diese kriminellen Aktivitäten systematisch vorenthielt, half sie aktiv dabei mit, dass das grösste je abgewickelte Drogen-gegen-Waffen-Geschäft nicht aufflog.

Ab 1986 lancierte die amerikanische Drogenpolizei dann plötzlich einen regelrechten Grossangriff auf das Drogenhändler- und Geldwäscherparadies Schweiz. Sie tat es zwar nicht offen und trat nach aussen hin sogar kaum in Erscheinung. Im Hintergrund jedoch führte eindeutig die DEA Regie: Sie überhäufte auf einmal Schweizer Richter, Drogenfahnder und auch Journalisten gezielt mit Tips, Hinweisen und Dokumenten, präsentierte V-Männer und Überläufer, bot Übersetzungsdienste an und beteiligte sich sogar an der Finanzierung von Schweizer Polizeioperationen. Wieso erst im Jahre 1986? Warum nicht 1975, als der drei Jahre zuvor angeworbene Henry Arsan noch ein kleiner, unbedeutender Schieber war? Wieso nicht 1979, im Jahr, wo die Organisation mit dem besonders verheerenden Tauschgeschäft Drogen gegen Waffen begann?

Wenn die DEA erst 1986 aktiv wurde, dann geschah dies ohne Zweifel vor allem aus politischen Gründen. Genauer: aus politischen Gründen durfte sie nicht früher zuschlagen. Die türkisch-syrischen Drogenschmuggler der Organisation von Henry Arsan, die zum Teil von der Schweiz aus operierten, wurden unter anderem vom amerikanischen Geheimdienst für illegale Waffenlieferungen in Richtung Iran eingesetzt. Im Jahre 1986, also genau zu dem Zeitpunkt, wo diese kriminellen Aktivitäten der CIA – später bekannt geworden als Irangate – nicht mehr länger verheimlicht werden konnten, holte die DEA zum Schlag gegen eben diese türkisch-syrischen Drogen- und Waffenhändler aus.

[1] Siehe dazu Kapitel «Henry Arsan: Waffenhändler der CIA», Seite 154 ff.
[2] Siehe dazu Kapitel «Die Schweiz – Operationsbasis für Henry Arsan & Co.», Seite 150.

Drogenfahndung politisch gesteuert

Die Abkürzung DEA steht für Drug Enforcement Administration. Was die CIA für die Spionage, das bedeutet die DEA im Drogenkampf: Sie arbeitet nach dem Vorbild eines Nachrichtendienstes und ist gleichzeitig der bewaffnete Arm des amerikanischen Kreuzzuges gegen die Drogenkriminalität.[1] Sie gilt als die beste Elite-Einheit überhaupt. Es gibt keine Polizisten in der Welt, die härter und rücksichtsloser trainiert werden als die DEA-Agenten. Ihr Ausbildungszentrum liegt in Quantico, Virginia. Hier werden sie physisch, psychisch und technisch darauf gedrillt, sich in einer Welt zurechtzufinden, in der Mord, Korruption und Folter zur Tagesordnung gehören. Um den Drogenbaronen das Handwerk zu legen, spielen DEA-Agenten zum Schein selbst hochkarätige Gangster, errichten Heroinlabors oder geben sich als Drogenhändler aus, wobei ihnen beinahe unbeschränkte Geldmittel zur Verfügung stehen, die aus einem geheimen Fonds der amerikanischen Regierung stammen.

Die DEA wurde im Juli 1973 gegründet und entstand aus dem Zusammenschluss mehrerer Polizeidienste und Zolleinheiten.[2] Die neugeschaffene Drogenpolizei, die dem Justizministerium unterstellt wurde, erhielt einen doppelten Auftrag. Sie sollte die Ausdehnung des internationalen Drogenhandels bekämpfen, indem sie einerseits Importe in die USA unterbindet und andererseits in den produzierenden Ländern den Anbau von Cannabis, Kokain und Opium verhindert oder stoppt.

Im Gründungsjahr umfasste die DEA 500 Drogenfahnder. Jeder zehnte war ein ehemaliger CIA-Agent. Heute beschäftigt sie gegen 6000 Angestellte sowie rund 4500 Spezialagenten und unterhält 182 Büros, verteilt auf 45 verschiedene Länder, die über ein jährliches Budget von über 500 Millionen Dollar verfügen und mit den technisch modernsten Überwachungsgeräten ausgerüstet sind – vom Laser-Mikrophon bis hin zu Radarflugzeugen vom Typ Awacs oder Satelliten, die regelmässig Bilder und Daten über die Anbaugebiete von Rauschgift liefern.

Die Mehrheit der DEA-Mitglieder verbringt ihre Zeit mit Nachrichtenbeschaffung. Jeder Agent hat Zugang zu fünf Datenbanken. Die wichtigste

---

[1] Die technischen und historischen Daten über die DEA in diesem Kapitel beruhen im wesentlichen auf verschiedenen Gesprächen mit DEA-Agenten, oder sie stammen aus dem dreibändigen, offiziellen «Handbuch für DEA-Agenten». Dieses Handbuch wurde in Frankreich als Raubdruck veröffentlicht: Manuel des agents du Narcotic Bureau, Collection Document brut, Editions Bernard Barrault, Paris 1987.

[2] In der DEA wurden folgende Polizei- und Zolldienste zusammengeschlossen: Bureau of Narcotics and Dangerous Drugs (BNDD), Office of National Narcotics Intelligence (ONNI), Office of Drug Abuse Law Enforcement (ODALE) sowie eine Nachrichtenabteilung des Zolls.

heisst «Naddis» (Narcotics and Dangerous Drugs Information System). Hier werden mehrere Millionen Dossiers gespeichert: alles über gesuchte oder mutmassliche Drogenhersteller und Rauschgifthändler; Organigramme von Drogen- und Schlepperorganisationen, die Kennzeichen ihrer Lastwagen, Schiffe und Tarnsportflugzeuge; Listen und Kontonummern von Finanz- und Handelsgesellschaften, über die Drogengeschäfte abgewickelt und Drogendollars gewaschen werden.

Das Computersystem «Pathfinder» erlaubt einen Datenvergleich, stellt jede gewünschte Querverbindung zwischen den unzähligen «Naddis»-Dossiers sowie den übrigen Datenbanken her. Die chemischen Zusammensetzungen der diversen Drogen können bei der Datenbank «Stride» (System to Retrive Information from Drug Evidence) abgerufen werden. Hier werden auch alle Analysen der acht DEA-eigenen Laboratorien gehortet. Die Datenbank «Arcos» (Automated Reports and Consumed Orders System) gibt Auskunft über Drogenkonsum und Suchtgewohnheiten.

Ob in einem gottverlassenen Nest in den Bergen Anatoliens oder im brasilianischen Urwald, ein amerikanischer Drogenfahnder hat stets Zugang zum «DEA-Gedächtnis». Er verfügt dazu über zwei Koffer. Der eine enthält eine Antenne, der andere einen Sender. Via Satellit kann er sich so dem Computerzentrum «Epics» in El Paso, Texas, zuschalten und die gewünschten Datenbanken anzapfen.

Der wichtigste Grundsatz der DEA-Fahndungslogik heisst: *«following the money»*, der Spur des Geldes folgen. *«Die grössten Erfolge erzielen wir jeweils, wenn wir den Finanzpart eines Drogengeschäftes aufschlüsseln können»*, erläutert Mike Pavelick, ehemals Leiter des DEA-Büros in Paris. Und er fährt fort: *«Die Geldspur verbindet alle wichtigen Partner des Geschäfts. Vor allem führt sie zur Spitze der Organisation und nicht nur zu den kleinen Dealern und Schmugglern, welche leicht wieder austauschbar oder ersetzbar sind.»* Es versteht sich daher von selbst, dass die DEA gerade auf das Bankenland Schweiz stets ein besonderes Augenmerk richtete.

Untersuchungsrichter aus beinahe allen europäischen Staaten – vor allem die aktivsten im Kampf gegen das organisierte Verbrechen – kritisieren unüberhörbar den Bankplatz Schweiz als beinahe perfektes Versteck für Verbrechergewinne. Gleichzeitig klagen sie über die zähflüssige und schleppende Zusammenarbeit mit den Schweizer Behörden. Die amerikanische Drogenpolizei dagegen lobt die Schweiz als Musterpartner – ausgerechnet die schärfsten Drogenjäger, die zudem ihre Ermittlungen jeweils auf die Drogenfinanciers konzentrieren.

Im Frühjahr 1987 erklärte uns Mike Pavelick, von Paris aus bis 1984 auch zuständig für die Schweiz: *«Früher scheiterte praktisch jede Fahndung am Schweizer Bankgeheimnis. Das hat sich aber völlig geändert. Die Schweizer Behörden haben umgedacht und zeigen sich äusserst kooperativ. Gerade mit der Polizei, von den Kantonen bis hinauf zum Bund, hat sich eine extrem gute Zusammenarbeit eingespielt.»* Und Mitte Februar dieses Jahres verstieg sich der DEA-Agent Wilson, zuständig für Rechtshilfe in der DEA-Zentrale in Washington, in einem Gespräch mit der welschen Tagesschau zu folgender Aussage: *«Ich glaube, die Schweiz ist heute das denkbar ungünstigste Land, um Drogengelder zu verstecken (...) Die Zusammenarbeit zwischen der DEA und der Schweiz ist geradezu mustergültig. In dieser Beziehung ist die Schweiz vielen Ländern um Lichtjahre voraus.»* Fast so schwärmerisch tönt es bei der Bundesanwaltschaft in Bern: *«Die Zusammenarbeit mit der DEA ist ein Gewinn. Die Erfolge im grossen – die spektakulären Aufgriffe von Les Paccots und Bellinzona (Libanon-Connection) – und im kleinen sind nicht ausgeblieben.»* [1]

Die amerikanischen Drogenfahnder sprechen stets von ihrem Büro in Bern. Die Bundesanwaltschaft jedoch präzisiert: *«Die DEA hat kein selbständiges Büro in Bern. Auf Anregung der Bundesanwaltschaft arbeitet seit September 1984 ein Beamter in Bern, im August 1986 folgte ein zweiter Mitarbeiter. Beide gehören zum Personal der amerikanischen Botschaft und haben diplomatischen Status.»* [2] Der Handlungsspielraum der beiden DEA-Agenten sei absichtlich eng gesteckt worden, gibt die Bundesanwaltschaft an. Laut einer schweizerisch-amerikanischen Konvention bleibt die Aktivität der beiden Drogenfahnder mit Diplomatenpass ausschliesslich auf den Informationsaustausch zwischen der Bundesanwaltschaft in Bern und der DEA-Zentrale in Washington beschränkt. *«Ermittlungen auf eigene Faust»* – so unterstreicht die Bundesanwaltschaft – seien den DEA-Beamten strikte untersagt. Selbst ihre Kontakte zu kantonalen Polizeibehörden müssten über die Bundesanwaltschaft laufen.

Was auf dem Papier klar und unmissverständlich aussieht, lässt sich in der Praxis nur schwer vorstellen. Die Arbeitsmethoden der DEA nämlich sind auf die amerikanische Rechtspraxis zugeschnitten. Vieles, was die amerikanischen Gesetze zulassen, gilt bei uns als illegal und ist demnach strafbar. Ein DEA-Agent erklärt uns: *«In den USA ist uns so ziemlich alles gestattet. Wir haben den Status eines Polizisten, führen unsere Fahndungen in eigener Regie durch und können auch Verhaftungen vornehmen. Hier in Europa dagegen dürfen wir ohne die Zustimmung der lokalen Polizei nichts unternehmen. Unsere Rolle ist auf die eines Beraters eingeschränkt.»*

Die DEA schwört auf Undercover und den Einsatz von V-Leuten. Im Vergleich zu den USA gestehen die Gesetze der meisten europäischen Länder dem V-Mann entschieden weniger Freiheiten zu. So ist etwa in Frankreich der Einsatz von «agents provocateurs» (Lockspitzeln) ausdrücklich verboten.

---

[1]   Schriftliche Mitteilung der Pressestelle Bundesanwaltschaft vom Frühjahr 1987 an die Autoren.

[2]   Ebenda.

Selbstverständlich versichert die DEA, dass sie sich ausserhalb der USA jeweils streng an die Gesetze jenes Landes halte, in dem sie gerade aktiv ist. Mehrere DEA-Agenten geben jedoch übereinstimmend zu: *«Wenn wir einen Fall bearbeiten, der auch ein US-Gericht beschäftigt, dann führen wir unsere Untersuchung so durch, wie dies vom amerikanischen Gericht gewünscht wird, und verhalten uns dabei gemäss amerikanischem Recht.»*

Im Klartext heisst das, die DEA-Agenten müssen dem Staatsanwalt Zeugen beschaffen, die auch vor Gericht aussagen. Nach amerikanischem Recht dürfen sie einem Täter (Kronzeugenprinzip) Straferlass zusichern, falls er gegen die Hauptangeklagten aussagt. Schweizerisches Recht dagegen kennt das Lockmittel Straferlass nicht. Immer wieder stossen sich Schweizer Untersuchungsrichter an der Überheblichkeit, mit der sich die DEA über das bei uns geltende Recht hinwegsetzt. Auch die Presse berichtete mehrmals darüber, wie US-Agenten in unserem Land auf eigene Faust ermittelten. Der Vorwurf bei diesem Missstand richtete sich in erster Linie gegen die Bundesanwaltschaft, da sie ihre Selbständigkeit weitgehend aufgab und sich der DEA unterordnete.

Die PUK wirft in diesem Zusammenhang der Bundesanwaltschaft sogar vor, sie habe die Grundsätze der nationalen Souveränität missachtet. Die PUK schreibt: *«DEA-Ermittlungsbeamten (...) wird in Strafverfahren (...) praktisch unbeschränkter Zugang zu Informationen ermöglicht (...) Es ist nicht übertrieben, in diesem Zusammenhang von einer geradezu willfährigen Haltung der Bundesanwaltschaft gegenüber der DEA zu sprechen.»* [1] Und an einer andern Stelle heisst es im PUK-Bericht: *«Im weiteren darf auch die Gefahr nicht unterschätzt werden, dass die DEA schweizerische Behörden durch gezielte selektive Informationen zur Durchführung von Verfahren veranlassen könnte, die primär im amerikanischen Interesse liegen. Anhaltspunkte für ein derartiges Vorgehen liegen zwar nicht vor; ein solches kann aber – nachdem die Bundesanwaltschaft im Bereich der Bekämpfung des internationalen Drogenhandels ihre Selbständigkeit weitgehend aufgegeben und die Initiative zumindest partiell der DEA überlassen hat – auch nicht ausgeschlossen werden. Dass Kollisionen zwischen amerikanischen Interessen und schweizerischen Strafverfolgungsbedürfnissen bestehen, ist keineswegs nur ein theoretisches Problem.»* [2]

Die unkritische Haltung der Bundesanwaltschaft ist um so schwerwiegender, als allgemein bekannt ist, dass die amerikanischen Interessen, welche die DEA verfolgt, von der CIA mitbestimmt werden. Und bei diesen amerikanischen Interessen spielt der Kampf gegen den internationalen Drogenhandel meist nur eine zweitrangige Rolle. Indem sich die Bundesanwaltschaft der DEA unterordnete, machte sie sich gleichzeitig zum Spielball der amerikani-

---

[1] PUK-Bericht, Seite 103.
[2] Ebenda, Seite 102.

schen Geheimdienste. Zahlreiche amerikanische Autoren und Drogenexperten haben nachgewiesen, wie die CIA-Bevormundung den Kampf der DEA gegen den internationalen Drogenhandel behinderte und – schlimmer noch – ihn für nachrichtendienstliche Geheimoperationen missbrauchte.

Der amerikanische Autor James Mills begleitete fünf Jahre lang US-Drogenfahnder bei ihrer Arbeit, hatte Zugang zu geheimsten Untersuchungsberichten und recherchierte parallel dazu auch im Milieu der mächtigen Drogenmafia.[1] *«Ich habe den Eindruck, der als grosses Medienspektakel aufgezogene Kampf gegen den Drogenhandel dient vor allem zur Beruhigung der verschreckten US-Bürger»*, sagte James Mills. Er verweist auf die mit enormem Werbeaufwand lancierten Anti-Drogen-Kampagnen von Präsident Ronald Reagan. Kurz nach seiner Wahl im November 1980 hatte Reagan ein Sonderprogramm angekündigt, um der Drogenplage endlich Herr zu werden. 200 Staatsanwälte sollten ausschließlich für den Drogenkampf freigestellt werden; der Drogenpolizei versprach er 900 zusätzliche Mitarbeiter; in den zwölf grössten Städten sollten Spezialeinheiten zum Einsatz kommen. Trotz dieser Sonderprogramme nahm der Drogenhandel in den folgenden Jahren gewaltig zu.

James Mills hält fest: *«Im November 1982, zwei Jahre nach der ersten Kampagne von Präsident Reagan, hatten sich die Kokain-Importe verdoppelt, und auf dem amerikanischen Drogenmarkt gab es mehr Heroin als je zuvor (...) Die Händler hatten ihre Kokain- und Cannabiskulturen jetzt auch noch auf Venezuela, Argentinien und Brasilien ausgedehnt (...) In Thailand nahm der Mohn- und Opiumanbau allein im Jahre 1984 um 38 Prozent zu; von 1982 bis Anfang 1985 stieg die Weltproduktion von Opium um 50 Prozent, die von Kokain um 40 Prozent und jene von Cannabis um beinahe 20 Prozent.»*[2] Und der amerikanische Autor fügt bei: *«Als die Weltgesundheits-Organisation (WHO) der Malaria den Kampf ansagte, legte sie die Sümpfe trocken. Die US-Drogenpolizei dagegen macht Jagd auf die Stechmücken.»*

In seiner Mammut-Reportage – das Buch umfasst 1200 Seiten – nennt er auch die Gründe, warum die DEA nicht an die «Sümpfe» herankommt. James Mills: *«Durch meine fünfjährige Recherche erhielt ich die Gewissheit, dass hohe Staatsbeamte in mindestens 33 Ländern in der einen oder andern Form am Rauschgifthandel mitverdienen. Hier die Liste dieser Länder: Afghanistan, Argentinien, Australien, Bahamas, Brasilien, Belize (Britisch Honduras), Birma, Bolivien, Bulgarien, Chile, Columbien, Costa Rica, Cuba, Dominikanische Republik, Frankreich, Haiti, Honduras, Italien, Japan, Kenia, Laos, Libanon, Libyen, Mexiko, Nicaragua, Pakistan, Panama, Paraguay, Peru, Taiwan, Thailand und die Türkei sowie die USA (...) Oft erreicht die Komplizenschaft dieser Staatsbeamten ein derart hohes Niveau, dass sie*

[1] James Mills, The Underground Empire, Where Crime and Governments Embrace, New York 1986.
[2] James Mills, L'Empire clandestin, Paris 1986, S. 1102 f.

221

ohne die Zustimmung oder gar eine direkte Beteiligung der entsprechenden Regierungschefs unvorstellbar ist.»[1] Gegen solche Schutzmächte blieben auch der DEA die Hände gebunden, meint James Mills. Aus Staatsräson dürfe sie nichts unternehmen. Denn eine Intervention der DEA würde die amerikanische Aussenpolitik in Verlegenheit bringen oder strategische Pläne der amerikanischen Sicherheitspolitik gefährden.

Das Haupthindernis der DEA im Kampf gegen den internationalen Drogenhandel ortete James Mills bei den Geheimdiensten. *«Die Ziele und Methoden der Nachrichtendienste decken sich vielfach mit denen des organisierten Verbrechens. Im Bestreben nach mehr Macht und Einfluss setzen sowohl die einen wie die anderen Korruption, Erpressung und Einschüchterung ein. Je höher man in der Hierarchie des organisierten Verbrechens aufsteigt, um so häufiger begegnet man Geheimdienstagenten. Die Welt des international aktiven organisierten Verbrechens ist ein idealer Tummelplatz für Spione und Spezialisten der Spionageabwehr.»*[2]

Zwischen dem Auftrag eines Nachrichtendienstes, zum Beispiel der CIA, und jenem der Drogenpolizei, zum Beispiel der DEA, besteht ein grundsätzlicher Widerspruch. Die CIA wehrt äussere Gefahren ab; die DEA hilft mit, die innere Sicherheit zu gewährleisten. Auf der Suche nach Informationen und politischem Einfluss hofiert die CIA nicht selten hochkarätige Verbrecher, Paten der Unterwelt, welche bei der DEA auf der Abschussliste stehen. In der Logik der Staatssicherheit wird die Bedrohung von aussen für viel gefährlicher eingestuft als die Drogenkriminalität. So kommt es denn, dass der Geheimdienst den mächtigen Paten der Drogenmafia die DEA vom Leibe hält. *«Wieviel Nachrichtenmaterial und wieviel politischer Einfluss rechtfertigen wie viele Drogentote?»* fragt James Mills und macht damit deutlich, welch verheerender Zynismus sich hinter dieser Art Staatsräson verbirgt.

Den jüngsten Beweis dafür, wie der Kampf gegen den Drogenhandel gezielt als politische Waffe eingesetzt wird, lieferten die USA mit der Panama-Invasion vom vergangenen Dezember. Amerikanische Truppen besetzten das Land und machten Jagd auf den in Drogengeschäfte verstrickten General Manuel Antonio Noriega. Der panamesische Caudillo fand vorübergehend Zuflucht in der vatikanischen Botschaft, ergab sich schliesslich und wurde in die USA ausgeschafft, wo er jetzt in einem Gefängnis von Miami auf seinen Prozess wegen Rauschgifthandels wartet.

Die Panama-Invasion – im übrigen eine krasse Verletzung völkerrechtlicher Normen – feierte Präsident George Bush vor der Weltöffentlichkeit als *«bedeutenden Meilenstein»* im Kampf gegen den internationalen Rauschgifthandel. Präsident Bush behauptete, von Noriegas Drogengeschäften erst im

[1]   James Mills, L'Empire clandestin, a. a. O., S. 1122.
[2]   Ebenda, S. 1119.

Februar 1988 erfahren zu haben, als ein US-Gericht gegen den panamesischen General Anklage erhob. Das war gelogen.

Kaum ein amerikanischer Politiker kannte den gestürzten Diktator besser als George Bush. *«Nach seiner Ernennung zum CIA-Direktor im Jahre 1976 hatte Bush Zugang zu geheimen Regierungsinformationen über Noriega. Als Vizepräsident leitete er während der ersten Amtszeit Reagans zudem die ‹South Florida Task Force›, einen Sonderstab zur Drogenabwehr.»*[1] Bereits 1971 wussten US-Drogenfahnder von Noriegas kriminellen Geschäften. Und Ende 1982 – ein halbes Jahr vor Noriegas Machtübernahme – besuchte eine Untersuchungskommission des amerikanischen Senates Panama. Sie stellte fest: *«Es ist ein offenes Geheimnis, dass General Noriega, Chef der Nationalgarde, lukrative Beziehungen zu zahlreichen Drogen- und Waffenhändlern unterhält (...) Gegen Bezahlung stellt die National-garde Zwischenlager für Drogen zur Verfügung, befreit verhaftete Drogenhändler, versteckt international gesuchte Schieber und überwacht Flugtransporte von Schmuggel-gold und Waffen.»*[2] Die Senatoren sagten voraus, in zehn Jahren würde ein Grossteil der Einkünfte des organisierten Verbrechens aus Europa und der übrigen westlichen Welt über Panama fliessen.

Damals versuchte die DEA ihre Nase in die Bücher panamesischer Banken zu stecken. Dazu benötigte sie grünes Licht der CIA. Der Chef des CIA-Ablegers in Panama gab zwar seine Zustimmung, stellte aber eine Bedingung: Falls sich die Fahndung auf Staatsbeamte oder Regierungskreise ausdehne, müsse sie sofort eingestellt werden. Es wäre nicht absurder, würde die Bündner Regierung für die Hochwildjagd vom kommenden Herbst nur Bären zum Abschuss freigeben. Wieder einmal hatte die CIA eine DEA-Operation gestoppt, noch ehe sie angelaufen war.

Dass Noriega eng mit der südamerikanischen Kokain-Mafia liiert war und die Banken Panamas zur gigantischen Waschanlage für Drogendollars machte, störte die US-Regierung nicht – solange sie ihn für ihre sicherheitspolitischen Machtspiele in Zentral- und Südamerika einsetzen konnte. Der korrupte Caudillo bediente die CIA mit Informationen über Kuba und Bürgerkriege in Mittelamerika. Während des Krieges gegen die sandinistischen Revolutionäre in Nicaragua stand er sogar auf der Lohnliste der CIA und kassierte ein Jahresgehalt von 185 000 Dollar. Im Dezember 1983 besuchte ihn Vizepräsident George Bush. Danach habe Noriega – so behauptete später ein enger Mitarbeiter Noriegas – aktiv die Contras unterstützt. Im März 1985 verübten Noriega-Aktivisten in Managua, der Hauptstadt Nicaraguas, mehrere Anschläge auf militärische Einrichtungen.

Eine parlamentarische Kommission, die unter Leitung des demokratischen

---

[1]   Der Spiegel, Hamburg, Ausgabe vom 15. Januar 1990, S. 136.
[2]   James Mills, L'Empire clandestin, a. a. O., S. 1110.

Senators John Kerry den Drogenhandel untersuchte, stellte im Jahre 1988 fest: Das jahrzehntelange Stillhalten der Amerikaner gegen die Noriega-Connection sei *«eine Folge der Beziehung zwischen den US-Nachrichtendiensten und Panamas Regierung gewesen»*.

Das Geiseldrama von Teheran – Schweiz mit Doppelrolle

Panama und die Schweiz haben mehr gemeinsam, als den Eidgenossen lieb sein kann. Beide Länder gerieten als Paradies für Fluchtkapital und Drogengelder in Verruf; beide Länder wurden in durchaus vergleichbaren Dimensionen von den USA in ihre Geheimdiplomatie eingebunden. Damit schneiden wir ohne Zweifel eines der düstersten Kapitel der Schweizer Geschichte an. Schweizer Behörden und Leute des Nachrichtendienstes haben systematisch das Neutralitätsprinzip verletzt. Unter Ausschluss der Öffentlichkeit und hinter dem Rücken des Parlamentes haben sie mit dem so gern beschworenen teuersten Schatz, den unser Land zu verteidigen hat, ein monströses Vabanque-Spiel getrieben.

Das wirkliche Ausmass des Skandals muss noch aufgedeckt werden. Erst dann wird sich zeigen, welcher Schaden hier angerichtet wurde. Heute verfügen wir nur über ein paar Hinweise, worauf sich diese Schweizer Söldner im Dienst der amerikanischen Geheimdiplomatie eingelassen haben. Vor allem Untersuchungsberichte des amerikanischen Parlamentes dokumentieren das Doppelspiel der Schweiz während des Teheraner Geiseldramas, bei Irangate und in der Contra-Affäre. Beim Teheraner Geiseldrama zum Beispiel verhielt sich die Schweizer Regierung offiziell strikt neutral und bot ihre guten Dienste an. Sie stellte einen Stab von Diplomaten frei, der zwischen Teheran und Washington vermittelte, um eine möglichst rasche Befreiung der Geiseln zu erwirken. Parallel dazu aber unterstützte dieselbe Schweiz Geheimoperationen des amerikanischen Nachrichtendienstes, welche gegen die Regierung in Teheran gerichtet waren und gleichzeitig eine schnelle Lösung des Geiseldramas sabotierten.

Am 4. November 1979 fordern vor der amerikanischen Botschaft in Teheran mehrere tausend islamische Studenten in Sprechchören die Auslieferung des Schahs. Der gestürzte Diktator hat in den USA Zuflucht gefunden, wo er sich in einer Klinik wegen eines Krebsleidens pflegen lässt. Plötzlich artet die Demonstration aus. Studenten stürmen die amerikanische Botschaft und nehmen über 70 Personen als Geiseln. Damit lösen sie die schwerste und längste internationale Krise der letzten Jahrzehnte aus.

Die Reaktion aus Washington lässt nicht lange auf sich warten. Präsident Jimmy Carter antwortet mit einer ganzen Reihe von Sanktionen. Bis zur Frei-

224

lassung der amerikanischen Geiseln verbietet er jegliche Lieferungen von Waffen und Ersatzteilen, stoppt den Erdölimport aus dem Iran und lässt iranische Bankguthaben in der Höhe von 10 Milliarden Dollar einfrieren. Und schliesslich ruft der amerikanische Präsident alle mit den USA befreundeten Staaten zu einem Wirtschafts-Embargo gegen den Iran auf.

Die Schweiz widersetzt sich diesem Embargo und bietet sich damit als Vermittlerin zwischen Teheran und Washington an. Am 9. November ersucht Präsident Carter die Schweiz um Hilfe bei der Evakuierung von amerikanischen Staatsbürgern, die sich noch im Iran befinden. Vier Tage später werden die USA in Bern erneut vorstellig. Die Schweiz willigt ein, in Teheran die amerikanischen Interessen zu vertreten. Obwohl der Schweizer Botschafter Eric Lang in Teheran vor allem für seine amerikafreundliche Haltung bekannt ist, anerkennt der Iran die Schweiz als Vermittlerin. Täglich dürfen von nun an Schweizer Diplomaten die amerikanischen Geiseln besuchen.

«Noch bevor die diplomatischen Beziehungen zwischen den USA und dem Iran abgebrochen wurden, arbeitete Washington eng mit Bern zusammen. Dabei entwickelten sich enge persönliche Beziehungen zwischen Schweizer Diplomaten und Mitgliedern des Krisenstabes in Washington. Diesen persönlichen Beziehungen kam bei den späteren Verhandlungen mit Teheran eine zentrale Bedeutung zu», schreibt der frühere Staatssekretär Harold Saunders, der als amerikanischer Unterhändler an diesen Verhandlungen teilnahm.[1] Jeder Kontakt zwischen der iranischen und amerikanischen Regierung lief über Bern.[2] In Teheran nahm Eric Lang die Botschaften oder Antworten der iranischen Regierung entgegen und übermittelte sie chiffriert ans Eidgenössische Departement für auswärtige Angelegenheiten (EDA) in Bern, wo sie von Edouard Brunner, Chef der politischen Abteilung II, entgegengenommen wurden. Edouard Brunner, der sich damals beinahe hauptamtlich mit der Teheraner Krise befasste, leitete die Nachrichten weiter an Raymond Probst, Schweizer Botschafter in Washington, der sie seinerseits persönlich ins amerikanische Aussenministerium brachte.

Zum Teil fanden die offiziellen Verhandlungen über die Freilassung der amerikanischen Geiseln sogar in der Schweiz statt. Dies gehörte lange Zeit zu

---

[1] Harold Saunders, in: Warren Christopher u. a., American Hostages in Iran – The Conduct of a Crisis, New Haven (USA) und London 1985, S. 89.

[2] Über die Rolle der Schweiz bei den offiziellen Verhandlungen über die Befreiung der Geiseln in Teheran gibt es widersprüchliche Darstellungen. Unterhändler wie zum Beispiel Staatssekretär Harold Saunders unterstreichen die Vermittlerrolle der Schweiz. Hamilton Jordan, der als persönlicher Berater von Jimmy Carter zusammen mit Saunders an diesen Verhandlungen teilnahm, behauptet das Gegenteil. In einem Buch über das letzte Jahr von Präsident Carter im Weissen Haus geht er ausführlich auf das Geiseldrama ein. Will man Hamilton Jordan glauben, war die Schweiz an den Verhandlungen in keiner Weise beteiligt.

einem der bestgehüteten Geheimnisse des EDA. Raymond Probst, der diese Schweizer Treffen organisierte, erinnert sich: *«Die Verhandlungen waren topgeheim. Nicht einmal die amerikanische Botschaft in Bern wusste davon. Alle Unterhändler benutzten Falschnamen. Alles war perfekt organisiert. Man hat den Unterhändlern sogar Initialen auf die Unterwäsche genäht, die mit ihren Falschnamen übereinstimmten.»* [1]

Eines dieser geheimen Treffen fand im Februar 1980 im Berner Palace-Hotel Bellevue statt. In Teheran waren noch immer 52 Geiseln in der Gewalt der islamischen Studenten. 13 Geiseln – Frauen, Schwarze und Nicht-Amerikaner – waren inzwischen freigelassen worden. Am frühen Vormittag des 9. Februars meldeten sich im Hotel Bellevue die drei Amerikaner Henry Sinclair, Ralph Thompson und Harvey Prescott. Es handelte sich um die amerikanischen Unterhändler Harold Saunders, Hamilton Jordan und Henry Precht. Am Nachmittag trafen die beiden Unterhändler der Iraner ein: der Pariser Anwalt Christian Bourguet und der argentinische Industrielle Hector Villalon. Sie wurden sofort auf die Suite 324–325 geführt, wo sie praktisch ununterbrochen bis zum Morgen des 11. Februars mit der amerikanischen Delegation Gespräche führten. Schweizer Sicherheitsbeamte in Zivil bewachten den Zimmereingang. Sie hatten auch die gesamte Etage, auf der das Verhandlungszimmer lag, abgeriegelt.

Die Amerikaner waren fast euphorisch gestimmt.[2] Sie glaubten, dass für die Freilassung der Geiseln nur noch ein paar Formalitäten zu klären wären. Sie sollten sich schwer täuschen. Christian Bourguet wiederholte die Forderungen, von denen die iranische Regierung nicht abrücken wollte:

– Der Iran verlangt die Auslieferung des Schahs, damit dieser in Teheran vor ein Gericht gestellt werden kann;
– die USA sollen ihre *«Verbrechen gegen das iranische Volk»* öffentlich eingestehen und sich dafür entschuldigen;
– eine UNO-Kommission soll im Iran diese amerikanischen *«Verbrechen gegen das iranische Volk»* untersuchen.
– Schliesslich forderte Teheran die Freigabe der iranischen Bankguthaben in den USA.

Die Berner Gespräche blieben erfolglos. Genauso scheiterten auch alle späteren Bemühungen der offiziellen Unterhändler, die im Auftrag des US-Präsidenten Jimmy Carter und des iranischen Staatspräsidenten Bani Sadr nach einer Lösung der Geiselkrise suchten. Vom Ausgang dieser Verhandlungen hing nämlich nicht nur das Schicksal der amerikanischen Geiseln ab. Er entschied auch darüber, wer Anfang November zum Präsidenten der USA

---

[1]   Interview vom 9. Mai 1989 in Bern.
[2]   Pierre Salinger, Otages – les négociations secrètes de Téhéran, Paris 1981, S. 152.

gewählt wurde: Amtsinhaber Jimmy Carter oder aber sein republikanischer Gegenkandidat Ronald Reagan. Die Geiselaffäre blieb praktisch das einzige Wahlkampfthema. Präsident Carter, politisch bereits schwer angeschlagen, benötigte dringend einen spektakulären Erfolg. Nur die Heimkehr der Geiseln konnte ihm eine sichere Wahlniederlage ersparen.

Am 20. Januar 1981, dem 444. Tag des iranischen Geiseldramas, zog Ronald Reagan als 40. Präsident der Vereinigten Staaten ins Weisse Haus ein. Während er seinen Amtseid ablegte, starteten auf dem Flughafen Mehrabad in Teheran zwei Maschinen – an Bord die 52 amerikanischen Geiseln. Es war keine glückliche Fügung des Himmels, dass Reagans Amtsantritt und die Freilassung der Geiseln fast auf die Minute genau zusammenfielen.

Der damalige iranische Staatspräsident Bani Sadr sowie mehrere ehemalige CIA-Mitarbeiter nämlich behaupten: Ronald Reagan missbrauchte die Geiselaffäre zu einer in der Geschichte der USA beispiellosen Wahlmanipulation. Reagan und seine Wahlhelfer hätten Carters Bemühungen für eine schnelle Befreiung der Geiseln sabotiert. Bei geheimen Treffen in Zürich, Genf, Paris und Luxemburg hätten sie sich mit iranischen Mullahs darauf geeinigt, die Geiseln erst nach Reagans Amtsantritt freizulassen. Als Gegenleistung erhielten die iranischen Nationalisten Waffen. Das Geisel-gegen-Waffen-Geschäft sei weitgehend von der Schweiz aus abgewickelt worden. Namentlich eine CIA-Frontfirma in Genf habe das Geschäft überwacht und gesteuert, erklären übereinstimmend CIA-Agenten und Waffenhändler. Sie behaupten gleichzeitig, dass bei den geheimen Treffen jeweils auch Schweizer dabei waren, unter anderem ein hochrangiger Offizier des Schweizer Nachrichtendienstes.

«Wir hatten eine panische Angst, Präsident Carter würde es schaffen, die Geiseln noch im Oktober, also kurz vor den Wahlen, heimzuholen. Denn wir wussten, nur eine solche ‹Oktober-Überraschung› konnte Ronald Reagans Einzug ins Weisse Haus verhindern», erzählt Barbara Honegger, eine junge, energische Frau, damals Wahlhelferin der Reagan-Bush-Kampagne.[1] Bis spät in den Herbst hinein hatten dauernde Gerüchte über diese «Oktober-Überraschung» die Stimmung im Wahlkampf-Team vermiest. Mitte September fühlten sich die Reagan-Leute bereits geschlagen. Eben erst war durchgesickert, Carters Unterhändler hätten in Bonn Khomeinis Schwiegersohn Sadegh Tabatabai getroffen und mit ihm die letzten Details der Geiselbefreiung geregelt.

Um den 20. Oktober herrschte beim Wahlkomitee aber plötzliche Feststimmung. Barbara Honegger berichtete uns während eines ausführlichen Gesprächs, das in San Francisco stattfand: *«Die Leute waren kaum wiederzuerken-*

---

[1]   Vgl. Barbara Honegger, October Surprise, New York 1989.

nen. Ich fragte naiv: ‹Wessen Geburtstag feiert Ihr?› Ich bekam nur eine ausweichende Antwort. ‹Eigentlich ist es Reagans Fest.› Erst als ich insistierte, sagte jemand: ‹Es wird keine ‹Oktober-Überraschung› geben; Reagan ist so gut wie gewählt; Richard Allen got a deal.›» (Richard Allen traf ein Abkommen.) Was es mit diesem «deal» auf sich hatte, begriff Barbara Honegger erst viel später.

Eingefädelt wurde der «deal» vom Waffenhändler Houshang Lavi, einem eingewanderten Iraner, der seinerzeit dem Schah amerikanische Kampfflugzeuge vermittelt hatte. Am 2. Oktober traf er sich im Washingtoner Hotel L'Enfant Plaza mit Reagans Wahlkampfstrategen, unter ihnen die späteren Sicherheitsberater Richard Allen und Robert McFarlane. Lavi kam im Auftrag iranischer Nationalisten. Seine Auftraggeber forderten Waffen, Ersatzteile für F-14-Kampfflugzeuge und die Herausgabe der von den USA beschlagnahmten iranischen Gelder. Im Gegenzug versprachen sie die Freilassung der 52 Geiseln in Teheran.

Bevor Houshang Lavi mit den Reagan-Leuten zusammentraf, hatte er sich schon an Präsident Jimmy Carter gewandt. In einem internen Bericht an das Aussenministerium hielt Carters Unterhändler Harold Saunders diese Gespräche fest: *«Der Vorschlag sah folgendes vor: Die US sind bereit, die auf der vorgelegten Liste aufgeführten Ersatzteile an Khomeini zu liefern (...) Die Ersatzteile sollten an einen unbekannten Ort in den Iran geflogen werden. Lavi und zwei seiner iranischen Kontakte würden mitfliegen. Mit derselben Maschine würden die Geiseln dann zurückgebracht. Zum Schluss sagte Lavi, ohne dies näher zu begründen, die Israelis müssten beigezogen werden, da man nicht ausschliessen könne, dass die Russen oder sogar die Iraner das Flugzeug beschiessen könnten.»*[1] Lavi gab an, er komme im Auftrag des iranischen Staatspräsidenten Bani Sadr. In einer späteren Aktennotiz von Harold Saunders heisst es: *«Ein mit uns (den USA, A. d. Verf.) befreundeter Botschafter*[2]*, der in unserem Auftrag zu Bani Sadr ging, teilt mit: Bani Sadr stellt fest, dass er Lavi kein Mandat für Verhandlungen erteilte.»*[3] Daraufhin brachen die Unterhändler von Präsident Jimmy Carter ihre Beziehungen zu Lavi ab.

Und Stansfield Turner, der unter Präsident Carter Chef der CIA war, erklärte uns: *«Es gab überhaupt keinen Grund, dass wir uns mit Lavi auf Separat-Verhandlungen einliessen. Denn Lavis Angebot brachte nichts Neues. Anfang Oktober bereits hatte Präsident Carter in einer öffentlichen Rede erklärt: Sobald die Geiseln freikommen, werden die vom Iran gewünschten Ersatzteile geliefert und auch die in den*

---

[1] Department of State, Action Memorandum von Harold Saunders, 9. Oktober 1980. Die Israelis sollten beigezogen werden, um die Transportflüge gegen mögliche Angriffe abzuschirmen.

[2] Bei diesem befreundeten Botschafter muss es sich mit höchster Wahrscheinlichkeit um den Schweizer Botschafter Eric Lang in Teheran handeln, denn der wichtigste Verbindungsdraht zwischen Washington und Teheran lief über die Schweiz.

[3] Department of State, Memorandum for the Record von Harold Saunders, 21. Oktober 1980.

USA gesperrten iranischen Guthaben freigegeben.»¹ Der damalige CIA-Chef weiter: «*Über Kontakte zwischen Iranern und Leuten aus Reagans Wahlkampf-Team haben wir uns nicht den Kopf zerbrochen. Die Verhandlungen über die Freilassung der Geiseln war eindeutig Sache der Regierung. Dass irgendwelche Amerikaner die offiziellen Verhandlungen und damit eine schnelle Befreiung der Geiseln sabotieren würden, das konnten wir uns nicht vorstellen.*» Heute jedoch liegen Beweise vor, dass Leute aus Reagans Wahlkampf-Team tatsächlich im Rücken der Carter-Regierung eigenmächtig mit iranischen Integristen über die Teheraner Geiseln verhandelt hatten.

Seit dem Gespräch vom 2. Oktober im Hotel L'Enfant Plaza in Washington brach der Kontakt zwischen Reagans Wahlkampf-Team und den iranischen Nationalisten nicht mehr ab. Nur knapp drei Wochen später, zwischen dem 19. und 22. Oktober, kam es in Paris gleich zu mehreren Geheimtreffen. Der langjährige CIA-Pilot Heinrich Rupp behauptet, dass er mehrere Teilnehmer verdeckt nach Paris geflogen habe. Heinrich Rupp: «*Der einzige, den ich aufgrund meiner langjährigen Tätigkeit identifizieren kann, war der ältere Herr, der wie ein College-Professor aussah: Es war William Casey.*»² William Casey, inzwischen verstorben, war Reagans Wahlkampfleiter und wurde 1981 Chef der CIA.

Richard Brenneke: ein Geldwäscher und CIA-Agent erzählt

Bei einem dieser Pariser Treffen, das im Hotel Raphael stattfand, war auch Richard J. Brenneke dabei: «*Es ging um die Geiseln in Teheran, die mittels Waffenlieferungen freigekauft werden sollten. Es wurde auch darüber gesprochen, dass die Geiseln auf einen ganz bestimmten Zeitpunkt freikommen sollten*», erklärte uns Richard J. Brenneke, der mehr als 15 Jahre freier CIA-Mitarbeiter war.³

Richard J. Brenneke wurde am 5. Dezember 1941 in Winnemucca, Nevada, als Nachfahre deutscher Einwanderer geboren.⁴ Seine Jugend verlebte er in der Nähe von Portland im Staate Oregon. Nach der High School in einem Jesuiten-Kollegium studierte er auf der Universität von Seattle und Washington

---

1   Siehe auch: Mit Khomeinis Geiseln an die Macht, ein Dokumentarfilm von Jürgen Roth und Frank Garbely, realisiert im Auftrag des WDR, Köln. Der Film ist am 2. Juli 1989 vom ARD ausgestrahlt worden.

2   Jürgen Roth und Frank Garbely, Mit Khomeinis Geiseln an die Macht, a. a. O.

3   Diese und die folgenden Angaben machte Richard J. Brenneke während eines Interviews, das wir mit ihm am 5. Juni 1989 in seinem Haus in Portland, Oregon, realisierten.

4   Nachfolgende Angaben über Richard J. Brenneke und seine Geheimdienst-Einsätze stammen aus einem im August 1988 verfassten Untersuchungsbericht des International Center for Policy Developement. Die Untersuchung wurde im Auftrag einer von John Kerry geleiteten Senats-Kommission durchgeführt. Nachfolgend zitiert als Bericht für Senator John Kerry.

Philosophie und Theoretische Mathematik. Von 1966 bis 1968 war er in New York Mathematiklehrer. In diese Zeit fallen seine ersten CIA-Kontakte. Die CIA bot ihm eine Stelle als Computer-Spezialist im CIA-Hauptquartier in Langley, Virginia, an. Gleichzeitig liess sich Brenneke zum Piloten ausbilden. Ende der siebziger Jahre flog er für die CIA-Fluggesellschaft Air America in Südostasien Einsätze.[1] Hier lernte er seinen späteren Freund Heinrich (Harry) Rupp kennen.

Nach dem Air-America-Abenteuer arbeitete Brenneke für eine grössere amerikanische Investoren-Gruppe und liess sich dort zum Finanzspezialisten ausbilden. Da diese Investoren-Gruppe über eigene Off-shore-Banken verfügte sowie unter anderem in Panama, Zürich und Beirut eigene Filialen unterhielt, wandte sich die CIA wieder an ihren freien Mitarbeiter Brenneke. Sein Agentenführer Bob Kerritt verlangte von ihm Informationen über die Geldtransfers nach Panama und Zürich. Die CIA vermittelte ihn zu dieser Zeit an den Mossad, den israelischen Nachrichtendienst, der brennend an Nachrichten über den Finanzverkehr in Richtung Beirut interessiert war.

Später gründete er mehrere eigene Finanzgesellschaften. Die erste hiess International Fund for Mergers and Acquisitions (I. F. M. A.) und war in Panama domiziliert. Über die I. F. M. A., an der ein Schweizer Bankier beteiligt war, finanzierte die CIA mehrere Operationen in Zentralamerika. Zwischendurch war Richard Brenneke auch für den Zoll und die DEA tätig.

In den Jahren 1980/81 stand der CIA-Mann wieder als Pilot im Einsatz. Zusammen mit seinem Fliegervorbild Heinrich Rupp liess er sich vom Mossad anheuern. Seit dem Sturz des Schahs bangten die iranischen Juden um ihr Leben. Und sie hatten allen Grund dazu. Zu den Zeiten des Schahs unterhielt der Iran besonders enge Beziehungen zu Israel, das heute noch Amerikas wichtigster Alliierter im Nahen Osten ist. Unter dem islamischen Revolutionsführer Khomeini hatte sich diese Freundschaft in offene Feindschaft verkehrt. Die iranischen Juden befürchteten, dass die fanatisierten Khomeini-Anhänger ihren Israel-Hass an ihnen auslassen würden. Darum plante der Mossad eine aufwendige Rettungsaktion. Innerhalb von zwei Jahren holten die CIA-Piloten Brenneke und Rupp rund 3000 Juden aus dem Iran. Als politische Berater standen ihnen unter anderem Bernard Veillot und Robert Benes zur Seite, zwei ehemalige Agenten des französischen Nachrichtendienstes. Wie Rupp und Brenneke waren diese beiden Franzosen im Oktober 1980 auch an den Pariser Geheimtreffen zwischen Reagans Wahlhelfern und iranischen Integristen beteiligt.

---

[1] In einem Beglaubigungsschreiben vom 20. Juni 1979 bestätigt die CIA gegenüber der Federal Aviation Administration diese Flugeinsätze. Trotzdem behauptet die CIA heute, Brenneke habe nie für sie gearbeitet.

Den Exodus der iranischen Juden erkaufte Israel unter anderem mit Waffenlieferungen an das Khomeini-Regime. Die Waffen stammten zum grössten Teil aus der Tschechoslowakei. Eingefädelt wurde das Geschäft von Richard Brenneke und Robert Benes. Das kam nicht von ungefähr. Robert Benes stammt ursprünglich aus der Tschechoslowakei. Einer seiner Vorfahren, Eduard Benesch[1], war Mitbegründer der ČSSR und ab 1935 sogar Staatspräsident. Nach dem kommunistischen Staatsstreich von 1948 legte er aus Protest gegen die Sowjetisierung sein Amt nieder. Verwandte von Brenneke besassen in Deutschland eine Munitions- und Waffenfabrik, die eng mit der tschechischen Waffenschmiede Merkuria zusammenarbeitete. Diese Kontakte zu östlichen Waffenfabriken nutzten Brenneke und Benes auch, als sie im Auftrag des Mossads und der CIA in Zentralamerika die Contras mit Nachschub eindeckten. Diese verbotene Contra-Hilfe wickelte Brenneke über Schweizer Banken und seine panamesische Firma I. F. M. A. ab.

Brenneke bediente die antisandinistischen Rebellen nicht nur mit Waffen. Nachdem der Kongress den Contras jede Unterstützung verweigerte, suchten Mitarbeiter von Präsident Reagan zusammen mit der CIA nach anderen Geldquellen. Dabei kam dem Finanzspezialisten Brenneke keine unbedeutende Rolle zu. So liess er den Contras Ende 1984 über geheime Kanäle zehn Millionen Dollar zukommen. Das Geld stammte aus Kuwait. Im April 1984 hatte der kuwaitische Verteidigungsminister die USA besucht. Das erklärte Ziel dieser Reise war der Einkauf von Stinger Raketen. Doch die Amerikaner lehnten ab. Das Zehn-Millionen-Geschenk an die Contras – so hoffte Kuwait – könnte Präsident Reagan in der Stinger-Frage umstimmen. Es gehörte zu Brennekes Job, diese illegale Finanzhilfe an die Contras so abzuwickeln, dass nicht die geringste Spur zum tatsächlichen Geldgeber führte. Die letzten Details dieser Geldwäscheraktion besprach Brenneke mit den Kuwaitern Ende 1984 im Hotel Hilton in Zürich.

Im Mai 1988 fragte Richard Brenneke seinen Mossad-Kontaktmann, Ariel Ben Menashe, warum ausgerechnet er beim Exodus der iranischen Juden und bei der Contra-Hilfe eingesetzt wurde. *«Ariel Ben Menashe gab ihm zur Antwort: Sie erfüllen drei wichtige Kriterien. Sie sprechen Tschechisch; Sie sind ein intimer Kenner des Finanzplatzes Schweiz, und wenn etwas schief läuft, kann man Sie gut als Schuldigen vorschieben.»*[2]

«Geldwaschen und Schweizer Banken sind mein Spezialgebiet», so Brenneke über Brenneke. Diese Spezialitäten waren auch der Grund, warum ihn sein Agen-

---

[1] Zbigniew Brzezinski, Sicherheitsberater von Präsident Jimmy Carter, ist mit einer Nichte des ehemaligen tschechischen Staatspräsidenten Eduard Benesch verheiratet. Brzezinski, Sohn eingewanderter Polen, war ein Kalter Krieger von altem Schrot und Korn und bekannt für seine unnachgiebige Haltung im Ost-West-Konflikt.

[2] Bericht für Senator John Kerry, a. a. O., S. 5 f.

tenführer Bob Kerritt nach Paris schickte. Richard Brenneke flog mit einem normalen Linienflug zu dem mysteriösen Pariser Treffen von Ende Oktober 1980. Er benutzte allerdings einen falschen Namen, an den er sich nicht mehr erinnern will, denn den falsch-echten Pass habe er längst wieder seinem Agentenführer zurückgegeben. Er hat sich auch nicht selbst im Hotel Raphael eingetragen. Er nahm nur den Schlüssel entgegen; alles andere hatten Freunde der CIA für ihn erledigt, sagt Brenneke. Über den Verlauf des Pariser Geheimtreffens macht er folgende Angaben:

Frage: *«Was war der genaue Grund dieser Zusammenkunft?»*

Brenneke: *«Es war etwas anders, als ich erwartet hatte. Ich dachte, an diesem Meeting werde über die Freilassung der amerikanischen Geiseln in Teheran verhandelt. Es stellte sich dann aber rasch heraus, dass es auch darum ging, Waffen in den Iran zu liefern.»*

Frage: *«War für alle Beteiligten klar, dass die Iraner als Gegenleistung für die Freilassung der Geiseln Waffen erhalten sollten?»*

Brenneke: *«Ja, gar keine Frage. Natürlich.»*

Frage: *«Kam auch zur Sprache, dass die Geiseln erst nach den Präsidentenwahlen in den USA freigelassen werden?»*

Brenneke: *«Soviel ich mich erinnere, kam das Timing nur kurz zur Sprache. Ich habe erst später erfahren, dass der Zeitpunkt der Freilassung einer der wichtigsten Verhandlungspunkte war. Aber es gab ja nicht nur dieses Treffen von Paris, von dem wir jetzt sprechen.»*

Frage: *«Welches war Ihre Aufgabe bei diesem Treffen?»*

Brenneke: *«Ich nahm als Beobachter und Übersetzer teil. Robert Benes, den ich gut kenne, spricht nur sehr schlecht Englisch. Dann war ich aber auch da, weil man mir bestimmte Anweisungen geben musste. Wenn Sie eine bestimmte Summe Geld von der Bank Y an einen Ort Z dergestalt verschieben sollen, damit der Name des Besitzers im Verlaufe der Transfers endgültig verschwindet, dann benötigen Sie sehr präzise Informationen. Diese Informationen erhielt ich zum Teil an diesem Treffen.»*

Frage: *«Waffenhändler in Europa behaupten, Sie wären bei der Finanzierung dieses Waffen-gegen-Geisel-Geschäftes eine der wichtigsten Personen gewesen. Das stimmt also?»*

Brenneke: *«Ja, ich hatte Ende 1980, Anfang 1981 und auch später mit solchen Geldtransfers zu tun.»*

Frage: *«Woher kam das Geld?»*

Brenneke: *«Ich meine, das Geld wurde von einer sehr kleinen Gruppe kontrolliert. Einige dieser Leute waren dann später CIA-Angestellte.»*

Frage: *«Stimmt es, dass die Genfer Firma T. die wichtigste Finanzgesellschaft der CIA in Europa ist?»*

Brenneke: *«Was ich über die Firma T. weiss, erlaubt mir, die Frage mit Ja zu beantworten. Diese Firma befasste sich vor allem mit Waffenlieferungen in den Iran. Für*

232

gewisse Geschäfte verhandelte sie sogar direkt mit Teheran. Es ist in der Tat nicht un-vernünftig zu sagen, dass diese Waffenlieferungen Teil des Geiselgeschäftes waren. Die Genfer Firma beschaffte nicht nur Waffen, sie wickelte auch Zahlungen innerhalb Europas ab. Ihre Hauptaktivität betraf jedoch den Iran.»

Frage: *«Haben Sie als CIA-Contractor – so werden im CIA-Jargon freie Mitarbeiter bezeichnet – auch mit der Shakarchi Trading zusammengearbeitet?»*

Brenneke: *«Ja.»*

Frage: *«Um welche Geschäfte ging es zwischen Ihnen und der Shakarchi?»*

Brenneke: *«Darauf kann ich Ihnen leider keine Antwort geben!»*

Ein halbes Dutzend Personen, darunter mehrere Waffenhändler, haben die Angaben von Rupp und Brenneke über das Pariser Treffen weitgehend bestätigt. Und immer wieder betonen sie die Bedeutung der Schweiz. Ein Amerikaner, der aus Angst vor Repressalien anonym bleiben will, gibt an: Beim Pariser Treffen war auch ein Schweizer Anwalt mit von der Partie, der als Kommissionsgeld für dort beschlossene Waffenlieferungen in den Iran die stolze Summe von 13 Millionen Franken kassiert habe. Ein früherer Mitarbeiter des Mossads, der heute als Schriftsteller in München lebt, berichtet uns von einem Geheimtreffen in Luxemburg, das unmittelbar nach den Pariser Gesprächen stattgefunden haben soll. *«Einer der Verhandlungsteilnehmer sprach mit starkem Akzent Englisch. Dieser Akzent verriet zweifelsfrei seine schweizerische Herkunft»*, behauptet der ehemalige Mossad-Mann.

Mehrere dieser Informanten berichten übereinstimmend von Verhandlungsrunden in Genf und Zürich. Im Herbst 1980 sollen in Zürich Leute der Reagan-Wahlkampftruppe mit Israelis, Iranern und Schweizern verhandelt haben. Bei den Schweizern habe es sich um offizielle Vertreter aus Bern gehandelt, behauptet ein Waffenhändler, der später wegen illegaler Waffengeschäfte mit dem Iran verurteilt wurde. Präzisere Angaben kann oder will er nicht machen. Sein lückenreiches Erinnerungsprotokoll begründet er teils mit Angst, teils mit den Sicherheitsvorkehrungen, die für die geheimen Zusammenkünfte jeweils getroffen wurden. Alles sei so organisiert gewesen, dass keine Spuren zurückblieben. Und jeder habe aus Gründen der Geheimhaltung nur gerade soviel erfahren, wie er für seinen konkreten Job wissen musste.

Richard Brenneke und der eben zitierte Waffenhändler unterstreichen die zentrale Rolle der Firma T. in Genf. Diese CIA-Frontfirma, die im Oktober 1980 den heutigen Namen annahm, hat ihren Hauptsitz in Nassau auf den Bahamas und unterhält weltweit zahlreiche Zweigniederlassungen. Das Genfer Büro dient als Koordinationsstelle und wurde bis zum September 1987 vom Amerikaner R. F. geleitet. Bevor R. F. Ende der siebziger Jahre nach Genf kam, war er Chef des CIA-Ablegers in Ägypten. R. F. ist ein sehr engagiertes Mitglied der Republikanischen Partei. Während des Wahlkampfes von 1980, in dem sich Carter und Reagan gegenüberstanden, sass R. F. im

Komitee der amerikanischen Republikaner in Europa und ging für seinen Favoriten Reagan auf Stimmenfang. R. F. dementiert allerdings jegliche Verbindung seiner Firma zur CIA und bestreitet ebenso, dass er oder seine Firma auch nur am Rande in irgendwelche Waffengeschäfte mit dem Iran verwickelt waren.[1]

Es steht ausser Zweifel, dass es in der zweiten Hälfte des Jahres 1980 zu zahlreichen geheimen Treffen zwischen den Leuten aus Reagans Wahlkampf-Team und iranischen Nationalisten kam. Es steht auch fest, dass bei diesen Verhandlungen, an denen sich auch Israelis und Schweizer beteiligten, illegale Waffengeschäfte mit dem Iran abgeschlossen wurden. Unklar dagegen bleibt, ob die Reagan-Leute als Gegenleistung für die Waffenlieferungen tatsächlich von den Iranern verlangten, die Geiseln erst nach der Präsidentenwahl freizulassen.

Gary Sick sass damals im Nationalen Sicherheitsrat der USA. Er war zuständig für den Iran und befasste sich deshalb intensiv mit der Geiselaffäre. Zu den Geheimverhandlungen meint er: *«Heute liegen eine Anzahl Beweise vor. Es gab in der Tat geheime Verhandlungen. Wir wissen, dass die Waffenlieferungen über Israel an den Iran genau zu der Zeit begannen; zum selben Zeitpunkt auch änderte der Iran gegenüber Carter plötzlich seine Verhandlungsstrategie und verzichtete auf die Forderung nach Waffen; wir wissen, dass die Geiseln an jenem Tag freigelassen wurden, in dem Reagan ins Weisse Haus einzog. Und schliesslich gibt es die Aussagen von Leuten aus Reagans Wahlkampf-Team über ein Abkommen, welches vorsah, dass die Geiseln erst nach den Wahlen freigelassen würden.»*[2] Der letzte Beweis dieser monströsen Wahlmanipulation jedoch fehlt. Gary Sick fährt fort: *«Für mich und für sehr viele Mitbürger in den Staaten ist es schwierig zu glauben, dass eine Wahlkampfmannschaft zu solchen Tricks greift. Denn das wäre nicht nur aussergewöhnlich, sondern würde auch den Zusammenbruch unserer wichtigsten demokratischen Werte bedeuten.»*

Aus einer ganz besonderen Perspektive erlebte Bani Sadr, damals iranischer Staatspräsident, das Teheraner Geiseldrama. *«Für mich besteht kein Zweifel, die Reagan-Wahlhelfer einigten sich mit den radikalen Mullahs und Revolutionsgarden darauf, die Geiselbefreiung bis nach den US-Präsidentenwahlen hinauszuzögern»*, erklärte uns der frühere Staatspräsident, der heute in Paris im Exil lebt.[3] Schon im Frühjahr 1980 hätten Reagan-Leute erste Kontakte für Parallelverhandlungen gesucht. *«Sie haben sich auch an mich gewandt, aber ich lehnte ab, denn sie hatten kein Verhandlungsmandat.»* Bani Sadr war ebenfalls über die

---

[1] Wir hatten uns verschiedentlich um ein ausführliches Gespräch mit R. F. bemüht. Nach Rücksprache mit seinem Anwalt sagte R. F. einen bereits vereinbarten Termin wieder ab und verweigert seither jede Auskunft.

[2] Jürgen Roth und Frank Garbely, Mit Khomeinis Geiseln an die Macht, a. a. O.

[3] Das Interview mit Bani Sadr fand am 27. 4. 1989 statt.

geheimen Treffen zwischen iranischen Nationalisten und Reagan-Wahlhelfern informiert. Am 22. Oktober erhielt er sogar einen Rapport, aus dem hervorging, dass Vertreter der Mullahs in Frankfurt 30 Millionen Dollar überwiesen erhielten.

Bani Sadr versteht sich als iranischer Jimmy Carter. *«So wie Reagan, unterstützt von der CIA, das Geiseldrama zur Abwahl von Präsident Carter missbrauchte, genau so taten es die Mullahs und Revolutionsgarden im Iran, um mich von der Macht zu verdrängen»*, argumentiert Bani Sadr. Noch während der Geiselaffäre fiel Bani Sadr bei Khomeini zunehmend in Ungnade und verlor schliesslich gänzlich seine Macht. Im Juni 1981 tauchte Bani Sadr – er war noch immer Staatspräsident – unter und setzte sich wenig später mit Hilfe iranischer Militärpiloten nach Frankreich ab. Vorübergehend arbeitete er mit der Oppositionsbewegung der Volksmudschaheddins zusammen, deren Chef damals ebenfalls in Paris im Exil war.

Im Gegensatz zu Bani Sadr hat sich der ehemalige US-Präsident Jimmy Carter kaum zu Reagans Parallelverhandlungen geäussert. In einem bisher unveröffentlichten Brief an den Journalisten Abbie Hoffman, der an einer Geschichte über die «Oktober-Überraschung» arbeitete, machte Jimmy Carter eine erstaunliche Aussage: *«Seit dem Spätsommer 1980 erhielten wir Rapporte, nach denen Wahlleiter der Reagan-Kampagne mit den Iranern über die Zurückbehaltung der Geiseln verhandelten. Ich beschloss, diese Berichte zu ignorieren.»* Es bleibt ein ungeklärtes Geheimnis, warum Carter diese Information während des Wahlkampfes zu keiner Zeit gegen seinen Rivalen Reagan verwendete.

Der Brief von Jimmy Carter trägt das Datum vom 24. Februar 1988. Abbie Hoffman, der mit Carters Tochter befreundet war, wurde am 12. April 1989 tot in seinem Hause aufgefunden. Nach offizieller Darstellung beging er Selbstmord. Freunde zweifeln bis heute an dieser Version. Wenige Monate vor seinem Tod nämlich war der Journalist das Opfer eines mysteriösen Autounfalls. Als der Unfall geschah, befand er sich auf der Fahrt zur Playboy-Redaktion in Chicago, wo er sein Manuskript über Reagans geheimes Waffen-gegen-Geiseln-Geschäft abliefern wollte.

Mehr als ein Dutzend Personen, die direkt oder indirekt an den geheimen Treffen oder illegalen Waffenlieferungen an den Iran beteiligt waren, sind tot.[1] Sie wurden ermordet, begingen unter höchst zweifelhaften Umständen Selbstmord oder waren das Opfer seltsamer Unfälle. Andere wichtige Zeugen zog man aus dem Verkehr, indem sie zu mehrjährigen Gefängnisstrafen verurteilt wurden. CIA-Pilot Heinrich Rupp, der den späteren CIA-Chef William Casey zu geheimen Treffen nach Paris geflogen haben will, wurde im September 1988 wegen Bankbetrugs von einem Gericht in Denver zu 42 Jah-

---

[1] Barbara Honegger, October Surprise, a. a. O., siehe insbesondere S. 283–292.

ren Gefängnis verurteilt. «*Man hat ihn hereingelegt. Er sollte so zum Schweigen gebracht werden*», behauptet Richard Brenneke, der in Denver zugunsten seines langjährigen Freundes Rupp als Zeuge auftrat. Dort machte Brenneke seine bisher sensationellste Aussage. Er erklärte dem Gericht, er habe jahrelang zusammen mit Rupp für die CIA gearbeitet; und er bezeugte, dass Ronald Reagan seinen Wahlsieg gegen Jimmy Carter durch ein Abkommen mit iranischen Nationalisten erkauft habe.[1] Die CIA dementierte umgehend, dass Brenneke jemals für sie tätig gewesen sei. Seither läuft gegen Brenneke ein Verfahren wegen Meineides.

Hamid Naghaschan: Diplomat kauft Waffen mit Drogen

Dasselbe groteske Schicksal wie Heinrich Rupp traf auch William Herrmann, ein gerade aus Schweizer Sicht besonders interessanter Zeuge. William Herrmann, ein gebürtiger Deutscher, wanderte nach dem Zweiten Weltkrieg in die USA aus und liess sich dort von der CIA anwerben, die ihn gelegentlich an das FBI auslieh.

Am Tag, an dem die amerikanischen Geiseln befreit wurden, wohnte William Herrmann im Hotel Hilton in Teheran; als wir ihn trafen, sass er als Nummer 02244-00 im Loretto-Gefängnis des Bundesstaates Pennsylvania.[2] Offiziell brachte ihn eine Falschgeldgeschichte zu Fall. In London war er am 31. März 1985 im Besitz von «Blüten» im Wert von 10 Millionen Dollar geschnappt worden. Als V-Mann des FBI sollte er eine französisch-iranische Bande unterwandern, die mit Falschgeld Waffen einkaufte.

Herrmann war in London mit dem iranischen Waffenhändler Manucher Ghorbanifar verabredet, der in der Iran-Contra-Affäre eine zentrale Rolle spielte. Danach traf er mit Mitgliedern der französischen Terroristengruppe Action Directe zusammen und erfuhr, dass diese Verbindung zu einem grossen Falschgeldring hatten.[3] Herrmann informierte sofort John Mencer, Spezialagent des FBI. Bereits zwei Tage später boten ihm die Franzosen gefälschte Dollarnoten an. Am 30. März stieg er als FBI-Spitzel auf das Geschäft ein. Er sagte zu, die Blüten im Auftrag der Action Directe für fünf oder sechs Cents pro Dollar zu verkaufen. Herrmann benachrichtigte umgehend Darrel

---

[1] Siehe Protokoll der Zeugenaussage von Richard J. Brenneke im Verfahren USA gegen Heinrich Rupp. Aktenzeichen: Docket No. 88-CR-112, Denver (Colorado), 23. September 1988.

[2] Am 31. Mai 1989 konnten wir mit William Herrmann ein mehrstündiges Gespräch führen. Es fand im Beisein eines Gefängnisaufsehers statt.

[3] Simon O'Dwyder-Russel, Jailed CIA man claims US lied over Iran arms deal, in: Sunday Telegraph, London, Ausgabe vom 28. Dezember 1986; Bill Moushey, Inmate – Iran link prevents furlough, in: Pittsburgh Post-Gazette, Ausgabe vom 25. Januar 1989.

Mills auf der US-Botschaft in London. Am nächsten Tag hatte er zusammen mit Ghorbanifar ein Arbeitsessen. Danach begab er sich in sein Hotel. Gegen vier Uhr besuchte ihn ein Mitglied der Action Directe. Nur wenige Minuten später verhaftete ihn Scotland Yard im Besitz von zehn Millionen gefälschten Dollar.

Vergeblich versuchte er, sich gegenüber der britischen Polizei als V-Mann des FBI auszuweisen. Weder FBI-Spezialagent John Mercer noch Darrel Mills von der amerikanischen Botschaft wollten Herrmanns Angaben bestätigen. Ein Gericht in London verurteilte ihn schliesslich zu acht Jahren Gefängnis. Den ersten Teil seiner Haftstrafe sass er in einem britischen Gefängnis ab, den Rest in der US-Haftanstalt Loretto in Pennsylvania.

Für einen gewöhnlichen Kriminellen erliess die Gefängnisleitung in Loretto sonderbare Anweisungen. In einem Dokument, das uns William Herrmann zeigte, heisst es: Aus Gründen der Staatssicherheit müsse der Insasse 02244-00 ganz besonders überwacht werden, und Kontakte zu Mitgefangenen müssten möglichst unterbunden werden.

«Ich war zur falschen Zeit am falschen Ort», gab sich Herrmann gelassen und sagte uns: *«Eigentlich bin ich hier, weil ich über die Ereignisse von 1980 in Teheran und über die Geiselgeschäfte* (von 1984, A. d. Verf.) *mit dem Libanon zuviel weiss.»*

Im Januar 1981 reiste Herrmann auf Einladung von Hamid Naghaschan, Oberst der Revolutionsgarde, nach Teheran. Am Abend der Geiselbefreiung hatte ihm Naghaschan verraten: *«Die heutige Geiselfreilassung war bereits im vergangenen Oktober zwischen uns und Reagans Wahlstrategen ausgehandelt worden.»* Hamid Naghaschan sprach von mehreren Geheimtreffen, an denen er häufig persönlich teilnahm und die zum Teil in der Schweiz stattgefunden haben sollen. Herrmann fragte ihn, welche Amerikaner an den Verhandlungen beteiligt waren. Und Hamid Naghaschan nannte ein paar Namen: George Bush, Robert McFarlane[1], Richard Allen[2], der spätere CIA-Chef William Casey und sehr oft auch ein gewisser Fred Iklé.

Der gebürtige Schweizer Fred Iklé, Coucousin von Alt-Bundesrätin Elisabeth Kopp, wanderte in jungen Jahren in die USA aus und machte dort eine spektakuläre Karriere. Unter Präsident Reagan avancierte der gelernte Politologe zum Unterstaatssekretär und war gleichzeitig die Nummer drei im US-

---

[1] Robert McFarlane war persönlicher Berater von Präsident Ronald Reagan. Vom 17. Oktober 1983 bis zum 30. November 1985 gehörte er dem Nationalen Sicherheitsrat (NSC) an. Anfang 1984 war er Initiant einer neuen Iran-Politik der USA, die zum Iran-Contra-Skandal führte. Auch nachdem er nicht mehr offiziell für das Weisse Haus arbeitete, befasste er sich weiterhin mit geheimen Waffenlieferungen in den Iran und mit der illegalen Hilfe an die Contras.

[2] Richard Allen war unter Präsident Ronald Reagan Mitglied des Nationalen Sicherheitsrates (NSC). Er war es, der im Sommer 1981 Oliver North, eine der zentralen Figuren in der Iran-Contra-Affäre, in den NSC holte.

Verteidigungsministerium. Mehrere Informanten bezeichnen ihn als einen der wichtigsten Strategen, die die «Oktober-Überraschung» verhindert und später auch den «Iran-Contra-Dreh» ausgeheckt hatten.[1]

William Herrmann lernte Hamid Naghaschan Anfang 1980 in der Nähe von Frankfurt kennen. Sie wurden enge Freunde. Gemeinsam bereisten sie ganz Europa, den Mittleren und Fernen Osten und auch Südamerika – auf der Suche nach Waffen. Denn Hamid Naghaschan sei – so erzählte uns Herrmann – einer der wichtigsten Waffeneinkäufer der Revolutionsgarde gewesen. Die Freundschaft zu Naghaschan brachte Herrmann ohne Zweifel auch seinen letzten CIA-Auftrag ein. Im Frühjahr 1984 zeigte die Agency plötzlich ein immenses Interesse für die amerikanischen Geiseln im Libanon. Der Grund der grossen Sorge lag auf der Hand. Am 16. März hatten Unbekannte in Beirut William Buckley, den wichtigsten Mann der CIA im Nahen Osten, verschleppt. Die CIA hatte Angst, Buckley werde gefoltert und so zum Verrat seiner Geheimnisse gezwungen.[2] Darum setzte sie alle Hebel in Bewegung, um ihren wichtigen Geheimnisträger freizukaufen. Auch William Herrmann sollte es versuchen.

Er wandte sich an seinen Freund Naghaschan, der ihn mit mehreren iranischen Ministern zusammenbrachte. An einem Treffen, das Anfang Oktober 1984 in Düsseldorf stattfand, waren neben Naghaschan auch Khomeinis Schwiegersohn Sadegh Tabatabai sowie Moshen Rafighdust, Minister der Revolutionsgarde, anwesend. Sie sicherten Herrmann die Freilassung der Geiseln im Libanon zu, falls der Iran mit den gewünschten Waffen beliefert werde. Gefragt waren vor allem TOW-Raketen. Für die Finanzierung sollte Cyrus Hashemi[3] von der Gulf Trust Bank in London beigezogen werden. William Herrmann erzählt: *«Jeden Schritt, den ich unternahm, war mit der Agency abgesprochen; nach jeder Verhandlung erstattete ich meinen Chefs Rapport. Ich habe fest-*

---

[1] Zu Fred Iklé siehe auch die Seiten 264 ff. dieses Buches.

[2] William Buckley gab tatsächlich alle Geheimnisse preis. Danach wurde er von seinen Häschern umgebracht. Zum Reden brachte ihn ein libanesischer Arzt, der früher selbst für die CIA tätig gewesen war, sich dann aber auf die Seite der islamischen Revolution von Khomeini schlug. Er behandelte Buckley abwechslungsweise mit Psychopharmaka und harten Drogen. Als erste praktizierten die Nazis diese kriminelle Verhörtechnik. Allan Dulles, der erste CIA-Chef, übernahm sie. Im Auftrag der CIA «verfeinerten» Ärzte in einer Klinik von Montreal, Canada, diese Nazi-Technik. In seinem Buch «Enquête sur les manipulations mentales – Les methodes de la CIA et des terroristes», das 1989 bei Albin Michel in Paris erschien, befasst sich Gordon Thomas ausführlich mit dem Fall Buckley und diesem nazistischen Erbe der CIA.

[3] Der iranische Bankier Cyrus Hashemi betätigte sich auch als Waffenhändler und Informant des amerikanischen Zolls. Im April 1986 unterstützte er den US-Zoll bei der Aufdeckung eines illegalen Waffenhandels zugunsten des Irans. Es ging vornehmlich um Flugzeuge und Raketen im Handelswert von 2 Billionen Dollar. Im Juli 1986 wurde Cyrus Hashemi in New York tot aufgefunden.

238

gestellt, dass sowohl der Präsident, der Vizepräsident und auch William Casey bereits zu der Zeit zutiefst in dieses Waffen-gegen-Geiseln-Geschäft verstrickt waren. Cyrus Hashemi schnitt plötzlich das Thema Hilfe an die Contras an. Er zeigte mir einen Brief, der aus dem Büro des Vizepräsidenten Bush kam und an William Casey gerichtet war. Darin wurde Casey angewiesen, mit allen erdenklichen Mitteln Gelder für die Contras aufzutreiben.»

Hamid Naghaschan, der Freund William Herrmanns, ist in der Schweiz ein alter Bekannter. Bereits Anfang der achtziger Jahre fiel er der Polizei als Waffenhändler auf und geriet seither immer wieder in den Verdacht, dass er einen Teil der Waffen mit Heroin bezahle. Für seine Waffen- und Drogengeschäfte benutzte Hamid Naghaschan häufig die iranische Botschaft in Bern, wo er vorübergehend als Kanzleiangestellter geführt wurde. Mitte der achtziger Jahre war er leitender Angestellter und Verwaltungsrat der Zürcher Firma Hamid Trading Ltd. Die Ermittlungen von Carlo Palermo, damals Untersuchungsrichter in Trento, haben gezeigt, dass Naghaschan zu den ganz Grossen des illegalen Waffen- und Drogenhandels gehört. In den Jahren 1980/81 hatte sich der damalige Angestellte der iranischen Botschaft regelmässig mit dem Syrer Henry Arsan, dem Boss des grössten je aufgedeckten Drogen- und Waffenschieberringes, getroffen.[1] Wie mächtig Hamid Naghaschan damals schon war, zeigt folgende Stelle eines abgehörten Telefongespräches zwischen Henry Arsan und Mohamed Nabil al-Mardin, einem ehemaligen Leibwächter von Rifaat al-Assad, dem Bruder des syrischen Staatspräsidenten. Sogar Henry Arsan fürchtete, Hamid Naghaschan könnte ihm als Konkurrent zu gefährlich werden.

Arsan: *«...willst du die Wahrheit wissen: Ich habe Angst vor diesen Leuten.»*

Nabil: *«Was willst du damit sagen?»*

Arsan: *«Ich meine damit, dass man heute nicht einmal mehr seinem eigenen Bruder trauen kann. Sie haben jetzt sogar meinen engsten Mitarbeiter gegen mich aufgehetzt (...) Ja, Tegmen* (der Mitarbeiter von Arsan, A. d. Verf.) *hat mir alles erzählt, was der Iraner sagte.»*

Nabil: *«Ich will dir was sagen: Falls Hamid sich für den Alleingang entscheiden sollte, also ohne dass du, ich, unsere Chefs davon wissen... ich will hoffen, dass dem nicht so ist. Sonst wird Zenedin seine Männer losschicken, damit sie den Iraner liquidieren.»*[2]

Mitte Dezember 1986 gaben Mitglieder der iranischen Oppositionsbewegung Volksmudschaheddin im Hotel Bellevue, Bern, eine Pressekonferenz,

---

[1] Palermo-Akte, a. a. O., Blatt 1799 ff. Schriftliche Erklärung des Angeklagten Mohamed Nabil al-Mardin vom 20. November 1982, in der er seine Beziehung zu Henry Arsan offenlegt und dabei immer wieder auf Hamid Naghaschan von der iranischen Botschaft in Bern zu reden kommt.

[2] Palermo-Akte, a. a. O., Abschrift des Telefongespräches, das Arsan und Nabil am 11. September 1982, um 19.45 Uhr führten.

in der sie Hamid Naghaschan als Terroristen und Leiter eines illegalen Waffenhandelsnetzes öffentlich denunzierten. Die iranischen Oppositionellen behaupteten: Das Khomeini-Regime habe in der Schweiz ein Terrorismus-Netz aufgebaut; Ende 1984 habe der Kommandeur der Revolutionsgarde in Teheran beschlossen, seine Kräfte in der Schweiz zu verstärken. Damit habe er zwei Ziele angestrebt: Erstens könne so der Export der Revolution besser gefördert werden, zweitens eigne sich die Schweiz bestens für den Einkauf von Waffen. *«Die Nachrichtendienste des Khomeini-Regimes in der Bundesrepublik kaufen zur Zeit – unter Leitung von Hamid Naghaschan, der die Code-Nummer 2000 hat – geschmuggelte Waffen, wobei Zentren, die durch ‹geschäftliche› Aktivitäten getarnt sind, die Vermittlung übernehmen.»* [1] An der Pressekonferenz im Hotel Bellevue wurde weiter erklärt: Hamid Naghaschan bezahle die Waffen zum Teil mit Rauschgift; dabei benutze er die iranischen Botschaften von Bonn und Bern als Drogendepot.

Wenige Tage nach dieser Pressekonferenz tat die Bundesanwaltschaft diese Behauptungen als pure politische Polemik ab und stellte die Volksmudschaheddin praktisch als Lügner hin. Man sei der Sache nachgegangen, habe aber nichts gefunden, erklärte ein Pressesprecher der Bundesanwaltschaft. Was die Öffentlichkeit damals nicht wissen konnte, wohl aber die Bundesanwaltschaft: Ausgerechnet am Tag der Pressekonferenz sollte ein diplomatischer Kurier bei der iranischen Botschaft in Bern 15 Kilo Heroin abliefern. Die Polizei war eingeweiht, denn der Käufer dieses «Schnees» war ein V-Mann der Tessiner Polizei, der die Libanon-Connection unterwandert hatte und schliesslich zu Fall brachte.[2] Und bei den Heroinlieferanten zog im Hintergrund Hamid Naghaschan die Fäden. Der Tessiner V-Mann stand mit Naghaschan in Telexverbindung. Er hatte ihm vorgegaukelt, dass er ihm auch Waffen beschaffen könne. Hamid Naghaschan schickte eine Wunschliste und präzisierte auch, wie er das Kriegsgerät berappen werde. *«Der Iran möchte kurzfristig 50 Batterien Flab-Geschütze vom Typ Oerlikon GDF 005 für total 1200 Millionen Franken kaufen. 15 Prozent dieser Summe werde mit reinem Heroin – rund 3000 Kilo – bezahlt.»* [3]

[1] Informationen über die Terroristenzentren des Khomeini-Regimes in der Bundesrepublik Deutschland, Broschüre der Volksmudschaheddin, die anlässlich der Pressekonferenz in Bern verteilt wurde, S. 5.

[2] Rapporto preliminario di Polizia Giudiziaria vom 19. Februar 1988, S. 19. Siehe dazu auch Kapitel «Waffen für den Iran», Seite 29 ff.

[3] Ebenda, Rapporto preliminiario..., S. 22.

Bupo-Chef Huber – Die schwierige Kunst des Dementierens

Die geheimen Verhandlungen zwischen iranischen Nationalisten und Leuten aus Reagans Wahlkampf-Team sind längst ein offenes Geheimnis. Dafür legen direkt beteiligte CIA-Agenten und Waffenhändler ein beredtes Zeugnis ab. Selbst der ehemalige iranische Staatspräsident Bani Sadr, die offiziellen iranischen Unterhändler Bourguet und Villalon, Präsident Jimmy Carter sowie mehrere seiner Berater hatten schon früh von diesen Parallelverhandlungen erfahren.

Ahnungslos wie Wickelkinder dagegen geben sich die Schweizer Diplomaten, die immerhin als Vermittler zwischen Teheran und Washington an den offiziellen Geiselverhandlungen beteiligt waren. Für Alt-Botschafter Raymond Probst sind die Geheimverhandlungen die Erfindung sensationshungriger Journalisten. Und auch Edouard Brunner, während des Geiseldramas Staatssekretär und Chef der politischen Direktion im EDA, will davon erst durch die Presse erfahren haben. Er ist felsenfest davon überzeugt, dass Bern mit den Geheimverhandlungen nicht das Geringste zu tun hatte. Niemals würde die neutrale Schweiz ihr Ansehen als Vermittlerland so leichtfertig aufs Spiel setzen, argumentiert der Spitzendiplomat, als wir ihn Anfang Juni 1989 in Washington dazu befragten. Und dann fügt er den sibyllinischen Satz hinzu: *«Die Schweiz ist ein freies Land. Niemand kann dem einzelnen Bürger vorschreiben, wofür er sich zu engagieren hat. Selbstverständlich hätten Private diese angeblichen Geheimverhandlungen unterstützen können.»*

Und wie stellt man sich im Bundeshaus zu den Vorwürfen, die Schweiz habe gleichzeitig auf zwei Hochzeiten getanzt? Was weiss Bern über die Parallelverhandlungen? Welche Schweizer nahmen an diesen Verhandlungen teil? Und mit welchem Mandat? War Bundesrat Pierre Aubert, damals Chef im Eidgenössischen Departement für Auswärtige Angelegenheiten (EDA), informiert? Kann ein hochrangiger Diplomat an diesen Verhandlungen teilgenommen oder eine Delegation hingeschickt haben, ohne dafür vom Chef des EDA ausdrücklich ermächtigt worden zu sein? Diese Fragen lösten in Bern einen eigentlichen Informationsnotstand aus. Keiner war zuständig. Niemand wollte Auskunft erteilen über die Parallelverhandlungen; sie weder bestätigen noch dementieren. Unsere Fragen wurden von einem Departement ins andere weitergereicht. Ganze vier Monate lang dauerte dieses Schwarze-Peter-Spiel. Dann endlich rang sich das EDA zu einer Stellungnahme durch – ein dünnes Dementi von knapp zehn Zeilen – und antwortete damit auf eine einzige der von uns gestellten Fragen.

Ende Februar 1989 wandten wir uns ans EDA. Doch dieses erklärte sich für nicht zuständig und schickte uns ins EJPD. Dort vertröstete man uns auf später. An Stelle des EJPD antwortete am 17. April die Bundesanwaltschaft.

«Über die von Ihnen erwähnten vertraulichen Treffen finden sich bei uns keinerlei Unterlagen. Wir können ausschliessen, dass die Bundesanwaltschaft an solchen Gesprächen vertreten gewesen ist», erklärt die Bundesanwaltschaft. Sie kann allerdings nicht mit letzter Gewissheit versichern, dass ihre Dienste mit diesen Geheimtreffen nichts zu tun hatten. Vorsichtig heisst es im Schreiben der Bundesanwaltschaft weiter: *«Auch dürften unsere Dienste nicht für die Anordnung allfälliger besonderer Sicherheitsmassnahmen in Anspruch genommen worden sein. Die Frage, ob, wann und mit wem derartige Treffen tatsächlich stattgefunden haben, könnte somit wohl höchstens vom Eidg. Departement für Auswärtige Angelegenheiten beantwortet werden.»*

Nach zwei weiteren Monaten, am 21. Juni 1989, war das EDA endlich *«in der Lage»* – *«nach umfangreichen Nachforschungen»* –, auf unsere sechs Fragen zu antworten. Das EDA fasste sich kurz und stützte sich dabei erst noch auf das Buch «Otages – les négociations secrètes de Téhéran», verfasst vom amerikanischen Fernsehjournalisten Pierre Salinger.

«Das EDA hat keine Kenntnis von den geheimen Treffen, die im Herbst 1980 in Zürich stattfanden und an denen Vertreter der ‹Reagan-Wahlkampftruppe›, Israelis, Iraner und auch Schweizer teilnahmen. Hätte das EDA von diesen Treffen gewusst, hätte es unverzüglich die amerikanische Regierung informiert. Während der Geiselaffäre verhandelte das EDA nur mit der Carter Administration, wie dies übrigens von Pierre Salinger in seinem Buch über die Geiselverhandlungen genau dargestellt wird», schreibt das EDA.

Die beiden einsilbigen Stellungnahmen aus Bern deuten an, welchen politischen Flurschaden die schweizerische Geheimdiplomatie angerichtet hat. Man kann die EDA-Antwort zu den Parallelverhandlungen drehen und wenden, wie man will, sie bleibt peinlich. Entweder wird hier absichtlich und mit System die Wahrheit verschwiegen; oder aber – und diese Variante ist keineswegs beschaulicher – das EDA weiss tatsächlich nicht, auf welche aussenpolitischen Spiele sich einzelne Spitzendiplomaten zusammen mit Mitgliedern des Nachrichtendienstes einliessen. Die Stellungnahme der Bundesanwaltschaft wurde im Auftrag von Peter Huber, damals Chef der Bundespolizei, verfasst. Peter Huber, der das Schreiben mitzeichnete, dementiert die Treffen nicht, er erklärt nur, darüber gebe es keine Unterlagen. Er kann nicht einmal ausschliessen, dass seine Beamten vielleicht doch für besondere Sicherheitsmassnahmen eingesetzt wurden. Der Chef der Bundespolizei will uns also allen Ernstes glauben machen, er könne nicht abklären, wann und wo seine Polizisten und Agenten welche Aufträge ausführten. Im Klartext würde das bedeuten, die politische Polizei oder die Abwehr lasse sich von fremden Diensten einspannen – in unserem Fall der CIA –, ohne dass ihr Chef davon weiss.

Bofors-Skandal – Die Zuhälter des Todes sassen in der Schweiz

Das Doppelspiel, zu dem sich die Schweiz während des Krieges zwischen Irak und Iran hinreissen liess, führte zwangsläufig zu verhängnisvollen Widersprüchen. Am deutlichsten zeigt sich dies am Verhalten der Bundesanwaltschaft.

Dem Versagen im Kampf gegen den internationalen Drogenhandel hat der Bundesrat in den letzten Monaten immer wieder entschuldigend die Erfolge im Bereich Spionageabwehr und Terrorismus gegenübergestellt. Der Bundesrat hat dabei geflissentlich unterschlagen, dass gerade iranische Spitzel und mutmassliche islamische Terroristen – Helden der iranischen Revolution – bei uns Schonzeit genossen. In Verfahren gegen arabische Attentäter verweigerten Bundespolizisten die Zeugenaussage; systematisch übersah der Bundesanwalt Anzeigen gegen iranische Aktivisten; er weigerte sich, gegen Waffen- und Drogenhändler zu ermitteln, obwohl ihn Kantonsrichter mehrfach dazu aufgefordert hatten; und Spionageverfahren, die in irgendeiner Form den Iran betrafen, stellte er im Eiltempo ein.

Bei den umstrittenen und fast immer illegalen Waffen- und Sprengstoffgeschäften mit dem Iran fiel während des Golfkrieges (1980–1988) der Name der Schweiz so sicher wie das Amen in der Kirche. Unser Land wurde zum eigentlichen Hinterzimmer dieses riesigen Waffenbazars. Der Bundesanwalt sah tatenlos zu, so, als wären ihm die Hände gebunden.

Nach vorsichtiger Schätzung kostete der Krieg zwischen Irak und Iran 400 Milliarden Dollar, eine Million Tote und nochmals so viele Verletzte und Verwundete. Und in welcher Währung werden die Not, das Elend, die Schrecken, das Leid, die Verzweiflung der betroffenen Menschen verbucht? Niemand führte Bilanz. Die europäische Öffentlichkeit verfolgte mit gespieltem Entsetzen das amerikanische Skandalfeuilleton mit dem Titel «Irangate». Das eigene «Irangate» dagegen nahm sie kaum zur Kenntnis. Nur gerade der Skandal um die schwedische Rüstungsfirma Bofors sorgte vorübergehend für Aufsehen.[1] Dabei rüsteten Waffenhändler mit stillschweigender Billigung mehrerer europäischer Regierungen – sieben Jahre lang und trotz Embargo – die Armeen des Iran und Irak auf und versorgten sie mit Waffen und Kriegsgerät. Die Zuhälter des Todes sassen in der Schweiz.

Durch Zufall platzte der Bofors-Skandal. Ein Güterwagen mit mehreren Tonnen Sprengstoff vom Typ Pentyl verirrte sich im März 1984 in die BRD. Die Zollbeamten wurden aus den Frachtbriefen nicht klug. Der Waggon sollte in die DDR rollen, die Fracht aber war für Österreich bestimmt. Die deut-

---

[1] Siehe insbesondere: Walter de Bock und Jean-Charles Deniau, Des Armes pour l'Iran, Paris 1988.

schen Zollbeamten riefen ihre schwedischen Kollegen an. Die konnten helfen.

Das Pentyl stammte aus der schwedischen Waffenschmiede Bofors und war von der Firma Armaturen GmbH in Schwanenstadt, Österreich, bestellt worden. Von dort sollte die brisante Fracht in die DDR gelangen, wo sie hätte eingeschifft werden und über weitere Umwege endlich ihr eigentliches Ziel, den Iran, erreichen sollen.

Der Telefonanruf löste beim schwedischen Zoll eine mehrjährige Ermittlung aus, die aufdeckte, wie zwischen 1981 und 1985 mehrere Tonnen Sprengstoff sowie Munition und Waffen in Milliardenhöhe illegal in den Iran geliefert wurden.[1] Nachdem der örtliche Staatsanwalt am 18. März 1985 bei Bofors eine Hausdurchsuchung angeordnet hatte, weitete sich die Affäre auf mehrere europäische Länder aus: Belgien, Frankreich, die BRD, Grossbritannien, Italien, die Schweiz... Beschlagnahmte Unterlagen brachten an den Tag, dass die wichtigsten europäischen Sprengstoff-Hersteller sich in Kartellen zusammengeschlossen, Preise abgesprochen und unter sich auch die illegalen Lieferungen an den Iran organisiert hatten.

Nach Angaben der schwedischen Behörden hatten sich die Sprengstoff-Hersteller in drei verschiedenen Pulverklubs – wie die Kartelle intern genannt wurden – zusammengetan. Diese Klubs gingen aus der «European Association for the Study of Safety Problems in Production and Use of Propellent Powders» (EASSP) hervor. Der Pulverklub EASSP war im Jahre 1975 in Brüssel von einem Dutzend Chemiefirmen gegründet worden und sollte sich mit Sicherheitsfragen bei Produktion und Transport von Sprengstoffen befassen. Unter dem Einfluss von Mats Lundberg, Verkaufschef von Bofors, verkam die Pulverrunde in den achtziger Jahren zusehends zu Kartellen. Im EWG-Raum sind Kartelle verboten.

Der Pentyl-Klub traf sich jährlich vier- bis achtmal, unter anderem in Genf und im Oberwalliser Grenzstädtchen Brig. Mit von der Partie waren jeweils Vertreter der weltweit führenden Sprengstoff-Hersteller wie Nobelkrute-Bofors (Schweden), Nobel Explosives (Schottland), Dinamite (Italien), die staatseigene französische «Société nationale des poudres et explosifs» (SNPE) und auch René Pahud, damals Direktor und Mitinhaber der Oberwalliser Sprengstoffabrik «Société Suisse des Explosifs» (SSE).

Ins Zentrum dieses «Jahrhundertgeschäftes» rückte der schwedische Zoll Karl Erik Schmitz und dessen Freiburger Firmen Serfina SA und Scancom SA. Allein Karl Erik Schmitz soll – so die schwedische Zollfahndung – Spreng-

---

[1] Nachfolgende Angaben über das illegale Sprengstoff-Geschäft mit dem Iran stützen sich auf die offiziellen Untersuchungsberichte. Die Gerichtsakten sowie die Untersuchungsberichte des Zolls umfassen rund 6000 Seiten und sind mit wenigen Ausnahmen öffentlich. Man kann sie für eine schwedische Krone pro Seite von den Untersuchungsbehörden in Stockholm beziehen.

stoff und Munition im Wert von rund 600 Millionen Dollar nach Teheran verkauft haben. Karl Erik Schmitz macht aus diesen Waffengeschäften kein Geheimnis. *«Das war ein ganz legaler Handel»*, sagt er und fährt fort: *«Wir kauften Kriegsmaterial, das versehen mit ordentlichen Exportbewilligungen nach Italien und Jugoslawien geliefert wurde. Niemand verlangte von uns Endverbraucher-Zertifikate. Wir durften diese Waffen also guten Gewissens an den Iran vermitteln.»* Und zur politischen Aufregung, die der Bofors-Skandal in Schweden auslöste, meint er verständnislos: *«Das ist eine grenzenlose Heuchelei. Natürlich wussten Bofors und auch alle übrigen Waffenfabrikanten, dass die explosiven Lieferungen zwar nach Italien geliefert wurden, aber niemals für Italien bestimmt waren. Das konnte auch den diversen Handelsministerien nicht entgehen, die die Exportbewilligung stets anstandslos unterschrieben hatten. Sie hätten sonst annehmen müssen, Italien rüste für einen Dritten Weltkrieg auf.»* [1]

Vor bald 15 Jahren knüpfte Schmitz über seine schwedische Import-Export-Firma «Scandinavian Commodity» (Scancom) erste Geschäftskontakte nach Teheran. Er begann mit Zuckerhandel. Da sich das Geschäft gut anliess, erweiterte er sein Warensortiment. Und sein Teheraner Büro entwickelte sich schnell zur ersten Geschäftsadresse für europäische Firmen. *«Die strengen schwedischen Devisenrestriktionen verunmöglichten zahlreiche Geschäfte. Deshalb suchte ich einen ausländischen Partner»*, erzählte uns Schmitz. Der schwedische Kaufmann tat sich darauf mit dem Schweizer Bücherexperten Max Beutler zusammen. Gemeinsam gründeten sie im Jahre 1980 in Freiburg die Scansugar Trading SA, die zwei Jahre später den Namen änderte und neu Scancom SA hiess. 1982 entstand, ebenfalls in Freiburg, die Serfina SA, eine Finanzgesellschaft, die beim Finanzpart der Bofors-Affäre eine bedeutende Rolle übernehmen wird.

Als Khomeini in Iran den Schah vom Pfauenthron stiess, schaffte Schmitz den Regimewechsel problemlos. Nicht zuletzt seine ausgezeichneten Verbindungen zur iranischen Rüstungsindustrie eröffneten ihm plötzlich ungeahnte Möglichkeiten. Schmitz und seine Firmen hatten bereits unter dem Schah für diese Rüstungsindustrie gearbeitet. Der schwedisch-schweizerische Geschäftsmann präzisiert jedoch sofort: *«Es handelte sich ausschliesslich um zivile Waren wie Werkzeuge und Rohstoffe.»*

Der Unterschied zwischen ziviler und militärischer Ware lässt sich freilich nicht immer klar ausmachen. Der Schah hatte kurz vor seinem Sturz bei Bofors eine komplette Chemiefabrik bestellt. Sie wurde geliefert und mit Bewilligung der schwedischen Behörden im Iran aufgestellt. Die vom Schah für zivile Zwecke bestimmte Fabrik wurde jedoch auf Geheiss der neuen Machthaber in Teheran in eine Munitionsfabrik umgebaut.

---

[1] Telefoninterview vom 18. Dezember 1987.

«Weil wir dort unten schon lange tätig waren und unsere Verträge auch nach dem Sturz des Schahs einhielten, kamen wir auch ins ‹Pulvergeschäft›», erzählt Karl Erik Schmitz in Freiburg. – Und gleich durch das grosse Tor.

Am 11. August 1983 bestellte die Islamische Republik Iran bei Schmitz 4700 Tonnen Schiesspulver für die Kaliber 105 und 155 Millimeter sowie 20 500 Tonnen Amonium Nitrat – ein Auftrag in der Höhe von mehr als 100 Millionen Franken. Zuerst findet Schmitz in Südafrika einen Lieferanten. Doch Südafrika steigt plötzlich aus, denn es handelt mit dem Irak einen noch grösseren Auftrag aus. Die Iraker machen allerdings zur Bedingung, dass Südafrika nicht gleichzeitig auch den Iran beliefert.

Jetzt wendet sich Schmitz an einen guten Bekannten: Mats Lundberg, Verkaufschef bei Bofors. Lundberg führt Schmitz beim «Pulverklub» EASSP ein, der unverzüglich den von Südafrika ausgeschlagenen Auftrag übernimmt. Nur ein geringfügiges Problem stellt sich für Schmitz noch: Fast alle europäischen Staaten haben den Iran mit einem Embargo belegt. Allein Italien tanzt aus der Reihe und unterstützt zu dieser Zeit offen das Regime von Khomeini. Der Pulverklub nutzt diese Embargolücke.

Sprengstoff-Hersteller in Schweden, Schottland, Holland, Belgien und Frankreich verkaufen – so eine Bestellung vom 15. März 1984 – 5300 Tonnen Schiesspulver an die Tirrena Industriale Spa in Rom. Und diese verkauft es weiter an das iranische Verteidigungsministerium. Die Bankkredite sind bereits eröffnet, alle Verträge unter Dach und Fach, da bringen die Iraker den Handel in letzter Minute zum Platzen. Wie zuvor schon Südafrika wechselt auch Italien die Front, ändert seine Politik und beliefert jetzt den Irak.

Karl Erik Schmitz schafft auch diese Hürde. Seine Firma Scancom übernimmt kurzerhand sämtliche Tirrena-Kontrakte – und hält sie auch ein. Die erfolgreiche Schmuggelroute, mit der die Embargos umgangen werden, führt schliesslich über Jugoslawien. Eine Firma beim dortigen Verteidigungsministerium bestellt nach Anweisungen von Schmitz bei den Klubmitgliedern Explosiva. Schmitz wiederum kauft diese von den Jugoslawen zurück. Per Schiff gelangen Sprengstoff, Zünder, Munition … vom jugoslawischen Hafen Bar zum iranischen Hafen von Bandar Abbas. Als die mit dem Irak verbündeten Ägypter im Suez-Kanal mehrere Waffentransporte an den Iran abfangen, wählt Schmitz die sicherere Route rund um Afrika.

Die Jugoslawen bestehen auf neutralen Endverbraucher-Zertifikaten. In einem Telex vom 26. Juli 1984 bedauert Schmitz diese zusätzliche Verzögerung. Er kabelt nach Teheran ins Verteidigungsministerium: *«Sie müssen verstehen, dass wir die Ware von Produzenten beziehen, die Ihr Land, den Iran, nicht beliefern dürfen (…) Wir müssen deshalb ein Drittland als Empfänger angeben und für jede Schiffsladung Endverbraucher vorlegen.»* Diese falschen Endverbraucher beschafft sich Schmitz unter anderem in Kenia und Nigeria. Solche Falschdokumente sind auf dem Schwarzmarkt oft schon gegen ein paar hundert Dollar erhältlich.

Ebenso verschlungen wie die Pulver-Schmuggelroute erweist sich auch der Finanzfluss. Nach den schwedischen Zollermittlungen lässt sich die Arbeitsteilung zwischen der Schmitz-Firma Scancom in Schweden und seinen Freiburger Gesellschaften auf eine kurze Formel bringen: Die schwedische Scancom besorgt die Waffen und den Sprengstoff; die Freiburger Firmen verwalten die Finanzen.

Teheran bezahlt über die eigene Bank Melli in London. Von dort fliessen die Gelder auf Schmitz-Konti bei der Arbuthnot Bank, London, oder die Krediet Bank, Luxemburg. Mehrfach bezahlte der Iran direkt über Schweizer Banken. In einem internen Schreiben an seinen Schweizer Partner Max Beutler präzisiert Schmitz die Rolle der Finanzgesellschaft Serfina SA in Freiburg: *«Bei der Bank Melli geben wir Instruktionen, die Lieferungen zu bezahlen und den Restbetrag an Serfina transferieren zu lassen (...) Nach Eingang dieser Beträge werden an Serfina Zahlungs-Instruktionen erteilt (...) 50 Prozent der Gewinne behält die Serfina zurück, 50 Prozent bekommt die Scancom.»* [1]

Sowohl Karl Erik Schmitz wie der Bücherexperte Max Beutler legen Wert auf die Feststellung, die Serfina habe mit den Pulvergeschäften nichts zu tun gehabt. Vom schwedischen Zoll beschlagnahmte Unterlagen jedoch belegen das Gegenteil. Rechnungen für Pulvertransporte von Jugoslawien in den Iran wurden häufig direkt an die Serfina SA gerichtet. Mehrere Verträge über Waffen und Sprengstoff nennen Freiburg als Gerichtsstand.

Als die schwedische Justiz Anklage gegen die Sprengstoff-Händler erhob, kommentierte Karl Erik Schmitz zuversichtlich: *«Wofür will uns denn das Gericht verantwortlich machen? Wir haben Güter gekauft, die mit der Erlaubnis der zuständigen Behörden exportiert wurden.»*

Die schwedischen Zollbehörden schickten ihre brisanten Fahndungsergebnisse an alle am Iran-Geschäft beteiligten Länder. Doch hatte dies für keinen der Pulverlieferanten ein gerichtliches Nachspiel.

Nur in Schweden kam es im Februar und Dezember 1989 zum Prozess. Auf der Anklagebank im Stockholmer Amtsgericht sassen drei Bofors-Direktoren und ein paar Zwischenhändler und Handlanger wie Karl Erik Schmitz. Genau besehen, sind sie die Sündenböcke eines verlogenen Systems. In Schweden – wie auch in mehreren europäischen Staaten – braucht es für den Export von Kriegsmaterial die ausdrückliche Genehmigung der Regierung. Strafbar macht sich nur, wer die Regierung oder die zuständige Aufsichtsbehörde, in unserem Fall die Kriegsmaterialinspektion, vorsätzlich irreführt. Das traf bei den Bofors-Geschäften nicht zu. Sowohl die Regierung wie auch die Kriegs-

---

[1] Karl Erik Schmitz in einem Brief vom 15. April 1985.

materialinspektion hatten die Exporte bewilligt und die illegalen Machenschaften stillschweigend gebilligt.

Fast alle Zeugen, die im Bofors-Prozess hätten aussagen sollen, litten unter fortgeschrittenem Gedächtnisschwund. Die wichtigsten Zeugen fehlten. Sie waren tot.[1] So wie der frühere Bofors-Chef Winberger. Er wäre der Hauptangeklagte gewesen. Kurz vor dem Prozess verunfallte er tödlich mit seinem Auto. Tot ist auch Bengt Rosenius, der sich als Kriegsmaterialinspektor mit den Iran-Geschäften befasst hatte. Sein Nachfolger, Carl Algerson, fiel in Stockholm unter eine fahrende U-Bahn, nachdem er sich kurz zuvor mit dem heutigen Chef der Bofors-Muttergesellschaft Nobel Industrie heftig gestritten hatte. Nach der offiziellen Darstellung war es Selbstmord. Und tot ist auch Olaf Palme. Der frühere Ministerpräsident war am 28. Februar 1986 beim Verlassen des Kinos Grand in Stockholm auf offener Strasse niedergeschossen worden. Palmes Ermordung wird immer wieder mit der Bofors-Affäre in Zusammenhang gebracht.[2]

Der Bofors-Prozess vom Dezember 1989 endete genau so wie schon im Februar das Verfahren gegen die Bofors-Filiale Nobel Kemi, die ebenfalls den Iran und den Irak mit Schiesspulver versorgt hatte: mit einem allgemeinen Freispruch. Die staatlichen Aufsichtsbehörden hätten – so die Begründung der Richter – ihre Aufsichtspflicht nicht erfüllt.

Im Waffenhandel kommt Politik vor Recht – das weiss auch der Bundesanwalt

Der Krieg zwischen Irak und Iran liesse sich korrekt und ohne Kunstgriffe allein anhand von Schweizer Adressen, Firmen, Konti, Verträgen und Geschäftsabschlüssen darstellen. Es gab kaum ein grösseres Waffengeschäft, das aufflog, verraten oder durch eine gezielte Indiskretion bekannt wurde, ohne dass nicht zumindest eine Spur in die Schweiz führte. Drei weitere Beispiele, wahllos herausgegriffen, sollen hier genügen:

Im Sommer 1981 stürzte im Süden der Sowjetunion ein argentinisches Flugzeug der «Transporte Aero Rioplatense» ab. Der Transporter hatte Ersatzteile für amerikanische Panzer geladen, die von Israel an den Iran verhökert wurden. Den Transport besorgte der Zürcher Spediteur Andreas Jenni.[3] Gegenüber der «Sunday Times» erklärte Andreas Jenni, die argentinische

---

[1] Siehe u. a.: Hannes Gamillscheg, Bofors-Prozess: Die Zeugen sind tot oder vergesslich, in: Basler Zeitung, Ausgabe vom 20. Dezember 1989.

[2] Siehe u. a.: Erich Wiedemann, Lieber Gott, mach, dass es ein Verrückter war, Der Spiegel, Hamburg, 1987, Ausgaben Nr. 48, 49, 50.

[3] Neue Zürcher Zeitung, Ausgabe vom 29. Juli 1981.

Maschine habe sich auf ihrem dritten Waffenlieferungsflug zwischen Tel Aviv und Teheran befunden.

Khomeinis Armee bekam 500 Sowjet-Panzer des Typs T52 – nicht von der Sowjetunion, sondern von Israel. Dieses hatte die Panzer während des Libanon-Feldzuges der PLO und syrischen Truppen abgenommen. Um das verblüffende Geschäft quer über die ideologischen Fronten hinweg zu verwischen, wurde eine Freiburger Finanzgesellschaft zwischengeschaltet.[1]

«Einem Drehbuchautor, der die Frechheit hätte, eine so dummdreiste und banale Geschichte zu erfinden, würde jeder anständige Filmproduzent das Manuskript um die Ohren schlagen», machte sich am 26. April 1984 die «Züri Woche» über den Waffeneinkäufer Sadegh Tabatabai lustig, der in der Schweiz Panzer zu beschaffen hoffte. Der iranische Diplomat und Schwiegersohn von Khomeini, der in der BRD auch schon im Besitz von Heroin verhaftet wurde, trat als Direktor der in London beheimateten Firma Wedemex auf. In Zürich knöpften ihm zwei Schweizer Kaufleute 90 Millionen Franken ab – für Panzer, die es gar nicht gab. Aussergewöhnlich war: Der geprellte Abgesandte von Ayatollah Khomeini reichte gegen die Betrüger nicht einmal Strafklage ein.

Die Schweiz diente nicht nur als Briefkasten, Bank oder Treffpunkt für Waffenhändler. Mehrere Schweizer Firmen beteiligten sich direkt an diesem blutigen, aber einträglichen Kriegsgeschäft. Regelmässig fiel der Name der Schweizer Firma Oerlikon-Bührle.[2] Über ihre Tochtergesellschaften in Italien soll sie zum Beispiel im Jahre 1986 dem Iran Waffen für rund 200 Millionen Franken geliefert haben. Und nach denselben Quellen soll die Contraves – die zum Oerlikon-Bührle-Konzern gehört – den Iran im gleichen Jahr mit Kriegsgerät in der Höhe von 135 Millionen Franken bedient haben.

Die Liste liesse sich endlos fortsetzen. Es hilft jedoch wenig, die Waffenfabrikanten an den Pranger zu stellen. Tatsächlich schlägt man damit den Sack und nicht den Esel. Händler wie Karl Erik Schmitz, der in die Bofors-Affäre verwickelt war, weist diese Kritik nicht ganz zu Unrecht als *«grenzenlose Heuchelei»* zurück. In der Tat, alle stimmen einem Exportverbot für Waffen in kriegführende Länder zu; alle wissen, das trotzdem geliefert wird; aber niemand ist schuld.

Bei grösseren Waffengeschäften läuft nichts ohne den Staat. Meist werden die Waffen in staatseigenen Betrieben hergestellt. Die Käufer sind stets Regierungen. Und immer bedarf es einer staatlichen Bewilligung. Kaum ein europäisches Land räumt dem Waffenhandel so viel Freiraum ein wie die

[1] Profil, Wien, Ausgabe vom 24. Januar 1983, S. 41.
[2] Giancesare Flesca, Uno sporco affare, in: L'Espresso, Mailand, Ausgabe vom 30. November 1986.

Schweiz. Trotzdem überrascht es, mit welcher Grosszügigkeit die Schweiz während des Irak/Iran-Krieges Exporte bewilligte.

So steigerte die Aluminiumfabrik Alusuisse während des Golfkrieges ihre Exporte in den Iran um das Sechsfache. Zwischen 1976 und 1986 stiegen die jährlichen Aluminium-Lieferungen von 124 Tonnen auf 807 Tonnen. Ein vom Westschweizer Wochenmagazin «L'Hebdo» veröffentlichtes Alusuisse-Dokument belegt, dass das Metall für die Armee bestimmt war. Auf der Bestellung No. 57475 vom 27. November 1987 heisst es unter der Rubrik «*Verwendung*» (des Metalls A. d. Verf.): «*Waffen, Munition und sonstiger Militärbedarf*».[1] Den Auftrag erteilt hatte das Ministerium der Revolutionsgarde in Teheran.[2] Es war keineswegs ein illegales Geschäft. Bern hatte den Export anstandslos bewilligt.

Und geschieht es einmal, dass sich Waffenhändler derart ungeschickt anstellen und trotz dieser grosszügigen Bewilligungspraxis gegen Recht und Gesetz verstossen, finden sie ihre Rettung im Bundesanwalt, der sich dem Motto der drei chinesischen Affen verpflichtet zu haben scheint und nichts weiter unternimmt. Selbst beim Stichwort «iranische Terroristen» stellte er sich taub. Das zeigt der fast schon komische Fall von Naghi Gashtikhan.

Naghi Gashtikhan, bestückt mit einem Diplomatenpass, kam als Unterhändler der iranischen Regierung in die Schweiz. In Lausanne begab er sich zu William Strub, dem Direktor der Bank Indiana. Er wünschte allerdings keine Kredite, sondern Waffen, und bezahlen wollte er mit «Schokolade» – ausgerechnet in der Schweiz, der Schokoladen-Nation par excellence! Dieses eigenartige Geschäft des Bankdirektors Strub flog auf, weil sich der iranische Unterhändler und der Bankier gegenseitig im Verlauf der Geschäfte übers Ohr hauten und deswegen vor Gericht gingen. An der Gerichtsverhandlung vom 12. Mai 1986 verriet der Staatsanwalt: «*Mehdi Hachemi, Nachfolger des Unterhändlers Gashtikhan, bot in einer schriftlichen Offerte für Waffen Schokolade an. Mit Schokolade war Opium gemeint.*»

Direktor William Strub – er tauchte noch vor dem Prozess unter, und seine Bank änderte ihren Namen – wurde inzwischen im Kanton Waadt auch wegen Drogenhandels verurteilt. Gegen die illegalen Waffengeschäfte jedoch wurde nicht einmal eine Ermittlung eingeleitet. Dies versetzte den Gerichtspräsidenten, der die Verhandlungen im Betrugsfall Gashtikhan-Strub leitete, derart in Rage, dass er in aller Öffentlichkeit die Bundesanwaltschaft kritisierte: «*Das Verhalten der Bundesanwaltschaft ist mir völlig unerklärlich. Wir haben sie mehrfach auf diesen Fall hingewiesen. Es war vergebliche Mühe. Bern wollte von*

---

[1] Jean-Michel Bonvin u. a., Alusuisse pour obus iraniens, L'Hebdo, Lausanne, Ausgabe vom 14. April 1988, S. 10 ff.

[2] Hamid Naghaschan (siehe oben Seite 236 ff.) war Stellvertreter des Ministers der Revolutionsgarde.

einer Untersuchung nichts wissen.» Neben Waffen kauften die Iraner über den Bankier Strub auch Funkgeräte, Senderanlagen sowie komplette elektronische Abhörausrüstungen. Nach Ansicht des Lausanner Gerichts wurden diese Geräte für Spionagezwecke angeschafft.

Ebenso verärgert reagierten Genfer Richter, die im März 1986 einen Araber wegen eines Bombenanschlages verurteilten. Beamte der Bundesanwaltschaft, welche die polizeilichen Ermittlungen geführt hatten, wurden in den Zeugenstand gerufen. Doch sie durften nicht aussagen. Bundesanwalt Rudolf Gerber habe sie nicht von ihrer Schweigepflicht entbunden, bedauerten sie. Sie machten *«übergeordnete Landesinteressen»* geltend und erklärten: *«Im Machtkampf, den sich diverse islamische Parteien im Nahen Osten liefern, müsse sich die Schweiz strikt neutral verhalten.»*

Wieder einmal hatte die geheime Iran-Politik Vorrang, kam Politik vor Recht. Diese geheime Iran-Politik zwang die Bundesanwaltschaft und vor allem die Spionageabwehr zu einer höchst zweifelhaften Auslegung des Begriffs «strikte Neutralität». Dies lässt sich auch anhand der iranischen Umtriebe in Genf aufzeigen.

Iranisches Terroristen-Nest in Genf?

Französische Regierungsstellen behaupteten im ersten Halbjahr 1987, das iranische Konsulat in Genf diene Khomeinis Geheimdienst als Drehscheibe für Anschläge in Frankreich. Und auch die Volksmudschaheddins bezeichneten an ihrer Berner Pressekonferenz vom Dezember 1986 die iranischen Niederlassungen in der Schweiz als *«Terroristen-Netz des Khomeini-Regimes».*[1]

«Ich ging durch die Schule von Qom und war ein Nachrichtenagent der Iraner. Ich kann Ihnen helfen, das Terrornetz der Hizbollahs auszuheben», so stellte sich «Lofti» (ein Deckname) dem französischen Nachrichtendienst Direction de la Surveillance du Territoire (DST) vor.[2] An der Universität und Koranschule von Qom würden Agenten und Terroristen gedrillt, um später die islamische Revolution weiterzutragen. Imam Khomeini selbst habe grünes Licht für eine Terrorwelle in Frankreich gegeben. «Loftis» Aussagen – der DST fasste sie in einem 60 Seiten starken Bericht zusammen – zeitigten schwerwiegende Folgen. Die Polizei verhaftete eine Gruppe Integristen, die offenbar in mehrere Bombenattentate verwickelt waren. Von diesen mutmasslichen Terroristen führten Spuren direkt in die iranische Botschaft in Paris und zum Konsulat in

---

[1]   Siehe dazu oben Seite 239 f.
[2]   Siehe u. a.: Frank Garbely, Was eigentlich treiben Khomeinis Männer in Genf? Die Weltwoche, Zürich, Ausgabe vom 6. August 1987.

Genf. Das hektische Hin und Her zwischen der Pariser Botschaft und dem Genfer Konsulat war den französischen und schweizerischen Sicherheitsbehörden längst aufgefallen. Einen eindeutigen Beweis dafür, dass die Pariser Botschaft aus Genf Anweisungen für Terroristen erhielt, gab es offensichtlich nicht.

Ein anderer Überläufer, der ehemalige Revolutionsgardist Jaafar, vertraute sich dem in Lausanne wohnhaften Journalisten Alberto Mariantoni an. Das italienische Wochenmagazin «Panorama» druckte die Beichte des abgesprungenen Pasdarans ab.[1] Der iranische Geheimdienst Vezarate Ettelaat Va Amniate Keshvar (Vevak) habe weltweit 8000 Agenten im Einsatz. In Europa würde die Vevak, genannt das «Orchester», von Genf aus gesteuert. Übereinstimmend bezeichneten «Lofti» und Jaafar den iranischen Generalkonsul in Genf, Manutscher Tale-Massuleh, als Dirigenten des ominösen «grünen Orchesters» – grün wie die Farbe der islamischen Revolution.

In Bern mass man diesen Enthüllungen keine grosse Bedeutung bei. *«Wir haben wohl gewisse Erkenntnisse, dass in Genf tatsächlich illegale Geheimdienstaktivitäten stattfinden»*, erklärte Roland Hauenstein, Sprecher der Bundesanwaltschaft, als wir ihn Anfang August 1987 zu den Vorwürfen französischer Behörden befragten. Und diese Feststellung betreffe keinesfalls nur die iranischen Diplomaten. Der Genfer Uno-Sitz, die unzähligen Treffen und Kongresse der internationalen Organisationen böten ein ideales Tummelfeld für Agenten. Von einer Kommandozentrale für eine mysteriöse integristische «Komintern» wollte die Bundesanwaltschaft allerdings nichts wissen. Roland Hauenstein wies darauf hin, die Vorwürfe gegen iranische Diplomaten seien nicht neu.

In der Tat hatte die «Washington Post» bereits Anfang 1986 in einer Artikelserie iranische Botschaften in Europa als Hort für Terroristen gebrandmarkt und dabei mehrfach auf iranische Diplomaten in der Schweiz verwiesen. *«Der Auftraggeber für die grausamsten Terroraktionen (...) heisst nicht Kathafi, sondern Khomeini»*, schrieb das angesehene Weltblatt, wobei es sich auf Geheimdienstquellen stützte.[2] Der Iran würde den Terroristen diplomatischen Schutz gewähren. Die «Washington Post» weiter: *«Der iranische Botschafter beim Heiligen Stuhl in Rom, Khosrow Shahi, soll ein Terroristen-Netz leiten, das in Spanien, Italien, der BRD, in Grossbritannien und in Frankreich aktiv ist.»*

Kleinere Terroristen-Operationen würden auch von der Schweiz aus gesteuert. So habe zum Beispiel Ali Nawai, Attaché bei der iranischen Botschaft

---

[1] Alberto B. Mariantoni, E la chiamano Orchestra, Panorama, Mailand, Ausgabe vom 26. April 1987.

[2] Jack Anderson und Dale van Atta, Iran's Terrorist ‹Diplomats›, Washington Post, Ausgabe vom 20. Januar 1986; siehe auch die Ausgaben der Washington Post vom 8., 12. und 24. Januar 1986.

in Bern, in Brüssel 300 Tonnen Sprengstoff besorgt. Als in Beirut die US-Botschaft und die Unterkünfte der Marines in die Luft flogen, wurde exakt dieser Sprengstoff gezündet, berichteten Reporter der «Washington Post». Und der abgesprungene Pasdaran Jaafar behauptete ein Jahr nach den Enthüllungen der «Washington Post»: Nachdem die italienische Polizei dem iranischen Botschafter im Vatikan seine «Terroristen-Hilfe» nachweisen konnte, sei die Zentrale der Vevak von Rom nach Genf verlegt worden.[1]

Aber selbst als handfeste Beweise über illegale Aktivitäten iranischer Diplomaten in Genf vorlagen, reagierte Bern nicht oder nur höchst zaghaft. Am 14. Dezember 1988 besetzten iranische Oppositionelle das iranische Konsulat in Genf. Dabei fielen ihnen streng vertrauliche Dokumente in die Hände. Die Besetzer lasen Briefe, politische Lage-Rapporte, Offerten von Waffenhändlern und auch zahlreiche Spitzelberichte über Leben und Aktivitäten iranischer Oppositioneller in der Schweiz und sprachen sie per Telefon auf ein Tonband. Nach vier Stunden schritt die Polizei ein. So lange dauerte das Diktat über die weitgehend illegalen Aktivitäten (Waffenhandel, Spionage) des iranischen Konsulats.

Als die streng vertraulichen Berichte in Frankreich auszugsweise veröffentlicht wurden, bestritt Generalkonsul Manutscher Tale-Massuleh ihre Echtheit und tat sie als grobschlächtige Fälschungen ab. Die Bundespolizei dagegen zweifelt ihren Wahrheitsgehalt nicht an.[2] Diesmal handelte Bern. Auf Druck des Bundesrates berief Teheran Generalkonsul Manutscher Tale-Massuleh von Genf ab. Sein «Orchester» fiel vorerst auseinander, wurde neu formiert und spielt heute wieder munter weiter.

Die Vereinigung iranischer Flüchtlinge in Genf (ARIG) klagte vor Gericht und verlangte, dass Tales Spitzel bestraft würden. Mitte November 1989 jedoch wies Bernard Corboz, Generalstaatsanwalt des Kantons Genf, die Klage ab. Für Spionage sei allein die Bundesanwaltschaft zuständig. Für diese war der Fall aber bereits erledigt. Zwar hatte die Bundespolizei im Frühling 1989 zwei Personen der Spionage überführt, da sie im Auftrag des Generalkonsuls iranische Oppositionelle ausgehorcht und bespitzelt hatten.[3] Die Bundesanwaltschaft hatte aber darauf verzichtet, gegen die Täter vorzugehen.

Mustapha S. ist Ägypter und zählt sich zu den Muslimbrüdern, einer islamischen Bewegung, die Khomeini nahesteht und die seinerzeit die Verantwortung für die Ermordung Präsident Sadats übernommen hatte. Vom Juni 1984 bis Ende März 1989 arbeitete Mustapha auf dem iranischen Konsulat in Genf.

---

[1] Alberto B. Mariantoni, E la chiamano Orchestra, a. a. O.

[2] Siehe u. a.: BRRI/Roger de Diesbach, Le consul d'Iran à Genève doit partir, Tribune de Genève, Ausgabe vom 30. März 1989.

[3] Siehe u. a.: Anne Kaufmann, Espions iraniens à Genève: affaire classée, 24 Heures, Lausanne, Ausgabe vom 18./19. November 1989.

Auf seiner Arbeitsbewilligung steht «*Hausdiener beim iranischen Konsul*». In Tat und Wahrheit wirkte er aber als politischer Sekretär von Manutscher Tale-Massuleh und war unter anderem zuständig für Propaganda und Export der islamischen Revolution.

In einem Buch mit dem Arbeitstitel «Tagebuch eines Konsuls», das noch in diesem Jahr auf Französisch erscheinen soll, schildert der gemässigte Muslim Mustapha die unheimlichen Aktivitäten des inzwischen abberufenen iranischen Konsuls Manutscher Tale-Massuleh. Das Konsulat in Genf diente sehr wohl als Durchlaufstelle für «islamische Revolutionäre» und «Terroristen». «*Für den revolutionären Kampf gegen den Westen rekrutierten die Iraner Kurden, Armenier, Palästinenser und Libanesen (. . .) Der Sold für diese Terroristen wurde nach Beirut oder Teheran überwiesen, die Spesen erhielten sie direkt in Europa ausbezahlt*», schreibt Mustapha. Sprengstoff und Bomben seien von Genf aus im diplomatischen Gepäck zum Beispiel nach Paris transportiert worden. Gelegentlich habe man auch den Wagen des Generalkonsuls für solche Transporte benutzt. Zum Job dieser Söldner der «islamischen Revolution» gehörten Terror- und Bombenanschläge, Flugzeugentführungen, aber auch Mordaufträge. Mustapha beschreibt im Detail, wie sich Tales Mitarbeiter an das Küchenpersonal eines Genfer Hotels heranmachten. Sie sollten gegen viel Geld einen irakischen Diplomaten vergiften.

«*Die iranischen Mullahs gefährden den Frieden. Für eine Handvoll Dollars lassen sich ägyptische Muslimbrüder, libanesische Schiiten und Hizbollahs als Instrument einer auf Abwege geratenen islamischen Revolution missbrauchen. Genf und Lausanne sind das Zentrum der iranischen Propaganda in Europa. Hier liegt das meiste Geld*», begründet Mustapha S. sein Enthüllungsbuch über das iranische Konsulat in Genf.

Die Bundesanwaltschaft und die Spionageabwehr wussten stets genau Bescheid über diese umheimliche Präsenz der iranisch-islamischen Revolution in Genf. Sie schritten aber nicht ein. Im Gegenteil: Genfer Sicherheitspolizisten hofieren diese islamischen Revolutionäre, und einer der hochrangigsten Schweizer Diplomaten zählt zu ihrem Freundeskreis.

Heinrich Brinkmann[1], ein intimer Kenner des Nahen Ostens, ist Sicherheitsexperte mit Spezialgebiet Terrorismusbekämpfung. Er war für mehrere Regierungen als Berater tätig und wurde auch schon als Polizeiausbilder beigezogen. In den vergangenen acht Jahren beschäftigte er sich regelmässig mit dem mysteriösen «grünen Orchester» und stiess dabei zwangsläufig auf dessen Gastspiel in Genf. Er hielt es für seine Pflicht, Bern zu warnen, und bat einen hohen Beamten der Bundesanwaltschaft um einen Termin. Der Beamte hörte ihm beinahe gelangweilt zu. Als er seinen Aktenkoffer öffnete, um

---

[1]   Name von uns geändert.

Beweise vorzulegen, winkte der Beamte ab. Diese Unterredung blieb nicht ohne Folgen – für Heinrich Brinkmann. Als sich Anfang dieses Jahres einer seiner Auftraggeber in Bern über den Sicherheitsexperten erkundigte, wurde er gewarnt: *«Seien Sie vorsichtig, der Mann hat Terroristen-Kontakte!»*

Heinrich Brinkmann will belegen können, dass libanesische Kaufleute zusammen mit Mitgliedern des «grünen Orchesters» von Genf aus ein schwunghaftes Geschäft mit Geiseln im Libanon unterhalten. Einer dieser libanesischen Geschäftsleute – sein Name tauchte auch in der Iran-Contra-Affäre auf – gilt als Vertrauensmann der Genfer Sicherheitspolizei. Bei Attentaten und Flugzeugentführungen im Zusammenhang mit dem libanesischen Bürgerkrieg wird er von der Genfer Polizei jeweils als Berater beigezogen. Ein anderer dieser libanesischen Geschäftsleute beehrt seine Schweizer Freunde mit mondänen Festen. Fotos von einem Empfang im Nobelhotel Richemond zeigen ihn unter anderem zusammen mit Edouard Brunner, Schweizer Botschafter in Washington, einem ehemaligen Genfer Staatsrat sowie Genfer Sicherheitspolizisten...

CIA-Veteranen in verdeckten Sondereinsätzen

Die übergreifende Ideologie des Kalten Krieges

Die CIA-Veteranen Theodor Shackley, Richard Secord und Thomas Clines, die mit Schweizer Hilfe das abenteuerliche und illegale Iran-Contra-Geschäft abwickelten, kämpften bei fast allen schmutzigen Kriegen der CIA in vorderster Front. Ihre Feuertaufe erlebten sie vor bald dreissig Jahren im geheimen Krieg in Laos. Seither planten diese Spezialisten für verdeckte Aktionen Verschwörungen und Staatsstreiche, drillten Söldner, befahlen Terror- und Mordanschläge. Als Präsident Ford und der Kongress nach dem Watergate-Skandal den amerikanischen Geheimdiensten solch verbrecherische Sondereinsätze verboten, gründeten sie eine private CIA, die in Genf ein halbes Dutzend Tarnfirmen unterhielt.

Verdeckte Aktionen sind ein frühes Kind des Kalten Krieges. Ihr geistiger Vater, Allan Dulles, während des Zweiten Weltkrieges US-Nachrichtenagent in Bern und von 1953 bis 1961 CIA-Chef, rekrutierte für seine Geheimoperationen auch Nazis und Kriegsverbrecher. Bereits 1945 wurde Allan Dulles bei verdeckten Aktionen – den sogenannten Friedensgesprächen bei der deutschen Kapitulation in Italien – vom Schweizer Nachrichtendienst und der Bundesanwaltschaft unterstützt.

Die Iran-Contra-Affäre: Ronald Reagan und die CIA täuschen den Kongress

Als einen Mann ohne Tricks und Täuschungen, der sein Herz auf der Zunge trägt, offen und rechtschaffen, überlegen, immer strahlend lächelnd und stets zu kleinen Spässchen aufgelegt: So sahen die Amerikaner ihren Präsidenten Ronald Reagan. Dann platzte im November 1986 die Iran-Contra-Affäre.

Sechs Jahre zuvor hatte er den Zauderer Jimmy Carter aus dem Weissen Haus verdrängt und damit eine schwere Führungskrise im mächtigsten Land der Welt beendet. Er rief zur *«geistigen Erneuerung»* auf. Seine Zauberformel: Zurück zu den traditionellen Werten *«Familie»*, *«Tradition»*, *«Tugend»* und *«Charakter»*! Und er kam damit an. *«Sechs Jahre Ronald Reagan Superstar waren eine beispiellose Erfolgsstory»*, gratulierte das Hamburger Nachrichtenmagazin «Der Spiegel». Ob Reagan den internationalen Terrorismus geisselte, gegen die Pornographie vom Leder zog oder zum Kreuzzug gegen die Drogenplage blies, stets tat er es im Namen von Tugend und Tradition.

«Drogen bedrohen unsere traditionellen Werte und untergraben unsere Institutionen. Mit einem langsamen, aber sicheren chemischen Tod terrorisieren Drogenhändler unser Land», erklärte Reagan im September 1986 während einer Fernsehansprache. Unermüdlich wiederholte er seine Kriegserklärung an die Adresse des internationalen Terrorismus. *«Wir dulden nicht mehr diese Attacken durch gesetzlose Staaten, die von der merkwürdigsten Ansammlung von Ausgestossenen, Chaoten und Verbrechern (...) geführt werden»*, polterte er im Sommer 1985 und meinte mit den gesetzlosen Staaten Nicaragua, Kuba, Nordkorea, Libyen und auch den Iran.

Ronald Reagan wirkte überzeugend. Niemand hatte Grund, dem Präsidenten nicht zu trauen. Schliesslich hatte er bewiesen, dass er seine Drohungen auch ernst meinte. Den *«kranken Irren»* – Reagan über Kathafi –, Drahtzieher des internationalen Terrorismus, überraschte er mit einem nächtlichen Bombengeschwader, das dem libyschen Obersten sein Haus in Schutt und Asche schoss. Ayatollah Khomeini und dessen Regierung schimpfte Reagan noch im September 1986 eine *«Mörder GmbH»*.

Nach dem 4. November 1986 begegnete Amerika einem ungewohnten Präsidenten. Der Charme des offenen, rechtschaffenen Superstars war wie weggeblasen. Statt strahlend lächelnd zeigt er sich auf einmal verbissen und verbittert. Was war geschehen? An diesem Tag enthüllte das libanesische Wochenmagazin «Al Shiraa» Reagans geheime Iran-Geschäfte. Am 24. Mai habe sich eine amerikanische Delegation, angeführt von Ex-Sicherheitsberater Robert McFarlane und Oberstleutnant Oliver North, in geheimer Mission nach Teheran begeben – mit Kuchen, der Bibel und vor allem viel Waffen im

Gepäck.[1] Das libanesische Wochenblatt berichtete von mehreren geheimen und illegalen amerikanischen Waffenlieferungen an den Iran. Ausgerechnet der Tugendbold Ronald Reagan versorgte die iranische Regierung, eben noch als «*Mörder GmbH*» betitelt, mit Waffen – hinter dem Rücken des Kongresses, vorbei an Gesetz und Öffentlichkeit.

Iran allerdings war nicht der einzige Empfänger von Waffen. Am 5. Oktober, fast auf den Tag genau einen Monat vor den Enthüllungen von «Al Shiraa», schossen Sandinisten über Nicaragua ein Transportflugzeug C-123 K ab.[2] Die Maschine hatte Waffen für die Contras an Bord. Sie gehörte der Southern Air Transport, die ihren Hauptsitz in Miami hatte und die seit 1972 voll von der CIA kontrolliert wurde. Der Pilot William Cooper und sein Co-Pilot Wallace Sawyer stürzten zu Tode. Der Frachtspezialist Eugen Hasenfus konnte sich mit einem Fallschirm retten und wurde gefangengenommen. «*Ich werde bezahlt wie damals in Laos, darum nehme ich an, dass ich für die CIA arbeite*», erzählte er den Sandinisten während eines Verhörs.

In den sechziger Jahren führte die CIA in Laos einen geheimen Krieg gegen die kommunistische Pathet Lao. Hasenfus stand damals auf der Lohnliste der Air America. Und William Cooper, der Unglückspilot der in Nicaragua abgeschossenen Maschine, war Chefpilot dieser legendären Air America. Diese Fluggesellschaft gehörte zusammen mit der Continental Air Service und der Lao Development Air Service zur geheimen CIA-Flotte in Laos. Das Volk in Laos nannte sie kurz: Air Opium.

Unterlagen aus der abgeschossenen Contra-Maschine und die Aussagen von Eugen Hasenfus deckten direkte Spuren ins Weisse Haus und zu Schweizer Banken auf. In der Jackentasche des toten Co-Piloten Sawyers fanden die Sandinisten Visitenkarten eines Genfer Angestellten der Schweizerischen Bankgesellschaft und die eines libanesischen Edelstein- und Waffenhändlers in Genf. Der Skandal war perfekt: Trotz ausdrücklichem Verbot durch den Kongress unterstützten die CIA und Mitglieder des Nationalen Sicherheitsrates tatkräftig die Contras.

«*Eine ausserordentliche Gefahr für unsere nationale Sicherheit und unsere Aussenpolitik*», schrieb Präsident Ronald Reagan im Dekret, mit dem er am 1. Mai 1984 gegen den Kleinstaat Nicaragua ein totales Wirtschaftsembargo ver-

---

[1]   Unsere Angaben zum Verlauf der Iran-Contra-Affäre stützen sich im wesentlichen auf: The National Security Archive (Hrsg.), The Chronology – the Documented Day-by-Day Account of the Secret Military Assistance to Iran and the Contras, New York 1987; New York Times (Hrsg.), The Tower Commission Report – the Full Text of the President's Special Review Board, New York 1987.

[2]   Es war die Maschine des Typs C-123 K, die im Jahre 1984 bei einer von der CIA und der DEA durchgeführten ‹sting operation› in Nicaragua, mit der man die Sandinisten des Drogenhandels überführen wollte, eingesetzt worden war.

hängte. Reagan feierte die Contras als *«Kämpfer für die Freiheit»* und setzte sich vehement für eine Unterstützung der Rebellen ein. Nach peinlichen Pannen des Geheimdienstes – die CIA liess sich beim Verminen der Hafenanlagen von Nicaragua erwischen[1] – stoppte der Kongress im Oktober vorerst jede Hilfe an die Contras. Darauf wandte sich Präsident Reagan an Mitglieder des Nationalen Sicherheitsrates (NSC). Sie sollten sich etwas einfallen lassen, um den Contras jene Mittel zu verschaffen, die ihnen der Kongress verweigerte. In der Folge entstand ein Netz privater Organisationen, die unter dem Etikett «humanitäre Hilfe» den Contras Geld und Nachschub beschafften. Das war illegal.

Gewinne aus illegalen Waffenlieferungen an das Khomeini-Regime, die von iranischen, israelischen, amerikanischen und auch schweizerischen Lotsen durch verwinkelte Bankkanäle in der Schweiz geschleust wurden, füllten schliesslich die Kriegskasse der Contras.[2]

John Poindexter, als Sicherheitsberater Nachfolger von Robert McFarlane, beauftragte Oberstleutnant Oliver North mit dem abenteuerlichen Iran-Contra-Geschäft. Dieser wiederum reaktivierte für diese Geheimmission die CIA-Veteranen Thomas Clines, Richard Secord und Theodor Shackley, die bei fast allen schmutzigen Kriegen der CIA an vorderster Front kämpften, wie wir noch sehen werden (Seite 266 ff.).

Wann immer sie zuschlugen, kam der Hammer wie ein Bumerang als CIA-Skandal zurück. Der letzte grössere Skandal hatte ihrem einstigen Kumpel und Kampfgenossen Edwin Wilson 52 Jahre Gefängnis eingetragen. Der CIA-Agent Edwin Wilson hatte Reagans Todfeind Oberst Kathafi Mitte der siebziger Jahre 21 Tonnen Sprengstoff besorgt und Killer vermittelt. Mit Hilfe von über einem Dutzend Firmen, die von Genf aus verwaltet wurden, hatte er einen illegalen Waffenhandel aufgezogen und dabei Millionen verdient. Es ist mehr als erstaunlich, dass die Reagan-Administration für die geheime Iran-Contra-Operation ausgerechnet dieses Firmen-Netz des entlarvten CIA-Agenten Edwin Wilson neu belebte.

Edwin Wilson – Ein CIA-Agent im Dienste Kathafis

Starreporter Bob Woodward, der zusammen mit Carl Bernstein 1972 die Watergate-Affäre aufdeckte, leitete auch den Fall Edwin Wilson ein. Am 21. Sep-

[1] Zu diesem Zeitpunkt hatte der Kongress der CIA verdeckte Operationen untersagt, siehe dazu auch Seite 270 dieses Buches.
[2] Der Erlös aus den illegalen Waffengeschäften mit dem Iran kam nicht nur den Contras zugute. Ein Teil davon wurde für die antikommunistischen Mudschaheddins in Afghanistan und die UNITA-Rebellen in Angola abgezweigt.

tember 1976 war in Washington Orlando Letelier – unter Salvador Allende chilenischer Botschafter in den USA – samt seinem Auto in die Luft gesprengt worden. Am 12. April 1977 wollte Bob Woodward die Killer kennen. *«Ein ehemaliger CIA-Sprengstoffspezialist und drei Exil-Kubaner werden in den nächsten Tagen zum Letelier-Attentat einvernommen»*, kündete er auf der ersten Seite der «Washington Post» an. Mit dem CIA-Sprengstoffspezialisten meinte der Reporter Edwin Wilson. Diese Meldung war eine Ente. Edwin Wilson hatte mit der Ermordung des chilenischen Botschafters nichts zu tun.

Bob Woodward erwähnte in seinem Report beiläufig, Edwin Wilson habe versucht, an Libyen Zeitzünder zu verkaufen. Damit hetzte er dem früheren CIA-Agenten die Staatsanwaltschaft auf den Hals. *«Zeitzünder! Ich bin nicht in der Lage, einen Zeitzünder von einer Teekanne zu unterscheiden»*, antwortete Edwin Wilson während eines ersten Verhörs.[1] Der Staatsanwalt glaubte ihm nicht. Im Sommer 1981 wurde Wilson verhaftet, und ein Jahr später begann der erste von schliesslich vier Prozessen. Wegen illegalen Waffen- und Sprengstoffhandels sowie Anstiftung und Beihilfe zum Mord wurde er im November 1983 zu insgesamt 52 Jahren Gefängnis verurteilt.

Edwin Wilson stiess in den frühen fünfziger Jahren zur CIA und wurde zuerst als Spezialist für Gewerkschaftsfragen ausgebildet. Getarnt als Delegierter internationaler Gewerkschaftsverbände war er in Brüssel, Genf und Südamerika im Einsatz. Später betreute er – wie seine zukünftigen Freunde und Geschäftspartner Theodor Shackley und Thomas Clines – in Miami Exil-Kubaner und Anti-Castristen. Offiziell verlässt er die CIA im Jahre 1970, doch er bleibt Agent. Nach aussen tritt er als Geschäftsmann auf. Büromiete, Personalkosten und Spesen seiner Firma International Consulting begleicht die CIA. Mitte der siebziger Jahre zieht Wilson über ein Dutzend Handelsfirmen auf und verdient mit Waffengeschäften ein riesiges Vermögen.

Waffengeschäfte mit Libyen werden ihm schliesslich zum Verhängnis. Sein spektakulärster Libyen-Handel: Er verkaufte Oberst Kathafi 21 Tonnen des gefragten Sprengstoffes C-4. Später wurden bei Attentaten in Europa häufig Spuren des C-4-Sprengstoffes gefunden. Amerikanische Ermittler waren überzeugt, dass dieser aus der Wilson-Lieferung an Libyen stammte.[2]

Im Frühling 1976 hatte der Oberst einen neuen Auftrag. Der Amerikaner sollte ihm Killer besorgen, um libysche Oppositionelle aus dem Weg zu räumen. Wilson sagte zu. Über die Western Recruitment Inc. warb er für Oberst Kathafi Killer an, aber auch Piloten und Mechaniker für Herkules C-130-Flugzeuge. Der Erstvertrag sicherte ihnen ein Monatsgehalt von 3500 Fran-

[1]   Joseph Goulden, The Death Merchant – The Rise and Fall of Edwin P. Wilson, London 1984.
[2]   Peter Maas, Client Kadhafi (Edwin Wilson: de la CIA au trafic d'armes international), Paris 1986.

ken sowie 1500 Franken für Spesen. Die Western Recruitment hatte eine Genfer Adresse, dieselbe wie die Services Commerciaux et Financiers du Moyen Orient. Diese letztere Firma benutzte Wilson, um im Auftrag Libyens Ersatzteile für Frachtflugzeuge des Typs Lockheed C-130 zu kaufen. Auf dem Verkauf dieser Ersatzteile nach Libyen lag ein US-Embargo.

Genf diente dem amerikanischen Agenten Edwin Wilson als Basis und Drehscheibe für seine illegalen Waffen- und Söldnergeschäfte; von hier aus wurden seine zahlreichen Handelsgesellschaften gesteuert und verwaltet. Wilsons Visitenkarte nannte Genf als Wohnadresse. Und hier lebte auch sein wichtigster Anwalt, der Amerikaner Edward Coughlin.

Edwin Wilson hat stets behauptet, er habe auch in Libyen im Auftrag des amerikanischen Geheimdienstes gearbeitet. Er sollte Trainingslager für Terroristen auskundschaften. Um möglichst ungestört seinen Agentenauftrag zu erledigen, hielt er Kathafi mit Waffenlieferungen bei Laune.[1] Peter Maas kommt in seinem Buch «Client Khadafi» zum Schluss: *«Ich stellte fest, dass er (Wilson A. d. Verf.) ein sehr geschätzter Agent war und dass er nie entlassen wurde (...) Die CIA, das FBI und auch das Justizministerium wussten die längste Zeit praktisch alles über Wilsons Aktivitäten, aber sie liessen ihn gewähren.»*[2] Als Wilsons Libyen-Geschäfte aufflogen, verleugnete die CIA ihren Mitarbeiter und bestritt entschieden, dass er in ihrem Auftrag in Libyen aktiv geworden sei. Bis zur ersten Prozessverhandlung kümmerte Wilson dieses CIA-Dementi wenig. *«Generalmajor Richard Secord und Theodor Shackley werden in den Zeugenstand treten und bestätigen: Er hat für den US-Geheimdienst CIA gearbeitet.»*[3]

Die alten Kameraden Secord und Shackley jedoch gingen auf Distanz zu Wilson und weigerten sich, als Entlastungszeugen aufzutreten. Theodor Shackley gab an, Wilson sei nur ein ferner Kontaktmann gewesen, der ihm gelegentlich Informationen zugehalten habe. Autor Joseph Goulden hält diese Version Shackleys für wenig glaubhaft und schreibt: *«... Shackley und Wilson trafen sich regelmässig. Ihre Frauen waren eng befreundet (...) Shackley galt bei der Agency als ‹Papier-Tiger›. Wenn er mit einem Informanten nur schon einen Kaffee trank, schrieb er danach einen Rapport. Über die zahlreichen Treffen mit Wilson allerdings fand man später nur gerade zwei dünne ‹Kontakt-Rapporte›.»*

Theodor Shackley trat während der Wilson-Affäre in den Ruhestand. Und auch sein langjähriger Agenten-Partner Thomas Clines zog sich zurück. Kurz zuvor, Ende Juni 1978, hatte er noch drei Handelsgesellschaften gegründet: API Distributors, System Service International und International Trade Research. Dabei ging ihm sein Freund Edwin Wilson – die Ermittlung gegen ihn

---

[1] Vgl. Sworn Statement of Edwin Wilson (Video-Script), vom 17. Dezember 1987 im Bundesgefängnis in Marion, Illinois.

[2] Peter Maas, Client Kadhafi, a. a. O., S. 9 f.

[3] Joseph Goulden, The Death Merchant, a. a. O., S. 407.

lief bereits seit einem Jahr – tatkräftig zur Hand. Wilsons Anwalt erledigte bei diesen Firmengründungen den Papierkram. Und die API Distributors teilte anfänglich ihre Büros mit einer Firma von Wilson. Alle drei Clines-Gesellschaften engagierten Theodor Shackley als Berater.

Eine alte Geschäftsverbindung von Edwin Wilson steht seit 1986 im Zentrum des Iran-Contra-Skandals: die Standford Technologie. Über diese Firma hatte Edwin Wilson seine ersten Geschäfte mit Libyen abgewickelt. Bereits damals wurde diese Gesellschaft vom Iraner Albert Hakim geleitet.

Kaum war Edwin Wilson verurteilt und aus den Schlagzeilen der US-Gazetten verschwunden, erhielten Richard Secord und Theodor Shackley bei der Standford Technologie eine Anstellung. Secord wurde danach sogar Mitinhaber dieser Hakim-Firma. Gelder aus dem illegalen Waffenhandel mit dem Iran, die für die Contras bestimmt waren, liefen über die Standford Technologie, die ihrerseits mit einem Rosenkranz von Deck- und Briefkastenfirmen verknüpft war. Genf diente bei dieser heimlichen und vom amerikanischen Kongress verbotenen Contra-Hilfe als Drehscheibe.

Die Standford Technologie unterhielt in der Schweiz zwei Tochtergesellschaften. Die Standford Technology Corporation SA entstand 1974 und wurde im November 1984 gelöscht. Die Standford Technology Corporation Services SA war in Freiburg domiziliert. Beide Gesellschaften waren vom Genfer Anwalt Jean de Senarclens gegründet worden. Im Verwaltungsrat einer dieser Tochtergesellschaften sass die Freiburgerin Suzanne Hefti, die als Strohfrau mehrere Firmen und Konti verwaltete, die in Berichten der parlamentarischen Untersuchungskommissionen über die Iran-Contra-Affäre besonders häufig genannt werden. Das zentrale Regiepult, von dem aus die Contra-Finanzierung gesteuert wurde, stand bei der Genfer Firma Compagnies de Services Fiduciaires SA (CSF), einer Treuhandgesellschaft von Jean de Senarclens. Die Southern Air Transport, welche für die antisandinistischen Freischärler Versorgungsflüge ausführte, finanzierte Richard Secord über diese CSF. Rechnungen für Waffen und Munition beglich er mit Checks der CSF Investments, einer Tochter der Genfer CSF auf den Cayman-Inseln.

Gegen die Besitzer der Standford Technology, Richard Secord und Albert Hakim, wurden in den USA Ermittlungsverfahren wegen Betrugs eingeleitet. Sie sollen Gewinne aus dem iranischen Waffengeschäft abgezweigt und veruntreut haben. Die Schweizer Behörden liessen darauf ein gutes Dutzend Bankkonten sperren. Wieviel Geld (und zu welchem Zweck) auf diesen Bankkonten gutgeschrieben steht, will niemand verraten. 10–30 Millionen Dollar, hiess es zu Beginn des Iran-Contra-Skandals. Heute wird geschätzt, dass die Summe deutlich über 500 Millionen Dollar liegt.

Fred Iklé – Ein Schweizer im Pentagon

«Bei den geheimen Waffenlieferungen in den Iran und der verschwiegenen Hilfe an die Contras benahm sich der Nationale Sicherheitsrat (NSC) wie eine Regierung in der Regierung. Die Rambo-Heldentaten von Oberstleutnant Oliver North und der Flug von Robert McFarlane (nach Theheran, A.d. Verf.) sind Lichtjahre entfernt von der bürokratischen Beratertätigkeit, für die der Nationale Sicherheitsrat ursprünglich geschaffen wurde. Dies hatte nichts mehr mit der Arbeit politisch neutraler Sachverständiger zu tun. Um seine politischen Pläne zu verheimlichen, machte Reagan aus dem NSC eine Truppe von CIA-Freischärlern, hinterging so den Kongress und überlistete – sieht man von einer kleinen Gruppe auserwählter Beamter ab – gleichzeitig auch weitgehend die eigene Verwaltung.» [1] Zu diesen verschworenen Männern des Präsidenten, dem Geheimklub der CIA-Freischärler, zählte auch der Schweizer Fred Iklé, Coucousin von Alt-Bundesrätin Elisabeth Kopp.

Fritz Charles Iklé, geboren 1924 (als Enkel von Leopold Iklé, der 1895 das St. Galler Bürgerrecht erhalten hatte[2]), wanderte im Jahre 1946 nach Chicago (USA) aus, um Politologie zu studieren, was damals in der Schweiz noch nicht möglich war. Präsident Richard Nixon ernannte ihn zum Direktor des amerikanischen Amtes für Rüstungskontrolle und Abrüstung. Unter Ronald Reagan stieg er sogar zur Nummer drei im Pentagon auf und wurde im April 1981 Unterstaatssekretär für Sicherheitsfragen. Bevor er in den Staatsdienst trat, war er Hochschulprofessor und Mitarbeiter der in Kalifornien beheimateten Rand Corporation, einer eigentlichen Denkfabrik für Aussen- und Sicherheitspolitik.

Vor dem parlamentarischen Ausschuss, der die Iran-Contra-Affäre untersuchte, definierte Fred Iklé seine Aufgabe im Pentagon so: *«Der Unterstaatssekretär betreut, überwacht und koordiniert im Auftrag des Staatssekretärs die verdeckten Operationen des Verteidigungsministeriums. Er entwirft Konzepte und Strategien für solche verdeckte Operationen und andere nachrichtendienstliche oder mit der CIA verbundenen Aktivitäten.»* [3]

Als Geheimdienstspezialist vertrat er das Verteidigungsministerium auch im «Komitee 208», das sich regelmässig im Konferenzzimmer 208 des Old Executive Building neben dem Weissen Haus traf. Zu diesem Komitee gehörten ausser Fred Iklé auch der Geheimdienstexperte Morton Abramowitz vom Aussenministerium, Claire George, Leiter der CIA-Abteilung «Geheime Dienstleistungen», sowie CIA-Chef William Casey.

---

[1]   Hendrick Smith, The Power Game – How Washington Works, New York 1989, S. 606 f.

[2]   Siehe dazu Seite 286 f.

[3]   Report of the Congressional Commitees Investigating the Iran-Contra-Affair, Washington 1988, Band 14, S. 476.

In einem Report über das Komitee 208 schrieb das Hamburger Nachrichten-magazin «Der Spiegel» im März 1986: *«Unter Caseys Führung überwachen die 208er die weltweiten ‹Buschfeuer› in Gegenden, wo die Interessenssphären der beiden Supermächte aneinanderstossen. Sie planen und veranlassen die Schachzüge der Amerikaner. Die Komitee-Mitglieder legen die Menge und Art der Waffen fest, die Freiheitskämpfern geliefert werden sollen. Sie bestimmen die Zwischenlager für Gewehre, Granatwerfer und Munition. Sie benennen die Mittelsmänner, die das Kriegsgerät zu geheimen Landepisten fliegen, wo es von den jeweiligen Rebellen abgeholt werden kann.»*

Besondere Sorge hatte dem «Komitee 208» das «Buschfeuer» in Nicaragua bereitet. Als im Oktober 1984 der Kongress der Reagan-Administration jede militärische und paramilitärische Unterstützung an die Contras verbot, stellten Reagans «CIA-Freischärler» beim Nationalen Sicherheitsrat ein privates Hilfsprogramm auf die Beine, mit dem sie das Kongress-Verbot unterliefen. Neben Sicherheitsberater John Poindexter und Oberstleutnant Oliver North war an dieser Privatisierung des Krieges gegen Nicaragua auch Fred Iklé massgeblich beteiligt. Er liess sich von Spezialisten für privat geführte Geheimoperationen beraten und erörterte mit ihnen die kommunistische Bedrohung in Zentralamerika.[1] Gemeinsam besprachen sie die militärischen, politischen und finanziellen Probleme, die es bei der Bekämpfung dieser kommunistischen Gefahr zu lösen galt. Ein geheimes Komitee, zusammengesetzt aus Experten für nichtkonventionelle Kriegsführung, wurde beauftragt, eine Studie über den Krieg marxistischer Guerillas gegen El Salvador zu erstellen. Den Vorsitz dieses Komitees übertrug Fred Iklé dem Generalmajor a. D. und professionellen Antikommunisten John Singlaub.[2]

Ende 1984 stand die private Hilfsorganisation. Nach aussen wurde sie vom «Rat für eine nationale Politik» getragen, der schliesslich unter dem irreführenden Etikett «humanitäre Hilfe» die Contras mit Waffen und Geld versorgte. In diesem Rat waren sämtliche ultrakonservativen Verbände und Organisationen der USA vertreten.[3] Federführend aber waren John Singlaub und die von ihm präsidierte «Antikommunistische Weltliga» (WACL).

Die Vereinigung WACL entstand 1967 als Nachfolgerin der «Antikommunistischen Liga der Völker Asiens» (APCL). Die APCL war 1954 in Taiwan von Tschiang Kai-schek als Frontorganisation gegen den Kommunismus aufgebaut worden. Anfänglich war es eine Ansammlung Kalter Krieger, später stellte sie auf «psychologische Kriegsführung» um. Eines ihrer beliebtesten Schlagworte hiess: Moskau steht hinter dem internationalen Terrorismus.

[1] The Christic Institute (Hrsg.), Inside the Shadow Government, Washington 1988, S. 48.
[2] The National Security Archive (Hrsg.), Secret Military Assistance to Iran and the Contras – A Chronology of Events and Individuals, Washington 1987, S. 69.
[3] Pierre Abramovici, Des millions de dollars pour les «combattants de la liberté», in: Le Monde Diplomatique, Paris, April 1986.

In den siebziger Jahren drohte der antikommunistischen Internationale der Zerfall. In Europa waren die WACL-Sektionen weitgehend von Neo-Nazis und Rechtsextremisten übernommen worden. Im Jahre 1978 traten der Italiener Giorgio Almirante und dessen neofaschistische Partei «Movimento Sociale Italiano – Destra Nazionale» (MSI) der WACL bei. Auch die rechtsextremistischen Bewegungen FANE, Frankreich, und «Fuerza Nueva», Spanien, unterhielten enge Kontakte zur WACL. Und in Südamerika riefen WACL-Scharfmacher sogar offen zu Terroranschlägen auf, indem sie vorschlugen, progressive Priester physisch zu liquidieren. Die lateinamerikanischen Diktatoren Strössner, Banzer, Somoza und Pinochet waren ebenfalls Mitglieder der WACL.

Im Jahre 1983 übernahmen die Amerikaner die Kontrolle des suspekten Vereins und säuberten ihn von den allzu kompromittierenden Rechtsextremisten und Neofaschisten. Generalmajor a. D. John Singlaub, ehemaliger CIA-Agent und Sicherheitsberater, wurde WACL-Präsident. Zu dieser amerikanischen Machtübernahme schrieb Pierre Abramovici im «Le Monde Diplomatique»: *«Heute ist die WACL die Hauptstütze der antikommunistischen Guerillas. Vermutlich war dies der eigentliche Grund, warum John Singlaub die Kontrolle über die WACL an sich riss.»*

Der WACL gehören keineswegs nur Ultras, Desperados oder ehemalige Agenten an. Auch zahlreiche konservative und durchaus honorige Politiker geben ihr die Ehre – wie etwa die Schweizer FDP-Nationalrätin Geneviève Aubry, eine Vertraute von John Singlaub. In den Jahren 1983 und 1987 hielt die WACL ihre Jahreskongresse in Genf ab.

Verdeckte CIA-Aktionen: Verbrechen im Namen von Demokratie und Freiheit

Um den operativen Teil des geheimen Unternehmens Iran-Contra kümmerten sich die CIA-Veteranen Theodor Shackley, Richard Secord und Thomas Clines. Wir haben bereits erwähnt, dass sie für die geheime Militärhilfe an den Iran und die Contras die Schweiz als Drehscheibe benutzten und dass das Geisel-gegen-Waffen-Geschäft zumindest von der Bundesanwaltschaft oder einem Teil des schweizerischen Nachrichtendienstes unterstützt wurde. Wer sind diese CIA-Veteranen, denen die Schweiz Gastrecht gewährte? Vor welchen Karren liessen sich die Bundesanwaltschaft und der Nachrichtendienst von diesen Amerikanern spannen? Antworten auf diese Fragen bringen etwas Licht in die Dunkelkammern der Nation.

Zusammen mit Edwin Wilson zählten sie beinahe dreissig Jahre lang zum ersten Sturmtrupp, den die CIA bei Geheimoperationen weltweit gegen die kommunistische Bedrohung und angeblich zur Verteidigung von Freiheit und Demokratie einsetzte. Es waren dreissig Jahre Verbrechen im Namen von Freiheit und Demokratie: Erpressung, Drogen- und Waffenhandel ebenso wie Folter und politischer Mord.[1] Zur Illustration dieser schmutzigen Kriege nachfolgend kurz einige Beispiele.

Von 1960 bis 1973 führte die CIA in Laos einen Krieg, von dem der amerikanische Kongress und die Öffentlichkeit erst Jahre später erfuhren. Das erklärte Ziel dieser verdeckten CIA-Aktion bestand darin, den Vormarsch der prokommunistischen Pathet Lao und des Vietcong aufzuhalten. Die CIA stellte eine geheime Armee auf die Beine, die aus 30 000 Meo-Bauern bestand und von General Vang Pao geführt wurde.

Der CIA-Söldner Paul Whiters erzählte später dem dänischen Autor Henrik Krüger: *«Unsere Hauptmission bestand darin, die Meo-Bauern zu gewinnen (...) Dazu mussten wir ihnen ihre Opium-Ernte abkaufen. Ein- bis zweimal die Woche flog die Air America Lebensmittel ein und brachte leere Säcke. Für den Rückflug wurden diese leeren Säcke mit Opium gefüllt.»*[2] Zu jener Zeit warf das Goldene Dreieck Rekordernten ab, jährlich bis zu 1000 Tonnen Opium. Rund die Hälfte davon kam nach Laos. Hier kontrollierten zwei Männer – die wichtigsten Bündnispartner der CIA – das grosse Drogengeschäft: Meo-General Vang Pao und Ouane Rattikone, der frühere Oberkommandierende der laotischen Armee. Mit dem Einverständnis der CIA baute Rattikone eine von den USA aufgebaute Fabrik zur Herstellung von Pepsi-Cola-Büchsen zu einer regelrechten Heroin-Fabrik um.

Während der verdeckten Aktion in Laos amtete Theodor Shackley als CIA-Stationschef in Vientiane (Laos). Sein Stellvertreter hiess Thomas Clines. Das militärische Kommando lag in den Händen von General John Singlaub, in dessen Stab ein junger, ehrgeiziger Oberleutnant diente: Oliver North. Und Richard Secord organisierte die Einsätze der Air America, einer Chartergesellschaft, die der CIA gehörte.[3] Mehrmals weilte Edwin Wilson in Vientiane und besuchte dort seine Freunde und späteren Geschäftspartner Shackley und Clines. Wilson kam als Geschäftsführer der Maritime Consulting. Diese Tarnfirma der CIA belieferte die Laos-Krieger mit technologisch hochwertigem Gerät. Eine Lieferung erwies sich als besonders wirkungsvoll: elektroni-

---

[1]   Vgl. u. a.: William Blum, The CIA – a forgotten history: US global interventions since World War 2, London 1986.

[2]   Henrik Krüger, L'Arme de la drogue, Paris 1984, S. 134 ff.

[3]   Frachtspezialist Eugen Hasenfus und Pilot William Cooper, die im Oktober 1986 über Nicaragua abgeschossen wurden, flogen ebenfalls schon in Laos Einsätze für die CIA. Auch die ehemaligen CIA-Agenten Heinrich Rupp und Richard Brenneke, die uns von den geheimen Verhandlungen in Paris und Zürich (Geiseln-gegen-Waffen-Geschäft) berichteten, waren in Laos als Piloten der Air America dabei.

sche Sender in Kleinstformat. Sie wurden heimlich Meo-Bauern zugesteckt, die zu den kommunistischen Pathet-Lao-Truppen geschickt wurden. So konnten die Jagdflieger der CIA leicht den Standort der feindlichen Truppen ausmachen und ihre Bombenlast am richtigen Ort abwerfen.

Vor dem Laos-Einsatz war der CIA-Sturmtrupp von Theodor Shackley in Miami (USA) stationiert, wo sie unter Exil-Kubanern und vor allem im Verbrecher-Milieu Söldner rekrutierten. Mit Attentaten und Sabotage-Aktionen sollten sie den Sturz von Fidel Castro erzwingen. Exil-Kubaner, verkleidet als kubanische Soldaten, sollten eine Basis der US-Marine angreifen und so eine Invasion der amerikanischen Armee auf Kuba provozieren. Der Plan wurde vorzeitig verraten und brachte die «Schweinebucht-Invasion» zum Scheitern.

Im Jahre 1969 wurde das «blonde Phantom» – CIA-Spitzname von Theodor Shackley – zum Chef der CIA-Antenne in Saigon ernannt. Thomas Clines folgte ihm als Stellvertreter. Zusammen mit den Sonderagenten, die eben erst in Laos gewütet hatten, waren sie massgeblich an der Operation Phoenix beteiligt. Diese verdeckte Aktion der CIA kostete mehreren 10 000 Vietnamesen das Leben. Ziel der Operation Phoenix war es, möglichst alle Vietcong-Sympathisanten aufzuspüren. Tausende von Vietnamesen, meist unschuldige Zivilisten, wurden verhört, dabei oft grausam gefoltert und schliesslich getötet. Im Jahre 1971 erklärte der spätere CIA-Chef William Colby vor einem Untersuchungsausschuss des amerikanischen Senates: Zwischen August 1968 und Mai 1971 seien durch die Operation Phoenix 20 587 Vietnamesen getötet und weitere 28 978 Verdächtige eingekerkert worden. Der Kongress erklärte die Operation Phoenix im Jahre 1971 zwar für *total gesetzeswidrig»*, trotzdem hielt das politische Morden in Südostasien an.[1] Die Operation Phoenix wurde unter der Leitung von Shackley und Clines bis 1975 fortgesetzt.

Nach dem Fall von Saigon im April 1975 verlegten die CIA-Kanalarbeiter Shackley, Clines, Secord und Wilson ihre verdeckten Aktionen in den Nahen Osten und vor allem in den Iran. Richard Secord, der kurz vor Ende des Vietnamkrieges zum Generalmajor der Luftwaffe befördert wurde, liess sich 1975 nach Teheran versetzen und leitete dort bis 1978 die «US Air Force Military Advisory Group».[2] Während seiner Zeit als Militärberater in Teheran butterte der Schah mehrere Milliarden Dollar in seine Streitkräfte und rüstete sie zur drittstärksten Armee der Welt auf. Richard Secord verdiente dabei kräftig mit. Da er als offizieller Militärberater nicht auf eigene Rechnung Waffen vermitteln durfte, setzte er den Iraner Albert Hakim als Strohmann ein.

Albert Hakim war inzwischen bereits ein wichtiger Geschäftspartner von

[1]   Vgl. Christic Institute (Hrsg.), Inside the Shadow Government, a. a. O., S. 16 f.

[2]   In den Jahren 1981–1983 war Richard Secord im Pentagon «Deputy Assistant Secretary of Defense». In dieser Zeit wickelte er amerikanische Waffenverkäufe in der Höhe von 60 Milliarden Dollar ab. Zu den Abnehmern zählten die Länder Ägypten, Iran, Israel und Saudi-Arabien.

Edwin Wilson. Wilson hatte im Jahre 1970 die CIA offiziell verlassen, setzte aber seine Mitarbeit bei verdeckten Operationen fort. Ab 1974 lässt er sich von der Savak, der Geheimpolizei des Schahs, als Anti-Terrorismus-Berater anheuern. Edwin Wilson erläuterte später diese Beratertätigkeit in Teheran. Es sei darum gegangen, die Savak so auszurüsten und auszubilden, damit sie jederzeit in der Lage war, einen Aufstand von Schah-Gegnern niederzuschlagen. Die CIA-Sonderagenten beschränkten ihre Savak-Hilfe nicht auf blosse Beratung. Edwin Wilson sagte unter Eid aus, dass er die Namen und Adressen von Schah-Gegnern – Terroristen – an Shackley, Secord oder Clines weitergab. Auf die Frage *« Was geschah mit diesen Iranern?»* antwortete Edwin Wilson wörtlich: *«... ich kann mir vorstellen, dass meine Angaben an die CIA weitergeleitet wurden. Die CIA darf keine Leute umbringen. Aber sie kennt Leute, die so was tun...»*[1]

Da die verbrecherischen Geheimaktionen der CIA-Sonderagenten Shackley, Secord, Clines & Co. dem Kongress verheimlicht werden mussten, konnten sie nicht über die normalen Finanzkanäle der CIA finanziert werden. Woher das Geld für die Geheimaktionen stammte, erfuhr man 1980 durch den Skandal um die australische Nugan Hand Bank, in den Drogen- und Waffenhändler verwickelt waren, aber auch die CIA und genügend höhere amerikanische Offiziere, um eine kleine Armeeleitung zusammenzustellen.[2]

Michael Hand, der unter Theodor Shackley am geheimen Krieg in Laos teilnahm, gründete im Jahre 1970 zusammen mit Frank Nugan die «Australian & Pacific Holding, Ltd.». Die vier grössten Aktionäre waren Angestellte der Air America, die das Opium der Meo-Bauern aus Laos ausflog. Drei Jahre später entstand daraus die Nugan Hand Bank. Ihr besonderes Kennzeichen: Sie beschäftigte auffällig viele CIA-Agenten und ehemalige Offiziere der US-Army. Nach sechs Jahren zählte die Nugan Hand Bank bereits 26 Filialen.

Im Januar 1980 fand eine Polizeistreife ausserhalb von Sydney Frank Nugan erschossen in seinem Mercedes. Ob Mord oder Selbstmord vorlag, konnte die australische Polizei nie schlüssig klären. Nugans Tod leitete den Zusammenbruch der Bank ein.

Jetzt erst wurde bekannt, worauf die Nugan Hand Bank spezialisiert war. Sie entpuppte sich als Hausbank der CIA-Sonderagenten und als riesige Waschanstalt für schmutzige Gelder aus illegalem Drogen- und Waffenhandel. So gehörte auch der von Genf aus operierende Edwin Wilson zu den Stammkunden der Nugan Hand Bank. Es stellte sich heraus, dass die CIA-Sonderagenten ihre Geheimaktionen häufig selbst finanzierten – mit Dro-

---

[1]   Sworn Statement of Edwin Wilson (Video-Script), 17. Dezember 1987, a. a. O., Band I, S. 104.

[2]   Penny Lernoux, Amerique S. A., Paris 1984, S. 67 ff. Siehe auch weiter vorne in diesem Buch, Kapitel «Henry Arsan: Waffenhändler der CIA», Seite 157.

gen- und Waffengeschäften. Die meisten verbrecherischen Einsätze der CIA in den siebziger Jahren wurden mit Krediten der Nugan Hand Bank bestritten. Die CIA-Bankiers in Sydney vermittelten auch selbst Waffen und suchten Händler, die Embargoländer belieferten. Einer ihrer letzten Grossabnehmer hiess Henry Arsan, über dessen Schmugglerorganisation wir in diesem Buch ausführlich berichtet haben.

Ausweichen in den Untergrund und Wurzeln im Kalten Krieg

Die verdeckten Operationen hatten die CIA derart in Verruf gebracht, dass das Parlament einschritt. Mitte der siebziger Jahre brach über die Company – wie die CIA im Agentenjargon genannt wird – ein regelrechter Skandalsturm los. Er begann am 17. Juni 1972. An jenem Tag wurden im Hotel Watergate in Washington fünf Männer erwischt, als sie ins Hauptquartier der Demokratischen Partei einbrachen. Der Rest ist bekannt. Der Watergate-Skandal, der am 9. August 1974 zum Rücktritt des republikanischen Präsidenten Richard Nixon führte, gilt bis heute als grösster Schandfleck in der jüngeren Geschichte der USA. Von den Watergate-Einbrechern führten Spuren zu den Kanalarbeitern der CIA. Die Medien und vor allem das Parlament begannen, die verheimlichte Geschichte der CIA aufzuarbeiten. Durch die Untersuchungen der Church-Kommission (Senat) und die Hearings der Pike-Kommission (Repräsentantenhaus) erfuhren die Amerikaner erstmals von den weltweit geführten kriminellen Machenschaften der CIA.

Rechtlich hatte sich die CIA für ihre verdeckten Aktivitäten auf ein Gesetz über Auslandshilfe (Foreign Assistance Act) aus dem Jahre 1961 gestützt. Im Jahre 1974 revidierte der Kongress dieses Gesetz. Diese Gesetzesänderung (Hughes-Ryan Amendment) sah eine rigorose Kontrolle der CIA vor. In Zukunft musste die CIA für verdeckte Aktionen die Meinung von mindestens acht verschiedenen Kongress-Komitees einholen.[1] Präsident Jimmy Carter (1976–1980) schränkte – unterstützt vom Kongress – die Arbeit der CIA nochmals ein.[2] Der CIA wurde zum Beispiel jegliche direkte Militärhilfe an antikommunistische Guerillas verboten. Doch Präsident Carter und der Kongress machten die Rechnung ohne den Wirt. Ein Teil der CIA ging in den Untergrund.

Edwin Wilson erzählt, wie er zusammen mit Shackley, Secord und Clines ab 1975 regelmässig über den Aufbau einer privaten CIA sprach, welche die ver-

---

[1] Vgl. u. a.: John Ranelagh, The Agency – The Rise and Decline of the CIA, New York 1987, S. 610.
[2] Wilhelm Dietl, Waffen für die Welt, München 1986, S. 55 f.

deckten Operationen weiterführen sollte. An Weihnachten 1978 schliesslich schritten sie zur Tat.[1] Das Stammhaus dieser privaten oder «schwarzen» CIA entstand in Genf. Edwin Wilson wies seinen Genfer Anwalt Edward Coughlin an, 500 000 Dollar auf ein Schweizer Bankkonto zu überweisen. Dieses Geld hatte Wilson mit CIA-Tarnfirmen erwirtschaftet, und es diente nun der privaten CIA als Startkapital. In der Folge entstanden in der Schweiz, auf den Bahamas, in Panama... eine Reihe von Finanzgesellschaften, Import-Export-Firmen, die alle zentral von Genf aus geleitet und verwaltet wurden. Mehrere dieser Firmen – wir haben bereits darauf hingewiesen – wickelten später die illegale Militärhilfe an den Iran und an die Contras ab.

Der Brite Anthony Divall ist über 65 Jahre alt und lebt heute in Hamburg. Er hat die Entstehung der «black CIA» persönlich miterlebt. Gegen Ende des Zweiten Weltkrieges trat der ehemalige Marine-Offizier dem britischen Nachrichtendienst MI 6 bei. Nachdem er 1958 als Agent aufflog, schied er offiziell aus dem MI 6 aus. *«Ich verliess den MI 6 durch das Hauptportal, ging aber durch das erste Seitentor wieder hinein»*, erzählte uns Divall. Seither verbrachte er sein Leben als Söldner, Waffenhändler oder Spezialist für Sondereinsätze – häufig im Auftrag der CIA, wie in den Jahren 1975/76 in Angola.

Und so schildert uns Anthony Divall die Geschichte, wie er Mitarbeiter der «black CIA» wurde: *«Die CIA hatte ein ernsthaftes Problem. Ihr war ausdrücklich verboten worden, die angolesische Guerilla-Bewegung UNITA zu unterstützen. Aber sie wollte es trotzdem tun. Zuerst trat sie an die Briten mit der Bitte an, ob nicht der MI 6 stellvertretend für die CIA die Sache übernehmen könnte. Der MI 6 lehnte jedoch ab, machte aber ein Angebot. Schliesslich wurde ich sozusagen als freischaffender Agent vom MI 6 an die CIA ausgeliehen.»* Divall baute mit dem Geld der CIA in Deutschland eine Fluggesellschaft auf und heuerte Söldner an.[2] Zusammen mit ihnen liess er dann der UNITA die verbotene amerikanische Hilfe – Geld, Waffen, Militärberater – zukommen. Anthony Divall: *«Die Finanzierung lief unter anderem über eine Bank in Basel. Aber auch sonst spielte die Schweiz für uns eine wichtige Rolle. Von der Schweiz aus wurden Waffenkäufe getätigt. Und ein Büro in Genf kümmerte sich um die Rekrutierung von Söldnern. Wir beschäftigten unter anderem auch Schweizer Piloten.»*

Diese Piloten erfuhren in der Regel erst im nachhinein, für wen sie am Steuerknüppel sassen. So erging es auch dem Basler M. T., einem ehemaligen Balair-Piloten, der in den Jahren 1980/81 mehrmals für Edwin Wilson in Libyen weilte. Erst mehrere Jahre später erfuhr er, dass er für eine illegale Branche der CIA gearbeitet hatte. Ein Geschäftsmann in Genf heuerte ihn jeweils samt

---

[1]   Sworn Statement of Edwin Wilson, a. a. O., S. 187 ff.
[2]   Piloten dieser Fluggesellschaft, die im Verlaufe der Jahre mehrmals den Namen änderte, flogen im Frühling 1986 die amerikanische Delegation mit Oliver North und Robert McFarlane für eine Geheimmission nach Teheran. Die Maschine hatte zudem Waffen geladen.

seiner Crew an. Während des ersten Libyen-Aufenthaltes, der vielleicht zwei Wochen dauerte, führte er nur Inlandflüge aus. Ein späterer Einsatz machte den Basler Piloten stutzig. M. T. erzählt: *«Als wir in Libyen ankamen, erhielten wir den Auftrag, in Taiwan Armee-Uniformen abzuholen. Die Uniformen erwiesen sich dann als Waffen. Auf dem Flug wurde ich von einem engen Mitarbeiter Edwin Wilsons begleitet.»*

Zurück in der Schweiz, meldete sich M. T. bei der Bundesanwaltschaft. *«Wir waren vielleicht Abenteurer, mit Spionage, illegalen Waffen- oder High-Tech-Geschäften wollten wir aber nichts zu tun haben»*, begründet M. T., warum er zur Bundesanwaltschaft ging. M. T. erzählt weiter: *«In Libyen stellten wir fest, dass der Geschäftsmann in Genf für Kathafi auch Waffen, Flugzeug-Ersatzteile und technisch hochwertige Geräte einkaufte und dabei die Schweiz dazu missbrauchte, die Embargo-Vorschriften zu umgehen.»*

Heute noch zeigt sich M. T. empört über die beiden Beamten der Bundesanwaltschaft, denen er von seinen Libyen-Abenteuern, den illegalen Waffen- und verbotenen High-Tech-Geschäften berichtete. M. T.: *«Die beiden Beamten hörten mir nicht einmal richtig zu und machten auch keine Notizen. Die ganze Geschichte interessierte sie offensichtlich überhaupt nicht.»* Beim Auftraggeber von M. T. handelte es sich um jenen libanesischen Geschäftsmann, dessen Name bei der Iran-Contra-Affäre auftauchte und der die Genfer Sicherheitspolizei bei der Bekämpfung des Terrorismus berät.[1]

Die Wahlniederlage von Jimmy Carter im November 1980 wurde bei der CIA ohne Zweifel als Sieg gefeiert. Jimmy Carter hatte die CIA-Abteilung «Verdeckte Aktionen» bis auf 200 Mann zusammenschrumpfen lassen. Unter Carters Nachfolger Ronald Reagan und dem neuen CIA-Chef William Casey schnellte die Zahl der Mitarbeiter dieser skandalträchtigen Abteilung auf rund 1000 hoch. Und die «black CIA» erhielt beinahe einen offiziellen Anstrich: Präsident Reagan und der CIA-Chef zogen sie für die vom Kongress verbotene Militärhilfe an den Iran und die Contras heran.

Die verdeckten Aktionen sind ein frühes Kind des Kalten Krieges. Unmittelbar nach dem Zweiten Weltkrieg gab der amerikanische Präsident Harry Truman die Entwicklung eines Programms für psychologische Kriegführung in Auftrag. Dieser Auftrag basierte auf der Einsicht, dass die USA trotz Atombombe und militärischer Übermacht die osteuropäischen Staaten dem Einflussbereich der UdSSR nicht entreissen konnten. Mit psychologischer Kriegführung waren vor allem Geheimoperationen gemeint, die gegen die UdSSR und gegen die kommunistischen Oststaaten gerichtet waren. *«Kürzlich freigegebenen Unterlagen kann man entnehmen, dass Truman 1948 ein von seinem National Security Council (NSC, Nationaler Sicherheitsrat) initiiertes Multi-Millionen-*

---

[1] Siehe dazu oben Seiten 255 und 259.

Dollar-Programm gebilligt hat, mit dem heimlich Untergrund-Widerstandsbewegungen, ‹Guerillas und Flüchtlingsbefreiungsgruppen... gegen feindliche Staaten› finanziert und bewaffnet werden sollten, womit die UdSSR und ihre osteuropäischen Satelliten gemeint waren.» [1]

Einer der Vordenker der verdeckten Aktivitäten hiess Allan Dulles, Enkel, Neffe und Bruder je eines amerikanischen Aussenministers. Während des Zweiten Weltkrieges leitete er in Bern das Office of Strategic Services (OSS)[2], die damals wichtigste Antenne des amerikanischen Nachrichtendienstes in Europa. Zu den Aufgaben des OSS-Leiters in Bern gehörte die finanzielle und militärische Unterstützung der europäischen Widerstandsbewegungen gegen Nazi-Deutschland. Als sich die Niederlage Hitler-Deutschlands abzeichnete, begann Allan Dulles sich bereits mit dem nächsten grossen Konflikt zu beschäftigen. Er war überzeugt, dass es in relativ naher Zukunft zu einem Krieg mit der Sowjetunion kommen würde. So begannen Allan Dulles und der amerikanische Nachrichtendienst bereits ab 1944 mit dem systematischen Anwerben von Antikommunisten. Und die «besten» und «erfahrensten» Antikommunisten waren Nazis oder Nazi-Kollaborateure.

In vom Kommunismus bedrohten Ländern unterstützten die Amerikaner «Befreiungsbewegungen». Sehr oft waren dies rechtsextreme Organisationen, die während des Krieges offen mit den Nazis kollaboriert hatten. In Italien und Griechenland beispielsweise halfen die Amerikaner der Demokratie mit wenig demokratischen Mitteln nach, pumpten Millionen von Dollars in sogenannt demokratische Parteien, die zum Teil mittels Wahlmanipulationen einen Wahlsieg der Kommunisten verhinderten. Christopher Simpson schreibt in seinem Buch «Der amerikanische Bumerang» über die Erfahrungen mit Geheimoperationen in Italien und Griechenland: «... *die aussenpolitische Elite in Washington war von nun an überzeugt, dass die Strategie, auch im Frieden Geheimoperationen zum Erreichen politischer Ziele durchzuführen, eine mächtige Waffe war in dem sich immer gefährlicher aufschaukelnden Kalten Krieg. Der Nutzen der neuen Maschinerie Geheimoperationen lag klar auf der Hand: sie ermöglichte dem Weissen Haus bei aussenpolitischen Entscheidungen, die schwerfällige Bürokratie des Kongresses und des Aussenministeriums zu umgehen (...), und sie ermöglichten dem Präsidenten, in aller Stille Aktionen durchzuführen, die die USA diskreditiert hätten, wenn die Öffentlichkeit davon erfahren hätte.»* [3]

Eine der ersten grossen verdeckten Aktionen führte Allan Dulles mit Schweizer Hilfe durch: die «Operation Sunrise». Unter Vermittlung des

---

[1]   Christopher Simpson, Der amerikanische Bumerang – NS-Verbrecher im Solde der USA, Wien 1988, S. 17.

[2]   Das OSS bildet später die Basis für den Nachrichtendienst CIA. Allan Dulles war von 1953–1961 Direktor der CIA.

[3]   Christopher Simpson, Der amerikanische Bumerang, a. a. O., S. 122.

Schweizer Nachrichtendienstes kam es im Frühjahr 1945 zwischen Allan Dulles und Karl Wolff, dem SS-General in Italien, zu mehreren geheimen Treffen in der Schweiz. Diese Verhandlungen – wir werden darauf zurückkommen (Seite 282 ff.) – führten schliesslich zum Waffenstillstand in Italien. Die direkt Beteiligten gaben stets an, sie hätten aus humanitären Gründen gehandelt. In Tat und Wahrheit ging es aber darum, den Vormarsch der sowjetischen Truppen zu stoppen. Der Kalte Krieg hatte bereits begonnen.

Der Kalte Krieg zieht sich wie ein roter Faden durch die Geschichte der verdeckten Operationen. Theodor Shackley begann als Spezialagent Anfang der sechziger Jahre in Berlin. Er war dabei, als die CIA unter der Mauer einen Tunnel baute, um die Telefonzentrale in Ostberlin anzuzapfen. Die erste Wilson-Firma in Genf war bei einem Anwalt domiziliert, der zu seiner Studentenzeit in Berlin ebenfalls an einem Tunnelbau beteiligt war. Nach dem Einmarsch sowjetischer Panzer in Ungarn im Jahre 1956 hatte er an der Universität in Bern zusammen mit Freunden und Gesinnungsgenossen die Aktion «Niemals vergessen!» gegründet. Ähnlich wie die junge Elisabeth Iklé, die spätere Bundesrätin, engagiert er sich für ungarische Flüchtlinge, sammelt Geld und Medikamente, verteilt Flugblätter und sogar Molotow-Cocktails, damit die Schweizer sich verteidigen und wehren gegen den Kommunismus. Als Aktivist von «Niemals vergessen!» geht er nach dem Bau der Mauer (1961) nach Berlin, um Freunde aus der DDR in den freien Westen zu holen. Bei einer solchen Rettungsaktion kommt es zu einer Schiesserei. Vopos (Volkspolizisten) hatten den Tunneleingang umstellt und das Feuer eröffnet, wobei sie einen der ihren erschossen. Der Berner Student wird deswegen in Ostberlin zum Tode verurteilt. Fünfzehn Jahre später gewährt er einer Tarnfirma des professionellen Antikommunisten und CIA-Sonderagenten Edwin Wilson Domizil.

Paul Dickopf: Bundesanwaltschaft beschäftigt SS-Spion

Der geheimnisvolle Gast auf Zimmer sieben im Hotel «Zum Löwen» in Worb bei Bern nannte sich «Monsieur Paul», trat als Däne, Franzose oder Luxemburger auf.[1] In Wahrheit war er ein Deutscher: SS-Untersturmführer und Abwehroffizier Paul Dickopf, der spätere Chef des Bundeskriminalamtes (BKA) und Präsident von Interpol.

Im Herbst 1942 nutzte Abwehroffizier Paul Dickopf, damals 33, eine Geheimmission in Paris und tauchte unter, versteckte sich vorübergehend in

---

[1] Das Kapitel über Paul Dickopf beruht auf einem Artikel, den wir am 14. Mai 1988 in der Weltwoche, Zürich, veröffentlichten.

Brüssel, bevor er in die Schweiz flüchtete, wo er politisches Asyl erhielt, auf Bundeskosten im Hotel «Zum Löwen» wohnte und das Kriegsende abwartete. Diese Flucht begründete er stets politisch. Wegen anti-nationalsozialistischer Umtriebe und weil er verschwiegen hatte, dass seine Frau jüdisch versippt war, habe ihm Haft gedroht, Konzentrationslager und vielleicht sogar der Tod.

Unverdächtige Referenzen liessen an dieser Darstellung erst gar keine Zweifel aufkommen. CIA-Boss Allan Dulles sowie Werner Balsiger, Chef der Bundespolizei, bezeugten Dickopfs Nazi-Gegnerschaft. Nach dem Krieg ebnete ihm diese Patenschaft den Weg in den deutschen Staatsdienst. Paul Dickopf begann eine steile Polizeikarriere. Er wurde einer der ersten Beamten im Innenministerium der 1949 gegründeten Bundesrepublik Deutschland (BRD) und mit dem Aufbau des BKA betraut. 1956 bereits stieg er zum Leiter dieses Polizeiamtes auf.

Als BKA-Chef Paul Dickopf im Juni 1971 in den Ruhestand trat, überbrachte ihm der damalige Bundes-Innenminister Hans-Dietrich Genscher den Dank der Republik und feierte ihn nochmals als Nazi-Gegner: *«In Ihrer Gegnerschaft zum nationalsozialistischen Gewaltregime trafen Sie eine Gewissensentscheidung, (...) die Ihnen unseren Respekt und unsere Hochachtung sichert: Sie erhielten politisches Asyl – ein Privileg, das die Schweiz in jenen Jahren nur einem kleinen Kreis von Flüchtlingen gewährte.»* [1]

Diese hochgeachtete Nazi-Gegnerschaft entpuppt sich heute als Legende. Zu diesem Schluss kommt ein unveröffentlichter BKA-Bericht zum Fall Dickopf, verfasst vom ehemaligen BKA-Abteilungsleiter Helmut Prante, der den schriftlichen Nachlass seines langjährigen, 1973 verstorbenen Chefs ordnete und auswertete.

Erstmals wird so auch bekannt, was Paul Dickopf in der Schweiz tatsächlich trieb. Unter der Tarnkappe «Politisch Verfolgter» verbarg sich ein Mehrfachagent. Er arbeitete für alle. Im Hotel «Zum Löwen» verfasste er für die Bundesanwaltschaft Rapporte über die deutschen Nachrichtendienste; unter Chiffre 9610 informierte er die Amerikaner über Geheimes aus Deutschland, und – besonders erstaunlich für den abgesprungenen SS- und Abwehroffizier Paul Dickopf – gleichzeitig unterhielt er Kontakt zu Dr. Fritz Albert bei der deutschen Botschaft in Bern. In den letzten Kriegsmonaten wurde Dr. Fritz Albert aus der Schweiz ausgewiesen. Ein Bericht des Bundesrates bezeichnete ihn als den eigentlichen Spionagechef der Deutschen in unserem Lande.

Dickopfs Nazi-Widerstand ist ein Einfall, mit dem er insbesondere nach

---

[1]   Die Angaben über Paul Dickopf in diesem Kapitel stützen sich im wesentlichen auf den unveröffentlichten Bericht: Paul Dickopf – Versuch einer Lebensbeschreibung aufgrund von Selbstzeugnissen, Briefen und Berichten, zusammengestellt von Helmut Prante.

dem Krieg seine schwer belastende Vergangenheit vernebelt. *«(...) die Abscheu vor jeder Form von Strassenpolitik liess mich schon lange vor der Usurpation der Macht durch Hitler zu einem Gegner der nazistischen Ideen werden»*, behauptet er in einem 1949 verfassten Lebenslauf. Obwohl der BKA-Mann Helmut Prante zehn Jahre darauf verwendete, Dickopfs verschüttete Vergangenheit freizuschaufeln, fand er nicht den geringsten Beweis für diese Nazi-Gegnerschaft – im Gegenteil.

Eigentlich wollte Paul Dickopf, geboren 1910 in Müschenbach im Westerwald, Oberförster werden. Dieser Jungentraum zerbricht jedoch am Numerus clausus. Nach ein paar Semestern Jus-Studium geht er 1934 als Freiwilliger zur Reichswehr. *«Damals glaubte ich noch, dass die Inhaber der militärischen Macht den unerträglichen Zuständen ein Ende machen würden»*, begründet er nach dem Krieg. Diese Hoffnung, die er in die *«politische Klugheit der Reichswehrführung»* setzt, erfüllt sich nicht. Enttäuscht verlässt er die Armee, kehrt nach Frankfurt zurück und meldet sich zur Reichskriminalpolizei – *«um der verhassten NSDAP nicht zum Opfer zu fallen»*, wie er sich nach dem Krieg rechtfertigt.

Diese späte Deutung wirkt heute wie blanker Zynismus. Der vermeintliche Regimegegner bewirbt sich nämlich um einen Platz an der Führerschule für Sicherheitspolizei in Berlin-Charlottenburg, und die Zulassungsbedingungen dieser braunen Kaderschmiede sind: *«deutsches oder artverwandtes Blut; unbedingte politische Zuverlässigkeit; SS-Fähigkeit; Angehörigkeit zur NSDAP oder einer ihrer Gliederungen (...)»*. Nicht Polizeikader werden in Charlottenburg ausgebildet, sondern SS-Führer. Die Teilnehmer tragen SS-Uniform. Zur Ausbildung gehören auch Besuche in Konzentrationslagern.

Dickopf-Biograph Helmut Prante zitiert ein Beispiel der in Charlottenburg gelehrten NS-Kriminalistik: *«Der klassische Betrüger aufgrund rassischer Vorbedingungen ist der Jude (...) Man kann feststellen, dass die unangenehmen und typisch jüdischen Charaktermerkmale gleichzeitig die Merkmale des Betrügers sind, so dass eine Charakteristik des Betrügers zu einer solchen des Juden schlechthin wird.»* Diese NS-Reinkultur provoziert beim Regimegegner keine schweren Gewissenskonflikte, wirft ihn nicht aus dem Gleichgewicht. Im Gegenteil, Paul Dickopf erweist sich als gelehriger Schüler und schliesst als Zweitbester seiner Klasse ab. Am 1. Juli 1939 wird er zum SS-Untersturmführer befördert und erhält den SS-Ausweis Nr. 337 259 SD.

Bei Kriegsausbruch wird der frischgebackene SS-Offizier zur Abwehr eingezogen. Zuerst dient er in der Abteilung I (Spionage gegen fremde Heere), wo er V-Leute betreut und überwacht. Nach einem Jahr wechselt er zur Abteilung III (Spionage gegen fremde Nachrichtendienste im In- und Ausland). Als Kurier bereist er halb Europa. Auch die Schweiz. Im Juni 1940 verbringt er mehrere Tage in einem Bieler Hotel. Er wartet auf einen französischen «Schaumschläger» – Abwehr-Jargon für V-Leute –, der ihm Befestigungspläne der Häfen in Marseille und Toulon übergeben soll. Zwei Jahre später will ihn Oberst Betivengi, Chef der Gegenspionage, auf Horchposten in die Schweiz schicken. Unter dem Namen Peter Dorr und getarnt als Angestellter der «Reichsbahnzentrale für den deutschen Fremdenverkehr» in Zürich soll er fremde Nachrichtendienste unterwandern. Oberst Betivengi kommandiert ihn zuvor nach Paris ab, wo er den letzten Schliff für die Sondermission in der Schweiz erhält. Doch es kommt anders.

Was dann folgt, ist ein politisches Schelmenstück, in dem Paul Dickopf alle austrickst. Dabei erscheinen die Bundesanwaltschaft und der militärische Nachrichtendienst in wenig günstigem Licht. Entweder grenzt ihre Naivität an Dummheit, oder aber sie sind derart deutschfreundlich, dass sie sich dem Vorwurf des Landesverrates aussetzen.

Kaum in Paris, taucht Abwehroffizier Dickopf im September 1942 unter. Er fühlt sich bedroht und verfolgt. *«Ich musste mit einem plötzlichen Zugriff des Sicherheitsdienstes (SD) rechnen»*, motiviert er später seine Flucht. Eine andere Version liefert das unveröffentlichte BKA-Dossier von Helmut Prante. Die Flucht in Paris sei nur Teil einer wohlkonstruierten Legende. Sie soll glaubhaft machen, dass er von Gestapo und SD als Deserteur gesucht wurde. Diese Flucht mutet in der Tat höchst sonderbar an. Vor dem Zugriff der Nazi-Häscher versteckt sich der angebliche Deserteur zuerst in Brüssel und später in Lausanne – ausgerechnet beim eingeschworenen Hitler-Verehrer François Genoud.

Seit der Lausanner François Genoud mit sechzehn Jahren während eines Aufenthaltes in Deutschland Hitler begegnete, praktiziert er den Nationalsozialismus wie andere ihre Religion. Der kleine, drahtige Herr aus Pully bei Lausanne bedauert Hitlers Niederlage heute noch als schlimme Katastrophe für uns alle. Er besitzt die Rechte am Nachlass von Hitlers Propagandaminister Joseph Goebbels und vom verschollenen Führer-Sekretär Martin Bormann. Nazi-Grössen wie Mussolini-Befreier Skorzeny zählen zu seinem Freundeskreis. Als der flüchtige Dickopf bei ihm Hilfe sucht, vergisst er für einmal seine sonst bedingungslos gehaltene Hitler-Treue. *«Politisch waren wir Gegner, menschlich aber standen wir uns sehr nahe. Die Freundschaft ging vor»*, erzählt er uns und fügt nach einer kurzen Denkpause bei: *«Natürlich wäre ich bei meinen deutschen Freunden steil herausgekommen, hätte ich Dickopf verraten.»*

Ein halbes Jahr hatte sich Dickopf in seinem Brüsseler Versteck sicher gefühlt. Als die Gestapo und SD François Genoud, der damals in Brüssel wohnte, im Frühjahr 1943 verdächtig oft auf den vermissten SS- und Abwehroffizier Dickopf ansprachen, riet er diesem zur Flucht in die Schweiz. François Genoud erklärt uns: *«Es wurde für beide zu gefährlich. Und wegen eines Renegaten wollte ich nicht meinen Kopf riskieren, schliesslich stand ich voll hinter dem Führer und seiner Politik.»*

Ein Amtsbericht des Bundesarchivs in Bern belegt, dass hinter dieser Flucht in die Schweiz mehr als nur eine rührende Männerfreundschaft steckte: «*Durch Vermittlung des schweizerischen militärischen Nachrichtendienstes (François Genoud u. a.) liess Dickopf der Nachrichtensektion im schweizerischen Armeekommando aus Brüssel militärische, politische und andere Informationen zukommen und erreichte so seine Einreise in die Schweiz.*» Und weil Dickopf in der Schweiz seine Mitarbeit fortsetzt, wird er – so der Amtsbericht – «*auf Empfehlung des Nachrichten- und Sicherheitsdienstes der Armee*» als politischer Flüchtling anerkannt.

Weder die Tatsache, dass Dickopf als deutscher Abwehroffizier ausgerechnet der Abteilung «Spionage gegen fremde Nachrichtendienste» angehört, noch Genouds Begeisterung für Hitler-Deutschland lassen den militärischen Nachrichten- und Sicherheitsdienst Verdacht schöpfen. Mehr noch: Bei der Nachrichtensektion ist sogar bekannt, dass Genoud aus politischer Überzeugung für die Deutschen arbeitet. Die Lausanner Sicherheitspolizei stuft ihn, seit er 1935 dem «Front National» beitrat, als Sicherheitsrisiko ein, beschattet ihn und hört auch sein Telefon ab. Ein halbes Dutzend seiner Freunde gelten als deutsche Agenten und werden später wegen Spionage auch abgeurteilt. Nur die Ermittlungen gegen François Genoud verlaufen jeweils im Sande, sobald Bern sich damit befasst. Der Amtsbericht des Bundesarchivs dazu: «*Die ihm angelasteten Taten rechtfertigten kein Gerichtsverfahren, um so mehr als er sich auf seine Mitarbeit beim militärischen Nachrichtendienst berufen konnte.*»

Die Bundesanwaltschaft setzt François Genoud 1941 auf die im grünen Bulletin publizierte Verdächtigenliste, nachdem ihn deutsche Regimegegner als V-Mann der Deutschen denunzierten. In der Tat: Sein Agentenführer war kein Geringerer als Paul Dickopf, der in seinem schriftlichen Nachlass schildert, wie er 1939 in Mannheim den Lausanner «agent littéraire» Genoud als V-Mann anwarb. Trotz soviel Verdacht setzen zumindest einzelne Mitarbeiter des militärischen Nachrichtendienstes volles Vertrauen in Genoud. Erst durch ihre Hilfe wird Dickopfs Flucht in die Schweiz möglich.

Nach einer abenteuerlichen Reise quer durch die von den Deutschen besetzten Länder Belgien und Frankreich erreichen Genoud und Dickopf in der Nacht vom 17. Juli 1943 La Cure, ein Dörfchen am Jura-Südfuss unweit von Genf. Unbemerkt schleichen sie sich über die Grenze. Dort erwartet sie Hauptmann Olivet vom militärischen Nachrichtendienst und fährt sie in seinem Wagen nach Lausanne. Dickopf schreibt dazu: «*(...) Hauptmann Olivet teilt mir mit, dass er die Verantwortung für meinen getarnten Aufenthalt übernehme (...) Wir vereinbaren auf meinen Vorschlag, mich gegenüber den Sicherheitsorganen als in Deutschland wohnhaft gewesener Luxemburger namens André Jung auszugeben; weitere Details (Beruf, Reisen, Tätigkeit) werden am folgenden Tag festgelegt.*»

Hauptmann Olivet stellt seinen Schützling dem Territorialkommando (Militärbehörde) vor. Anfang November erhält André Jung einen Flüchtlingspass.

Er bezieht in Lausanne das unbewohnte Appartement von Genoud. *«Die viele freie Zeit benutzte ich»* – so eine Niederschrift von Dickopf –, *«um die an der Führerschule des Sicherheitsdienstes zu kurz gekommene theoretisch-kriminalistische Ausbildung fortzusetzen.»* Im August 1944 werden diese Studien jäh unterbrochen. Die Lausanner Sûreté verhaftet ihn und durchsucht seine Wohnung. Dazu Dickopf in seinem Nachlass: *«Die Polizei findet einen versiegelten Briefumschlag mit meinen früheren Dienstausweisen. Die Wirkung auf die Anwesenden brauche ich nicht zu schildern. Ich leugne zunächst alles ab.»*

Auch François Genoud und seine Frau werden vorübergehend festgenommen. François Genoud erinnert sich: *«Die Polizei war überzeugt, mit Dickopf einen hochkarätigen deutschen Agenten an der Angel zu haben. Dickopf beklagte sich sehr über schlechte Behandlung und den gehässigen Ton.»* Das Haftklima änderte sich aber schlagartig, als Dickopf von Lausanne nach Bern ins Bezirksgefängnis, Zelle 60, gebracht wird. Hier habe man seinen Freund mit dem nötigen Respekt behandelt, erzählt uns François Genoud. Der mutmassliche deutsche Spion darf Besucher empfangen und von Zeit zu Zeit sogar auf einen Spaziergang in die Stadt.

Dem Militärauditor Weyermann kann er sich glaubhaft als deutscher Regimegegner und vor allem als Mitarbeiter des schweizerischen Nachrichtendienstes ausweisen. *«Aus moralischen wie juristischen Gründen ist eine Haft nicht mehr vertretbar»*, findet Auditor Weyermann nach ein paar Verhören und lässt Dickopf frei. Mitte November wird das militärgerichtliche Verfahren wegen Spionage endgültig ad acta gelegt. Zum zweitenmal erhält Dickopf – jetzt unter seinem richtigen Namen – einen Flüchtlingspass (Kontroll-Nummer 30 537 PA Nr. N 12 673). Zuerst wird er in einem Berner Hotel frei interniert. Doch die Stadt Bern will ihm nicht bekommen. Immer wieder bittet er deshalb, dass man ihn nach Worb ins Hotel «Zum Löwen» bringe. Die Bundesanwaltschaft, der er untersteht, lehnt zuerst ab, erfüllt ihm schliesslich «widerwillig» – so Dickopf in seinem Nachlass – diesen Wunsch. Am 14. Dezember 1944 darf er endlich im «Löwen» einziehen, wo er bis zu seiner endgültigen Rückkehr nach Deutschland im Jahre 1946 auf Zimmer sieben wohnt. Die Hotelrechnung berappt Bern, und die Lebensmittelkarten stammen von der Bundesanwaltschaft.

Kurz bevor Dickopf im «Löwen» einzieht, logierte hier noch der Generalstab. Seither gilt das Hotel bei höheren Offizieren als erste Adresse. Auch General Guisan und seine engsten Mitarbeiter steigen gelegentlich hier ab. Ist dies der Grund, warum Dickopf unter allen Umständen in diesem historischen Hotel wohnen will?

Das damalige Wirteehepaar Karl und Katharina Bernhard kann sich noch recht gut an «Monsieur Paul» vom Zimmer sieben erinnern. Sie seien gute Freunde geworden. Monsieur Paul habe die Buchhaltung des Hotels erledigt und sei auch später als BKA-Chef und Präsident von Interpol öfters auf Besuch gekommen. *«Wenn Sie wüssten, wieviel ihm die Deutschen zu verdanken haben!»* sagt voll Bewunderung Katharina Bernhard und verrät: *«Wir besitzen noch viele Papiere und Dokumente zu Dickopf.»* Erst nach Rücksprache mit einem Bekannten bei der Bundesanwaltschaft dürfe sie sich über diese Papiere – sie liegen in einem Banksafe – äussern. Dazu kommt es leider nicht. Katharina Bernhard sagt einen bereits vereinbarten Termin mit uns wieder ab. Der Bekannte bei der Bundesanwaltschaft habe ihr empfohlen, so erzählt uns Frau Bernhard: *«Es sei am besten, wenn ich über Dickopf gar nichts sage.»*

Auf Zimmer sieben im «Löwen» erledigt Paul Dickopf nicht nur die Buchhaltung des Hotels. Fleissig schreibt er unter der Chiffre 9610, später auch unter dem Pseudonym G. Kalnofer, Agentenberichte für Allan Dulles, den Sonderbeauftragten des US-Gesandten und Leiter des OSS-Büros in Bern. Ab Dezember 1944 darf Dickopf sogar mit der ausdrücklichen Bewilligung der Bundespolizei für Dulles arbeiten. Er tat es zwar schon seit einiger Zeit und auch mit Hilfe von Bern. Paul Dickopf schreibt: *«Während ich mich früher auf die Durchgabe politischer Nachrichten über Hauptmann Olivet (Mitarbeiter des militärischen Nachrichtendienstes der Schweiz) hatte beschränken müssen, konnte ich nunmehr in ständigem Kontakt (...) laufend unterrichten.»*

Die Amerikaner schätzen Dickopf nicht nur, *«weil seine Kenntnisse über deutsche Organisationen und Persönlichkeiten unschätzbar sind».* OSS-Mitarbeiter Paul C. Blum in einem Brief, der sich in Dickopfs Nachlass befindet: *«Herr Dickopf hat sich viele Freunde unter den Beamten der Schweizer Polizei erworben, und diese Verbindung erwies sich ebenfalls als äusserst nützlich.»* Paul C. Blum denkt ohne Zweifel an die zahlreichen Agentenberichte, die Dickopf für das Berner OSS-Büro schrieb und in denen er auch seine freundschaftliche Beziehung zur Bundespolizei nachrichtendienstlich auswertete.

Bei der Bundespolizei indes ist man ahnungslos, und Dickopf scheint über jeden Zweifel erhaben. Ab November 1944 überhäuft ihn die Bundespolizei mit Aufträgen, macht ihn praktisch zum festen Mitarbeiter. Knapp zwei Monate zuvor sass er noch als verdeckter SS- und Abwehroffizier und gefährlicher Spion in Untersuchungshaft. Seine Agentenarbeit aber besticht derart, dass der ausgebildete SS-Untersturmführer innert Wochen auch noch zum gefragten Polizeiexperten aufsteigt. Zusammen mit Beamten der Bundespolizei erarbeitet er Richtlinien zur Bekämpfung krimineller Delikte. Gegen Kriegsende wird er beauftragt, Unterlagen über Kriegsverbrecher zu sichten und zu prüfen.

Im November 1945 kehrt Paul Dickopf vorübergehend nach Deutschland zurück. Seine Berner Freunde lassen ihn nur ungern ziehen. Werner Balsiger, Chef der Bundespolizei, trägt ihm eine Verlängerung der Aufenthaltsbewilligung an. Dickopf aber lehnt ab. Als bleibende Erinnerung und zum Dank für seine Vermittlertätigkeit darf er seinen Flüchtlingspass behalten. Fünf Monate später wohnt er wieder im Hotel «Löwen». Dickopf: *Meine Einreise erfolgt, um gewisse Fragen, die sich aus der politischen Lage in Deutschland ergeben, mit Beamten der Bundesanwaltschaft zu besprechen.*

Diesmal kommt er nicht als Anti-Nationalsozialist, sondern als Kalter Krieger. Er sucht unter anderem *politische Waffen gegen SP-Politiker* – so eine Dickopf-Eintragung –, die er für eine *innenpolitische Fehlentwicklung* im unmittelbaren Nachkriegsdeutschland verantwortlich macht. Wieder darf er voll auf seine Schweizer Freunde zählen. Die Bundespolizei öffnet ihm ihr Archiv. In den Personalakten der Bundespolizei über Flüchtlinge wird er fündig. Auszüge aus den Akten über Hans Venedey kommentiert Dickopf so: *Ein Bömbchen, (...) das im Falle einer Explosion ein ganz nettes Loch in die Fassade reissen würde, die man im Zuge der Verdunkelung parteipolitischer Fehlgriffe errichtet hat.* Hans Venedey (SPD), damals Innenminister von Gross-Hessen, verbrachte einen Teil der Kriegsjahre als Emigrant in der Schweiz und hatte hier Kontakte zu Moskau.

Ende 1946 verlässt Paul Dickopf endgültig die Schweiz. Zuerst wirkt er in Deutschland als Berater verschiedener US-Dienststellen und bereitet gleichzeitig die Rückkehr in den Polizeidienst vor. Nicht ohne Hintergedanken. Paul Dickopf in einem Brief an einen alten Kameraden, den er von der SS-Führerschule in Charlottenburg kennt: *Eine Position in der Polizei – speziell der Kriminalpolizei – bietet ausserordentlich viele Vorteile für unsere übrige, nachrichtenmässige Tätigkeit.* Organe der Polizei – so Dickopf weiter – könnte man für gelegentliche Hilfeleistungen in Anspruch nehmen und sich zudem deren Register und Karteien für Informationen aller Art bedienen.

Seit den letzten Kriegsmonaten verwendete Dickopf seine Energie fast ausschliesslich auf den Aufbau eines antikommunistischen Nachrichtendienstes. Als Zentrale dieses Nachrichtendienstes schlägt er unter anderem Bern vor. Als Grund gibt er an: *Die Zusammenarbeit mit den verschiedenen Schweizer Spezialdiensten – auf den bestehenden engen persönlichen Beziehungen aufgebaut – bietet unabsehbare Vorteile.* Und die Schweizer schlagen eine Mitarbeit keineswegs aus. Dickopf erwähnt ein Angebot seiner Schweizer Freunde. Die Bundespolizei habe vorgeschlagen, Vertrauensmänner der Bundespolizei könnten in Singen oder Konstanz Agentenberichte aus den kommunistischen Staaten übernehmen und diese nach Bern bringen, wo sie zentral verwaltet würden. Was aus diesem geplanten antikommunistischen Nachrichtendienst geworden ist, geht aus den von Dickopf hinterlassenen Schriften und Akten nicht hervor.

Kapitulation in Italien – erste Schlacht des Kalten Krieges

Die geheimen Verhandlungen, die im Mai 1945 zur Kapitulation der deutschen Truppen in Italien führten, sind in groben Zügen bekannt.[1] Der Amerikaner Allan Dulles und SS-General Karl Wolff trafen sich im Frühjahr 1945 mehrmals zu geheimen Gesprächen in der Schweiz. Sämtliche Treffen wurden vom hochrangigen Schweizer Nachrichtendienst-Offizier Max Waibel organisiert und vermittelt.

Bisher stellte man diese geheimen Treffen als Friedensgespräche dar. Es sei darum gegangen, den Krieg abzukürzen, um so dem sinnlosen Blutvergiessen ein Ende zu setzen und um eine Zerstörung italienischer Kulturgüter zu verhindern. Bei diesem humanitären Unternehmen schrieb man der neutralen Schweiz eine zentrale Vermittlerrolle zu. Diese Darstellung hält einer kritischen Betrachtung nicht stand. Der eigentliche Motor dieser Verhandlungen waren keineswegs humanitäre Gründe, sondern die Angst vor dem Kommunismus. Die Friedensgespräche waren in Tat und Wahrheit eine erste Schlacht des Kalten Krieges.

Die Parallele der Rolle der Schweiz bei der deutschen Kapitulation in Italien und jener, die unser Land rund 35 Jahre später während der geheimen Geiseln-gegen-Waffen-Geschäfte spielte, ist augenfällig. Beide Male wird behauptet, die offizielle Schweiz sei nicht informiert gewesen; beide Male wurde gegen das Neutralitätsprinzip verstossen, und beide Male liess sich der Schweizer Nachrichtendienst von den Amerikanern für eine verdeckte Aktivität einspannen, die gegen internationales Recht verstiess.

Im September 1943 wird Karl Wolff vom Führer nach Italien geschickt.[2] Soeben waren die Alliierten in Sizilien gelandet. Die sowjetischen Truppen drangen in Ostpreussen ein, und an der Westfront war die Winteroffensive der Wehrmacht fehlgeschlagen. Nachdem Mussolini gestürzt worden war, wird Karl Wolff zur dominierenden Figur der Achsenmächte in Italien. Er wird mit einer ungewöhnlichen Machtfülle ausgestattet. Karl Wolff amtet als «Höchster SS- und Polizeiführer» und wird am 20. Juli 1944 zusätzlich «Bevollmächtigter General der Wehrmacht in Italien». Schliesslich untersteht ihm das Kommando für Rüstung und Kriegswirtschaft.

---

[1]   Major Max Waibel, Offizier des Schweizer Nachrichtendienstes, und Allan Dulles, Chef des OSS-Büros und später Chef der CIA, waren an diesen Verhandlungen entscheidend beteiligt. Beide haben darüber ein Buch geschrieben. Max Waibel, 1945 – Kapitulation in Norditalien (Bericht des Vermittlers), Basel 1981; Allan Dulles, Les secrets d'une reddition, Paris 1970 (Erstveröffentlichung: The Secret Surrender, New York 1966).

[2]   Die Zitate in diesem Kapitel stützen sich auf ein längeres Gespräch mit SS-General Karl Wolff, den wir am 1. Juli 1988 im Auftrag der «WochenZeitung» (WoZ), Zürich, über seine Rolle bei den geheimen Verhandlungen in der Schweiz befragten.

Die Achsenmächte verteidigten Norditalien mit 31 Divisionen, 800 000 Mann zusammengefasst zur Heeresgruppe C. Ihnen standen 500 000 Soldaten der Alliierten gegenüber. Während die Faschisten ab Ende 1943 nur gerade über 150–200 fronttaugliche Flugzeuge verfügten, konnten die Alliierten mit ihren 1500 Frontflugzeugen eine totale Luftüberlegenheit ausspielen.

Der greise, inzwischen verstorbene SS-General Karl Wolff versetzte sich nochmals zurück in jene Zeit, als er nach Italien abkommandiert wurde. Karl Wolff: *«Eigentlich war ich für die fünfthöchste Stellung im Reich vorgesehen. Aber ich schlug die sehr viel ranghöhere Heydrich-Nachfolge[1] aus, weil ich unter allen Umständen einen Fronteinsatz wollte und weil ich auch wusste: Als Italienspezialist und mit meinen ausgezeichneten Beziehungen dort unten werde ich am ehesten ein Remis schaffen – bevor alles in Schutt und Asche liegt.»* Der SS-General weiter: *«Ich stellte schon früh fest: Die militärischen Kräfte Deutschlands reichen nicht aus; der Krieg blutete uns aus; im Osten wie im Westen werden wir zurückgedrängt, und mit jedem Tag werden unsere Freunde weniger, die Feinde mehr.»*

Die hoffnungslose Lage in Italien schilderte Karl Wolff so: *«Der faschistische Koloss lag am Boden. Die Monarchie hatte abgewirtschaftet, weil der König Deutschland wieder einmal verraten hatte (...) Das einzige, worauf ich mich noch stützen konnte, war die katholische Kirche, und zwar als politisches Machtinstrument.»* Der SS-General hatte der Kirche versprochen, die Güter und Besitztümer der Klöster und Nuntiaturen nicht zu beschlagnahmen. Im Gegenzug bot der Vatikan an, von den Kanzeln herab die Gläubigen zum Gehorsam gegenüber der deutschen Obrigkeit aufzurufen. *«Das war auch im Interesse der Kirche, die ja nicht pro-kommunistisch war.»*

Am 10. Mai 1944 wurde SS-General Karl Wolff ins Arbeitszimmer des Papstes geladen und erhielt später eine päpstliche Audienz. Karl Wolff erzählte uns, wie es zu diesem Papst-Treffen kam: *«Einer der besten Freunde des Papstes war Arzt. Dieser hatte einen Sohn, der Jungkommunist war. Unsere Leute hatten ihn aufgegriffen. Natürlich hätte er hingerichtet werden müssen. Als höchste und letzte Instanz, die diese Hinrichtung verhindern konnte, wandte sich der Vatikan an mich. Und so kam es merkwürdigerweise, dass ich als Nichtkatholik und Angehöriger der Nationalsozialisten im Vatikan empfangen wurde.»* Bei diesem Vatikangespräch habe er sich mit dem Papst darüber unterhalten, wie der Zerstörung ein Ende gesetzt werden könnte. Karl Wolff: *«Der Papst stimmte mir zu und sagte, er brauche etwas Zeit, um die Nuntiaturen in Washington und London einzuschalten und weil es doch diffizil wäre. Er glaubte aber, er würde es hinbekommen. Und so kam es denn auch.»*

Ende 1944 häufte sich die Zahl der Emissäre aus Italien, die Kontakte zu

---

[1]   Reinhard Heydrich (1904–1942) organisierte für Himmler den «Sicherheitsdienst» in der NSDAP und wurde später Chef der Gestapo. Seit 1941 war er massgeblich an der Judenvernichtung beteiligt. Zuletzt war er «Stellvertretender Reichsprotektor» von Böhmen und Mähren; 1942 wurde er in Prag ermordet.

westlichen Alliierten suchten. Die wichtigste Anlaufstelle war ohne Zweifel Allan Dulles vom OSS-Büro in Bern. Vorerst aber schlugen alle Vermittlungsversuche fehl. Erst Baron Luigi Parrilli aus Mailand schaffte den Durchbruch. Am 21. Februar 1945 reiste er zu seinem Freund Max Husmann, einem Zürcher Mittelschullehrer. *«Der italienische Baron hatte Kenntnis erhalten von den umfangreichen Zerstörungsvorbereitungen, welche die Deutschen in Italien getroffen hatten (...) Praktisch bedeutete dies die wirtschaftliche Vernichtung Oberitaliens und die Schaffung eines Elendsgebietes zwischen Alpen und Mittelmeer mit unabsehbaren wirtschaftlichen, politischen und kulturellen Folgen.»* [1] In der Tat verfolgte Hitler in Italien eine Strategie der verbrannten Erde und hatte seinen Truppen befohlen, bis zum letzten Mann zu kämpfen und vor Ankunft des Feindes alles zu vernichten.

Baron Parrilli gab sich als Vertrauensmann der SS aus und erklärte: Er wisse, bestimmte Kreise der SS hegten die Hoffnung, eventuell mit den westlichen Alliierten gegen Russland kämpfen zu können. Dafür wären sie zu einem Waffenstillstand in Italien bereit. Mittelschullehrer Husmann zog Major Max Waibel, Leiter der Sammelstelle Rigi I, bei, und dieser wiederum vermittelte Allan Dulles. Danach häuften sich die Treffen. In Zürich, Luzern, Lugano und Ascona begegneten sich Vertreter der westlichen Alliierten und Abgesandte von SS-General Karl Wolff. Der SS-General selbst weilte ebenfalls mehrere Male in der Schweiz und bereitete zusammen mit Allan Dulles den späteren Waffenstillstand vor. Karl Wolff erinnert sich an seine erste Schweizer Reise: *«Allan Dulles stellte die Bedingung, dass ich vor unserem Treffen zwei prominente italienische Widerstandskämpfer freilasse. Die brachte ich am 8. März mit in die Schweiz, sozusagen als Brautgeschenk auf unsere zukünftige Zusammenarbeit gegen den künftig gemeinsamen Feind Russland.»*

Mit dem Treffen Wolff–Dulles verletzten die Amerikaner die Abmachungen der Konferenz von Casablanca. Dort hatten die Alliierten im Januar 1943 vereinbart, bei Verhandlungen mit den Achsenmächten ausschliesslich auf eine bedingungslose Kapitulation Hitlers einzutreten und nur gemeinsam zu verhandeln. Separatverhandlungen und ein Separatfrieden waren eindeutig ein Verstoss gegen die Konferenz von Casablanca. Ab März häuften sich in der internationalen Presse Vermutungen über geheime Verhandlungen in der Schweiz. Vorerst konnten sie glaubhaft dementiert werden. Mitte März erfuhren die Sowjets offiziell vom Alleingang der Amerikaner und Engländer. Washington musste reagieren. Obwohl die Verhandlungen erfolgreich vorankamen, erhielt Allan Dulles den strikten Befehl, jegliche Kontakte zu SS-General Wolff oder seinen Unterhändlern abzubrechen. Für Allan Dulles hielt der Schweizer Nachrichtendienst-Offizier Max Waibel die Verbindung

---

[1] Max Waibel, 1945 – Kapitulation in Norditalien, a. a. O., S. 27.

zu Wolff aufrecht. Am 29. April schliesslich wurde die Kapitulation der deutschen Truppen in Italien unterzeichnet; am 2. Mai um 12.00 Uhr trat sie in Kraft und leitete den totalen Zusammenbruch der Achsenarmeen ein.

Sämtliche Treffen in der Schweiz zwischen SS-General Wolff und den westlichen Alliierten wurden von Max Waibel organisiert oder vermittelt. Der hohe Nachrichtendienst-Offizier wusste, dass er damit gegen das Neutralitätsprinzip handelte. In seinem «Bericht des Vermittlers», den Max Waibel 1946 verfasste, der aber aus Gründen der Geheimhaltung erst 1981 veröffentlicht wurde, rechtfertigte er diese Verletzung der Neutralität mit humanitären Gründen, und weil er die unschätzbaren Kulturgüter Italiens vor der Vernichtung retten wollte. Max Waibel behauptet mit Nachdruck, er habe im Alleingang gehandelt; weder der Bundesrat noch seine militärischen Vorgesetzten seien über diese geheimen Verhandlungen in der Schweiz unterrichtet gewesen.

Diese Darstellung von Max Waibel scheint uns wenig glaubhaft. Erst der Zugang zu noch unter Verschluss stehenden Archiven wird ermöglichen, diese Frage abschliessend zu beantworten. Immerhin ist zu bedenken, dass beispielsweise an einem dieser geheimen Treffen, das im Tessin stattfand, nicht weniger als 18 Personen teilnahmen, darunter je ein amerikanischer, englischer und deutscher General. Dieser Aufmarsch und die dazu erforderlichen Sicherheitsvorkehrungen dürften auch dem miserabelsten Abwehrdienst nicht entgangen sein. Dass die offizielle Schweiz davon nichts wusste – und das erinnert an die viel späteren geheimen Parallel-Verhandlungen über die amerikanischen Geiseln in Teheran –, stellt wohl eine diplomatische Notlüge dar.

Max Waibel stellt sich in seinem Rapport über diese Verhandlungen zwar grenzenlos naiv, doch entging auch ihm nicht, dass es weder SS-General Wolff noch dem Vatikan und Allan Dulles allein um humanitäre Gründe und die Rettung der italienischen Kulturgüter ging. Max Waibel schreibt wörtlich: «... der Gedanke einer Trennung der Westmächte von Russland war die letzte grosse Hoffnung der deutschen Führung und zog sich wie ein roter Faden durch alle Verhandlungen bis zur Kapitulation des Reiches.»[1]

Der Separatfrieden war eine erste Schlacht des Kalten Krieges. Unmissverständlich geht dies aus General Wolffs Schilderung seiner Beweggründe hervor, die ihn zur Unterzeichnung des Waffenstillstands vom 2. Mai 1945 veranlassten. SS-General Karl Wolff: «Durch mein eigenmächtiges Vorgehen habe ich den Krieg in Italien um entscheidende sechs oder sieben Tage verkürzt, damit viel Blutvergiessen verhindert und die Zerstörung Norditaliens verunmöglicht. Ausserdem – und jetzt kommt das Wichtige –: Ich hatte die Kräfte nicht, die russischen Truppen und

---

[1] Max Waibel, 1945 – Kapitulation in Norditalien, a. a. O., S. 31.

die titoistischen Partisanen bei Triest aufzuhalten. Der Führer oder Himmler konnten mir nicht genügend geben. Ich habe den Waffenstillstand gemacht, damit die Amerikaner eine Division, die den leichten russischen Gebirgsbrigaden gewachsen war, nach Triest werfen konnten (…) Ausserdem habe ich damit verhindert, dass Italien kommunistisch geworden ist. Das sah auch der Papst so (…) Es wäre zum Anschluss an das damals zu 30 Prozent kommunistische Frankreich gekommen. Die russischen Panzer wären bis zum Atlantik durchgerast. Und da stünden sie noch heute…»

Max Iklé: Filme für den Führer – Beginn einer Familien-Saga

Hamburg 1864.

Als Moses Iklé, Familienvater und Textilhändler, stirbt, hinterläßt er Schulden. Da der Familie das Wasser bis zum Hals steht, sehen sich einige der Söhne gezwungen, ins Ausland zu gehen. Die elf Kinder von Moses Iklé treten das Erbe von Moses an, bezahlen die Schulden und sanieren sich wieder.

Kurz vor dem Tod seines Vaters erweist sich Leopold bereits als eine der bemerkenswerten Gestalten dieser Familie. Der reisefreudige und gute Geschäftsmann Leopold Iklé lässt sich 1860 in St. Gallen, der Hochburg der Textilindustrie, nieder und eröffnet dort ein Einkaufskontor. Die St. Galler Stickereien sind weltberühmt. Die Mode in Paris, London, Wien und Mailand trägt das Ihre zur Verbreitung dieser kostbaren Erzeugnisse bei.

Leopold Iklé pflegt Kontakt zu den Stoffabrikanten von ganz Europa, reist von einer Stadt zur andern und ist bald für seine harten Methoden bekannt. *«Ich habe nie etwas gekauft, das ich nicht selbst prüfen konnte»*, ruft er seinen Kindern später immer wieder in Erinnerung, als wolle er ihnen eine Lebensregel vermitteln, an die sie sich halten sollten. Wenn auch hart und anspruchsvoll, so ist Leopold Iklé doch ein guter Zahler. Daher hat er keinerlei Mühe, in dieser auf das benachbarte Deutschland und Österreich ausgerichteten Stadt mit eingefleischter katholischer und konservativer Tradition endgültig Fuss zu fassen.

Das Aufkommen der liberalen Wirtschaftstheorien macht es Leopold Iklé leichter, sesshaft zu werden. Ausländer werden besser aufgenommen, und durch den Abschluss eines Handelsvertrags zwischen Frankreich und der Schweiz gewinnt die schweizerische Textilindustrie an Dynamik.

Für Vater Moses Iklé hingegen läuft das Geschäft schlecht, und seine Nachkommen verlassen Hamburg. Ernst Iklé begibt sich nach Paris. Dort gründet er mit Beteiligung der ganzen Familie 1871 die «Iklé Frères». Bertha Iklé lässt sich zusammen mit ihrem Mann Siegfried Jacoby in Manchester nieder. Später gründen ihre Nachkommen in London die «John Jacoby-Iklé Limited». Ein junger Vetter, Carl-Felix, geht zunächst nach Paris, dann lässt er sich in New York nieder. Filialen entstehen in Wien und in Berlin.

Die Jahre von 1870 bis 1914 sind von einer ungeahnten Blüte geprägt. Die Firma «Iklé» ist ihrer Zeit voraus und entwickelt sich zu einem multinationalen Konzern patriarchaler Prägung.

Mittlerweile liess Leopold Iklé einen seiner Brüder, den um 14 Jahre jüngeren Adolf, nach St. Gallen nachkommen, damit er ihm bei der Leitung des Geschäfts helfe. Die Iklés steigen von Stoffhändlern zu Textilfabrikanten auf. Gemeinsam bringen Leopold und Adolf ihre St. Galler Firma derart in Schwung und zu Erfolg, dass das Grossbürgertum der katholischen Stadt ihnen alle Türen öffnet. Beide heiraten eine Schweizerin aus guter Familie. Erst erhält Leopold, dann Adolf das St. Galler Stadtbürgerrecht. Sie lassen ihre Kinder standesgemäss erziehen. Privatschulen, Reisen, Besuch der schönsten Museen Europas, Urlaub am Bodensee, dem «Mode»-See der damaligen Zeit, bevor die Engländer den Genfer See entdeckten. Wir schreiben den Beginn unseres Jahrhunderts.

Ein Detail erregt jedoch bei der Einbürgerung der Iklés in St. Gallen Aufmerksamkeit: Woher stammt bloss der Name?

Eine Hamburger Zeitung konnte, nachdem sie die deutschen Archive durchforstet hatte, 1976 feststellen, dass der Name «Iklé» in Tat und Wahrheit eine Zusammenziehung des Vor- und Nachnamens «Isaac Levi» (Isaac(K)-LEvi) darstellt – typisch jüdische Namen. Nachforschungen ergaben, dass Moses Iklé es gewesen ist, der die Spuren seiner Abstammung verwischen wollte. Die Anekdote wäre nicht vollständig, wenn man nicht erwähnte, woher der Akzent im Namen Iklé stammt. Er ist denn auch nicht aus der Luft gegriffen. Von 1807 bis 1813 war Hannover von französischen Truppen besetzt und die Familie von Moses[1] soll, um (schon damals) «in» zu sein und sich zu integrieren, ihren Namen mit diesem Zeichen versehen haben. Auch wenn diese Behauptung cum grano salis zu nehmen ist, die Zusammenziehung der Namen Isaac Levi zum Namen Iklé wurde von den Nachkommen der Familie bestätigt. Vielleicht ist die jüdische Abstammung der Grund, weshalb beinahe von allen Familienangehörigen immer wieder die Bemerkung zu hören war: *«Wir haben nie über unsere Herkunft gesprochen. Dieses Thema war tabu.»*

Adolf Iklé heiratet zweimal und hat sieben Kinder, drei von der ersten und vier von der zweiten Ehefrau, Anna Elisabeth Steinlin. Es sind die letzten vier – alles Söhne –, die uns in diesem Zusammenhang interessieren. Der älteste heisst Adolf wie der Vater. Er wandert in die Vereinigten Staaten aus, wo er eine Laufbahn als Versicherungsbörsenhändler einschlägt. Curt, der zweitälteste, wird Augenarzt, aber von ihm ist kaum die Rede. Der drittälteste Sohn heisst Max. Er kommt im März 1903 zur Welt. Sein Leben ist zweifelsohne das bemerkenswerteste – er ist nämlich der Vater von Elisabeth

---

[1]   Ursprünglich stammten Vertreter des Namens Iklé aus der Gegend von Hannover.

Kopp-Iklé[1]. Was den jüngsten Sohn, Hans Iklé, betrifft, so erlangte er wegen seiner Teilnahme an den Olympischen Spielen von 1936 in Berlin an der Spitze der Schweizer Reitermannschaft Berühmtheit.

Max Iklés öffentliche Karriere führt bis zum Präsidentensessel der Nationalbank

Als Sohn aus gutem Hause studiert Max Iklé, wie es sich gehört, Jura an der Universität Zürich und wird Rechtsanwalt. In den offiziellen Biographien (zum Beispiel in der sehr nüchternen «Neuen Zürcher Zeitung», die jeder Lebensphase von Max Iklé einige Zeilen gewidmet hat), wird sein Lebenslauf erst 1937 wieder aufgegriffen, um darauf hinzuweisen, dass er damals, von einer Reise zurückgekehrt, im Auftrag des Bundes eine Studie, ein Rechtsgutachten über die bisherige und zukünftige Arbeitsbeschaffungspolitik verfasste. Dieses von der damaligen Regierung übrigens gut bezahlte Werk beeindruckte den freisinnigen Bundesrat Marcel Pilet-Golaz sehr. Die Theorie von Pilet-Golaz war einfach. Er predigte *«Arbeit, koste es, was es wolle»*, und hatte unumwunden und offen zugegeben, dass die Zusammenarbeit mit dem Hitler-Deutschland nicht nur der beste, sondern auch der vernünftigste Weg sei.

Kurz darauf wird Max Iklé eine Amtsstelle angeboten, und er wird Mitarbeiter des Delegierten für Arbeitsbeschaffung. Seine Hauptideen sind dem von Hitler und Mussolini vertretenen wirtschaftlichen Entwicklungskonzept zum Verwechseln ähnlich. Seiner Meinung nach geht es darum, den Ausbau des Eisenbahnnetzes, den Bau von Autobahnen und das Errichten von Bauten öffentlich zu fördern. Das Projekt kostet fünf Milliarden Franken, eine für die damalige Zeit gewaltige Summe. Doch das Erstarken der Handelsbeziehungen zwischen der Schweiz und dem Reich lässt Mittel in die Kassen fliessen. Iklé hat in der Tat sein Augenmerk auf den Norden gerichtet und wünscht sich für die Schweiz eine vergleichbare Entwicklung. Wie er uns gegenüber persönlich erläuterte, sah er zum Zeitpunkt, als die Privatwirtschaft sich aufbäumte, das Heil in den Investitionen der öffentlichen Hand.

Nachdem er den von der Wirtschaft einzuschlagenden Weg aufgezeichnet und Beziehungen zum Reich geknüpft hatte, wurde Iklé Verbindungsoffizier von General Guisan. Diese Stellung lässt sich mit seiner Beförderung zum ersten Kavallerieleutnant allein nicht erklären, sondern nur dadurch, dass er ein Experte für Wirtschaftsfragen war und auch eine Antenne zum Geheimdienst hatte.[2] In bezug auf seine Beziehungen zu General Guisan ist Max Iklé allerdings nicht sehr gesprächig.

[1] Über den familiären Hintergrund und den Werdegang von Elisabeth Kopp und ihres Gatten wurde im Buch von Catherine Duttweiler, Kopp & Kopp, Aufstieg und Fall der ersten Bundesrätin, (Weltwoche-Verlag), Zürich 1990, ausführlich berichtet.
[2] Wie uns ein Kenner der damaligen Zeit verrät.

Nach Kriegsende übernimmt Max Iklé den Posten des Direktors der Eidgenössischen Finanzverwaltung, womit er zu den zwei oder drei höchsten Beamten des Landes gehört. Zu dieser Zeit wird er Mitglied der FDP, was er kurz folgendermassen begründet: *«Ich hatte keinen Hang zum Sozialismus, und als Protestant kam ich für die Christlichdemokratische Volkspartei von vornherein nicht in Frage.»*

In seiner Eigenschaft als Direktor der Finanzverwaltung arbeitet Max Iklé die Strategie für den Übergang vom Kriegs-Finanzregime in eine stabile Nachkriegs-Finanzordnung aus. Er setzt sich höchst aktiv (mit Oerlikon-Bührle insbesondere und mit einem halben Dutzend anderer Schweizer Firmen zusammen) für die Tilgung der Kriegsschulden ein. Der Schulden Deutschlands gegenüber der Schweiz (Rechnungen für Kriegsmateriallieferungen an Deutschland) und der Schulden der Schweiz gegenüber den Alliierten (angeführt von den Amerikanern), die sich nicht vom Doppelspiel der Schweiz während des Krieges haben blenden lassen und eine Entschädigung für das von Deutschland erworbene belgische Raubgold verlangten.[1] Dank ihres höchst ausgereiften Geschäftssinnes zog sich die Schweiz sehr raffiniert aus der Affäre. Die Deutschen bezahlten den Schweizer Unternehmen insgesamt 650 Millionen Franken, während der Bund den Alliierten 250 Millionen in Gold bezahlte. Max Iklé gestattete es den Deutschen, ihre Schulden in Raten abzutragen. Die letzte dieser berühmten Raten wurde erst 1978 beglichen. Wie er uns mit einem breiten Lächeln erklärte, vertrat Iklé die Ansicht, ein wirtschaftlich erholtes Deutschland wäre ein besserer Zahler als ein in die Knie gezwungenes Deutschland. Er hatte seine Lehre aus dem Versailler Vertrag von 1919 gezogen, wobei er gleichzeitig den Deutschen auch half.

In der Folge führt Max Iklé Krieg an den inneren Fronten: Er ist gleichzeitig gegen das Defizit der SBB, gegen die Erhöhung des Staatshaushalts und der Sozialkosten. Iklé gibt seinen Posten bei der Finanzverwaltung auf und wird 1956 zum Mitglied des Direktoriums der Schweizerischen Nationalbank gewählt und später ihr Präsident. Dabei nahm er keineswegs bloss die Rolle eines Statisten ein, sondern erwies sich als einer der subtilsten Experten des Devisenhandels. Max Iklé schied 1968 aus der Schweizerischen Nationalbank aus; Fritz Leutwiler wurde sein Nachfolger.

Kino, Kino...

Das Kino ist zweifellos das interessanteste, wenn auch paradoxerweise das am wenigsten bekannte Kapitel in Max Iklés Leben, und es charakterisiert ihn am

---

[1] Siehe dazu ausführlich: Werner Rings, Raubgold aus Deutschland, Zürich 1985.

besten. Niemand hat sich offiziell je dazu geäussert. Schon gar nicht die Familie. Das ausgezeichnete Werk von Hervé Dumont[1] ist die einzige Ausnahme in dieser Beziehung. Es regt zum Nachdenken an und vermittelt einige Schlüsselideen.

Während die Gefälligkeitsbiographen[2] Max Iklé in den Jahren von 1930 bis 1937 auf Reisen schicken, lebt er in Tat und Wahrheit in Berlin. Er verbringt seine Zeit damit, sich eingehend in der Welt des Films umzusehen.

Bereits 1924 taucht Max Iklé zum erstenmal hinter den Kulissen des Films auf (er ist damals erst 21 Jahre alt!); der Tonfilm macht eben seine ersten Gehversuche. Überall in Europa und auch in den Vereinigten Staaten rangelt man um ein Patent der «Tri-Ergon», eine der Firmen, die dieses System am weitesten entwickelt hat. An ihrer Spitze befinden sich Industrielle aus Zürich und St. Gallen, wie zum Beispiel die Seidenfabrik «Iklé & Frischknecht».[3] Doch die Produktion des Films «Das Mädchen mit den Schwefelhölzchen» (nach einem Märchen von Andersen) ist ein Fiasko. Die «Tri-Ergon» (Schweiz) geht auf den Bankrott zu. Die Schweizer Finanzgruppe ist gezwungen, ihre Patente der amerikanischen «Fox Film» zum Preis von 50 000 Dollar zu verkaufen. Das ist der Zeitpunkt, wo Max Iklé an der Seite seines Halbbruders Richard Iklé auftaucht. Max befindet sich in Berlin, Richard in der Schweizer Filiale der «Tri-Ergon Musik AG», einer der ersten Firmen, die Schallplatten herstellen. Wir schreiben das Jahr 1926. *«Zu jener Zeit befand sich das Familienunternehmen in Schwierigkeiten. Alle Welt ahnte, dass die Stickerei ihrem Niedergang entgegenging. Es musste anderswo investiert werden»*, erinnert sich Max Iklé.

Dann findet man Max Iklé wieder im Jahr 1933. Er hat Berlin nicht verlassen und ist aufgrund seiner Tätigkeit bei der «Tri-Ergon Musik», die ihn eingestellt hat, vom Zeitgeist durchdrungen. Iklé kümmert sich insbesondere um die Finanzen der Gruppe. Eine ausgezeichnete Weiterbildung für den jungen Juristen, der sich nun daran macht, die «Schweizer Film-Bank» zu gründen. Nach dem Vorbild der berühmten «DEUFAG», der Deutschen Film-Finanzierungs-AG, deren Ziel ausdrücklich darin besteht, *«historische Filme [zu] fördern und auch andere Projekte [zu] unterstützen, die der Volksverbundenheit, der Va-*

---

[1]   Hervé Dumont, Geschichte des Schweizer Films, Schweizer Filmarchiv, Lausanne 1987.

[2]   Die NZZ, die «Weltwoche» und die «Bilanz» haben alle drei über das Leben von Max Iklé berichtet. Doch keine der drei verlor auch nur ein Wort über das Leben dieses Mannes während der Jahre des Aufstiegs des Dritten Reichs.

[3]   Das von drei deutschen Ingenieuren erfundene Lichtton-System «Triergon» ermöglichte die fotografische Aufzeichnung des Tons direkt am Filmrad und war 1919 patentiert worden. 1923 erwarb eine Zürcher Finanzgruppe das System samt Patenten und gründete die «Tri-Ergon-AG». Diese wird im Januar 1924 dann vom Konsortium, dem Iklé & Frischknecht angehört, erworben (s. Dumont, a. a. O., Seite 123).

terlandsliebe und den neuen nationalen [nationalsozialistischen] Ideen dienen.» [1] Das war ideologisch ganz im Sinne Hitlers und Goebbels!

«Solche Initiativen [wie die Gründung der DEUFAG] stossen auch jenseits der Grenze auf Nacheiferer. Am 16. Oktober 1933 kündet die Fachpresse überraschend die Gründung einer Film-Bank in Zürich an – die Schweizer Film-Finanzierungs-AG (F. F. AG), mit einem Startkapital von 350 000 Franken.» [2]

So entsteht die F. F. AG, die «Schweizer Film-Finanzierungs-AG», deren Hauptinitiant Max Iklé ist. Er arbeitet eng mit der Zürcher Scotoni-Gruppe zusammen (Ralph Scotoni ist einer der grossen damaligen Filmproduzenten, aber auch ein grosser Verehrer des Nationalsozialismus). Eine Bank (die «Guyerzeller Bank»), verschiedene Transportunternehmen, der Schweizerische Verkehrsverein, die SBB und Kinobesitzer beteiligen sich unverzüglich an diesem «Pool», der damit einen offiziellen Anstrich bekommt. Alle Hoffnungen für den Schweizer Film, der zwanzig Jahre Fegefeuer hinter sich hat, sind berechtigt, und die von Iklé gewonnene Unterstützung bringt ihn in Schwung. *«Ich hatte kein besonderes Interesse am Film, doch seit dem Verkauf der Patente der ‹Tri-Ergon› hatten wir ein Kapital zur Verfügung, das wir dafür zu verwenden gedachten. Es war eine Herausforderung»*, gesteht Iklé. Er bestreitet vehement, jemals mit dem Nationalsozialismus geliebäugelt zu haben, und stellt noch energischer in Abrede, gar die Fahne für solches Gedankengut hochgehalten zu haben. *«Es ist zu simpel, Haltungen von gestern aus dem Blickwinkel von heute zu beurteilen»*, hält er uns entgegen. Befragt man ihn eingehend über die Filme, die er produziert hat, über seine finanziellen Beziehungen zur Scotoni-Gruppe, über die Leute, die an seinen Filmen mitgewirkt haben, lässt das Gedächtnis Max Iklé völlig im Stich. Er kann sich lediglich an zwei Filme erinnern, an denen er sich *«in einem bescheidenen Rahmen beteiligt»* hat. Über sein Verhältnis zur Nazi-Propaganda geht er flüchtig hinweg, vergisst die Filme, die er damals produzierte, und die Ideen, die er entwickelte, verniedlicht die Rolle, die er gespielt hat, und kommt wieder auf die Wirtschaft zu sprechen, ein Thema, bei dem sich sein Gedächtnis als fabelhaft erweist.

Aber Dumont hat sich nicht geirrt. Er rechnet nach. Max Iklé ist als Produzent oder als Koproduzent von fünf Spielfilmen aufgetreten – vier davon mit Ralph Scotoni. Alle widerspiegeln den Geist des Reichs. Nicht zuletzt ist auch die F. F. AG eine akkurate Kopie der DEUFAG, jener Gesellschaft, die die offizielle Propaganda des Hitler-Regimes verbreitet. Ob dies bloss eine Kontroverse unter Experten oder eine Frage der Interpretation ist? Die Geschichte wird urteilen ...

«Bei genauerer Betrachtung», so schreibt Hervé Dumont, *«stellt man nämlich*

---

[1]   «Film-Kurier», 13. 9. 1933.
[2]   Dumont, a. a. O., S. 143.

fest, dass die F. F. AG nicht nur nach dem Konzept der Berliner DEUFAG aufgebaut wurde, sondern dass die Initianten dieser neuen Schweizer Bank mehrheitlich auch die Gründer der deutschen Film-Bank sind. Und dass sie zudem – als wäre dies ein Zufall – alle der Terra-Film AG in Berlin verbunden sind: der Präsident Ralph Scotoni und dessen Bruder Edwin, dann Iklé sowie die Berliner Bank Sponholz & Co.»[1] Und die «Terra» ist, wie es weiter heisst, «*(mit je einem Schweizer als Präsidenten, Vizepräsidenten und Direktor) die erste Filmgesellschaft des Reichs, die sich vorbehaltslos auf das Hitler-Regime ausrichtet. Ob aus Opportunismus, aus Germanophilie oder aufgrund ideologischer Überzeugungen bleibt dahingestellt.*»[2]

«*Im Sommer 1933 fusioniert die ‹Terra-Filmverleih-AG› mit dem ‹Neu-Deutschen-Lichtspielsyndikat-Filmverleih›, der von Adolf Engel, einem hohen Nazi-Funktionär, geleitet wird.*»[3] Anlässlich ihres fünfzehnten Jahrestags konnte die «Terra» denn auch in einer Broschüre erklären: «*Die Terra bedurfte keiner Umstellung (im Jahr 1933 – Anm. d. A.). Die geistigen Gesichtspunkte, von denen ihr Produktionsvorhaben seit Jahren ausging, waren auf den volkstümlichen Film ausgerichtet, eine Gattung, die enge und tiefe Beziehungen zu den starken Triebkräften der deutschen Seele voraussetzte... Ihrem Namen blieb die Terra treu, erdgebunden und zeitnah... Wieder erging der Ruf des Führers zur friedlichen Offensive der Geister.*»[4]

1934 nimmt die von Scotoni unterstützte F. F. AG unmittelbar am Aufschwung der «Terra» teil. Zu diesem Zeitpunkt gründet die Berliner Terra eine Zürcher Schwesterfirma, mit Ralph Scotoni als Chef. Im Februar 1934 etabliert sich in Zürich die Terra-Filmvertriebs AG, eine weltweit tätige Verleihfirma. Das Kapital der F. F. AG wird auf 500 000 Franken erhöht. Neue Partner beteiligen sich am Projekt, insbesondere die Rhätische Bahn und der Schweizerische Hotelier-Verein. «*Auf diese Weise gelingt es Scotoni, in wenigen Monaten eine gewaltige und hervorragend organisierte Infrastruktur aufzubauen. Optimal wird deren Leistungsfähigkeit sich in dem Moment erweisen, wo die schweizerisch-deutsche Grenze verschwindet*»[5], schreibt Dumont. Um das Ereignis gebührend zu würdigen und weil sie Aussicht auf Erfolg haben, nehmen die neuen führenden Persönlichkeiten des schweizerischen deutschfreundlichen Films einen Mythos in Angriff. Wilhelm Tell!

Die Dreharbeiten für diesen «Wilhelm Tell» nach dem Zuschnitt des Reichs finden im Herbst und Winter 1933 statt. Drehorte sind die Rütli-Wiese, das Ufer des Vierwaldstättersees sowie für einzelne Szenen das Oberwallis (Fiesch, Ernen), eine Region, in der nicht wenige für die nationalsozialistischen Ideen empfänglich sind. Um die Wahl des Themas Wilhelm Tell zu

---

[1] Dumont, a. a. O., S. 143.
[2] Dumont, ebenda.
[3] Dumont, a. a. O., S. 144.
[4] Dumont, a. a. O., S. 143.
[5] Dumont, a. a. O., S. 144.

rechtfertigen, schreibt Ralph Scotoni: *«Der Filmexport ist einer der wichtigsten Faktoren auf dem Gebiet des deutschen Aussenhandels geworden. Er erfüllt zwei bedeutungsvolle Aufgaben: Einmal trägt er zur Umwandlung deutscher Arbeit in Devisen bei, zum andern wirkt sich durch ihn eine ausgezeichnete Propaganda für deutsches Wesen in der Welt aus. (...) Demgemäss ist die Terraproduktion in Inhalt und Form erfüllt mit dem Gedanken gut deutschen Wesens...»*[1] Würden noch Zweifel hinsichtlich der Intentionen von Scotoni, Iklé und der F. F. AG bestehen, so werden sie spätestens hier ausgeräumt. Klarer geht es nicht mehr.

«Überhaupt kann man sich fragen», schreibt Dumont, *«was für ein Interesse die braune Diktatur an dieser ‹Freiheitshymne› haben kann, die den Tyrannenmord verherrlicht. Wo liegen die Beweggründe für die beträchtlichen finanziellen und personellen Investitionen im kleinen Nachbarland? Und warum wird dieser scheinbar harmlose Streifen, der selbst in Frankreich, Spanien, Grossbritannien und in den USA aufgeführt wird und dort nirgends auf Widerspruch stösst, 1945 von den Alliierten verboten? (...) Wer so fragt, vergisst, dass Schillers Freiheitsheld schon sehr früh von den Nazis für ihre Ziele vereinnahmt worden ist. Sie selbst sahen sich ja als ‹Rebellen›, welche die Deutschen vom ‹jüdisch-marxistischen› Joch und vom lahmen Parlamentarismus ‹befreien› würden; das Morgenrot, das auf den Gipfeln leuchtet, ist dasjenige ihres rettenden Regimes.»*[2] Hitler erklärt sich zum Wilhelm Tell der neuen Zeit.[3] *«Tell und sein Sohn wachen über ihre pangermanische Heimat»*[4], schreibt Dumont. Die Botschaft des von der «Terra» produzierten «Wilhelm Tell» richtet sich nicht unmittelbar an die Schweizer (die weder das Reichsdeutsch noch den halben Hitlergruss der Söhne Tells zu schätzen wissen), sondern an ein anderes Publikum: an die Sudetendeutschen, an die deutschen Minderheiten in Polen oder auch an das Saarland.

«Scotoni will imponieren: Er mobilisiert ein für diese Zeit spektakuläres 500 000-Franken-Budget (...) und organisiert noch vor der ersten Kurbeldrehung eine riesige Pressekampagne, wo man sich ebenso beruhigend wie grossmäulig äussert.»[5] Dieser «Wilhelm Tell» soll die Schweiz trotz der Anwesenheit «einiger Ausländer» in ihrem besten Licht erscheinen lassen.

«Auch die Liste der engagierten Techniker ist aufschlussreich»[6], wie Dumont betont. Zu den wichtigsten Personen gehört Hanns Johst, ehemaliger expressionistischer Schriftsteller und späterer Intendant des Preussischen Staatstheaters sowie Präsident der Reichsschrifttumskammer und SS-Gruppenführer.

[1] Dumont, a.a.O., S. 151–152.
[2] Dumont, a.a.O., S. 152.
[3] Dieser Satz ist in der deutschsprachigen Ausgabe des Buches von Dumont übrigens nicht enthalten (französisch, S. 149).
[4] Dumont, a.a.O., S. 151.
[5] Dumont, a.a.O., S. 152.
[6] Dumont, ebenda.

Von ihm stammt der berühmte Ausspruch: *«Wenn ich das Wort Kultur höre, greife ich zum Revolver.»* [1] Johst ist es auch, der das Drehbuch liefert. Die Regie übernimmt ein weiterer berühmter Nationalsozialist, nämlich Heinz Paul, der 1933 der NSDAP beitrat und Träger des «Blutsordens» ist. Die Rolle von Tells Frau spielt Emmy Sonnemann, die Freundin von Reichsmarschall Göring, der sie später (1938) heiratet. Neun der Hauptdarsteller dieses von der «Terra» produzierten «Wilhelm Tell» waren bereits vor 1933 Mitglieder der NSDAP. Die Behörden der Innerschweiz unterstützen, dem Zeitgeist folgend, das Projekt. Auch das Wallis macht mit: Benommen von so viel Ehre, stellt die konservative Volkspartei des Kantons all ihre Mittel in den Dienst der Verwirklichung des Films, die sich in einem beinahe euphorischen Klima abspielt. Der Chronist des Berliner «Film-Kuriers» berichtet: *«Und am Abend ein neuer Höhepunkt: am Lautsprecher versammelt, hallt weit über die Berge die gewaltige Hitlerrede...»* [2]

Es versteht sich von selbst, dass dieses *«Meisterwerk der Nazi-Propaganda»* nicht ohne die typischen Klischees auskommt. Der Wilhelm Tell von 1933 ist ein gewiefter politischer Unterhändler aus Luzern, der nichts mit Schillers einfachem, bescheidenem Einzelgänger gemein hat; die Massenszenen, die Gestik, die Nahaufnahmen von stolzen und hochmütigen Profilen, die einschlägige Effekthascherei wie Fackeln in der Nacht, Fahnen, grandioses Panorama – nichts fehlt. Die Nazi-Ideologie dringt bei jeder Kamera-Einstellung durch.

Die Erstaufführung des «Wilhelm Tell» findet am 12. Januar 1934 in Berlin vor einem reichlich mit Nazi-Berühmtheiten durchsetzten Publikum statt: Zugegen sind selbstverständlich Hitler, Göring, Goebbels, Frick, Roehm, Freissler... und der in Berlin akkreditierte Schweizer Gesandte, ein gewisser Paul Dinichert! Alle sind voll des Lobes und beglückwünschen sich zu der deutsch-schweizerischen Zusammenarbeit. Doch beim breiteren Berliner Publikum fällt der Film durch, denn Berlin ist mit NS-Propaganda übersättigt. Einige Wochen später wird der Film abgesetzt, und alle sind verärgert.

Dieser Misserfolg hat indes keine Konsequenzen: In der Zeit werden vor allem dank dieser Produktion zahlreiche geschäftliche und persönliche Beziehungen geknüpft. Menschen kommen und gehen trotz strenger Kontrollen über die Grenze. Hervé Dumont lässt folgenden sibyllinischen Gedanken in seinen Text einfliessen: *«Zudem stellt sich die delikate Frage, was für Gründe – abgesehen von den politischen – Berlin denn bewegen, 30 Reichsdeutsche für die Dreharbeiten zum Tell in die Schweiz zu schicken – in einer Zeit, wo die Grenzen mehr und*

---

[1] Gemäss Dumont hat die Geschichte diese Worte fälschlicherweise Goebbels zugeschrieben; sie stammen jedoch von Johst.

[2] Film-Kurier vom 28. Oktober 1933, zitiert in Dumont, a. a. O., S. 154.

mehr dichtgemacht werden und wo zudem eine kleinere Filmequipe durchaus genügt hätte. Warum werden selbst die kleinsten Rollen, die weiss Gott keine schauspielerischen Glanzleistungen erfordern und die Scotoni anfänglich einheimischen Darstellern versprochen hat, nun von NSDAP-Mitgliedern übernommen, die sich hierzulande ausserdem frei bewegen können? Aus der rückblickenden Distanz gibt es nur eine Antwort: dass das Reichsministerium (den möglicherweise arglosen) Scotoni benutzt, um die Schweiz mit subversiven Agenten und Spionen zu infiltrieren. Unter dem Deckmantel der Filmtätigkeit wird zudem ein gewaltiger Devisenschmuggel inszeniert; damit kann der Frontismus – ohne den exponierten Umweg über die Konsulate nehmen zu müssen – direkt unterstützt werden.» [1]

Um diesen Hypothesen etwas Gewicht zu verleihen, hier einige damit übereinstimmende Fakten: Von August 1933 bis Oktober 1934 halten sich ständig eine oder zwei Filmequipen der «Terra» irgendwo im Land auf. Genau in dieser Zeit finden heftige politische Zusammenstösse statt. In Schaffhausen und Zürich gründet die «Nationale Front» Kampfeinheiten. Attentate auf die Redaktion des sozialistischen «Volksrechts» werden verübt. Auch die Freimaurer werden ins Visier genommen. Wie keinen Bezug herstellen zwischen der starken Präsenz von Nazi-Anhängern, dem Geld, das sie absahnen, und jener Häufung von Akten der Agitation und der Provokation! Dumont führt aus, *«dass die Deutschen zwischen 1933 und 1935 insgesamt 16 Filme in der Schweiz drehen, 6 davon als Koproduktionen»* [2]. Gewiss, die in der Schweiz gedrehten Bergszenen waren von einem gewissen Interesse, aber die bayrischen und sogar die österreichischen Alpen unterscheiden sich ja nicht wesentlich von unserer bukolischen Landschaft.

Letzter Hinweis zur Erhärtung dieser These: Obgleich dieser «Wilhelm Tell»-Version in Deutschland und in der Schweiz ein kläglicher Misserfolg beschieden ist, entziehen Hitler und die führenden Nazis Scotoni, Iklé und Co. das in sie gesetzte Vertrauen nicht. Im Januar 1934, kurz nach der Premiere von «Wilhelm Tell», nimmt dieselbe Filmequipe[3] erneut Dreharbeiten auf, und zwar in der Region von St. Moritz. «Der Springer von Pontresina», ihr zweiter Spielfilm, ist eine Hymne auf den Sport, auf die männliche und gesunde Kameradschaft sowie eine vorbehaltlose Unterstützung des Fremdenverkehrs. Mittlerweile hat Max Iklé seine Methoden leicht verändert und sich neue Verbündete gesichert. Der Verkehrsverein Graubünden wird Aktionär der F. F. AG und ist somit an der Finanzierung des Films beteiligt.

Das Thema ist denkbar einfach. Einem jungen Skichampion (die Rolle wird vom Nazi Sepp Rist gespielt) fällt am Vorabend des Wettkampfs die Aufgabe

---

[1] Dumont, a. a. O., S. 154 f.
[2] Dumont, a. a. O., S. 155.
[3] Ralph Scotoni und die «Terra» sind für die Produktion verantwortlich, während sich Iklés F. F. AG an der Finanzierung beteiligt.

zu, einen seiner Mannschaftskameraden, Tielko, der sich in eine junge Eng-
länderin verliebt hat, auf den richtigen Weg zurückzubringen. Fade Geschichte, Verherrlichung der Bergwelt (der Verkehrsverein Graubünden hat
aufs richtige Pferd gesetzt: der Erfolg im Nazi-Deutschland ist ihm gewiss)[1] –
der Film ist ganz vom «neuen Geist» durchdrungen. Iklé hütet sich im übrigen davor, den Beitrag der Schweiz, der sich auf das Dekor beschränkt, an die
grosse Glocke zu hängen. Ein einziger Schauspieler ist Schweizer, der Brief-
träger. Er ist während ganzen 60 Sekunden zu sehen!

Aber nicht nur Filme werden hier gedreht. «Der Springer von Pontresina»
gestattet es nämlich einer grossen Filmequipe, sich in aller Ruhe in der
Schweiz umzusehen, in neuralgischen Gebieten, wo die Schweizer Armee ihre
Reduits hat. Haben einzelne Mitwirkende dem Reich Dienste erwiesen? Dumont wirft diese Frage am Beispiel von Herbert Maisch, des Regie-Assisten-
ten, auf: *«Herbert Maisch (...) ein anderer Exponent des nationalsozialistischen
Films, beginnt als Regisseur der zweiten Equipe in der Schweiz (Assistent von Selpin,
später von Wysbar). Sein plötzlicher Aufstieg zum Prestige-Regisseur (...) dürfte wohl
mit einigen Dienstleistungen zusammenhängen, die Maisch während seines Schweizer
Aufenthalts dem Dritten Reich geleistet hat.»*[2]

Die Erstaufführung des Films «Der Springer von Pontresina» findet im Mai
1934 in Berlin statt, wie es sich gehört. Die Begeisterung hält sich in Grenzen.
Kurz nach Beginn der Dreharbeiten für diesen Film nehmen Ralph Scotonis
«Terra» und Max Iklés F. F. AG die Dreharbeiten für «Das verlorene Tal»
auf; in diesem Zusammenhang taucht die Firma «Basilea-Film»[3] als Kopro-
duzentin auf, die vom Deutschen Charles W. Morell geleitet wird.

«Das verlorene Tal», eine moralische Unterweisung, verkörpert all jene
«verlogenen Blut- und Boden-Klischees»[4], die Hitler teuer sind. Es geht um den
Sieg der Bauern über die Städter, um den Sieg der wilden Natur über die
Übergriffe des Urbanismus und insbesondere um den Sieg des Herzens über
das Kalkül.

Als dieser Film im Juni 1934 im Reich anläuft, wird er mit guten Rezensio-
nen überflutet. Die offizielle Kritik zeichnet ihn mit dem Prädikat «künstlerisch wertvoll» aus. Trotz dieser Lobpreisungen wird es danach still um die
«Basilea». Der Film, der auf «Das verlorene Tal» hätte folgen sollen und für
1934 vorgesehen war, trägt den Titel «Der Schmuggler vom Bernina-Pass»;
dem Drehbuch liegt der Roman «Die Gärten von Rocca» von Gustav

---

[1]   Von diesem Zeitpunkt an betrachten die deutschen Touristen St. Moritz ein bisschen als Kur-
ort des Reichs.

[2]   Dumont, a. a. O., S. 158.

[3]   Gemäss Dumont, a. a. O., S. 159, ist die *«Basler Firma Basilea-Film (wie die Terra in Zürich) in
Wirklichkeit eine Filiale der Berliner Terra – also ein weiterer Ableger des Scotoni-Iklé-Konzerns»*.

[4]   Dumont, a. a. O., S. 159.

Renker[1] zugrunde. Wegen fehlender Mittel – die «Basilea» hat kein Geld mehr, und die «Terra» befindet sich in finanziellen Schwierigkeiten – kann dieser Film nicht gedreht werden.

Der letzte Spielfilm von Scotoni/Iklé ist zweifelsohne der aufschlussreichste. Es handelt sich um «Das Fähnlein der sieben Aufrechten», der von Sommer bis Winter 1934 gedreht wird und dessen Erstaufführung am 11. Januar 1935 in Berlin und eine Woche später in der Schweiz stattfindet. «Das Fähnlein der sieben Aufrechten», dem die (übrigens stark veränderte) Novelle von Gottfried Keller zugrunde liegt, ist eindeutig jener Film, für den sich Max Iklé am meisten engagiert. Zunächst drängt er darauf, dass sich die «Terra» trotz Geldschwierigkeiten nicht von dieser Produktion zurückzieht. Doch Scotoni sträubt sich, da dieser der Ansicht ist, das Thema bringe keinen einzigen Pfennig ein. Dank seiner Beziehungen kann Iklé jedoch Goebbels' Ministerium für das Projekt gewinnen. Die «Terra» erhält offiziell den festen Auftrag, die Keller-Novelle zu verfilmen, und das Reich gewährt Iklé dafür finanzielle Unterstützung: Er erhält 300 000 harte Reichsmark, eine für die damalige Zeit aussergewöhnlich hohe Summe. Die Naziführer wollen diesen Film zu ihrem Vorteil nutzen. Sie wünschen *«einen ‹wahrhaft nationalen› Film, eine glanzvolle kulturelle Gemeinschaftstat von Künstlern aus dem Reich und aus der Eidgenossenschaft»*[2], um damit das Terrain für einen Anschluss der Schweiz vorbereiten zu können. Als Beweis für das Interesse, das Goebbels dem Film entgegenbringt, sei erwähnt, dass er am 28. November 1934 bei den Dreharbeiten im Studio höchstpersönlich zugegen ist und dass er für die Premiere in Berlin eine stattliche Anzahl von hochgestellten Persönlichkeiten verschiedener Länder – darunter auch der Schweiz – aufmarschieren lässt. An jenem Tag zieren die Fahnen aller Schweizer Kantone den Berliner Vorführungssaal. Goebbels verleiht dem Werk das Prädikat *«staatspolitisch und künstlerisch besonders wertvoll, volksbildend»*. Die deutsche Presse lobt die Premiere aufs höchste, die Werbetrommel wird lautstark gerührt. Das Ziel ist anscheinend erreicht worden.

«Der Kinostart fällt (...) mit der Volksabstimmung im Saarland zusammen, einem entscheidenden Schritt [Hitlers] hin zum erweiterten ‹Grossdeutschland›.»[3] Es sei darauf hingewiesen, dass der Schweizer Minister Dinichert und Bundesrat Pilet-Golaz (der später Max Iklé in seinen Mitarbeiterstab aufnahm) anlässlich des

---

[1] Renker, Journalist und Mitarbeiter des Berner «Bunds», arbeitete auch für den «Völkischen Beobachter», das offizielle Organ der NSDAP in Berlin. Gemäss Dumont gehörte *«Renker (...) in den zwanziger Jahren zu den meistverkauften Autoren gängiger Heimatliteratur».* (Dumont, a. a. .O., S. 159.) Nach einem seiner Romane wurde denn auch das Drehbuch für «Das verlorene Tal» geschrieben.

[2] Dumont, a. a. O., S. 169.

[3] Dumont, a. a. O., S. 171.

Eidgenössischen Schützenfestes in Fribourg persönlich an den ersten Dreharbeiten teilnahmen. Doch an all dies kann sich Max Iklé heute nicht mehr erinnern ...

«Das Fähnlein der sieben Aufrechten» ist eine belehrende und selbstverständlich zutiefst moralische Geschichte. Anders als in Deutschland wird der Film in der Schweiz kühl aufgenommen. Die vom Super-Nazi Heinrich George gespielte Hauptrolle sowie die zahlreichen nazifreundlichen und gleichmacherischen Töne – insbesondere die offenkundige Verfälschung des Texts von Gottfried Keller – lösen in der Schweiz heftige Reaktionen aus. Sogar die «Neue Zürcher Zeitung» greift mit den Worten ihres Kritikers Edwin Arnet diese Adaptation an, in der die Schweiz zu sehr als *«eine deutsche Provinz»* dargestellt wird. Die Berner Zeitung der «Bund» spricht von *«Wölfen im Schafspelz»*. Berlin schilt die *«Provinzler»*, während Max Iklé sein Produkt in der Presse anpreist und die Kinobesucher auffordert, selbst zu urteilen.

Nach dem «Fähnlein der sieben Aufrechten» sind die Masken gefallen. Die Absichten der «Terra» sind offenkundig. Viele Beobachter der Szene nehmen wahr, dass das Dritte Reich dank des Films sich fest in der Schweiz, namentlich in Zürich, eingenistet hat.

Max Iklé erinnert sich nicht mehr. Er erinnert sich auch nicht mehr genau an die Unruhen rund ums Zürcher Schauspielhaus vom November 1934 und dessen *«jüdisch-marxistische Clique»*. Die Frontisten drohen den Nazi-Gegnern öffentlich mit Konzentrationslagern. Zürich «brennt». Gewalttätige Auseinandersetzungen mit der mit Säbeln bewaffneten Polizei finden statt. *«Den Stadtbehörden wird bewusst»*, führt Dumont aus, *«dass dies die Hauptprobe zur Machtübernahme durch die Schweizer Nazis war...»*[1]

Der Film «Das Fähnlein der sieben Aufrechten», der beim Schweizer Publikum durchfällt, wirkt sich auf die von Max Iklé ins Leben gerufene «Filmbank» (F. F. AG) sehr negativ und auf die engen Beziehungen zwischen Berlin und Zürich fatal aus. Die Gelder fliessen nicht länger, die Anleger zögern, dieses Unternehmen noch weiter zu unterstützen. Iklé spürt, dass der Wind nun aus einer anderen Richtung weht. Er überlässt es Scotoni, die risikoreichen Geschäfte weiterzuführen. Doch auch Scotoni befindet sich in finanziellen Schwierigkeiten und lässt die schon weit fortgeschrittenen Dreharbeiten für zwei Spielfilme abbrechen. Doch weder Scotoni noch Iklé wenden sich völlig vom Filmgewerbe ab. 1937 gründet Ralph Scotoni, der immer noch in Berlin wohnt, eine neue Filmfinanzierungsgesellschaft, die AGFI (Aktiengesellschaft für Filmbeteiligungen), und die Schweizer Filiale der «Terra», die «Terra-Film-Vertriebs-AG», wird in «Film-Beteiligungs- und Verwaltungs-AG» umbenannt. Direktor ist Max Iklé.

[1]   Dumont, a. a. O., S. 172.

Doch es ist hauptsächlich bei der Landesregierung, wo Max Iklé nun aktiv werden will. Iklé, der mit dem Tourismuskreisen nahestehenden Max Senger zusammenarbeitet, wendet all seine Energie dafür auf, um dem Projekt einer schweizerischen Filmproduktion von Bundesrat Etter entgegenzuwirken – welcher sich (ein wenig spät?) über die Verbreitung des nationalsozialistischen Gedankenguts durch das Medium Film beunruhigt und möchte, dass man sich davon distanziert. Philipp Etter, Verfechter der «geistigen Landesverteidigung», beraumt eilends eine «Nationale Filmkonferenz» an, die am 3. Juli 1935 abgehalten wird. Doch die äusserst gewieften Senger und Iklé haben bereits gewichtige Geschäftspartner mit Verträgen in ihrem Tornister, insbesondere dank der Unterstützung der Schweizerischen Verkehrszentrale (deren Vizepräsident Max Senger ist) und verschiedener Eisenbahngesellschaften. Dank der Schaffung einer Eidgenössischen Studienkommission für das Filmwesen gelingt es schliesslich dem Bundesrat mehr oder weniger, diese höchst sonderbare Welt des Films unter Kontrolle zu bringen.

Der Kampf wird im finanziellen Bereich ausgetragen, und zwar geht es um nichts Geringeres als um die Errichtung eines von der öffentlichen Hand getragenen schweizerischen Filmstudios. «*Montreux und Zürich sind die Hauptanwärter fürs Manna aus Bern»*[1], erklärt Hervé Dumont, wobei Subventionen von schätzungsweise eineinhalb Millionen Schweizer Franken oder mehr für dieses Projekt vorgesehen sind. Auch gegen dieses Projekt intrigiert Max Iklé: Mit der Unterstützung seines früheren Partners Scotoni und der Zürcher Grossindustrie gründet er die STOA (Schweizer Tonfilm-Atelier-Genossenschaft), deren Studio ebenfalls eineinhalb Millionen kosten würde. Gemäss Dumont ist die STOA eine Kopie der Berliner Terra. Der Bund weiss in Anbetracht dieses Wirrwarrs nicht, wie er sich entscheiden soll, doch verschiedene Mitglieder der Studienkommission für das Filmwesen befürchten eine mögliche Abhängigkeit vom Reich. Die Eidgenössische Studienkommission für das Filmwesen rät daher, vom Bau eines subventionierten, landeseigenen Studios vorerst abzusehen.[2] Max Iklé, der beschuldigt wird, das Projekt der Bundeskommission zugunsten der STOA torpediert zu haben, wird im Januar 1937 die Wiederwahl in die Filmkommission des Bundes verwehrt.

Doch Iklé verlässt die Filmszene nicht. Unterstützt von den Schweizer Tourismuskreisen produziert er noch einige Kurzfilme[3], deren offensichtliches

---

[1]   Dumont, a. a. O., S. 174.
[2]   *«Die Kommission (…) hat Goebbels' Absicht gewittert, die Medien in der Schweiz gleichzuschalten (…) Für eine lebensfähige und dauerhafte Filmindustrie müsste die Schweiz also unabdingbar mit Deutschland als Partner zusammenarbeiten, dem einzigen Garanten für festen Absatz, und zwar um den Preis des Identitätsverlustes, der Abdankung»* (Dumont, a. a. O., S. 201).
[3]   «Wintersonne» (1937), «Sonnige Jugend» (1937/38), «Zweimal zwei am Tödi» (1937), «Alpenföhn» (1938), «Ein Abenteuer am Thunersee» (1938) – all diese Filme sind halb kommerziel-

Verdienst darin besteht, ein Loblied auf unsere Ski- und Wandergebiete zu singen, deren Botschaft sich indes nie völlig von der nationalsozialistischen Ideologie entfernt. Der Beweis: die Prädikate, die das Reich diesen Filmen verleiht, sowie ihre Vorführung an der Biennale von Venedig, wo sie zum Teil ausgezeichnet werden. *«Es war der Anschluss Österreichs»*, erklärt uns Hervé Dumont im Gespräch, *«der Max Iklé Angst einflösste. Auf jeden Fall war dies der Zeitpunkt, wo er sich distanzierte...»*

Heute kann sich Max Iklé an nichts mehr erinnern. Er spricht gern und ausführlich von der Erfindung des Tonfilms, die er aus nächster Nähe miterlebt hat, berichtet in extenso davon, wie er aufs Filmgeschäft kam – doch dann, plötzlich, hält er im Sprechen inne. Im Lauf der dreistündigen Unterhaltung in seinem Einfamilienhaus in Küsnacht – der See ist in spätherbstlichen Nebel getaucht – konzentrieren sich seine Gedanken auf die transparenten Episoden seines Lebens: auf seine Beziehungen zu Bundesrat Marcel Pilet-Golaz, die Kriegswirtschaft, die Nationalbank, auf eine glänzende Karriere, die von keiner oder fast keiner Wolke getrübt wurde. Ein Buch mit alten Stichen, das auf einem Tischchen liegt, versetzt einen dennoch in jene mysteriösen Jahre zurück: «Erinnerungen an Berlin». Daneben ein Stapel Hefte, die seine Lebensgeschichte erzählen. *«Eigentlich ist es nicht ein Buch, das ich schreibe, und es sind auch nicht meine Memoiren»*, erklärt er, *«ich will bloss meinen Kindern ein paar Aufzeichnungen hinterlassen.»* Kommt man auf den Skandal Kopp zu sprechen, auf die Auswirkungen dieser Affäre auf ihn selbst, so verdunkeln sich seine Augen nicht. Der Mann hat sich unter Kontrolle. Er murmelt nur: *«Ach ja, das war wirklich eine Tragödie. Eine griechische Tragödie.»*

Beinahe im selben Tonfall kommt er auf den Prozess zu sprechen, der zu Beginn des Zweiten Weltkriegs gegen ihn angestrengt worden war. Im Juni 1937 schrieb der Sekretär der Eidgenössischen Filmkommission, Max Frikart, Bundesrat Etter zwei vertrauliche Briefe, in denen er behauptete: *«Iklé und Senger sind Landesverräter.»* Frikart hatte in den Unterlagen der «Terra» herumgestöbert und eine Reihe von Indizien für die Aktivitäten dieser Firma in den Alpen gesammelt. Er hegte den Verdacht, daß Iklé und Senger an Spionageaktionen zugunsten Hitler-Deutschlands teilgenommen hatten. Sein Dossier, «Die Terra und ihre Filme», löste in Bern lebhaftes Interesse aus. Doch der Bundesrat, mit Etter an der Spitze, musste sich vom Sekretär der Eidgenössischen Filmkommission, Max Frikart, distanzieren.[1] Die Anschuldigung, die zwar auf besorgniserregenden Indizien gründete und zudem von

---

ler, halb politischer Natur. Das Reich hat den meisten dieser fünf Filme entweder das Prädikat «wertvoll» oder «besonders wertvoll» verliehen.

[1] Dass die Schweizer Filmindustrie nicht völlig auf die Ideologie des Reichs einschwenkte, ist insbesondere Frikart zu verdanken. Der Sekretär der Filmkommission bediente sich verschiedener Listen, um die Entscheidung zu verzögern (siehe Dumont, a. a. O., S. 173 f. und 200).

einem Experten stammte, von dem man sich schlecht vorstellen kann, dass er sich ohne weiteres auf eine solche Sache eingelassen hätte, enthielt offenbar keine handfesten Beweise. Dieser Prozess erregte grosses Aufsehen in der Schweiz in der Zeit von 1938 bis 1941, jenen Jahren, in denen die Eidgenossenschaft es sich nicht leisten konnte, ihrem mächtigen Nachbarn zu missfallen. Die Schweiz war gerade im Begriff, bedeutende wirtschaftliche Abkommen zu treffen.

Wenn die richtigen Kreise sich vermählen...[1]

Es war in den Jahren von 1933 bis 1937, dass Max Iklé sein Image aufbauen konnte, dass er auf eine totale Kollaboration mit dem Nazi-Deutschland hinarbeitete und vor allem dass er an der Spitze der politischen Kreise der Schweiz, zunächst bei Pilet-Golaz, dann bei General Guisan Einzug hielt. – Eine Karriere, die mit dem Präsidentensessel bei der Nationalbank ihren Höhepunkt erreichte.

Elisabeth Iklé wurde am 16. Dezember 1936 geboren. Zu jener Zeit ist Max Iklé im Begriff, der Filmindustrie den Rücken zu kehren, um sich als Mitarbeiter des Delegierten für Arbeitsbeschaffung offizielleren Aufgaben zu widmen. Elisabeth hat zwei Schwestern, Marianne, die ältere, und Beatrix, die jüngere. *«Zu Hause sprach man nie vom Geld, doch man dachte ständig daran.»*[2] Dies erzählte Marianne, die sich von der Familie am stärksten distanziert hat. Es wurde auch nicht über die jüdische Abstammung der Iklés gesprochen. Worüber sprach man denn?

Elisabeth Iklé liebt die Tiere, die Natur, den Wintersport – sie wird sogar eine hervorragende Eiskunstläuferin. Sie steht ihrer Mutter (einer geborenen Heberlein – eine weitere einflussreiche Industriellenfamilie) näher und hält sich auch oft bei einem sehr reaktionären, aber menschlichen Onkel, Georges, auf. Später sagt Ehemann Hans W. Kopp oft, Elisabeth habe verschiedene charakterliche (und körperliche) Eigenschaften von «Schorsch» geerbt: die Ausdauer, den Arbeitswillen. Die stahlblauen Augen, die Statur. In ihrer Jugend liest sie am liebsten die Bücher von Karl May (jenem Autor, der einen ins Amazonasgebiet entführt, ohne je dort gewesen zu sein...), doch sie bleibt vernünftig und studiert Jura.

1956: Die Familie zieht von Muri (Bern) nach Küsnacht bei Zürich. Max Iklé ist eben ins Direktorium der Nationalbank berufen worden. Elisabeth Iklé schreibt sich für das Jus-Studium ein. 1956 ist auch das Jahr des Einmarschs sowjetischer Truppen in Budapest. Ein Schock für die Iklés, die die

---

[1] Siehe dazu auch Catherine Duttweiler, Kopp & Kopp, a. a. O.
[2] Viktor Parma, Unerschütterlicher Wille, in: Bilanz, Dezember 1984.

rote Gefahr wie die Pest fürchten. Elisabeth bekundet ein starkes Interesse für die Weltpolitik und für den Antikommunismus, was ihr von ihrem Vater vermittelt worden ist. Sie unterbricht ihr Studium für zwei Jahre, um bei der Bewegung für die Direkthilfe zugunsten der ungarischen Flüchtlinge aktiv mitzuwirken. 1957 wird sie (will sie immer noch dem Vater ihre Verbundenheit beweisen?) Mitglied der Freisinnig-Demokratischen Partei, der auch ihr Vater angehört, und setzt sich für die Belange der Frauen ein. Sie tritt auch in den Frauenhilfsdienst (FHD) ein, wo sie den Posten einer Sanitätsfahrerin übernimmt.

Am 14. Februar 1959 sollte sich ihr Schicksal entscheiden, sie weiss es bloss noch nicht. Elisabeth Iklé reist mit einer Gruppe Schweizer Studenten nach Berlin, wo sie an mehreren Treffen mit berühmten militanten Antikommunisten teilnehmen will. Der Mann, der sich im Flugzeug neben sie setzt, heisst Hans W. Kopp. Auch er Jus-Student an der Universität Zürich und kurz vor dem Studienabschluss. Er ist aktives Mitglied des Schweizerischen Aufklärungsdienstes (SAD), einer Art antikommunistischer Plattform, und bereits dessen Vizepräsident. In Berlin trennen sich Elisabeth Iklé und Hans W. Kopp nicht eine Sekunde. Sie tanzen den ganzen Abend. Bei der Rückkehr nach Zürich sind sie verlobt! Und auch wenn Elisabeths Mutter diesen Mann nicht mag, ohne genau sagen zu können, weshalb, ihr Vater schätzt Hans W. Kopp, dessen Vater ebenfalls dem Freisinn angehört, und weil Hans W. Kopp wie er selbst (und wie Elisabeth) aktiver Gegner des Kommunismus und der von ihm ausgehenden Bedrohung ist. Das junge Paar heiratet. 1963 kommt ihre Tochter Brigitt zur Welt.

Hans W. Kopp ist Anwalt, ein brillanter Anwalt, wie gesagt wird, obwohl einige seiner Professoren gewisse Zweifel an seiner ausserordentlichen Intelligenz hegten und schon damals ihre Vorbehalte anmeldeten. Zu Beginn der siebziger Jahre muss er sein Anwaltspatent abgeben, ohne dass die Affäre damals publik geworden wäre. 1984 wird er von Journalisten[1] und einer hochgestellten Luzerner Persönlichkeit angegriffen. Man wirft ihm vor, seinen Angestellten den Hintern versohlt zu haben. Der Skandal (die sogenannte «Füdlitätsch»-Affäre) wird von den Parteibonzen der FDP, den mächtigen Zürchern, vertuscht, die um jeden Preis wollen, dass Elisabeth Kopp-Iklé zur Bundesrätin gewählt wird.

Hans W. Kopp hatte 1971 auch sein eben erst übernommenes militärisches Bataillons-Kommando abgeben müssen, und zwar, weil er erneut einem seiner Angestellten den Hintern versohlt hat, diesmal einem jungen Anwalt, der ein Praktikum bei ihm absolviert und dessen militärischer Vorgesetzter Hans

[1] Vgl. u. a.: Niklaus Meienberg, Das Wahre ist das Unwahrscheinliche, Die WochenZeitung (WoZ), Ausgabe vom 28. September 1984.

W. Kopp zudem ist. Doch Elisabeth und Hans W. Kopp suchen den Kommandanten des Waffenplatzes auf und überzeugen ihn, es bei *«einer Beurlaubung aus Gesundheitsgründen»*[1] bewenden zu lassen. Der Kommandant gibt widerwillig und aus Naivität nach. Hans W. Kopp geht aus dieser Angelegenheit unbescholten hervor. Bei der Schweizer Armee wird ihm vielmehr ein noch wichtigerer Posten anvertraut: Neun Jahre lang (1980–1988) leitet er als Oberst die Sektion «Psychologische Abwehr» im Generalstab. Hans W. Kopp präsidierte auch, trotz seiner von ihm heruntergespielten dubiosen Rolle im Zürcher «Presse-Handel»[2] die Eidgenössische Expertenkommission für eine Mediengesamtkonzeption (MGK). Insbesondere musste er den Status der Privatradios klären; zudem kümmerte er sich sehr um die Ethik der Journalisten.

Hans W. Kopp ist ein mächtiger Mann und ein Mann, der Protektion geniesst. Seit 1983 hat er mit der *«Shakarchi»* zu tun, nämlich als deren Vizepräsident. Auf den Rat seiner Frau hin scheidet er am 27. Oktober 1988 aus dieser Firma aus. Als er damals befragt wurde, ob er von einem Leck seitens seiner Frau, der Justizministerin, profitiert habe, antwortete er: *«Um Gottes willen, nein!»*[3] Die Geschichte hat gezeigt, dass das nicht stimmt.

Wenn man sich heute informell mit ihm in seiner noblen Kanzlei in Zürich unterhält, gibt der Gatte der ehemaligen Bundesrätin zu erkennen, dass auch er die Angelegenheit zu verstehen sucht. Vier Niederlagen auf einen Schlag – die meisten, wenn nicht alle anderen Menschen wären darob völlig zerschmettert. Er nicht. Er scheint immer noch von sich überzeugt zu sei. Überzeugt von seiner Wahrheit, wenn nicht gar von seiner Allmacht. Die alte Anschuldigung wegen seines Ausschlusses aus dem Militär fegt er vom Tisch. *«Das ist ganz einfach eine Verleumdung. Diese Affäre geht auf eine alte Geschichte zwischen meinem Vater [Paul Kopp, Stadtpräsident von Luzern, A. d. Verf.] und Hans Rudolf Meyer, seinem Nachfolger in diesem Amt, zurück.»* Er macht ein Gesicht, als fühle er sich gekränkt.

Dieselbe Haltung, wenn man auf seine Rolle im schweizerischen Geheimdienst, auf seine Stellung als Chef der Sektion «Psychologische Abwehr» und auf die Ostfront zu sprechen kommt. *«Das alles hat nichts miteinander zu tun»*, sagt er.

Dieselbe Haltung schliesslich in bezug auf seine Beziehungen zu einem weiteren einflussreichen Mann der Familie, Fred Iklé, unter Präsident Reagan

---

[1] Gemäss dem Waffenplatzkommandanten von Luzern soll es Elisabeth Kopp gewesen sein, die mit ihm gesprochen und diesen Vorschlag gemacht habe. Auf diese Weise kam es zu keinem Vermerk, dass ihm das Kommando entzogen worden war, und nur der Stempel «Beurlaubung aus Gesundheitsgründen» weist auf die Suspendierung hin.

[2] Vgl. dazu Catherine Duttweiler, a. a. O., Seite 100 f.

[3] Vgl. Schweizer Illustrierte vom 14. November 1988.

die Nummer drei im Pentagon und massgeblich an der illegalen Militärhilfe an den Iran und die Contras beteiligt. *«Meine Frau und ich hatten mit Fred Iklé immer nur lose Kontakte, die stets privater Natur waren.»*

Die Affären Jeanmaire und Bachmann

Wann kommt Licht in die Dunkelkammern der Nation?

Ab Mitte der siebziger Jahre lieferten sich die Bundespolizei (Abwehr) und der Nachrichtendienst einen regelrechten Krieg. Was der eine Dienst aufbaute, riss der andere nieder. Spezialagenten, die der Nachrichtendienst als Lockvögel auf östliche Geheimdienste ansetzte, wurden von der Abwehr als Ostspione festgenommen. Dieser interne Streit nahm derartige Ausmasse an, dass ehemalige Mitglieder des Nachrichtendienstes sogar annehmen, die Affären Jeanmaire und Bachmann seien im eigenen Hause inszeniert worden.

Dieser unheilvolle Streit zwischen den verschiedenen Diensten und die Differenzen zwischen dem EJPD und dem EMD fallen genau in jene Zeit, als sich der private Zweig der CIA in der Schweiz einnistete. Diese private CIA, die im Zentrum der Iran-Contra-Affäre stand, unterhielt bedenklich engen Kontakt zur Schweiz. Es stellt sich daher die Frage: Gibt es auch in der Schweiz – ähnlich wie in den USA während der Iran-Contra-Operation – eine selbsternannte «Schatten-Regierung», bestehend aus offiziellen Beamten und «privaten» Staatsschützern? Oder aber: Haben die Amerikaner den Schweizer Nachrichtendienst manipuliert und so zur Mitarbeit bewegt?

Die Affäre Jeanmaire

Am 9. August 1976 platzt die Affäre Jeanmaire. Um sieben Uhr morgens wartet Kommissar Pilliard von der Bundespolizei vor dem Haus in der Nähe des Bundesgerichts in Lausanne auf Brigadier Jean-Louis Jeanmaire. Er weist ihm einen von Bundesanwalt Gerber unterzeichneten Haftbefehl vor. Dieser ist knapp abgefasst und erwähnt lediglich folgendes: *«Verletzung von Artikel 274 StGB (Militärischer Nachrichtendienst) und Artikel 301 (Spionage zum Nachteil eines fremden Staates).»* Kommissar Pilliard fordert Jean-Louis Jeanmaire auf mitzukommen. Sie begeben sich auf den Polizeiposten bei der Marktplatztreppe in Lausanne. Einige Stunden später wird Jeanmaire im Bois-Mermet-Gefängnis im höher gelegenen Teil von Lausanne inhaftiert.

Überrascht und schockiert, begehrt Jeanmaire Einzelheiten über die gegen ihn erhobenen Anklagepunkte zu erfahren. Doch die sind Kommissar Pilliard offensichtlich nicht bekannt. Er muss sie erst suchen. Im übrigen ist der von der Bundesanwaltschaft erlassene Haftbefehl wie ein Blankocheck. Er nennt keinerlei Fakten. Aber er ist von Rudolf Gerber unterzeichnet. Alles, was Kommissar Pilliard Jeanmaire daher sagen kann, ist, dass *«es zu schwerwiegenden Indiskretionen gekommen und seine Anschuldigung auf Befehl eines Bundesrats erfolgt ist»*.

Der Bundespolizeibeamte fügt – wie sich Jeanmaire uns gegenüber erinnert – sogar noch hinzu, der Brigadier werde nie wieder aus dem Gefängnis herauskommen. Gleichzeitig durchsuchen vier Kommissare der Bundespolizei die Wohnung Jeanmaires, während in Bern eine seiner ehemaligen Nachbarinnen verhaftet wird.

Die Verhöre lösen einander ab, doch die Vergehen sind noch immer nicht bekannt. Gewiss gibt Jeanmaire nach mehreren Tagen Einvernahme erschöpft zu, Kontakte zu Denissenko, dem sowjetischen Militärattaché in der Schweiz, unterhalten zu haben. In der Folge wird sich bestätigen, dass Jeanmaire dem Attaché tatsächlich Dokumente[1] übermittelt hat, doch wird man ebenfalls feststellen, dass diesen Unterlagen in bezug auf die militärische Landesverteidigung keinerlei Bedeutung zukommt. Im übrigen hatte Jeanmaire nur Zugang zu wenig sensiblen Informationen, die sich im wesentlichen auf den Luftschutz bezogen. Und wie Brigadier Jeanmaire später zu seiner Verteidigung sagen wird, ohne dass dies von jemandem berücksichtigt worden wäre: *«Diese Dokumente wurden den ausländischen Militärattachés bei Manövern oder Vorführungen der Schweizer Armee ausgehändigt. Sie waren sogar Bestandteil der offiziellen Propaganda.»*

---

[1] Die Liste der übermittelten Dokumente beschränkt sich auf Pläne für eine Luftschutzübung sowie auf ein offizielles Verzeichnis der Beamten des EMD.

Nach beinahe zehn Wochen – mit den Beweisen gegen Jeanmaire ist man noch um kein Jota vorangekommen – wartet Kurt Furgler, Bundesrat und Vorsteher des EJPD, mit aufsehenerregenden Informationen auf. Am 7. Oktober 1976 behauptet er in einer äusserst scharfen Rede vor den Eidgenössischen Räten, Jeanmaire habe «*aus dem Bereich der Kriegsmobilmachung geheimste Unterlagen und Informationen geliefert*»[1]. Einen Monat später wird er Jeanmaire anlässlich einer Pressekonferenz als den «*grössten Verräter des Jahrhunderts*» hinstellen. Die erschütterten Parlamentarier bilden unverzüglich eine Untersuchungskommission, die sogenannte «Arbeitsgruppe Jeanmaire», später «Arbeitsgruppe Müller-Marzohl» genannt (nach dem Namen ihres Präsidenten Alfons Müller-Marzohl, CVP, Luzern). Sie soll die Auswirkungen der Affäre Jeanmaire auf die Landesverteidigung untersuchen.

Jeanmaire wird anschliessend in das Zentralgefängnis von Bern überführt. Die Reise erfolgt in einem schönen Cadillac der Bundespolizei; Pilliard sitzt neben dem Brigadier. Als sie in wenigen hundert Metern Entfernung vom Gefängnis Bellechasse vorbeifahren, sagt Jeanmaire: «*Ich nehme an, dass ich meine Tage hier beenden werde...*» Pilliard erwidert trocken: «*Mit Sicherheit nicht!*» Der Kommissar hält die Anklageschrift fest in den Händen – etwa dreissig Seiten –, die er nach der Ankunft in Bern unverzüglich dem ausserordentlichen Untersuchungsrichter übergibt. Der Brigadier kommt in Isolationshaft; in seiner Zelle im Zentralgefängnis gibt es keine Dusche und auch keine Kontakte mit irgend jemandem.

Am 8. Oktober, einen Tag nach der Rede Kurt Furglers vor den Eidgenössischen Räten, ändert Kommissar Pilliard seine Einvernahmemethode. Er begibt sich mit einer Flasche Waadtländer Weisswein in die Zelle des Brigadiers. Er entnimmt seiner Aktentasche zwei Gläser, entkorkt die Flasche und verkündet Jeanmaire, wie dieser uns erzählte, triumphierend: «*Furgler konnte sich Luft machen, Gnägi (der Chef des EMD, A. d. Verf.) wird vor die Tür gesetzt werden und Furgler endlich das EMD, das er will, bekommen! Und wir bei der Bupo (Bundespolizei) werden ihn los sein!*» Obgleich die Feststellung des Waadtländer Polizeibeamten im Hinblick auf die Ambitionen des St. Gallers zutraf (der sehr früh sein Interesse für die militärischen Angelegenheiten bekundete, bevor er den ausländischen Angelegenheiten den Vorzug gab)[2], erfüllte sich die Prognose nicht ganz. Der Vorsteher des EMD, Gnägi, musste in der Tat erst drei Jahre später gehen. Und Furgler bekam das EMD nicht. Auch nicht das Departe-

[1] Nationalratsprotokoll vom 7. Oktober 1976, Seite 1233.
[2] Furgler setzte sich sehr für die Schaffung des Postens eines Generals in Friedenszeiten ein, mit dem er liebäugelte, wie sich viele der damaligen Nationalräte erinnern. Er versuchte einen Departementswechsel für sich zu erwirken, damit er für diesen Posten in Frage käme. Doch als Brigadier war es ihm unmöglich, zum Oberstkorpskommandanten aufzusteigen, und somit nahm der Traum vom «General in Friedenszeiten» ein Ende.

ment für auswärtige Angelegenheiten. Er blieb im Eidgenössischen Justiz-
und Polizeidepartement, übrigens nicht ohne ihm seinen Stempel aufzudrük-
ken (wie wir heute feststellen können!).

Als Verräter gebrandmarkt und vom Richter beschimpft

Am 9. November 1976 geht Kurt Furgler – immer noch auf der Grundlage
von Informationen seitens des Bundesanwalts Rudolf Gerber – erneut zum
Angriff über, doch diesmal vor der Presse. Bei diesem Anlass beschuldigt er
Jeanmaire, er habe das Fliegerabwehrsystem «Florida» an die Russen verraten. Er belegt seine Äusserungen mit Zahlen: *Der Schaden beläuft sich auf 200
bis 300 Millionen Franken.* Die Politiker fühlen sich höchst unbehaglich. Was
die Motive betrifft, die Brigadier Jeanmaire dazu getrieben hätten, «Florida»
an den Osten zu verraten, so seien sie finanzieller Natur gewesen. Im Dezember 1976 verleiht Dieter K., ehemalige Postordonnanz des Brigadiers, dieser
Version Glaubwürdigkeit. Er beteuert, er selbst sei beauftragt worden, Geld
beim Postamt abzuholen. Die Öffentlichkeit ist verunsichert, nicht aber Jeanmaire.

Erst am 23. November 1976 (107 Tage nach seiner Verhaftung!) wird der
Brigadier zum erstenmal einem Richter vorgeführt. Kommissar Pilliard hat
seine Untersuchung abgeschlossen und Militärrichter Reymond die Akte mit
den Hauptanklagepunkten übergeben. Aber Pilliard weiss: Die Beweise sind
dürftig, wenn nicht sogar gegenstandslos. Pilliard wird sich übrigens zu einem
späteren Zeitpunkt gegenüber M. R.[1], einem Waadtländer Polizeibeamten,
der heute im Ruhestand lebt, in diesem Sinn äussern: *Um deinen Freund Jeanmaire ist es geschehen, aber unsere Beweisführung ist nicht unbedingt stichhaltig...*.
Dies sagte er am 19. Juni 1977, um 22.00 Uhr, in London im eleganten Rahmen des Royal Tournament. M. R. erinnert sich mit einer Klarheit und Ge-
nauigkeit an Einzelheiten dieser Szene, die jeden Zweifel ausschliessen. *Ich
war bestürzt*, gesteht er.[2]

Am 12. September 1979 erlag Kommissar Pilliard einer plötzlichen Krankheit; dabei hatten alle, die ihm nahestanden, geglaubt, er erfreue sich bester

---

[1]   M. R. hat uns gebeten, seine Anonymität zu wahren, was wir auch getan haben. Wir konnten
seine Äusserungen jedoch anhand anderer Aussagen überprüfen, was uns berechtigt, sie ernst zu
nehmen.

[2]   M. R. versuchte zwar (etwas spät), diese Information publik zu machen, doch sah er sich einer
Wand gegenüber, auch innerhalb der Sozialistischen Partei, wo Helmut Hubacher erklärte, *«nicht
über die Affäre Jeanmaire informiert zu sein»*. Immerhin war der Präsident der SP Mitglied der parlamentarischen Geschäftsprüfungskommission, die den Fall aufgriff! Er hätte im Bild sein müssen...

Gesundheit, um so mehr, als er sich auf den Wasa-Lauf, jenen berühmten Ski-Langlauf vorbereitete, an dem er im Winter teilzunehmen gedachte. Als Jeanmaire vom Tod des Kommissars Pilliard erfuhr, war er erfreut. Doch der mit psychologischem Feingefühl ausgestattete Kriminologe der Strafanstalt Bellechasse, wo Jeanmaire seine Strafe verbüsste, machte die folgende treffende Bemerkung: «*Freuen Sie sich nicht zu sehr! Es ist der Zeuge Nummer 1 Ihrer Affäre, der eben gestorben ist.*» Niemand von der Familie Pilliard, weder die Gattin noch die Kinder, hat sich jemals über die Umstände, unter denen der Kommissar gestorben ist, geäussert. Die Haltung äusserster Diskretion, die die Familie und einige nahestehende Personen einnehmen, lässt keinerlei Schlüsse zu. Doch gemäss M. R., der den Kommissar ziemlich gut kannte, «*nagten Zweifel an Pilliard.*»

Am 23. November 1976 präsentiert Richter und Oberst Jean-Frédéric Reymond Jeanmaire eine neue Liste von Fragen. Man würde meinen, es bedürfe mehrerer Tage, wenn nicht gar mehrerer Wochen, um ein solch heikles und gewichtiges Dossier abzuschliessen. Das Verhör vom 23. November dauert indes nur zweidreiviertel Stunden! Eine zweite Einvernahme fand nicht statt!

Brigadier Jeanmaire ist ausserordentlich enttäuscht. Er hatte erwartet, es sei dem Richter ein Anliegen, eine Bestandsaufnahme der Fakten zu machen und diese zu beweisen. Jeanmaire ist um so befremdeter, als der Richter, statt ihm die vom EMD gegen ihn erhobenen Anklagepunkte klar darzulegen, wie das Gesetz es vorschreibt, sich auf eine magistrale Standpauke beschränkt. Der Richter legt ihm eine Liste mit Fakten vor, die er ihn abzuhaken bittet... Als Jeanmaire sich erstaunt zeigt, muss er eine Schimpfkanonade über sich ergehen lassen. «*Dabei hat Oberst Reymond seine Beförderung zum Teil mir zu verdanken...*», sagt Jeanmaire heute verbittert. «*Wir waren seinerzeit sogar per du. Ich habe seine Haltung nie verstehen können.*»

Ein seltsamer Prozess

Juni 1977: Der Prozess wird unter strengster Geheimhaltung in Lausanne im Palais de justice Montbenon eröffnet. Er dauert mehrere Tage, während derer die Presse sich mit Informationsbröckchen begnügen muss, die von den verantwortlichen Militärjustizstellen sorgfältig gefiltert werden. Jeanmaire wird des Landesverrats für schuldig befunden. Das Divisionsgericht 2 verurteilt ihn am 17. Juni zu 18 Jahren Zuchthaus. In seiner Urteilsbegründung erklärt das Gericht, Jean-Louis Jeanmaire habe «*in der Zeit von 1962 bis 1975 ohne nennenswerte Unterbrechung Informationen und Dokumente an verschiedene sowjetische Militärattachés weitergegeben. Seiner Straftat lag ein einheitlicher Willensentschluss zugrunde (...) Wenn der Angeklagte während eines bestimmten Zeit-*

raums keine Informationen weitergab, so geschah dies nicht, weil er von sich aus beschlossen hätte, seine strafbaren Handlungen vorübergehend einzustellen, sondern ausschliesslich deshalb, weil keine Informationen von ihm verlangt wurden.» [1] (...) Was die persönlichen Umstände betraf: *«Das Gericht hält dem Angeklagten die unserem Lande während der ganzen Dauer seiner Laufbahn erwiesenen Dienste, die positive Einstellung, die er unserem Land gegenüber hegt, das Fehlen einer gewinnsüchtigen Absicht sowie sein Alter zugute. Zu Lasten des Angeklagten hält das Gericht fest, dass er Instruktor und Offizier des Generalstabs war. War er zum Zeitpunkt seiner ersten Vergehen noch Oberst, so setzte er diese fort, nachdem er zum Brigadier befördert worden war. Die lange Dauer der Straftaten und das Fehlen jedes Versuchs, damit aufzuhören, wirken sich als erschwerende Umstände aus. Vor allem ist es schockierend, dass der Angeklagte seine Tätigkeit als Militärrichter weiter ausübte, während er selbst schwere Vergehen beging. Schliesslich kann das Gericht nicht über das schwerwiegende moralische Unrecht hinwegsehen, das der Angeklagte dem Land, seiner Armee und seinem Offizierskorps zugefügt hat»* [2]

Das Urteil ist hart. Es tönt wie ein Fallbeil. Und es versetzt sogar die unerbittlichsten und am besten informierten Kreise in Erstaunen. So hatte auch Auditor Dinichert seine Verlegenheit zum Ausdruck gebracht. Nur wenige Stunden vor seiner Anklagerede hatte Dinichert Willy Heim, dem damaligen Staatsanwalt des Kantons Waadt, im Vertrauen mitgeteilt, er wisse nicht, wie viele Jahre er für Jeanmaire fordern solle, auf jeden Fall *«höchstens 14 Jahre»*, hatte er hinzugefügt; dabei ging er von der Vorstellung aus, das Gericht würde die Strafe gegen den zu schwatzhaften Brigadier auf 10 oder 12 Jahre herabsetzen.[3] Dem Auditor, wie seinerzeit auch Kommissar Pilliard, kamen die tatsächlichen Anklagepunkte nicht schwerwiegend vor, jedenfalls nicht so schwerwiegend, wie dies Kurt Furgler, gestützt auf Rudolf Gerber, in den Wochen nach der Verhaftung des angeblichen *«Verräters des Jahrhunderts»* hatte durchblicken lassen.[4] Abgesehen von den Dokumenten im Zusammenhang mit dem Luftschutz, wurde Jeanmaire beschuldigt, Denissenko ein Adressenverzeichnis hoher Offiziere der Schweizer Armee ausgehändigt zu haben, was eine eher ungeschickte als gegen die «strenge Geheimhaltungs-

[1] Auszug aus dem Urteil vom 17. Juni 1977.
[2] Ebenda.
[3] Gemäss persönlicher Auskunft von W. Heim an die Autoren.
[4] Abgesehen von seinen beiden aufsehenerregenden Auftritten vor dem Nationalrat und der Presse, kam Bundesrat Kurt Furgler nie wieder auf das Thema zu sprechen. Er lehnte es kategorisch ab, sich dazu zu äussern, auch dann, als gut informierte Journalisten ihn nachdrücklich darum baten. So nehmen wir denn an, Kurt Furgler habe erkannt, dass er einem noch schlaueren Fuchs auf den Leim gegangen war. Doch sein Schweigen hat etwas Peinliches, um so mehr, als Kurt Furgler seine Worte keineswegs auf die Goldwaage legte, als er jene Atmosphäre schuf, in welcher der Prozess sich dann abspielte, und ein gerüttelt Mass an politischer Vorverurteilung vornahm.

pflicht» verstossende Handlung war. Diese beiden Dokumente waren zwar als «geheim» eingestuft worden, doch gab es nicht die geringste Spur einer Indiskretion im Zusammenhang mit der Hochtechnologie und noch weniger mit dem «Abwehrsystem Florida». Sowohl Kommissar Pilliard als auch Auditor Dinichert waren zu diesem Schluss gelangt.

Auch Oberst Amstein, der Chef der Bundespolizei, hatte am 8. Juni 1977, wenige Tage vor dem Prozess, Zweifel geäussert. *«Das ist ein Bagatellfall»*, glaubte der Oberst anlässlich einer internen Sitzung der Bundespolizei in Bern[1] sagen zu können. Er kann diese Äusserung nicht gemacht haben, ohne über zuverlässige Quellen zu verfügen. Mit diesen Worten schloss er sich der Meinung Kommissar Pilliards an und bestätigte sie; Pilliard, sein Untergebener, hatte die Untersuchung durchgeführt und schien von allen am besten informiert.

Als das Westschweizer Fernsehen in der Sendung «Temps Présent»[2] die Äusserungen von Oberst Amstein enthüllte, entgegnete dieser, er habe nie so etwas gesagt und auch nie von einem «Bagatellfall» gesprochen. Aber er leitete auch keine offiziellen Schritte oder Massnahmen auf höherer Ebene ein, damit «die» Wahrheit wiederhergestellt würde – jene, die damals bei der Militärjustiz akkreditiert war. Es darf daher wohl zu Recht die Schlussfolgerung gezogen werden, dass Amstein, wie auch viele andere im EMD, ganz genau wusste, dass Jeanmaire nicht der Verräter war, für den man ihn hielt, sondern dass die Affäre im Gegenteil dazu diente, andere, schwerwiegendere Tatsachen zu verschleiern. Wir werden später feststellen, dass die Hypothese, wonach die Affäre Jeanmaire als Schleier diente, auch heute noch ihre Berechtigung hat. Auf jeden Fall tauchen zunehmend Zweifel auf. Und sie werden sich noch verdichten.

Jeanmaire sitzt nun also im Gefängnis, im zubetonierten Schweigen des Militärgeheimnisses. Ohne den geringsten Beweis und trotz der Zweifel jener, die Einblick in die denkwürdige Anklageakte hatten. In dieser an Paranoia grenzenden Atmosphäre nimmt die Untersuchungskommission ihre Arbeit auf.

Auch die Kommission hegt Zweifel

Am 21. Oktober 1977 ergeht ein erster Bericht an das Parlament.[3] Ausgehend von den vom Eidgenössischen Militärdepartement (EMD) zur Verfügung ge-

---

[1]   Von dieser Sitzung gibt es ein schriftliches Protokoll, in dessen Besitz wir sind.
[2]   13. April 1989.
[3]   Bericht Nummer 77.073.

stellten Unterlagen hegt nun auch die «Arbeitsgruppe Müller-Marzohl» heftige Zweifel. Jedenfalls kann sie nicht bestätigen, dass Jeanmaire tatsächlich geheime Informationen im Zusammenhang mit dem Fliegerabwehrsystem «Florida» weitergegeben hat, wie Kurt Furgler behauptete. Die Arbeitsgruppe hält es für ausgeschlossen, dass Jeanmaire jemals in den Besitz streng geheimer Informationen gelangte. Damit nehmen langwierige Überprüfungsarbeiten ihren Anfang. Müller-Marzohl und seine Kollegen stossen immer wieder an die Grenzen, die ihnen durch das Militärgeheimnis gesetzt werden. Eingeschüchtert begeben sie sich in die engen Flure der Bundesanwaltschaft, des EMD und des Geheimdiensts.

Fast zwei Jahre später, am 29. Mai 1979, legt die Geschäftsprüfungs- und Militärkommission des Nationalrats einen zweiten, vollständigeren Bericht über die Spionageabwehr in der Schweiz vor. Die Gemüter haben sich anscheinend beruhigt. Dieses Mal ist das Verschulden Jeanmaires noch weniger klar ersichtlich. Jeanmaire kannte keine Geheimnisse, er war nicht an der Ausarbeitung irgendeines Einsatz- oder Aufmarschplans der Armee beteiligt, und der Kommission gelingt es trotz zweijähriger Untersuchungstätigkeit nicht, den Nachweis zu erbringen, dass tatsächlich auch nur der geringste Schaden angerichtet wurde. Die Schweizer Armee, die ganz zu Beginn nach Aussage von Kurt Furgler geschätzt hatte, dass sie in dieser Affäre einen Verlust von 200 bis 300 Millionen Franken erlitten habe, muss nun wohl oder übel feststellen, dass ihre Annahme unbegründet war.

Auch die Ermittlung gegen Jeanmaire wies bereits mehrere zweifelhafte Verfahrensmängel auf. «Temps Présent» liess von Maître Charles Poncet, einem Genfer Rechtsanwalt, ein Rechtsgutachten erstellen. Aus diesem geht im wesentlichen hervor, dass der Haftbefehl nicht korrekt abgefasst wurde; dass die Einvernahme durch den Untersuchungsrichter verspätet erfolgte; dass die Vorschrift über die Vorladung der Zeugen verletzt wurde – alles schwerwiegende Verstösse gegen die grundlegenden Vorschriften über das Recht auf Verteidigung. Poncet fügte ebenfalls eine Bemerkung zu der von Kurt Furgler kurz nach der Verhaftung Jeanmaires eingenommenen Haltung hinzu. *«Die Äusserungen von Bundesrat Furgler erzeugten einen beträchtlichen moralischen Druck, und es darf betont werden, dass damit gegen die Gewaltentrennung und insbesondere gegen die Unabhängigkeit der Justiz verstossen wurde.»* [1]

Die Quelle «X» teilte uns mit, dass *«die Affäre Jeanmaire nur ein Rauchvorhang war, dazu bestimmt, andere, schwerwiegendere Affären zu vertuschen».* Aufgrund der Stellung, die die Quelle «X» sowohl zum Zeitpunkt der Ereignisse als auch nach den parlamentarischen Untersuchungen bekleidete, ist sie ernst zu nehmen. Ein anderer Zeuge, auch er auf adäquatem Rang in der Hierarchie,

---

[1] Anhang zum Rechtsgutachten von Maître Poncet, S. 20.

empfahl, die Erklärung *«für dieses ganze ‹Puff› beim Geheimdienst»* zu suchen, und zwar (seinen Worten zufolge) bereits zur Zeit des Zweiten Weltkriegs. Das Jahr 1989 (und der fünfzigjährige Gedenktag der Mobilmachung) eignet sich hervorragend für einen solch kritischen Rückblick. Obwohl wir keine Historiker sind, haben wir versucht, alles, was nicht so klar war, zusammenzutragen und unsere Informationen in einen grösseren Kontext zu stellen.

Major Lüthis Dossiers – Zündstoff, den es zu entschärfen galt

Eine Episode ist von Bedeutung. Sie ereignete sich am 28. Juni 1977. Ein kleiner, verängstigter Mann namens Fritz Lüthi nimmt mit dem Präsidenten der Arbeitsgruppe, Alfons Müller-Marzohl, Kontakt auf. Fritz Lüthi ist weder ein Verleumder noch ein Bluffer. Lange unterhält er sich mit dem CVP-Parlamentarier. Einige Tage später, am 2. Juli, überreicht er ihm in dessen Privatwohnung in Luzern fünf umfangreiche Dossiers, die alle als «geheim» eingestuft sind und vom Nachrichtendienst stammen.

Lüthi kennt sich gut aus in diesen Kreisen. Seit dem 15. September 1967 bekleidet er schliesslich den Posten des Chefs der Nachrichtenbeschaffung Dritte Welt bei der UNA (Untergruppe Nachrichtendienst und Abwehr im EMD). Lüthi, den alle, einschliesslich seiner Vorgesetzten, als hervorragenden Agenten betrachten, wird «Chefspion». Doch fünf Jahre später, 1976, versetzt ihn das EMD im Anschluss an einen Konflikt mit einigen seiner Vorgesetzten wieder auf seinen früheren Posten zurück. Lüthi fühlt sich als Geprellter der Machenschaften innerhalb des Schweizer Geheimdiensts. Er beginnt zu verstehen.

Aber es ist nicht aus Rache, dass Lüthi sich Anfang Sommer 1977 an Müller-Marzohl wendet. Darüber sind sich alle Zeugen der Affäre einig. Lüthi ist in erster Linie ein Bürger mit einem ausgeprägten Gerechtigkeitsfimmel. Er nahm Kontakt mit der Arbeitsgruppe auf, weil er dies als seine moralische Pflicht erachtete. Er handelt auch nicht aus Freundschaft zu Jeanmaire, den er nicht kennt und im übrigen auch nicht sonderlich schätzt. Die Rolle des Hanswursts in der Komödie missfällt ihm, weshalb er sich zu reden entschliesst.

Lüthi weiss unter anderem, dass die Übermittlung von geheimen Informationen an den Osten (oder die angebliche Übermittlung) nicht Brigadier Jeanmaire angelastet werden darf. Ihm zufolge beunruhigte es die Amerikaner seinerzeit sehr, dass zahlreiche Informationen aus dem Bereich Technologie systematisch in den Osten gelangten. So zum Beispiel, als sie herausfanden, dass die Elektronik des «Panzers 68», welche die Schweiz in den Vereinigten Staaten in Auftrag gegeben hatte, unvermutet den Eisernen Vorhang überschritten hatte. Als Vergeltungsmassnahme weigerten sich die Amerikaner einige Jahre später, die elektronischen Geheimnisse der «Haubitze 109» zu verraten. Lüthi weiss, dass diese Dinge Jeanmaire unmöglich bekannt sein konnten und dass er folglich das Vaterland in dieser Hinsicht unmöglich verraten haben konnte. Seiner Meinung nach ist das Leck andernorts zu suchen. Doch hat man, wie im folgenden deutlich wird, alles darangesetzt, dass die von Lüthi vorgelegten Beweise zur Entlastung Jeanmaires nicht an die Öffentlichkeit gelangten. Sie wurden als geheim klassiert.

Es war ein leichtes, überhaupt die ganze Akte Jeanmaire als «top secret» einzustufen, und jene, die für ein Wiederaufrollen des Prozesses kämpften (zwei vergebliche Versuche), durften die vorgeblichen Hauptpunkte der Anklage nie einsehen. Sie redeten ins Leere hinein und sprachen von einer «Verschwörung», für die sie bloss Indizien, aber nicht die geringsten Beweise hatten. Heute noch klammern sie sich an die dürftige Hoffnung, der dritte Antrag auf Wiederaufnahme des Verfahrens, den sie demnächst abzufassen gedenken, werde Erfolg haben. Sie haben mehr als hundert Inkorrektheiten des Verfahrens zusammengetragen, juristische und faktische. Maître Poncet seinerseits weist darauf hin, dass Jeanmaire nicht alle Verfahrensmittel ausgeschöpft und sich offenkundig sehr ungeschickt angestellt hat, um seinen Prozess zu gewinnen. Worauf Jeanmaire entgegnet, dass er keinen Anwalt bekommen konnte, der diese Bezeichnung verdient hätte, und dass er nicht über die nötigen finanziellen Mittel verfügte. Vom Augenblick an, da Geheimhaltung des Verfahrens beschlossen wurde, hatte man ihm sogar die Pension gestrichen, was das Ausmass der Rechtsverweigerung, deren Opfer er wurde, noch unterstreicht.

Das Verdienst von Müller-Marzohl war es, Fritz Lüthi, diesen sehr komplizierten Menschen, der bei jedem Fotokopiergerät Feinde zu erblicken meint, angehört zu haben. Die von Major Lüthi der Arbeitsgruppe übergebenen Dossiers sind erschreckend. Sowohl was den Inhalt als auch den Umfang betrifft. Der Effekt stellte sich unverzüglich ein. Zunächst bei Müller-Marzohl, der seinen Augen nicht traut. «*Selbst wenn nur zehn Prozent der Angaben stimmen, dann ist es schon sehr gravierend!*» gibt der Luzerner betroffen von sich. Seine Kollegen, allen voran Pierre Aubert, üben Zurückhaltung. Damals erklärte der Sozialdemokrat: «*Ich hätte es vorgezogen, diese Dossiers nie gesehen zu haben...*» In Tat und Wahrheit haben die Politiker Angst. Sie ahnen, dass die ihnen von Major Lüthi ausgehändigten Dokumente Zündstoff sind. Sie würden es um ihrer künftigen politischen Karriere willen wahrscheinlich vorziehen, diese Dossiers nicht in den Händen gehalten zu haben. Oder sie unauffällig zu beseitigen, sie diskret den Verantwortlichen für diese Affäre, Bundesanwalt Gerber und Oberst Amstein, zurückzugeben und sich sagen zu können, dass das schliesslich deren Sache sei.

314

Die fünf von Lüthi der Arbeitsgruppe ausgehändigten Dossiers sowie zwei weitere, die noch folgen werden, sind sehr eindeutig. Lüthi hat eine Bestandsaufnahme von zehn Jahren interner Skandale gemacht, die vom EMD entweder erstickt oder angezettelt wurden, zehn Jahre der Intrigen und Machenschaften, die die Hauptakteure unseres Geheimdiensts, ihre Methoden, ihre Finanzierungsquellen und Aktivitäten entblössen. Hatte das EMD das Ganze unter Kontrolle? Haben sich die Bundesräte nicht von obskuren Ränkeschmieden missbrauchen lassen? Im Kielwasser des Skandals um Jeanmaire hält Major Lüthi es für unerlässlich, den Politikern des Landes die Augen zu öffnen, um den Beweis zu erbringen, dass *«die angeblich dem Brigadier angelasteten Lecks von anderswo herrühren und dass sie, nachdem die Affäre Jeanmaire platzte, anhielten»*. Als Gegenleistung für diese Informationen bittet Lüthi die Arbeitsgruppe, ihn der notwendigen Straffreiheit zu unterstellen. Doch die Arbeitsgruppe übergibt die kostbaren Beweisstücke, sei es aus Ungeschicktheit oder aus Unwissen, Bundesanwalt Rudolf Gerber, der sie unverzüglich als geheim einstufen lässt. Lüthi hat verloren.

Am Dienstag, den 4. Oktober 1977, unterhält sich die Arbeitsgruppe noch einmal mit Major Lüthi, nachdem sie das ganze Dossier gelesen hat. Nun gerät er ernsthaft in Schwierigkeiten. Das EMD und die Bundesanwaltschaft zwingen ihn, seinen Posten aufzugeben, und gewähren ihm nur eine höchst bescheidene Pension.

Zum Zeitpunkt, als dieses Buch geschrieben wurde, war Lüthi noch immer nicht rehabilitiert. Dabei bestand sein einziger Fehler darin, dass er, in der Absicht, die wahre Affäre Jeanmaire ans Licht zu bringen, die Politiker zu warnen versuchte. Er hatte die Macht der Verwaltung über die Politiker nicht klar genug erkannt.

Die Unordnung unter dem Teppich – die Methode Gerber

Am 24. Oktober 1977 teilt Bundesanwalt Gerber Oberstleutnant Oswald, der auf Veranlassung der Geschäftsprüfungskommission eine Administrativuntersuchung über die Vorkommnisse im EMD[1] eingeleitet hat, in einem Schreiben mit, dass er die ihm für diese Untersuchung übergebenen Dossiers von Lüthi, «C» (rot) und «E» (beige), zurückzuerhalten wünsche. Er betont in diesem Schreiben: *«Wie wir beim Anhören der Tonbandaufzeichnung der Aussagen Lüthis am 19. Oktober 1977 gemeinsam festgestellt haben, ergeben sich keine neuen Elemente, welche die Bundesanwaltschaft bewegen könnten, sich (...) nochmals mit der Angelegenheit zu befassen.»*

---

[1] Diese Administrativuntersuchung verlief parallel zur Arbeitsgruppe Müller-Marzohl.

Die Irritation auf hoher Ebene ist gross. Nachdem die Dokumente dem Bundesanwalt wieder ausgehändigt worden sind, bemüht sich Lüthis Anwalt am 22. November um ein Schlichtungsverfahren im Arbeitskonflikt Lüthis. Er verlangt, dass sein Klient von der Bundesanwaltschaft angehört werde, ein Vorgehen, das Rudolf Gerber der Arbeitsgruppe kurz zuvor selbst vorgeschlagen hatte. Aber diese Unterredung fand nie statt. Gerber hat guten Grund, seine Taktik zu ändern. Von nun an ist es besser, zu verhindern, dass die Affäre weitere Kreise zieht, denn schliesslich ist er ja wieder im Besitz der riskanten Dokumente!

Statt mit einem Orden ausgezeichnet zu werden oder wenigstens mit Dank und Protektion rechnen zu können, wird Major Lüthi im März 1979 wegen Verletzung des Amtsgeheimnisses vor das Militärgericht zitiert. Man beschuldigt ihn, von einem anderen Geheimagenten – Hauptmann Nuber – geheime Informationen über ein (im Falle einer Besetzung der Schweiz) in Irland vorgesehenes System von Reduits[1] für die Mitglieder des Bundesrates erhalten und vor allem der Öffentlichkeit preisgegeben zu haben. Im Lauf derselben Einvernahme wirft man Lüthi vor, sich an die Untersuchungskommission Müller-Marzohl gewendet und ihr Unterlagen der Klassifizierungsstufe «geheim» anvertraut zu haben. Das EMD kommt in grosse Verlegenheit. Es versucht es mit Einschüchterungstaktik.

Am 20. März 1980 wird Lüthi der Verletzung militärischer Geheimnisse (Art. 106 MStG) und der Verletzung des Amtsgeheimnisses angeklagt. Obwohl alles, was Major Lüthi den Politikern enthüllt hat, relativ schwerwiegend ist, wird am 25. März 1981 eine teilweise Einstellung in der Voruntersuchung beschlossen. Der Punkt in der Anklage, dass Lüthi die Nationalräte informiert hatte, wird fallengelassen. Dies war gesetzeskonform. Zugleich war die Einstellung der Untersuchung in diesem Punkt aber ein geschickter Schachzug: Die ganze Sache konnte geheim bleiben, denn die Anschuldigung gegen Lüthi in diesem Punkt hatte sich inzwischen als Bumerang für das EMD erwiesen. Am 24. September 1981 wird Lüthi vom Divisionsgericht 1 wegen absichtlicher und fahrlässiger Verletzung militärischer Geheimnisse für schuldig befunden und zu zehn Tagen Gefängnis bedingt verurteilt.[2]

---

[1] Dieser Plan mit den Reduits stammte von Oberst Bachmann.

[2] Interessant ist, dass die verschiedenen während des «Prozesses Lüthi» angehörten Zeugen auf die Desorganisation des Nachrichtendiensts hingewiesen haben. Einzig der als Experte befragte Oberst Bernhard Stoll konnte dem Militärgericht eine beruhigende Version vortragen. Dieser B. Stoll war bereits einer der Hauptzeugen (mit Kommissar Pilliard) im Prozess Jeanmaire gewesen. Er war Chef der Sektion Geheimhaltung, ein Posten, den er trotz all der stürmischen Jahre zu wahren wusste. Überdies war B. Stoll, wie der «SonntagsBlick» in seiner Ausgabe vom 6. März 1988 schreibt, über den israelischen Geheimdienst in ein Waffengeschäft mit dem Iran verwickelt. Dies wurde vom EMD nie dementiert.

In den ersten fünf Dossiers und dann auch in den zwei folgenden listet Lüthi auf eindrucksvolle Weise die Affären auf, die den schweizerischen Geheimdienst erschütterten. Die Liste von vierzehn Fällen, zu denen auch die Errichtung jenes berühmt-berüchtigten Reduits für die Bundesratsmitglieder in Irland gehört, erwähnt unter anderem die Irreführung des Bundesrats, die Beherrschung des schweizerischen Nachrichtendiensts durch ausländische Geheimdienste, die Rügen unserer Verbündeten in bezug auf die an den Osten weitergegebenen Informationen, die Finanzierung unseres Geheimdiensts mittels privater und halbprivater Fonds, die daran beteiligten Unternehmen und die Decknamen von Firmen, die dazu dienten, diese Gelder in Umlauf zu bringen. *«Es war ein Sack voller Intrigen»*, sagt Lüthi aufgebracht zu jedem, der es hören will, insbesondere zu Müller-Marzohl. *«Man wusste nicht mehr, wer für wen arbeitete, woher die Informationen kamen und welche Quellen verlässlich waren oder nicht.»*

Zweifellos hätte die Schweizer Geschichte jener Jahre die internen Proteste, die laut zu werden begannen, der Vergessenheit überantwortet. Lüthi «aus dem Verkehr gezogen», Jeanmaire eingesperrt, Müller-Marzohl allmählich beiseite geschoben und einige andere Sandkörner im Getriebe weggefegt – der Verwaltungsapparat hatte die Kontrolle über die laufenden Geschäfte wieder übernommen. Die Kommission, welche die von Müller-Marzohl geleitete Arbeitsgruppe ablöste, hatte nicht die Absicht, alles abzuklären. Ein äusserst geschickter Mann war in der Tat noch am Werk: Albert Bachmann. Seine Vorgesetzten, Carl Weidenmann, Rudolf Gerber und einige weitere hohe Beamte wie Generalstabschef Senn[1] schienen aufzuatmen. Wir schreiben das Jahr 1979. Es findet eine Reorganisation der Nachrichtendienste statt, neue Netze werden geschaffen und alte Strukturen zwangsläufig beseitigt. Bachmann hält die Fäden in der Hand.

Die Politiker und die Verwaltung nahmen sich unabhängig voneinander der offensichtlichen Unordnung an. Doch sie vertuschten alles nach besten Kräften. Zweifellos stellten sich das EMD und andere, die Bachmann oder Weidenmann nahestanden, vor, dass Jeanmaire im Gefängnis bald sterben würde. Dass er, bald einmal über siebzig und gedemütigt durch all das, was er hatte durchmachen müssen, früher oder später das Zeitliche segnen würde. Dass Lüthi, unter der Last der Schikanen, seine Dossiers wieder in Gerbers Obhut, psychisch durchdrehen würde. Dass die anderen Agenten (zum Beispiel Nuber und Betschart), missmutig wegen des herrschenden Klimas, vor den Risiken des Zuvielredens ebenfalls Angst hätten. Dass schlimmstenfalls niemand diese von den «Isolierten» ausgesendeten Notrufe hören würde. Die

---

[1] Generalstabschef Senn hatte es Beamten ausdrücklich (interne Anweisung) verboten, sich während der Untersuchung der Arbeitsgruppe Müller-Marzohl zu äussern, wie der Luzerner Nationalrat erwähnt. Was wollte er verbergen?

Herren an der Spitze, Kurt Furgler und Georges-André Chevallaz[1], waren entweder die Opfer oder die Komplizen dieser Reihe fataler Geschichten.

Die Affäre Schilling/Bachmann: Kesseltreiben gegen Nationalrat Müller-Marzohl

Doch dann geht alles sehr schnell. 22. November 1979: Ein Spionagelehrling namens Kurt Schilling wird in Österreich beim Beobachten der Manöver der österreichischen Truppen festgenommen. Die Affäre macht Schlagzeilen. Zwischen der Schweiz und dem ebenfalls neutralen Nachbarstaat Österreich kommt es beinahe zu einem diplomatischen Zwischenfall. Die Folge ist die Affäre Bachmann, und alle meinen, dass Bachmann hinter der Geschichte Schilling steckt.

Über den grotesken Vorfall in Österreich ist die Öffentlichkeit nie richtig informiert worden. Sowohl der Bundesrat wie auch Oberst Albert Bachmann spielten mit gezinkten Karten. Deshalb entstand der bis heute geltende Eindruck: Dank dem tölpelhaften Vorgehen des Spions Kurt Schilling seien die obskuren Aktivitäten des Geheimdienstmannes Bachmann ans Licht gekommen. Wir werden später feststellen, dass diese Version so nicht stimmen kann.

Unmittelbar nach Schillings Verhaftung dementiert das Militärdepartement in Bern: Kurt Schilling sei nicht im Auftrag des EMD oder einer seiner Dienststellen nachrichtendienstlich tätig gewesen. Nur einen Tag später wird bekannt, Oberst Bachmann habe Kurt Schilling nach Österreich geschickt. Beide Darstellungen entsprechen nicht der vollen Wahrheit. Das EMD ist über Schillings Österreich-Auftrag vorab informiert worden. Und der Auftraggeber heisst nicht Bachmann, obwohl er dafür die Verantwortung übernimmt und deswegen vom Dienst suspendiert wird.

Dem Geheimdienst-Oberst, Chef des bisher geheimen Spezialdienstes und des Besonderen Nachrichtendienstes, wird Eigenwilligkeit, Führungsschwäche und Inkompetenz vorgeworfen. Es sickert durch, dass er neben diesen offiziellen Diensten zusätzlich ein privates Spionagenetz unterhält. Diese Organisation Bachmann ging aus dem legendären «Büro Ha.» hervor, dem privaten Nachrichtennetz aus dem Zweiten Weltkrieg von Hans Hausamann.

---

[1] Kurt Furgler wich unseren Fragen aus und verweigerte jegliches Interview. Georges-André Chevallaz hingegen war der Meinung, «*dass alles wieder seine Ordnung hatte, und das war ja die Hauptsache*». Der ehemalige Bundesrat zeigte sich überrascht, dass man diese alten Geschichten wieder aufführte. Er wies – wie übrigens schon in der Nationalratsdebatte vom 16. Juni 1980 – darauf hin, dass die Verdächtigungen von Müller-Marzohl beinahe zur Desorganisation unseres Nachrichtendienstes geführt hätten. Auch bezeichnete er Bachmann – wie schon damals – als «*sehr intelligente Persönlichkeit, der man leider zu viele Aufgaben übertragen hat*».

Die Grenzen zwischen den staatlichen, den halbprivaten und den privaten Diensten sind fliessend. Dies führt zu einem heillosen Chaos. Im Schweizer Nachrichtendienst hat offenbar niemand den Überblick. Die alte Unruhe aus dem Jahre 1977 bricht neu auf. Bachmann wird vorgehalten, er missbrauche die offiziellen Dienste für einen schwunghaften privaten Nachrichtenhandel. Kurz, unter Bachmann sei der Nachrichtendienst zu einem Bazar verkommen, wo sich jeder bedienen darf. Damit habe er ausländischen Agenten Tür und Tor geöffnet, die Schweizer Dienste zu unterwandern. Oberst Bachmann gerät schliesslich sogar in den Verdacht, er sei ein Doppel- oder sogar Mehrfachagent.

Während sich die Medien mehr amüsiert als entsetzt über die UNArten des Schweizer Nachrichtendienstes auslassen, fordern Parlamentarier eine Untersuchung. Die Affäre Bachmann wird jedoch hinter den Kulissen geregelt. Der schwer beschuldigte Geheimdienst-Oberst versucht sich zu verteidigen, fordert seinerseits eine gründliche Untersuchung und droht sogar mit einer Klage gegen die Militärverwaltung. Im EMD herrscht Katastrophenstimmung. Ein offener Schlagabtausch kann schliesslich verhindert werden. Das EMD und Oberst Bachmann treffen eine Vereinbarung. Die wesentlichen Punkte dieser von Bachmann und EMD-Chef Chevallaz gemeinsam unterzeichneten Abmachung lauten: Der Bund garantiert Bachmann eine Pension. Bachmann seinerseits verpflichtet sich zum Stillschweigen. Die erste Klausel in diesem Vertrag hält fest: Oberst Bachmann verzichtet auf eine Klage gegen die Militärverwaltung. Das EMD beschliesst zudem, alles, was mit Oberst Bachmann oder einem seiner Dienste zu tun hat, als geheim bzw. streng geheim zu behandeln. Damit wird der Fall Bachmann jeder gerichtlichen oder parlamentarischen Untersuchung entzogen.

Die Affäre Schilling ist der Augenblick, wo der Luzerner Nationalrat Müller-Marzohl fassungslos und verärgert reagiert. Hatte er nicht vorausgesagt, dass der Fall Jeanmaire zu flüchtig erledigt wurde und dass sich in den Jahren von 1976 bis 1979 weitere schwerwiegende Vorfälle im EMD abgespielt hätten? *«Hätte man auf die Arbeitsgruppe Jeanmaire gehört und gegen Oberst Albert Bachmann eine Untersuchung eingeleitet, wäre der Schweiz die Affäre Bachmann erspart geblieben»*, gibt er der Kommission Delamuraz (die sich der Affären erneut angenommen hatte) und dem mit einer Administrativuntersuchung über die Vorkommnisse im EMD beauftragten Oberstleutnant Oswald zu verstehen.[1] In der Tat geht er, bestärkt durch seine ehemaligen Informanten, davon aus, dass im Nachrichtendienst nicht wirklich Ordnung geschaffen wurde und dass man weder mit der Untersuchung Oswald noch mit der Untersuchung Delamuraz (nach dem Namen des Präsidenten der Geschäftsprüfungs-

---

[1] Samstagsrundschau Radio DRS vom 22. Dezember 1979.

kommission) die trüben Angelegenheiten des Nachrichtendiensts ans Licht bringen konnte (oder wollte).

Müller-Marzohl wird später zum Schluss kommen, dass die damaligen Forderungen nach einer gründlichen Untersuchung nur formal erfüllt worden sind: Mehrere Zeugen verweigerten ihre Aussagen, aus Angst, selbst in ein Verfahren verwickelt zu werden; viel belastendes Material blieb ungenutzt liegen; sämtliche Vorwürfe gegen Bachmann wurden ausgesondert mit dem Argument: *«Das gehört nicht hierher.»*

Im Februar 1980 gelangt Jean-Pascal Delamuraz, Präsident der Geschäftsprüfungskommission (GPK), an die Militärkommission. Sie soll prüfen, ob der Fall Schilling und die Affäre Bachmann gründlich genug aufgeklärt worden sind. Im April wird Müller-Marzohl vor die Kommission geladen. Er formuliert 16 brisante Fragen, die die Kommission ans EMD weiterleitet. Die GPK gibt sich mit den Auskünften des EMD zufrieden, fragt nicht nach, sondern nimmt sie ungeprüft hin. Müller-Marzohl dagegen wertet die EMD-Antwort schlichtweg als Zumutung an das Parlament. Die meisten Fragen wurden ungenügend oder sogar falsch beantwortet. Der Luzerner CVP-Nationalrat protestiert und fordert erneut eine Untersuchung. Und er setzt sich durch.

Am 16. Juni beschliesst die GPK, den Fall Bachmann nochmals aufzugreifen. Die «Arbeitsgruppe Oberst Bachmann» fordert Müller-Marzohl zur Mitarbeit auf. Aus schwer verständlichen Gründen setzt sie dafür Müller-Marzohl eine Frist. Die «Arbeitsgruppe Oberst Bachmann» schreibt ihm Ende Juni: *«Die Arbeitsgruppe geht davon aus, dass Ihre Eingabe sämtliche Anhaltspunkte, die Sie besitzen (bis zum 21. Juli) abschliessend umfassen wird (...) Auf spätere Informationen könnte nicht mehr eingegangen werden.»* [1] Jetzt entschliesst sich Müller-Marzohl, seine gesamten Recherchen zu einem Bericht zusammenzustellen. Als er den Bericht «Zum Fall Bachmann, eine Arbeitsunterlage für die GPK» abliefert, wird dieser von der Militärjustiz sofort für «geheim» erklärt.

Am 3. März 1981 diskutiert der Nationalrat den Schlussbericht der «Arbeitsgruppe Oberst Bachmann». Es wird eine erstklassige Beerdigung. Fast ohne Ausnahme wird der GPK-Bericht als gründliche Fleissarbeit gelobt. *«Der Eisberg hat eine Maus geboren»*, stellt Nationalrat Auer befriedigt fest, nachdem er sich zuvor in einer kabarettreifen Einlage über den Ratskollegen Müller-Marzohl lustig gemacht hat. Der Saal applaudiert. Das Ratsprotokoll vermeldet Heiterkeit. Müller-Marzohl muss sich als *«Profil-Neurotiker»* oder *«sensationshungriger Dissidenten-Bürgerlicher»* beschimpfen lassen.

Schon die Geschichte des Berichts von Müller-Marzohl selbst spricht Bände. Kaum hatte dieser den mit den Anhängen 160 Seiten umfassenden

---

[1] Das Zitat stammt aus einem Brief, den Müller-Marzohl am 4. Juli 1980 an die Mitglieder der Geschäftsprüfungskommission des Nationalrates richtete.

7. Die Fälle Jean-Louis Jeanmaire und Albert Bachmann

Oberstbrigadier Jean-Louis Jeanmaire ist am 17. Juni 1977 wegen Landesverrates verurteilt worden. Er hat unterdessen seine Strafe verbüsst.

Oberst Albert Bachmann war Chef des Spezialdienstes und des besonderen Nachrichtendienstes in der Untergruppe Nachrichtendienst und Abwehr der Gruppe für Generalstabsdienste (UNA). Er wurde nach dem Vorfall in Österreich (Fall Schilling) Ende 1980 aus dem Bundesdienst entlassen. Eine Arbeitsgruppe der Geschäftsprüfungskommission des Nationalrates untersuchte damals den Fall Albert Bachmann und erstattete dem Nationalrat am 19. Januar 1981 Bericht (BBl 1981 I 491).

Von verschiedener Seite ist die PUK angegangen worden, die Fälle Jean-Louis Jeanmaire und Albert Bachmann erneut zu prüfen. Teilweise wurde sogar versucht, die PUK durch Meldungen in der Presse und durch direkte Interventionen von Drittpersonen unter Druck zu setzen.

Die PUK hat verschiedene damals betroffene Personen als Auskunftspersonen angehört, und sie hat sich zahlreiche Unterlagen beschafft. Das Erinnerungsvermögen der angehörten Personen war teilweise lückenhaft, und die Aussagen waren äusserst widersprüchlich.

Die Abklärungen der PUK in dieser Angelegenheit waren vom Auftrag des Parlamentes an die Kommission begrenzt. Eine erneute Untersuchung der Fälle Jean-Louis Jeanmaire und Albert Bachmann liegt ausserhalb der Kompetenzen der PUK. Ohne umfassende Untersuchung der damaligen Situation im militärischen Nachrichtendienst ist eine Beurteilung des Verhaltens der Beteiligten nicht möglich. Dies gilt auch für Bundesanwalt Rudolf Gerber. Deshalb kann die PUK sein Verhalten nicht abschliessend beurteilen.

Im übrigen stellt die PUK fest, dass das Urteil gegen Jean-Louis Jeanmaire rechtskräftig ist und nur auf dem Weg eines strafrechtlichen Revisionsverfahrens geändert werden könnte.

Der Kommentar von Müller-Marzohl zur Untersuchung der Fälle Jeanmaire und Bachmann trifft auch für den PUK-Bericht zu. Die PUK hat sich mit den beiden Fällen nicht wirklich intensiv befasst, konnte sich aber mit dem begrenzten Auftrag des Parlaments rechtfertigen (PUK-Bericht Seite 148f.). Bei der PUK 2 ist, bereits bevor die Kommission ihre Arbeit aufgenommen hat, der Fall Jeanmaire ausgeklammert worden.

Bericht abgeschlossen, fertigte er einige Kopien davon an. Vorsichtshalber liess er all jenen, die ihm geholfen hatten, ein Probeexemplar zustellen.

«Damit», wie er sich dachte, *«seine Informanten ihn, sollte sich auch nur der geringste Fehler eingeschlichen haben, korrigieren können, bevor er (der Bericht) den zuständigen Stellen vorgelegt wird.»* Doch Fritz Lüthi ist entschieden nicht ein Mensch wie alle anderen. Der ehemalige Geheimagent hat durch die zehn Jahre in seinem Beruf dermassen den Bezug zur Wirklichkeit verloren, dass er sich sofort das Risiko eines Skandals vor Augen hält, den dieser Bericht hervorrufen wird, sobald man herausfindet, dass einzelne Quellen Geheimnisse verraten haben. Lüthi hat Angst. Was tut er? Nichts minder Gefährliches, als dem ehemaligen Bundesanwalt Professor Hans Walder eine Abschrift dieses Berichts zukommen zu lassen. Und was tut Walder? Auch er hat Angst. Und schickt dieses Dokument an die betroffenen Personen, insbesondere an Rudolf Gerber und Oberst Amstein.

Es erübrigt sich zu sagen, dass die Bombe, die gerade zum Herbstbeginn 1980 explodiert wäre, sich nun für Müller-Marzohl und seine Informationsgeber als Bumerang erweist. Das EMD sowie die Gesamtheit der bedrohten hohen Beamten treten zusammen, um ihm so schnell wie möglich Paroli zu bieten. Es wird eine Strategie ausgearbeitet. Eine unerbittliche Strategie. Noch bevor Müller-Marzohl Zeit zum Handeln gehabt hätte, wird er auf perfide Weise angegriffen. *«Aber wie kommt es, dass gewisse Leute Ihren Bericht bereits in Händen haben?»* fragt man ihn. *«Es ist unhaltbar, dass solche Indiskretionen möglich sind.»*

Nicht nur tun ihn seine Parteikollegen als Schaumschläger, Verrückten und Kranken ab, sondern andere ehrenwerte Parlamentarier schicken ihm kaum verhüllte Drohbriefe. Müller-Marzohl tritt angewidert von der politischen Bühne ab. 1983 hat er nicht mehr für den Nationalrat kandidiert. Heute noch geben und er seine Frau zu, dass sie deswegen während Jahren manche Nacht schlaflos verbracht haben. Hier einige Auszüge aus diesem «Schweizer Kalten Krieg»:

«Sie, Herr Müller-Marzohl, hatten Gelegenheit, beim Bundespräsidenten, bei mir, beim Untersuchungsrichter Beweise dafür zu bringen, dass Oberst Bachmann wirklich für fremde Mächte arbeitete. Sie konnten überhaupt nichts auf den Tisch legen, das eine heisse Spur ergeben hätte. Gar nichts.» Generalstabschef Senn, 18. Juni 1980 in der Fernsehsendung «Café Fédéral».

«... ich scheue mich zu glauben, dass Sie ernstlich daran interessiert sein könnten, den Nachrichtendienst unserer Armee, den wir in der vorausliegenden Zeit noch dringend benötigen, nachhaltig zu schädigen oder gar zu zerstören. (...) Ich legte Wert darauf, Ihnen wenigstens post festum diese Gefahr in aller Offenheit vor Augen zu führen.» Unterschrieben: Divisionär Ochsner (Brief vom Januar 1980).

Perfider: *«Verdächtigungen, Mutmassungen, Behauptungen, Gerüchte, Kolportagen. Einer unserer Kollegen hat mit seiner diesbezüglichen Betriebsamkeit erreicht, dass wir im ‹Blick› — nebst Clay Regazzoni, Kurt Felix und seiner Paola, Prinz Charles und seiner Diana, Mäni Weber, Hormonkälbern, Ursula Un-dress und Jack the Ripper – auch immer wieder unseren lieben Alfons Müller lesen konnten.»* Felix Auer, im Nationalrat, 3. März 1981.

Sieben Jahre später. Anonym: *«Sie Lump haben Landesverräter Jeanmaire rehabilitiert. Sie sind selbst ein Landesverräter. Man sollte dich eliminieren wie Natterngezücht. Schäm di, in Luzern solltest du dich nicht bewegen, du alter, stupider Seckel.»* Brief vom August 1988.

Sogar der Bundesanwalt, der bereits erwähnte Rudolf Gerber, scheut sich nicht, zur Feder zu greifen. Wir stellen fest, dass das Thema Jeanmaire ihn lebhaft interessiert und er auf diesem Gebiet weitaus weniger Zurückhaltung übt als in bezug auf den Drogenschmuggel. Die Korrespondenz zwischen Müller-Marzohl und Gerber spricht Bände. Summa summarum gibt sie eine gute Übersicht über jene Verachtung, mit der die Apparatschiks der Verwaltung jene bedenken, die eigentlich die Herren sein müssten, nämlich die absichtlich in der Ignoranz gehaltenen Politiker.

Am 5. August 1988 schreibt Bundesanwalt Gerber in einem Brief an Müller-Marzohl: *«Ich stelle fest, dass Sie in der Öffentlichkeit aus dem geheim klassifizierten Protokoll der Arbeitsgruppe Jeanmaire zitiert haben. So haben Sie beispielsweise erklärt, ich hätte vor der Kommission eingeräumt: bei der Verhaftung hätten ‹rechtsgenügende Beweise nicht bestanden›. Das stimmt insofern, als ich der Arbeitsgruppe darlegte, dass gegen Jeanmaire der dringende Verdacht des militärischen Nachrichtendienstes bestand, der mich nach längeren Abklärungen und Überwachungen schliesslich bewog, einen Haftbefehl auszustellen.*

Für die Eröffnung eines gerichtspolizeilichen Ermittlungsverfahrens genügt bekanntlich ein hinreichender Tatverdacht. Das Vorliegen von Beweisen, zu denen auch Geständnisse zählen, ist nicht Voraussetzung, sondern eines der Ziele des Verfahrens.

Interessanterweise ist im gleichen Zusammenhang der von mir geäusserte Satz ‹Gott sei Dank wusste er (Jeanmaire) nicht, was wir nicht wussten› (Protokoll S. 52) leicht verändert wiedergegeben worden. (...) Auch das stimmt. Ich gab indessen der Arbeitsgruppe diese und andere Einzelheiten des gerichtspolizeilichen Ermittlungsverfahrens bekannt, in der festen Überzeugung, dass die Vertraulichkeit meiner Ausführungen gewahrt bleibe, galt doch für die Mitglieder der Arbeitsgruppe das Amtsgeheimnis in besonderer Weise.»

Um die Funktionsweise wie auch diese Sprache der Verwaltung zu erläutern, machte uns eine interne Quelle darauf aufmerksam, in welchem Mass der beherrschende Einfluss der *«administrativen Mafia»* sich verstärkt hatte, indem sie die Geheimhaltungspflicht ausnutzte. *«Der wahre Chef (der Pate) ist jener, der die eine oder andere Episode als ‹geheim› einzustufen beschliesst. Diese simple Handlung verleiht ihm absolute Macht über jene, die ihn informieren. Diese Methode wird von einer ganz kleinen Anzahl wohlplazierter Personen eingesetzt»*, erklärte uns ein ehemaliger Agent des schweizerischen Nachrichtendienstes.

Müller-Marzohls Bericht – beschlagnahmt und ohne Folgen

In Wirklichkeit hatte Müller-Marzohl, abgesehen von einigen Einzelheiten, richtig gezielt. Während mehrerer Monate hatte er sich, mit Hilfe von drei ehemaligen Agenten des Nachrichtendienstes, unter anderem Lüthi, mit der Unordnung im schweizerischen Nachrichtendienst auseinandergesetzt und Teilchen um Teilchen dieses unglaubwürdigen Puzzles einer genauen Analyse unterzogen. Mit Ausdauer, vornehmlich aber mit Intelligenz, stellt Müller-Marzohl eine Mängelliste auf und beruft sich auf etwa fünfzig Zeugen. In seinem Bericht vom Juli 1980 räumt er auch den offiziellen, schriftlichen Antworten des EMD auf die sechzehn Fragen der Geschäftsprüfungskommission, die er kritisiert, viel Platz ein. Kaum abgefasst, wird – wie oben erwähnt – dieser Bericht von der Verwaltung gemäss der ihr eigenen Logik beschlagnahmt und für «geheim» erklärt. Nur eine knappe Handvoll eingeweihter Politiker (die Kommission Delamuraz) hatte Zugang zu diesem Bericht.

Nachfolgend einige Auszüge aus diesem so begehrten Bericht. Sicherlich sind es keine Beweise, aber substantielle Hinweise[1], die es verdient hätten, dass man sich mit ihnen befasste. Dass man einen Richter, einen ausserordentlichen Untersuchungsrichter, ja sogar noch besser, einen Experten auf dem Gebiet des Nachrichtendienstes damit beauftragt hätte, Licht in die Angelegenheit zu bringen. Ein Bericht, der es verdient hätte, dass er gelesen worden wäre und die Öffentlichkeit sich dazu hätte äussern können. Leben wir denn schliesslich nicht in einer Demokratie? Aber weder Georges-André Chevallaz noch Jean-Pascal Delamuraz und noch weniger Kurt Furgler fanden es für nötig, den Bericht zu verwenden. Alle drei zogen die diplomatische Sprache der Politiker der Transparenz vor.

Chevallaz und Delamuraz, die offiziellen Erben dieser Dossiers, bezeichnen diese besorgniserregenden Affären vorsichtig, aber gewitzt als *«Indianerspiele».*[2] E cosi via! Die zwei freisinnigen Bundesräte aus dem Waadtland halten es nicht für nötig, mehr zu sagen. Begreiflich, dass es seine paternalistische Philosophie in bezug auf den Schweizer Bürger und die Geschichte[3] Chevallaz nicht erlaubte, näher auf solch aufschlussreiche Einzelheiten einzugehen. Er vertrat zweifelsohne die Meinung, das Schweizervolk sei nicht

---

[1] Wie der Verfasser des Berichts, Alfons Müller-Marzohl, übrigens erläutert, handelt es sich dabei um eine Arbeitsgrundlage für eine weitergehende Untersuchung.

[2] Das war der Ausdruck, der in die Geschichte einging. Mit *«Indianerlis»* fasste EMD-Chef Chevallaz in der Nationalratsdebatte vom 16. Juni 1980 die Tätigkeiten Oberst Bachmanns zusammen.

[3] Als Historiker hat Chevallaz stets eine begrenzte Wissbegier für die Realität bekundet. Dies hat ihm – abgesehen davon, dass er verschiedene erbauliche Schulbücher geschrieben hat – Auseinandersetzungen über die historische Ethik mit seinen Berufskollegen eingebracht, und zwar auch mit jenen, die dieselbe Ideologie wie er vertreten.

reif genug, um den Schweregrad dieser Affären und die offenkundige Desorganisation unseres Nachrichtendienstes zu beurteilen. Es war jedenfalls nicht der waadtländische Alt-Bundesrat, der die treffende Aussage: *«der Krieg ist eine zu ernste Angelegenheit, als dass wir ihn den Generälen überlassen könnten»*, erfunden hat.

Und die Presse ihrerseits nahm sehr respektvoll *«die Indianerspiele»* für bare Münze. Ja, sie frohlockte sogar über das gute diplomatische Gespür, das Georges-André Chevallaz und Jean-Pascal Delamuraz an den Tag legten, als die Affäre Bachmann im Frühjahr 1981 im Parlament[1] debattiert wurde. Dabei war die Affäre Bachmann wesentlich schwerwiegender als die Affäre Jeanmaire. Diesmal handelte es sich nicht um einen *«Bagatellfall»*, um den von Oberst Amstein verwendeten Ausdruck wieder aufzugreifen. Es waren auch keine *«Indianerspiele»*.

Auszüge aus dem als geheim eingestuften Bericht Müller-Marzohls

«Herr Chevallaz hat im Nationalrat die Behauptung gewagt, ich hätte seit Jahren (!) Misstrauen gegen das EMD geschürt und Verdächtigungen in die Welt gesetzt. Das ist unsinnig.» So Müller-Marzohl auf Seite 3 seines Berichts. Bevor er auf die Fakten zu sprechen kommt, legt Alfons Müller-Marzohl seine aufrichtigen Absichten dar. Er möchte Vertrauen schaffen. Vergeblich. Der Mann, der vom 11. November 1976 bis zum 21. Oktober 1977 in der Geschäftsprüfungskommission für die Affäre Jeanmaire federführend war, ist zu weit gegangen. Er hat die von der Militärverwaltung, der Bundespolizei und von Bundesanwalt Gerber verbreitete Wahrheit nicht für bare Münze genommen. Er bohrt weiter.

«Als im November 1979 der Fall Schilling publik wurde, habe ich meine Notizen und Akten aus dem Jahre 1977 etwas genauer unter die Lupe genommen. Deshalb bin ich zur Überzeugung gekommen, dass der Fall Bachmann vermeidbar gewesen wäre, wenn das EMD die Warnungen ernstgenommen hätte, die von Lüthi und anderen (Nuber etc.) vorgebracht worden sind. Es war bereits damals von Auslandeinsätzen und vielen

---

[1]   Am 4. März 1981 anerkannte die Presse einmütig das Talent, mit dem Jean-Pascal Delamuraz und Georges-André Chevallaz den Nationalrat «besänftigten». So zum Beispiel heisst es in der «Tribune de Genève» vom 4. März 1981: *«Der Waadtländer Freisinnige Jean-Pascal Delamuraz hat vor dem Nationalrat eben einen Triumph für sich verbuchen können. Selbstsicher sprach er, ohne eine Frage unbeantwortet zu lassen und mit dem Tonfall und der Ungezwungenheit eines Bundesrats, zu seinen Parlamentarier-Kollegen; dabei warf er soviel Licht auf die Affäre Bachmann, wie das Parlament erhoffen konnte, ohne dass gegen den schweizerischen Nachrichtendienst zum verhängnisvollen Schlag ausgeholt worden wäre. (...) Die Debatte hatte in einer Atmosphäre der Nervosität eingesetzt und hörte in einer Atmosphäre der Umarmungen auf. Selbstverständlich alle symbolisch.»*

325

merkwürdigen Spielchen die Rede», schreibt Müller-Marzohl zu Beginn seines Berichts vom Juli 1980 (Seite 4).

Diese Aussage löste damals (im Dezember 1979) in der Presse ein starkes Echo aus: Das EMD ist beunruhigt. Das EJPD ebenfalls. Man fürchtet sich ungemein davor, dass die immer noch brisante Affäre Jeanmaire und die Vertuschungen ans Licht gebracht werden könnten. Man befürchtet auch, dass andere Affären – aufgelistet im Bericht Müller-Marzohls – der Öffentlichkeit enthüllt würden.

Am Samstag, den 12. Februar 1980, begeben sich zwei hohe Militärs nach Luzern zu Alfons Müller-Marzohl. Oberstleutnant Stotz wird vom Sekretär des Bachmann-Freundes B. Stoll (einem gewissen Dubs) begleitet. Die Unterhaltung ist kurz, Müller-Marzohl äussert seine wesentlichen Befürchtungen. Man verweist ihn an den Oberauditor der Armee, der wegen seiner Rolle in der Affäre Jeanmaire bereits bekannt ist. Müller-Marzohl wünscht, dass die von gewissen Beamten gegen ihre Vorgesetzten, Bachmann und Weidenmann, erhobenen Vorwürfe zum Gegenstand einer seriösen Untersuchung gemacht werden. Doch das EMD will davon nichts wissen; Bachmann und Weidenmann sind tabu.

Aus diesem Grund macht Müller-Marzohl allein weiter, wohl wissend, dass er mit seiner Aufklärungsarbeit gegen Mauern anrennen wird. Im selben Mass, wie der Luzerner Nationalrat Informationen von Lüthi und zwei anderen Offizieren des Nachrichtendienstes erhält, häufen sich bei ihm die beunruhigenden Indizien. Daraufhin fordert er eine Erklärung vom EMD. Mit ihrem Schreiben weichen die führenden Militärs den Problemen aus.

«Das Antwort-Papier des EMD ist schlichtweg eine Zumutung an das Parlament. Zum Teil wird keine Antwort gegeben, zum Teil sind die Antworten falsch», bemerkt Müller-Marzohl in seinem Bericht (Seite 50). Beispiele:

Frage Müller-Marzohl (via Geschäftsprüfungskommission): *«Wem steht die Aufsicht über die Tätigkeit von Oberst i Gst Bachmann zu und wie ist diese Aufsicht bisher gehandhabt worden?»*

Antwort des EMD: *«Oberst i Gst Bachmann war seit Mitte 1979 direkt mit dem Unterstabschef Nachrichtendienst und Abwehr unterstellt (früher dem Chef Nachrichtendienst). Die Aufsicht geschah durch ein provisorisches Aufsichtsorgan unter dem Vorsitz des Vizedirektors UNA sowie auf dem Weg der Berichterstattung und der Einsichtnahme in die Rechnung.»*

Kommentar von Müller-Marzohl: *«(...) Wie kann eine Rechnung kontrolliert werden, wenn eine doppelte Buchhaltung und Decknamen gebraucht werden? (...)»* (Bericht, Seite 50 f.)

Weitere Frage des Politikers: *«Verfügt Oberst i Gst Bachmann aus seiner bisherigen Tätigkeit* (also von 1973 bis 1979, A. d. Verf.) *möglicherweise über Druckmittel gegenüber seinen Vorgesetzten oder dem Bund?»*

326

Antwort des EMD: «*Im Verlaufe der Administrativuntersuchung gegen Oberst i Gst Bachmann ergaben sich keine Anhaltspunkte dafür, dass dieser (...) Kenntnisse erlangt (...) hat, die geeignet wären, als Druckmittel gegenüber einzelnen Vorgesetzten oder dem Bund verwendet zu werden, es sei denn, das Gesamtwissen von Oberst i Gst Bachmann aufgrund seiner bisherigen Tätigkeit könne als Druckmittel interpretiert oder angenommen werden.*»

Kommentar von Müller-Marzohl: «*(...) Wenn Bachmann einen Druck ausüben kann, so nicht dank der Geheimnisse, die ihm zu recht oder zu unrecht vor die Augen gekommen sind, sondern weil er viel zuviel Ungereimtes gesehen hat. Es geht nicht um militärische Geheimnisse, sondern um Tatsachen, die illegal sind und weit ausserhalb der Grauzone liegen.*» (Bericht, Seite 54 f.)

Frage: «*Klärt die Bundesanwaltschaft ab, ob Hinweise dafür vorliegen, dass Oberst i Gst Bachmann für die Interessen einer fremden Macht tätig sein könnte?*»

Antwort des EMD: «*Der zuständige Untersuchungsrichter hat diesem Problem seine besondere Aufmerksamkeit gewidmet. Der Bundesanwaltschaft sind bisher keine Hinweise dafür zugekommen, Oberst i Gst Bachmann habe sich (...) des verbotenen Nachrichtendienstes verdächtig gemacht. So ergaben sich insbesondere aus den umfangreichen Dossiers früherer Untersuchungen (...) keine einschlägigen Hinweise. Die Bundesanwaltschaft hatte daher bis anhin keinen Anlass, gegen Oberst i Gst Bachmann strafrechtlich einzuschreiten.*»

Kommentar des Luzerner Parlamentariers: «*Das ist keine Antwort: Denn erstens war der Untersuchungsrichter überhaupt nicht in der Lage, diese Frage mit seinen Mitteln zu klären. Und zweitens gibt die Bundesanwaltschaft zu, dass sie in dieser Sache nicht gehandelt hat, weil ihr ‹keine Hinweise zugekommen› sind. Sie hat also keine Hinweise gesucht. (Es liegt noch kein Tip aus dem Ausland vor!)*»[1]

Übrigens enthalten die sehr umfangreichen Dossiers, von denen die Bundesanwaltschaft spricht, sehr vieles, das überhaupt nie genau abgeklärt worden ist. (...) Die Frage, ob Oberst Bachmann für eine (bzw. mehrere) fremde Mächte tätig war, bleibt völlig offen.» (Bericht, Seite 55 f.)

Frage Müller-Marzohl: «*Zur gleichen Zeit [1977] wurde behauptet, dass Oberst i Gst Bachmann neben seiner Beamtenaufgabe noch eine Firma mit dem Namen INSOR in Zürich betreibe. (...) Welches waren (oder sind) die Beziehungen Oberst i Gst Bachmanns zur INSOR? (...)*»

Antwort des EMD: «*(...) [Es] kann als erwiesen betrachtet werden, dass es sich bei der Gründung der Firma INSOR um eine partnerschaftliche Angelegenheit der Privatindustrie handelte. Es steht zudem fest, dass Oberst i Gst Bachmann, der sich, bedingt durch seinen besonderen Aufgabenbereich, um den Kontakt mit einzelnen Mitarbeitern der Firma INSOR bemühte, aus deren Tätigkeit indessen nicht den geringsten Vorteil gezogen hat.*»

---

[1] Diese Bemerkung in Klammer spielt offensichtlich auf den Fall Jeanmaire an.

Kommentar von Müller-Marzohl: *«Diese Antwort ist schlichtweg falsch und nimmt keinen Bezug auf die Frage. (...) Unrichtig ist, dass Bachmann keinen persönlichen Vorteil aus der Firma gezogen habe. Die Firma Insor diente der Organisation Bachmann als eine der zentralen Drehscheiben der Nachrichtenbeschaffung.»* (Bericht, Seite 58–60).

Die «Insor» ist in der Tat, wie der Luzerner Politiker zu Recht betont, ein wichtiges Teilchen des Puzzles. Parallel zur staatlichen Struktur des Nachrichtendienstes, welche mit dem EMD und der Bundespolizei verknüpft ist, garantierte ein privates Netz die Finanzierung und die Form der Nachrichtenbeschaffung. An dieser Stelle sei darauf hingewiesen, dass die Firma «Insor» für ihre Aktivitäten über ausserordentlich hohe Kapitalien verfügte und dass einflussreichste Persönlichkeiten der Schweizer Politik und Finanzkreise an ihr beteiligt waren. Banken und Industriekonzerne gewärten der «Insor» tatkräftige finanzielle Unterstützung. Ulrich Bremi, der Fraktionschef der Freisinnig-Demokratischen Partei, der sich überdies sehr für Elisabeth Kopps Wahl zur Bundesrätin und später für ihre Verteidigung eingesetzt hatte, war lange Zeit Verwaltungsratspräsident der «Insor» gewesen.

Nach diesem Spiel von sechzehn Fragen und Antworten und den Kommentaren dazu ist Müller-Marzohl auch heute noch nicht überzeugt. Ist die Schweiz, die behauptete, keine aktiven Agenten zu haben, noch neutral? fragt er sich. Wie soll die Tatsache gewertet werden, dass «freischaffende» Agenten, vom EMD gedeckt, teilweise aus privaten Quellen finanziert, aber von niemandem kontrolliert, in der Schweiz operieren können?

«Das EMD, das mehrere Administrativuntersuchungen einleitete, ging den schweren Vorwürfen gegen die UNA nie auf den Grund. Von einer wirklichen Untersuchung hätte man etwas ganz anderes erwartet. Sehr viele Akten wurden für ‹streng geheim› klassiert und so der Untersuchung entzogen», äusserte sich Müller-Marzohl den Autoren gegenüber.

Die von Alfons Müller-Marzohl zusammengetragenen Ungereimtheiten sind erdrückend, und es ist, aus der Distanz betrachtet, schwer verständlich, weshalb die betroffenen Politiker ihnen kein Ende setzten.

Der Nachrichtendienst – ein «Gemischtwarenladen»

Alles begann im Jahr 1968. Zu jener Zeit ist Albert Bachmann für die «Caritas» in Biafra tätig. Doch um seinen Lebensunterhalt zu bestreiten, gibt er sich nicht mit humanitärer Hilfe zufrieden; der Sohn eines Zürcher Flachmalers, der sich von einem ehemaligen CIA-Mann mit Vietnam-Erfahrung beraten lässt, geht noch anderen, weniger karitativen Beschäftigungen nach: Er verkauft Waffen und testet Kriegsmaterial. Kurze Zeit später kehrt er in die Schweiz zurück und verfasst im Auftrag des EMD das Zivilverteidigungsbüchlein, einen paramilitärischen Bestseller, der mit vier Millionen Aufwand in alle Haushaltungen gestreut wurde.[1]

Seit 1973 gehört Bachmann – nach Angaben des EMD – der UNA (Untergruppe Nachrichtendienst und Abwehr) an und ist unter anderem damit beschäftigt, einen «Besonderen Nachrichtendienst» (staatlich) aufzubauen. Seit Jahren bereits verfügt er über einen privaten geheimen Nachrichtendienst, die Organisation Bachmann, aufgebaut auf der berühmten Hausamann-Linie[2], die für ihre Beziehungen zum Osten bekannt ist.

Am 1. Januar 1976 wird Bachmann zudem Chef des Spezialdienstes, einer Zelle, deren Aufgabe es ist, den Widerstand für Kriegszeiten vorzubereiten. Jetzt kontrolliert er praktisch drei verschiedene Geheimdienste. Er erhält bedeutende finanzielle Mittel, und es werden ihm Mitarbeiter zugewiesen. Zu jenem Zeitpunkt erklären sich auch die grossen Unternehmen des Landes, die für den von Bachmann verfochtenen Patriotismus gewonnen werden konnten, damit einverstanden, die Organisation Bachmann bzw. den Spezialdienst[3] über die «Insor» zu finanzieren.[4] Bedeutende Direktoren verschiedener Gesellschaften nehmen einen Logenplatz ein, darunter Robert Sutz, Direktor der SBG (Schweizerische Bankgesellschaft) und persönlicher Freund von Bachmann.[5] Abgesehen von den Privatleuten, die den Spezialdienst finanzieren, verheimlichen andere, höchst offizielle Persönlichkeiten, ihre Verbindungen zu diesem Dienst nicht. So etwa Paul-Otto Aebi, Schwager von Generalstabschef Senn.

Die Organisation Bachmann läuft auf Hochtouren. Bereits zu Beginn der siebziger Jahre wird sie von ausländischen Geldgebern unterstützt. Es ist hinlänglich bekannt, dass Gelder des Schahs von Persien über die Savak – den ehemaligen iranischen Geheimdienst – in die Kasse des schweizerischen Nachrichtendienstes gelangten.[6] *«Es war wie eine Nachrichtenbörse. Die Zahler bedienten sich»*, erzählt uns ein ehemaliger Beamter, *«hin und wieder gaben sie*

---

[1] Das rote Zivilverteidigungsbüchlein ist zu Propagandazwecken verfasst und als moralische Abwehr gegen einen möglichen «Invasor» gedacht. Bachmann ist nicht der alleinige Autor dieses Bestsellers, der bei seinem Erscheinen zahlreiche Proteste auslöste.

[2] Siehe dazu oben, Seite 318f.

[3] Ein Auseinanderhalten dieser Organisationen war wegen der personellen Verflechtung praktisch unmöglich.

[4] Vgl. u. a. Bericht Müller-Marzohl, Seite 28.

[5] Es muss zwei Robert Sutz geben, da Robert Sutz von der SBG dementiert hat, Beziehungen irgendwelcher Art zu dem von Bachmann geleiteten Spezialdienst gehabt zu haben. Hingegen hat er nicht bestritten, ein Freund des ehemaligen Chefs des Nachrichtendienstes gewesen zu sein, verweigert jedoch jede weitere Auskunft.

[6] Der Vorgesetzte von Bachmann, Carl Weidenmann, hatte besonders enge Beziehungen mit

Spezialuntersuchungen in Auftrag, und irgend jemand führte sie durch, ohne überhaupt zu wissen, für wen er wirklich arbeitete.»

Die Schah-Gelder flossen in Strömen.[1] Ein Mann war gut informiert – Divisionär Weidenmann, der als Chef der UNA die Verantwortung für die Finanzen und die Informationen hatte. Schon 1972 schliesst ein kurzes Gespräch zwischen Insidern jeden Zweifel aus: Ein dem französischen Nachrichtendienst SDECE nahestehender Schweizer, von Lüthi befragt, liess das Wort «Iran» fallen und erklärte Major Lüthi, was es damit auf sich hatte. Auch der ehemalige Divisionär Montfort war über diese finanziellen Vereinbarungen auf dem laufenden.

Als Gegenleistung für diesen finanziellen Schmelztiegel war alles erlaubt. Divisionär Weidenmann wurde Anfang 1977 von der Militärkommission angehört. Die Kommission begnügte sich mit seinen Darstellungen über seine privaten Beziehungen zu den ausländischen Nachrichtendiensten – jenen Rumäniens, Israels und Frankreichs –, ohne diese zu hinterfragen: *«Ich habe meine Ferien nie im Ostblock verbracht. Ich gehe normalerweise in die Türkei. Der Weg dorthin führt (...) zwangsläufig mindestens durch Jugoslawien. Nach Rumänien führten mich zwei Besuchsreisen. Es ist in verschiedener Hinsicht wünschenswert, dass wir Beziehungen mit den Nachrichtendiensten von Ostblockstaaten pflegen. Es ist notwendig, dass wir wissen, was hinter dem Eisernen Vorhang vorgeht.»*[2]

Dennoch unterstreichen unsere Quellen die Abhängigkeit, welche die Schweiz gegenüber Frankreich eingegangen ist. *«Div. Weidenmann gab die Erlaubnis an den franz. Nachrichtendienst SDECE, in der Schweiz tätig zu sein. Zweck war, in der Schweiz aktive ND-Zellen gegen Osten und gegen die Linken auf die Beine zu stellen. Dazu gab man den Franzosen die technischen Möglichkeiten, sich bei uns zu installieren, mit der Gegenleistung, dass wir im Kriegsfall voll vom SDECE beliefert würden. Ziel der Franzosen war, ein Ausweichzentrum in der Schweiz zu errichten für den Fall, dass die Linken in Frankreich an die Macht kämen.»*[3] Zwei Schlüsselfiguren wurden mit dieser Entwicklung in Verbindung gebracht: Divisionär Weidenmann und Graf Alexandre de Marenches, Chef des SDECE.

Verschiedene andere persönliche Beziehungen verbanden de Marenches mit der Schweiz, insbesondere mit Lausanne. Überdies pflegten Frankreich

---

dem Iran, der Türkei und mit dem Nahen Osten geknüpft (er war unmittelbar bevor er zum UNA-Chef ernannt wurde, mehrere Jahre Militärattaché in Ankara gewesen).

[1]   Bericht Müller-Marzohl vom Juli 1980, Seite 33 ff.
[2]   Protokoll der Anhörung von Divisionär Weidenmann durch die Militärkommission des Nationalrats, S. 42.
[3]   Bericht Müller-Marzohl, Seite 35.

und der SDECE über Bachmann enge Verbindungen mit Südafrika. Von denen, die den Nachrichtendienst finanzierten, zeigte sich die SBG sehr daran interessiert, ihre Beziehungen zu Pretoria auszubauen.

Die Buchhaltung ist einer der Punkte, die den Luzerner Parlamentarier Alfons Müller-Marzohl bei seiner Untersuchung am meisten überrascht. Müller-Marzohl klagt an, dass hier der Schleier nicht genügend gelüftet wurde: «*Es ist immerhin zu bedenken, Geld schafft Abhängigkeit (...). Wenn es stimmt, dass UNA-Leute von Bachmann Gelder erhalten haben, dann hat in einem Bereich [Nachrichtendienste, A. d. Verf.] die Korruption eingerissen, der gerade vor Korruption gesichert werden müsste.*»[1] Im Müller-Marzohl-Bericht heisst es weiter: «*Bachmann selber sprach immer wieder davon, Geld spiele keine Rolle, er habe für alles Geld. Er zahlte Informationen, Informanten, Geräte, teure Abonnements. Reisen, Schweigegelder, Unterkünfte spielten eine grosse Rolle.*»[2]

Auch der Ausbildung kam ein hoher Stellenwert zu. Diese Leute hatten das Gefühl, ihr Beispiel müsse Schule machen. Es gab Ausbildungskurse in «*Schiessen, Sabotage, Waffenhandhabung, Silent killing [also lautlosem Töten, A. d. Verf.]. 1975 fand gemäss Aussage Bachmann ein derartiger Kurs im Tessin statt, an dem Bachmann zur Beobachtung unter einem falschen Namen teilnahm, ‹um die Leute überprüfen zu können›. (...) Unter Decknamen wurden u. a. auch israelische Agenten und Botschaftsangehörige dritter Staaten ausgebildet.*»[3]

Unklar war auch die Finanzierung dieser Kurse, wie Müller-Marzohl schreibt: «*Wie unklar und unheimlich die Vermischung auch im Gebiet der Ausbildung war, zeigt die Insorakte: (...) Die BBC hat durch Herrn Heizmann Teilnehmer für Kurs I angemeldet ‹ohne Schiess- und Nahkampf-Training›. ‹Aus geschäftspolitischen Gründen wurde folgender Preis vereinbart: Fr. 900.– (statt Fr. 980.–)›.*»[4]

Abgesehen von seiner Tätigkeit im Ausland, befasste sich der Besondere Nachrichtendienst von Bachmann auch mit innerschweizerischen Angelegenheiten. Zu jener Zeit erreichte die Kommunistenphobie ihren Höhepunkt. Ein gewisser Ernst Cincera (ein bestens bekannter FDP-Parlamentarier) hatte es sich in den Kopf gesetzt, Dossiers über Personen anzulegen, die als Linke verdächtigt wurden. Das «Demokratische Manifest» war eine von Cincera und Bachmanns Nachrichtendienst bevorzugte Zielscheibe. Dank eines Einbruchs gelang es dem «Demokratischen Manifest», sich kompromittierende Informationen über die «unheimlichen Patrioten» zu beschaffen. Hoffet, der offizielle Vorgesetzte von Bachmann, fragte darauf mehrere UNA-Mitarbeiter, ob sie Kenntnis über Lieferungen von Informationsmaterial aus dem Nachrichtendienst an Cincera hätten. Im EMD war man sehr darüber beun-

[1] Bericht Müller-Marzohl, Seite 39.
[2] Ebenda, Seite 38.
[3] Ebenda, Seite 39f.
[4] Ebenda, Seite 40.

ruhigt, dass die «Linken» Beweise gegen Cincera und den «Bachmann-Club» hatten sammeln können.

Der Bericht Müller-Marzohls ist mit Anekdoten gespickt. Man erfährt insbesondere, dass der Schweizer Nachrichtendienst bei den obskursten Aktionen die Finger im Spiel hatte. Da war zum Beispiel Terry O'Brian, ein vorzeitig aus dem britischen Nachrichtendienst entlassener Agent, der sich damit brüstete, von Bachmann und Weidenmann angeheuert worden zu sein. Da gab es ferner die «Schwarze Hand», einen Code, der es den Schweizern ermöglichte, ohne Wissen der Verantwortlichen, die keinerlei Kontrolle mehr hatten, direkt Material nach Pullach in die Zentrale des Bundesdeutschen Nachrichtendienstes (BND) zu schicken.[1] Und da gab es ferner auch noch die Übermittlung von SBB-Plänen (Anlagen, Stationen, Verbindungen, vor allem entlang der Grenze) an unsere französischen Nachbarn des SDECE.

Nach einer gewissen Zeit hatten die Nachbarstaaten kein Vertrauen mehr und wiesen die Schweizer auf zahlreiche Lecks hin. Die Italiener warfen dem Schweizer Nachrichtendienst vor, er lasse Informationen durchsickern. Amerikaner, denen Lecks im Bereich der Technologie in Richtung Osten auffielen, begannen die Schweiz als «kommunistisches Land» zu betrachten, wie ein Papier der amerikanischen Regierung bestätigt. Kurz: Der Schweizer Nachrichtendienst war im Ausland völlig in Misskredit geraten. Man wusste nicht mehr, wer was tat, und auch nicht, wer den Nachrichtendienst insgesamt kontrollierte.

Am Ende seines Berichts wagt Nationalrat Müller-Marzohl die folgenden Schlussbemerkungen: Die Administrativuntersuchung gegen Weidenmann und Bachmann beschränkte sich seiner Meinung nach auf oberflächliche Fragen. Nichts wurde geklärt. Zeugen wurden am Sprechen gehindert, Beweismaterial wurde beschlagnahmt, und der Luzerner fragt sich sogar, ob die Kommission Jeanmaire nicht ganz einfach getäuscht wurde. Als Beweis führt er die verschiedenen Widersprüche, Lügen oder Halbwahrheiten zahlreicher hoher Beamter an. So zum Beispiel Divisionär Weidenmann: *«Auf konkrete Fragen bezüglich aktive Spionage gab Div Weidenmann sehr unpräzise und nicht auf die Fragen Bezug nehmende Antworten (...) Auch Div Weidenmann beteuerte aber, die Schweiz betreibe keinen ‹offensiven› Nachrichtendienst, beschäftige also keine Agenten. Dabei wusste Div Weidenmann damals von der Aktivität der Organisation Bachmann.*

Auch Bundesrat Gnägi hat die Arbeitsgruppe in dieser Beziehung mehrmals unrichtig informiert.

Ähnlich wie Div Weidenmann und BR Gnägi orientierte auch Generalstabschef

---

[1]   Bericht Müller-Marzohl, Seite 44 f.

Senn unpräzise über die Nachrichtenbeschaffung. Nachträglich erweist sich deutlich, dass sich der Generalstabschef vor der Jeanmaire-Gruppe widersprochen hat.»[1]

Ist Jeanmaire der wahre Schuldige, wie gesagt wird? Wie lässt sich erklären, dass das EMD mit solcher Verbissenheit Jeanmaire verleumdete, während Bachmann und Weidenmann[2] während all dieser Jahre gedeckt wurden? All diese Fragen beantworten könnte vermutlich Bachmann, wenn er wollte bzw. gefragt würde.

Oberst Bachmann bricht das Schweigen

Wir lernten Albert Bachmann Ende Sommer 1989 in Genf kennen. Seit Monaten hatten wir ein Gespräch gesucht. Doch lehnte er jeweils höflich, aber bestimmt ab. Jetzt war er es, der uns anrief. Wir hatten soeben in der «Tribune de Genève» und der «SonntagsZeitung» ausführlich den immer noch «geheim»-gestempelten Bericht von Alt-Nationalrat Alfons Müller-Marzohl vorgestellt.[3] Albert Bachmann war verunsichert und entsetzt. Er sah sich – einmal mehr – als wehrloses Opfer. *«Der Bericht strotzt vor Falschangaben, Gerüchten und Halbwahrheiten, zusammengestellt von jemandem, dem jeder nachrichtendienstliche Sachverstand abgeht»*, sagte uns Bachmann.

Eigentlich war er ganz froh, dass der Müller-Marzohl-Bericht in die Öffentlichkeit getragen wurde. Denn er hatte es satt, die Rolle des Blödmannes der Nation spielen zu müssen, den dümmlichen Agenten, über den sich alle lustig machen dürfen. Nachdem jetzt sogar die Presse den geheimen Bericht von Müller-Marzohl breitschlug, müsste ihm der Bundesrat das Recht einräumen, sich gegen die unerhörten Vorwürfe zu wehren, argumentierte der ehemalige Geheimdienst-Oberst. Er hatte sich drei Anwälte genommen. Sie prüften eine Klage gegen Alt-Nationalrat Müller-Marzohl. Vor allem aber sollten sie veranlassen, dass ein Gericht die Vorwürfe gegen ihn gründlich untersuchen würden. Die Anwälte aber blitzten ab. Das Bundesgericht belehrte sie, dass die Bachmann-Akten noch immer geheim seien und damit unzugänglich für die Justiz.

Albert Bachmann zog sich wieder zurück und schwieg. Insgeheim hoffte er, die PUK 1 werde in ihrem Schlussbericht wenigstens die gröbsten Unwahrheiten richtigstellen. Er war in der Tat mehrmals von der PUK angehört worden, und einer Unterkommission der PUK hatte er zahlreiche Dokumente und Unterlagen gezeigt. Die PUK kam jedoch zum Schluss: *«Eine erneute*

---

[1] Bericht Müller-Marzohl, Seite 72 f.
[2] Weidenmann hat seinen Posten an der Spitze des EMD unmittelbar nach der Affäre Bachmann aufgegeben. Er hat seinen vorzeitigen Abgang nie offiziell begründet.
[3] SonntagsZeitung vom 27. August 1989; Tribune de Genève vom 28. August 1989.

Untersuchung der Fälle Jean-Louis Jeanmaire und Albert Bachmann liegt ausserhalb der Kompetenzen der PUK. Ohne umfassende Untersuchung der damaligen Situation im militärischen Nachrichtendienst ist eine Beurteilung des Verhaltens der Beteiligten nicht möglich.»[1] Bachmann war enttäuscht, nahm den PUK-Bericht jedoch kommentarlos hin.

Dienstag, 27. Februar 1990. In der Rundschau, dem politischen Magazin des Schweizer Fernsehens, tritt ein ehemaliger Mitarbeiter des von Oberst Bachmann geleiteten Spezialdienstes auf. Der Ex-Agent, der seine Identität nicht preisgab, wartete mit einer sensationellen Enthüllung auf. Der Spezialdienst, den die Presse inzwischen in «Geheimarmee» umtaufte, sei von der Gruppe REWI[2] kontrolliert worden. In der REWI sassen jeweils Parlamentarier aus allen vier Bundesratsparteien. Die REWI hat das Budget kontrolliert, die Einsatzpläne beurteilt und sollte die Verbindung zwischen dem Spezialdienst und dem Parlament sicherstellen. Bisher hatte man stets behauptet, unter Bachmann hätte sich der Spezialdienst jeglicher Kontrolle entzogen. Diese Geheimarmee habe ohne Wissen des Bundesrates und des Parlaments ihr Unwesen getrieben. In der «Schweizer Illustrierten», der «Berner Zeitung» und im «Tages-Anzeiger» meldeten sich weitere ehemalige Bachmann-Mitarbeiter zu Wort und berichteten aus dem Innenleben der Geheimarmee. Diese Enthüllungen und vor allem der Fichen-Skandal veranlassten schliesslich auch Oberst Bachmann, sein zehnjähriges Schweigen zu brechen.

Am 1. März 1990 traf Oberst Bachmann von Zürich in Genf ein. Im Hotel Montbrillant erläuterte er uns, weshalb er sich der Öffentlichkeit stellen wollte. *«Hat Sie der Bundesrat gerufen?»* fragten wir Oberst Albert Bachmann.

Bachmann: *«Nein. Ich bin in die Schweiz gekommen, weil es nötig ist, zu den monströsen Vorwürfen Stellung zu nehmen. Diese Vorwürfe sind zum Teil ehrverletzend. Ich werde zwar nicht den Bundesrat treffen, wohl aber Verantwortliche beim EMD aufsuchen und abklären, inwiefern ich von der vor 11 Jahren unterschriebenen Geheimhaltungsverpflichtung entbunden werden kann.»*

Frage: *«Nach dieser Geheimhaltungspflicht dürften Sie im Prinzip keine Stellungnahmen abgeben?»*

Bachmann: *«Im Prinzip ja. Aber inzwischen ist so viel publik geworden – Falsches, halbweg Falsches, und etwas weniges Richtiges –, so dass der Begriff der Geheimhaltung kaum noch viel Sinn macht.»*

Frage: *Sie sind also fest entschlossen, die Halbwahrheiten auszuräumen?»*

Bachmann: *«Dafür bin ich in die Schweiz gekommen.»*

Frage: *«Sie hoffen, der Bundesrat oder die zuständige Behörde im EMD werde Ihnen dazu grünes Licht erteilen?»*

---

[1] PUK-Bericht, S. 149.
[2] REWI ist ein Kürzel für Résistance und Widerstand.

Bachmann: «*Ich werde alles unternehmen, um dieses Ziel zu erreichen. Man muss sich jetzt den Vorwürfen stellen, sonst werden die Nachrichtendienste noch mehr in den Dreck gezogen.*»

Frage: «*Der härteste Vorwurf, der gegen Sie erhoben wurde, war wohl: Sie seien ein Doppelagent gewesen. Unter Ihrer Leitung sei der Schweizer Nachrichtendienst zu einem Bazar, einer Nachrichtenbörse verkommen, wo sich alle bedienen konnten. Und dies habe ausländischen Agenten Tür und Tor geöffnet, um den Schweizer Nachrichtendienst zu unterwandern?*»

Bachmann: «*Diese Vorwürfe wurden seinerzeit von der Kommission Delamuraz untersucht. Diese Kommission kam zum Schluss, dass diese Vorwürfe nicht stichhaltig waren.*»

Frage: «*Hat man Sie als schlechten Nachrichtenmann eingestuft, als inkompetent? Kurz: wie waren Ihre Qualifikationen?*»

Bachmann: «*Meine Qualifikationen waren bis zum Fall Schilling so gut, dass ich sie am liebsten einrahmen möchte. Die folgende, die nach dem Fall Schilling geschrieben wurde, sah dann freilich etwas anders aus.*»

Frage: «*Bevor Sie in die Öffentlichkeit treten, bedürfen Sie noch einer Zustimmung des Bundesrates oder einer EMD-Behörde. Wie war das damals, als Sie von der PUK angehört wurden?*»

Bachmann: «*Ich bin vom Bundesrat von der Geheimhaltungspflicht entbunden worden und konnte auf alle Fragen antworten.*»

Frage: «*Sind Sie von der PUK ausführlich befragt worden?*»

Bachmann: «*Ich habe der PUK ausführlich Rede und Antwort gestanden und ihr auch zahlreiche Dokumente vorgelegt. Selbstverständlich blieb vieles nicht angesprochen, da die PUK-Parlamentarier entsprechend ihres Wissensstandes Fragen stellten.*»

Frage: «*Sie haben den PUK-Bericht gelesen. Welches war Ihr Eindruck?*»

Bachmann: «*Ich war enttäuscht. Von all dem, was ich der PUK erzählte oder in Form von Dokumenten vorlegte, stand nichts im Bericht. Ich hätte doch erwartet, dass die PUK zumindest die gröbsten und unhaltbarsten Vorwürfe ausräumt.*»

Frage: «*Aus dieser Antwort könnte man herauslesen, dass Sie an einer gründlichen Aufklärung des ‹Falles Bachmann› interessiert sind?*»

Bachmann: «*Nichts wäre mir lieber als das.*»

Frage: «*Ist das eine neue Haltung, oder haben Sie diese Meinung immer schon vertreten?*»

Bachmann: «*Seit bald elf Jahren fordere ich eine gründliche Abklärung des ‹Falles Bachmann› – wie Sie sagen.*»

Frage: «*Es gab kurz nach Ihrem Ausscheiden aus dem Nachrichtendienst diverse Untersuchungen und Kommissionen. Wenn Sie heute immer noch eine Aufklärung verlangen, heisst das nur, die bisherigen Untersuchungs-Kommissionen taten ihre Arbeit nicht?*»

Bachmann: «*Die Untersuchungen waren nicht gründlich genug. Das liegt zum*

Teil daran, dass die Kommissionen – im Gegensatz zur PUK – nicht die nötigen Kompetenzen hatten. Ein wesentlicher Grund war auch, dass den Parlamentariern in diesen Kommissionen sehr oft jegliche Sachkenntnis im Bereich Nachrichtendienst abging.»

Frage: *«Jetzt wird es eine EMD-PUK geben. Was halten Sie davon?»*

Bachmann: *«Eine solche PUK halte ich für eine absolute Notwendigkeit. Selbstverständlich werde ich diese Kommission, so gut ich kann, unterstützen. Diesmal möchte ich aber von jeglicher Geheimhaltung entbunden werden.»*

Frage: *«Was wollen Sie damit sagen? Erhielten Sie für die PUK 1 Anweisungen oder wurden Sie vom Bundesrat vorzensuriert?»*

Bachmann: *«Nein, der Bundesrat hat mich nicht vorzensuriert. Ich erhielt jedoch von Bundesrat Arnold Koller einen Brief, der mir gewisse Einschränkungen auferlegte. Darin hiess es, ich dürfe auf alle Fragen antworten. Und er fügte bei, dass keine Fragen gestellt würden, die mich in Schwierigkeiten brächten. Ich habe den Brief meinen Anwälten vorgelegt. Ihre Interpretation war, dass ich nur auf Fragen antworten, nicht aber von mir aus Informationen an die PUK herantragen durfte. Das wäre aber nötig. Denn wie bereits gesagt, fehlt den meisten Parlamentariern die nötige Sachkenntnis, um überhaupt die richtigen Fragen zu stellen.»*

Wird Albert Bachmann – wie hier angekündigt – der EMD-PUK endlich klaren Wein einschenken? Oder wird er sich an die alte Hausregel aller Spione halten: Lügen ist der beste Schutz (bodyguard by lying, so der entsprechende Agenten-Jargon)?

Intrigenspiel zwischen Bundespolizei und Nachrichtendienst: Wer sind die Drahtzieher?

Im Zusammenhang mit den Affären Jeanmaire, Weidenmann, Lüthi und Bachmann wurden eine Vielzahl von Skandalen vertuscht und jegliche Untersuchung unterbunden, indem den entsprechenden Akten und Dossiers der Stempel «geheim» aufgedrückt wurde. All diese unter den Tisch gekehrten Affären haben eine gemeinsame Wurzel. In den Jahren nach 1975 fand zwischen dem EJPD und dem EMD, zwischen der Bundespolizei (Abwehr) und dem Nachrichtendienst ein eigentlicher Krieg statt. Was der eine Dienst aufbaute, riss der andere nieder. Die Abwehr enttarnte angebliche Spionagenetze von Ost-Agenten. In Wirklichkeit aber verhaftete die Bupo Leute von Bachmann, die sich an Ost-Agenten herangemacht hatten.

Ein ehemaliger Spezialagent erinnert an einen folgenschweren Zwischenfall, bei dem sich die Bundespolizei und der Nachrichtendienst in die Haare gerieten. Eine Gruppe, bestehend aus Bachmann-Agenten, unterwanderte ein Schmugglernetz, über das hochtechnologisches Know-how oder Material in die Oststaaten verschoben wurde. Dabei lockten die Bachmann-Leute eigeninitiativ Ost-Agenten an und bauten in der Schweiz für diese Ost-Agenten interessante Schmuggler auf. Diese Operation geschah in Zusammenarbeit mit den Amerikanern. Sie wurde zwar von Schweizern geplant und ausgeführt, berappt jedoch wurde sie von den Amerikanern. Durch so entstandene Kontakte mit Ost-Agenten erwischten Bachmanns Agenten einen freisinnigen Parlamentarier aus der Westschweiz, der soeben als Informant eines östlichen Nachrichtendienstes angeworben wurde. Im EMD und im EJPD geriet man in Panik. Bundesanwalt Gerber, unterstützt von einem freisinnigen Bundesrat, griff sofort ein und liess dadurch gleichzeitig die ganze Operation der Bachmann-Agenten auffliegen.

Der «offene Krieg» – der Ausdruck stammt von Bachmann – zwischen der Bundespolizei und dem Nachrichtendienst nahm derartige Ausmasse an, dass mehrere ehemalige Schweizer Nachrichten-Agenten behaupteten: Die Affären Jeanmaire und Bachmann wurden weitgehend im eigenen Hause inszeniert. Albert Bachmann schweigt dazu und weicht Fragen mit der Standard-Antwort aus: «*Dazu werde ich mich gegenüber der EMD-PUK äussern.*» In der Tat gibt es zahlreiche Hinweise, dass Albert Bachmann absichtlich in eine Falle gelockt wurde. Der Fall Schilling zum Beispiel, der zur Entlassung von Bachmann führte, deutet klar in diese Richtung. Schilling begab sich im Auftrag des Spezialdienstes nach Österreich. Zu diesem Zeitpunkt – im November 1979 – wurde der Spezialdienst bereits nicht mehr von Bachmann geleitet, behauptet Bachmann. Es war nicht Albert Bachmann, der Schilling die Österreich-Mission erteilte. Dagegen aber war das EMD über diesen Österreich-Einsatz vorab informiert worden. Ein damaliger Bachmann-Mitarbeiter berichtete uns: «*Wir haben sogar vermutet, dass Schilling von einem Schweizer an die Österreicher verraten wurde. Bei einem solchen Zwischenfall ist es unter befreundeten Staaten üblich, dass sich die zuständigen Ministerien gegenseitig in Verbindung setzen. Ausgerechnet an jenem Tag, als Schilling verhaftet wurde, fiel in Bern beim EMD der Piquet-Dienst aus...*»

Im Sommer 1979 hatte Oberst Bachmann einen Auftrag abgelehnt, weil er befürchtete, es werde ihm eine Falle gestellt. Er erhielt die Anweisung, alle ihm zur Verfügung stehenden Kräfte auf den Irak zu konzentrieren. Der Auftrag war sehr präzise. Er sollte eine Karte der irakischen Pipeline-Netze erstellen, in genau beschriebenen Gebieten des Iraks Strassen und ihren Zustand auskundschaften... Abgesehen davon, dass Satelliten derartige Informationen weit einfacher und genauer ermitteln, stellte sich Bachmann die Frage: Wozu braucht die Schweiz derartige Informationen? Da sie für die Schweizer Armee von keinem Nutzen waren, mussten sie im Auftrag eines ausländischen Nachrichtendienstes beschafft werden. Oberst Albert Bachmann wollte wissen, für wen diese Mission ausgeführt werden sollte. Die Antwort wurde ihm verweigert. Daraufhin lehnte er den Auftrag ab. Als offiziellen Grund gab er an: zu riskant.

Eines fällt auf. Dieser Streit zwischen der Bundespolizei und dem Nachrichtendienst fällt genau in jene Zeit, in der sich der private Zweig der CIA in der Schweiz einnistet. Kein Zweifel, dass die private CIA mit Wissen der Bundespolizei in Genf einen Ableger aufbaute. Wir haben ausführlich über die engen Beziehungen der privaten CIA zur Schweiz und zu Schweizern berichtet.[1] Zwar wird von offizieller Seite jegliche Zusammenarbeit mit dieser «black CIA» bestritten. Doch es gibt zumindest einen handfesten Beweis aus dem Bundeshaus, dass die Bundespolizei bzw. die Bundesanwaltschaft den amerikanischen Geheimdienst, der in die Iran-Contra-Affäre verstrickt war, tatkräftig unterstützte.

Während der Geisel-Affäre von Teheran übergab ein Schweizer Beamter den Amerikanern einen Satz falsch-echter Schweizer Pässe. Sie waren für den Iran bestimmt. Bedenklich scheint uns, wie leicht sich die PUK 1 in dieser Pass-Geschichte abfertigen liess. Eine Unterkommission hatte höchst präzise Hinweise erhalten: Name des Beamten, Code-Wort des entsprechenden Dossiers, sogar der Aktenschrank, in dem die entsprechenden Unterlagen zu finden waren, wurde ihr beschrieben. Doch die Unterkommission ersparte sich einen Gang in die bezeichneten Büros. Sie bat die zuständige Behörde um einen schriftlichen Bericht. Den erhielt sie auch. Doch von den falsch-echten Pässen stand dort kein Wort zu lesen. Die Bundesanwaltschaft griff zu einem in der Bundesverwaltung langerprobten Trick: Mit der Abfassung des Berichtes wurde ein junger Beamter beauftragt, einer der wenigen in der ganzen Abteilung, der von den falsch-echten Pässen nichts wusste.

In der Presse wurde der Vorwurf erhoben, durch Schweizer Behörden seien Schweizerpässe für ausländische Agenten zur Verfügung gestellt worden.

Würdigung

Die Abklärungen haben ergeben, dass die Behauptung in einem Fall zutrifft. Für den Vorfall besteht jedoch nach Ansicht der PUK ein berechtigtes Geheimhaltungsinteresse, und es werden daher keine näheren Angaben gemacht. Da in dieser Angelegenheit auch heute noch ein Datenschutzbedürfnis besteht, wird darauf verzichtet, hier auf nähere Details einzugehen.

Zu dieser Pass-Geschichte äussert sich die PUK auf Seite 180 ihres Berichtes. Obwohl sie sehr konkrete Hinweise erhalten hatte, trifft sie nur oberflächliche Abklärungen.

---

[1] Siehe dazu Kapitel: «Ausweichen in den Untergrund...», Seite 270 ff.

Die Untersuchungskommissionen des amerikanischen Parlamentes, die sich mit der Iran-Contra-Affäre befassten, deckten die Existenz einer eigentlichen Schatten-Regierung auf. Sie setzte sich zusammen aus offiziellen Beamten des Nationalen Sicherheitsrates, der CIA sowie Privatpersonen, in der Regel Kalten Kriegern, die früher für die CIA oder die Armee verdeckte Operationen durchgeführt hatten. Hinter dem Rücken des Parlamentes und der amerikanischen Öffentlichkeit zwang sie den USA eine bestimmte Aussenpolitik auf und griff dabei zu illegalen und verbrecherischen Methoden. Im Namen der Staatssicherheit stellte sich diese Schatten-Regierung über Recht und Verfassung.[1]

Diese selbsternannten amerikanischen Staatsschützer – zu denen auch der gebürtige Schweizer Fred Iklé zählte – unterhielten bedenklich engen Kontakt zur Schweiz, operierten von unserem Land aus, als wären sie hier zu Hause. Für uns drängt sich die Schlussfolgerung auf: Entweder konnte sich die amerikanische «Schatten-Regierung» in der Schweiz auf eine parallele Struktur abstützen, oder aber die Amerikaner haben den Schweizer Nachrichtendienst nach allen Regeln der Kunst manipuliert und zur Mitarbeit bewegt.

---

[1] Siehe: Christic Institute, Inside the Shadow Government, a. a. O.

Dokumente

[CdF 4/3/86]

.. S.B.S.   Z.P.O.
   198203-1
     SHAKARCI
       TRADING A.G.
       KECE ZURIH:

la società di cui trattasi nell'appunto si identifica nella
Shakarchi A.G., corrente in Zurigo, Siewerdstrasse 69 (tel.
3123600 - telex 823446); ha per oggetto d'attività il com=
mercio d'oro e valuta e ne è direttore il cittadino libane=
se Mohamed Shakarchi, nato il 5.5.1939.

Sempre a proposito della società in questione, si sottoli=
nea che:

. di essa si è accertato fosse cliente il Simonian Honik,
  nato il 10.2.1949, di cui all'all.n.43:quater;

. Waridel Paul Eduard, nato il 7.12.1941 ad Istanbul (TR),
  cittadino svizzero residente a Zurigo, Banhofstrasse n.
  5, imputato nel procedimento penale meglio noto come "Piz
  za Connection„, nel corso dell'interrogatorio reso il 17
  maggio 1985 al Procuratore Pubblico Sottocenerino, dott.
  P.Bernasconi, ha testualmente dichiarato:
  ""....... faccio presente che la Banca del Mussululu cui
  ho accreditato gli US $ 280.000 è la Trade Develope=
  ment Bank di Ginevra (conto n.175.801), ma ignoro se ¯
  il conto sia intestato effettivamente al Mussululu o a
  qualche altro nominativo. Presumo anzi che sia un con=
  to della Sacarci (fonetico) che è una società che si
  occupa del trasferimento di capitali da e per il Medio
  oriente.........„„"

Il Mussululu, imputato latitante nello stesso procedimen
to penale, si identifica compiutamente in Mussululu Avni
Yasar (alias Karadurmus Avni Yasar), nato l'1.1.1942.

Il conto Sakarko, inoltre, è stato alimentato con denaro
raccolto dal Sultan Ismail e trasferito in Svizzera dal
Brochetta tramite i propri corrieri Mascetti e Maghetti
(Vds. anche la precedente pag.116).

Il Mohamed Sakarchi, dal canto suo, è noto anche per un al
tro motivo: il 10.1.1964, a Monaco di Baviera, è stato arre
stato tale Ipekciogullari Zeki, detto Zeki Ipek, nato il
25.4.1936, suo socio in affari, perchè trovato in possesso
di kg.57,4 di morfina base (a proposito dei rapporti attua
li esistenti fra i due vedasi i prospetti che costituisco=
no l'all.n.43/bis redatti dalla L.K.A. di Monaco di Bavie=
ra.

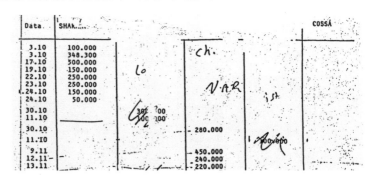

Data.	SHAK.....			COSSÁ
3.10	100.000		*ch.*	
3.10	348.300			
17.10	500.000			
19.10	150.000	*lo*		
22.10	250.000			
23.10	250.000		*VAR*	*iSt*
24.10	150.000			
24.10	50.000			
30.10				
11.10				
30.10			280.000	
11.10				
9.11			450.000	
12.11			240.000	
13.11			220.000	

*Paul-Eduard Waridel, Hauptangeklagter im Pizza-Prozess von Lugano, war ein enger Mitarbeiter
Musullulus. Er war einer der ersten, der in der Schweiz die Firma Shakarchi Trading AG im Zusammenhang
mit Drogenhandel erwähnte. Das abgebildete Dokument (135° foglio) stammt aus einem Bericht der italienischen Guardia di Finanza und zitiert ein Verhörprotokoll des Tessiner Staatsanwalts Paolo Bernasconi. In
diesem Verhör erzählte Waridel erstmals von der Firma Shakarchi. Das zweite Dokument zeigt den Bankauszug eines Kontos, das die Guardia di Finanza der Shakarchi Trading AG zuordnet. Über dieses Konto flossen
Gelder von Drogenhändlern (u. a. Sultan Ismail), die in Oberitalien aktiv waren.*

Rapport von   Det Wm Oberholzer Werner   Datum   12. August 1986

Dienststelle   SA 1/Fälschungen

Betrifft   B e r i c h t in Rechtshilfesachen

zuhanden   Bezirksanwaltschaft Zürich, Büro 5; BA Holdener
          Reg.Nr. 919/85, 1010/85, 1030/85 und 300/86

in Sachen   Untersuchungsrichteramt beim Gericht in Turin,
          UR Dr. M.Vaudano, Gen.reg. 3/85, früher
          UR Dr. M.Maddalena, Nr. 50:3/85

gegen   ERDOGAN Celal, türkischer Staatsangehöriger,
          Student, geb. 5. April 1961 in Söylakkaya/TR,

          und weitere Angehörige des internationalen
          Drogenhändlerringes "PIZZA CONNECTION"

wegen   Verbrechens gegen das Betäubungsmittelgesetz
          (Handel mit grossen Mengen Morphinbasen und
          Finanzierung desselben)

Eingang der Rechtshilfeersuchen

Mit einem Rechtshilfeersuchen vom 11. November 1985 gelangte das
Untersuchungsrichteramt beim Gericht in Turin an die Bezirksanwaltschaft Zürich. Im Rahmen einer internationalen Strafuntersuchung
wegen Rauschgiftverbrechen gegen 8 Personen und deren Gesellschaften
wurde ersucht, Ermittlungen bei allen Banken im Kanton Zürich durchzuführen, um auf diese Weise über die mit der Finanzierung des
Rauschgifthandels Befassten auch an die Transporteure und Händler
heranzukommen, um alle Tatbeteiligten strafrechtlich verfolgen zu können.

Verfügung   Geht an die Bezirksanwaltschaft   Kantonspolizei Zürich
          Zürich, Büro 5, lic iur B.Holdener.   SA 1/Dienst Fälschungen
          Zürich, 22. August 1986

Die Firma SHAKARCO AG wurde 1973 durch Shakarchi sen. gegründet,
der 1983 verstarb. Geschäftsführer war der Sohn Shakarchi Mohamed.
Aus erbschaftlichen Schwierigkeiten heraus gründete Mohamed Shakarchi
zusammen mit seinem Bruder Salem 1983 die Firma SHAKARCHI TRADING AG.
Die Kunden der SHAKARCO AG wurden übernommen, sodass die Firma
Shakarco AG heute inaktiv ist.

Die Firma SHAKARCO AG arbeitete mit sogenannten 'money broker',
die in verschiedenen Ländern tätig waren oder sind. In Istanbul
waren es mehrere. Diese übernahmen die Gelder von Kunden und liessen
die Devisen nach Zürich überbringen. Teils wurden die Zahlungen aber
auch direkt an den Schweiz. Bankverein, Zürich, vorgenommen, zugunsten
der Firma Shakarco AG, oder aber über eine Drittbank. So kommt es,
dass verschiedene 'broker' oder Kunden die Kontonummer der Firma
Shakarco AG mit sich herumtrugen.

Bei der Firma Shakarco AG wurden die eingegangenen Beträge den
'money broker' gutgeschrieben. Die Gebrüder Shakarchi wussten
deshalb nicht, wer die eigentlichen Kunden waren, sondern ver-
kehrten nur mit den brokern. Diesen wurde intern ein Konto geführt.

PARLAK Irfan war ein sehr aktiver 'money broker'. Die firmeninternen
Kontoauszüge und Belege geben darüber Auskunft (Konto-Nr. 209).

Dieser im Jahre 1986 von Wachtmeister Werner Oberholzer verfasste Bericht belegt, dass die Zürcher Polizei über die Querverbindungen zwischen der Pizza-Connection und der späteren Libanon-Connection schon frühzeitig Bescheid wusste. Namen von Drogenhändlern wie La Mattina, Musullulu, Parlak ... werden hier im Zusammenhang mit der Zürcher Firma Shakarco AG und Shakarchi Trading aufgeführt. Für diese Firmen begann sich die Zürcher Justiz aber erst ab 1989 zu interessieren.

Da esso risulta l'esistenza di rapporti fra conti, accesi
presso la Mirelis SA., ed i seguenti altri in essere presso
gli Istituti di Credito o Società Finanziarie a fianco d'o=
gnuno indicati (dopo il numero e fra parentisi, è indicata la
sigla attribuita ai singoli conti in fase di elaborazione:

nr.690799 [W], acceso presso l'UBS. di Chiasso, di cui non
è nota l'identità dell'intestatario e che risulta sia
stato sequestrato dall'AG. di Losanna nell'ambito di altre
indagini concernenti il traffico internazionale di stupefa=
centi (Vds.all.nr.93); ad esso la Società ha complessiva=
mente accreditato:

.. 467.800 US.$ nel 1978;
.. 4.174.000 US.$ nel 1979.

Al conto in questione (che è stato ricostruito per forza
parzialmente con i soli dati contenuti nella documentazione
acquisita - Vds. l'elaborato all. nr. 94) sono affluite,
inoltre, altre ingenti somme rimesse da:

.\Shakarco AG., negli anni 1978-79 e 1983, pari a US.$
 4.130.392;

.\Mecattaf, negli anni dal 1977 al 1979, pari a US.$
 2.241.246;

.\Parlak Irfan, il 2.6.1982, pari 162.000 US.$;

.\c.nr.720985 del Credito Svizzero di Losanna, intestato a
 Soydan Zekir, pari a DM. 1.580.043 (Vds.pag.164);

Come si legge sulla visura camerale (Vds. l'all.nr. 95),
la Mirelis S.A. ha come oggetto d'attività "tutte le opera=
zioni finanziarie internazionali escluse quelle che saranno
sottoposte alle prescrizioni della legge federale sulle ban=
che e sulle casse di risparmio; l'importazione, l'esportazio=
ne, il commercio e la rappresentanza in tutti i paesi di tut=
te le materie preziose, manufatti o non, merci di qualsiasi
natura".

DATA	C	DARE	AVERE	CV.	B.CRED/DEB	B. AGENTE	BANCA DEST.	NOTE
01.08.27	A	170.000,00		US$	A/IRFAN	BANK AMERICA N.Y.	MIRELIS S.A. - GE	424500 TAC
		1.070.000,00		D.M.	A/IRFAN	L.B. FRANCO....	MIRELIS S.A. GE.	424500 TAC
01.08.31	A	50.000,00		US$	A/IRFAN	BANK AMERICA N.Y.	MIRELIS S.A. - GE	424500 TAC
01.09.01	A	220.000,00		US$	A/IRFAN	BANK AMERICA N.Y.	MIRELIS S.A. - GE	424500 TAC
	B	575.000,00		D.P.	A/IRFAN	B.B. FRANCO GATE	MIRELIS S.A.	424500 TAC
01.09.03	A	70.000,00		US$	A/IRFAN	BANK AMERICA N.Y.	MIRELIS S.A. - GE	424500 TAC
	A	830.000,00		D.M.	A/IRFAN	B.B. FRANCO DORTE	MIRELIS S.A. GE.	424500 TAC
01.09.10	B	10.000,00		US$	A/IRFAN	BANK AMERICA N.Y.	MIRELIS S.A. - GE	424000 IBAN ANNA
	A	560.000,00		D.M.	A/IRFAN	L.B. FRANCO DORTE	MIRELIS S.A. GE.	424500 TAC
	D	575.000,00		D.M.	A/IRFAN	B.B. FRANCO DORTE	MIRELIS S.A. GE.	424500 TAC
01.09.16	A	170.000,00		US$	A/IRFAN	BANK AMERICA N.Y.	MIRELIS S.A. - GE	424500 TAC
01.09.17	A	800.000,00		L.M.	B.IRFAN	B.B. FRAN.. N'Y.	MIRELIS S.A. GE.	4245 12
01.09.21	A	500.000,00		US$		BANK AMERICA N.Y.	MIRELIS S.A. - GE	424500 TAC
	M2	100.000,00		US$			MIRELIS SA EINO..	ASSE... N.Y. TOCO
01.09.23	A	80.000,00		US$		BANK AMERICA N.Y.	MIRELIS S.A. - GE	424500 TAC
01.09.24	A	190.000,00		US$	A/IRFAN	BANK AMERICA N.Y.	MIRELIS S.A. - GE	424500 TAC
	B	1.750.000,00		D.M.	A.IRFAN	B.B. FRANCO DORTE	MIRELIS S.A. GE.	4245 IRA
01.09.25	A	5.000,00		US$	A/IRFAN	BANK AMERICA N.Y.	MIRELIS S.A. - GE	424000 IBAN ANNA
	B	150.000,00		D.M.	A/IRFAN	B.B. FRANCO....	MIRELIS S.A. GE.	424500 TAC
01.10.01	A	650.000,00		US$	A/IRFAN	BANK AMERICA N.Y.	MIRELIS S.A. - GE	424500 TAC
		930.000,00		D.M.	A/IRFAN	B.B. FRANCO DORTE	MIRELIS S.A. GE.	424500 TAC
01.10.08	A	225.000,00		US$	A/IRFAN	BANK AMERICA N.Y.	MIRELIS S.A. - GE	424500 TAC
	B	180.000,00		US$	A/IRFAN	BANK AMERICA N.Y.	MIRELIS S.A. - GE	424500 TAC
	B	65.000,00		US$	PARLA - FIG.	B/IRFAN N.Y.	MIRELIS S.A. - GE	ATT. M. P3...
01.10.14	A	200.000,00		US$	A/IRFAN	BANK AMERICA N.Y.	MIRELIS S.A. - GE	424500 TAC
	A	500.000,00		D.P.	A/IRFAN		MIRELIS S.A. GE.	424500 TAC
01.10.20	A	300.000,00		US$	A/IRFAN	BANK AMERICA N.Y.	MIRELIS S.A. - GE	424500 TAC
01.10.23	B	450.000,00		US$	A/IRFAN	BANK AMERICA N.Y.	MIRELIS S.A. - GE	424500 TAC
	A	300.000,00		D.M.	A/IRFAN	B.B. FRANCO GATE	MIRELIS S.A. GE.	424500 TAC
01.10.26	B	50.000,00		US$	PARLAK - REF. A/IRFAN	BANK AMERICA N.Y.	MIRELIS S.A. - GE ATT. M. IRFAN	ALTRADICO

Anhand von Zeugenaussagen, vor allem aber durch Buchungsbelege und Kontoauszüge konnte die italienische Guardia di Finanza die Geld- und Kapitalbewegungen des internationalen Drogenhandels rekonstruieren. Dabei tauchten immer wieder dieselben Namen auf: Shakarco AG, Guardag AG in Zürich sowie die
Mirelis SA in Genf. Nach Schätzungen der Guardia di Finanza wurden Drogengelder in der Höhe «mehrerer Milliarden Schweizer Franken» in die Schweiz verschoben.

344

ZUSTELLUNGSQUITTUNG

ZCZC DRIOSA   07-SEP-87 15.27 M-ID: IBMOSA 0057 07   14.54 EZ
QC
EDW06722792/22792AMSUIS BG/
.ZRHTGCS

ZUGESTELLT AN 22792AMSUIS BG   07-SEP-87 15.27

TO: EMBASSY OF SWITZERLAND, SOFIA/BULGARIA

FROM: CREDIT SUISSE, ZURICH, HEAD OFFICE

ZURICH, 7.9.87   OUR REF: MO25/RK/EP-5347

ON REQUEST OF MR. BARKEV MAGHARIAN WE CONFIRM THAT

        MR. WALID ABDUL-RAHMAN ALAYLI
        BORN 1960 IN BEIRUT
        HOLDER OF LEBANESE PASSPORT NO. 478298
        ISSUED IN BEIRUT ON 28 NOVEMBER 1983

        AND

        MR. ISSAM MUKHTAR KAISSI
        BORN 1963 IN BEIRUT
        HOLDER OF LEBANESE PASSPORT NO. 710737
        ISSUED IN BEIRUT ON 21 MAY 1986

WORK WITH MAGHARIAN FRERES, BEIRUT.

BEST REGARDS,

H. HUG
CREDIT SUISSE
MIDDLE EAST DEPARTMENT

Credit Suisse
Viale Stazione 32
6501 Bellinzona
Switzerland

Mr. Salvatore Amendolito

SKA 🕂 **SCHWEIZERISCHE KREDITANSTALT**   1856 🕂 1981

CREDIT SUISSE
CREDITO SVIZZERO

ZÜRICH   Swiss Embassy
                                 P.O. Box 244

                                 1000 S O F I A / Bulgaria

Dear Sirs,

This is to introduce to you the bearer of this letter

            Mr. Walid Abdul-Rahman Alayli
            born on 1960 in Beirut
            holder of the Lebanese passport No. 478298
            issued in Beirut on November 28, 1983
            valid for three years.

He is one of the employees of
            Mr. Barkev Magharian

Die Gebrüder Magharian, die im Rahmen der Libanon-Connection als Wäscher von Drogengeldern verhaftet wurden, genossen das Vertrauen zum Beispiel der Schweizerischen Kreditanstalt. Die SKA verhalf ihnen und ihren Kurieren mittels Empfehlungsschreiben an die Schweizer Botschaft in Sofia zu den nötigen Einreisevisas. Mit einem ähnlichen Empfehlungsschreiben an eine Bank in den USA hatte die SKA 1981 die Geldwäscherarbeit von Salvatore Amendolito erleichtert. Amendolito war eine Schlüsselfigur der Pizza-Connection.

Beschlussprotokoll der Sachbearbeiterkonferenz i.S. Steffen Otto betr. Widerhandlu̇ṅg gegen das Betäubungsmittel-Gesetz, vom 2. Juli 1980, 1400 Uhr, in Zug

Teilnehmer:

- Herr Metzger Ernst, Bundesanwaltschaft Bern
- Herr Bolliger Edwin, Zollkreisdirektion Basel
- Herr Längle Arthur, Zollkreisdirektion Zürich
- Herr Scheidegger Beat, Staatsanwaltschaft Basel-Stadt
- Herr Zurbrügg Hans, Kantonspolizei Bern
- Herr Blaser Peter, Kantonspolizei Bern
- Herr Kaufmann Rudolf, Kantonspolizei Solothurn
- Herr Gwerder Willy, Kantonspolizei Schwyz
- Herr Donner Pius, Kantonspolizei Schwyz
- Herr Wüest Xaver, Kantonspolizei Thurgau
- Herr Antener Kurt, Kantonspolizei Nidwalden
- Herr Capo Conza Vincenzo, Kantonspolizei Tessin
- Herr Bazzocco Alfredo, Kantonspolizei Tessin
- Herr Kyburz Hansueli, Kantonspolizei Aargau
- Herr Rodel René, Kantonspolizei Aargau
- Frau Berther Monika, Kantonspolizei Zug
- Herr Gärtner Hans, Kantonspolizei Zug
- Herr Knüsel Paul, Kantonspolizei Zug, Protokoll

Police Cantonale de ZUG

Réf.: Brigade des Stupéfiants. N° 1037/ 80

Rapport de : Assistante de Police M. BERTHER
Service: Délits en matière de stupéfiants

Date: le 17 juin 1980

Objet: Rapport d'information

à l'att. de: Parquet de Bâle-Ville
            Service des stupéfiants

Personnes: K A S T L Georges, né le 14/4/1945, originaire
           de Bâle, employé de commerce, domicilié à Bâle,
           Blumenrainstr. 21,
           N° de téléphone privé: 061/25 27 57

délits: soupçonnés d'activités criminelles, respt. d'or-
           ganiser un trafic de stupéfiants du Proche Orient
           à destination de l'Europe

Lors de la réunion de travail des services spécialisés, le
7/5/1980 à la Police Cantonale de Berne, les polices cantonales
contactées ont été informées entre autres par nos soins des
poursuites engagées chez nous (à Zug) contre STEFFEN Otto,
soupçonné de trafic illégal de stupéfiants.

STEFFEN Otto, né le 15/2/1937, originaire de WYSSACHEN BE,
domicilié à 6340 Baar, Zugerstrasse 73, entrepreneur de trans-

Dieses Dokument belegt, dass gegen Otto Steffen in mehreren Kantonen wegen Drogenhandels gefahndet wurde. Schliesslich ergaben die Ermittlungen, dass Georg Kastl von der Firma Basilo (c/o Weitnauer) die Spitze des Eisberges darstellte. Doch plötzlich wurde die Fahndung eingestellt und sogar verleugnet. Sowohl der zuständige Richter in Zug wie auch die Staatsanwaltschaft Basel behaupteten wiederholt, gegen Steffen habe es nie eine Fahndung wegen Drogenhandels gegeben. Inzwischen wurde Otto Steffen vor ein Gericht gestellt, aber nicht wegen Drogen, sondern wegen Urkundenfälschung. Er hatte Zollpapiere gefälscht. Der Name von Georg Kastl tauchte inzwischen in verschiedenen grösseren Affären auf: Pizza-Connection, Peseta-Connection.

Monsieur Le Juge,

Avant toute chose, je tiens à ce que cette déclaration soit couverte
par l'article du code des douanes Françaises qui concerne la position
de toute personne inculpée dans une affaire douanière, qui revele le nc
et les malversations d'un fonctionnaire en fonction. Ayant fait depuis ·
trop longtemps objet de pressions et de menaces de la part de
l'administration française et voulant en finir je tiens aujourd'hui
sous couvert de cett article a vous dire toute la verité sur mon
activité que l'on me reproche.

Depuis 1974 j'ai assuré des transports sur l'Europe, de l'Allemagne
de l'est, à l'Espagne en passant par Bâle et le sud Ouest de la
France pour le compte d'un français qui au départ m'assurait des
passages de douane en toute tranquillité, étant lui même très
introduit dans l'administration Française. Jl c'est avéré très vite
que cette personne était Mr. Saint Jean, le même Saint Jean aloirs
directeur des douanes à Paris. J'ai rencontré cette personne dans un
restaurant de Bâle, le premier rendez-vous avait été comme d'habitude
dans ce cas la donné par téléphone.
Les transports s'organisaient de la manière suivante. La valeur d'un
camion m'etait amenée en argent à Bâle, je payais le fournisseur,
le camion était prêt, nous passions la douane à l'heure donnée par
Saint - Jean, puis la route de Bordeaux jusqu'au village "La Biche"
j'étais attendu par un certain "Martin".
J'ai fait des passages en toute tranquillité Mr. S.-Jean m'ayant
garanti qu'en cas d'intervention des douanes m/on arrestation serait
qu'une question d'heures cela c'est justifié l'hors de mon arrestation
à St. Louis.
Les menaces et pressions out eté de plus en plus fortes afin de me
faire taire les noms des gens avec qui je travaillais. Mr. Loriot
à Bâle m'a demande de dire que les transports etaient pour Laurent,
Cabout et des autres personnes. Pour Laurent j'ai bien conuc cette
personne qui a été le fournisseur intermediaire des marchandies
passes par moi et achetées par St.-Jean. D'autres transports qui ont
été organises depuis Bâle et l/allemange dont je n'ai pas été le
transporteur avaient des chauffeurs fournis par le vendeur.
Si j'ai été muet jusqu'a présent, c'est que les menaces de Mr. Loriot
m'avaient tres inquietes. Seul l'application de cet art. me donne la
possibilité de vous faire cette declaration.

Monsieur mes respectueuses Salutations:
Edy Eichenberger

Nro 2085 (duemilaottantacinque)
Lugano, 3 dicembre 1981
(millenovecentoottantuno)
Certifico io sottoscritto notaio l'autenticità della firma qui sopra apposta
mia presenza e vista del signor Edmund EICHENBERGER, 1938, fu Karl, da Burg/AG

*Mehrere Zigarettenschmuggler hatten Zolldirektor Saint-Jean, damals die Nummer zwei in der französischen
Zollhierarchie, als Komplizen beschuldigt. Der Schweizer Zigarettenschmuggler Edy Eichenberger schreibt im
abgebildeten Brief an den Mülhauser Richter Germain Sengelin: «Die Transporte wurden wie folgt organisiert. Man brachte mir das Geld für eine Lastwagenladung (Zigaretten, A. d. Verf.) nach Basel. Ich bezahlte
den Lieferanten. Der Lastwagen stand schon bereit. Zu der von Saint-Jean angegebenen Zeit passierten wir
den Zoll (...) Ich konnte in aller Ruhe über die Grenze fahren, denn Saint-Jean hatte mir versichert: Falls der
Zoll einschreitet, werde meine Verhaftung nur eine Frage von wenigen Stunden sein. Bei meiner Verhaftung
war das dann auch genau so ...»*

TÉLÉGRAMME ARRIVÉE

EXPÉDITEUR : INTERPOL BUCAREST   NR 102   9.4.81

DESTINATAIRE : INTERPOL PARIS BCN

VOTRE RADIO DC.PJ/AEF/8.2/BCN/E/BA/N° 1075/CR 88/80 DU 3.2.81 CONCERNANT CABOT
PRENOMS CLAUDE ROBERT HENRI ET AUTRES - STOP - VOUS INFORMONS CABOT EST ARRIVE
ET EST PARTI DE ROUMANIE AUX DATES SUIVANTES - STOP -
EN 1979, EST ARRIVE 8 JANVIER, 9 AVRIL, 17 AVRIL, 18 SEPTEMBRE, 15 OCTOBRE,
12 ET 26 NOVEMBRE, 3 DECEMBRE ET EST PARTI RESPECTIVEMENT 10 JANVIER, 11 ET 19
AVRIL, 19 SEPTEMBRE, 17 OCTOBRE, 15 ET 27 NOVEMBRE, 5 DECEMBRE - STOP -
EN 1980, ARRIVE 6 ET 20 JANVIER, 11 ET 25 FEVRIER, 8 ET 23 AVRIL, 12 AOUT,
23 SEPTEMBRE ET PARTI RESPECTIVEMENT 11 ET 22 JANVIER, 13 ET 27 FEVRIER, 9 ET
24 AVRIL, 13 AOUT ET 25 SEPTEMBRE - STOP -
EN 1981, ARRIVE 14 JANVIER ET 2 FEVRIER ET PARTI 17 JANVIER ET 5 FEVRIER - STOP -
LES DEUX AUTRES PERSONNES SONT INCONNUES - FIN -

KANTONSPOLIZEI ZÜRICH			PA
Gesch. Nr. **39313/79 F**	Spez. R.	DK	Tx
	KTA/UL	Deliktsdatum	OPA
	Fachgesch.	Revokation	SPA

Rapport von Dienststelle	**Det Gfr Karst Reto** DK I, 6 Zürich 1	Datum 12. Dezember 1979
Betrifft	**B e r i c h t**	
zuhanden	**Kantonspolizei Zürich,** Verwaltungspolizei	
über	**C a b o t Claude,** geb. 12.7.1946 in Pissy Foville, **angeblich bei der Firma RETORA AG,** Stadthausquai 1, 8001 Zürich	
wegen	Zustellung der Gerichtsvorladung, Nr. III 5/78, von Tribunal de Grande Instance von Mulhouse	

Am Mittwoch, 12. Dezember 1979, 11.00 Uhr, setzte sich Rapportierender mit dem Verwaltungsrat, RA Dr. Rudolf Rohner (einziger Veraltungsrat), der Firma RETORA AG, Stadthausquai 1, 8001 Zürich, in Verbindung. Auf entsprechende Frage, gab Dr. Rohner an, Claude Cabot sei ihm gänzlich unbekannt, insbesondere habe dieser seines Wissens nach, noch nie etwas mit der Firma RETORA AG zutun gehabt. Es sei ihm absolut nicht verständlich, wie dieser Claude Cabot die Firma RETORA AG als Adresse verwenden könne.

Die Erhebungen bei der Einwohnerkontrolle der Stadt Zürich ergaben, dass der oben erwähnte Claude Cabot in Zürich nicht gemeldet ist. Anhaltspunkte über seinen derzeitigen Aufenthalt bestehen zur Zeit keine.

DK I, 6 Zürich 1
Det Gfr Karst Reto

Das Interpol-Telegramm belegt die häufigen Reisen von Claude Cabot nach Sofia, dem Mekka der Schmuggler. Claude Cabot war ein Agent des französischen Nachrichtendienstes. Er wurde von seinem Dienst abkommandiert, um Schmugglerorganisationen zu unterwandern. Die Franzosen nahmen an, dass sich Terroristen mit Schmuggelgeschäften Geld für Waffenkäufe beschafften. Claude Cabot tarnte sich als Mitarbeiter der Zürcher Gesellschaft Retora AG. Er behauptet, dies wäre nach Absprache zwischen seinem französischen Dienst und den zuständigen Behörden in Bern geschehen.

MINISTRE D'ÉTAT

RÉPUBLIQUE FRANÇAISE

MINISTÈRE DE L'INTÉRIEUR
ET DE LA DÉCENTRALISATION

DIRECTION GÉNÉRALE
DE LA POLICE NATIONALE

DIRECTION DE LA
SURVEILLANCE DU TERRITOIRE

PARIS, LE **14 MAI 1982**

L'Inspecteur Principal François HUBNER

en fonction à la Direction
de la SURVEILLANCE DU TERRITOIRE

Officier de Police Judiciaire
en résidence à PARIS

La société WEITNAUER citée par le témoin à l'alinéa 5 page 3 est connue de la DST par un renseignement émanant de la ST TUNIS et datant de 1955 pour être une société commerciale pour l'import-export de marchandises de toutes natures ayant son siège à BALE 36,38 Petersgasse. En 1955, elle est citée dans une affaire générale concernant le trafic des cigarettes dans le bassin méditerranéen. Il s'agissait d'un marché de cigarettes américaines, anglaises et suisses, effectué à TANGER par de puissants groupes financiers dont la TOLEDO qui est un organe de la société WEITNAUER. WEITNAUER, financier helvétique, propriétaire de 2 ou 3 fabriques de cigarettes aurait couvert le trafic de cette marchandise et aurait servi également avec son groupe financier de "couverture aux Services Spéciaux Suisses. A l'occasion de cette même affaire, les Services Spéciaux britanniques étaient également soupçonnés d'avoir recours par personnes interposées à la pratique (la contrebande, car au moins à cette époque, c services auraient pratiqué couramment "l'autofinancement".

Le nommé SIMON cité aux alinéas 2, 3, 4 et 5 de la page 5 s'identifie vraisemblablement à GOLDENBERG Simon alias SIMON né le 17 Septembre 1914 à CONSTANTINOPLE, actuellement

Gravement malade en octobre 1975, GOLDENBERG Simon a dû cesser ses activités professionnelles et en janvier 1976, il a quitté définitivement la République Démocratique Allemande en compagnie de son épouse Helga SCHEUFI née le 13 Juillet 1935 à REICHENBERG (Tchécoslovaquie) et de ses deux enfants, Stefan et Suzane, après avoir obtenu un visa de sortie.

Après avoir séjourné quelques mois en AUTRICHE à VIENNE, Simon GOLDENBERG s'est installé le 1er Juillet 1976 à PANG, Wendelsteins se 13 près de ROSENHEIM en Bavière où son époupossède une villa d'une grande valeur, et GOLDBERG y vit entouré de nombreux animaux dont de lions.

de nationalité ouest-allemande, demeurant à PANG, arrondissement de ROSENHEIM Wendelsteinstrasse 13 (Bavière -RFA).

Aux archives de la DST, il est connu comme suit :

- Apatride d'origine turque, Simon GOLDENBERG est entré en FRANCE en 1921 et a acquis la nationalité française par naturalisation en 1948.

GOLDENBERG se livrait à divers trafic et en tirait de substantiels bénéfices. En Avril 1951, faisant l'objet de poursuites judiciaires concernant des affaires d'abus de confiance et d'émission de chèques sans provision il s'est enfui en République Démocratique mande pour échapper à la Justice. Il a été déchu de la nationalité française par décret en date du 27 Mars 1952. Il a été interdit de séjour en FRANCE à partir de 1955.

En 1956, il était recherché par Interpol pour complicité d'évasion d'une prison de BERLIN-OUEST de prévenus incarcérés pour brigandage qualifié.

En 1959, il a été signalé comme étant mêlé à une affaire de trafic de faux dollars entre l'Allemagne de l'Est et la France. A BERLIN-EST, il s'est associé à un réfugié polonais dans une affaire de marché noir servant de couverture à des activités de renseignement et notamment dans la fabrication de faux documents, de recrutements d'agents et d'enlèvements de personnes en République Fédérale d'Allemagne, vraisemblablement au profit des Services Spéciaux de la R.D.A.

Il jouissait de l'entière confiance des autorités de BERLIN-EST et avait obtenu la nationalité est-allemande. Il disposait de bureaux situés au n° 36 Schoenhauser Allee à BERLIN-EST où sous le pseudonyme de SIMON G.

Am 14. Mai 1982 schreibt François Hubner von der Gerichtspolizei in Paris und gleichzeitig Mitarbeiter des Nachrichtendienstes Direction de la Surveillance du Territoire (DST) über die Basler Handelsgesellschaft Weitnauer: «Im Jahre 1955 wird sie im Zusammenhang mit Zigarettenschmuggel im Mittelmeerraum genannt (…) Der Schweizer Financier Weitnauer soll (…) mit seiner (Firmen-, A. d. Verf.) Gruppe auch als Deckmantel für den Schweizer Nachrichtendienst gedient haben.» Besonders interessant ist der Fall Simon Goldenberg, dem Zigarettenschmuggel zwischen Ostdeutschland, Frankreich und Spanien nachgewiesen wurde. Französische Richter suchten ihn. Die DST wusste genau, wo er war, die Richter konnten ihn aber nie finden. Obwohl Simon Goldenberg polizeilich gesucht war – in Frankreich ist Tabakschmuggel ein schweres Vergehen –, zeichnete ihn Ministerpräsident Jacques Chirac mit einer Ehrenmedaille aus.

349

STAATSANWALTSCHAFT
DES KANTONS
BASEL-STADT

TELEPHON 21 71 71

Der Erste Staatsanwalt

4001 Basel, den 29. September 1983
Kohlenberg 27

Frau
Marie-Louise Weitnauer
Petersgasse 36

4001 Basel

Sehr geehrte Frau Weitnauer

In Beantwortung Ihrer Anfrage vom 26.9.83 bestätige ich Ihnen gerne, dass weder die Weitnauer Handelsgesellschaft, noch Ihr ver-
storbener Gatte, Herr A.P. Weitnauer, bei einer "Drogenfahndung"
oder sonstigen Strafverfolgungsmassnahmen in Basel jemals in Erscheinung getreten sind.

Ich hoffe, Ihnen mit dieser Bestätigung gedient zu haben.

Mit freundlichen Grüssen

DER ERSTE STAATSANWALT:

PROCÈS-VERBAL
DE DÉPOSITION DE TÉMOIN

Le ———— 18 Mai 1982 ————————————
à ——————— 14 ———— heure ——30————————

Le témoin a répondu :

Je me nomme —— WEITNAUER Adolphe ——————————
Né le —— 23 /7/ 1923 —— à —— BALE ——————
Profession : —Administrateur de société———

Je suis le Président du Conseil d'Administration de la SA
WEITNAUER Société Commerciale. Cette SA a succédé il y
a une vingtaine d'années à une société primitive appelée
WEITNAUER et compagnie qui était une société en commandite.
J'occupe les fonctions de Président de la société actuelle
depuis la fin des années 40.

- Pour ce qui est de la société BASILO j'affirme sous le foi du
serment que cette société ne me concerne pas ni à titre personnel
ni au titre des sociétés WEITNAUER SA et RESTOMAT. J'ignore quels
sont les propriétaires de cette société ;

'; la société BASILO est une société autonome ; le
seul point commun entre KASTL et moi c'est qu'il a fait son
apprentissage dans les années 60 dans notre entreprise. En aucune
façon je ne dirige en sous main cette société BASILO ;

*Hans Hungerbühler, der Erste Staatsanwalt des Kantons Basel-Stadt, versichert, dass die Weitnauer Han-
delsgesellschaft weder bei einer «Drogenfahndung» noch bei sonstigen Strafverfolgungsmassnahmen je in
Erscheinung getreten ist. Am 18. Mai 1982 sagte Adolph Weitnauer in Mülhausen unter Eid aus, dass er
oder die Handelsgesellschaft Weitnauer mit der Firma Basilo nichts zu tun habe. «Ich weiss nicht, wer die
Eigentümer dieser Gesellschaft sind», erklärte Weitnauer. Georg Kastl, Geschäftsführer der Basilo, seinerseits
sagte in einer Einvernahme aus: Die Basilo habe Weitnauer gehört und sei eigens dafür gegründet worden,
um die Schmuggelgeschäfte Weitnauers zu verschleiern.*

350

MUSULLULU YAŞAR AVNI

O.I.P.C. PARIS (SG)
I.C.P.O. PARIS (GS)
(الإمانة العامة) أنتربول
N° de Dossier / File No
N° del Expediente/رقم الملف
|.........664/83.........|
N° de Contrôle / Control No
N° de Control / رقم الرفابة
|.....8-267/6-1983.....|
INDIVIDU DANGEREUX
THIS PERSON IS DANGEROUS
INDIVIDUO PELIGROSO
شخـــص خطــــر

NOM D'ORIGINE : KARADURMUS
IDENTITE EXACTE - NATIONALITE TURQUE EXACTE. - Né le 1er janvier 1942 à ÇAYELI (Turquie) ;
fils de KARADURMUS Ali et de KARADURMUS Hatice.
NOM D'EMPRUNT : KARADURMUS Avni.
Parle turc.
MOTIF DE LA DIFFUSION : fait l'objet du mandat d'arrêt N° 1983/159 Karar nr 1983/17 délivré le 28 février 1983
par les autorités judiciaires de ANKARA (Turquie) pour trafic d'arme par création de bande.
L'EXTRADITION SERA DEMANDEE EN CAS D'ARRESTATION DANS TOUS LES PAYS. En cas de découverte, procéder à son
arrestation préventive et aviser immédiatement : (×)

FORMER NAME: KARADURMUS
IDENTITY VERIFIED - NATIONALITY: TURKISH (VERIFIED). Born on 1st January 1942 in Çayeli, Turkey;
son of KARADURMUS Ali and Hatice.
ALSO KNOWN AS: KARADURMUS Avni.
Speaks Turkish.
REASON FOR NOTICE: Wanted on arrest warrant No. 1983/159 Karar nr 1983/17 issued on 28th February 1983
by the judicial authorities in Ankara, Turkey, for organizing a gang to traffic in weapons.
EXTRADITION WILL BE REQUESTED IF ARRESTED IN ANY COUNTRY. If found, please detain and immediately
inform: (×)

APELLIDO ANTERIOR: KARADURMUS
IDENTIDAD COMPROBADA - NACIONALIDAD TURCA COMPROBADA. - Nacido el 1 de enero de 1942 en ÇAYELI (Turquía);
hijo de Ali KARADURMUS y de Hatice KARADURMUS.
ALIAS; Avni KARADURMUS.
Habla turco.
MOTIVO DE LA DIFUSION: es objeto de la orden de detención Nº 1983/159 Karar nr 1983/17 expedida el 28 de
febrero de 1983 por las autoridades judiciales de ANKARA (Turquía) por tráfico de armas en cuadrilla.
DE SER DETENIDO SE SOLICITARA LA EXTRADICION A TODOS LOS PAISES. Caso de encontrarle, procédase a su detención
preventiva y avísese inmediatamente a: (×)

الإسم الأصلي : KARADURMUS
الهوية مؤكدة ـ الجنسية تركية مؤكدة ـ تاريخ الولادة : ١٩٤٢/١/١ في ÇAYELI / تركيا ·
ابن KARADURMUS Ali و KARADURMUS Hatice
الإسم المستعار : KARADURMUS Avni ·
يتكلم التركية ·
سبب اصدار النشرة : صدرت بحقه مذكرة توقيف رقمها 1983/17 Karar nr 1983/159 وتاريخها ١٩٨٣/٢/٢٨ من السلطات القضائية في
انقرة / تركيا لتهريب أسلحة ولتشكيل عصبة لهذا الغرض ·
سيطلب تسليمه من أي بلد يقبض عليه فيه اذا اه ·
اذا عثر عليه ، يرجى توقيفه توقيفاً احتياطياً ، والمبادرة الى اعلام ·

NE PAS ARRÊTER
aviser Office fédéral de la police

NICHT VERHAFTEN
Bundesamt für Polizei-
wesen benachrichtigen

«NICHT VERHAFTEN – Bundesamt für Polizeiwesen benachrichtigen.» Dieser Stempel steht auf dem im
Jahre 1983 von Interpol verbreiteten Haftbefehl gegen Yasar Avni Karadurmus. Die türkische Polizei suchte
ihn wegen Waffenhandels. Karadurmus, der auch unter dem Namen Musullulu auftrat, lebte damals in
Zürich. Obwohl er mehrmals wegen Drogenhandels denunziert wurde, liess ihn die Zürcher Polizei jahrelang
unbehelligt. Erst als die türkische Zeitung «Hürriyett» über sein Zürcher «Versteck» berichtete, wurde die
Polizei aktiv. Musullulu entging einer Verhaftung und setzte sich nach Spanien ab.

351

N.13569/1°/04 di prot.   Roma, 25 MAG. 1981

OGGETTO: Attentato a S.S. Papa Giovanni Paolo II.
    Elementi informativi relativi al cittadino
    turco MEHMET ALI AGCA.

            AL DOTTOR
            Domenico SICA
            Sostituto Procuratore presso la
            Procura della Repubblica di

                            R O M A

Rif.richiesta senza numero del 15.5.1981.

    ----

1. Sul conto del cittadino turco MEHMET ALI AGCA sono
   state acquisite numerosissime notizie, alcune anche
   contrastanti, secondo le quali lo stesso:

   - sarebbe espatriato, subito dopo l'evasione dal car
     cere militare "MALTEPO" di Istanbul, in Bulgaria uti
     lizzando un passaporto preparato per un cittadino in
     diano. Successivamente avrebbe raggiunto la Jugosla-
     via dove gli sarebbe stato recapitato - a mezzo posta
     il passaporto intestato a FARUK OZGUN. Con tale docu-
     mento avrebbe svolto imprecisata attività lavorativa
     a Parigi e Zurigo;

   - avrebbe avuto contatti e rapporti in Germania con i
     sottonotati cittadini turchi ricercati dalla polizia
     di Ankara per attività sovversiva:

     × MEHMET SENER; ×
     . RIFAT YILDIRIM;
     × ABDULLAH CATLI; ×
     . UZEYIR BAYRAKLI;
     . AYDIN TELLI;
     . ABDURRAHMAN KIPCAK;
     . ENVER TONTAS;
     . ALPARSLAN ALPARSLAN;
     × ORAL CELIK; ×
     . ATTILA CELIK;
     . MEHMET TANAYDIN;

                                ./.

Nur zwölf Tage nach dem Mordanschlag auf Papst Johannes Paul II. nennt ein Bericht des italienischen Geheimdienstes SISMI bereits alle Komplizen des Attentäters Ali Agça. Der SISMI wusste auffällig gut Bescheid. So kannte er sämtliche Orte, an denen sich Ali Agça in den Monaten vor dem Attentat aufhielt. Mehmet Sener, Abdullah Catli und Oral Celik – wie Ali Agça alles «Graue Wölfe» – wurden von der Türkei wegen Terroranschlägen sowie Beihilfe zum Mord gesucht. Kurz nach dem Papst-Attentat wurden sie in Zürich verhaftet. Celik liess die Zürcher Polizei sofort frei.

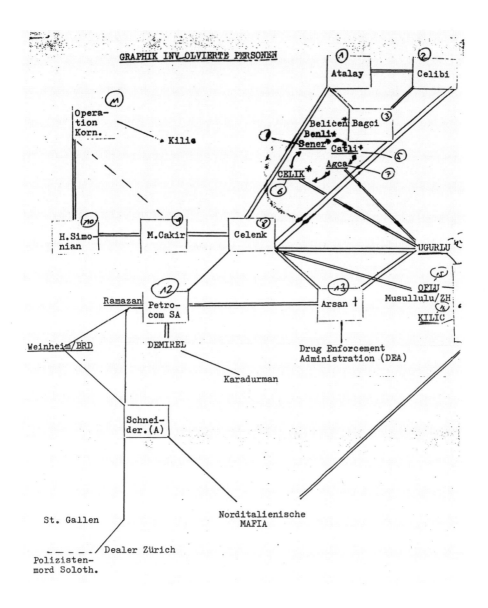

GRAPHIK INVOLVIERTE PERSONEN

Diese Graphik stammt aus dem Jahre 1985 und zeigt die Zusammenhänge der damals bekanntesten Drogen-
fälle in der Schweiz. Alle aufgeführten Personen waren Drogenhändler, ausgenommen Hovik Simonian in
Biel, der «nur» Drogengelder kassierte und weiterleitete. Besonders auffällig ist die grosse Zahl der «Grauen
Wölfe» (Personen 1–8). Sie waren nicht nur in Drogengeschäfte, sondern auch in zahlreiche Terror- und
Mordanschläge verwickelt. Zudem hatten sie engen Kontakt zu Geheimdiensten. Die «Grauen Wölfe» sind
nur eines unter vielen Beispielen, das die enge Verknüpfung von illegalem Drogen- und Waffenhandel mit
der Terroristenszene belegt.

353

Dagli atti di questo G.I. risulta che ARSAN HEN
RY, HACISULEYMANOGLLI Ismail (OPLU Ismail) e CELENK
BEKIR hanno mantenuto stretti contatti per l'esecu -
zione di affari illeciti con tale "SALIM".

Il CELENK è stato, in particolare, in contatto
con il cittadino turco BOZKURT HUSEYN, con ATALAY Sa
xql e con il predetto "SALIH".

In merito,la polizia svizzera ha riferito:
1) "SALIM" si identifica per CAKIR MEHMET, nato l'1.
10.1942 a Gorle (Bulgaria, di Salih e di Calender
Turp, sposato con Antoaneta Yvanova, attualmente do-
miciliato a Sofia);
2) nel 1979 sono state raccolte informazioni secondo
cui il "Salih", che aveva contatti con la ditta OVA-
RAS S.a. di Bienne che si occupa di orologi, sarebbe
stato dedito al traffico degli stupefacenti;
3) il 6.10.1980 CAKIR MEHMET è divenuto direttore del
la OVARAS S.A., con sede a Bienne Amtergstrasse 12) :
4) le inchieste condotte da diverse polizie hanno
permesso di stabilire che CAKIR MEHMET era in rela -
zione con i seguenti casi di traffico di stupefacenti:

c) verso la fine del 1980, la polizia di Zurigo ha
stabilito che il cittadino turco TURKMEN ISMET, nato
nel 1941, associato ad una organizzazione dedita al
traffico di armi e di stupefacenti era in contatto

con la ditta OVARAS S.A. - direttore CAKIR MEHMET -
e la ditta ABIANA S.A. della quale è direttore il
cittadino libanese SIMONIAN HOVIK nato il 10.2.1949;
d) il 16.2.1981 a Rotrbrun/Germania è stato arresta
to HALDI ROGER, nato il 3.4.1948 in Svizzera per de
tenzione di Kg. 46 di hashish. L'HALDI ROGER era
in possesso del numero telefonico dell'OVARAS S.A.,
di CAKIR MEHMET a Sofia e di GUEDER HADI COSKUN ad
Appeldoorn/Olanda;

BOZKURT HUSSEYN è risultato in contatto con CELENK
BEKIR ed è stato trovato altresì in possesso del nu
mero di telefono dell'OVARAS S.A., di CAKIR MEHMET
a Sofia e di KINTIL AHMED ad Istanbul, associato
quest'ultimo al CAKIR MEHMET.

e) Risultanze dell'ufficio centrale svizzero di
polizia

Detto ufficio ha svolto e riferito indagini a
quest'ufficio per il tramite dehli uffici centrali
dell'Interpool- Criminalpool di Roma.
In detti accertamenti si riferisce quanto segue.

---

*Seit 1979 ermittelte der Trentiner Untersuchungsrichter Carlo Palermo gegen einen internationalen Dro-
gen- und Waffenhändlerring. Entscheidende Hinweise erhielt er – wie obiges Beispiel illustriert – aus der
Schweiz. Bereits in den Jahren 1979 bis 1982 hatte die Bieler Polizei zusammen mit ihren Kollegen in Genf
und Zürich einen Drogenhändlerring von sensationellem Ausmass aufgedeckt. Er umfasste praktisch den
vollständigen Schweizer Ableger der türkischen Mafia, der schliesslich im Jahre 1987 (Libanon-Connection)
aufflog. Doch die Ermittlungen wurden aufs Eis gelegt. Und die Justizbehörden in Biel sowie die Bundesanwaltschaft bestritten noch Anfang 1989, dass es die Bieler Ermittlungen je gegeben hatte.*

FABRIQUE D'HORLOGERIE

MONTRES FALCON S.A.

CH-2500 BIENNE/Switzerland

6, rue du Marché
Ø 032 23 16 23
Telex 34675 falbi

An die
Fremdenpolizei

Banque: Crédit Suisse, Bienne

2500 Biel

2500 Bienne, le 28. Februar 1978

V. RÉF.   V. LETTRE DU   N. RÉF.
AH/mb

Betr.: Herrn Mehmet Cakir, Sofia

Sehr geehrte Herren,

Mit Gegenwärtigem bestätigen wir Ihnen, dass

Herr CAKIR Mehmet, Sofia

ein regelmässiger Kunde unserer Firma ist.

Wir bearbeiten gegenwärtig in unseren Lokalitäten
mit Herrn Cakir die Bestellungen für das Jahr 1978
sowie den Lieferplan.

Indem wir gerne hoffen Ihnen mit diesen Angaben gedient zu haben, zeichnen wir mit

vorzüglicher Hochachtung

MONTRES FALCON SA

An das
Kantonale Arbeitsamt
Postgasse 68

3000 B e r n 8

Ra/ss   10. Februar 1972

Betrifft: Rekurs Montres Falcon S.A., Biel,
          i.S. Bekir Celenk, türkischer Staatsangehöriger.

Wir beziehen uns auf die uns mit Ihrem Schreiben vom 3.1.72 überwiesenen
Akten in vorstehender Angelegenheit und teilen Ihnen mit, dass wir gestützt
auf den Mitbericht der Fédération Horlogère Suisse, Biel, der Branchen-
organisation der schweizerischen Uhrenindustrie, vom 22.12.72, vom Stand-
punkt des Arbeitsmarktes aus keine Einwandungen gegen die Anwesenheit in
der Schweiz des Bekir Celenk erheben.

Nous connaissons M. BEKIR CELENK depuis de nombreuses années, il a
toujours tenu ses engagements et sa manière de traiter les affaires
est correcte. Nous nous permettons également de mentionner que les
commandes en portefeuille, placées par FALCON S.A. auprès des Maisons
E. BRANDT & FILS S.A. et DUX S.A. s'élèvent à plus de 6 millions de
francs..."

b) am 4.8.71:

"... En effet, la présence en Suisse de Monsieur Békir Celenk s'avère
très utile, sinon indispensable pour nos relations avec le Moyen Orient et,
tout particulièrement la Turquie.

Nous nous permettons
de souligner qu'il est très important que Monsieur Békir puisse, 4 ou 5
fois par année, se rendre en Turquie et pouvoir revenir en Suisse, afin
de suivre ses affaires.

Mit vorzüglicher Hochachtung
Städt. Arbeitsamt Biel
Der Vorsteher:

Bekir Celenk geriet durch die Aussagen des Papst-Attentäters Ali Agça in die Schlagzeilen der Weltpresse. Dieser hatte zuerst erklärt, Bekir Celenk habe ihm für das Attentat 2 Millionen DM sowie Waffen für eine Million DM versprochen. Bekir Celenk wurde als Drogen- und Waffenhändler international gesucht. Ähnlich wie der Drogenhändler Mehmet Cakir hatte sich Celenk lange Zeit in Biel aufgehalten und als Uhrenhändler ausgegeben. Dabei konnten sie, wie obenstehende Dokumente belegen, auf die Unterstützung der Lokalbehörden zählen.

355

```
(4528316*
48/02 16.51
28316A PETR CH
334570 STIBAM I

EST VOUS PETROCOM?RRR

OUI C EST CELA +
OK MERCI

ATT. MOAMET
===========

VI COMUNICHIAMO L'OFFERTA PER N. 25 PEZZI E RELATIVE SPECIFICHE:

QUOTE

BELL 209 AH-IG HUEY COBRA COPTERS 78/79, CRATED FOR EXPORT
UPGRADED TO ZERO HOUR.
INCLUDING IN THE PRICE FOB EUROPE 1.000 HOURS OF SPARES PER
UNIT, WHICH IS EQUIVALENT TO FIVE YEARS SPARES UNDER NORMAL
USEAGE AND TWO YEARS UNDER COMBAT OPERATION.
ENGINE: LYCOMING T 53/L13... SHP 1400
ARMOUR: NCROC
MILITARY EQUIPMENTS: MACHINE GUNS 6 TUBES GAU 2 7.62 MM MINIGUNS
GRANADE LAUNCHERS 40MM X/M 129
EMERSON TURRET TAT 102E
CANNON VULCAN 6 TUBES F 20MM X/M/61 AH
EXTERNAL EQUIPMENT:
4 SYSTEMS XMXET WITH ROCKETS POD 12.75 TYPE M/157K  (7 IN EACH)
ELECTRONICS:-
RADIOO USAF INCLUDING GYRO MAGNETIC COMPASS AS /N43
ASAF AN/APX/44
COMPUTER TEST
PILOT: ADF/HEADING ID/998/ASN
GUNNERS: ID/250/ARI
PILOT ID/48/ARM
RADIO: UHF - AN/ARC 51
       VHF - AN/ARC 134
       AFM - AN/ARC 54
       AM  - ARN 83
AUXILIARY NAVIGATION: SN/IS/ADS
CMASH TURRET WITH RADAR MTI NIGHT STAILIZER..
INFRA RED SYSTEM PPSA

ASSEMBLY TIME IS ESTIMATED 4 MAN HOURS. BLADES PACKED SEPARATLY.
ABOVE ARE BRIEF SPECIFICATION ONLY, ON INSPECTION FULL SPECS
AND INVENTORY WILL BE PROVIDED INCLUDING SERIAL NUMBERS.

OB PORT EUROPE DOLL. 5.900.000,--

; QUOTE
```

```
B) M48A5 TANKS POWER PLANT
   -------------------------
   ENGINE MODEL.........TELEDYNE CONTINENTAL AVDS-1790-2A

   FUEL.................DIESEL

   CAPACITY OF TANK.....375 GAL (1420 LITRES)

   MAX HP AT 2400 RPM...750 GROSS

   MAW TORQUE AT 1800....1710 GROSS

   TYPE.................90 DEG, V TYPE AIR COOLED, 12
                        CYLINDERS.
                        BORE...............5.75''
                        STROKE.............5.75''
                        COMPRESSION RATIO...16:1
                        TYPE OF IGNITION....COMPRESSION

CONDITION OF INSTALLED ENGINE.....NEW JUST INSTALLED,
                                  TEST HOURS AFTER
                                  MODIFICATION.

FOB PORT EYRIPE DOLL. 1.900.000.00

SALUTI
        HENRI
+
28316A PETR CH
334570 STIBAM I
0123
```

«Sind Sie Petrocom?» fragte Henry Arsan per Telex. Als die Genfer Firma bestätigte: «Ja, richtig», machte er Angebote für Waffen: Bell-Helikopter, Maschinengewehre, Granatwerfer… Henry Arsan wurde am 24. November 1982 in Italien verhaftet. Henry Arsan arbeitete bei seinen Waffengeschäften, die mit Heroinhandel verknüpft waren, eng mit der Genfer Firma Petrocom zusammen. In der Schweiz wurde gegen diese Arsan-Partnerin nie ernsthaft ermittelt.

UNITED STATES DEPARTMENT OF JUSTICE
DRUG ENFORCEMENT ADMINISTRATION

American Embassy
Rome

Dr. Ennio Di Francesco
Commissario Capo   June 28, 1977
Criminalpol
Rome

C - Henry ARSAN - ARSAN first came to the attention of DEA dur
July 1972, when he was suspected to be involved with Italian c
Giorgio SIVIERO, born on May 9, 1919 at Badia Polesine, and 7
citizens Fahrettin SOYSAL and Sevim TUTER, not further identif

During October 1972 it was learned that ARSAN invested a large
sum of money with a German national, identified only as HABSAC
a resident of Schwaebisch Hall, for the delivery of multi-kilo
of morphine base to France via Germany.

    On October 20, 1972, in furtherance of this investigati
surveillance of ARSAN at Ponte Chiasso resulted in his neeti..
with one Lothar WERREN, driver of a TIR truck, bearing Swiss
license plate No. ZH-10923. Photographs of ARSAN and WERREN w
taken at this time and are attached to this report.

4) Sabri, identified only as a male Turk from Gaziantep, Turke
approximately 50 years of age, who was reported to drive a
"trapped" bus between Turkey and Germany.

5) Yazgan GAVIN, born on August 27, 1939 in Ankara, Turkey.

6) Ismet CIL, born on February 1, 1942 in Gaziantep, Turkey,
fluent German, previously resided in Munich and Vienna.

7) Mustafa KISACIK, born on December 8, 1925, in Gaziantep, T
Arrested in Germany in October 1970 for weapons and narcotics
smuggling.

8) Fernand Rene GUILLAUME, born on May 14, 1925 in Brussels,
Arrested with KISACIK in Germany in 1970.

9) Jorge URBAIN, born on November 9, 1940 in Berlin, Germany,
rested with KISACIK in Germany in 1970.

                        Thomas J. Angioletti
                        Special Agent-in-Charge

Dieses Dokument belegt die zweifelhaften Methoden der amerikanischen Drogenpolizei DEA. Am 28. Juni 1977 teilte Thomas J. Angioletti, DEA-Spezialagent, dem Chef der Römer Kriminalpolizei mit, dass Henry Arsan der DEA bereits seit Oktober 1972 als Drogenhändler bekannt ist. Die DEA hatte ihn damals auf frischer Tat ertappt und dann als V-Mann engagiert. Henry Arsan und seine Organisation verschoben Drogen im Wert von mehreren Millionen Dollar und Waffen, die ausreichten, um ganze Armeen auszurüsten. Er belieferte fast ausschliesslich Embargoländer. Seine Iran-Lieferungen wurden zum Teil mit Krediten der von der CIA kontrollierten australischen Nugan Hand Bank finanziert. Henry Arsan wurde erst im November 1982 verhaftet. Zehn Jahre lang verschob er illegal Drogen und Waffen – mit dem Wissen der DEA. Der 1987 in der Schweiz aufgedeckte türkische Drogenhändlerring war Teil der Organisation von Henry Arsan.

Army Training Depot
P. O. Box 1921
DOHA · QATAR
Arabian Gulf

مركز تدريب الجيش

صندوق بريد : ١٩٢١
الدوحة ــ قطر
الخليج العربي

القوات المسلحة القطرية

The Qatri Armed Forces

نموذج طلب استيراد خاص

A SPECIAL IMPORT FORM

Date	التاريخ	Ref.	الرقم
Importers Name			اسم المستورد
Country			بلدـه
Nationality			جنـيـة
Occupation			صنته

بموجب هذا الترخيص نسمح للمذكور اعلاه باستيراد المواد المبينة ادناه :

According to this Lisense We allow the Mentioned above to Import the Following items :-

Quality   صنف البضاعة

Quantity   الكمية

Origin of Goods   منشأ البضاعة

Clearance Centre   مركز التخليص

الموافقة

Approval

مطالبة المسؤول

Official's Check

لا مانع

Dieses Dokument belegt, wie mit Endverbraucher-Zertifikaten geschwindelt wird. In den Büros der Arsan-Firma in Mailand fand die Polizei unzählige solcher fiktiver Zertifikate. Das abgebildete Formular ist noch nicht ausgefüllt, trägt aber bereits die Unterschrift der Armee-Behörde von Katar. Wer mit Waffen handelt, muss für eine Exportbewilligung ein Endverbraucher-Zertifikat vorlegen. Das Dokument führt auf, um welche Waffen es sich handelt und wie der Endabnehmer heisst. Damit soll der Waffenhandel kontrolliert werden. Vor allem will man damit verhindern, dass Krisengebiete – Embargoländer – beliefert werden. Mit Phantasie-Zertifikaten wird diese Kontrolle jedoch systematisch unterlaufen.

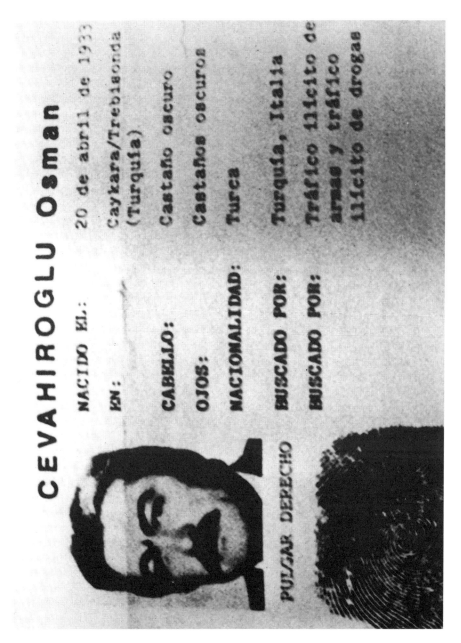

Osman Cevahiroglu alias Osman Oflu – hier ein Ausriss aus einem internationalen Haftbefehl – gilt als König der europäischen Drogenbosse. Seine Organisation schmuggelte in den letzten zehn Jahren mehrere Tonnen Heroin von der Türkei nach Westeuropa. Vor Jahren wohnte Oflu in Amsterdam, wo er ein Hotel besass, später lebte er in Grossbritannien. Osman Oflu hält sich nach Angaben mehrerer Drogenfahnder regelmässig in der Deutschschweiz auf.

359

JIMMY CARTER

February 24, 1988

To Abbie Hoffman

First, let me assure you that Rosalynn and I have never
thought or said that you were using Amy. We know quite well
how strong and independent she is. Also, as the University
of Massachusetts situation developed, she kept us informed
of her role in the altercation.

To answer your specific question: We have had reports
since late summer 1980 about Reagan campaign officials
dealing with Iranians concerning delayed release of the
American hostages. I chose to ignore the reports. Later,
as you know, former Iranian President Bani Sadr has given
several interviews stating that such an agreement was made
involving Bud McFarland, George Bush, and perhaps Bill Casey.
By this time, the elections were over and the results could
not be changed. I have never tried to obtain any evidence
about these allegations, but have trusted that investigations
and historical records would someday let the truth be known.
I don't know what the truth is.

I share your concern about what is going on in the
territories occupied by Israel, and hope that you will do
what is possible to help end the suffering there.

Best wishes,

Jimmy

« Um auf Ihre spezifische Frage zu antworten: Ab Spätsommer 1980 erhielten wir Berichte, nach denen Mitglieder der Reagan-Wahlkampfmannschaft mit Iranern verhandelten. Es ging darum, die Freilassung der Geiseln (in Teheran, A. d. Verf.) hinauszuzögern. Ich beschloss, diese Berichte zu ignorieren. Später gab, wie Sie wissen, der frühere iranische Staatspräsident Bani Sadr mehrere Interviews, in denen er erklärte, dass eine solche Vereinbarung getroffen wurde . . .» Dies schreibt Jimmy Carter, von 1976 bis 1980 Präsident der USA, an den Journalisten Abbie Hoffman. Abbie Hoffman ist tot. Er beging nach Darstellung der Polizei Selbstmord. Hoffmans Freunde glauben jedoch, dass er umgebracht wurde, weil er über das illegale Geiselgegen-Waffen-Geschäft von Ronald Reagan recherchierte.

1 subsequent readers, so that while you and I and everyone
2 else around the table may know what you mean, we need to
3 spell that out sometimes.
4 And do you also have, or I assume you still do
5 -- I think at one point had terrorism policy and
6 counterterrorism policy under you; is that correct?
7 A Terrorism and counterterrorism as far as the
8 OSD role is concerned, as distinct from the role of other
9 elements in the Department, are still part of the policy
10 cluster.
11 Q And am I correct in saying that you have the
12 Department-wide ███████████ under you as one of
13 your indirect responsibilities?
14 A Yes. The so-called ████████ for our
15 link with the Central Intelligence Agency is in the
16 policy cluster as well.
17 Q And let me say for the record from the outset
18 if I make reference to something you have told us
19 previously I don't mean necessarily in this deposition,
20 unless I say that. For the record, you were kind enough,
21 on April 27 of this year, to meet with Mr. Kreuzer and
22 Joe Saba of the House staff and myself, so if I say "as
23 you told us previously" or "as you told us in April",
24 that's what I have in mind.
25 Let me start by asking you about the ██████

1 P R O C E E D I N G S
2 Whereupon,
3 FRED C. IKLE,
4 called as a witness by counsel on behalf of the Senate
5 Select Committee and having been duly sworn by the Notary
6 Public, was examined and testified as follows:
7 EXAMINATION
8 BY MR. SAXON:
9 Q Would you state your name, please?
10 A Fred Charles Ikle.
11 Q Dr. Ikle, what is your current position?
12 A Under Secretary of Defense for Policy.
13 Q And I believe you've been in that position
14 since April 1981; is that correct?
15 A Correct.
16 Q And could you briefly tell us what your duties
17 are in that position?
18 A To advise the Secretary of Defense on policy
19 issues, military strategy, to coordinate for him the work
20 done by the elements in the policy cluster -- ISA, ISP,
21 the Deputy Under Secretaries.
22 Q ISA is International Security Affairs; ISP is
23 International Security Policy?
24 A Right.
25 Q We have to say these things on the record for

11 Q Is it fair to say that one of its purposes is
12 to ensure proper staffing of a request to transfer
13 materiel or equipment to the CIA both as to issues like
14 readiness and the legal review that's necessary?
15 A One of its functions, yes, could be said to be
16 that. May I add a point here? I believe we still do not
17 in an unclassified way identify this cluster of people
18 with this activity. It has a different name, as you
19 know.
20 Q Yes, sir. Do you have an opinion as to
21 whether the ██████████ was either utilized or
22 bypassed with regard to the Iran arms transfer, what the
23 Army knew as Project SNOWBALL -- that's the TOW missiles
24 -- and Project CROCUS, the name they gave to the HAWK
25 repair parts?

Fred Iklé, Coucousin von Alt-Bundesrätin Elisabeth Kopp, wurde im Zusammenhang mit dem Iran-Contra-Skandal mehrmals von der Untersuchungskommission des US-Parlaments als Zeuge angehört. Hier ein Ausriss aus einem Anhörungsprotokoll. Fred Iklé, unter Präsident Ronald Reagan die Nummer drei im Pentagon, war im Verteidigungsministerium zuständig für die Koordination im Bereich Nachrichtendienste sowie Experte für Terrorismusbekämpfung. Fred Iklé gilt als einer jener Strategen, welche die illegale Militärhilfe an den Iran und die Contras ausheckten.

Max Iklé, Vater von Alt-Bundesrätin Elisabeth Kopp, trat trotz seiner jüdischen Herkunft bei mehreren Nazi-Filmen als Produzent oder Koproduzent auf. Im Jahre 1933 war er Mitbegründer der Schweizer Film-Bank, die u. a. den Streifen «Wilhelm Tell» finanzierte. In diesem Film wird der Schweizer Nationalheld deutsch-nationalsozialistisch «angepasst». Später wirkt Max Iklé als Berater von General Guisan und Bundesrat Pilet-Golaz. Nach Kriegsende wird er Direktor der Eidgenössischen Finanzverwaltung und damit einer der höchsten Bundesbeamten. Seine Karriere beendete der einstige Produzent von Nazi-Filmen als Präsident des Direktoriums der Nationalbank.

(8.6.77, Nachmittag)

Anlässlich dieses Rapportes hielt Oberst i Gst Amstein einen Vortrag über Spionage, resp
Spionage-Abwehr. Dabei erwähnte er den Fall Jeanmaire. Nach Auffassung eines Teilnehmers
ist der Chef Bundespolizei der Meinung, Jeanmaire hätte nicht allzu viel ausgeplaudert
und sei kein eigentlicher Spion. Auch wäre ••• das Beweismaterial relativ gering vorhanden. Sicher sei jedoch der Fall Jeanmaire ein Einzelfall.

In einer Diskussion waren sich einige Teilnehmer nicht mehr im klaren darüber, ob
Jeanmaire überhaupt zu Recht in Untersuchungshaft sei. Nach den Aussagen von Amstein
sei dies ein Bagatellfall.

Im Bereich der Spionageabwehr bereitet die UNA in Friedenszeiten
den Einsatz im Kriege vor. Der Sicherheitsdienst der Armee hat
einen Bestand von rund 350 Mann. Die UNA hat im Falle Jeanmaire mitgewirkt. Brigadier Jeanmaire hat von mir den Auftrag erhalten, eine
Studie über den Zivilschutz im Ausland zu machen. Man hat ihn während dieser Zeit überwacht, leider ohne Erfolg. Diese enge Zusammenarbeit mit den zivilen Dienststellen wird erleichtert und sicher-
gestellt durch die Tatsache, dass der Chef der Bupo gleichzeitig
Chef der Abteilung Abwehr ist. Im Gegensatz dazu hatten wir im
letzten Aktivdienst verschiedentlich Kompetenzkonflikte zwischen
den militärischen und den zivilen Abwehrstellen.

Interessanterweise ist im gleichen Zusammenhang der von
mir geäusserte Satz "Gott sei Dank wusste er (Jeanmaire)
nicht, was wir nicht wussten" (Protokoll S. 52) leicht
verändert wiedergegeben worden ("Wochen-Zeitung" vom 4.
August 1988). Auch das stimmt. Ich gab indessen der Arbeitsgruppe diese und andere Einzelheiten des gerichtspolizeilichen Ermittlungsverfahrens bekannt, in der festen Ueberzeugung, dass die Vertraulichkeit meiner Ausführungen gewahrt bleibe, galt doch für die Mitglieder

*Ist Ex-Brigadier Jeanmaire ein «Jahrhundertspion», wie Alt-Bundesrat Kurt Furgler seinerzeit erklärte?
Oder ist er das «Jahrhundertopfer» der Schweizer Militärjustiz? Die Frage drängt sich richtiggehend auf,
wenn man die Protokolle der Militärkommission des Nationalrates über die Jeanmaire-Untersuchung liest.
Bupo-Chef Amstein, der auch Chef der Abwehr war, bezeichnet den Fall Jeanmaire als einen «Bagatellfall»
(siehe oben). Bundesanwalt Gerber, der Jeanmaire verhaften liess, sagte vor der Militärkommission: «Gott sei
Dank wusste er nicht, was wir nicht wussten» (siehe oben). Divisionär Feldmann, zuständig für Fragen der
Geheimhaltung, gab zu Protokoll: «...Die Auffassung, dass schwerer Schaden für die Landesverteidigung
entstand, kann ich nicht unterstützen, wenn nicht mehr verraten wurde, als wir heute wissen (...) Die Information, dass Jeanmaire Zutritt zu streng geheimen Akten hatte, scheint auf falschen Angaben zu beruhen.»
Und UNA-Chef Weidenmann erklärte: «Jeanmaire hatte nie Zugang zu streng geheimen Akten.» Aus dem
obigen Dokument (Mitte) geht hervor, dass die Überwachung negativ verlief. Im Juni 1977 wurde Jeanmaire
wegen Verrats und Spionage zu 18 Jahren Zuchthaus verurteilt.*

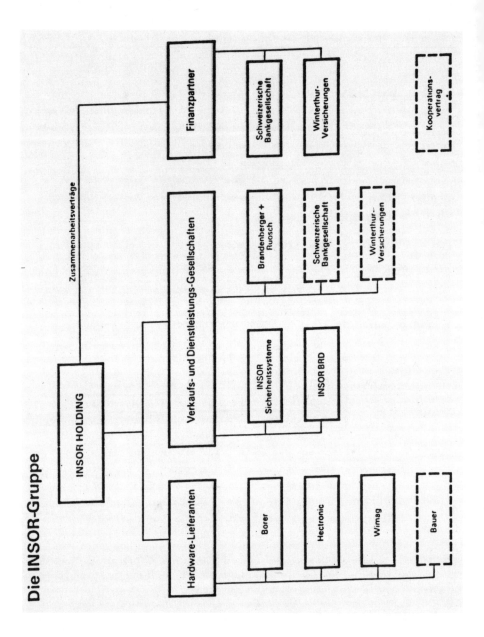

Dieses Organigramm entnehmen wir dem Bericht «Zum Fall Bachmann», der im Juli 1980 vom damaligen Nationalrat Alfons Müller-Marzohl verfasst wurde. Die Insor soll von Albert Bachmann zur verdeckten Finanzierung des Nachrichtendienstes benutzt worden sein. Oberst Bachmann allerdings weist diese Anschuldigung als «kreditschädigende Behauptung» zurück. Die Insor-Holding AG, Gesellschaft für integrale Sicherheitssysteme, wurde am 17. 11. 1975 gegründet und am 22. 10. 1986 aufgelöst. Der Zürcher Freisinnige Ulrich Bremi zeichnete bis August 1979 als Präsident des Verwaltungsrates.